A CONCORDANCE TO THE PESHIṬTA VERSION OF BEN SIRA

MONOGRAPHS
OF THE PESHIṬTA INSTITUTE
LEIDEN

VOLUME II

LEIDEN
E. J. BRILL
1976

A CONCORDANCE TO THE PESHIṬTA VERSION OF BEN SIRA

BY

MICHAEL M. WINTER

LEIDEN
E. J. BRILL
1976

ISBN 90 04 04507 4

PRINTED IN THE NETHERLANDS

INTRODUCTION TO THE CONCORDANCE

The text and versions of Ben Sira have been served by a variety of indexes and concordances. The first to serve the Syriac translation was Smend's Griechisch-Syrisch-Hebräischer Index zur Weisheit Jesus Sirach.[1] Although he supplied the Hebrew and Syriac equivalents the basis of the Index is the Septuagint version whose words he classifies alphabetically according to the Greek roots.

The Greek itself is covered by the supplementary volume of Hatch and Redpath's Concordance to the Septuagint.[2] The Hebrew text has recently received a concordance written by Fathers Barthélemy and Rickenbacher.[3] This concordance supplies a Syriac word list but the authors point out that a full Syriac concordance to Ben Sira is still needed.[4]

In preparing this Syriac concordance I have decided for the sake of convenience to follow the classifications of the standard lexicons and concordances which are in general use. Hence for the classification of the Syriac roots I have followed the order to be found in C. Brockelmann's Lexicon Syriacum.[5] One detail needs to be mentioned, namely the place to be accorded to the weak roots. Following Brockelmann I have placed them before the closest strong root, thus for example ܛܪ is found before ܛܪܐ.

Brockelmann does not include proper names, so I have inserted them into the basic scheme according to a pattern of my own devising. In order to prescind from the complicated problem of the derivation of proper names I have simply taken the first three letters of the proper name and inserted it into the alphabetical list on this basis. It does not solve any philological problems but supplies a convenient method of classification.

Within any given word and its cognates I have followed the grammatical divisions of Mendelkern's Hebrew Concordance,[6] adapting it where necessary to the structure of Syriac grammar. Accordingly any given root will receive the following subdivisions: – Peal perfect, participles (active and passive), the infinitive, imperative and then the imperfect.

This is followed by the same subdivisions in the Ethpe'el, Pael, Ethpa'al, Aphel, and Ettaphal, and any further intensive forms which may exist. After each part of the verb will be found the objective suffixes in this order: singular, first, second, and third, then plural, first, second, and third.

Next come the nouns in the singular absolute, emphatic and construct states, followed by the plural absolute, emphatic and construct. In each instance the nouns with possessive sufixes are placed in the order, first, second and third persons.

After the nouns I have placed the adjectives, and adverbs which exist in their own right.

Although I have separated into their own groups the nouns which have suffixes, I have not done a similar grouping for the prefixes, since they do not alter the arrangement of consonants in the word to which they are attatched. Thus for example forms like ܫܒܝ̇ܚܘܬܐ, ܒܫܒܝܚܘܬܐ, ܕܒܫܒܝܚܘܬܐ are to be found all together according to the place in the chapter and verse order of the book.

The treatment of the diacritical points required a consistent rule of procedure since the manuscripts and printed editions do not have a regular convention. In individual cases the context will remove any ambiguity, and I have classified them in their appropriate gramatical category without writing in the point. For one class however it is necessary to write in the point, namely those nouns which have the same consonants, but whose meanings are differentiated by the vowels; in these cases I have written in the diacritical points, thus for example:

king ܡ̇ܠܟܐ	advice ܡܠ̣ܟܐ
work ܥܒ̇ܕܐ	worker (slave) ܥܒ̣ܕܐ
wicked deed ܥܘ̣ܠܐ	wicked man ܥܘ̇ܠܐ
love (noun) ܪܚ̣ܡܬܐ	friend ܪܚ̇ܡܬܐ

Wherever it exists I have given the Hebrew equivalent, even if its correspondence with the Syraic is dubious. When the connection is so remote as to suggest that the Syriac was translated from a different text I have prefaced it with a question mark. In specifiying the Hebrew manuscripts I have used the letters which are now a matter of universal convention, namely A, B, C, D, E for the Geniza manuscripts Q for the Qumran fragments and M for the large fragment recently discovered at Masada.

The printed editions of the Hebrew manuscripts employ square brackets for those letters and words which have been reconstructed by conjecture. In the majority of cases the missing letters can be supplied with almost total certainty. However as a matter of strict accuracy one is not really justified in including them in a concordance, but I have written in the brackets so as to locate the lacune, since this in itself is has a measure of usefulness. Lévi puts a horizontal line above those letters which are partially legible. In such cases I have relied on his judgement and retained them, without however marking the line above them so as to leave the text relatively unencumbered.

The absence of a Hebrew equivalent for any given Syriac word could be accounted for on a variety of hypotheses. Possibly there is a lacuna in the surviving manuscripts, or the translator may not have understood the word before him, or he may have added something in the Syriac deliberately. These problems cannot be settled arbitrarily so I have not adopted any positive designation for the lack of a Hebrew equivalent. Textual problems of this kind must be solved by the use of the texts and not just by reference to a concordance.

In the interests of simplicity and to save the concordance from being unnecessarily encumbered I have given merely a list of the short words and prefixes, and writtend them in full only when there is a variant worthy of note.

In preparing this concordance I have made use of the two oldest manuscripts, the Codex Ambrosianus of Milan and the London manuscript of the British Museum Add. 12142. Both of them are readily accessible in the editions of Ceriani and Lagarde. Where these two authorities differ, I have given preference to the Codex Ambrosianus since it is the basis of the Leiden critical edition.

The problem of how many variants to include has caused me the greatest practical difficulty. How many should one include? and how long should one wait for the publication of the critical edition in the Leiden series? As a practical solution I have followed the example of authors like Kuhn[7] whose concordance to Qumran writings has been of inestimable value to scholars although he published it before the totality of the Qumran material had been published. Following too the example of Hatch and Redpath (and other editors of concordances) I have decided to write in only the important variants, since it is reasonable to seek all the variants in a critically edited text. It is generally agreed that a concordance does not give all the variants which exist.

Fortunately for this part of the work a critical apparatus to Ben Sira does exist. It is the unpublished thesis of Professor W. D. McHardy who kindly gave me permission to work from his manuscript. This apparatus criticus is based on twenty one manuscripts five of which are of the twelfth century or earlier. The list issued by the Leiden Peshiṭta institute in 1961 comprises sixty one manuscripts of Ben Sira, but the majority of them are of the sixteenth century or later.[8] I print out below the list of manuscripts used in the critical apparatus of Professor McHardy, in the order in which he cites them, together with their sign in the Leiden list: –

7a1	Milan, Ambr. B 21 inf.
7h3	London, B.M. Add. 12142
10ml	London, B.M. Add. 12178
11c1	London, B.M. Add. 14440
12a1	Cambrigde Un. Lib. Oo 1, 1, 2
14c1	Cambridge Un. Lib. Add. 1964
15c1	Woodbrooke S.O.C.L. Ming. Syr. 504
17a4	Oxford, Bodl. L. Pocock 391
17a3	Oxford, Bodl. L. Or. 141
19g7	Woordbrooke, S.O.C.L. Ming. Syr. 63
17a1	London, B.M. Egerton 704
17c2	Woordbrooke S.O.C.L. Ming.Syr. 552
18g3	Cambridge Un. Lib. Oo 1, 39

18c2 Cambridge, Un. Lib. Oo 1, 10
18c1 Cambridge, Un. Lib. Add. 1963
18/19g6 Woodbrooke S.O.C.L. Ming. Syr. 297
19c4 Woordbrooke S.O.C.L. Ming. Syr. 437
7pk2 Cambridge Un. Lib. T – S 12743
9m1 London B.M. Add 12138
19g1 Berlin, G.S.L. Sachau 70
19m2 London B.M. Add. 14667
17a5 Paris, Syriaque 6 (Bibliothèque National).[9]

In order to simplify the use of the concordance, and to ensure that its appearance is not too encumbered, I have devised two methods for abbreviating the writing of groups of manuscripts when a variant occurs in a large number of them. There is a group of seven manuscripts which frequently have the same readings. When all of them are to be noted I have designated the whole group by the Greek letter Δ. The seven manuscripts in question are: 11c1, 14c1, 15c1, 17a1, 17a3, 17a4, and 19g7.

The second group sign is the employment of 7h3. Where this stands alone, or at the end of a group it denotes that the reading in question is to be found in 7h3 and all the other manuscripts of the list printed above, except those which are named as containing another reading. For example,

7a1, 10m1, 11c1, ܣܗܕ
7h3 ܬܐܪ̈ܡ

means that the reading ܣܗܕ is found only in the three manuscripts 7a1, 10m1, and 11c1, while ܬܐܪ̈ܡ is the reading of 7h3 and all the other manuscripts cited in the list printed above.

These abbreviations for the designation of groups of manuscripts seem to be necessary in order to keep the concordance within reasonable bounds, and to ensure that it is not too cumbersome.

In designating the numbers of the chapters and verses I have followed the system of Swete, which has been adopted by Ziegler and the editors of the Leiden edition of the Peshiṭta. The misplacing of the chapters in the middle of the book had occasioned some confusion, and for the latter part of chapter 30 (33) as well as that designated by 36, there is a double set of number for each verse. In these two half chapters I have printed the number which stand on its own, and is not enclosed in brackets.

Footnotes for the Introduction to the Concordance

1 Published in Berlin, 1907.

2 E. Hatch, and H. A. Redpath, *A Concordance to the Septuagint, Supplement: Deutero-Canonical Books,* by H. A. Redpath, Oxford, 1906.

3 D. Barthélemy and O. Rickenbacher, *Konkordanz zum Hebräischen Sirach,* Göttingen, 1973.

4 *op. cit.* p. III.

5 First edition Berlin 1895, second edition Halle 1928.

6 S. Mendelkern, *Veteris Testamenti Concordantiae,* second edition Graz, 1955.

7 K. G. Kuhn, *Konkordanz zu den Qumrantexten,* Göttingen, 1960.

8 *List of Old Testament Peshitta Manuscripts,* Leiden, 1961. (Leiden Peshiṭta Institute).

9 This manuscript was almost certainly the basis of the Syriac version of Ben Sira printed in the Paris Polyglott. Cf. P. B. Dirksen, *The Transmission of the Text in the Peshiṭta Manuscripts of the Book of Judges,* Leiden, 1971, p. 104.

ܐ

root ܐܒܐ

Pater, Father **ܐܒܐ** singular emphatic

3:2a ܡܪܝܐ ܓܝܪ ܝܩܪ ܠܐܒܐ ܥܠ ܒܢܝܐ

3:9a A אב ܒܪܘܟܬܐ ܕܐܒܐ ܬܩܝܡ ܡܪ̈ܘܬܐ

3:14a A, C אב ܘܛܝܒܘܬܐ ܕܐܒܐ ܠܐ ܡܬܛܥܝܐ

4:10a A כאב ܗܘܝ ܐܒܐ ܠܝܬܡ̈ܐ

22:3a ܒܗܬܬܗ ܗܝ ܠܐܒܐ ܒܪܐ ܣܟܠܐ

23:14a ܐܬܕܟܪ ܕܐܒܐ ܘܐܡܐ ܐܝܬ ܠܟ

41:7a B אב ܠܐܒܐ ܥܘܠܐ ܒܒܢ̈ܘܗܝ ܒܐܢܫܐ ܠܡܬܦܠܣܘ

41:9b ܘܐܢ ܝܠܕܬ ܐܒܐ ܥܘܠܐ

44:19a B אב ܐܒܪܗܡ ܐܒܐ ܕܟܢܘܫܬ ܕܥܡ̈ܡܐ

44:23d ܘܐܩܝܡ ܐܒܐ ܠܫܒ̈ܛܐ

singular with suffix

23:1a ܐܠܗܐ ܐܒܝ ܘܡܪܗܘܢ ܕܚܝ̈ܝ

23:4a ܐܠܗܐ ܐܒܝ ܘܡܪܗܘܢ ܕܚܝ̈ܝ

51:10a B אבי ܘܪܡܬ ܠܐܒܝ ܡܢ ܡܪܘܡܐ

3:8a A אביך ܒܪܝ ܒܥܒܕܐ ܘܒܡܡܠܠܐ ܝܩܪ ܠܐܒܘܟ

3:10a A אביך ܠܐ ܬܬܝܩܪ ܒܨܥܪܗ ܕܐܒܘܟ

3:12a A ܒܪܝ ܐܬܚܝܠ ܒܐܝܩܪܗ ܕܐܒܘܟ

7:27a ܒܟܠ ܠܒܟ ܝܩܪ ܠܐܒܘܟ

3:3a ܕܡܝܩܪ ܠܐܒܘܗܝ ܡܫܬܒܩܢ ܚܛ̈ܗܘܗܝ

3:5a ܕܡܝܩܪ ܠܐܒܘܗܝ ܚܕܐ ܡܢ ܒܪܗ

3:6a ܕܡܝܩܪ ܠܐܒܘܗܝ ܢܣܓܘܢ ܝܘܡ̈ܬܗ

3:11a A אביו ܐܝܩܪܗ ܓܝܪ ܕܓܒܪܐ ܐܝܩܪܗ ܗܘ ܕܐܒܘܗܝ

3:16a A, C אביו ܡܛܠ ܕܓܕܦ ܗܘ ܕܫܒܩ ܠܐܒܘܗܝ

30:4a ܡܝܬ ܐܒܘܗܝ ܘܟܒܪ ܕܠܐ ܡܝܬ

30:6b ܗܢܐ ܒܪܐ ܡܪܘܕܐ ܕܠܐ ܝܩܪ ܠܐܒܘܗܝ

31(34):24b ܐܝܟ ܐܢܫ ܕܢܟܣ ܒܪܗ ܩܕܡ ܐܒܘܗܝ

44:22b B אביו ܡܛܠ ܕܐܒܪܗܡ ܐܒܘܗܝ

22:5a ܐܒܘܗ̇ ܘܒܥܠܗ̇ ܡܒܗܬܐ ܡܫܠܛܢܝܬܐ

42:9a B } לאב ܒܪܬܐ ܠ ܐܒܘܗ̇ ܫܗܪܐ ܣܓܝ
M

plural absolute

44:1b B אבותינו ܠܐܒܗ̈ܝܢ ܕܗܘܘ ܒܕܪ̈ܝܗܘܢ

Plural emphatic

3:1a ܒܢ̈ܝܐ ܗܝ ܠܐܒܗ̈ܐ ܫܡܥܘ

48:10c B ܠܡܦܢܝܘ ܒܢ̈ܝܐ ܥܠ ܐܒܗ̈ܬܐ

plural with suffix

8:9b A מאבותם ܕܗܢܘܢ ܐܬܝܐ ܕܫܡܥܘ ܡܢ ܐܒܗ̈ܝܗܘܢ

Fructus, Fruit ܐܒܐ

singular with suffix

6:3a A ופריך ܛܪ̈ܦܝܟ ܬܐܟܘܠ ܘܐܒܟܝ ܬܘܒܕ

6:19d A } פריה ܬܘܟܠ ܘܒܥܠܡ ܐܒܗ̇ ܬܐܟܘܠ
C

11:3b A } פריה ܘܪܝܫ ܦܐܪܐ ܕܟܠ ܥܠܠܬܐ ܐܒܗ̇
B

Fistula, Flute ܐܒܘܒܐ

Singular absolute

40:21a B ל[ל]ל[ ] ܐܒܘܒܐ ܘܟܢܪܐ ܡܒܣܡܝܢ ܙܡܪܐ
Bm חליל

ROOT ܐܒܕ

Periit, He perished ܐܒܕܘ

peal perfect 3 m.pl.

9:8c A שחתו[ ] ܒܝܕ ܦܪܨܘܦܗ̇ ܕܐܢܬܬܐ ܫܦܝܪܬܐ ܣܓܝܐܐ ܐܒܕܘ

17:27a ܒܟܠ ܦܢ ܕܐܒܕܘ ܒܫܠܝܐ

peal infinitive

16:9b A הנורשים ܥܡܐ ܕܚܛܝܢ ܠܡܐܒܕܘ ܒܚܛܗ̈ܝܗܘܢ ܕܡܬܚܣܢܝܢ

17:25a ܘܬܬܘܒܝܢ ܡܢ ܕܠܡܐܒܕ ܬܗܦܟ ܡܢ ܕܠܡܛܥܝܐ

peal imperf. 2 s.

8:15d A תספה ܘܐܢܬ ܒܣܟܠܘܬܗ ܬܐܒܕ

peal imperf. 3 s. m.

19:2b ܘܕܡܬܢܩܦ ܠܙܢܝܬܐ ܢܐܒܕ

23:17b ܘܠܐ ܢܬܠܐ ܥܕܡܐ ܕܢܐܒܕ

30(33):40a E ואבד ܡܛܠ ܕܐܢ ܬܦܪܩܝܘܗܝ ܢܦܘܩ ܢܐܒܕ

35(32):24b B, E יבוש ܕܬܟܠ ܥܠ ܐܠܗܐ ܠܐ ܢܐܒܕ

41:6a M תאבש ܡܢ ܒܪܐ ܥܘܠܐ ܢܐܒܕ ܫܘܠܛܢܐ

44:18b B השחית ܕܠܐ ܢܐܒܕ ܟܠ ܒܣܪ

peal imperf 3 s. f.

20:26b ܘܒܗܬܬܗ ܒܥܡܗ ܬܐܒܕ

aphel perf. 2.M.s.m.

27:18b ܗܟܢܐ ܐܘܒܕܬ ܪܚܡܘܬܗ ܕܚܒܪܟ

aphel perf. 3 s. m.

8:2c A הפחיז ܡܛܠ ܕܠܣܓܝܐܐ ܐܘܒܕ ܕܗܒܐ

10:16a A קעקע ܘܐܘܒܕ ܡܢ ܐܪܥܐ ܕܥܡܡܝܢ

10:17a A ונסחם ܐܘܒܕ ܐܢܘܢ ܘܥܩܪ ܐܢܘܢ

27:18a ܐܝܟܢܐ ܓܝܪ ܕܓܒܪܐ ܕܐܘܒܕ ܡܚܘܬܗ

34(31):25b B הכשיל ܡܛܠ ܕܠܣܓܝܐܐ ܐܘܒܕ ܚܡܪܐ

46:6b B אבד ܥܠ ܢܚܬܐ ܚܘܪܢܐ ܘܐܘܒܕ ܠܟܠܗܘܢ

46:18b B [ ]ויא ܘܐܘܒܕ ܟܠܗܘܢ ܫܠܝܛܢܐ ܕܦܠܫܬܝܐ

aphel perf. 3 s f.

29:18a ܥܪܒܘܬܐ ܠܣܓܝܐܐ ܐܘܒܕܬ

30:23d ܘܐܘܒܕܬ ܐܢܘܢ ܥܪܒܘܬܐ

aphel participle

2:17b ܘܕܚܠܝܗ ܠܗ ܡܘܒܕ ܪܘܚܗ

8:12b A כמאבד ܡܢ ܐܘܙܦܬܗ ܗܝ ܐܝܟ ܡܘܒܕ

12:3b ܘܦܐ ܕܢܟܒ ܠܕܢܚܐ ܠܐ ܡܘܒܕ

14:9b A מאבד ܘܦܐ ܕܢܦܫ ܕܚܒܪܗ ܡܘܒܕ ܢܦܫܗ

20:22a C מאבד ܐܝܬ ܕܡܘܒܕ ܢܦܫܗ ܡܢ ܒܗܬܬܗ

27:16a ܕܓܠܐ ܐܪܙܐ ܡܘܒܕ ܗܝܡܢܘܬܗ

27:30b ܘܓܒܪܐ ܚܛܝܐ ܡܘܒܕ ܐܢܘܢ

29:14b ܘܡܢ ܕܡܘܒܕ ܒܗܬܬܗ ܢܪܦ ܡܢ ܐܘܪܚܗ

aphel infinitive

39:30b {B להחרים / Bm [ ] לה ܘܚܪܒܐ ܕܦܘܪܥܢܐ ܠܡܘܒܕܘ ܠܪ̈ܫܝܥܐ

aphel imperative 2 m.s.

29:10a ܐܘܒܕ ܟܣܦܟ ܥܠ ܐܚܘܟ

33(36):11a ܒܪܘܓܙܐ ܘܒܚܡܬܐ ܐܘܒܕ ܣܢܐܐ

aphel imperf. 2 m.s.

9:6b A תאבד ܕܠܡܐ ܬܘܒܕ ܝܪܬܘܬܐ ܕܢܦܫܟ

20:10b ܗܢܝܐ ܬܘܒܕ ܐܝܩܪܗ ܕܢܦܫܟ

3 m.s.

10;3a A ישחית ܡܠܟܐ ܫܛܝܐ ܢܘܒܕ ܥܡܗ

17:24b ܘܢܘܒܕ ܠܟܠ ܕܠܐ ܡܣܝܒܪܝܢ

32(35):22b ܢܚܬܐ ܕܢܘܒܕ ܒܝܕܘܗܝ ܕܥܘܠܐ

47:22d B ישמיד ܘܠܐ ܢܘܒܕ ܙܪܥܐ ܕܪ̈ܚܡܘܗܝ

with suffix

22:27d ܘܠܫܢܝ ܠܐ ܢܘܒܕܢܝ

Aphel imperf. 3.f.s.

19:3b C [..]שחית ܘܢܦܫܐ ܚܨܝܦܬܐ ܬܘܒܕ ܡܪܗ

with suffix

9:4b A ישרפך ܕܠܡܐ ܬܘܒܕܟ ܒܡܠܬܗ

Ruina, Ruin ܐܒܕܢܐ

sing. emphatic

5:7d A/C תספה v. {Tal. / vel. ܐܒܕܢܐ} ܘܠܗܝ ܦܘܪܥܢܐ ܐܒܕܢܐ

27:25b ܘܗܒܝܠܐ ܒܗܬܝܪܘܗܝ ܠܐܒܕܢܐ ܢܬܩܪܒ

28:6b ܘܠܚܒܠܐ ܠܐܒܕܢܐ ܘܐܬܬܟܠ ܡܢ ܚܠܘܩܬܐ

41:11b ܢܩܝܐ ܛܒ ܬܪܝܨܘܬܗ ܠܐܒܕܢܐ ܠܐ

51:3c ܡܢ ܬܘܠܡܬܐ ܘܐܒܕܢܐ ܕܢܦܫܬܝ

root ܐܒܕ

Lugit, He mourned ܐܒܠ

ethpeel part.

7:34b A התאבל ܘܥܡ ܟܠ ܐܒܝܠܐ ܗܘܝܬ ܡܬܐܒܠ

ethpe' imp. 3 m. pl.

41:9b ܒܢܝܗܘܢ ܕܐܢܫܐ ܠܐ ܢܬܐܒܠܘܢ ܥܠܝܗܘܢ

Tristitia , Sadness ܐܒܠܐ

sing. emph

38:17b B אבלך ܘܥܒܕ ܐܒܠܐ ܐܝܟ ܕܫܘܐ

Tristis, Sad ܐܒܝܠܐ

7:34b A אבלים ܘܥܡ ܟܠ ܐܒܝ̈ܠܐ ܗܘܝܬ ܡܬܐܒܠ

48:24b B אבלי ܘܒܝܐ ܠܐܒܝ̈ܠܐ ܕܨܗܝܘܢ

root ܐܒ

Abiram nom prop. ܐܒܝܪܡ

45:18c B ואבירם ܐܢܫ̈ܐ ܕܕܬܢ ܘܐܒܝܪܡ ܘܟܢܘܫܬܐ ܕܩܘܪܚ

root ܐܒܪ

Lead(plumbum) ܐܒܪܐ

sing. emph.

22:14a ܡܢ ܐܒܪܐ ܛܒ ܝܩܝܪ ܗܘ

47:18c B כברזל ܘܟܢܫܬ ܐܝܟ ܐܒܪܐ ܕܗܒܐ

Abraham nom.prop. ܐܒܪܗܡ

44:19a B אברהם ܐܒܪܗܡ ܐܒܐ ܕܟܢܘܫܬܐ ܕܥܡ̈ܡܐ

44:22b B אברהם ܡܛܠ ܐܒܪܗܡ ܐܒܘܗܝ

? root ܐܒܙ

ethpa'perf. 3.m.s.

26:28b V. 7al ܬܪܝܢ ܠܒ ܥܠ ܘܠܐ ܬܬܠܬܗܘܢ ܐܬܐܒܙ ܠ

rel. ܐܬܐܒܙ

(probably spelling error)

Root ܐܓܪ

Duxit, He lead ܐܓܪ

peal imperat. 2 m.s.

2:4b ܘܒܡܪܥܐ ܘܒܡܘܟܟܘܬܐ ܐܓܪ ܪܘܚܟ

Mercenarius, A hired man ܐܓܝܪܐ

sing. emph.

7:20b { A שוכר ܐܦ ܠܐ ܠܐܓܝܪܐ ܕܡܫܡܠܐ ܢܦܫܗ
C שכיר

31(34):27b ܕܟܠܐ ܐܓܪܐ ܕܐܓܝܪܐ ܩܛܠ ܐܚܘܗܝ

37:11g B פועל ܘܥܡ ܐܓܝܪܐ ܕܫܢܬܐ ܒܫܘܠܡܗ

Bm, D, פועל שכ[יר]

37:11h ܘܥܡ ܐܓܝܪܐ ܥܛܠܐ ܠܐ ܬܬܡܠܟ ܥܠ ܪܒܘܬܐ

Merces, Payment ܐܓܪܐ

sing. emph.

16:14a A שכר ܕܥܒܕ ܙܕܝܩܘܬܐ ܐܝܬ ܠܗ ܐܓܪܐ

31(34):27b ܕܟܠܐ ܐܓܪܐ ܕܐܓܝܪܐ ܩܛܠ ܐܚܘܗܝ

36:21a B פעלת ܘܗܒ ܐܓܪܐ ܠܐܝܠܝܢ ܕܡܣܒܪܝܢ ܠܟ

51:22a B שכר ܝܗܒ ܡܪܝܐ ܠܠܫܢܝ ܐܓܪܐ

with suffix

51:30b B } שכרכם ܘܢܬܠ ܐܓܪܟܘܢ ܒܥܕܢܗ
Q

2:8b Var. 7al ܘܗܘ ܠܐ ܡܒܛܠ ܐܓܪܟܘܢ ܕܫܠܡܘܗܝ ܕܡܢ ܪܒܐ

rel. ܐܓܪܟܘܢ

Mercatura, Merchandise ܬܐܓܘܪܬܐ

sing. .w.suffix

37:11c B } תתגר ܘܥܡ ܬܓܪܐ ܥܠ ܬܐܓܘܪܬܗ
D

Root ܐܕܡ

nom. prop. Adam ܐܕܡ

17:1a ܐܠܗܐ ܡܢ ܐܪܥܐ ܒܪܝܗܝ ܠܐܕܡ

36(33):10b E אדם ܘܡܢ ܥܦܪܐ ܐܬܒܪܝ ܐܕܡ

49:16b B אדם ܘܥܠ ܟܠܗܘܢ ܚܝܢ ܬܫܒܘܚܬܗ ܕܐܕܡ

Root ܐܕܢ

Auris, Ear ܐܕܢܐ

sing. emphatic

3:29b ܒܡ̈ܬܠܐ ܕܚܟܝܡܐ ܘܐܕܢܐ ܕܫܡܥܐ ܚܟܡܬܐ
25:9b ܘܡܫܬܥܐ ܠܐܕܢܐ ܕܫܡܥܐ

with suffix

16:5b A } אזני ܘܕܚܣܝܢ ܡܢ ܗܠܝܢ ܫܡܥܬ ܐܕܢܝ
B

4:8a A אזנך ܐܪܟܢ ܠܡܣܟܢܐ ܐܕܢܟ ܘܫܐܠ ܫܠܡܗ
6:33b A אזנך ܘܐܢ ܬܪܟܢ ܐܕܢܟ ܬܬܪܕܐ
21:5a ܐܝܟ ܕܡܢ ܦܘܡܗ ܠܐܕܢܘܗܝ ܘܡܛܐ ܗܢܐ·

plur. emph.

17:6a ܘܥܝ̈ܢܐ ܘܐܕ̈ܢܐ ܘܠܒܐ ܠܡܣܬܟܠܘ

plur. w. suffix

27:15b ܘܡܐ ܕܫܡܥܝܢ ܦܩܪ ܐܕ̈ܢܝܢ
17:13b ܘܐܝܩܪ ܡܡܠܠܗ ܫܡܥܘ ܒܐܕ̈ܢܝܗܘܢ

Root ܐܗܪ̈

nom. prop. Aaron ܐܗܪܘܢ

45:6b B אהרן ܠܐܗܪܘܢ ܡܢ ܫܒܛܐ ܕܠܘܝ
45:20a B לאהרן ܘܐܘܣܦ ܥܠ ܐܗܪܘܢ ܐܝܩܪܐ
45:25d B אהרן ܢܨܚܢܐ ܕܐܗܪܘܢ ܠܗ ܘܠܙܪܥܗ
50:13a B אהרן ܟܠܗܘܢ ܒܢ̈ܝ ܐܗܪܘܢ ܒܐܝܩܪܗܘܢ
50:16a B אהרן ܗܝܕܝܢ ܩܥܘ ܒܢ̈ܝ ܐܗܪܘܢ

Root ܐܘ

Aut (adverb) Or ܐܘ

2:10d ܘܕܚܠܬܗ ܐܘ ܡܢܘ ܐܬܬܟܠ
2:10e ܐܘ ܡܢܘ ܩܪܝܗܝ ܘܠܐ ܥܢܝܗܝ
10:29b A } ו ܐܘ ܡܢܘ ܢܝܩܪ ܠܡܢ ܕܡܣܠ ܢܦܫܗ
B

13:2e A או ܐܘ ܡܢܐ ܢܫܬܘܬܦ ܥܬܝܪܐ ܠܡܣܟܢܐ
13:18b ܐܘ ܡܢܐ ܫܠܡ ܥܬܝܪܐ ܠܡܣܟܢܐ

16:17d A ו ܠܐ ܐܬܝܕܥ ܐܘ ܡܢܘ ܗܝ ܢܦܫܝ

16:21b A אף ܠܐ ܬܚܙܝܗ ܒܢܝܢܫܐ ܐܘܟܝܢ ܐܝܟ ܒܠ ܐܬܪ

31(34):4b ܢܦܩ ܘܒܨܪܬܐ ܐܘ ܡܢܘ ܡܣܟܢܐ ܕܢܝܚܐ

31(34):31d ܡܢܘ ܢܒܪܟ ܐܘ ܡܢܘ ܐܢܫ ܕܙܟܐ

37:11e ܐܘ ܥܡ ܦܠܚܐ ܠܡܫܡܫܘ ܕܫܒܝܢ

exclamation : Oh! ܐܘ

41:2a { B האח / M הע } ܐܘ ܡܘܬܐ ܡܐ ܛܒܝܢ ܐܢܬ

root ܐܘܦ

nom.prop. Ophir ܐܘܦܝܪ

7:18b A אופיר ܘܐܚܐ ܕܐܝܬ ܠܟ ܒܕܗܒܐ ܕܐܘܦܝܪ

root ܐܘܪ

nom.prop. Jerusalem ܐܘܪܫܠܡ

24:11b ܐܬܬܣܡܬ ܘܒܐܘܪܫܠܡ ܫܘܠܛܢܝ ܗܘܐ

36:18b B ירושלם ܥܠ ܩܪܝܬܐ ܕܩܘܕܫܟ ܥܠ ܐܘܪܫܠܡ

root ܐܙܠ

Ivit He went ܐܙܠ

peal, 3 m.pl. perf.

29:18d ܠܡܪ̈ܝ ܢܟܣܐ ܛܪܕܬ ܘܐܙܠܘ ܠܥܡܡܐ ܢܘܟܪܝܐ

Part. m.

1:(19)b ܘܐܢܫܐ ܕܠܒܠܡ ܠܒܠ ܦܓ ܕܐܙܠ ܒܬܪܗ

8:15c A ילך ܡܛܠ ܕܗܘ ܠܨܒܝܢ ܐܦ̈ܘܗܝ ܐܙܠ

14:19b A יֹמשך ܘܥܒܕܗ ܐܝܟ ܥܒܕ̈ܘܗܝ ܐܙܠ ܒܬܪܗ

27:9b ܘܩܘܫܬܐ ܠܘܬ ܥܒܘܕ̈ܝܗ ܐܙܠ

part. f.

25:25c ܐܝܟ ܬܪܥܬܐ ܕܡ̈ܝܐ ܕܐܙܠܐ ܘܦܩܐ

25:25d ܐܢܬܬܐ ܒܝܫܬܐ ܐܙܠܐ ܘܢܦܩܐ

peal infin.

5:2b A ללכת ܠܐ ܬܬܠܟ ܥܠ ܚܝܠܟ ܠܡܐܙܠ ܒܪ̈ܓܝܓܬ ܢܦܫܟ

25:17b ܘܪܝܫ ܡܗܝܡܢܘܬܐ ܠܡܐܙܠ ܒܬܪܗ

peal imperf. 2m.s.

8:15a A תלך ܥܡ ܓܒܪܐ ܡܪܚܐ ܠܐ ܬܐܙܠ

18:30a ܒܬܪ ܪܓܬ ܢܦܫܟ ܠܐ ܬܐܙܠ

22:13b ܘܥܡ ܣܟܠܐ ܠܐ ܬܐܙܠ ܒܐܘܪܚܗ

27:17b ܘܐܢ ܓܠܝܬ ܐܪܙܐ ܕܡܗܝܡܢܘܬܐ ܠܐ ܬܐܙܠ ܒܬܪܗ

30:10a ܠܐ ܬܐܙܠ ܒܬܪܗ ܐܝܟ ܕ ܒܣܡܐ

35(32):20a B} E} תלך ܒܐܘܪܚܐ ܕܣܘܩܒܠܬܐ ܠܐ ܬܐܙܠ

peal imperf . 3 m.s.

6:12b ܘܡܢ ܩܕܡܝܟ ܢܐܙܠ ܘܢܬܛܫܐ

peal imperf. 3 f.s.

42:10c ܘܬܐܙܠ ܒܬܪ ܓܒܪܐ ܐܚܪܢܐ

root ܐܙܠ

precious stone: Smaragdus ܐܙܡܪܓܕܐ

plur. emph.

35(32):6a { B נפך ܐܝܟ ܒܣܡܐ ܕܗܡܘܢܐ ܘܦܬܟܪܐ ܘܐܙܡܪܓܕܐ
Bm נחפך

root ܐܚܐ

Frater, Brother ܐܚܐ

sing. emph.

7:12a A אח Var. 7a1,7h3: ܠܐ ܬܬܪܥܐ ܒܚܛܝܬܐ ܥܠ ܐܚܐ
Δ, 12a1 : ܐܚܘܟ

7:18b A ואח ܠܐ ܬܫܚܠܦ ܪܚܡܐ ܒܕܗܒܐ ܘܐܚܐ ܕܐܝܬ ܠܟ

30(33):28a ܒܪܐ ܘܐܢܬܬܐ ܘܐܚܐ ܘܪܚܡܐ

40:24a B אח ܐܚܐ ܘܡܥܕܪܢܐ ܒܥܕܢܐ ܕܐܘܠܨܢܐ

sing. w. suffix

29:10a ܐܘܒܕ ܟܣܦܟ ܥܠ ܐܚܘܟ

30(33):39c E (כאח ܐܢ ܚܕ ܗܘ ܥܒܕܟ ܐܝܟ ܐܚܘܟ ܕܒܪܝܗܝ,

plural absol.

25:1c ܐܚܘܬܐ ܐܚ̈ܝܐ ܘܪܚܡܘܬܐ ܕ̈ܫܒܒܐ

plural emph.

10:20a A } אחיו ܒܝܬ ܐܚ̈ܐ ܡܝܩܪܐ ܪܫܗܘܢ
B

28:9b ܒܠܒܕܒܕܘܬܐ ܪܡܐ ܒܝܬ ܐܚ̈ܐ

plural w. suffix

50:1a B אחיו ܪܒ ܐܚ̈ܘܗܝ ܘܫܘܒܚܐ ܕܥܡܗ

50:12a B אחיו ܘܗ̈ܘܐ ܕܒܫܪܐ ܡܢ ܐܝܕܝܐ ܕܐܚ̈ܘܗܝ

50:12c B בנים ܘܢܪ̈ܒܝܢ ܠܗ ܐܝܟ ܫܬܠܐ ܐܚ̈ܘܗܝ

Fraternitas, Brotherhood ܐܚܘܬܐ

sing. const.

25:1c ܐܚܘܬ ܐܚ̈ܝܐ ܘܪܚܡܘܬܐ ܕ̈ܫܒܒܐ

root ܐܚܕ

Cept, He seized ܐܚܕ

peal part. active

26:7c ܘܡܢ ܕܡܫܒܚ ܠܗ̇ ܐܝܟ ܐܚܕ ܥܩܪܒܐ

29:1b ܡܢ ܕܡܚܝܠ ܠܚܒܪܗ ܕܐܚܕ ܒܐܝܕܗ

peal part. passive

31(34):2a ܐܝܟ ܐܢܫ ܕܐܚܝܕ ܛܠܠܐ

peal imperat. 2 m.s. w.suff.

25:12c Var. 7al,7h3: ܠܡܫܘܠ ܒܬܪܗ ܐܚܘܕܝܗ̇ ܒܪܝ

Δ,12al,9ml: [ܐܚܘܕܝܗܝ

40:26f ܐܚܘܕܝܗ̇ ܒܪܝ ܘܠܐ ܬܪܦܝܗ̇

50:29b Var. 7h3: ܐܚܘܕܝܗ̇ ܒܪܝ ܘܠܐ ܬܫܒܩܝܗ̇

Δ,7al,10ml,12al,9ml,19gl: [ܚܘܕܝܗ̇

ethpe' part.

23:8a ܒܡܡܠܠܗ ܐܝܟ ܡܬܬܚܕ ܪܫܝܥܐ

23:20c ܘܒܡܗܡ ܕܠܐ ܦܓܪ ܒܙܢܝܘܬܐ ܕܡܬܬܚܕ

ehtpe' imperf. 3 m.s.

27:26b ܘܕܨܠܐ ܦܚܐ ܒܗ ܢܬܬܚܕ

eshtaphal part.

11:11b A מתאחר Var.7a1,17a3,17a4 ܘܐܝܬ ܕܒܠܥܕܘܗܝ ܗܘ ܡܫܬܐܚܕ

rel. [ܡܫܬܐܚܪ

Potens, Strong,grasping ܐܚܘܕܐ

sing.const.

37:5b ܠܡܩܡ ܒܠܩܘܒܠ ܒܥܠܕܒܒܐ ܘܐܚܘܕ ܬܪܣܐ

38:25a B תומך ܡܢܐ ܐܝܟ ܢܬܚܟܡ ܐܚܘܕ ܚܪܒܐ

Aenigma, Enigma ܐܘܚܕܬܐ

plur.w.suffix

50:27b ܟܠ ܡ̈ܠܬܐ ܕܝܕ̈ܥܬܐ ܘܐܡܬ̈ܠܐ ܘܐܘܚܕ̈ܬܗܘܢ

Root ܐܚܪ

Cunctatus est, He Delayed ܐܘܚܪ

Shaphal part.

39:18b B מעצור ܘܠܝܬ ܕܡܫܘܚܪ ܠܦܘܪܩܢܗ

eshtaphal part.

11:11b A מתאחר Var.Mss ܘܐܝܬ ܕܒܠܥܕܘܗܝ ܗܘ ܡܫܬܐܚܪ

7a1,17a3,17a4 [ܡܫܬܐܚܕ

18:22a ܐܬܦܪܥ ܕܡܘܬܐ ܠܐ ܡܫܬܘܚܪ

eshtaphal imperf. 2 m.s.

5:7a A } C תאחר ܠܐ ܬܫܬܘܚܪ ܕܬܬܘܒ ܠܘܬ ܡܪܝܐ

7:10b A תתעבר ܡܢ ܕܨܠܘܬܐ ܠܐ ܬܫܬܘܚܪ

7:10c ܘܠܐ ܬܫܬܘܚܪ ܠܡܥܒܕ ܙܕܩܬܐ

7:34a A תתאחר ܘܠܐ ܬܫܬܘܚܪ ܡܢ ܒܝܬ ܒܟ̈ܝܐ

26:11a ܡܢܗ ܘܠܐ ܬܫܬܘܚܪ ܕܠܐ ܬܦܠܘܓ ܒܟ

32(35):14a B תשחד ܠܐ ܬܫܬܘܚܪ ܡܢ ܕܠܐ ܡܩܒܠ

eshtaphal imperf. 2 m.pl.

2:7b ܘܠܐ ܬܫܬܘܚܪܘܢ ܡܢ ܒܬܪܗ

Finis, The End ܐܚܪܝܬܐ

sing. emph.

18:29b Var. 7a;.7h3 ܘܢܒܥܘܢ ܒܗܘܢܐ ܠܐܚܪܝܬܐ ܩܠܠܐ

[ܠܐܚܪܝܬܐ Δ

23:12a ܐܦ ܐܝܬ ܐܚܪܝܬܐ ܕܦܘܫܩܐ ܠܗ̇

43:7b ܣܗܪܐ ܕܝܪܚܐ ܠܐܚܪܝܬܐ

49:4d B תמם ܡܠܟܐ ܕܒܝܬ ܝܗܘܕܐ ܒܗܘܢܐ ܠܐܚܪܝܬܐ

sing. const.

1:13b ܘܒܐܚܪܝܬ ܝܘ̈ܡܬܐ ܢܬܒܪܟ

plur. emph.

48:24a B אחרית ܘܒܪܘܚܐ ܕܓܒܪܘܬܐ ܚܙܐ ܐܚܪ̈ܝܬܐ

sing w. suffix.

2:3b Var. 7al ܡܛܠ ܕܬܬܝܬܪ ܒܐܚܪܝܬܟ

rel. [ܒܐܘܪܚܬܟ

6:28b { A ונהפך Var. 7al,7h3 . ܘܬܬܦܢܐ ܘܬܗܘܐ ܒܐܚܪܝܬܟ

C יתהפך Δ [ܒܐܚܪܝܬܗ

11:28b A באחריתו Var. 7al,7h3 ܡܛܠ ܕܒܐܚܪܝܬܗ ܗܘ ܡܬܝܕܥ

Δ, 12al [ܕܒܚܪܬܗ

14:7b ܘܒܐܚܪܝܬܗ ܢܚܘܐ ܒܒܝܫܘܬܗ

24:23b ܘܐܚܪܝܬܗ ܒܗܘܢܐ ܠܪܘܫܐ

25:7c ܓܒܪܐ ܕܚܕܐ ܒܐܚܪܝܬܗ

30:1b ܡܛܠ ܕܢܚܕܐ ܒܐܚܪܝܬܗ

35(32):2b ܡܛܠ ܗܢܐ ܐܦ ܒܐܚܪܝܬܗܘܢ ܬܚܕܐ

Finis, The End ܫܘܠܡܐ

sing. emph.

6:28a A } לאחור Var. 7al ܘܒܫܘܠܡܗ̇ ܬܫܟܚ ܢܝܚܐ

C } rel. [ܘܒܫܘܠܡܐ

7:17b A } תקות ܡܛܠ ܕܫܘܠܡܐ ܕܟܠܗܘܢ ܒܢ̈ܝ ܐܢܫܐ

C }

7:36a A אחרית ܗܘܝܬ ܕܟܝܪ ܫܘܠܡܐ

12:11d A אחרית ܘܬܕܥ ܫܘܠܡܐ ܕܚܣܡܘܬܗ

12:12e A ולאחור ܘܒܫܘܠܡܐ ܬܕܥ ܡ̈ܠܝ

16:3c A} אחרית B ܘܠܐ ܬܬܗܝܡܢ ܕܢܗܘܐ ܠܗܘܢ ܚܪܬܐ ܛܒܬܐ

16:27a ܘܥܒܕ ܒܕܝܢܐ ܠܚܪܬܐ ܒܥܒܕܘܗܝ

18:24a ܐܬܕܟܪ ܕܪܘܓܙܐ ܒܚܪܬܐ ܗܘ

30:10b ܕܠܐ ܢܚܪܩ ܘܠܚܪܬܐ ܢܩܗܝܢ ܫܢܝܟ

34(31):22b B ובאחרית ܘܠܚܪܬܐ ܬܫܟܚ ܡܠܝ

40:2b ܘܚܪܬܐ ܕܡܠܟܝܗܘܢ ܒܕܝܢܐ ܠܡܘܬܐ

41:4a {B חלק / M קץ} ܡܛܠ ܕܗܕܐ ܗܝ ܚܪܬܐ ܕܟܠܗܘܢ

sing. w. suffix

13:11d ܘܡܠܟܐ ܠܟ ܒܕܝܢܐ ܕܒܬܪ ܚܪܬܟ

1:13a ܕܕܚܠ ܠܡܪܝܐ ܬܛܐܒ ܚܪܬܗ

3:26a A אחריתו ܠܒܐ ܩܫܝܐ ܬܒܐܫ ܚܪܬܗ

9:11b A יומו ܕܠܐ ܬܕܥ ܡܢܐ ܗܘܐ ܚܪܬܗ

11:19c A חלק ܘܠܐ ܝܕܥ ܡܢܐ ܗܘܐ ܚܪܬܗ

11:27b A ואחרית ܘܚܪܬܗ ܕܒܪܢܫܐ ܬܗܘܐ ܥܠܘܗܝ

20:26a ܡܛܠ ܕܚܪܬܗ ܕܒܪܢܫܐ ܕܓܠܐ ܠܡܛܥܝܘܬܐ

21:10a ܡܛܠ ܕܚܪܬܗ ܕܚܛܝܐ ܗܝ ܒܫܝܘܠܐ

41:11a ܕܢܫܐ ܚܟܝܡ ܚܪܬܗ ܠܥܠܡܐ ܗܝ

7:13b A תקותו ܡܛܠ ܕܚܪܬܗ ܠܐ ܗܘܬ ܠܛܒܐ

18:12a ܡܛܠ ܕܝܕܥ ܕܚܪܬܗܘܢ ܒܝܫܐ ܗܝ

Alius, Other ܐܚܪܢܐ

sing. emph.

14:18d A אחר ܗܕܐ ܡܝܬܐ ܘܐܚܪܢܐ ܡܬܝܠܕ

23:22b ܘܡܩܝܡܐ ܝܪܬܐ ܡܢ ܐܚܪܢܐ

31(34):28a ܚܕ ܒܢܐ ܘܐܚܪܢܐ ܣܬܪ

31(34):29a ܚܕ ܡܨܠܐ ܘܐܚܪܢܐ ܡܠܛ

38:21d ܠܟ ܡܒܐܫܐ ܘܠܐܚܪܢܐ ܡܛܐܒ

40:29a B זר ܓܒܪܐ ܕܣܟܪ ܥܠ ܦܬܘܪܐ ܕܐܚܪܢܐ

42:10c ܘܬܬܐܠܦ ܠܒܪ ܓܒܪܐ ܐܚܪܢܐ

plur. absol.

11:19d A לא[ ]ט ܕܢܫܒܘܩ ܠܗܘܢ ܠܐܚܪ̈ܢܐ ܘܡܐܬ

plur. emph.

14:4a A לאחר ܕܟܠܗ ܡܢ ܢܦܫܗ ܡܟܢܫ ܠܐܚܪ̈ܢܐ

14:15a A לאחר ܠܐܚܪ̈ܢܐ ܓܝܪ ܬܫܒܘܩ ܐܢܬ ܢܟ̈ܣܝܟ

24:28b ܩܕܡ̈ܝܐ ܠܡܫܠܡܘܬܐ ܘܐܚܪ̈ܢܐ ܠܐ ܢܕܪܟܘܢܗ̇

30(33):28c E לאחר ܠܐ ܬܬܠ ܠܐܚܪ̈ܢܐ ܢܟ̈ܣܝܟ

41:3b { B ואחרנ[ ] / M ואחרון } ܐܬܕܟܪ ܕܩܕܡ̈ܝܐ ܘܐܚܪ̈ܢܐ ܠܘܬܟ ܐܢܘܢ

49:5a B לאחור ܘܝܗܒܘ ܚܝܠܗܘܢ ܠܐܚܪ̈ܢܐ

Postea (adverb) Afterwards ܐܚܪܝܬ

30(33):16a E אחרין ܐܦ ܐܢܐ ܐܚܪܝܬ ܐܬܝܬ

root: ܐܘ

nom. prop. Job ܐܝܘܒ

49:9a B איוב ܘܐܦ ܠܐܝܘܒ ܐܕܟܪ

root: ܐܝܟ

Usual Hebrew = כ Sicut , Like, As . ܐܝܟ

1: 10a 20z(2)

2:18a 18d

3:15b

4:10a A --כ Var. Δ 7a1,18/16g6 ܗܘܝ ܐܝܟ ܐܒܐ ܠܝܬܡ̈ܐ

7h3 om.

4:10c

6: 3b 19a(2) 21a 22a

6:17b Var. 7a1 ܘܐܝܟ ܢܦܫܗ ܗܟܢܐ ܠܚܒܪ̈ܗ

rel. om.

7:21a 31b

8: 12b 13d 14b

9: 18d 10c 14a

10: 2a 2b 28b

11: 30a 30b 30c 32b

12: 10b 11c 17b

14: 18a 22a

15: 2a 2b

16: 12b 14b

17: 19a 22b 30a 30b

18:10a(2) 10b 13d 16a 23b 31b

19: 9b 11b 12a 26a(2)

20: 12a 16c 17b 27a

21: 2c 5a 9a 13a 13b 14a 16a 18a 18b 19a 19b
21a 21b

22: 1a 6a 9a 9b 10a 16a 17b 18c 26d

24: 3b 13a 13b 14a 14b 14c 14d 15a 15b 15c 15d
16a 17a 25a 25b 26a 26b 27a 27b 30a 30b

25: 13a 13b 14a 14b 17b 18a 20a 25c

26: 12a 16a 17a 18a 22b 25a 26f 27b

27: 4a 6a 8b 11b 16b 19a 20b(2)

28: 10c 10d 18b 23c 23d

29: 6b 9a 18b 20a

30: 8a 10b 16a 16b 18b 20b

34(31): 15a 16a 27a

35(32): 1c 5a 6a

36(33) : 5a 5b 6a 13a 25a 25c 39c

31(34): 2a 24a

32(35): 12a 26b

33(36): 5a 20a 22b

36: 20b Var. 7al ܕܢܚܢܢ ܐܝܟ ܕܗܠܝܢ ܕܒܬܪܝܢ
rel. ܐܟܚܕܐ]

37: 2b

38: 16c 23a

39: 1a 12b 13a 13b 13c 14a 14b 22a 22b

40: 6d 13a 13b 15b 17c 29b 30b

40:7a Var. 7h3 ܘܐܝܟ ܥܦܪܐ ܟܠܗܘܢ
7al,Δ,12al ܐܟ]

42: 16a 18b

43: 4c 8a

43:4a Var. 7al,7h3 ܐܝܟ ܢܘܪܐ ܕܢܦܫ ܒܟܪ̈ܟܐ
Δ, 12al ܠܐ]

44: 9b 21c

45: 15d

46: 1b 12a

47: 3a 3b 14b 17c 17d

48: 1b 5b

49: 1a 1c 1d 11b 14a 15a

50: 6a 6b 7b 8a 8b 9a 9b 10a 10b 12c 22b 24b

51: 21a

"Statim"
composite phrase : "All at once" ܐܟܚܕܐ

11: 6a { A יַחְדָּו rel. ܕ̈ܐܒܐ ܥܡ ܐܡܪ̈ܐ ܐܟܚܕܐ ܘܕܒܝ̈ܬܐ ܢܪܥܘܢ
B יחד 7al ܐܝܟ ܚܕܐ]

18:(1)a ܟܠܗܘܢ ܥܡܘܪ̈ܝ ܕܬܒܝܠ ܐܟܚܕܐ

24:5a ܒܢܡܘܣܐ ܥܒܪܘ ܐܟܚܕܐ ܫܢܝܘ

25:8b C יחדו ܒܛܘܪܐ ܘܒܫܘܒܪܐ ܐܟܚܕܐ

26:5d ܘܡܫܦܠܬܐ ܕܠܫܠܡܐ ܟܠܗܝܢ ܐܟܚܕܐ

38:27a ܒܠܝܠܝܐ ܘܒܐܝܡܡܐ ܡܫܬܒܚܝܢ ܐܟܚܕܐ

39: 15a ܐܪܝܡܘ ܩܠܗܘܢ ܘܫܒܚܘ ܐܟܚܕܐ

39:16a ܒܟܢܪ̈ܐ ܕܐܠܗܐ ܫܒܚܘ ܐܟܚܕܐ

50:17a B יחדו ܘܢܦܠܘ ܥܠ ܐܦܝܗܘܢ ܥܠ ܐܪܥܐ ܐܟܚܕܐ

50:18b ܘܐܬܒܣܡܘ ܐܟܚܕܐ ܒܨܠܘܬܐ

ܐܟܙܢܐ Ut, sicut, Thus

16:12a A כ-- ܐܟܙܢܐ ܕܪ̈ܚܡܘܗܝ ܣܓܝܐܝܢ

20:6a ܐܝܬ ܕܡܡܠܠ ܐܟܙܢܐ ܕܠܐ ܘ̇ܠܐ ܠܗ

20:10a ܐܟܙܢܐ ܕܝܢ ܕܬܘܪܬܐ ܒܐܦܐ

25:3b ܐܟܙܢܐ ܬܫܟܚ ܒܣܝܒܘܬܟ

28:24a ܐܟܙܢܐ ܕܝܢ ܕܣܝܓ ܐܢܬ ܟܪܡܟ

30(33):38a ܐܟܙܢܐ ܕܘ̇ܠܐ ܠܗ ܐܥܒܕܝܘܗܝ

36:16a B ---כ ܘܢܐܪܬܘܢ ܐܟܙܢܐ ܕܐܡܪܬ

41:12g ܢܦ̈ܠܐ ܕܢ̇ܗܒ ܐܝܬ ܠܗ ܐܟܙܢܐ ܡܦܩܬܐ ܠܟ

42:13a B } כי 7al 7h3 ܡܛܠ ܕܐܟܙܢܐ ܕܒܠܒܘܫܐ ܢܦܠ ܣܣܐ

M } Var. △ 12al,9ml [ܕܐܟܢܐ

46:14b ܐܝܟܢܐ ܕܦܩܕ ܡܪܝܐ ܕܝܥܩܘܒ

47:2a B כי ܐܟܙܢܐ ܕܝܢ ܕܪܝܡ ܬܪܒܐ ܡܢ ܩܘܕܫܐ

ܐܝܠ Root

ܐܝܠܢܐ Arbor , A Tree
sing. emph.

6:3b A כעץ ܘܬܫܒܘܩܝܟ ܐܝܟ ܐܝܠܢܐ ܝܒܝܫܐ

24:13b ܘܐܝܟ ܐܝܠܢܐ ܕܡܫܚܐ ܒܣܢܝܪ ܛܘܪܐ

27:6a ܐܝܟ ܕܦܠܚܘܬܐ ܕܐܝܠܢܐ ܝܗܒܐ ܦܐܖ̈ܐ

50:10b B וכעץ ܘܐܝܟ ܐܝܠܢܐ ܕܡܫܚܐ

plural emph.

14:18a A עץ ܐܝܟ ܛܖ̈ܦܐ ܕܐܝܠܢ̈ܐ ܕܗܠܝܢ ܢܬܖ̈ܝܢ

50:8c B כפרח ܘܐܝܟ ܐܝܠܢ̈ܐ ܕܠܒܢܢ

ܐܝܢ root

ܐܝܡܟܐ Unde ? Whence ?

27:27b ܘܠܐ ܝܕܥ ܡܢ ܐܝܡܟܐ ܬܐܬܐ ܠܘܬܗ

root ܐܝ

Qui?Qualis ? Who, Which , ܐܝܢܐ

sing. m.

6:16b ܘܐܝܢܐ ܕܕܚܠ ܠܐܠܗܐ ܗܟܘܬܗ

15:16b A } באשר ܢܘܪܐ ܘܡ̈ܝܐ ܒܐܝܢܐ ܕܨܒܐ

B } 13:15b ܘܒܢܝܢܫܐ ܠܐܝܢܐ ܕܨܒܐ ܠܗ

24:7b ܢܝܚܐ ܒܥܝܬ ܠܝ ܕܒܐܝܢܐ ܝܪܬܘܬܐ ܐܫܪܐ

26:23b ܐܢܬܬܐ ܕܝܢ ܕܚܠܬܐ ܠܐܝܢܐ ܕܕܚܠ ܠܡܪܝܐ

37:11f ܘܥܡ ܐܝܢܐ ܕܠܝܬ ܠܗ ܪ̈ܚܡܬܐ

sing. fem.

23:14b ܘܡܢ ܐܝܕܐ ܕܫܠܡܬܐ ܬܬܦܠܓ

26:24a Var. △ 9ml ܠܐܢܬܬܐ ܐܝܕܐ ܕܠܐ ܒܗܬܬܐ

7h3 ܕܝܢ]

7al om.

26:25b ܘܐܝܕܐ ܕܕܚܠܐ ܡܢ ܡܪܝܐ

30(33):40b E באיזה ܠܐܝܟܐ ܘܒܐܝܕܐ ܐܘܪܚܐ ܬܒܥܝܘܗܝ

plural

2:15b ܘܐܝܠܝܢ ܕܪܚܡܝܢ ܠܗ ܢܛܪܝܢ ܐܘܪܚܬܗ

4:11b Var. 7al rel. om. ܘܬܗܝܪ ܠܟܠ ܐܝܠܝܢ ܕܡܣܬܟܠܝܢ ܒܗ

4:12a ܪܚܡܝܗ ܐܝܠܝܢ ܕܪܚܡܝܢ ܚܝ̈ܐ

11:16b ܘܥܡ ܐܝܠܝܢ ܕܡܬܪܒܝܢ ܒܒܝܫܬܐ

14:15b ܘܠܗܘܬܟ ܠܐܝܠܝܢ ܕܪܚܡܝܢ ܦܨ̈ܚܐ

18:14a ܦܘܩܕܢܘܗܝ ܠܐܝܠܝܢ ܕܡܩܒܠܝܢ

18:14b ܘܐܝܠܝܢ ܕܡܩܒܠܝܢ ܠܕܝܢܘܗܝ

17:27b ܚܠܦ ܐܝܠܝܢ ܕܚܝܝܢ ܘܝܗܒܝܢ ܠܗ ܬܘܕܝܬܐ

17:29b ܕܒܗ ܠܐܝܠܝܢ ܕܬܝܒܝܢ ܠܘܬܗ

20:15e ܐܝܠܝܢ ܕܗܫܐ ܐܬܝܗܒ ܠܗ ܠܚܡܐ

26:22b ܕܒܥܠܬܐ ܠܐܝܠܝܢ ܕܡܬܚܫܒܝܢ ܠܗ

36:(20)b Var. rel. ܕܒܢ̈ܝܟ ܐܝܠܝܢ ܕܡܠܠܝܢ ܒܫܡܟ

7al ܐܝܟ]

40:4b ܘܥܕܡܐ ܠܐܝܠܝܢ ܕܠܒܫܝܢ

root ܐܣܚ

nom.prop. Isaac ܐܝܣܚܩ

44:22a B ליצחק ܘܐܦ ܠܐܝܣܚܩ ܗܟܢܐ

nom. prop. Israel ܐܝܣܪܐܝܠ

17:17b ܘܡܢܬܗ ܕܡܪܝܐ ܐܝܣܪܐܝܠ

24:8d ܒܝܥܩܘܒ ܫܪܝ، ܘܐܬܝܪܬ ܒܐܝܣܪܐܝܠ

24:12b ܒܡܢܬܗ ܕܡܪܝܐ ܘܒܥܡܐ ܝܪܬܘܬܗ ܕܐܝܣܪܐܝܠ

36:17b B ישראל ܕܐܬܩܪܝ، ܒܘܟܪܟ ܠܗܘܢ ܠܐܝܣܪܐܝܠ

44:23a B ישראל ܘܒܘܪܟܬܐ ܥܠ ܪܝܫܗ ܕܐܝܣܪܐܝܠ

44:23b ܕܗܘܝܘ ܒܪܝ، ܒܘܟܪܝ، ܐܝܣܪܐܝܠ

45:5e B לישראל ܠܡܠܦܘ ܠܒܝܬ ܐܝܣܪܐܝܠ

45:16d B ישראל ܘܠܡܚܣܝܘ ܥܠ ܥܡܗ ܐܝܣܪܐܝܠ

45:22d B ישראל, ܘܝܪܬܘܬܗ ܒܝܬ ܐܝܣܪܐܝܠ

45:23b ܒܡܕܝܢܬܐ ܘܒܢܝ ܐܝܣܪܐܝܠ

45:23d B ישראל ܒܬܘܪܬܐ ܕܟܗܢܘܬܐ ܘܟܗܢܐ ܥܠ ܐܝܣܪܐܝܠ

46:1f B ישראל ܘܠܡܘܪܬܘ ܠܒܢܝ ܐܝܣܪܐܝܠ ܐܪܥܐ

47:2b B מישראל ܡܫܢܐ ܦܪܝܫ ܗܘܐ ܡܢ ܐܝܣܪܐܝܠ

47:5d ܠܡܪܝܡܘ ܩܪܢܐ ܕܥܡܗ ܐܝܣܪܐܝܠ

47:11d B ירושלם ܘܟܘܪܣܝܐ ܕܡܠܟܘܬܐ ܥܠ ܐܝܣܪܐܝܠ

47:18b B ישראל ܐܠܗܐ ܕܐܬܩܪܝ، ܥܠ ܐܝܣܪܐܝܠ

47:23c ܒܪ ܢܒܛ ܕܚܛܐ ܘܐܚܛܝ ܠܐܝܣܪܐܝܠ

49:10c B יעקב ܕܐܚܝܘ ܠܐܝܣܪܐܝܠ ܘܐܬܟܠܬܐ ܝܗܒܘ

50:13c B ישראל ܠܘܩܒܠ ܟܠܗ ܩܗܠܐ ܕܐܝܣܪܐܝܠ

50:16b ܩܕܡ ܟܠܗ ܩܗܠܐ ܕܐܝܣܪܐܝܠ

root ܐܪܝ

Olla , A Pot ܐܪܝܐ

sing. emph.

13:2c A סיר ܬܬܚܒܛ ܩܕܪܐ ܕܦܚܪܐ ܠܐܪܝܐ ܕܢܚܫܐ

nom.prop. Jericho ܐܪܝܚܘ

24:14b ܘܐܝܟ ܢܨܒܬܐ ܕܘܪܕܐ ܕܐܪܝܚܘ

root: ܐܝܫ

nom. prop. Jesse ܐܝܫܝ

45:25b B ישי ܘܐܦ ܕܘܝܕ ܒܪ ܐܝܫܝ

root ܐܝܬ

Usual Hebrew = יש "Est" , Adverbial expression :There is: ܐܝܬ

3:18a

4: 21a 21b

5: 1b 2a

6: 8a

7: 6b Var. 7al, ܐܠܐ ܐܢ ܐܝܬ ܠܟ ܚܝܠܐ
rel. om.

7: 11b 18a 22a 23a 24a 26a 28a

9:2b

10: 30a 30b

11: 9a 11a 12a 18a 18b

12: 1b

13:15a

14: 11a 11b

16: 2b 14a

17: 27a

18: 10b 17a

19: 8b 16a 16b 23a 23b 24a 24b 25a 26a 27a
28a 29a

20: 1a 1b 5a 5b 6a 8a 9a 9b 12a 15e
22a 23a 30b

22: 1c 21b 21d 22b

23: 12a 13a 14a

25: 20b 25b 26a

25:25d Var. 7al, ܗܢܐ ܐܝܬ ܐ ܐܢܬܬܐ ܒܝܫܬܐ
rel. om.

26:25b 27c

27: 21a(2)

28: 21b

29: 11b 26b

30: 19a 19c

35(32): 11b

36(33): 11b

33(36): 23b

37: 1b 7b 20a 22a 23a

38: 12b 13a

39: 28a

41: 1d

43: 8a

44: 8a 9a

48 : 16a 16b

root ܐܟܘ

Sicut , Adverb, Like ܐܟܘܬ

with suffixes

24:11a ܒܡܕܝܢܬܐ ܕܪܚܝܡܬܐ ܠܗ ܐܟܘܬܝ، ܐܬܬܢܝܚܬ

33(36): 12b B זולתי ܕܫܟܝܢܬܐ ܕܐܡܪ ܕܠܝܬ ܐܟܘܬܝ،

6: 11a A כמוך ܒܛܒܬܟ ܗܘܐ ܐܟܘܬܟ

30(33): 39c E ---כ ܐܢ ܚܕ ܗܘ ܥܒܕܟ ܐܟܘܬܟ ܢܗܘܐ

30(33): 39d ܡܛܠ ܕܐܟܘܬܟ ܗܘ ܒܢܝܐ ܢܦܫܟ

36:(29)b ܒܪܐ ܗܝ ܥܕܪ ܐܟܘܬܟ

37:13b ܘܐܦ ܗܘ ܡܗܝܡܢ ܗܘ ܐܟܘܬܟ

48:4b B כ[ ]ך ܘܡܢ ܕܐܟܘܬܟ ܗܘ ܢܫܬܒܚ

6:17b A כמוהו ܡܛܠ ܕܐܟܘܬܗ ܗܟܢܐ ܪ̈ܚܡܘܗܝ،

20:17a ܐܠܐ ܐܟܘܬܗ ܢܫܡܥܘܢ ܠܠܗ،

27:24a ܣܢܝܬ ܣܓܝܬ ܘܠܐ ܐܟܘܬܗ

30:4b ܡܛܠ ܕܐܟܘܬܗ ܫܒܩ ܒܬܪܗ

45:6a ܘܐܪܝܡ ܐܟܘܬܗ ܩܕܝܫܐ ܠܐܗܪܘܢ

25:12d ܡܛܠ ܕܠܝܬ ܐܟܘܬܗ

40:26f ܘܠܐ ܬܬܦܢܝܗ ܡܛܠ ܕܠܝܬ ܐܟܘܬܗ

ܐܝܟܢܐ Adverb. Sicut, Like

34(31):26a ܐܝܟܢܐ ܓܝܪ ܕܟܘܪܐ ܒܚܢ ܥܒܕܗ ܕܢܦܚܐ

27:18a ܐܝܟܢܐ ܓܝܪ ܕܡܘܒܕܐ ܕܐܘܒܕ ܡܘܒܕܗ

42:13a B } ('ܢ) Var. Δ, 12a1, 9m1. ܡܛܠ ܕܐܝܟܢܐ ܕܠܒܘܫܐ ܢܦܠ
M } 7a1, 7h3. [ܕܐܣܐ]

ܐܟܠ Root

ܐܟܠ Comedit, He Ate

peal part. sing.

22:18a ܘܐܝܟ ܐܢܫ ܕܐܟܠ ܠܚܡܐ ܒܪ ܠܐ ܡܠܚ

(30:27)33;13b B ומאכלך ܘܟܠ ܕܐܟܠ ܦܠܓ ܠܗ ܦܘܪܢܗ

plur. absol.

30:19b ܠܦܬܟܪܐ ܕܥܡܡܐ ܕܠܐ ܐܟܠܝܢ

plur. const.

9:16a A בעלי ܐܟܠܝ ܠܚܡܐ ܢܗܘܘܢ ܐܟܠܝ ܦܬܘܪܟ

20:16c ܐܟܠܝ ܠܚܡܝ ܐܝܟ ܕܒܐ

peal infin.

37:30b ܘܕܡܣܓܐ ܠܡܐܟܠ ܡܬܟܪܗ

peal imperf.

11:19b A א[ ]ל ܗܐ ܡܢܚܢܐ ܐܟܘܠ ܡܢ ܛܒܬܝ

6:19d A } תאכל ܘܒܥܓܠ ܐܒܗ ܬܐܟܘܠ
C }

19:8c ܠܠܒܟ ܩܢܝܢܐ ܕܐܢܫ ܠܐ ܬܐܟܘܠ

6:3a A תאכל ܛܪܦܝܟ ܬܬܪ ܐܝܟ ܬܐܟܘܠ

ethpe' imperf.

20:17d ܕܠܐ ܡܬܝܕܥܐ ܐܝܠܦܐ ܕܬܬܐܟܠ ܕܠܐ ܡܠܚܐ

aphel part.

19:15a ܕܢܟܐ ܠܒܢ̈ܝ ܗ̇ܘܐ ܡܐܟܠ ܦܘܪ̈ܐ ܣܘܪܩܐ

aphel imperat. 2 m.s. + suff.

29:28d ܘܐܦ ܡܢܐ ܕܒܐܝܕܟ ܐܘܟܠܝܗܝ

aphel imperf. 3 f.s. + suff.

15:3a { A והאכלתהו / B האכילתהו } ܘܬܘܟܠܝܘܗܝ ܠܚܡܐ ܕܣܘܟܠܬܐ

Edax. "One who eats" ܐܟܘܠܐ

plur. w. suff. 1.s.

24:21a ܐܟܘ̈ܠܝ ܬܘܒ ܢܟܦܢܘܢ ܠܝ

Cibum Food ܡܐܟܠܐ
sing. emph.

36:23a B I מאכל / B II נבר ? ܟܠ ܡܐܟܘܠܐ ܡܬܦܪܢ ܟܪܣܐ

Cibum, Food ܡܐܟܘܠܬܐ

sing. emphatic

36:23b { B אוכל / Bm מאכל } ܒܪܡ ܐܝܬ ܡܐܟܘܠܬܐ

36:23b { B ÷ / Bm מאכל } ܕܡܢ ܡܐܟܘܠܬܐ ܒܣܝܡܐ

36:26a ܦܘܡܐ ܦܝܢ ܦܓܪܐ ܕܡܐܟܘܠܬܐ

37:28a D / Bm } תענוג ܡܛܠ ܕܠܐ ܗܘܐ ܟܠ ܡܐܟܘܠܬܐ ܦܐܐ

37:29b { B.D. מטעמים / Bm מטמים } ܘܠܐ ܬܬܟܐܪ ܣܓܝ ܥܠ ܡܐܟܘܠܬܐ

37:30a { B תענוג / Bm.D אוכל } ܣܘܓܐܬܐ ܕܡܐܟܘܠܬܐ ܗܘܝܐ ܡܪܥܐ

37:31a ܣܓܝ̈ܐܐ ܦܝܢ ܕܡܝܬܘ ܡܛܠ ܡܐܟܘܠܬܐ ܣܘܓܐܬܐ

sing. w. suffix

13:13a A מאכל ܡܐܟܘܠܬܗ ܕܐܪܝܐ ܒܪ̈ܐ ܕܡܕܒܪ

plur. emph.

37:29a B, D, Bm } תענוג ܠܐ ܬܣܬܪܗܒ ܠܟܠ ܡܐܟܘ̈ܠܬܐ ܕܬܦܢܩܐ

Cibum Food ܡܐܟܘܠܬܐ

plur. emph.

30:18b B תנופה ܐܝܟ ܡܐܟܘܠܬܐ ܕܣܝܡܢ ܥܠ ܩܒܪܐ

34(31):21a B במטעמים ܘܐܦ ܐܢ ܐܬܐܠܨܬ ܒܡܐܟܘܠܬܐ ܕܝܢ ܩܘܡ

plur. w. suffix

(30:27a)33:13a B מטעמים ܠܒܐ ܛܒܐ ܫܦܝܪ ܡܐܟܘܠܬܗ

Root ܐܟܡ

Aphel:he blackened, denigratus est. 3.f.simp.

25:(16)b C ויכדיר ܐܘܟܡܬ ܗܦܟܬܐ ܕܐܢܬܬܐ ܐܦܝܗ

Root ܐܟܣ Stranger. sing. emphatic ܐܟܣܢܝܐ

10:22a {A הזר / B זר} Var. 7a1,7h3: ܬܘܬܒܐ ܐܟܣܢܝܐ ܘܡܣܟܢܐ [ܘܢܘܟܪܝܐ] ∆

29:25a ܐܟܣܢܝܐ ܐܢܬ ܘܡܪܝܪܐ ܬܫܡܥ

29:26a ܐܟܣܢܝܐ ܐܢܬ ܥܒܕ ܠܝ ܦܬܘܪܐ

Exilium Exile ܐܟܣܢܝܘܬܐ

sing. emphat.

29:22b ܡܢ ܥܘܬܪܐ ܣܓܝܐܐ ܒܐܟܣܢܝܘܬܐ

root: ܐܠܐ

Adverb But,Sed ܐܠܐ

=OTHERWISE 5:12b A & C, אם אין. ܐܠܐ ܐܢ ܠܝܬ ܠܟ ܦܬܓܡܐ.

12: 2b A אם לא ܐܠܐ ܡܢ ܡܪܝܐ.

11:21b ܒܥܒܕܐ ܕܥܘܠܐ ܐܠܐ ܩܘܡ ܠܡܪܝܐ

20:17a ܐܠܐ ܐܢܫܘܬܗ ܢܥܒܕܢ ܠܗܘܢ

22:14b ܘܡܢܘ ܫܡܗ ܐܠܐ ܣܟܠܐ

26:29a ܡܢ ܬܓܪܐ ܐܠܐ ܒܨܥܪܐ ܡܬܬܟܝܠ

29:7b ܐܠܐ ܡܛܠ ܕܚܫܒܘ ܡܢ ܗܘܬܐ ܦܘܪܥܢܐ

36(33):1b B E } כי ܐܠܐ ܐܢ ܒܢܣܝܘܢܐ ܢܦܠ

31(34):28b ܡܢܐ ܐܗܢܝܘ ܐܠܐ ܥܡܠܐ ܦܘܪܥܢܐ

32(35):12d Bm כי ܡܛܠ ܕܐܠܗܐ ܐܠܐ ܦܪܘܥܐ ܗܘ

37:3b ܠܡܢܐ ܐܬܒܪܝܬ ܠܡܟܣܝܘ ܐܪܥܐ

42:25a ܐܠܐ ܗܢܐ ܥܡ ܗܢܐ ܘܫܦܝܪ

40:28b ܐܠܐ ܗܘܝܬ ܛܒ ܠܡܫܐܠ

48:11b ܒܪܡ ܠܐ ܡܝܬ ܐܠܐ ܚܝܐ ܚܝܐ

adverb: If , Si **ܐܠܘ**

7:28a ܐܬܕܟܪ ܕܐܠܘ ܠܐ ܡܢܗܘܢ ܠܐ ܐܬܝܠܕܬ

23:14a ܘܐܬܕܟܪ ܕܐܠܘ ܠܐ ܐܬܒܪܝܬ

Probavit To put to the test **ܐܠܐ**

pael part. f.s.

13:11c A ושחק ܘܡܐܠܝܐ ܠܟ ܒܡܠܬܐ ܕܦܘܡܗ ܣܓܝܐܬ

Cauda , Sheep's Tail **ܐܠܝܬܐ**

emph. sing.

20:17c ܐܝܟܢܐ ܕܠܐ ܡܬܐܟܠܐ ܐܠܝܬܐ ܕܬܬܐܟܠ

root: **ܐܠܗ**

Deus , God **ܐܠܗܐ**

1:8b ܕܚܝܠ ܒܠܚܘܕܘܗܝ ܐܠܗܐ ܕܗܘܝܘ ܝܬܒ

1:13a ܕܕܚܠ ܠܐܠܗܐ ܬܛܐܒ ܚܪܬܗ

1:20k ܡܠܟܘܬܗ ܕܐܠܗܐ ܚܝܝܢ ܗܝ

1:20 o ܦܘܩܕܢܘܗܝ ܕܫܠܡܘܗܝ ܕܐܠܗܐ

1:30 e ܡܛܠ ܕܐܬܩܪܒܬ ܒܕܚܠܬܗ ܕܐܠܗܐ

2:1a ܐܢ ܩܪܒܬ ܠܕܚܠܬܗ ܕܐܠܗܐ

2:6a ܗܝܡܢ ܒܐܠܗܐ ܘܗܘ ܢܥܕܪܟ ܠܟ ܒܥܘܕܪܢܐ

2:17a ܕܕܚܠ ܠܐܠܗܐ ܢܛܝܒ ܠܒܗ

2:18e Var. Mss ܕܕܚܠ ܠܐܠܗܐ ܢܦܩܘܢ ܡܢܗ

7al om.

3:6b ܘܪܘܚܐ ܫܒܩܠܐ ܢܦܫܐ ܠܗ ܐܠܗܐ

3:18b { A אֵל ; C אלהים } ܘܠܘܬ ܐܠܗܐ ܬܫܟܚ ܪܚܡܐ

3:19a { A אלהים ; C ÷ } ܡܛܠ ܕܡܟܝܟܐ ܐܝܟ ܪܚܡܘܗܝ ܕܐܠܗܐ

4:10c A ואל ܘܬܗܘܐ ܠܐܠܗܐ ܐܝܟ ܒܪܐ

4:13a A מייי ܐܚܝܪܐ ܡܢ ܠܘܬ ܐܠܗܐ ܢܣܒܘܢ

4:14b A ואלהן ܘܒܗ ܡܨܛܒܐ ܕܪܚܡ ܐܠܗܐ

5:4b { A אל ; C ייי } ܡܛܠ ܕܐܠܗܐ ܢܓܝܪ ܪܘܚܐ ܗܘ

6:16b A אל ܘܐܝܟܐ ܕܕܚܠ ܠܐܠܗܐ ܗܘܝܘ

Ref.	MS	Hebrew	Syriac
6:17a			ܕܕܚܠ ܕܐܠܗܐ ܢܟܫܪ ܪܚܡܘܬܗ
6:37a	A	עליון	ܐܬܒܩܐ ܒܕܚܠܬܗ ܕܐܠܗܐ
7:4a	A C	מאל [ ]מא	ܠܐ ܬܒܥܐ ܡܢ ܩܕܡ ܐܠܗܐ ܫܘܠܛܢܐ
7:5a	A	מלך	ܠܐ ܬܙܕܕܩ ... ܩܕܡ ܐܠܗܐ
7:29a	A	אל	ܒܟܠܗ ܠܒܟ ܕܚܠ ܡܢ ܐܠܗܐ
9:15a			ܥܡ ܗܢܘܢ ܕܕܚܠܝܢ ܠܐܠܗܐ ܢܗܘܘܢ ܡܫܬܥܝܢܝܟ
9:16b	A	אלהים	ܘܒܕܚܠܬܗ ܕܐܠܗܐ ܬܗܘܐ ܬܫܒܘܚܬܟ
10: 7a	A	לאדון	ܣܢܝܐ ܗܝ ... ܩܕܡ ܐܠܗܐ
10:13c	A	[ ]אלה	ܡܛܠ ܗܢܐ ܦܪܥ ܐܠܗܐ ܡܚܘܬܗܘܢ
10:19b			ܙܪܥܐ ܡܝܩܪܐ ܗܘ ܕܕܚܠ ܠܐܠܗܐ
10:20b	A B	אלהים	ܘܕܕܚܠ ܠܐܠܗܐ ܡܝܩܪ ܡܢܗ
10:22b	A B	אלהים ייי	ܬܫܒܘܚܬܗ ܒܕܚܠܬܗ ܕܐܠܗܐ
10:24b	A	אלהים	ܕܡܝܩܪ ܡܢ ܕܕܚܠ ܠܐܠܗܐ
11:4c	A B	ייי יי[ ]	ܡܛܠ ܕܟܣܝܢ ܥܒܕܘܗܝ ܕܐܠܗܐ
11:14b	A	מייי	ܥܘܬܪܐ ܘܡܣܟܢܘܬܐ ܡܢ ܩܕܡ ܐܠܗܐ ܗܘܝܢ ܐܢܝܢ
12:5a	A	ואל	ܘܐܦ ܐܠܗܐ ܣܢܐ ܠܒܝܫܐ
14:16b	A	אלהים	... ܡܢ ܩܕܡ ܐܠܗܐ ܢܒܥܐ
15:1a	A B	ייי	ܕܕܚܠ ܠܐܠܗܐ ܢܥܒܕ ܗܕܐ
15:9b	A B	מאל מא[ ]	ܕܠܐ ܗܘܬ ܡܢ ܩܕܡ ܐܠܗܐ ܐܬܝܗܒܬ ܠܗ
15:11a	A B	אל	ܠܐ ܬܐܡܪ ܕܡܢ ܩܕܡ ܐܠܗܐ ܚܛܝܬ
15:14a	A Bm B	אלהים הוא	ܐܠܗܐ ܡܢ ܒܪܫܝܬ ܒܪܐ
15:18a	A B	ייי	ܡܛܠ ܕܣܓܝܐܐ ܗܝ ܚܟܡܬܗ ܕܐܠܗܐ

16:2b A} ייי ܠܐ ܐܝܬܝܗܘܢ ܒܕܚܠܬܗ ܕܐܠܗܐ
B

16:4a A} ייי ܡܢ ܚܕ ܚܟܝܡ ܕܕܚܠ ܠܐܠܗܐ ܬܬܝܬܒ ܟܠܗ̇
B ܩܪܝܬܐ

16:17a A מאל 7h3 ܠܐ ܬܐܡܪ ܕܡܢ ܩܕܡ ܐܠܗܐ ܐܬܛܫܝܬ

7al,Δ,12al,9ml, ܡܪܝܐ]

16:26a A אל ܟܕ ܒܪܐ ܐܠܗܐ ܥܒܕܘܗܝ ܡܢ ܠܘܩܕܡܝܢ

17:1a ܐܠܗܐ ܡܢ ܐܪܥܐ ܒܪܝܗܝ ܠܐܕܡ

17:27a ܡܛܠ ܕܡܢܘ ܡܫܒܚܐ ܐܝܬ ܠܗ ܠܐܠܗܐ

17:29a ܣܓܝܐܝܢ ܬܫܒܘܚܘܗܝ ܕܐܠܗܐ ܕܪܒܘ ܠܥܠܡ

17:32a ܚܝܠܬܐ ܕܪܘܡܐ ܕܗܘ ܐܠܗܐ

18:13b ܘܬ̈ܫܒܘܚܬܗ ܕܐܠܗܐ ܥܠ ܟܠܗܘܢ ܒܢ̈ܝܗܘܢ

18:26b ܩܠܝܠܢ ܐܢܝܢ ܩܕܡ ܐܠܗܐ

19:20a 7h3, ܘܟܠ ܚܟܡܬܐ ܕܚܠܬܗ ܕܐܠܗܐ

7al, Δ ܡܪܝܐ]

19:20b ܘܕܚܠܬܗ ܕܐܠܗܐ ܗܝ ܗܝ ܚܟܡܬܐ

20:15f ܐܝܬܝܗܘܢ ܠܐܠܗܐ ܘܠܒܢܝ̈ܢܫܐ ܣܢܝܢ

21:6b 7h3,7al, ܘܕܕܚܠ ܠܐܠܗܐ ܬܐܒ ܡܢ ܠܒܗ

12al,Δ, ܡܪܝܐ]

21:11b ܘܕܕܚܠ ܠܐܠܗܐ ܠܐ ܚܣܪ ܠܗ ܡܕܡ

23:1a ܐܠܗܐ ܐܒܐ ܘܡܪܗܘܢ ܕܚܝ̈ܐ

23:4a ܐܠܗܐ ܐܒܐ ܘܡܪܗܘܢ ܕܚܝ̈ܐ

23:19a ܘܠܐ ܚܙܐ ܕܥܝ̈ܢܘܗܝ ܕܐܠܗܐ ܢܗܝ̈ܪܢ

23:23a ܚܕܐ ܕܥܒܪܬ ܒܢܡܘܣܐ ܕܐܠܗܐ

23:27c ܕܠܝܬ ܕܛܒܐ ܡܢ ܕܚܠܬܗ ܕܐܠܗܐ

24:1b ܘܒܓܘ ܥܡܗ ܕܐܠܗܐ ܬܬܝܩܪ

24:2a ܒܟܢܘܫܬܗ ܕܐܠܗܐ ܬܦܬܚ ܦܘܡܗ̇

25:1b ܘܫܦܝܪܝܢ ܩܕܡ ܐܠܗܐ ܘܩܕܡ ܒܢܝ̈ ܐܢܫܐ

25:6b ܘܕܚܠܬܗ ܕܐܠܗܐ ܬܫܒܘܚܬܗܘܢ

25:11a ܕܚܠܬܗ ܕܐܠܗܐ ܥܠ ܟܠܡܕܡ ܥܠܝܐ ܐܬܬܪܝܡܬ

26:23b 7h3 ܠܓܒܪܐ ܕܕܚܠ ܠܐܠܗܐ ܬܬܝܗܒ

7al, Δ, ܡܪܝܐ]

(God, Deus-cont'd ܐܠܗܐ)

Ref.	MS	Heb.	Syriac
26:28e			ܡܢ ܕܗܦܟ ܡܢ ܕܫܠܡܘܬܗ ܕܐܠܗܐ
27:3a			ܒܢܝ، ܐܢ ܠܐ ܕܫܠܡܘܬܗ ܕܐܠܗܐ ܬܬܒܢܐ
27:24b			ܘܐܦ ܐܠܗܐ ܢܣܢܝܘܗܝ ܘܢܠܛܝܘܗܝ
28:1a			ܘܦܘܪܥܢܐ ܡܢ ܩܕܡ ܐܠܗܐ ܢܣܒ
28:3b			ܡܢ ܩܕܡ ܐܠܗܐ ܡܢܐ ܒܥܐ ܚܘܣܝܐ
28:7a			ܘܠܐ ܬܣܢܐ ܚܒܪܟ ܩܕܡ ܐܠܗܐ
28:23a			ܟܠ ܕܫܒܩܝܢ ܕܫܠܡܘܬܗ ܕܐܠܗܐ ܒܗ ܢܦܠܘܢ
29:28g			ܐܝܬ ܕܡܚܝܐ ܘܠܐܠܗܐ ܗܘ ܡܫܠܡ ܐܝܬ
30(33):25b	E	אל	ܘܒܝܕܥܬܗ ܕܐܠܗܐ ܐܢܐ ܡܠܝܬ
34(31):13a	B	אל	ܡܛܠ ܕܒܝܫܬܐ ܒܝܫܐ ܣܢܐ ܐܠܗܐ
35(32):5b	B	אל	ܡܛܠ ܕܗܝ ܬܫܒܘܚܬܐ ܕܐܠܗܐ
35(32):12b	B	אל	ܘܒܗ ܙܕܝܩܝܢ ܒܫܠܡܘܬܗ ܕܐܠܗܐ
35(32):13a			ܒܪܟ ܡܢ ܕܐܠܗܐ ܕܐܚܝܢ ܡܢ ܛܒܬܗ
35(32):14a	B	אל	ܕܒܥܐ ܦܘܠܚܢܐ ܕܐܠܗܐ ܢܣܒ ܡܪܕܘܬܐ
35(32):16a	B	ייי	ܕܚܠܘܗܝ ܕܐܠܗܐ ܡܫܬܟܚܝܢ ܒܕܝܢܘܗܝ
35(32):24a			ܢܛܪ ܦܘܩܕܢܐ ܕܐܠܗܐ
35(32):24b	B E	בייי ביי	ܘܡܢ ܕܬܟܠ ܥܠ ܐܠܗܐ ܠܐ ܢܒܗܬ ܠܥܠܡ
36(33):1a	B	ייי	ܕܕܚܠ ܠܐܠܗܐ ܠܐ ܢܦܓܥ ܒܗ ܒܝܫܬܐ
36(33):8a	E	יי	ܒܪܡ ܒܚܟܡܬܗ ܕܐܠܗܐ ܐܬܦܪܫܘ
36(33):11a	E	יי	ܒܪܡ ܒܚܟܡܬܗ ܕܐܠܗܐ ܦܪܫ ܐܢܘܢ
36(33):15a	E	אל	ܡܛܠ ܗܢܐ، ܐܠܗܐ ܒܥܒܕܘܗܝ ܟܠܗܘܢ
31(34):6a			ܐܠܐ ܡܢ ܩܕܡ ܐܠܗܐ ܐܬܦܩܕ
31(34):8a			ܕܠܝܬ ܒܗ ܫܩܪܐ ܗܢܐ ܐܠܗܐ ܡܛܠ ܕܥܒܕܘܬܐ
31(34):17a			ܕܕܚܠ ܠܐܠܗܐ ܛܘܒܝܗ ܠܢܦܫܗ
31(34):23a			ܠܐ ܨܒܐ ܐܠܗܐ ܒܕܒܚܝܗܘܢ ܕܥܘܠܐ
31(34):27a			ܕܐܝܟܢܐ ܗܘܝܐ ܠܐܠܗܐ ܥܠܡ
32(35):5a			ܨܒܝܢܗ ܕܐܠܗܐ ܠܡܦܪܫ ܡܢ ܟܠ ܕܒܝܫ
32(35):12a	B Bm	לו לאל	ܗܒ ܠܐܠܗܐ ܐܝܟ ܡܐ ܕܝܗܒ ܠܟ
32(35):12c	Bm	ייי	ܕܡܢ ܕܝܗܒ ܠܡܣܟܢܐ ܠܐܠܗܐ ܗܘ ܡܘܙܦ
32(35):13a	B	אלוה	ܡܛܠ ܕܐܠܗܐ ܦܪܘܥܐ ܗܘ

Ref.	MS	Hebrew	Text
32(35):15b	B	אלהי	[illegible]
33(36):1a	B	אלהי	[illegible]
33(36):5b	B	אלהים	[illegible]
36: 22d	B	[ ]אל	[illegible]
37:12b			[illegible]
37:15a	B, D	אל	[illegible]
38:1b	B, Bm	אל	[illegible]
38:2a	B	אל	[illegible]
38:4a	B	אל	[illegible]
38:5b			[illegible]
38:9b	B	אל	[illegible]
38:14a	B	אל	[illegible]
38:15a			[illegible]
38:34c			[illegible]
39:5c			[illegible]
39:15b			[illegible]
39:16a	B	אל	[illegible]
39:35a			[illegible]
40:1a	B / Bm	אל / עליון	[illegible]
40:26b	B	אלהים	[illegible]
40:26c	B	יְיָ	[illegible]
40:26e			[illegible]
40:27a	B	אלהים	[illegible]
41:4a	B	מאל	[illegible]
42:15a	B, M	אל	[illegible]
42:18c	M	עליון	[illegible]
44:17d			[illegible]
44:21a			[illegible]

(God,Deus-cont'd. ܐܠܗܐ)

45:1a B [א]להים ܘܢܦܩ ܡܢܗ ܐܠܗܐ ܘܐܦ ܒܚܢܐ ܒܥܝ̈ܢܝ ܐܢܫܐ

45:19a B ייי ܘܚܙܐ ܐܠܗܐ ܘܪܓܙ ܘܐܘܒܕ ܐܢܘܢ

45:24a ܒܡܩ̈ܝܡܬܐ ܗܘܐ ܠܗ ܐܠܗܐ

45:26a ܒܪܟܘ ܠܐܠܗܐ ܕܝܗܒ ܠܟܘܢ ܚܟܡܬܐ

46:6d B ייי ܕܐܠܗܐ ܗܘ ܐܡܝܪ ܒܩܪܒܗܘܢ

46:6e B אל ܘܐܦ ܗܘ ܐܙܠ ܒܬܪ ܐܠܗܐ

46:10b B ייי ܕܐܙܠ ܒܬܪܗ ܕܐܠܗܐ ܘܕܒܝ̈ܬܘܗܝ

46:11c B אל ܘܠܐ ܗܦܟ ܡܢ ܒܬܪܗ ܕܐܠܗܐ

47:5a B אל ܡܛܠ ܕܩ̈ܠ ܡܢܗ ܐܠܗܐ

47:11a B ייי ܐܦ ܐܠܗܐ ܫܒܩ ܠܗ ܚܛܗ̈ܘܗܝ

47:13b B ואל ܘܐܠܗܐ ܐܢܝܚ ܠܗ ܡܢ ܟܠܗܘܢ ܒܥܠܕܒ̈ܒܘܗܝ

47:18a ܐܬܩܪܝܬ ܒܫܡܗ ܕܐܠܗܐ

47:22a B [א]ל ܘܐܦ ܐܠܗܐ ܠܐ ܫܒܩ ܛܝܒܘܬܗ

48:18d B אל ܘܓܕܦ ܒܪܘܪܒܘܬܐ ܥܠ ܐܠܗܐ

48:20c B ܘܐܦ ܐܠܗܐ ܫܡܥ ܩܠ ܨܠܘܬܗ

49:3a B אל ܘܐܫܠܡ ܠܐܠܗܐ ܠܒܗ

50:17b B עליון ܘܠܗ ܒܥܐ ܠܡܣܓܕ ܠܐܠܗܐ

50:19a ܘܫܒܚܘ ܥܡܐ ܕܐܪܥܐ ܠܐܠܗܐ

50:29a B ייי ,Δ, ܘܚܟܝܡܐ ܕܕܚܠܬܗ ܕܐܠܗܐ ܥܠ ܟܠ ܡܢܗ

7a1,7h3. [ܡܪܝܐ

51:30c B ייי ܒܪܝܟ ܐܠܗܐ ܠܥܠܡ

Root: ܐܠ

nom.prop. ܐܠܝܐ

Elijah

48:4a B אליהו ܡܐ ܕܚܝܠ ܐܢܬ ܐܠܝܐ

48:12a B [ ]ל[ ] ܐܠܝܐ ܒܥܠܥܠܐ ܐܬܟܣܝ ܠܫܡܝܐ

nom.prop.

Eliazar ܐܠܝܥܙܪ

45:23a B אלעזר ܘܐܦ ܦܝܢܚܣ ܒܪ ܐܠܝܥܙܪ

nom.prop.

Elisha ܐܠܝܫܥ

48:12b B[ ]ל[ ] ܘܡܠܐ ܢܒܝܘܬܐ ܐܥܦܦܐ ܐܠܝܫܥ

Root ܐܠܦ

He taught, docuit ܐܠܦ

The peal is ܝܠܦ to learn; see yudh. pael,perf,3 m.s.

17:7b ܛܒ ܘܒܝܫ ܐܠܦ ܐܢܘܢ

17:11b ܘܢܡܘܣܐ ܕܚܝܐ ܐܠܦ ܐܢܘܢ

pael,perf. 3 f.s.

4:11a A למדה ܚܟܡܬܐ ܒܢܝ̈ܗ ܐܠܦܬ ܘܐܬܪܝܬ ܠܟܠ

pael,part.

18:13c ܡܗܕܪ ܘܪܕܐ ܘܡܐܠܦ ܠܗܘܢ

22:9a ܡܢܝܐ ܗܘ ܕܡܐܠܦ ܠܣܟܠܐ

22:10b ܡܢܝܐ ܗܘ ܕܡܐܠܦ ܠܣܟܠܐ

30:3a ܕܡܐܠܦ ܒܪܗ ܡܚܪ ܠܣܢܐܗ

pael,infin.

18:28a ܠܟܠ ܕܒܥܐ ܠܡܐܠܦܘ ܚܟܡܬܐ

45:5e B ללמד ܠܡܐܠܦܘ ܠܒܝܬ ܝܥܩܘܒ ܦܘܩܕ̈ܢܘܗܝ

pael,imperat. 2 m.s.

30:11a B יסר ܦܪܘܥܐ ܕܒܢܝܐ ܐܠܦ ܒܪܟ

pael imperf. 3 m.s.

10:1a A יוסר ܕܝܢܐ ܚܟܝܡܐ ܢܐܠܦ ܥܡܗ

39:2a ܘܬܢܝ̈ܬܐ ܕܟܠ ܐܢܫܐ ܕܝܠܦܐ ܢܐܠܦ

39:3a ܚܟܡܬܐ ܕܡܬܠܐ ܢܐܠܦ

50:28b ܘܢܐܠܦ ܐܢܝ̈ܢ ܘܢܚܟܡ ܐܢܝ̈ܢ

pael imperf. 3 m.s. with suffix

6:37d A יחכמך ܘܡܢ ܗܘ ܕܐܬܪܓܪܬ ܢܐܠܦܟ

15:10b A ילמדנה ܘܕܡܫܠܛ ܒܗ ܢܐܠܦܝܗ

pael imperf. 2 m.s.

23:9a ܠܡܘܡܬܐ ܠܐ ܬܐܠܦ ܦܘܡܟ

23:13a ܠܨܘܠܠܬܐ ܠܐ ܬܐܠܦ ܦܘܡܟ

pael imperf. 3 m.pl.

2:16b ܘܪ̈ܚܡܘܗܝ ܢܐܠܦܘܢ ܢܡܘܣܐ

39:9a ܘܢܐܠܦܘܢ ܚܘܫܒ̈ܢܐ ܡܢ ܚܟܡܬܗ

A teacher, magister ܡܠܦܢܐ

con. s. with suffix 1. s.

51:17b B} ולמלמדי ܘܠܡܠܦܢܝ ܐܬܠ ܬܘܕܝܬܐ
Q}

Thousand , mille ܐܠܦ

sing.

6:6b A מאלף ܘܟܠܠ ܪܙܟ ܚܕ ܡܢ ܐܠܦ

16: 3d A} 7a1,7h3 ܚܕ ܕܥܒܕ ܨܒܝܢܐ ܡܢ ܐܠܦ
B} מאלף

16: 3d A} 11c1,14c1,17a4, ܚܕ ܕܥܒܕ ܨܒܝܢܐ ܡܢ ܐܠܦܐ
B} מאלף 17a3,17a1.

18:10b ܦܪܕܬܐ ܡܢ ܚܠܐ ܐܠܦ ܪ̈ܒܘ ܡܢ ܥܠܡܐ

39:11a ܐܢ ܢܩܘܐ ܒܐܠܦ ܢܬܒܚ

plur.

16:10a A אלף ܫܬܡܐܐ ܐܠܦ̈ܝܢ ܓܒܪܝܢ ܐܬܟܢܫܘ

41:12b B} מאלפי ܡܢ ܐܠܦ̈ܐ ܣܝܡ̈ܬܐ ܕܕܗܒܐ
M}

46:8b B אלף ܐܬܦܨܝܘ ܡܢ ܫܬܡܐܐ ܐܠܦ̈ܝܢ

Root ܐܠܨ

He compelled, compulit ܐܠܨ

peal, part.

21:11a ܕܢܛܪ ܢܡܘܣܐ ܐܠܨ ܝܨܪܗ

ethpe'el part.

29:19d ܕܡܬܐܠܨ ܡܢ ܘܡܬܒܥܐ ܕܝܢܐ

ethpe'el imperf. 2 m.s.

34(31):21a B ונאנסתה ܘܐܢ ܬܬܐܠܨ ܒܡܐܟܘܠܬܐ

Oppressor, ditto ܐܠܘܨܐ

plur.w. suff. 3 m.s.

4:9a A מאציקין ܦܪܘܩ ܐܠܝܨܐ ܡܢ ܐܠܘܨ̈ܘܗܝ,

Victim, compressus ܐܠܝܨܐ

sing. emph.

4:9a A ܦܪܘܩ ܐܠܝܨܐ ܡܢ ܐܠܘܨ̈ܘܗܝ,

Vexation, oppression ܐܘܠܨܢܐ

sing. emph.

5:8b A עברה ܡܛܠ ܕܠܐ ܢܥܕܪܘܢܟ ܒܝܘܡܐ ܕܐܘܠܨܢܐ
6:8b A צרה ܘܠܐ ܩܐܡ ܒܝܘܡܐ ܕܐܘܠܨܢܐ
20:(4)b ܡܫܟܚܐ ܦܨܐ ܕܢܦܫܗ ܕܝܘܡܐ ܒܐܘܠܨܢܐ
25:14a ܘܠܐ ܐܝܟ ܐܘܠܨܢܐ ܕܣܢܝܐܐ
26:27d ܒܐܬܪܐ ܕܩܪܒܐ ܝܬܒܐ ܒܐܘܠܨܢܐ ܬܬܚܫܒ
32(35):26a B מצוקה. ܘܒܥܕܢ ܣܢܝܐܐ ܒܥܕܢܐ ܕܐܘܠܨܢܐ

plur. abs.

25:14a ܟܠ ܐܘܠܨܢܝܢ ܘܠܐ ܐܝܟ ܐܘܠܨܢܐ ܕܣܢܝܐܐ

Root ܐܡܗܐ

Mother, Mater ܐܡܐ

sing. emph.

3:2b ܘܕܝܢܐ ܕܐܡܐ ܥܠ ܒ̈ܢܝܗ ܩܝܡ
3:9b A אם ܘܠܘܛܬܐ ܕܐܡܐ ܬܥܩܪ ܫܬܐܣ̈ܐ
15:2a {A כאם ܐܝܟ ܐܡܐ ܘܐܝܟ ܐܢܬܬ ܛܠܝܘܬܐ
B כאם}
23:14a ܐܬܕܟܪ ܕܐܒܐ ܘܐܡܐ ܐܝܬ ܠܟ
24:30b ܘܡܪܢܐ ܕܚܘܒܐ ܫܦܝܪܐ ܘܐܝܟ ܐܡܐ ܕܒܢ̈ܝܐ
49:15a ܘܐܡܐ ܐܝܟ ܝܘܣܦ ܠܐ ܐܬܝܠܕ

sing with suffixes

7:27b ܘܠܐܡܟ ܕܝܠܕܬܟ ܠܐ ܬܛܥܐ

3:4a ܘܐܝܟ ܡܣܝܡ ܣܝܡܬܐ ܗܘ ܕܡܝܩܪ ܠܐܡܗ
3:6b A אמו. ܘܡܢ ܟܠ ܕܫܡܥ ܠܐܒܘܗܝ ܡܢ ܕܡܢܝܚ ܠܐܡܗ
3:11b A אמו ܘܡܣܒ̈ܪܢ ܕܪ̈ܘܚܐ ܡܢ ܕܡܨܥܪ ܠܐܡܗ
3:16b A }אמו ܘܠܝܛ ܡܢ ܕܡܪܓܙ ܡܢ ܕܡܨܥܪ ܠܐܡܗ
C}
46:13b B אמו ܡܢ ܕܐܬܝܠܕ ܡܢ ܟܪܣܐ ܕܐܡܗ
49:7b ܕܗܘܐ ܡܢ ܟܪܣܐ ܕܐܡܗ ܢܒܝܐ

22:5a ܐܒܘܗ ܘܐܡܗ ܡܒܗܬܐ ܚܨܝܦܬܐ

1:14b ܡܢ ܟܪܣܐ ܕܐܡܗܘܢ ܐܬܒܪܝܬ

40:1c B אמו ܡܢ ܕܢܦܩܘ ܡܢ ܟܪܣܐ ܕܐܡܗܬܗܘܢ

50:22c ܕܓܕܠ ܒܢܝ ܐܢܫܐ ܡܢ ܟܪܣܐ ܕܐܡܗܬܗܘܢ

People, populus ܐܡܘܬܐ

plur. emph

24:6b ܘܒܟܠܗܘܢ ܥܡܡܐ ܘܐܡܘܬܐ ܐܫܬܠܛܬ

Root ܐܡܢ

Craftsman, artifex ܐܘܡܢܐ

plur. emph.

38:27a ܗܟܢܐ ܐܦ ܟܠܗܘܢ ܐܘܡܢܐ ܡܬܬܢܝܚܝܢ

A craft, Ars. ܐܘܡܢܘܬܐ

sing w. suffix

38:27d ܫܘܩܠܝܗܘܢ ܠܡܥܒܕܐ ܕܐܘܡܢܘܬܗܘܢ ܡܬܬܢܝܚܝܢ

38:31b ܘܟܠ ܚܕ ܒܥܒܕܐ ܕܐܘܡܢܘܬܗܘܢ ܡܬܚܟܡ

38:34b ܘܪܢܝܗܘܢ ܒܥܒܕܐ ܕܐܘܡܢܘܬܗܘܢ

Constantly, assidue ܐܡܝܢܐܝܬ

27:12b ܘܒܝܬ ܚܟܝܡܐ ܠܡܛܠܠ ܐܡܝܢܐܝܬ

47:9c ܐܡܝܢܐܝܬ ܬܫܒܘܚܬܗ ܐܡܝܪ ܗܘܐ

Root ܐܡܪ

He spoke, dixit ܐܡܪ

peal, perf. 3m.s.

15:20b {A החלים / B למד} ܘܠܐ ܐܡܪ ܠܒܢܝ ܐܢܫܐ ܕܢܚܛܘܢ

17:14a ܘܐܡܪ ܠܗܘܢ. ܐܙܕܗܪܘ ܘܠܐ ܬܥܘܠܘܢ

19:14b ܘܡܢ ܐܡܪ ܕ ܠܐ ܢܥܒܕ

24:8a ܘܗܝܕܝܢ ܦܩܕܢܝ ܐܡܪ ܠܝ

33(36):12b B האומר ܘܐܠܗܐ ܕܐܡܪ ܕܠܝܬ ܐܚܪܝܢ،

49:9a ܘܐܦ ܥܠ ܐܝܘܒ ܐܡܪ

peal, perf, 2 m.s.

22:10d ܐܡܪܬ ܠܟ ܡܢܐ ܐܡܪܬ

36:16a ܘܐܡܪܬ ܐܝܟ ܕܐܡܪܬ ܒܩܕܡܝܬܐ

peal,perf. 1 s.

24:31a ܐܡܪܬ ܕܐܫܩܐ ܦܪܕܝܣܝ

(he spoke, dixit,cont'd ܐܡܪ)

peal, participle

11:19a ܘܒܥܕܢܐ ܕܐܡܪ ܐܫܟܚܬ ܠܝ

13:23c ܘܐܡܪܝܢ ܡܢܐ ܐܡܪ

13:22d A ודבר. ܘܟܕ ܐܡܪ ܕܣܟܠܢ ܠܐ ܝܗܒܝܢ ܠܗ ܕܘܟܬܐ.

20:16a ܫܛܝܐ ܐܡܪ ܠܝܬ ܠܝ ܪ̈ܚܡܐ

20:20b ܡܛܠ ܕܠܐ ܐܡܪ ܠܗ ܒܥܕܢܗ

22:10d ܘܡܢܐ ܕܗܘܐ ܡܠܬܟ ܐܡܪ ܠܟ ܡܢܐ

23:18b ܘܐܡܪ ܒܠܒܗ ܡܢܘ ܚܙܐ ܠܝ

37:1a {B אמר / D, Bm אומר} ܘܟܠ ܪܚܡܐ ܐܡܪ ܕܪܚܡܬ

47:9c ܐܡܢܝܐ ܠܗ ܐܬܬܩܢܬܗ ܐܡܪ ܗܘܐ

peal,part. plur abs.

15:8b A, B} ואנשי. ܘܐܡܪܝܢ ܕܓܠܘܬܐ ܠܐ ܢܕܟܪܘܢܗ

13:22c ܘܡܫܟܢܐ ܡܡܠܠ ܘܐܡܪܝܢ ܠܗ ܦܘܩ

13:23c A יאמרו. ܘܡܫܟܢܐ ܡܡܠܠ ܘܐܡܪܝܢ ܡܢܐ ܐܡܪ

peal,part. plur. con.

44:5b ܘܐܡܪܝ̈ ܡ̈ܬܠܐ ܒܟܬܒܐ

peal, imperative , sing. 2.

38:16b {B ונהה / Bm ונהי} ܘܢܟܐܒ ܠܟ ܘܐܡܪ ܐܘܠܝܬܐ

peal,imperat. plur. 2

39:12a 7a1, ܐܬܦܠܠܘ ܘܐܡܪܘ ܢܠܦܘܢ

7h3 ܘܐܡܪ]

39:15 d B תאמר ܘܒܡܠܐ ܕܦܘܡܐ ܘܗܟܢܐ ܐܡܪܘ

peal imperf. 3 ms.

19:14a ܐܟܣ ܚܒܪܟ ܕܠܐ ܢܐܡܪ

21:27d ܕܠܐ ܢܕܥ ܡܢܐ ܢܐܡܪ ܠܗ

33(36):10 b B יאמר ܡܛܠ ܕܠܝܬ ܕܢܐܡܪ ܠܟ ܡܢܐ

37:9a {D ואמר} ܘܢܐܡܪ ܡܢܐ ܛܒܐ ܗܝ ܐܘܪܚܟ

(he spoke, dixit, cont'd ܐܡܪ)

peal, imperf. 3 m.s. cont'd.

39:10b ܘܬܫܒܘܚܬܐ ܢܐܡܪ ܒܦܘܡܐ

39:17a ܘܠܝܬ ܕܢܐܡܪ ܡܢܐ ܠܡܢܐ

39:21a B לאמר ܘܠܝܬ ܕܢܐܡܪ ܗܢܐ ܒܝܫ ܘܗܢܐ ܛܒ

39:34a B לאמר ܘܠܝܬ ܕܢܐܡܪ ܗܢܐ ܒܝܫ ܡܢ ܗܢܐ

peal,imperf. 2 m.s.

5:1b A תאמר ܠܐ ܬܬܟܝܠ ܥܠ ܢܟܣܝܟ ܘܬܐܡܪ ܕܣܦܩ ܐܝܬ ܠܝ

5:3a A תאמר ܠܐ ܬܐܡܪ ܕܡܢܘ ܡܨܐ ܥܠܝ

5:4a A C תאמר. ܠܐ ܬܐܡܪ ܕܚܛܝܬ ܘܠܐ ܗܘܐ ܠܝ ܡܕܡ

5:4c A תאמר ܠܐ ܬܐܡܪ ܕܡܪܚܡܢܐ ܗܘ ܡܪܝܐ

7:9a ܠܐ ܬܐܡܪ ܕܥܠ ܣܘܓܐܐ ܕܩܘܪܒܢܝ ܢܚܘܪ ܒܗ

15:11a A B תאמר. ܠܐ ܬܐܡܪ ܕܡܢ ܩܕܡ ܐܠܗܐ ܣܛܝܬ

15:12a A B תאמר ܕܠܡܐ ܬܐܡܪ ܕܗܘ ܐܛܥܝܢܝ

16:17a A תאמר. ܠܐ ܬܐܡܪ ܕܡܢ ܩܕܡ ܡܪܝܐ ܐܬܛܫܝܬ

23:14e ܘܬܐܡܪ ܕܐܠܘ ܠܐ ܐܬܝܠܕܬ

34(31):12c B תאמר ܘܠܐ ܬܐܡܪ ܕܠܐ ܣܦܩ ܠܝ

34(31):31c ܡ̈ܠܐ ܕܚܣܕܐ ܠܐ ܬܐܡܪ ܠܗ.

35(32):4a B תשפך ܠܐ ܬܐܡܪ ܒܗ ܡܬܠܐ

peal, imperf. 1 s.

16:25a A אביעה ܐܡܪ ܒܡܬܩܠܐ ܡ̈ܠܝ

22:27c ܕܠܐ ܐܡܪ ܒܦܘܡܝ ܡܠܬܐ

24:32a ܬܘܒ ܡܠܦܢܘ ܐܝܟ ܢܘܗܪܐ ܐܡܪ

24:33a ܬܘܒ ܡܠܦܢܘ ܐܝܟ ܢܒܝܘܬܐ ܐܡܪ

39:12a 7h3 ܐܘܣܦܬ ܘܐܡܪ ܡܠܦܢܘ

7al [ܘܐܡܪܘ

peal imperf. 3 m. pl.

16:23a A יבינו ܚܣܝܪ̈ܝ ܠܒܐ ܢܐܡܪܘܢ ܗܠܝܢ

ethpeel ,part. f.s.

20:17e ܗܘܝܐ ܡܠܬܐ ܕܠܐ ܡܬܐܡܪܐ ܒܒܕܚܘܬܐ

(he spoke,dixit,cont'd ܐܡܪ)

ethpeel, imperf . 3.f.s.

15:10a { A תאמר. ܒܦܘܡܗ ܕܡܗܝܡܢܐ ܬܬܐܡܪ ܬܫܒܘܚܬܐ.
{ B תאמר

A saying,Dictum ܡܐܡܪܐ

Sing emph.

4:24b A באומר. ܡܛܠ ܕܒܡܐܡܪܐ ܗܘ ܡܬܝܕܥܐ ܚܟܡܬܐ

Sing with suffixes

12:12f A ולאנחתי ܬܕܥ ܟܠ ܘܒܡܐܡܪܝ ܬܬܕܟܪ

1:30a ܠܐ ܬܗܘܐ ܒܡܐܡܪܗ ܘܠܐ ܬܘܪ
2:15a ܕܚܠܘܗܝ ܕܡܪܝܐ ܠܐ ܢܗܦܟܘܢ ܡܐܡܪܗ
11:12c ܘܬܬܪ ܡܫܒܚܬܐ ܡܐܡܪܗ ܕܡܪܝܐ ܠܠܗܘܢ
39:17e (twice) ܒܡܐܡܪܗ ܡܕܡ ܣܕܪ ܘܒܡܐܡܪܗ
ܗܘ ܡܣܪܒ ܠܗ

Lamb agnus, ܐܡܪܐ

sing emph

13:17a A כבש . ܡܢܐ ܢܫܬܘܬܦ ܕܐܒܐ ܠܐܡܪܐ
46:16b ܒܡܩܪܒܘܬܗ ܐܡܪܐ ܕܚܠܒܐ

plur. emph.

47:3b ܘܥܡ ܕܒܐ ܐܝܟ ܐܡܪܐ

Root ܐܡܬ

When Quando ? ܐܡܬܝ

51:24a B מתי ܥܕ ܐܡܬܝ ܬܚܣܪܘܢ ܡܢ ܗܠܝܢ

Root ܐܢ

If Si ܐܢ

2:1a ܒܪܝ ܐܢ ܩܪܒܬ ܠܡܦܠܚܗ ܕܐܠܗܐ
4:16a ܐܢ ܗܝܡܢ ܒܝ ܢܐܪܬܝܗ
4:19a A אם. ܠܡܐ ܕܣܛܐ ܒܬܪܝ ܐܢ ܗܘ ܕܢܦܩ ܡܢ ܒܬܪܝ
5:12a A } אם ܐܢ ܐܝܬ ܠܟ ܡܠܬܐ ܦܢܝ
C }

5:12b A } ואם ,18g6,9ml,Δ, ܘܐܢ ܠܐ ܐܝܬ ܠܟ ܣܝܡ ܐܝܕܟ ܥܠ ܦܘܡܟ
C } 7a1,7h3 ܐܠܐ]

(If , Si contd ܐܢ)

6:7a		ܐܢ ܩܢܐ ܐܢܬ ܪܚܡܐ
6:12a	A אם	ܐܢ ܬܦܠ ܢܗܦܘܟ ܒܟ
6:32a	A אם	ܐܢ ܬܨܒܐ ܒܪܝ ܬܬܚܟܡ
6:32b	A ואם	ܐܢ ܬܣܡ ܠܒܟ ܠܪܝܫ ܬܗܘܐ
6:33a	A אם	ܐܢ ܬܨܒܐ ܠܡܫܡܥ ܬܐܠܦ
6:32b	A··ו	ܘܐܢ ܬܪܟܢ ܐܕܢܟ ܬܬܚܟܡ
7:6b	A C } אם אין	ܠܡܗܘܐ ܕܝܢܐ ܐܠܐ ܐܢ ܐܝܬ ܒܟ ܚܝܠܐ.
7:22b	A ואם	ܘܐܢ ܛܒܪܐ ܗܝ ܡܢܝܢ
7:26b	A·ו	ܘܐܢ ܣܢܝܐ ܗܝ ܠܐ ܬܗܝܡܢ ܒܗ
8:12b	A ואם	ܘܐܢ ܐܘܙܦܬ ܗܘܝ ܐܝܟ ܕܐܒܕ ܒܗ
8:13b	A ואם	ܘܐܢ ܥܪܒܬ ܗܘܝ ܐܝܟ ܦܪܘܥ
8:16d	A ובאין	ܘܐܢ ܠܐ ܢܗܘܐ ܠܟ ܡܥܕܪܢܐ
9:13c	A ואם	ܘܐܢ ܩܪܒ ܐܢܬ
11:9a	A B } ב	ܘܐܢ ܐܝܬ ܒܟ ܚܝܠܐ
11:10c	A B } אם	ܐܢ ܠܐ ܬܪܗܛ ܠܐ ܬܕܪܟ
11:10d	A B } ואם	ܐܢ ܠܐ ܬܒܥܐ ܠܐ ܬܫܟܚ
12:1a	A אם	ܐܢ ܡܛܐܒ ܐܢܬ ܠܛܒܐ
12:2b	A אם·Δ,12al,9ml 7al,7h3,	ܐܢ ܠܐ ܡܢܘܗ ܡܢ ܡܪܝܐ [ܐ]ܠܐ
12:15b	A ואם	ܘܐܢ ܬܦܠ ܠܐ ܡܨܐ ܐܢܬ ܚܝܠܗ
12:16d	A אם	ܐܢ ܢܟܫ ܠܗ ܐܬܪܐ
12:17a	A אם	ܐܢ ܬܐܪܥܟ ܒܝܫܬܐ
13:4a	A אם	ܐܢ ܬܗܘܐ ܒܪܝ ܠܗ
13:4b	A ואם	ܢܦܠܚ ܒܟ ܘܐܢ ܬܬܡܣܟܢ ܢܫܒܩܟ
13:5a	A אם	ܐܢ ܐܝܬ ܠܟ ܢܦܫ ܒܩܢܝܢܗ ܢܫܟ
13:9a		ܘܐܢ ܢܬܩܪܒ ܠܟ ܫܠܝܛܐ
13:22d	A ו	ܘܐܢ ܥܛܪ ܕܣܦܪ ܠܐ ܫܒܩܝܢ
13:23d	A ואם	ܘܐܢ ܢܬܬܩܠ ܢܦܫܦܘܢܗ
13:25b	A אם	ܐܢ ܠܛܒ ܘܐܢ ܠܒܝܫ

(If, Si, con'td ܐܢ)

14:7a		ܘܐܦܢ ܥܒܕ ܘܐܬܦܢܥ ܡܬܦܢܐ ܗܘ
14:11a	A אם	ܐܢ ܐܝܬ ܠܟ ܒܪܝ، ܛܒ ܢܦܫܟ
14:11b	A ואם	ܘܐܢ ܐܝܬ ܠܟ ܐܬܦܢܩ ܠܟ
15:15a	A } אם B }	ܐܢ ܬܨܒܐ ܬܛܪ ܦܘܩܕܢܘܗܝ،
15:15 b	A אם	ܘܐܢ ܬܗܝܡܢ ܒܗ ܐܦ ܐܢܬ ܬܚܐ
16:11a		ܘܐܦ ܚܕ ܐܢ ܢܩܫܐ ܩܕܠܗ
16:11b	A אם	ܬܡܗܐ ܗܘ ܬܬܦܨܐ ܐܢ ܢܦܨܐ
16:21a	A אם	ܐܢ ܐܚܛܐ ܠܐ ܬܚܙܝܢ ܥܝܢܐ
16:21b	A אם	ܐܘ ܐܢ ܐܕܓܠ ܒܟܠ ܐܬܪ
18:7b		ܗܝܕܝܢ ܡܫܪܝܢ ܘܐܢ ܫܠܡܝܢ ܢܬܡܗܘܢ
18:31a		ܐܢ ܬܬܒܥ ܝܨܪ ܓܢܝܐ ܕܪܘܚܟ
19:8b		ܘܐܢ ܐܝܬ ܠܟ ܚܛܗܐ ܒܗ
19:13b		ܘܐܢ ܥܒܕ ܕܠܐ ܢܘܣܦ
19:14b		ܘܐܢ ܐܡܪ ܕܠܐ ܢܬܢܐ
19:28b		ܘܐܢ ܡܫܟܚ ܠܡܒܐܫܘ ܡܒܐܫ
21:2b		ܕܢ ܬܩܪܒ ܘܐܢ ܬܬܩܪܒ
22:21b		ܘܐܢ ܐܫܬܠܛܬ ܠܐ ܬܬܒܪ
22:22a		ܘܐܢ ܟܠ ܪܚܡܟ
22:25a		ܐܢ ܐܬܒܝܫ ܪܚܡܟ ܠܐ ܬܬܟܣܐ ܡܢܗ
22:26a		ܐܢ ܓܠܐ ܠܟ ܪܚܡܟ ܪܐܙܐ
23:11c		ܐܢ ܒܛܘܠ ܫܒܐ ܚܛܗܐ ܟܠܗܘܢ
23:11d		ܘܐܢ ܒܪܬܐ ܠܐ ܢܩܘܐ
25:26a		ܘܐܢ ܠܐ ܐܙܠܬ ܐܬܬܐ ܒܬܪܟ
26:4a	(twice)	ܐܢ ܥܬܝܪ ܘܐܢ ܡܣܟܢ
27:3a		ܒܪܝ، ܐܢ ܟܠ ܕܫܠܛܐ ܕܐܠܗܐ ܬܬܒܪ
27:8a		ܐܢ ܬܬܒܥ ܙܕܝܩܘܬܐ
27:17b		ܐܢ ܕܝܢ ܓܠܐ ܪܐܙܐ
28:12a		ܐܢ ܬܦܘܚ ܒܢܘܪܐ ܬܐܚܕ
28:12b		ܘܐܢ ܬܪܘܩ ܥܠܝܗ ܕܥܟܐ
29:6a		ܕܐܢ ܚܝܠ ܢܬܦܪܥ ܦܠܓܗ

29:9b			ܘܐܢ ܢܗܘܐ ܢܘܟܪܝܐ
29:28e			ܘܐܢ ܢܐܠܦ ܡܢܗ ܐܠܒܫܘܢܝ
30:10a			ܘܐܢ ܬܓܚܟ ܥܡܗ ܢܬܢܟܟ
34(31):4b	B	ℶX1	ܘܐܢ ܢܬܢܝܚ ܢܗܘܐ ܙܥܘܪܐ
34(31):12a	B	ℶX	ܟܕ ܐܢ ܬܬܒ ܥܠ ܦܬܘܪܗ
34(31):21a	B	ℶX	ܘܐܢ ܐܬܐܠܨܬ ܒܡܐܟܘܠܬܐ
36(33):1b	B, E	ℶX	ܐܠܐ ܐܢ ܒܢܣܝܘܢܐ
30(33): 34b	E	ℶX1	ܘܐܢ ܐܝܬ ܠܟ ܥܒܕܐ ܒܪ ܒܝܬܐ ܫܪܝܪܐ
30(33): 38b			ܘܐܢ ܠܐ ܫܡܥ ܠܟ
30(33): 39a			ܐܢ ܚܕ ܗܘ ܥܒܕܟ
30(33): 39c			ܐܢ ܚܕ ܗܘ ܥܒܕܟ
30(33): 40a	E	ℶX	ܡܛܠ ܕܐܢ ܬܫܥܒܕܝܘܗܝ ܢܥܪܘܩ
31(34):6a			ܘܐܢ ܡܢ ܠܘܬ ܐܠܗܐ ܐܬܦܩܕ
32(35):1a			ܐܢ ܢܛܪܬ ܢܡܘܣܐ
32(35):12d	Bm	ℶX	ܦܪܘܩܐ ܐܠܐ ܐܢ ܗܘ
37:12d	B, D	ℶX	ܘܐܢ ܡܚܒܪ ܠܟ
37:12d			ܘܐܢ ܡܬܒܪ ܠܟ
39:11a			ܐܢ ܢܩܘܡ ܒܫܡ ܢܬܒܥܐ
39:11b			ܘܐܢ ܢܬܢܝܚ ܒܫܡܐ ܛܒܐ
39:25b (twice)			ܐܢ ܠܛܒ ܘܐܢ ܠܒܝܫ
40:7a		7al,12al, Δ, 7h3	ܐܢ ܙܟܝܢܐ ܡܠܟܘܗ [ܐܢܫ]
41:9b			ܘܐܢ ܢܗܘܘܢ ܐܚܐ ܢܟܪܝܐ

Root ܐܢܐ

Pers.pron.s I,Ego ܐܢܐ

7:9b	ܕܗܘܕܘ ܐܢܐ ܠܡܫܒܚܘ ܡܫܪܒܝܢ
16:20a	ܘܐܦ ܐܢܐ ܠܐ ܐܫܟܚ ܠܝ ܠܒ
24:3a	ܐܢܐ ܡܢ ܦܘܡܗ ܕܐܠܗܐ ܢܦܩܬ
24:4a	ܐܢܐ ܒܡܪܘܡܐ ܠܥܠ ܫܪܝܬ
24:5b	ܒܥܘܡܩܐ ܕܬܗܘܡܐ ܐܢܐ ܗܠܟܬ

(I , Ego , cont'd ܐܢܐ)

24:10b ܘܬܡܢ ܩܕܡܘܗܝ ܐܢܐ ܡܫܡܫܬ

24:16a ܐܢܐ ܐܝܟ ܙܘܕܘܦܢܐ ܢܦܫܬ ܥܢܦ̈ܝ

24:17a ܐܢܐ ܐܝܟ ܓܦܬܐ ܐܢܬ ܫܦܝܪܐ

24:30a ܐܦ ܐܢܐ ܐܝܟ ܢܗܪܐ ܕܦܪܕܝܣܐ

36(33): 16a E אני ܐܦ ܐܢܐ ܐܚܪܝܐ ܐܬܝܬ

30(33): 25b E אני ܘܒܦܘܩ̈ܕܢܘܗܝ ܕܐܠܗܐ ܐܢܐ ܡܫܡܫܬ

42:15b ܘܡܐ ܕܡܐ ܕܚܙܝܬ ܐܢܐ ܡܫܬܥܐ

44:1a ܘܐܦ ܐܢܐ ܐܫܒܚ ܠܓܒܪ̈ܐ ܕܛܝܒܘܬܐ

51:13a B } אני 7al ܐܢܐ ܛܠܝܐ ܘܐܛܥܝܬ ܒܗ
Q } Δ, 10ml, 12al. ܐܠܐ]

51:16 a ܘܨܠܝܬ ܨܠܘܬܗ ܟܕ ܙܥܘܪ

Plural, We, Nos ܚܢܢ

25:24b 7h3 7al, 17a4, 17a3, omit ܡܛܠܬܗ ܟܠܢ ܡܝܬܝܢ ܚܢܢ

Root ܐܢܟ

nom.prop. Enoch ܐܢܘܟ

49:16a B ואנוש ܐܬܒܪܝܘ ܫܝܬ ܘܫܝܡ ܘܐܢܘܟ ܒܐܢܫܐ ܐܬܒܪܝܘ

Root ܐܢܚ
He groaned, Gemuit ܐܢܚ
ethpa'al part. ܐܢܚ

25:18b C יתאנח ܘܗܠܐ ܒܨܒܝܢܗ ܡܬܬܢܚܝܢ

30:20a B ומתאנח ܘܚܙܐ ܒܥܝܢ̈ܘܗܝ ܘܡܬܬܢܚܝܢ

ethpa'al imperf. 3 m. pl.

47:20d B ואנחה ܕܬܬܬܢܚܘܢ ܥܠ ܡܫܟܒܟܘܢ

Root ܐܢܚ

A groan, Gemitus ܐܢܚܬܐ
simg. emph.

32(35):17a B צעקת ܠܐ ܢܒܣܐ ܐܢܚܬܐ ܕܝܬ̈ܡܐ
Bm אנקת

Root ܐܢܫ

Man, Homo ܐܢܫ

sing. 'absol.

9:12b ܕܥܕܡܐ ܠܡܘܬܐ ܐܢܫ ܠܐ ܙܟܐ

19:7b ܠܐ ܬܬܢܐ ܡܠܬܐ ܘܐܢܫ ܠܐ ܢܣܟܠܟ

19:8c ܠܠܒܟ ܡ̈ܪܐ ܕܐܢܫ ܠܐ ܬܐܡܪ

22:2a ܢܦܘܨ ܐܢܫ ܠܒܪ ܠܟܦܗ

22:9a ܐܝܟ ܐܢܫ ܕܡܕܒܩ ܚܨ̈ܦܐ

22:9b ܘܐܝܟ ܐܢܫ ܕܡܥܝܪ ܕܡܟܐ

22:10a ܘܐܝܟ ܐܢܫ ܕܐܡܪ ܠܫܢܬܐ

26:12f ܕܠܟܠ ܐܢܫ ܦܬܚܐ ܐܣܦܬܗ

26:26a ܒܥܠܗ̇ ܠܟܠ ܐܢܫ ܚܟܝܡܬܐ ܬܬܚܫܒ

26:26b ܒܝܩܪܘܬܗ̇ ܠܟܠ ܐܢܫ ܬܬܚܫܒ

29:23a ܘܥܡ ܙܥܘܪ ܐܢܫ ܠܐ ܢܗܒ

29:23b ܒܝܬ ܒܝܬܗ ܐܢܫ ܠܐ ܢܬܒܥܐ ܠܗ

31(34):2a ܐܝܟ ܐܢܫ ܕܐܚܕ ܛܠܠܐ

31(34):24a ܐܝܟ ܐܢܫ ܕܢܟܣ ܒܪܐ

40:29b ܠܐ ܐܢܫ ܠܚܝ̈ܘܗܝ ܐܝܟ ܕܚܝܐ ܗܘ

40:17c ܘܡܬܢܘܪ ܠܗܘܢ ܐܝܟ ܐܢܫ

46:19b ܘܡܘܪܒܐ ܡܢ ܐܢܫ ܠܐ ܢܣܒ

Sing. Emphatic **ܐܢܫܐ**

1:15a ܐܬܒܪܝܬ ܥܡ ܐܢܫܐ ܗܝ ܕܡܘܬܒܬܐ

4:2b ܘܠܐ ܬܟܪܐ ܢܦܫܗ ܕܐܢܫܐ ܕܬܒܝܪܐ

4:3a ܡܥ̈ܘܗܝ ܕܐܢܫܐ ܡܫܟܢܐ ܠܐ ܬܡܪܒ

7:16a A במתי ܠܐ ܬܚܫܘܒ ܢܦܫܟ ܥܡ ܐܢܫܐ ܕܚܛܝܢ

7:11a A לאנוש ܘܠܐ ܬܒܙܚ ܠܟܠ ܐܢܫܐ ܕܡܪܝܪ ܢܦ̈ܫܘܗܝ

8:5a A איש ܠܐ ܬܚܣܕ ܠܐܢܫܐ

8:6a A אנו[ ] ܠܐ ܬܒܙܚ ܠܟܠ ܐܢܫܐ ܕܣܐܒ

8:7a ܠܐ ܬܚܣܕܐ ܠܟܠ ܐܢܫܐ ܕܡܝܬ

9:11a A באיש ܠܐ ܬܛܢ ܒܐܢܫܐ ܪܫܝܥܐ

9:13a A מאיש. ܐܪܚܩ ܡܢ ܐܢܫܐ ܕܫܠܝܛ ܠܡܩܛܠ

10:19a A לאנוש ܙܪܥܐ ܡܝܩܪܐ ܡܢܐ ܕܗܘܐ ܠܐܢܫܐ

10:19c B לאנוש ܡܢܐ ܕܗܘܐ ܠܐܢܫܐ ܙܪܥܐ ܕܨܠܝܐ

11:28a A אדם ܩܕ ܠܐ ܬܛܘܒ ܠܐܢܫܐ

16:12b A איש ܘܐܢܫܐ ܐܝܟ ܥܒ̈ܕܘܗܝ ܕܐܢ ܠܗ

17:30a ܡܛܠ ܕܠܐ ܗܘܐ ܐܝܟ ܗܠܝܢ ܒܐܢܫܐ

18:17b ܘܬܪ̈ܬܝܗܝܢ ܥܡ ܐܢܫܐ ܛܒ̈ܐ

20:24a ܡܘܡܐ ܕܒܝܫ ܒܐܢܫܐ ܕܓܠܬܐ

28:10c ܐܝܟ ܥܫܝܢܘܬܐ ܕܐ̈ܢܫܐ ܕܐܢܫܐ ܗܟܢܐ ܪܘܓܙܗ

28:14c ܘܐܦ ܠܒܬܐ ܕܐܢܫܐ ܡܥܘܬ̈ܪܐ ܕܥܬܝܪ̈ܬܐ

36(33):13c ܗܟܢܐ ܐܢܫܐ ܒܐܝܕܐ ܕܒܪܘܝܗ

37:12a B יש ܒܪ ܐܢܫܐ ܕܕܚܠܬܐ ܗܘܬ ܢܛܪ

D,Bm איש

39:2a ܘܡܫ̈ܬܥܝܬܐ ܕܟܠ ܐܢܫܐ ܕܫܡܗܐ ܢܛܪ

39:4d ܛܒ ܘܒܝܫ ܒܐܢܫܐ ܢܒܩܐ

44:5b ܡ̈ܬܠܬܐ ܒܟܬܒܬܐ ܕܐܢܫܐ ܕܬܘܩܦܐ

48:3c ܠܐ ܡܫܟܚܐ ܘܠܐ ܐܢܫܐ ܕܚܝܠܐ

49:16a ܫܬ ܘܫܝܬ ܘܐܢܘܫ ܒܐܢܫܐ ܐܬܒܪܝܘ

Plural emph.

9:16a A אנשי ܐܢ̈ܫܐ ܙܕܝ̈ܩܐ ܢܗܘܘܢ ܐܟܠܝ ܠܚܡܟ

15:7b A ואנשי ܘܐܢ̈ܫܐ ܚܛܝ̈ܐ ܠܐ ܢܚܙܘܢܗ̇

B ואנש[י]

26:28d ܘܥܠ ܐܢ̈ܫܐ ܚܟ̈ܝܡܐ, ܕܐܬܒܣܪܘ

27:4b ܗܟܢܐ ܡܘ̈ܡܬܐ ܕܐܢ̈ܫܐ ܠܐ ܡܫܬܒܩܐ

40:15a ܘܫܒܛܐ ܠܐܢܫܐ ܪܫܝܥܐ ܠܐ ܢܦܪܘܩ

41:8a B, M אנשי ܘܝ ܠܟܘܢ ܠܐܢ̈ܫܐ ܥܘ̈ܠܐ

44:1a B אנשי ܐܢܐ ܐܫܒܚ ܠܐܢ̈ܫܐ ܕܛܝܒܘܬܐ

44:10a B, M אנשי ܗܠܝܢ ܐܢ̈ܫܐ ܕܛܝܒܘܬܐ

Plural construct

45:18c B אנשי ܘܩܡܘ ܒܗ ܒܡܕܒܪܐ ܐܢ̈ܫܝ ܕܬܢ

Composite expression.

Everyman, Omnis-homo ܟܠܢܫ

22:1b ܘܟܠܢܫ ܢܫܪܘܩ ܥܠ ܨܥܪܗ

22:1d ܘܟܠܢܫ ܡܬܪܘܚܩ ܡܢܗ

30(33):38c E כל אדם ܠܐ ܗܝ ܗܟܢܐ ܥܠ ܟܠܢܫ

For composite phrase ܒܪ ܐܢܫܐ Son of Man, Filius hominis,

see ܒܪܐ Son,

Root ܐܢܬ

Pers. pron. 2 . s. ܐܢܬ

3:25b ܘܡܢܐ ܕܝܕܥ ܐܢܬ ܠܐ ܬܒܥܐ

6:7a ܐܢ ܩܢܐ ܐܢܬ ܪܚܡܐ

7:35b ܕܡܛܠ ܗܠܝܢ ܐܢܬ ܡܬܪܚܡ

8:15a ܘܐܢܬ ܒܣܟܠܘܬܗ ܬܐܒܕ

9:13c ܘܐܢ ܩܪܒ ܐܢܬ ܬܫܢܒ

9:13e ܘܕܥ ܕܒܝܬ ܦܚܐ ܐܢܬ ܦܣܥ

9:13f ܘܥܠ ܢܟܣܐ ܐܢܬ ܡܗܠܟ

12:1a (2) ܐܢ ܡܛܐܒ ܐܢܬ ܠܡܢܐ ܠܗܘܐ ܡܛܐܒ ܥܒܕ ܐܢܬ

12:15b ܘܐܢ ܬܦܠ ܠܐ ܩܐܡ ܐܢܬ ܥܠܘ

13:13b ܘܗܘܝܬ ܙܗܝܪ ܕܥܡ ܡܦܘܠܬܐ ܐܢܬ ܡܗܠܟ

14:15a ܠܐܚܪܢܐ ܓܝܪ ܫܒܩ ܐܢܬ ܥܡܠܟ

15:15b A } B } אתה ܘܐܢ ܬܗܝܡܢ ܒܗ ܐܦ ܐܢܬ ܬܚܐ

15:16b ܒܐܝܢܐ ܕܨܒܐ ܐܢܬ ܐܘܫܛ ܐܝܕܟ

28:24a ܐܝܟܢܐ ܓܝܪ ܕܣܝܓ ܐܢܬ ܟܪܡܟ

28:24b ܘܠܗܘܦܟ ܢܟܐ ܐܢܬ ܣܝܡܬܐ

29:25a ܐܟܣܢܝܐ ܐܢܬ ܘܬܪܬܐ ܢܟܪܝܐ

29:26a ܐܟܣܢܝܐ ܐܢܬ ܢܦܘܩ ܬܡܢ

29:28f ܡܛܠ ܕܒܝܬܟ ܐܢܬ ܡܣܟܐ

29:28g ܘܠܐܠܗܐ ܗܘ ܡܣܒ ܐܢܬ

35(32):19b ܘܡܢ ܒܬܪ ܕܥܒܕ ܐܢܬ

30(33):29a ܟܕ ܐܢܬ ܚܝ ܘܢܫܡܬܐ ܒܟ

30(33):30b ܡܢ ܕܬܒܥܐ ܐܢܬ ܡܢܗܘܢ

33(36):10b ܡܢܐ ܥܒܕ ܐܢܬ

36 : 22d B אתה ܐܢܬ ܗܘ ܐܠܗܐ ܠܥܠܡܝܢ

41:1a ܡܘܬܐ ܡܐ ܒܝܫ ܐܢܬ

41:2a ܡܘܬܐ ܡܐ ܛܒ ܐܢܬ

41:12a ܐܬܠܐ ܕܡܠܟܐ ܕܥܒܕ ܐܢܬ

41:12f ܥܡܠܐ ܕܥܒܕ ܐܢܬ

48:4a B [ ]את ܡܢܐ ܕܫܒܝܚ ܐܢܬ ܐܠܝܐ

Woman ,Femina ܐܢܬܬܐ

7:19a A אשה ܠܐ ܬܬܢܟܠ ܐܢܬܬܐ ܛܒܬܐ

7:26a A אשה ܐܢܬܬܐ ܐܝܬ ܠܟ

9:2a A לאשה ܠܐ ܬܫܠܛ ܠܐܢܬܬܐ ܢܦܫܟ

9:8a A מאשת ܐܦܢܝ ܒܐܢܬܬܐ ܕܫܦܝܪܐ ܠܐ ܬܚܘܪ

9:8c A אשה ܒܫܘܦܪܗ̇ ܓܝܪ ܕܐܢܬܬܐ

10:18b A אשה ܘܚܡܝܡܘܬܐ ܕܠܒܐ ܠܝܠܝܕ̈ܝ ܐܢܬܬܐ

19:2a C ונשים ܚܡܪܐ ܘܐܢܬܬܐ ܡܦܚܝܢ ܠܒܐ

23:22a ܗܟܢܐ ܐܦ ܐܢܬܬܐ ܕܫܒܩܐ

25:1d ܘܓܒܪܐ ܘܐܢܬܬܐ ܕܒܫܝܢ ܥܡܗܘܢ ܫܠܡܝܢ

25:8a C אשה ܛܘܒܘܗܝ ܠܒܥܠܗ̇ ܕܐܢܬܬܐ ܛܒܬܐ

25:13b ܟܠ ܒܝܫ ܘܠܐ ܐܝܟ ܒܝܫܘܬܗ̇ ܕܐܢܬܬܐ

25:15b ܟܠܗ̇ ܒܝܫܘܬܐ ܡܪܝܪܐ ܡܢ ܕܐܢܬܬܐ

25:16b ܡܢ ܕܠܡܥܡܪ ܥܡ ܐܢܬܬܐ ܒܝܫܬܐ

25:17a C אשה ܒܝܫܘܬܗ̇ ܕܐܢܬܬܐ ܒܝܫܬܐ ܬܘܪܦ

25:19a C אשה ܘܠܐ ܐܝܟ ܙܥܘܪܬ ܒܝܫܘܬܗ̇ ܕܐܢܬܬܐ

25:20b C אשת ܗܟܢܐ ܗܝ ܐܢܬܬܐ ܕܠܫܢܗ̇

25:21a C ה[ ] ܠܐ ܬܬܬܟܠ ܠܫܘܦܪܗ̇ ܕܐܢܬܬܐ

25:22b C אשה ܐܢܬܬܐ ܕܡܦܪܢܣܐ ܥܠ ܒܥܠܗ̇

25:23b ܘܡܚܘܬܐ ܕܠܒܐ ܐܢܬܬܐ ܒܝܫܬܐ

25:23d C אשה ܐܢܬܬܐ ܕܠܐ ܡܫܦܪܐ

25:24a C מאשה ܡܢ ܐܢܬܬܐ ܫܪܝ ܚܛ̈ܗܐ

25:25b ܘܠܐܢܬܬܐ ܒܝܫܬܐ ܐܦܩܐ

25:25d ܗܟܢܐ ܐܦܠܐ ܐܢܬܬܐ ܒܝܫܬܐ ܐܘܠܐ

26:1a C אשה ܐܢܬܬܐ ܛܒܬܐ ܛܘܒܘܗܝ ܠܒܥܠܗ̇

26:2b C אשת ܐܢܬܬܐ ܚܝܠܬܢܝܬܐ ܬܒܣܡ ܒܥܠܗ̇

26:3a C אשה ܐܫܦܝ ܐܝܟ ܐܢܬܬܐ ܛܒܬܐ

26:7b ܢܝܪܐ ܡܫܟܢܐ ܐܢܬܬܐ ܒܝܫܬܐ

26:8a ܪܘܓܙܐ ܪܒܐ ܐܢܬܬܐ ܪܘܝܬܐ

26:9a ܙܢܝܘܬܗ̇ ܕܐܢܬܬܐ ܒܡܪܡܘܬ ܥܝ̈ܢܝܗ̇

26:12e ܗܟܢܐ ܗܝ ܐܢܬܬܐ ܙܢܝܬܐ

26:14a ܡܘܗܒܬ ܕܡܪܝܐ ܐܢܬܬܐ ܛܒܬܐ

26:15a C אשה ܛܝܒܘܬܐ ܐܢܬܬܐ ܒܢܟܦܘܬܐ

26:16b C[ ]א ܗܟܢܐ ܫܘܦܪܗܿ ܕܐܢܬܬܐ ܛܒܬܐ

26:17b ܫܘܦܪܗܿ ܕܐܢܬܬܐ ܒܩܘܡ ܩܡܬܗܿ

26:22a ܐܢܬܬܐ ܙܢܝܬܐ ܠܐ ܡܕܡ ܬܬܚܫܒ

26:23a ܐܢܬܬܐ ܕܝܢ ܪܫܝܥܬܐ ܒܡܢܬܗ ܗ ܕܓܒܪܐ

26:23b ܐܢܬܬܐ ܕܝܢ ܕܗܝܡܢܬܐ ܠܓܒܪܐ

26:24a ܐܢܬܬܐ ܕܠܐ ܒܗܬܬܐ

26:25a ܘܐܢܬܬܐ ܕܝܢ ܕܠܐ ܒܗܬܬܐ

26:26a ܐܢܬܬܐ ܕܡܝܩܪܐ ܒܥܠܗܿ

26:26c ܐܢܬܬܐ ܛܒܬܐ ܦܪܥܘܗܝ ܠܒܥܠܗܿ

26:26e ܫܢܝܗܿ ܕܐܢܬܬܐ ܒܡܣܟܢܘܬܐ ܗܘ

26:27a ܐܢܬܬܐ ܡܫܠܝܬܐ ܘܦܟܝܗܬܐ

30(33):28a E ואשה ܒܪܐ ܘܐܢܬܬܐ ܘܐܚܐ ܘܪܚܡܐ

36: 27a B C } אשה ܫܘܦܪܗܿ ܕܐܢܬܬܐ ܡܢܗܪ

36: 29a B C D } אשה ܒܪ ܩܢܝܢ ܩܢܐ ܐܢܬܬܐ

36: 30b B C D } אשה ܘܐܬܪ ܕܠܝܬ ܐܢܬܬܐ ܠܐ

36: 31c ܗܟܢܐ # ܓܒܪܐ ܕܠܝܬ ܠܗ ܐܢܬܬܐ

37:11a B D } אשה ܥܡ ܐܢܬܬܐ ܕܠܐ ܬܬܪܥܝܗܿ

40:19 b B אשה ܘܡܢ ܬܪܝܗܘܢ ܐܢܬܬܐ ܛܒܬܐ

40:23b B אשה ܘܡܢ ܬܪܝܗܘܢ ܐܢܬܬܐ ܫܦܝܪܬܐ

41:9a ܐܢܬܬܐ ܢܟܪܝܬܐ ܠܫܘܬܦܘܬܐ ܕܒܥܠܗܿ

42:13b { B אשה. M [ ]שה } ܗܟܢܐ ܛܢܢܐ ܕܐܢܬܬܐ ܡܢ ܒܝܫܘܬܐ.

Sing. Const.

9:9(II)a A בעלה ܥܡ ܐܢܬܬ ܓܒܪܐ ܠܐ ܬܣܬܡܟ

15:2b A B } וכאשת ܘܐܝܟ ܐܢܬܬ ܛܠܝܘܬܐ

(Woman, Femina, cont'd ܐܢܬܬܐ)

26:22b ܐܢܬܬ ܓܒܪܐ ܕܝܢ ܐܝܟ ܡܓܕܠܐ

With suffixed

9:1a A אשת ܠܐ ܬܛܢ ܒܐܢܬܬܟ ܕܠܐ ܬܐܠܦ

For the plural form ܢܫ̈ܐ see under ‘nun.’

Root ܐܫܐ

Wall, Paries ܐܫܬܐ

Sing emph.

29:10b ܘܠܐ ܬܛܫܝܘܗܝ ܬܚܝܬ ܟܐܦܐ ܘܐܫܬܐ

Plur. emph.

22:16a ܐܝܟ ܩܘܪܬܐ ܕܡܫܟܐ ܕܐܫܝܪܐ ܒܐܫ̈ܐ

22:17b ܐܝܟ ܟܠܬܐ ܕܓܠܝܦܐ ܠܐܫ̈ܐ

23:18c ܗܐ ܐܫ̈ܐ ܕܒܝܬܝ ܡܟܣܝܢ ܠܝ

Plur. w. suffix.

14:24b A בקירה ܒܫܬܗ̇ ܘܒܐܫ̈ܝܗ̇ ܢܩܒܥ ܣܟ̈ܘܗܝ

He cured, sanavit ܐܣܝ

pael, perf 3 m.p.

49:10c B החלימו ܕܐܣܝܘ ܠܝܥܩܘܒ ܘܐܬܠܘ ܐܢܝ

pael, part.

38:9b B ירפא ܐܠܗܐ ܕܗܘ ܡܐܣܐ

Doctor, Medicus ܐܣܝܐ

emph. sing.

10:10a A רופא ܥܒ̈ܕܘܗܝ ܘܡܠ̈ܟܘܗܝ ܐܣܝܐ ܢܚܙܐ

18:19b ܒܥܕ ܠܐ ܐܣܝܐ

38:1a B, Bm, D } רופא ܝܩܪ ܐܣܝܐ ܥܕ ܠܐ ܬܣܬܢܩ ܠܗ

38:2a B רופא ܡܢ ܩܕܡ ܐܠܗܐ ܡܬܚܟܡ ܐܣܝܐ

38:3a B רופא ܡܢ ܬܪܝܨܘܬܗ ܕܐܣܝܐ ܢܬܪܘܪܒܘܢ

38:7a B רופא ܒܗܘܢ ܐܣܝܐ ܡܣܝܒ ܡܢ ܟܐܒ̈ܐ

38:12a B לרו[ ] ܘܐܦ ܠܐܣܝܐ ܗܒ ܐܬܪܐ

38:15b B רופא ܢܬܡܣܟ ܠܐܝ̈ܕܝ ܐܣܝܐ

A Cure ,Sanatio ܐܣܝܘܬܐ

sing, emph.

1:18b ܘܫܝܢܐ ܛܒܐ ܘܚܝܐ ܘܐܣܝܘܬܐ

3:28a A לרפאות ܕܡܚܘܬܐ ܠܝܬ ܠܗ ܐܣܝܘܬܐ

21:3a ܘܠܡܚܘܬܗ̇ ܠܝܬ ܐܣܝܘܬܐ

28:3b ܘܡܢ ܐܠܗܐ ܡܢܐ ܒܥܐ ܐܣܝܘܬܐ

31(34):20b ܘܐܣܝܘܬܐ ܕܫܢ̈ܬܐ ܘܒܣܝ̈ܡܬܐ

38:13a ܐܒܐ ܕܒܐܝܕܗ ܡܨܠܚܐ ܐܣܝܘܬܐ

38:14c B ורפאות ܘܐܬܐܬܐ ܐܣܝܘܬܐ ܒܐܝܕܗ

Root ܐܣܛ

Column, Columna ܐܣܛܘܢܐ

sing. emph.

26:18a ܐܝܟ ܥܡܘܕ̈ܐ ܕܕܗܒܐ ܥܠ ܐܣܛܘܢܐ

36:29b B C D משען ܐܝܬܝܟ ܘܐܣܛܘܢܐ ܗܝ ܠܟܠܗܝܢ

Root ܐܣܐ

nom.prop. Asira ܐܣܝܪܐ

51: colophon. B סירא ܕܥܒܕ ܒܪ ܫܡܥܘܢ ܕܡܬܩܪܐ ܒܪ ܐܣܝܪܐ

Root ܐܣܟ

Modest, Pudicus ܐܣܟܡܬܐ

sing.emph. fem.

26:24b ܒܪܬܐ ܕܝܢ ܐܣܟܡܬܐ ܐܦ ܡܢ ܒܥܠܗ̇ ܬܬܢܟܦ

Root ܐܣܪ

He bound, vinxit ܐܣܪ

peal,part f.s. pass.

22:16a ܐܝܟ ܩܘܪܝܬܐ ܕܐܣܝܪܐ ܒܩܣܐ ܕܒܢ̈ܝܬܐ

ethpe'el perf, 3 m.s.

28:19d ܘܒܐܣܘ̈ܪܘܗܝ ܠܐ ܐܬܐܣܪ

Bondage, Carcer, ܐܣܝܪ̈ܐ

plur, emph.

21:18a ܐܝܟ ܒܝܬ ܐܣܝܪ̈ܐ ܗܝ ܚܟܡܬܐ ܠܣܟܠܐ

A Bond, Vinculum, ܐܣܘܪܐ

sing. emph.

21:19b ܘܐܝܟ ܐܣܘܪܐ ܥܠ ܝܡܝܢܗ

plur. emph.

28:20b ܐܣܘܪ̈ܐ ܐܝܟ ܕܦܪܙܠܐ

plur. with suffixes.

1:30c ܢܫܪܐ ܡܪܝܐ ܐܣܘܪ̈ܝܟ

28:19d ܕܠܐ ܢܓܕ ܒܢܝܪܗ ܘܒܐܣܘܪ̈ܘܗܝ

28:20b ܡܛܠܐ ܢܝܪܗ ܘܐܣܘܪ̈ܘܗܝ

30(33):38b ܘܐܢ ܠܐ ܫܡܥ ܠܟ ܐܥܫܢ ܐܣܘܪ̈ܘܗܝ

Root ܐܥܦ

Double, Duplum ܐܥܦܐ

sing emph.

9:5b ܕܠܡܐ ܬܬܬܩܠ ܒܦܘܪܥܢܗ ܐܥܦܐ

29:20b ܘܠܝܬܐ ܢܥܦܝܟ ܡܢ ܐܥܦܐ

31(34):20c ܐܥܦܐ ܥܠ ܕܝܢܐ ܢܬܬܠ

48:12b B [פי ש] ܘܦܠܓ ܢܒܝܘܬܐ ܐܥܦܐ ܐܠܝܫܥ

plur. absol.

26:1b C כפליים ܡܛܠ ܕܡܢܝܢܐ ܕܝܘܡܘܗܝ ܐܥܦܝܢ ܐܢܘܢ

26:26d ܕܝܘܡܝܐ ܕܝܘܡܘܗܝ ܐܥܦܝܢ ܐܢܘܢ

Root ܐܦ

Also, Etiam ܐܦ

2:13b ܐܦ ܗܘ ܠܐ ܢܬܦܨܐ

7:12b A וכן ܘܗܟܢܐ ܐܦ ܥܠ ܪܚܡܐ

7:12b A ו ܠܪܚܡܐ ܐܦ ܥܠ ܚܒܪܐ

7:31a ܘܝܩܪ ܐܦ ܠܟܗܢܘܗܝ

7:32a A וגם ܐܦ ܠܡܣܟܢܐ ܦܫܘܛ ܐܝܕܟ

7:33b A וגם ܘܐܦ ܡܢ ܡܝܬܐ ܠܐ ܬܟܠܐ ܛܝܒܘܬܐ

8:2d A ו ܐܦ ܠܒܐ ܕܡܠܟ̈ܐ ܗܘ ܡܣܛܐ

10:23b A, B } ו ܐܦ ܠܐ ܠܡܝܩܪܘ ܠܓܒܪܐ ܚܛܝܐ

(Also, Etiam, cont'd ܐܦ)

12:1b			ܐܦ ܠܐ ܐܢܬ ܦܪܥ ܠܦܪܥܘܬܟ
12:6a	A	גם	ܘܐܦ ܐܠܗܐ ܣܢܐ ܠܒܝܫܐ
12:13b			ܗܟܢܐ ܐܦ ܟܠ ܡܢ ܕܩܪܒ
12:14a			ܗܟܢܐ ܐܦ ܟܠ ܡܢ ܕܡܫܬܘܬܦ
15:15 b	A, B	גם	ܘܐܢ ܬܗܝܡܢ ܒܗ ܐܦ ܐܢܬ ܬܚܐ
16:11a	A	ואף	ܘܐܦ ܚܕ ܐܢ ܢܩܫܐ ܩܕܠܗ
16:11d			ܘܐܦ ܬܫܕ ܚܡ̈ܬܐ
16:12a	A	כן	ܗܟܢܐ ܐܦ ܬܫܕ ܚܡ̈ܬܐ
16:20a	A	גם	ܘܐܦ ܐܢܐ ܠܐ ܐܣܩ ܥܠ ܠܒܝ
17:30b			ܒܒܢܝܐ ܐܦ ܠܐ ܬܬܢܝܚܬܗ
17:31b			ܐܦ ܗܘ ܗܘܐ ܠܗ ܚܘܒܐ
17:32b			ܕܐܦ ܐܠܗܐ ܘܐܦ ܠܒܢܝ ܐܢܫܐ
18:29a			ܢܠܦܘܢ ܐܦ ܗܢܘܢ ܢܬܚܟܡܘܢ
20:25a			ܡܬܪܓܪܓ ܠܓܢܒܐ ܐܦ ܠܡܓܕܠܗ
22:23b			ܕܐܦ ܒܛܘܒܬܗ ܬܫܬܘܬܦ
22:23d			ܕܐܦ ܒܝܪܬܘܬܗ ܬܐܪܬ
23:12c			ܘܐܦ ܡܢ ܕܝܢܐ ܢܦܩܘܢ
23:13a			ܘܐܦ ܠܫܠܝܘܬܐ ܠܐ ܬܠܦ ܦܘܡܟ
23:13b			ܕܐܦ ܒܗ̇ ܐܝܬ ܒܗ̇ ܡ̈ܠܐ ܕܥܘܠܐ
23:20b			ܗܟܢ ܗܘ ܡܥܒܕܘܗܝ ܘܐܦ ܡܢ ܒܬܪ
23:22a			ܗܟܢܐ ܐܦ ܐܢܬܬܐ ܕܥܒܪܐ ܥܠ ܒܥܠܗ
23:24a			ܐܦ ܗܝ ܡܢ ܟܢܘܫܬܐ ܬܦܘܩ
24:30a			ܐܦ ܐܢܐ ܐܝܟ ܢܗܪܐ
24:31c			ܘܗܐ ܐܦ ܗܘܐ ܠܝ ܢܗܪܐ
26:24b			ܐܦ ܡܢ ܒܥܠܗ ܬܬܒܝܫ
27:24b			ܘܐܦ ܐܠܗܐ ܢܣܢܝܘܗܝ
27:30a			ܘܪܘܓܙܐ ܘܐܦ ܗܢܝܢ ܬܪ̈ܬܝܗܝܢ
28:13a			ܘܐ ܠܠܫܢܐ ܬܠܝܬܝܐ ܠܝܛ ܢܗܘܐ

(Also, Etiam cont'd ܐܦ)

28:14c			ܐܦ ܠܚܒܪܐ ܡܫܘܕܥܐ ܕܡܬܚܫܚܬܐ
28:25b			ܐܦ ܠܦܘܡܟ ܥܒܕ ܬܪܥܐ
29:18c			ܘܐܦ ܠܓܒܪ̈ܐ ܢܟܦܐ ܫܘܪܚܬ
34(31):25a	B	וגם	ܐܦ ܥܠ ܚܡܪܐ ܠܐ ܬܬܓܢܒܪ
35(32):2b			ܐܦ ܒܐܝܩܪܗܘܢ ܬܫܒܚܬܐ
36(33):10a			ܘܐܦ ܒܢܝ ܐܢܫܐ ܟܠܗܘܢ
36(33):16a	E	וגם	ܐܦ ܐܢܐ ܐܚܪܝܬ ܐܬܬܥܝܪܬ
34(31):6d	B	וגם	ܐܦ ܠܐ ܠܚܒܠܗ ܐܢܘܢ
31(34):23b			ܐܦ ܠܐ ܒܣܘܓܐܐ ܕܕܒܚ̈ܝܗܘܢ
32(35):22b	B	גם	ܘܐܦ ܡܪܝܐ ܠܐ ܢܫܬܗܐ
37:8c		גם ם	ܐܦ ܗܘ ܒܢܦܫܗ ܡܬܪܥܐ
37:13b			ܘܐܦ ܗܘ ܡܗܝܡܢ ܗܘ ܐܝܟܘܬܟ
38:1b	B / Bm	גם	ܡܛܠ ܕܐܦ ܠܗ ܐܠܗܐ ܒܪܝܗ
38:8a	B	וכן	ܘܐܦ ܒܣܡܡܢܐ ܡܬܩܢ
38:9a			ܒܪܝ ܐܦ ܒܟܘܪܗܢܟ ܨܠܝ
38:12a	B	וגם	ܘܐܦ ܠܐܣܝܐ ܗܒ ܐܬܪܐ
38:12b			ܡܛܠ ܕܐܦ ܒܗ ܐܝܬ ܒܗ ܣܘܢܩܐ
38:27a	B	אף	ܐܦ ܟܠܗܘܢ ܐܘܡܢ̈ܐ ܡܬܬܥܝܩܝܢ
38:27d			ܘܐܦ ܫܩܝܕܝܢ ܠܨܘܪܬܐ
38:29a			ܐܦ ܦܚܪܐ ܕܝܬܒ ܥܠ ܓܝܓܠܗ
39:24b	B	כן	ܘܐܦ ܠܪܫܝܥܐ ܗܟܢ ܡܬܦܟܝܢ
39:25b	B	כן	ܘܐܦ ܠܚܛܝܐ ܒܝܫ
40:12b			ܘܛܝܒܘܬܐ ܠܥܠܡܐ ܐܦ ܩܝܡܐ
44:1a			ܘܐܦ ܐܢܐ ܐܫܒܚ
44:22a	B	וגם	ܘܐܦ ܠܐܝܣܚܩ ܩܝܡ
45:23a	B	וגם	ܘܐܦ ܦܝܢܚܣ ܒܪ ܐܠܥܙܪ
45:25a	B	וגם	ܘܐܦ ܕܘܝܕ ܒܪ ܐܝܫܝ
46:6e	B	[ ]וג	ܘܐܦ ܗܘ ܫܠܡ ܒܬܪ ܐܠܗܐ
46:9d	B	וגם	ܘܐܦ ܙܪܥܗ ܝܪܬ ܝܪܬܘܬܐ

(Also,Etiam cont'd ܐܦ)

46:16a B וגם ܘܐܦ ܗܘ ܬܒܪ ܦܠܫܬܝܐ

47:7c ܘܐܦ ܒܝܬܐ ܠܡܪܝܐ

47:11a ܐܦ ܐܠܗܐ ܫܒܩ ܠܗ

47:22a ܘܐܦ ܐܠܗܐ ܠܐ ܫܒܩ ܛܝܒܘܬܗ

48:20c ܘܐܦ ܐܠܗܐ ܒܟܠ ܫܥܐ

49:9a B וגם ܘܐܦ ܠܐ ܐܝܘܒ ܐܡܪ

49:10a B וגם ܘܐܦ ܬܪ̈ܥܣܪ ܢܒܝ̈ܐ

49:12a ܘܐܦ ܝܫܘܥ ܒܪ ܝܘܨܕܩ

49:15b B וגם ܐܦ ܓܪܡܗ ܐܬܦܩܕ ܒܫܠܡܐ

Composite Expression

Also If, Etiamsi ܐܦܢ

3:13a A וגם אם ܐܦܢ ܚܣܪ ܡܕܥܗ ܫܒܘܩ ܠܗ

12:11a A וגם אם ܐܦܢ ܡܫܬܥܒܕ ܠܟ

12:16b A וגם אם ܐܦܢ ܡܢ ܥܝ̈ܢܘܗܝ ܢܚܘܬ ܕܡ̈ܥܐ

16:2a A וגם אם ܘܐܦܢ ܣܓܝܘ ܠܐ ܬܚܕܐ

22:21c ܐܦܢ ܬܫܠܘܦ ܣܝܦܐ

25:21b ܘܐܦܢ ܐܝܬ ܠܗ̇ ܢܟ̈ܣܐ

23:12a ܐܦܢ ܐܝܬ ܐܚܪܬܐ ܕܡܫܟܚܐ ܠܗ̇

Root ܐܦܐ

Face,Facies ܐܦܐ

Plural, emphatic

13:26a A פנים. ܣܝ̈ܡܬܗ ܕܠܒܐ ܛܒܐ ܐܦ̈ܐ ܢܗܝܪ̈ܬܐ

18:24b ܠܐ ܢܗܦܘܟ ܡܢܟ ܐܦ̈ܐ

25:25b ܘܠܐܢܬܬܐ ܒܝܫܬܐ ܐܦ̈ܐ ܘܫܘܠܛܢܐ

34(31):13d B ומפנים ܘܡܢ ܐܦ̈ܐ ܕܥܝܢܐ ܕܡ̈ܥܐ

31(34):3b ܕܠܘܩܒܠ ܦܪ̈ܨܘܦܐ ܕܡܚܘܬܐ ܕܐܦ̈ܐ

32(35):15c B פנים ܘܠܝܬ ܠܘܬܗ ܡܣܒ ܒܐܦ̈ܐ

Plural, construct

4:22a A פניך / C פנים ܠܐ ܬܣܒ ܒܐܦ̈ܝ ܢܦܫܟ

(Face, Facies, cont'd ܐܦܐ)

6:8a A פני ܐܝܬ ܪܚܡܐ ܒܐܦܝ̈ ܥܕܢܐ

38:8c Bm מפני ܘܚܠܡܘܬܐ ܡܢ ܐܦܝ̈ ܐܪܥܐ

Plur. w. suffixes

51:19b B, Q פני ܘܐܦܝ̈ ܠܐ ܐܗܦܟܬ ܡܢܗ

7:24b A, C פנים ܘܠܐ ܬܢܗܪ ܠܗܝܢ ܐܦܝ̈ܟ

9:8a ܐܦܝ̈ܟ ܒܐܢܬܬܐ ܕܫܦܝܪܐ ܠܐ ܬܚܘܪ

32(35):11a B פנים ܡܘ̈ܗܒܬܟ ܢܗܝ̈ܪܢ ܢܗܝܪܢ ܐܦܝ̈ܟ

8:15c A פניו ܡܛܠ ܕܗܘ ܠܘܩܒܠ ܐܦܝ̈ܗܝ ܐܙܠ

12:18b A פנים ܘܢܦܩ ܡܠܫܐ ܘܡܫܢܐ ܐܦܝ̈ܗܝ

13:25a A פניו ܠܒܗ ܕܒܪܢܫܐ ܡܫܢܐ ܐܦܝ̈ܗܝ

17:15b ܘܠܐ ܢܛܫܢ ܡܢ ܠܘܩܒܠ ܐܦܝ̈ܗܝ

19:27a ܐܝܬ ܕܡܟܟ ܐܦܝ̈ܗܝ ܘܡܬܢܟܪܐ

19:29a ܐܝܬ ܕܡܢ ܚܙܘܐ ܕܐܦܝ̈ܗܝ

20:22b C פנים ܘܡܢ ܒܗܬܐ ܐܦܝ̈ܗܝ ܢܘܒܕ

21:22a ܪܓܠܐ ܕܣܟܠܐ ܡܪܗܛܐ ܐܦܝ̈ܗܝ

26:4b ܠܒܗ ܛܒ ܒܟܠ ܙܒܢ ܘܐܦܝ̈ܗܝ ܢܗܝܪܢ

25:17a C מראה ܡܫܚܪܐ ܐܢܬܬ ܐܦܝ̈ܗܝ ܕܒܥܠܗ

37:22b B, C, D ?גויתו ܘܦܐܪܐ ܕܝܕܥܬܗ ܡܢ ܚܙܘܐ ܕܐܦܝ̈ܗܝ

39:24a ܬܪ̈ܝܨܢ ܡܢܗ ܐܦܝ̈ܗܝ

16:30a ܘܒܢܦܫܬܐ ܕܟܠ ܚܝܐ ܡܠܐ ܐܦܝ̈ܗ

36:27a B, C פנים ܫܘܦܪܗ ܕܐܢܬܬܐ ܡܢܗܪ ܐܦܝ̈ܗ

50:17a B פניהם ܘܢܦܠܘ ܥܠ ܐܦܝ̈ܗܘܢ ܥܠ ܐܪܥܐ

Root ܐܦܕ

Harp, Cithara ܐܦܕܢܐ

sing. emph.

40:21a B נבל ܐܒܘܒܐ ܘܐܦܕܢܐ ܡܒܣܡܝܢ ܙܡܪܐ

Root ܐܦܕ

Pålace, Palatium ܐܦܕܢܐ

plur. emph.

21:4b ܡܚܪܒܐ ܡܕܝ̈ܢܬܐ ܘܐܦ̈ܕܢܐ ܫܬ̈ܝܪܐ

50:7a B היכל ܫܡܫܐ ܕܕܢܚ ܥܠ ܐܦܕ̈ܢܐ

Root ܐܦܥ

Hyena ܐܦܥܐ

sing. emph.

13:18a A צבוע ܡܢܐ ܫܠܡ ܐܦܥܐ ܠܟܠܒܐ

Root ܐܦܪ

nom. prop. ܐܦܪܝܡ

47:21b B ומאפרים ܡܢ ܕܒܝܬ ܐܦܪܝܡ ܡܠܟܘܬܐ

47:23b B לאפרים ܘܝܗܒ ܠܕܒܝܬ ܐܦܪܝܡ ܬܘܩܠܬܐ

Root ܐܨܪ

Storehouse, Horreum ܐܘܨܪܐ

Plur. emph.

39:34b ܡܛܠ ܕܟܠܗܝܢ ܡܬܚܫܒܢ ܒܐܘܨܪ̈ܐ

48:12a B בסערה? ܐܠܝܐ ܒܐܘܨܪ̈ܐ ܐܬܟܣܝ ܒܥܠܥܠܐ

plur. w. suffix

1:8b ܝܬܒ ܥܠ ܟܠ ܐܘܨܪ̈ܘܗܝ

1:17a ܥܠ ܐܘܨܪ̈ܘܗܝ ܬܡܠܐ ܚܟܡܬܐ

Root ܐܪܒ

adj.num. Four Quattuor ܐܪܒܥ

26:5b ܘܥܠ ܠܒܝ ܘܡܢ ܐܪ̈ܒܥܣܝܢ ܕܢܦܠܬ

Root ܐܪܚ

The Way, Via ܐܘܪܚܐ

sing. emph.

8:15a ܥܡ ܓܒܪܐ ܡܪܚܐ ܠܐ ܬܐܙܠ ܒܐܘܪܚܐ

(The way,Via cont'd ܐܘܪܚܐ)

10;6b A בדרך ܠܐ ܬܗܠܟ ܒܐܘܪܚܐ ܕܨܥܪ̈ܘܬܐ

21:16a ܐܝܟ ܛܥܢܐ ܝܩܝܪܐ ܒܐܘܪܚܐ

22:13b ܘܥܡ ܣܟܠܐ ܠܐ ܬܐܙܠ ܒܐܘܪܚܐ

26:12a ܕܨܗܐ ܡܢ ܐܘܪܚܐ ܘܦܘܡܗ ܦܬܚ

35(32):20a B בדרך ܒܐܘܪܚܐ ܕܬܘܩܠܬܐ ܠܐ ܬܐܙܠ

35(32):21a {B בדרך / E דרך} ܠܐ ܬܬܟܠ ܥܠ ܐܘܪܚܐ ܕܢܘ̈ܠܐ ܠܐ

31(34):7a ܣܓܝ̈ܐܐ ܓܝܪ ܕܚܠܡ̈ܐ ܛܥܘ ܐܘܪܚܐ

sing. w. suffixes

11:20a A בחוקך ܒܪܝ ܩܘܡ ܥܠ ܐܘܪܚܟ

11:34a A דרכך ܕܠܐ ܢܥܩܠ ܐܘܪܚܟ

37:9a {B [ ]רכך / D דרכיך} ܘܢܐܡܪ ܡܐ ܛܒܐ ܗܝ ܐܘܪܚܟ

37:15b ܕܗ̣ܘ ܢܬܩܢ ܐܘܪܚܟ ܒܩܘܫܬܐ

3:31a A בדרכיו ܕܥܒܕ ܕܦܪܥ ܛܒܬܐ ܒܐܘܪܚܗ

27:30b ܝܩܒܪܐ ܢܛܠܬܐ ܡܩܒܠ ܐܘܪܚܗ

35(32):17b ܘܒܬܪ ܨܒܝܢܗ ܟܒܫ ܐܘܪܚܗ

35(32):24a ܕܢܛܪ ܐܘܪܚܗ ܢܛܪ ܦܘܩܕܢܐ

37:14b ܠܒܐ ܕܓܒܪܐ ܢܚܙܐ ܒܐܘܪܚܗ

46:20b B דרכיו ܘܚܘܝ ܠܡܠܟܐ ܐܘܪܚܗ

plur. emph.

11:15b A ודרכים ܚܘܒܐ ܘܐܘܪ̈ܚܬܐ ܕܐܟ̈ܢܐ

23:19c ܘܚܙܐ ܐܘܪ̈ܚܬܐ ܕܟܠ ܒ̈ܢܝ ܐܢܫܐ

plur. w. suffixes

16:20b A ובדרכי ܠܐ ܐܣܬܩ ܥܠ ܠܒܗ ܘܒܐܘܪ̈ܚܬܗ

2:3b 7h3 ܡܛܠ ܕܬܬܪܒܐ ܒܐܘܪ̈ܚܬܟ

7al ܒܐܘܪ̈ܚܬܟ]

2:6b ܗܝܡܢ ܒܗ ܘܗ̣ܘ ܢܬܪܨ ܐܘܪ̈ܚܬܟ

6:37c A לבך ܘܗܘ ܢܬܩܢ ܐܘܪ̈ܚܬܟ

9:15b A ? בינותם Δ, ܘܫܘܥܝܬܟ ܐܘܪܚܬܟ ܕܫܪܪܐ
7a1,7h3, ܒ]ܐܘܪܚܬܗ

35(32):22a {B ובארחתיך / E ובאחריתך ܘܒܐܘܪܚܬܟ ܗܘܝܬ ܙܗܝܪ

2:15b ܐܘܪܚܬܗ ܢܛܪܘܢ ܕܫܪܪܐ

9:15b A ? ביננתם 7a1,7h3, ܘܫܘܥܝܬܟ ܒܐܘܪܚܬܗ ܕܫܪܪܐ
Δ, ܐܘܪܚܬܟ]

13:1b A דרכו . ܘܡܫܬܘܬܦ ܠܥܘܠܐ ܢܐܠܦ ܐܘܪܚܬܗ.

20:25b ܘܬܪܬܝܗܝܢ ܐܘܪܚܬܗ ܒܡܘܬܐ ܢܐܬܝܢ

48:22b B בדרכי ܘܗܠܟ ܒܐܘܪܚܬܗ ܕܕܘܝܕ

49:9b B [ ]ד ܕܗܠܟܝܢ ܐܘܪܚܬܗ ܕܙܕܝܩܘܬܐ

6:25b ܘܠܐ ܬܩܢܛ ܡܢ ܐܘܪܚܬܗ̇

14:21a A דרכיה ܕܝܗܒ ܥܠ ܐܘܪܚܬܗ̇ ܠܒܗ

17:15a ܐܘܪܚܬܗܘܢ ܩܕܡܘܗܝ ܓܠܝܢ

39:24a {B ת[ ] / Bm]רחותיו[ܐܘܪܚܬܗܘܢ ܕܙܕܝܩܐ ܬܪܝܨܢ

Traveller,Viator ܐܪܚܐ

sing. emph.

29:27b ܐܪܚܐ ܡܢ ܩܕܡ ܟܠ

Root ܐܪܙ

Secret,Secretum ܐܪܙܐ

sing. w. suffix

6:6b A סודך ܘܓܠܐ ܐܪܙܟ ܚܕ ܡܢ ܐܠܦ

plur. emph.

3 :19b A סודו ܘܠܡܟܝܟܐ ܐܪ̈ܙܐ ܡܬܓܠܝܢ

N.B. The more frequent spelling of this Persian loan word is ܪܐܙܐ
See: ܪܘܙ under which root it is classified.

Cedar Tree, Cedrus ܐܪܙܐ

sing. emph.

24:13a ܐܝܟ ܐܪܙܐ ܐܬܪܘܡܬ ܒܠܒܢܢ

plur. emph.

39:13b ܐܝܟ ܐܪ̈ܙܐ ܕܫܬܝܠܝܢ ܥܠ ܡ̈ܝܐ

plur. w. suffix

39:14a ܐܝܟ ܪܝܚܐ ܕܠܒܢܢ ܒܐܪ̈ܙܘܗܝ

Root ܐܪܝ

Lion, Leo ܐܪܝܐ

sing. emph.

13:19a A ארי ܡܐܟܘܠܬܗ ܕܐܪܝܐ ܥܪ̈ܕܐ

21:2c ܐܝܟ ܫܢ̈ܝ ܐܪܝܐ ܗܝ ܕܩܛܠܬܐ

24:16a ܦܘܡ ܠܡܣܒܪܢܐ ܠܘܬ ܐܪܝܐ

27:10a ܐܪܝܐ ܠܨܝܕܐ ܢܟܡܢ

28:23c ܘܬܫܠܛ ܒܗܘܢ ܐܝܟ ܐܪܝܐ

plur. emph.

47:3a B לכפירים ܐܪ̈ܝܘܬܐ ܐܝܟ ܓܕ̈ܝܐ ܡܓܚܟ

Root ܐܪܟ

Long, Longus ܐܪܝܟܐ

sing. absol.

25:20b ܐܝܟܢܐ ܕܠܒܪܬܗ ܐܪܝܟ ܠܘܬ ܓܒܪܐ

Root ܐܪܡ nom. prop. Jeremiah ܐܪܡܝܐ

49:6b B ירמיהו ܫܪܒܬܗ ܒܦܘܡ ܐܪܡܝܐ

Root ܐܪܥ

Land ,Terra ܐܪܥܐ

sing. emph.

1:3a ܘܦܬܝܗ ܕܐܪܥܐ ܘܬܗܘܡܐ ܪܒܐ

10:16b A ארץ ܘܐܘܒܕ ܡܢ ܐܪܥܐ ܫܪܒܬܗܘܢ

16:18b A וארץ ܘܬܗܘܡܐ ܘܐܪܥܐ ܒܓܠܝܢܗ ܡܬܬܙܝܥܝܢ

16:29a ܘܒܬܪ ܗܠܝܢ ܥܠ ܐܪܥܐ ܐܚܘܪ

17:1a ܐܠܗܐ ܡܢ ܐܪܥܐ ܒܪܝܗܝ ܠܐܕܡ

23:25a ܠܐ ܢܬܠܘܢ ܒܢ̈ܝܗ ܥܩܪܐ ܒܐܪܥܐ

23:27a ܘܢܕܥܘܢ ܟܠܗܘܢ ܕܥܡܘܪ̈ܝܗ̇ ܕܐܪܥܐ

24:3b ܘܐܝܟ ܥܪܦܠܐ ܟܣܝܬ ܐܪܥܐ

36(33):11b ܘܥܒܕ ܐܢܘܢ ܥܡܘܪ̈ܐ ܕܐܪܥܐ

36:22c B ארץ ܕܢܕܥܘܢ ܟܠ ܕܒܣܘܦܝܗ̇ ܕܐܪܥܐ

37:3b B תבל / D תֵּבֵל ܐܠܐ ܠܡܡܠܐ ܐܪܥܐ ܢܟܠܐ

38:4a B מארץ ܐܠܗܐ ܡܢ ܐܪܥܐ ܒܪܐ ܣܡ̈ܡܢܐ

38:8c Bm ארצ ܘܣܘܥܪܢܐ ܡܢ ܐܦ̈ܝ ܐܪܥܐ

39:23b ܘܐܝܟ ܐܪܥܐ ܕܗܦܟܝܢ ܠܡܠܚܐ

40:1d Bm ארץ ܘܥܕܡܐ ܕܗܦܟܝܢ ܠܐܪܥܐ ܕܡܝܬܐ

40:11a B מארץ ܡܕܡ ܕܡܢ ܐܪܥܐ ܗܘ̣ ܠܐܪܥܐ ܗܦܟ

43:3a B/M תבל ܒܡܫܘܚܬܗ ܕܝܘܡܐ ܡܚܡܐ ܠܗ̇ ܠܐܪܥܐ

44:21b 7a1,7h3 ܕܢܬܒܪܟܘܢ ܟܠܗܘܢ ܫܪ̈ܒܬܐ ܕܐܪܥܐ

Δ, omitted.

44:21g B ארץ ܥܕܡܐ ܠܣܘܦܝܗ̇ ܕܐܪܥܐ

46:1f ܘܠܡܘܪܬܘ ܠܒܢ̈ܝ ܐܝܣܪܝܠ ܐܪܥܐ

46:7d ܘܠܡܫܬܠܦܘ ܥܡܐ ܒܫܐ ܡܢ ܐܪܥܐ

46:8d B ארץ ܠܐܪܥܐ ܕܡܪܕܝܐ ܚܠܒܐ ܘܕܒܫܐ

46:9c B ארץ ܠܡܬܠܐܬܗ ܥܠ ܪܡܘܬܗ̇ ܕܐܪܥܐ

46:20c B מארץ ܘܐܪܝܡ ܡܢ ܐܪܥܐ ܩܠܗ

47:22b B ארצה ܘܠܐ ܢܦܠܐ ܡܠܘ̈ܗܝ ܥܠ ܐܪܥܐ

49:14a B הארץ ܘܐܝܟ ܐܬܒܪܝ ܥܠ ܐܪܥܐ

50:17a B ארצה ܘܢܦܠܘ ܥܠ ܐܦ̈ܝܗܘܢ ܥܠ ܐܪܥܐ

50:19a B הארץ ܘܫܒܚܘ ܥܡܐ ܕܐܪܥܐ ܠܐܠܗܐ

50:22b B בארץ ܕܥܒܕ ܦܪ̈ܝܫܬܐ ܒܐܪܥܐ

51:9a B מארץ ܘܐܪܝܡܬ ܡܢ ܐܪܥܐ ܩܠܝ ܘܒܥܘܬܝ

sing.construct

26:20a ܒܪܝ ܦܪܘܫ ܡܢ ܟܠ ܐܪܥ ܦܘܠܚܢܐ

sing. w. suffix

45:22a ܒܠܚܘܕ ܒܐܪܥܗܘܢ ܠܐ ܢܐܪܬ ܝܪܬܘܬܐ

Root ܐܫܐ

Fever, Febris, ܐܫܬܐ

sing. emph.

26:26f ܘܐܝܟ ܐܫܬܐ ܕܡܫܪܝܬܐ ܗܘܝܐ ܡܬܬܫܝܐ

Root ܐܫܕ

He shed, Effudit ܐܫܕ

peal, participle

11:32b A יארב ܒܪܢܫܐ ܐܟܘܠܐ ܐܫܕ ܕܡܐ

18:11b ܘܐܫܕ ܥܠܝܗܘܢ ܪ̈ܚܡܘܗܝ

27:14b ܘܕܐܫܕ ܕܡܐ ܒܝܬ ܩ̈ܛܠܐ ܕܢܘܠܐ

31(34):25b ܐܫܕ ܕܡܐ ܗܘܢܐ

31(34):27a ܕܐܫܕ ܕܡܐ ܗܘܢܐ ܠܐܠܡܐ ܝܠܦ

peal part. plur.

28:11b ܘܕ̈ܝܢܐ ܦܩ̈ܝܐ ܐܫܕܝܢ ܕܡܐ

peal part, passive plur.

20:17b ܐܝܟ ܡ̈ܝܐ ܕܐܫܝܕܝܢ ܥܠ ܬܪܥܐ ܕܢܐܦܐ

peal imperat. 2 m.s.

33(36):8a B ושפוך ܐܫܘܕ ܪܘܓܙܐ ܘܐܫܕܝ ܚܡܬܐ

Shedding, Effusio ܐܫܕܐ

sing. const.

22:24b ܘܡܣܩ ܐܫܕ ܕܡܐ ܨܢܝܐ

Root ܐܫܥ

nom.prop. Isaiah ܐܫܥܝܐ

48:20d B ישעיהו ܘܦܪܩ ܐܢܘܢ ܒܝܕ ܐܫܥܝܐ ܢܒܝܐ

48:22c B ישעיה ܕܦܩܕ ܐܫܥܝܐ ܢܒܝܐ

Root ܐܫܦ

Snake charmer, Incantator ܐܫܘܦܐ

sing. emph.

12:13a A חובר ܡܢܘ ܢܚܘܣ ܢܟܬ ܠܗ ܐܫܘܦܐ

Root ܐܬܐ

A sign, Signum ܐܬܐ

sing. emph.

43:6b B ואות ܬܫܒܘܚܬܐ ܕܙܒܢܐ ܘܐܬܐ ܕܥܠܡ ܥܠܡ

plur. emph.

33(36):6a B אות ܚܕܬ ܐܬܘ̈ܬܐ ܘܫܢܝ̈ܐ ܬܕܡܘܪ̈ܬܐ

43:7a ܡܢ ܣܗܪܐ ܝܕܥ ܐܬܘ̈ܬܐ ܕܥܕ̈ܢܐ

44:4a ܐܬܘ̈ܬܐ ܘܡܠ̈ܟܐ ܒܡܕܒܪܢܘܬܗܘܢ

48:12b B אתות ܘܥܒܕ ܢܨܚ̈ܢܐ ܘܐܬܘ̈ܬܐ ܡܠܠ

48:25a ܘܒܗ ܒܠܒܟܐ ܗܘܐ ܚܙܐ ܐܬܘ̈ܬܐ

He came, Venit **ܐܬܐ**

peal, perf . l.s.

36(33):16a ܐܦ ܐܢܐ ܐܚܪܝܐ ܐܬܝܬ

peal part. m.s.

2:4a ܟܠ ܕܐܬܐ ܥܠܝܟ ܩܒܠ

peal part. f.s.

25:26a ܘܐܢ ܠܐ ܗܠܟܐ ܐܬܝܐ ܒܬܪܟ

peal part. pl. m.

42:19a ܘܓܠܐ ܡܕܡܕܗܘܐ ܟܠ ܕܐܬܝܢ ܠܥܠܡܐ

peal infin.

48:10a 7h3 ܘܗܘ ܟܬܝܒ ܠܡܐܬܐ

7al ,12al,Δ, [ܕܢܐܬܐ

peal imperf. 3 m.s.

48:10a 7al,12al,Δ, ܘܗܘ ܟܬܝܒ ܕܢܐܬܐ

7h3 [ܠܡܐܬܐ

48:10b ܩܕܡ ܕܢܐܬܐ ܝܘܡܐ ܕܡܪܝܐ

peal imperf. 3.f.s.

27:27b ܠܐ ܢܕܥ ܐܝܟܢܐ ܬܐܬܐ ܥܠܘܗܝ ܒܝܫܬܐ

38:14c ܘܬܐܬܐ ܐܣܝܘܬܐ ܒܐܝܕܗ

peal imperf. pl. 3m

48:25b B בואן ܘܟܣܝ̈ܬܐ ܥܕ ܠܐ ܢܐܬܝܢ

peal imperf, pl. 3.f.

3:8b A ישיגוך ܡܛܠ ܕܢܐܬܝܢ ܥܠܝܟ ܒܘܪܟܝܢ

31(34):20c ܒܘܪܟܝܢ ܟܠ ܕܗܝܟܢܐ ܢܐܬܝܢ

36:20b B והקם ܘܢܐܬܝܢ ܢܒܝܘܬܐ ܕܢܒܝ̈ܝܟ

(He came, Venit, cont'd ܐܬܐ)

aphel, perf. 3 m.s.

48:2a ܘܐܝܬܝ ܥܠܝܗܘܢ ܟܦܢܐ

aphel participle

12:6b A ישיב 7h3 7a1 ܘܠܐ ܢܩ̈ܠܐ ܡܝܬܝܐ ܦܘܪܥܢܗ
ܡܝܬܝܬܐ]

38:19a ܒܫܒܝܐ ܡܝܬܝܐ ܠܥܘܙܐ ܘܡܚܝܬܐ ܬܫܘܝܬܐ

29:5c ܘܒܙܒܢܐ ܕܡܝܬܝܐ ܚܝ ܦܬܓܡܐ

aphel part. fem.

29:19c ܚܛܝܐ ܦܥܠܐ ܡܝܬܝܐ ܢܟܣܬܐ

aphel infinitive

46:1d ܠܡܝܬܝܘ ܒܐܝܕܗ ܦܘܪܥܢܐ ܠܒܥܠܕܒܒܘܗܝ

47:20c ܠܡܝܬܝܘ ܪܘܓܙܐ ܥܠ ܒ̈ܢܝܟ

aphel imperative 2 m.s.

33(36):2a B ם[ ]ה ܘܐܝܬܝ ܕܚܠܬܟ ܥܠ ܥܡܡ̈ܐ

aphel imperf. 3 m.s.

12:6b A ישיב 7a1 ܘܠܐ ܢܩ̈ܠܐ ܢܝܬܐ ܦܘܪܥܢܗ
7h3 ܡܝܬܐ]

aphel imperf. 2 m.s.

29:9b ܘܐܢ ܚܣܝܪܐ ܣܘܢܩܢܐ ܠܐ ܬܝܬܐ ܠܗ ܣܦܝܩ

Root ܐܬܘ

nom.prop. Assyria ܐܬܘܪܝܐ

48:21a B אשור ܘܡܚܐ ܡܫܪܝܬܗ ܕܐܬܘܪܝܐ

Root ܐܬܡ

Yesterday, Heri ܐܬܡܠ

38:22b B אתמול ܠܝ ܐܬܡܠ ܘܠܟ ܝܘܡܢܐ

Root ܐܬܢ

Furnace, Furnus ܐܬܘܢܐ

sing. w. suff.

38:30d ܘܫܗܪܗ ܠܡܫܠܡܘ ܐܬܘܢܗ

Root ܐܬܪ

sing. emph. Place, Locus ܐܬܪܐ

16:21b 7h3 ܡܢ ܐܬܪܐ ܟܠ ܐܬܪ

7al , absent.

19:27b ܘܒܐܬܪ ܕܠܐ ܝܕܥ ܠܗ ܦܬܚ ܠܗ ܡܚܘܬܐ

36: 30 a ܐܬܪ ܕܠܝܬ ܣܝܓܐ ܡܬܒܙܙ ܩܢܝܢܐ

36: 30 b ܘܐܬܪ ܕܠܝܬ ܐܢܬܬܐ ܓܠܐ ܘܡܬܒܕܪ

36: 31 d ܒܐܬܪ ܕܡܚܫܟ ܢܒܘܬ

sing. emph.

4:5a A מקום ܘܠܐ ܬܬܠ ܠܗ ܐܬܪܐ ܕܢܠܘܛܟ

4:13b ܐܠܗܐ ܢܒܪܟܝܘܗܝ ܘܒܐܬܪܐ ܕܥܐܠ ܠܗ

8:16b A ? בדרך ܘܠܐ ܬܐܙܠ ܥܡܗ ܒܐܬܪܐ ܚܘܪܒܐ

12:16d A ? עת ܐܢ ܢܫܟܚ ܠܗ ܐܬܪܐ

13:22d A מקום ܠܐ ܝܗܒܝܢ ܠܗ ܐܬܪܐ

35(32):4a B במקום ܒܐܬܪܐ ܕܡܫܬܘܬܐ ܟܡ ܫܘܒܚܐ

31(34):8a ܒܐܬܪܐ ܕܠܝܬ ܒܗ ܫܘܚܕܐ

36: 18b B מכון ܥܠ ܐܘܪܫܠܡ ܐܬܪܐ ܕܒܝܬ ܩܘܕܫܟ

38:12a B מקום ܘܐܦ ܠܐܣܝܐ ܗܒ ܐܬܪܐ

singular construct

38:32b ܘܐܬܪ ܕܢܬܒܪܘܢ ܠܐ ܢܟܦܢܘܢ

42:11e {B [ ]קום / M מקום} ܐܬܪ ܕܡܥܡܪܐ ܠܐ ܬܬܚܙܐ ܒܗ.

sing . w. siffix

47:24b B [ ]חוזתם ܠܡܓܠܝܘ ܐܢܘܢ ܡܢ ܐܬܪܗܘܢ

48:15c B מארצם ܢܦܩܘ ܓܠܘܬܐ ܡܢ ܐܬܪܗܘܢ

Root ܐܬܪ

Normally translates Heb אחר After, Post ܒܬܪ

1:19b

2:7b , 18f

4:19a

5: 2b A (I) אחר } { 11c1,12a1,17a4 } ܠܡܐܙܠ ܒܬܪ

A(II) -- ב } { 17a3, 17a1 rel. absent. } ܪ̈ܓܬ ܠܒܟ

9: 9c(I), 9c(II)

(After , Post cont'd ܒܬܪ)

10:3b

14: 19b, 22a

16: 29a

17: 23a

18: 30a

23: 20b

25: 12b 26a

26 : 11a

27: 17b , 20a

29: 25b

30: 4b

34(31) : 5b ,8b

35(32): 17b , 19b

36(33): 25a

42: 10c

46: 6e , 20a (אחרי B, in both cases)

47: 1a , 12a , 23b

48: 8b

51: 20a

Adverb: Afterwards,Postquam ܒܬܪܟܢ

28:2a ܢܒܘܫ ܗܘܐ ܕܡܠܟܐ ܘܒܬܪܟܢ ܢ̇ ܠܐ

35(32):1d B ואחר ܘܡܢ ܒܬܪܟܢ ܐܫܬܡܥܢ

ܒ

Normally translates Hebrew ב. Particle, In, Apud, ܒ

1: 13a 20c 20f 20i(2) 20k 20p 20t 20v 28a 28b
29a 29b 30d 30e

2: 3a 3b 4a 5a 5b 6a 6b 8a 10c 11b 11c

3: 8a(2) 10a 12a 15a 17a(2) 18a(2) 22a 23a
26b 29a 31a 31b

4: 6b 8b 9b 11b 13a 13b 16a 17a 17b 19b
22a 22b 23a 24a 24b 26a(= מן)
29a 29b 30a 30b

5: 2b. (= אחר) 8b
9a { A --ܠ 7h3 ܠܐ ܬܗܘܐ ܪܕܝܐ ܒܟܠ ܪܘܚ
C --ܠ 7a1,11c1,12a1,9m1, Δ, ܠܟܠ]
11b 13a 14a 14b 14d 16b

6: 1c 2a 7a 8a 8b 11a 11b 12a 19d 24a 24b
25b 26a 26b 27 b 28a 28b 34a 37a 37b(2)

7: 3b 6b 6d 7a 7b 8b 9a(2)
9b 11c1,14c1,15c1, 19g7,9m1 ܘܕܡܬܩܪܒ ܐܢܐ ܠܡܪܝܐ
Heb. absent 7a1,7h3 absent ܕܡܬܩܪܒ]
11a 11b(2) 13b 14a 16a 17b(2) 18a 18b
20a 23b 26b 27a 29a 30a 33a 36a

8: 1b 8b 8d 9a 9b 9c 9d 10b 14a 15a 15d
16b 16c 19a

9: 1a 3b 4b 5a 5b 6b(2) 7a 7b 8a 8b
8c 9(II)d 10b 10d 11a 12a 12b 13a 13b
13d 15a 15b 16b 17a 17b 18a

10: 3b 4a 5a 6a 6b 6d 9b 11a 22b 26b
28a 31a(2) 31b(2)

11: 2a 2b 3a 4a 8b 9a 9b 11b 14h 19a 20b
21a 21b 28b 30a 31b

12: 5c 5d 8a 8b 9a(2) 11d 12b 12e 12f
14b 16a 16b 18a(2)

13: 1a 4a 7a(2) 7d 8a 8b 9b 19a

14: 4b 7b(2) 9a 20a 20b 21a 24b 25b 27a 27b

15: 1b 5b 7a 9a 10a 10b 12b 14b 15b 16b

16: 1b 2a 2b 6a 6b 7b 10a 17b 17c 18b 20b
21b 25a 25b 29b

17: 2b 3a 8b 13a 13b 23b 27b(2) 30a

18: 2a 7a 10b 15b 23d 24a 24b 25a 27b
32a 32b

19: 4a 8a(2) 10a 12a 12b 16b 28a

20: 4b 8a 12b 14b 17e 20a 24a 24b 30b

21: 7b 8a 9a 16a 17a 20a 20b 22a 25a 26b

22: 1a 6a 6b 13b 13f 16a 16b 17a 18e 20a
23a 23b 23c 27c

23: 2d 4e 6b 8a 8b 11c 11e 12b 12d 13b(2)
14c 14e 15d
16b 7h3 ܘܒܬܠܬܐ ܒܪܘܣ ܪܘܟܐ
7a1,12a1,ܠ, [ܘܗܘ ܬܠܬܐ

24: 1b 2a 2b 4a 4b 5a 5b 6a(2) 6b 7a 7b
8c 8d 10a 10b 11a 11b 12a 12b(2) 13a
13b 14a 14b 14c 23a 25b 26b 27b 32a 33a

25: 2b 3a 3b 7c 7d 8b(2) 18b 19a

26: 2b 4a 5c 9a 11b 16a 16b 17b 18b 19a
20b 23a 25b 26b 26e 27d(2) 29a(2)

27: 1a 11a 25b 26a 26b 27a

28: 2a 10a 10b 12a 14a 15a 19b 19c 21b
22a 23a 23b 23c 24d

29: 1b 2a 2b 3b 5a 5c 11a(2) 19a 19b
20a 22b 23b 26b 28d 28h

30: 1b 2a 2b 3b 5a 5b 11a 13b 14a
14b 19d 20a 20c 21b 24b

34(31): 5b 6d 7b 9b 10a 21a 22c 27c 28b
29b 31a 31b

35(32): 1b 2b 4a(3) 4b 11a 11b 12b 16a 20a
20b 22a 23a

36(33): 1a 1b 7a 8a 11a 13c 13d 25b 28b(2) 29a
29b 31a 32a 32b 34b 36a 38a 38d 40b

31(34): 6b 7a 7b 8a(2) 8b 23a 23b 29b

32(35): 1a 10a 10b 11a 11b 12b(2) 15c 26a 26b

33(36): 3b 4a 4b 11a(2) 20b 22d 25b 29a 31d
36

37: 4b 10a 11g 14a 15b 18b 19a 20a 22a
23a 27a 28b

38: 5a 6b 7a 9a 12b(2) 13a 14b 14c 17b
19a 25c(2) 26a 27b 27c 28b 28d 29c
31b 33a 33c 34a 34b

39: 3b 4c 4d 5a 5d 6a 6d 7b 8b 9b 11a
11b 12b 14a 15c 15d(2) 17b 17d 17e(2) 18a
23a 28b 28c 32b 34b 35a

40: 5c 5d 6c 7a 17a 23a 24a 26c 27a 30a 30b

41: 1c 1d 2c 2d 7b 12d

42: 9b 9c 10a 10c 11c 11d(2) 11f 13a
15c 22a 22b 23b

43: 3a 4a 8b 8d

44: 1b 3a 4a 4b 4c 5b 6a 7a 7b 12a 12b 14a
17a 17b 18a 19b 20b 20c 20d 21a 21b 23g

45: 1a 2a 4a(2) 7c 8b 15f 17b 18b(2) 18d 19b
19d 22a 23a 23b(3) 23c 24a

46: 1b 1d 2a(2) 4a 5c 5d 7a 13c 13e 14a 16b
17a 17b 19a 20d

(particle , In,Apud,cont'd ܒ)

47: 4a 4c 5b 6a 8b 8c 9c 13a 14a 14b 14c 17a
17b 18a 19b 20a 20b 23d

48: 2b 3a 7a 9a 9b 12a 12b 14a 14b 15a 15d
15e 18a 18d 20c 22b 23a 24a 25a

49: 1b 3b 6b 12b 15b

50: 1b 5a 6b 7b 8b 8c 10b 11a 11b 11c
11d 12a 13a 13b 14b 16b 18b 22b
25a 26b 27b 28a

51: 1b 1c 3a 10c 11a 11b 13a 15c 19a 19d
20b 21a 22b 25a 26a 27a(2) 28b 29b
30a 30b

Root ܒܐܫ

He was bad,malus fuit ܒܐܫ

peal, imperf, 3 f.s.

3:26a AVXIJ 7h3 ܠܒܐ ܩܫܝܐ ܬܒܐܫ ܚܪܬܗ
7al]ܬܐܒܫ

18:15b ܘܒܟܠ ܕܝܗܒ ܠܐ ܬܒܐܫ ܥܝܢܟ

peal, imperf, 2 m.s.

37: 29b ܘܠܐ ܬܒܐܫ ܥܝܢܟ ܥܠ ܡܐܟܘܠܬܐ

ethpe'el, perf, 3.m.s.

26:28b 7h3 ܘܥܠ ܬܠܬ ܦܝܟ ܐܬܒܐܫ ܠܝ
7al]ܐܬܐܒܫ

aphel, perf. 3 m.s.

34(31):10d ܠܚܒܪܗ ܘܠܐ ܐܒܐܫ

aphel, participle

19:28b ܘܐܢ ܡܫܟܚ ܠܡܒܐܫܘ ܡܒܐܫ

(he was bad, malus fuit ܒܐܫ)

aphel, part.(cont'd).

37:12d { B תכשל / D יכשל } ܘܐܢ ܡܒܐܫ ܠܟ ܠܢܦܫܗ ܗܘ ܡܒܐܫ

38:21d ܠܟ ܡܘܬܐ ܘܠܡܝܬܐ ܡܒܐܫ

aphel, infinitive

19:28b ܘܐܢ ܡܬܟܠܐ ܠܡܒܐܫܘ ܡܒܐܫ

34(31):10d B ולהרע 7h3 ܘܠܡܒܐܫܘ ܠܚܒܪܗ

7al [ܘܠܡܒܐܫܘ

Evil, Malus ܒܝܫܐ

sing. absolute.

7:1a A C } רע ܠܐ ܬܥܒܕ ܕܒܝܫ

11:33a A רע ܕܚܠ ܡܢ ܒܝܫܐ ܡܛܠ ܕܠܒܝܫ ܒܪܐ

13:21a A מרע ܥܬܝܪܐ ܢܦܠ ܘܡܬܬܡܟܐ ܠܒܝܫ

13:21b A רע ܘܡܣܟܢܐ ܢܦܠ ܘܡܬܕܚܐ ܡܢ ܠܒܝܫ

13:25b A לרע ܐܢ ܠܛܒ ܘܐܢ ܠܒܝܫ

14:5a A רע ܕܒܝܫ ܠܢܦܫܗ ܠܡܢ ܢܛܐܒ

14:6a A ܕܒܝܫ ܠܢܦܫܗ ܠܝܬ ܕܒܝܫ ܡܢܗ

17:7b ܛܒ ܘܒܝܫ ܐܠܦ ܐܢܘܢ

19:13a ܐܟܣ ܪܚܡܟ ܕܠܐ ܢܥܒܕ ܕܒܝܫ

19:22a ܠܝܬ ܚܟܡܬܐ ܕܒܝܫ

20:15b ܘܦܬܚ ܦܘܡܗ ܘܡܩܠܠ ܕܒܝܫ

20:24a ܡܘܡ ܕܒܝܫ ܒܒܪܢܫܐ ܕܓܠܬܐ

29:12b ܘܗܝ ܬܦܨܝܟ ܡܢ ܟܠ ܕܒܝܫ

34(31):13b { B רע / Bm דע } ܘܕܒܝܫ ܡܢܗ ܠܐ ܒܪܐ

32(35):5a ܠܡܦܪܩ ܡܢ ܟܠ ܕܒܝܫ

37:4a { BD רע / Bm מודיע } ܒܝܫ ܪܚܡܐ ܕܡܬܚܒ ܠܦܬܘܪܐ

37:18a { B ורעה / Bm,D ורע } ܡܘܬܐ ܘܚܝܐ ܛܒ ܘܒܝܫ

37:27b B D } רע ܘܚܙܝ ܡܘܡ ܕܒܝܫ ܠܗ ܠܐ ܬܬܠ ܠܗ

(Evil,Malus,cont'd ܒܝܫܐ)

(sing. absol. cont'd)

39:4d ܛܒ ܘܒܝܫ ܒܒܢܝ ܐܢܫܐ

39:17c ܗܘܝܐ ܒܝܫ ܘܗܘܝܐ ܛܒ

39:25b { B וריע / Bm רע } ܠܛ̈ܒܐ ܛܒܢ ܠܛܒ ܘܒܢ ܠܒܝܫ

39:34a B רע ܘܠܐ ܒܝܫ ܡܢ ܗܢܐ

41:1a B ר[ ] ܐܘ ܡܘܬܐ ܡܢܐ ܒܝܫ ܐܢܬ

sing. absol. fem.

13:24b A ורע ܘܒܝܫܐ ܡܣܟܢܘܬܐ ܥܠ ܦܘܡ ܥ̈ܘܠܐ

18:12a ܘܚܙܐ ܕܫܘܠܡܗܝܢ ܒܝܫܐ ܗܘ

sing. emphatic

4:20a A מרע 7h3 ܘܕܚܠ ܡܢ ܒܝܫܐ

7al [ܒܝܫܬܐ

5:14d A רעהו ܘܫܢܝܐ ܒܝܫܐ ܥܡ ܕܠܫܢܝܢ

6:1b A רע ܕܠܐ ܫܡܐ ܒܝܫܐ ܘܨܥܪܐ ܬܐܪܬ

7:1b { A רעה / C רע } ܘܠܐ ܢܕܒܩܟ ܒܝܫܐ

7:2a { A / C } מעון ܐܪܚܩ ܡܢ ܒܝܫܐ

9:1b A רעה ܕܠܐ ܬܐܠܦ ܥܠܝܟ ܝܘܠܦܢܐ ܒܝܫܐ

11:33a A מרע ܕܚܠ ܡܢ ܒܝܫܐ

12:1a ܐܢ ܬܛܐܒ ܐܝܬ ܠܒܝܫܐ ܠܐ ܗܘܝܐ ܛܝܒܘܬ

12:3a A רשע ܠܝܬ ܛܝܒܘܬܐ ܠܡܢ ܕܡܝܩܪ ܠܒܝܫܐ

12:5d A רע ܒܝܫܐ ܡܥܒܕ ܠܟ ܒܛܒܬܐ

12:7a A מרע ܐܛܒ ܠܛܒܐ ܘܟܠܐ ܡܢ ܒܝܫܐ

14:3b A רע ܘܠܓܒܪܐ ܕܒܝܫܐ ܥܝܢܗ ܠܐ ܝܐܝܐ

14:6b A רעתו ܘܗܝ ܡܦܪܥ ܦܘܪܥܢܐ ܒܝܫܐ

18:27b ܠܐ ܢܕܚܠ ܡܢ ܒܝܫܐ

19:17a ܐܟܣ ܠܒܝܫܐ ܕܠܫܡ̈ܥܬܐ ܬܠܬ

28:21a ܡܘܬܐ ܒܝܫܐ ܡܘܬܗ

34(31):22d B אסון ܘܟܠ ܒܝܫܐ ܠܐ ܬܬܩܪܒ ܠܟ

(Evil, Malus, cont'd ܒܝܫܐ)

sing. emph. cont'd.

36(33):1a	B } רע E }	ܠܐ ܢܦܓܘܥ ܒܗ ܒܝܫܐ
36(33):14a		ܠܘܩܒܠ ܒܝܫܐ ܛܒܬܐ܆ ܟܐܢܐ
31(34):27c		ܘܗܘ ܡܩܒܠ ܦܘܪܥܢܐ ܒܝܫܐ
37:3a	B,D רע Bm דֵּיע	ܘܒܝܫܐ ܠܡܢܐ ܐܬܒܪܝ܂
37:8d		ܢܚܙܐ ܥܠܝܟ ܬܘܠܬܐ ܒܝܫܐ
37:18b		ܘܕܝܠܝܬ ܫܠܝܛܘ ܬܦܩܐ ܡܢ ܒܝܫܐ
38:18b	B רע	ܡܟܪܝܘܬ ܠܒܐ ܒܝܫܐ
42:11b		ܕܠܡܐ ܬܥܒܕܟ ܫܡܐ ܒܝܫܐ
46:7d	B רעה	ܘܠܡܟܠܝܘ ܟܪܐ ܒܝܫܐ ܡܢ ܐܪܥܐ
51:12a	B רע	ܘܦܨܝܬܢܝ ܡܢ ܟܠ ܒܝܫܐ

sing. emph. fem.

3:28b	A רע	ܡܛܠ ܕܡܢ ܢܨܒܬܐ ܒܝܫܬܐ ܢܨܒܬܗ
4:20a	A רע 7al 7h3	ܘܕܚܠ ܡܢ ܒܝܫܬܐ [ܒܝܫܐ]
7:12a	A חמס	ܠܐ ܬܬܪܥܐ ܒܝܫܬܐ ܥܠ ܐܚܘܟ
11:14a	A ורע	ܛܒܬܐ ܘܒܝܫܬܐ ܚܝܐ ܘܡܘܬܐ
11:16b	A רעה	ܥܠܝ ܕܡܬܪܒܝܢ ܒܒܝܫܬܐ ܒܝܫܬܐ ܥܡܗܘܢ
12:17a	A רע	ܒܝܫܬܐ ܬܫܟܚܘܢܝ ܬܡܢ
14:10a	A רע	ܥܝܢܐ ܒܝܫܬܐ ܡܣܬܟܝܐ ܠܚܡܐ
15:8b	A כזב	ܘܐܢܫܝ ܒܝܫܬܐ ܠܐ ܢܚܙܘܢܗ̇
15:13a	{ A רעה { Bm רעה	ܟܠ ܒܝܫܬܐ ܘܛܢܦܘܬܐ ܣܢܐ
19:5a		ܘܕܚܕܐ ܥܠ ܒܝܫܬܐ ܢܦܫܗ ܬܬܒܪ܂
19:27a		ܐܝܬ ܕܡܟܝܟ ܐܦܘܗܝ ܘܬܪܥܝܬܗ ܒܝܫܬܐ
25:16b		ܕܠܡܥܡܪ ܥܡ ܐܢܬܬܐ ܒܝܫܬܐ
25:17a		ܒܝܫܘܬܗ ܕܐܢܬܬܐ ܒܝܫܬܐ
25:19a		ܙܥܘܪܐ ܒܝܫܬܐ ܘܠܐ ܐܝܟ ܙܢܝܘܬܗ ܒܝܫܬܗ̇
25:21a		ܠܐ ܬܬܬܟܠ ܥܠ ܫܘܦܪܗ̇ ܕܐܢܬܬܐ ܒܝܫܬܐ

(Evil, Malus, cont'd ܒܝܫܐ)

(Sing, emphatic fem. cont'd)

25:22a ܦܘܠܚܢܐ ܩܫܝܐ ܘܒܗܬܬܐ ܒܝܫܬܐ

25:23b ܘܟܐܒܬ ܠܒܐ ܐܢܬܬܐ ܒܝܫܬܐ

25:25b ܘܠܐܢܬܬܐ ܒܝܫܬܐ ܐܦܐ ܘܪܘ ܠܬܠܐ

25:25d ܗܟܢܐ ܐܝܬܝܗ ܐܢܬܬܐ ܒܝܫܬܐ

26:7a ܢܝܪܐ ܩܫܝܐ ܐܢܬܬܐ ܒܝܫܬܐ

27:27a ܘܕܥܒܕ ܒܝܫܬܐ ܒܗ ܢܦܠ

27:27b ܐܝܟܢܐ ܬܐܬܐ ܠܗܘܢ ܒܝܫܬܐ

34(31):6c B רעה ܠܡܦܨܝܘ ܐܢܘܢ ܡܢ ܒܝܫܬܐ

Sing fem w. suffixes

8:15b A רעתך ܕܠܐ ܢܡܘܬ ܒܒܝܫܬܟ

11:10a A עשקך / B עושק ܕܠܐ ܬܐܒܕ ܒܒܝܫܬܟ

11:27a A ורעת ܒܝܫܬܗ ܕܝܘܡܐ ܬܛܥܐ ܦܘܪܥܢܐ

14:7b ܘܒܐܚܪܝܬܗ ܢܚܙܐ ܒܒܝܫܬܗ

20:9a ܐܝܬ ܡܕܡ ܕܠܒܝܫܬܗ ܗܘ ܕܡܥܕܪ

plur.absol. m.

22:11d ܒܝܫܝܢ ܐܢܘܢ ܝܘܡܝ ܡܢ ܡܘܬܐ

plur. absol. f.

25:(13)b C רעה ܘܟܠ ܒܝܫܢ ܘܠܐ ܐܝܟ ܒܝܫܬܗ ܕܐܢܬܬܐ.

plur. emph. m.

12:6a A רעים ܐܠܗܐ ܣܢܐ ܠܒܝܫܐ

22:11d ܡܢ ܡܘܬܐ ܚܝܐ ܒܝܫܐ

29:24a ܚܝܐ ܒܝܫܐ ܡܢ ܒ ܠܒ

30:17a B רעים ܛܒ ܠܡܡܬ ܡܢ ܚܝܐ ܒܝܫܐ

32(35):24a ܢܦܩܐ ܕܢܦܫ ܠܒܝܫܐ ܢܣܒܠܝܘܢ

39:27b B לרעים ܘܠܒܝܫܐ ܠܠܐܦܬܐ ܡܬܗܦܟܢ

48:15b B מחטאתם ܘܠܐ ܦܪܫܘ ܡܢ ܢܟܠܝܗܘܢ ܒܝܫܐ

(Evil, Malus, cont'd ܒܝܫܐ)

plur. emph. fem.

3: 24b A מרעות ܘܡܚܫܒܬܐ ܒܝܫܬܐ ܡܛܥܝܢ

11:31a A לרע ܘܛܒܬܐ ܠܒܝܫܬܐ ܡܗܦܟ

30(33):37a E רעה ܡܛܠ ܕܣܓܝܐܐ ܕܒܝܫܬܐ ܝܠܦܐ ܒܛܝܠܘܬܐ

47:25a B רעה ܘܥܠ ܟܠ ܒܝܫܬܐ ܐܬܗܦܟ

plur. fem. w. suffixes

6:11b A ברעתך ܒܛܒܬܟ ܗܘܐ ܐܟܘܬܟ ܘܒܒܝܫܬܟ

12:8b A ברעה ܘܠܐ ܢܬܟܣܐ ܒܒܝܫܬܗ ܣܢܐܐ

12:9b A וברעתו ܘܒܒܝܫܬܗ ܐܬܦܪܫ ܪܚܡܐ

Badness, Malignitas ܒܝܫܘܬܐ

sing. emph.

29:7a ܣܓܝܐܐ ܕܠܐ ܗܘܐ ܡܢ ܒܝܫܘܬܐ ܐܬܟܠܝܘ

42:13b { B רעת 7a1,12a1,9m1, Δ, ܛܒ ܕܐܢܬܬܐ ܡܢ ܒܝܫܘܬܐ
M 7h3 ܒܝܫܘܬܗ]

sing. const.

34(31):13a B רע ܡܛܠ ܕܒܝܫܘܬ ܥܝܢܐ ܣܢܝܐ ܐܠܗܐ

sing. w. suffix

25: 13 b C [כל] ܘܠܐ ܐܝܟ ܒܝܫܘܬܗ ܕܐܢܬܬܐ

25: 17 a C רע ܒܝܫܘܬܗ ܕܐܢܬܬܐ ܒܝܫܬܐ

25:19a C כרעת ܠܐ ܐܝܟ ܙܥܘܪܘܬ ܒܝܫܘܬܗ ܕܐܢܬܬܐ

42:13b B } רעת 7h3 ܛܒ ܕܐܢܬܬܐ ܡܢ ܒܝܫܘܬܗ
M 7a1,12a1,9m1,Δ, ܒܝܫܘܬܐ]

18:8b ܘܡܢܐ ܛܒܘܬܗܘܢ ܘܡܢܐ ܒܝܫܘܬܗܘܢ

Root ܒܚܢ

He tried, examinavit ܒܚܢ

peal, perf. 3.m.s. w. suff.

1 :9a ܗܘ ܐܘܪܟܗ̇ ܒܚܢܗ̇ ܘܚܙܗ̇ ܘܡܢܝܗ̇

(He tried, examinavit ܒܚܢ)

peal participle

42:18a B M } חקר ܬܗܘܡܐ ܘܠܒܐ ܗܘ ܒܚܢ

peal imperat. 2 m.s.

6:27a A דרש ܒܚܢ ܘܒܥܝ، ܘܒܥܝ ܘܐܫܟܚ

peal imperf, 1 s. w. suff.

4:17e A יבחונני ܐܢܣܝܘܗܝ ܠܗܘܢ ܘܐܒܚܢܝܘܗܝ، ܒܢܣܝܘܢܝ

pael, perf. 3 m.pl.

44:4c ܘܚܟܝܡܐ ܒܚܢܘ ܒܡܟܬܒܢܘܬܗܘܢ

pael, part.

32(35):21c B יפקוד ܠܐ ܢܬܢܝܚ ܥܕܡܐ ܕܡܒܚܢ ܠܗ

ethpa'al part.

14:19a A ירקבו ܘܟܠ ܥܒܕܘܗܝ ܡܬܒܚܢܝܢ ܩܕܡܘܗܝ

Root ܒܕܪ

He dispersed, Dispersit ܒܕܪ

pael, perf. 3 m.s.

28:14b ܘܒܕܪ ܐܢܘܢ ܡܢ ܥܡܐ

pael, participle

36:30b B C D } ונד ܘܐܝܟ ܕܠܝܬ ܐܢܬܬܐ ܠܓܒܪܐ ܘܡܒܕܪ

ethpa'al perf. 3 m.pl.

48:15d B ויפצו ܘܐܬܒܕܪܘ ܒܟܠ ܡܕܝܢܬܐ

Root: ܫܒܗܪ A boaster, Jactator ܫܒܗܪܢܐ

sing. absol.

4:29a A גבהן ܠܐ ܬܗܘܐ ܫܒܗܪܢ ܒܠܫܢܟ

Pride, Superbia ܫܒܗܪܘܬܐ

sing. w. suffix.

47:4d B ת[ ]רת ܘܬܒܪܗ ܫܒܗܪܘܬܗ ܕܓܘܠܝܕ

Root ܒܗܬ

He was ashamed, Puduit ܒܗܬ

peal, part. f.s.

26:24a ܐܢܬܬܐ. ܕܠܐ ܒܗܬܐ ܨܥܪܐ ܢܒܠܘܢ

26:25a ܐܢܬܬܐ ܕܝ ܕܠܐ ܒܗܬܐ ܐܝܟ ܟܠܒܐ

peal, imperf. 3mm.s.

15:4b A & B יבוש ܘܒܗ ܬܬܬܟܠ ܘܠܐ ܢܒܗܬ

32(35):26a ܘܢܒܗܬ ܦܘܩܐ ܒܒܗܝܢܐ ܕܐܘܠܨܢܐ

peal imperf. 2 m.s.

4 :20b A תבוש ܘܥܠ ܢܦܫܟ ܠܐ ܬܒܗܬ

4:22b {A תכשל / C תבוש} ܘܠܐ ܬܬܒܗܬ ܠܡܦܠ ܒܬܘܩܠܬܟ

4:26a A תבוש ܘܠܐ ܬܒܗܬ ܠܡܦܢܝܘ ܒܚܛܗ̈ܝܟ

peal, imperf. 2 m.s. w. suff.

22:25a ܐܢ ܐܬܪܚܡܬ ܪܚܡܟ ܠܐ ܬܒܗܬܝܘܗܝ

peal, imperf. 3.f.s.

22:5a ܐܒܘܗ̇ ܘܒܥܠܗ̇ ܬܒܗܬ ܫܠܝܛܬܐ

peal, imperf. 2 m. plur.

51:29b B תבושו ܘܠܐ ܬܒܗܬܘܢ ܒܬܫܒܘܚܬܗ

aphel, part. pl.

20:29a ܡܘ̈ܗܒܬܐ ܘܫܘܚܕܐ ܡܥܘܪܝܢ ܡܒܗܬܝܢ ܥܝ̈ܢܐ

aphel, imp. 3 m.s. with suff.

13:7a A יהתל ܢܒܗܬܟ ܒܡܐܟܘܠܘܗܝ

aphel imp 3 f.s. w. suff

42:11d {B והשבתך / Bm והבשת} ܘܒܟܢܫܐ ܕܩܪܝܬܟ ܬܒܗܬܟ

aphel imp. 2 m.s. with suff

3:13b A תכלים ܘܠܐ ܬܒܗܬܝܘܗܝ ܟܠ ܝܘܡ̈ܝ ܚܝܘ̈ܗܝ

Shame, pudor ܒܗܬܬܐ

sing. emph.

4:21a {A בֹשֶׁת / C בשת} ܡܛܠ ܕܐܝܬ ܒܗܬܬܐ ܕܡܝܬܝܐ ܚܛܗ̈ܐ

4:21b {A / C} בשת ܒܗܬܬܐ ܕܡܝܬܝܐ ܫܘܒܚܐ ܘܛܝܒܘܬܐ

(Shame,Pudor cont'd ܒܗܬܬܐ)

(sing emph. cont'd)

5:14c A בשת ܕܥܠ ܓܢܒܐ ܐܬܒܪܝܬ ܒܗܬܬܐ

20:25b ܘܬܬ̈ܝܗܘܢ ܐܘܪܚܘܬܗ ܒܗܬܬܐ ܘܨܥ̈ܪܐ

22:3a ܒܗܬܬܐ ܗܝ ܠܐܒܐ ܒܪܐ ܣܟܠܐ

25:22a C בושת ܡܛܠ ܕܦܠܚܢܐ ܗܘܐ ܘܒܗܬܬܐ ܒܨܥܪܬܐ

26:25b ܕܕܚܠ ܡܢ ܡܪܝܐ ܐܝܬ ܒܗ ܒܗܬܬܐ

29:14b ܘܡܢ ܕܡܘܒܕ ܒܗܬܬܐ ܢܪܡ ܡܢ ܢ̇ܪܒܗ

sing . w. suffix

20:22a C מבושת ܐܝܬ ܕܡܘܒܕ ܢܦܫܗ ܡܢ ܒܗܬܬܗ .

20:23a C ומבטיח ܐܝܬ ܕܡܢ ܒܗܬܬܗ ܡܫܬܠܠ ܠܚܒܪܗ

20:26b ܠܠܘܬܐ ܘܒܗܬܬܗ ܥܡܗ ܬܐܡܝܢ

Modesty,Modestia.
sing. emph. ܒܗܬܬܢܘܬܐ

26:15a ܛܝܒܘܬܐ ܐܚܪܬܐ ܒܗܬܬܢܘܬܐ

Root ܒܒ

Pupil(of eye) Pupillum

sing. emph. ܒܒܬܐ

17:22b ܐܝܟ ܒܒܬܐ ܕܥܝܢܐ ܢܛܪܐ

plur. emph.

3:25a A אישון ܡܢ ܕܠܝܬ ܠܗ ܒܒ̈ܬܐ ܕܥܝܢܐ

Root ܒܠܐ

Soul, Anima ܒܠܐ

sing. w. suffix

29:9b ܠܐ ܬܬܠ ܥܠ ܒܠܟ

Root ܒܘܥ

Origin, origo

sing emph. ܡܒܘܥܐ

10;13a A מקוה ܡܛܠ ܕܡܒܘܥܐ ܕܚܛܝܬܐ ܓܐܘܬܐ

10:13b A ומקורה ܘܚܛܝܬܐ ܡܒܘܥܐ ܕܬܘ̈ܬܝܗܘܢ

Root ܒܘܬ

he lodged,commoratus est ܒܬ

peal, imperative 2 m.pl.

51:23b B ולינו ܘܒܘܬܘ ܒܝܬ ܝܘܠܦܢܐ

(he lodged, commoratus est, cont'd)

aphel, part.

2:8b ܘܗܘ ܠܐ ܡܒܝܬ ܐܓܪܟܘܢ

Root ܒܙܥ

he cut, secavit ܒܙܥ

perf, peal, 3 m.s.

48:2b B ? המעיט ܘܒܛܢܢܗ ܒܙܥ ܐܢܘܢ

peal, part. pl.

32(35):8b ܘܢܒܙܥܝܢ ܒܙܥܝܢ ܥܡܛܐ

peal, imperf 3 f.s. with suff.

19:10b ܠܐ ܬܗܘܐ ܟܪܝܐ ܕܬܒܙܥܟ ܘܬܦܩܘܣ

Root ܒܨܐ

he scrutinised, scrutatus est ܒܨܐ

ethpe'el part.f.s.

6:21b A ? נכוחה ܘܠܫܐܠܬܐ ܠܐ ܡܬܒܨܝܐ

Root ܒܛܠ

he perished, ceased, periit

peal, perf. 3 m.s. ܒܛܠ

3:13a A יחסר ܐܦ ܒܛܠ ܡܕܥܗ ܫܒܘܩ ܠܗ

38:23a { B משבתו / Bm כשבות } ܐܝܟ ܕܒܛܠ ܡܝܬܐ ܗܢܐ

38:23a { B מושבתו / Bm מת ישבות } ܗܢܐ ܒܛܠ ܕܘܟܪܢܗ

peal perf. 3 m. pl.

14:2b A שבתה ܘܠܐ ܒܛܠܘ ܟܠ ܣܒܪܝܗܘܢ

44:9b B שבתו ܘܒܛܠܘ ܐܝܟ ܡܐ

44:9b B וישבתו ܐܝܟ ܡܐ ܕܒܛܠܘ

peal part passive

14:27b A ישכן 7al ܘܒܡܫܒܚܬܗ ܢܗܘܐ ܒܛܝܠ

rel. [ܡܛܠܠ

peal imperf. 3 m.s.

16:13b A ישבית ܘܠܐ ܢܒܛܠ ܣܒܪܗ ܕܙܕܝܩܐ

(He perished, periit,cont'd ܒܛܠ)

peal, imp. 3 m.s. cont'd

24:9b ܘܠܥܠܡ ܥܠܡܝܢ ܠܐ ܢܒܛܠ ܕܘܟܪܢܗ

38:8b { B ישבות / Bm ישכת } ܡܛܠ ܕܠܐ ܢܒܛܠ ܥܒܕܗ

39:9c ܘܠܐ ܢܒܛܠ ܕܘܟܪܢܗ ܒܥܠܡܐ ܠܥܠܡܐ

40:12a ܟܠ ܡܢ ܕܫܩܠ ܘܡܥܘܠ ܢܒܛܠ

pael perf 3 m.s.

49:2b B ? וישבת ܘܒܛܠ ܛܢܦܬܐ ܕܛܥܝܘܬܐ

pael part.

18:16a ܐܝܟ ܡܛܪܐ ܛܠܐ ܕܡܒܛܠ ܚܘܡܐ

20:29b ܘܦܐܪ ܦܘܡܐ ܘܡܒܛܠ ܡܟܣܢܘܬܐ

30:24a B ? יקצרו 7al ܚܣܡܐ ܘܪܘܓܙܐ ܡܒܛܠܝܢ ܚܝܘܬܐ

rel. [ܡܒܛܠܝܢ

41:12c ܡܛܠ ܕܡܒܛܠ ܡܢ ܣܝܡܬܐ ܘܡܛܡܪܐ

pael infin.

3:15b { A להשבית / C נמס } ܐܝܟ ܚܘܡܐ ܥܠ ܓܠܝܕܐ ܠܡܒܛܠܘ ܚܛܗܝܟ

7:6b A } להשבית C } ܕܐܝܬ ܠܟ ܚܝܠܐ ܠܡܒܛܠܘ ܥܘܠܐ

46:20d ܒܢܒܝܘܬܐ ܠܡܒܛܠܘ ܚܛܗܐ

pael imperat. 2 m.s.

33(36):9a { Bm דוף... / B והדוף } ܐܬܪ ܚܘܒܐ ܘܒܛܠ ܒܥܠܕܒܒܐ

33(36):12a B השבת ܒܛܠ ܪܫܐ ܕܚܘܒܐ

pael imperf. 3 m.s.

32(35):22c ܘܠܐ ܢܒܛܠ ܒܥܘܬܐ ܕܡܣܟܢ

pael imperf. 2 m.s.

6:23b ܘܠܐ ܬܒܛܠ ܡܪܕܘܬܝ

aphel infin.

46:7a B להשבית ܘܠܡܒܛܠܘ ܚܡܬܐ ܡܢ ܐܪܥܐ

Idleness, Otium ܒܛܠܢܐ

sing. emph.

30(33):37a ܡܛܠ ܕܣܓܝܐܐ ܕܒܝܫܬܐ ܐܠܦ ܒܛܠܢܐ

Idle , Otiosa ܒܛܝܠܐ

plr. emph.

23:15a ܓܒܪܐ ܝܠܝܦ ܕܠܦ ܡ̈ܠܐ ܒܛ̈ܝܠܬܐ

Adv. In vain, Inane ܒܛܝܠܐܝܬ

42:24b ܘܠܐ ܒܪܐ ܚܕ ܡܢܗܘܢ ܒܛܝܠܐܝܬ

Root ܒܝܐ

He was consoled, Consolatus est

ܒܝܐ

ethpa'al imperat. 2 m.s.

38:17d ܘܐܬܒܝܐ ܡܛܠ ܚ̈ܝܐ

38:23a B והנחם ܘܐܬܒܝܐ ܒܗ ܒܡܦܩܢܐ ܕܢܦܫܗ

Root ܒܝܢ

(in ethpa')He understood, Intellexit ܒܝܢ

ethpa'al , imperf 3 m.s.

16:20b A יתבונן 7a1,7h3 ܘܒܐܘܪܚܬܗ ܡܢܘ ܢܬܒܝܢ

Δ ,(less 15c1,17a3) ܢܣܬܟܠ]

ethpa'al, imperat. 2 m. pl.

1:20p ܘܬܘܒ ܘܐܬܒܝܢܘ ܒܟܠ

2:10b ܗܕ̈ܪܝ ܠܕ̈ܪܐ ܐܬܒܝܢܘ ܘܚܙܘ

ethpa'al imperf. 3 m.pl.

38:33d ܠܐ ܢܬܒܝܢܘܢ ܒܡܬܠܐ ܕܚܟܡܬܐ

Between, Inter ܒܝܬ

1:20h ܘܠܘܬܐ ܕܠܥܠܡ ܒܝܬ ܡܕ̈ܝܢܬܐ

9:13e A בין ܘܗܠܟ ܕܒܝܬ ܦܚ̈ܐ ܐܢܬ ܦܣܥ

10;20a A B בין ܒܝܬ ܐܚ̈ܐ ܡܪܝܫܐ ܡܝܩܪ

14:26b A בו... 7a1 ܒܝܬ ܣܘ̈ܟܝܗ̇ ܢܗܘܐ ܢܥܡܪ

7h3 ܒܝܬ]

20:17c ܡܢܐ ܠܒܢܘܗܝ ܕܗܢܐ ܒܝܬ ܙܕ̈ܝܩܐ

23:9b ܘܒܝܬ ܕܝ̈ܢܐ ܠܐ ܬܗܘܐ ܝܬܒ

27:2a ܒܝܬ ܢܩܦܐ ܠܡܪܙܬܐ

27:2b ܘܒܝܬ ܙܒܢܐ ܠܙܒܘܢܐ ܡܬܬܚܨܦ ܚܛ̈ܝܬܐ

27:12a		ܒܝܬ ܣܟܠܐ ܠܙܒܢ ܢܛܘܪ
27:12b		ܘܒܝܬ ܚܟܝܡܐ ܠܥܠܡܐ ܡܬܡܠܟ ܐܢܬ
27:15a		ܒܝܬ ܪ̈ܫܝܥܐ ܠܐ ܬܬܠ
28:9b		ܒܥܠܕܒܒܘܬܐ ܪܡܐ ܒܝܬ ܪ̈ܚܡܐ
34(31):18a	B בין	ܘܐܦ ܬܬܒ ܒܝܬ ܣ̈ܓܝܐܐ ܠܡܠܟܘ
35(32):9a	B בין 7al,7h3,	ܒܝܬ ܣܒ̈ܐ ܠܐ ܬܬܪܘܪܒ
	Δ,	ܒܝܢܬ]

Between, Inter ܒܝܢܬ

11:1b	A } ובין B }	ܘܒܝܢܬ ܫܠܝܛܢܐ ܬܘܬܒܝܘܗܝ
14:26b	A ...ובי 7h3	ܘܒܝܢܬ ܣܘ̈ܟܝܬܗ̇ ܢܗܘܐ ܢܒܝܬ
	7al	ܒܝܬ]
16:17 d	A בקצות	ܡܢܐ ܗܝ ܢܦܫܝ ܒܝܢܬ ܒܪ̈ܝܬܐ
25:18a	C בין	ܒܝܢܬ ܫܒܒ̈ܘܗܝ ܢܬܒ
30:2b		ܘܒܝܢܬ ܫܒܒ̈ܘܗܝ ܢܫܬܒܚ ܒܗ
39:4a		ܘܒܝܢܬ ܫܠܝܛܢܐ ܢܗܠܟ
39:4b		ܘܒܝܢܬ ܡܠܟ̈ܐ ܘܪ̈ܘܪܒܢܐ ܢܫܡܫ
42:12b	B ובית	ܘܒܝܢܬ ܢܫ̈ܐ ܠܐ ܬܬܡܠܟ ܒܢܫܘܬܐ
50:6a	B מבין	ܐܝܟ ܟܘܟܒܐ ܢܗܝܪܐ ܒܝܢܬ ܥܢ̈ܢܐ

with suffix

50:23b	B בינכם	ܒܝܢܬܟܘܢ ܘܢܗܘܐ ܫܠܡܐ

Root ܒܝܬ

House , Domus. ܒܝܬܐ
sing. absolute

11:30d	A בית	ܐܝܟ ܕܒܐ ܕܥܐܠ ܡܢ ܒܝܬ
11:30e		ܘܐܝܟ ܢܡܪܐ ܥܐܠ ܡܢ ܒܝܬ
29:24a		ܚܝ̈ܐ ܒܝܫܐ ܡܢ ܒܝܬ ܠܒܝܬ

sing emphatic

9:9(I)a	ܥܡ ܡܪܬ ܒܝܬܐ ܠܐ ܬܬܡܟܝܟ ܥܡܗ̇
21:22a	ܪܓܠܗ ܕܣܟܠܐ ܠܒܝܬܐ
21:23a	ܣܟܠܐ ܡܢ ܬܪܥܐ ܕܝܩ ܠܒܝܬܐ
22:16a	ܐܝܟ ܩܝܣܐ ܕܐܣܝܪܐ ܒܒܝܬܐ

(House, Domus, cont'd ܒܝܬܐ)

sing. emphatic cont'd.

25:16b ܐܢܬܬܐ ܒܝܫܬܐ ܥܡ ܒܝܬܐ

29:21b ܘܬܟܣܝܬܐ ܘܒܝܬܐ ܡܟܣܝܐ ܥܘܪܝܐ

47:13c B בית ܡܛܠ ܕܢܒܢܐ ܒܝܬܐ ܠܫܡܗ

50:1b B הבית ܒܚܝ̈ܘܗܝ ܐܬܒܢܝ ܒܝܬܐ

sing. const.

1:(19)a (uninteligible) ܘܒܝܬ ܡܣܟܢ ܬܪܒܘܝܬܐ

4:13b ܘܐܬܪܐ ܕܒܪܟ ܡܪܝܐ ܒܝܬ ܡܫܪܝܗܝ

4:14b ܘܒܝܬ ܡܫܪܝܗ ܪܚܡ ܐܠܗܐ

7:34a ܘܠܐ ܬܬܟܘܪ ܡܢ ܒܝܬ ܒ̈ܟܝܐ

21:18a ܐܝܟ ܒܝܬ ܐܣܝܪ̈ܐ ܗܘ

22:6a ܐܝܟ ܙܡܪܐ ܒܝܬ ܒ̈ܟܝܐ

22:12a ܒܝܬ ܒ̈ܟܝܐ ܫܒܥ ܕܡܝܬܐ ܥܒܕܝܢ ܝ̈ܘܡܝܢ

22:12b ܘܒܝܬ ܒ̈ܟܝܐ ܕܣܟܠܐ ܟܠ ܝܘ̈ܡܝ ܚܝ̈ܘܗܝ

29:12a ܘܣܘܩ ܒܝܬ ܓܙܟ

45:5e ܠܡܠܦܘ ܠܒܝܬ ܐܝܣܪܝܠ

45:22d ܘܝܪܬܘܬܗ ܒܝܬ ܐܝܣܪܝܠ

47:21b ܡܢ ܕܒܝܬ ܐܦܪܝܡ ܡܠܟܘܬܐ

47:22f 7h3 ܘܠܒܝܬ ܕܘܝܕ ܡܠܟܘܬܐ

7al, Δ (less 15cl), absent

47:23f ܘܝܗܒ ܠܒܝܬ ܐܦܪܝܡ ܬܘܩܠܬܐ

48:15f B לבית ܘܐܬܪ ܫܘܠܛܢܐ ܠܒܝܬ ܕܘܝܕ

49:4d ܡ̈ܠܟܐ ܕܒܝܬ ܝܗܘܕܐ

51:23b B בבית ܘܒܬܘ ܒܝܬ ܝܘܠܦܢܐ

sing. w. suffix

23:18c ܗܐ ܐܦ̈ܐ ܕܒܝܬܝ ܡܟܣܝܢ ܠܝ

23:18d 7al, Δ ,12al,9ml, ܘܛܠܠܐ ܕܒܝܬܝ ܡܚܝ ܠܝ

7h3 [ܕܡܪ̈ܝܬܝ

4:30b A C ביתך ܠܐ ܬܗܘܐ ܟܠܒ ܒܒܝܬܟ

11:29a A בית ܠܐ ܟܠ ܒܪܢܫ ܠܡܥܠܘ ܠܒܝܬܟ

(House,Domus, cont'd ܒܝܬܐ)

sing. w. suffix cont'd

25:26b ܗܒ ܠܗ̇ ܘܫܪܝܗ̇ ܡܢ ܒܝܬܟ

35(32):11b B לביתך ܘܒܥܕܢܬ ܟܢܘܫܝܐ ܦܢܝ ܠܒܝܬܟ

30(33):38a ܕܐܠ ܠܗ ܐܫܠܛܝܘܗܝ ܒܒܝܬܟ

37:6b ܘܠܐ ܬܫܠܛܝܘܗܝ ܒܒܝܬܟ

21:8a ܕܒܢܐ ܒܝܬܗ ܒܥܡܠܐ ܕܚܒܪ̈ܘܗܝ

23:11b ܘܠܐ ܢܥܒܪ ܡܢ ܒܝܬܗ ܡܚܘܬܐ

29:23b ܘܡܢܐ ܢܒܙ ܠܟ ܒܝܬܗ

14:24a A בֵּיתָה ܘܢܥܪܐ ܣܟ̈ܝ ܒܝܬܗ

26:16b ܫܘܦܪܗ̇ ܕܐܢܬܬܐ ܛܒܬܐ ܒܡܬܩܢ ܒܝܬܗ̇

26:17b C ? תוכן ܫܘܦܪܗ ܕܐܢܬܬܐ ܒܡܬܩܢ ܒܝܬܗ̇

26:18b ܐܝܟ ܢܡܘ̈ܣܬܗ̇ ܒܡܬܩܢ ܒܝܬܗ̇

plur. emph.

28:14d ܘܒ̈ܬܐ ܕܡܠ̈ܟܐ ܡܚܪܒܘ ܐܚܪܒ

42:11f B ובית ܘܒܒ̈ܬܐ ܠܐ ܬܗܘܐ ܚܘܪܐ

plur. w. suffix

28:14c ܡܕ̈ܝܢܬܐ ܕܡܥܫܢܬܐ ܡܢ ܒ̈ܬܝܗܘܢ ܛܪܕ

Root ܒܟܐ

He wept, Lacrimavit, ܒܟܐ

peal, infinitive

22:11a ܥܠ ܡܝܬܐ ܠܡܒܟܝܐ

22:11c ܠܝܬ ܠܡܒܟܝܐ ܥܠ ܡܝܬܐ

Tear,Lacrima, ܒܟܐ

plur. emph.

7:34a A מבוכים ܠܐ ܬܬܦܪܘܫ ܡܢ ܥܡ ܒ̈ܟܝܐ

22:6a ܐܝܟ ܙܡܪܐ ܥܡ ܒ̈ܟܝܐ

22:12a ܥܡ ܒ̈ܟܝܐ ܕܝܢ ܕܡܝܬܐ

22:12b ܘܥܡ ܒ̈ܟܝܐ ܕܣܟܠܐ ܟܠ ܝܘܡ̈ܝ ܚܝ̈ܘܗܝ

Root ܒܟܪ

First-born, Primogenitus ܒܘܟܪܐ

sing. w. suffix

44:23b ܒܪܝ ܒܘܟܪܝ ܐܝܣܪܝܠ

36: 17b B בכור ܐܝܣܪܝܠ ܕܩܪܝܬܗܝ ܒܘܟܪܟ

Root ܒܠܐ

He grew old, Senuit ܒܠܐ

peal part. pl.

14:17a A יבלה ܒܢܝܢܫܐ ܡܒܠܐ ܒܠܝܢ

peal infin.

14:17a ܒܢܝܢܫܐ ܡܒܠܐ ܒܠܝܢ

pael, part. pl.

30:24a B ? יקצר.7h3 ܚܣܡܐ ܘܪܘܓܙܐ ܡܒܠܝܢ ܚܝܘܬܐ

7a1 [ܡܩܛܠܝܢ

pael imperf. 3 m.s. with suff.

26:24a ܐܢܬܬܐ ܕܠܐ ܒܗܬܬܐ ܒܨܪܐ ܢܒܠܝܗ

Root ܒܠܥܕ

Without, Sine ܒܠܥܕ

38:32a ܘܒܠܥܕܝܗܘܢ ܠܐ ܡܬܬܒܢܝܐ ܡܕܝܢܬܐ

Root ܒܢܐ

He built, Aedificavit ܒܢܐ

peal perf 3 m.pl.

49:12c B ויריםו ܐܣܬܡܟܘ ܘܒܢܘ ܗܝܟܠܐ

peal part.

21:8a ܕܒܢܐ ܒܝܬܗ ܒܢܟܣܐ ܕܢܘܟܪ̈ܝܐ

31(34):28a ܚܕ ܒܢܐ ܘܐܚܪܢܐ ܣܬܪ

peal infin.

38:30d ܘܫܘܪܗ ܠܡܒܢܐ ܐܬܘܗܝ

peal imperf. 3 m.s.

47:13c B הכין ܡܛܠ ܕܢܒܢܐ ܒܝܬܐ ܠܫܡܗ

ethpe'el perf. 3 m.s.

50:1b B ? נפקד ܕܒܝܘܡܘܗܝ ܐܬܒܢܝ ܒܝܬܐ

(He built, Aedificavit cont'd ܒܢܐ)

ethpe'el perf. 3 m.s.

50:2b ܘܐܬܬܣܝܡ ܕܘܪܐ ܠܗܝܟܠܐ ܘܐܬܒܢܝܬ ܫܘܪܬܐ

pael, perf. 3 m.s.

48:17a ܚܙܩܝܐ ܒܢܐ ܡܕܝܢܬܐ

49:13b ܘܐܩܝܡ ܬܪ̈ܥܝܗ ܘܒܢܐ ܡܥܫ̈ܢܬܗ

A building, Aedificium ܒܢܝܢܐ

sing. emph.

40:19a B } ילד ܒܢܝܢܐ ܘܝܠܕܬܐ ܡܩܝܡܝܢ ܫܡܐ

M } (evidently an error for ܒܢ̈ܝܐ)

Root ܒܣܐ

He despised, Contempsit ܒܣܐ

peal, imperf. 3 m.s.

38:4b B ימאס ܘܓܒܪܐ ܚܟܝܡܐ ܠܐ ܢܒܣܐ ܒܗܘܢ

peal imperf. 2 m.s.

38:16d { B תתעלם ܘܠܐ ܬܒܣܐ ܥܠ ܡܩܒܪܬܗ

{ Bm תתחר

Root ܒܣܒܣ

He broke, Fregit ܒܣܒܣ

peal , perf. 3 f.s.

28:23d ܘܐܝܟ ܢܡܪܐ ܬܒܣܒܣ ܐܢܘܢ

Root ܒܣܡ

He gladdened, Laetificavit ܒܣܡ

peal, imperf. 3 m.s.

39:13c ܘܐܝܟ ܒܣܡ̈ܐ ܛܒܐ ܢܒܣܡ ܪܝܚܟܘܢ

peal imperf. 3 f.s.

40;30a { B תמתיק ܒܦܘܡܗ ܕܚܨܝܦܐ ܬܒܣܡ ܫܐܠܬܗ

{ Bm ממתיק

ethpa'al perf. 3 m.pl.

50:18b B העריכו ܘܐܬܒܣܡܘ ܐܢܫܐ ܒܩܠܗܬܐ

aphel perf. 1 s.

24:15b ܘܐܝܟ ܡܘܪܐ ܛܒܐ ܐܒܣܡܬ ܪܝܚܝ

(He gladdened, Laetificavit
cont'd ܒܣܡ)

aphel, part. m.pl.

40:21a B יעריבו ܐܒܘܒܐ ܘܟܢܪܐ ܡܒܣܡܝܢ ܙܡܪܐ

aphel imperf. 3 f.s.

26:2a C תדשן ܐܢܬܬܐ ܚܝܠܬܢܝܬܐ ܬܒܣܡ ܒܥܠܗ̇

Joy, Laetitia ܒܘܣܡܐ

sing.emph.

38:8a { B רוקח / Bm רקח } ܘܐܦ ܒܘܣܡܐ ܥܒܕܝܢ ܒܣܡܢ̈ܐ

Sweet smell, Odor ܒܣܡܐ

plur. emph.

24:15a ܐܝܟ ܩܘܢܝܐ ܘܡܘܪܐ ܕܒܣܡ̈ܐ

39:13c ܘܐܝܟ ܒܣܡ̈ܐ ܦܪ̈ܚܐ ܢܒܣܡ ܪܝܚܟܘܢ

45:16b B ריח ܠܡܩܪܒܘ ܠܒܘܢܬܐ ܘܕܒܣܡ̈ܐ ܘܒܣܡ̈ܐ

49:1a B סמים ܫܡܗ ܕܝܘܫܝܐ ܐܝܟ ܦܐܪܐ ܕܒܣܡ̈ܐ

alternative plural: same word

38:8a B מרקחת 7h3 ܘܐ ܒܣܡܐ ܡܬܩܢ ܒܣܡܢ̈ܐ

7a1 ܒܣܡܢ̈ܐ

49:1b ܕܡܠܠܝܢ ܒܡܣܝܐܘܬܐ ܕܒܣܡܢ̈ܐ

Sweet, Suavis ܒܣܝܡܐ

sing. absolute m.

23:17a ܟܠ ܒܣܪ ܒܣܝܡ ܠܗ

23:27d ܘܠܝܬ ܕܒܣܝܡ ܡܢ ܕܠܡܛܪ ܦܘܩܕܢܘܗܝ

sing.absol .f.

36:23b { B / Bm } תנעם ܐܝܬ ܐܢܬܬܐ ܕܡܢ ܐܢܬܬܐ ܒܣܝܡܐ ܒܣܝܡܐ

sing. emphatic

6:5a A עָרֵב ܦܘܡܐ ܒܣܝܡܐ ܢܣܓܐ ܪ̈ܚܡܘܗܝ

Adverb: Sweetly, Suaviter ܒܣܝܡܐܝܬ

34(31):20a B ? נבון ܡܢ ܫܢܬܐ ܕܒܣܝܡܐܝܬ ܒܟܪܣܐ

Root ܒܣܪ

He despised, Contempsit ܒܣܪ

peal, perf. 3 m.s. with suff.

14:2a A חסרתו ܛܘܒܘܗܝ ܠܓܒܪܐ ܕܠܐ ܒܣܪܬܗ ܢܦܫܗ

peal imperf. 2 m.s.

34(31):22b { B תבוז / BII תליעג / Bm תלעג } ܘܡܛܠ ܗܠܝܢ ܘܠܐ ܬܒܣܪ ܒܝ

adj. Despised, Contemptus ܒܣܝܪܐ

41:7b { M בוז } ܕܡܛܠܬܗ ܗܘܘ ܒܣܝܪܐ ܒܥܠܡܐ

Flesh, Caro ܒܣܪܐ

sing. absolute

1:10a ܥܡ ܟܠ ܒܣܪ ܐܝܟ ܡܘܗܒܬܗ

13:15a A הבשר ܟܠ ܒܣܪ ܢܪܚܡ ܓܢܣܗ

13:16a A בשר ܘ ܟܠ ܒܣܪ ܠܓܢܣܗ

17:4a ܘܐܪܡܝ ܕܚܠܬܗܘܢ ܥܠ ܟܠ ܒܣܪ

23:17a ܟܠ ܒܣܪ ܒܣܝܡ ܠܗ

30(33):29b ܠܐ ܬܬܝܬܪ ܥܡ ܟܠ ܒܣܪ

44:18b B בשר ܕܠܐ ܢܚܒܠ ܟܠ ܒܣܪ

46:19c B אדם ܘܟܠ ܒܣܪ ܠܐ ܐܣܗܕ ܥܠܘܗܝ

48:12d B בשר ܘܠܐ ܙܥܬ ܡܢ ܟܠ ܒܣܪ

sing emph.

14:18c A בשר ܕܪܐ ܕܒܣܪ ܘܕܡܐ

15:20b { A אנשי / B לאנשי } ܘܠܐ ܐܡܪ ܠܒܢܝ ܒܣܪܐ

17:30b ∆, 7a1,7h3, ܐܝܟ ܬܪܥܝܬܐ ܕܒܢܝ ܒܣܪܐ] ܕܒܢܝܢܫܐ

17:31d ܡܛܠ ܕܒܣܪܐ ܗܘ ܘܕܡܐ

17:32b ∆, 7a1,7h3 ܘܐܦ ܠܒܢܝ ܒܣܪܐ ܕܗܘܝܢ ܥܦܪܐ] ܠܒܢܝ ܐܢܫܐ

19:1b ܕܕܒܩ ܒܣܪܐ ܢܐܪܬ ܡܣܟܢܘܬܐ

23:6a ܘܪܓܬܐ ܕܒܣܪܐ ܢܦܩܢܝ

(Flesh, Caro cont'd ܒܣܪܐ)

sing. emphatic cont'd.

23:17a ܠܒܣܪܐ ܕܓܒܪܐ ܦܫܝܐ

39:19a B בשר ܥܒ̈ܕܝܗܘܢ ܕܟܠ ܒܢܝ ܒܣܪܐ

40:8a ܥܡ ܟܠܗܘܢ ܒܢܝ ܒܣܪܐ ܫܒܥܬܝܗܘܢ ܝܬܝܪܢ

41:4a B בשר { 7a1 ܡܢܬܐ ܕܟܠܗܘܢ ܒܢܝ ܒܣܪܐ
7h3 [ܒܢܝܢܫܐ]

50:12a ܒܡܫܡܠܝܘܬܗ ܡܗܝܡܢܐ ܕܒܣܪܐ

51:2b B בשרי ܘܦܨܝܬ ܒܣܪܝ ܡܢ ܚܒܠܐ

sing. with suffix

29:28f ܡܛܠ ܕܒܣܪܟ ܐܝܬ ܒܐܝܕܗ

25:26b ܘܠܐܢܬܬܐ ܡܢ ܒܣܪܟ ܦܣܘܩ

44:20c B בבשרו ܒܒܣܪܗ ܐܩܝܡ ܠܗ ܩܝܡܐ

38:28c ܠܡܟܬܫܬܐ ܕܢܘܪܐ ܡܩܦܚ ܒܣܪܗ

30:14b B בבשרו ܡܢ ܥܬܝܪܐ ܕܡܚܐ ܒܒܣܪܗ

34(31):1a B שארו ܫܗܪܐ ܡܕܝܒ ܒܣܪܗ ܕܥܬܝܪܐ

23:15d ܓܒܪܐ ܕܦܫܝܐ ܒܙܢܝܘܬܐ ܕܒܣܪܗ

23:16c ܓܒܪܐ ܕܦܫܝܢ ܒܙܢܝܘܬܐ ܕܒܣܪܗ

18:13b ܪܚܡܐ ܕܒܪܢܫܐ ܥܠ ܩܪܝܒ ܒܣܪܗ

39:13a ܫܡܥܘܢܝ ܕܗܝܡܢܐ ܘܦܪܘ ܒܣܪܟܘܢ

7:24a A/C שארם ܒܢܬܐ ܐܝܬ ܠܟ ܛܪ ܒܣܪܗܝܢ

Root ܒܣܬܪ

prep. After, Post ܒܣܬܪ

with suffix

51:7a B סביב ܘܐܬܦܢܝܬ ܠܒܣܬܪܝ ܕܐܢܫ ܢܥܕܪ

Root ܒܥܐ

He sought, Petivit ܒܥܐ

peal, perf. 3 m.s.

30(33):34b ܡܢ ܐܪܡܠܬܐ ܕܒܥܝܗ ܒܥܐ ܡܫܘܕܥܐ

(He sought , Petivit, cont'd ܒܥܐ)

peal perf. 3 m.s. cont'd

45:23d B ויכפר ܘܩܡ ܒܬܪܥܬܐ ܕܥܡܐ ܘܒܥܐ

peal perf. 1 s.

24:7a ܢܝܚܐ ܒܥܝܬ ܠ

peal perf. 1.s. with suffix

51:13b B} ובקשתיה ܘܐܬܪܓܝܬ ܒܗ ܘܒܥܝܬܗ
Q}

peal perf. 3 m. pl.

29:4a ܣܓܝܐܐ ܓܝܪ ܙܩܦܐ ܕܒܥܘ ܢܦܩܬܐ

peal part.

28:3b ܡܢ ܡܪܝܐ ܐܠܗܐ ܡܢܐ ܒܥܐ ܐܣܝܘܬܐ

35(32):14a B דורש ܕܒܥܐ ܦܘܠܚܢܐ ܕܐܠܗܐ

31(34):1a ܕܒܥܐ ܥܘܬܪܐ ܡܬܟܬܫ ܒܕܘܒܪܬܐ

37:8b {B צורכו ܘܥܕ ܠܡܢܩ ܡܢܐ ܒܥܐ
{D צרכו

37:11 i ܘܥܡ ܥܒܕܐ ܕܒܥܐ ܠܡܦܠܛ ܡܢ ܡܪܘܗܝ

51:3d B מבקשי ܘܡܢ ܐܢܢܩܐ ܕܒܥܐ ܢܦܫ ܦܘܪܩܢܝ

51:26c B למבקשיה ܩܪܝܒܐ ܗܝ ܠܟܠ ܕܒܥܐ ܠܗ̇

peal part. m.pl.

4:12b A ומבקשיה ܘܕܒܥܝܢ ܠܗ̇ ܢܣܒܠܘܢ ܛܒܝܢܐ

peal infin.

30(33):28d E לחלות ܠܡܦܩܟ ܠܡܒܥܐ ܡܢܗܘܢ

40:26d B} לבקש ܘܠܝܬ ܠܡܒܥܐ ܒܗ̇ ܡܥܕܪܢܐ
M}

peal imperat. 2 m.s.

6:27a A בקש ܒܥܐ ܘܒܨܝ ܘܒܥܐ ܘܐܬܒܥܐ

18:19a ܒܥ ܠܟ ܬܘܬܝܪܘܬܐ ܥܕ ܠܐ ܬܟܪܗ

18:21a ܒܥ ܠܟ ܬܬܟܠ ܥܠܗ ܘܒܥܐ

19:8b ܘܐܢ ܐܝܬ ܠܟ ܚܛ̈ܗܐ ܒܥܐ ܚܘܣܝܢܗܘܢ

26:20a ܒܥܐ ܦܪܝܫܟ ܡܢ ܟܠ ܐܪܥ ܦܘܠܚܬܐ

peal imperat. 2 m.s. with suff.

6:36a A ושחריהו ܚܙܝ ܡܢܘ ܚܟܝܡ ܘܒܥܝܗܝ

peal imperf. 3 m.s.

12:12a A יבקש ܕܠܡܐ ܢܒܥܐ ܢܬܒ ܕܘܟܬܟ

12:17b ܢܒܥܐ ܠܡܚܦܘܪ ܥܩܒܬܟ

39:1a ܐܝܟ ܚܟܡܬܐ ܕܩܕܡܝܢ ܘܒܢܒܝ̈ܐ ܢܒܥܐ

39:5c ܘܩܕܡ ܡܪܝܐ ܐܠܗܐ ܢܒܥܐ ܪ̈ܚܡܐ

39:5e ܘܥܠ ܚܛܗ̈ܘܗܝ ܢܒܥܐ ܚܘܣܝܐ

45:24b ܢܗܘܐ ܠܗ ܐܠܗܐ ܕܢܒܥܐ ܠܗ ܡܩܒܠܢܐ

peal imperf. 2 m.s.

3:21a { A תדרוש / C תחקור } ܕܡܟܣܝܢ ܡܢܟ ܠܐ ܬܒܥܐ

6:2b A ? ותעבה ܕܠܐ ܬܒܥܐ ܐܝܟ ܬܘܪܐ ܚܝܠܟ

7:4a A, C } תבקש ܠܐ ܬܒܥܐ ܡܢ ܡܪܝܐ ܐܠܗܐ ܫܘܠܛܢܐ

7:6a A, C } תבקש ܠܐ ܬܒܥܐ ܠܡܗܘܐ ܕܝܢܐ

11:10d A, B } תבקש ܘܐܢ ܬܒܥܐ ܠܐ ܬܫܟܚ

13:2a A תשא 12al, Δ, 7al,7h3 ܕܝܩܝܪ ܡܢܟ ܠܐ ܬܒܥܐ [ܬܫܩܘܠ

27:8a ܐܢ ܬܒܥܐ ܙܕܝܩܘܬܐ ܬܕܪܟܝܗ̇

30(33):30b E מהבינך ܡܢ ܕܬܒܥܐ ܐܢܬ ܩܕܡܝܗܘܢ

peal imperf. 3 m.pl.

30(33):30a E לחלות ܡܛܠ ܕܒܕܡ ܗܘ ܕܢܒܥܘܢ ܢܦܫܟ ܡܢܟ

ethpe'el part.

8:9d A [ ]צ ܡܥܠܐ ܕܡܬܒܥܐ ܠܡܦܢܝܘ ܦܬܓܡܐ

10:28b A, B } כיוצא ܘܗܒ ܠܗ ܐܝܩܪܐ ܐܝܟ ܡܐ ܕܡܬܒܥܐ

(He sought, Petivit, cont'd ܒܥܐ)

ethpe'el participle cont'd.

21:17a ܦܘܡܗ ܕܚܟܝܡܐ ܡܬܒܥܐ ܒܟܢܘܫܬܐ
32(35):26b ܐܝܟ ܥܢܢܐ ܕܡܛܪܐ ܒܙܒܢܐ ܕܡܬܒܥܐ

ethpe'el part. pl. m.

38:27d ܘܡܫܒܫܝܢ ܠܒܗܘܢ ܕܐܘܫܟܠܠܬܗܘܢ ܘܡܬܒܥܝܢ

ethpe'el part. pl. f.

39:26a ܪܝܫ ܟܠܗܝܢ ܨܒ̈ܘܬܐ ܕܡܬܒܥ̈ܝܢ ܠܚ̈ܝܐ

ethpe'el imperf. 3 m.s.

38:1a {B צרכו / Bm צרכך} ܝܩܪ ܐܣܝܐ ܥܕ ܠܐ ܢܬܒܥܐ ܠܟ

A request, Petitio, ܒܥܘܬܐ

sing. emph.

32(35):16b {B ותחנוני / Bm ותחנונים} ܘܒܥܘܬܐ ܕܥܢܘ̈ܝܐ ܪܘܚܐ ܥܒܪ

sing. w. suffix

4:4a A שאולות ܒܥܘܬܗ ܕܡܣܟܢܐ ܠܐ ܬܒܣܝܘ

Root ܒܥܠ

Master, Dominus ܒܥܠܐ

sing. emph.

4:10b A בעל ܘܚܠܦ ܒܥܠܐ ܠܐܪ̈ܡܠܬܐ

sing. const.

6:6b A ובעל ܘܒܥܠ ܪܐܙܟ ܚܕ ܡܢ ܐܠܦ
23:23b ܘܐܬ̈ܬܝ ܒܒܥܠ ܛܠܝܘܬܗ̇
37:11j ܠܐ ܬܗܘܐ ܠܗ ܒܥܠ ܡܠܟܐ

sing. with suffix

23:22a ܐܢܬܬܐ ܕܙܢܝܐ ܥܠ ܒܥܠܗ̇
25:8a C בעל ܛܘܒܘܗܝ ܠܒܥܠܗ̇ ܕܐܢܬܬܐ ܛܒܬܐ
25: 17 a C איש ܬܚܘܡ ܐܒܝܫ ܐܦ̈ܘܗܝ ܕܒܥܠܗ̇
25:18a C בעלה ܒܝܢܬ ܫܒ̈ܒܘܗܝ ܢܬܒ ܒܥܠܗ̇
25:22b C בעלה ܐܢܬܬܐ ܕܙܢܝܐ ܥܠ ܒܥܠܗ̇
25:23d C בעלה ܕܠܐ ܡܛܝܒܐ ܘܡܒܣܡܐ ܒܥܠܗ̇

Master, Dominus, (cont'd) **ܒܥܠ**

sing. w. suffix, cont'd.

26:1a C בעלה ܐܢܬܬܐ ܛܒܬܐ ܛܘܒܘܗܝ ܠܒܥܠܗ̇

26:2a C לבעלה ܐܢܬܬܐ ܚܝܠܬܢܝܬܐ ܡܒܣܡ ܒܥܠܗ̇

26:24b ܐܦ ܡܢ ܒܥܠܗ̇ ܬܬܟܣܐ

26:26a ܐܢܬܬܐ ܕܡܝܩܪܐ ܒܥܠܗ̇

26:26c ܐܢܬܬܐ ܛܒܬܐ ܛܘܒܘܗܝ ܠܒܥܠܗ̇

42:9d ܘܡܢ ܒܥܠܗ̇ ܕܠܐ ܬܬܛܢܐ

42:10c B [ ]לה
Bm בעל
M אישה } ܘܥܠ ܒܥܠܗ̇ ܕܠܡܐ ܬܣܛܐ

Enemy, Hostis **ܒܥܠܕܒܒܐ**

sing. emph.

23:3c ܣܢܐܝ ܘܢܚܕܘܢ ܡܚܟ ܒܥܠܕܒܒܐ

25:14b ܘܠܐ ܐܝܟ ܦܘܪܥܢܐ ܕܒܥܠܕܒܒܐ

31(34):19c ܘܦܪܘܩܐ ܡܢ ܒܥܠܕܒܒܐ

33(36):9a B אויב ܬܒܪ ܣܢܐܐ ܘܒܛܠ ܒܥܠܕܒܒܐ

37:5a Bm
D } זר ܛܒ ܪܚܡܐ ܕܡܬܟܬܫ ܠܘܩܒܠ ܒܥܠܕܒܒܐ

plur. w. suffix

12:9a A שונא ܒܥܠܕܒ̈ܒܘܗܝ ܒܒܝܫܘܬܐ ܗܘܝܢ

30:6b ܘܡܢ ܒܥܠܕܒ̈ܒܘܗܝ ܡܬܦܪܥ ܦܘܪܥܢܐ

Hostility, Inimicitia **ܒܥܠܕܒܒܘܬܐ**

sing. emph.

25:15b ܘܠܝܬ ܒܥܠܕܒܒܘܬܐ ܡܪܝܪܐ ܡܢ ܕܐܢܬܬܐ

28:6a ܐܬܕܟܪ ܠܡܘܬܐ ܘܐܫܒܘܩ ܒܥܠܕܒܒܘܬܐ

28:9a ܒܥܠܕܒܒܘܬܐ ܪܡܐ ܒܝܬ ܐܚ̈ܐ

Root **ܒܨܪ**

He plucked, Racemavit, **ܒܨܪ**

ethpa'al, imperf, 3 m. pl.

36: 30a B
C } יבוער ܐܬܪ ܕܠܝܬ ܣܝܓܐ ܢܬܒܨܪܘܢ ܒ̈ܙܙܐ
D [ ]ער

Livestock, Jumentum ܒܥܝܪܐ

sing. emph.

7:22a A בהמה ܒܥܝܪܐ ܐܝܬ ܠܟ ܒܨܝܗ̇

Grape harvester, Racemator ܡܒܨܪܢܐ

sing. emph.

30(33):25a E עולל ܐܝܟ ܡܒܨܪܢܐ ܕܒܨܘܪܐ

Root ܒܨܐ

He examined, Scrutatus est ܒܨܐ

peal participle

31(34):9b ܘܕܢܣܐ ܠܟܠ ܡܕܡ ܒܨܐ

peal imperat. 2 m.s.

6:27a A וחקר ܒܥܘ ܘܒܨܝ ܘܒܥܝ ܘܐܫܬܟܚ

Root ܒܨܪ

He diminished, Minutus est ܒܨܪ

ehtpa'al perf. 3 m.pl.

11:6b ܘܡܝܩܪܝܢ ܕܐܬܒܨܪܘ ܡܢ ܐܝܩܪܗܘܢ

26:28d ܚܟܝ ܝܕܥܐ ܕܐܬܒܨܪܘ ܡܢ ܐܝܩܪܗܘܢ

Paucity, Paucitas ܒܨܝܪܘܬܐ

sing. const.

26:14b ܘܠܝܬ ܕܡܝܐ ܠܒܨܝܪܘܬ ܢܦܫܗ̇ ܪܕܝܬܐ

26:15b C לצרורת ܘܠܝܬ ܡܬܩܠܐ ܠܒܨܝܪܘܬ ܦܘܡܐ

Root ܒܨܐ

He tested, Exploravit ܒܨܐ

peal part.

21:7b ܘܒܨܐ ܗܘ ܒܟܠ ܠܬܩܠܬܐ

34(31):26a {B בוחן, Bm ביתן} ܗܢܘܪܐ ܒܨܐ ܢܚܫܐ ܕܦܘܫܐ

peal imperat. w. suffix

7:22a A ? ראה ܒܥܝܪܐ ܐܝܬ ܠܟ ܒܨܝܗ̇

peal imperf. 3 m.s.

31(34):9a ܓܒܪܐ ܡܢܣܝܐ ܢܒܨܐ ܣܓܝ

peal imperf 2 m.s.

11:7a A, B תחקור ܥܕ ܠܐ ܬܒܨܐ ܠܐ ܬܬܚܬܪ

11:28a A תחקר ܥܕ ܠܐ ܬܒܨܐ ܠܓܒܪ

(He tested,Exploravit cont'd ܒܨܐ)

peal imperf 1 s. with suff.

4:17b ܘܡܢܣܐ ܐܒܨܝܘܗܝ. ܕܫܠܡܬܐ ܘܡܬܒܨܝܐ

ethpa'al part.

2:5a ܡܛܠ ܕܒܢܘܪܐ ܡܬܒܨܐ ܕܗܒܐ

18:(1)a ܠܟܡܐ ܒܗܠܘ ܡܬܒܨܐ ܐܢܫܐ

ethpa'al imperf. 2 m.s.

9:5a A תתבונן ܒܒܬܘܠܬܐ ܠܐ ܬܬܒܨܐ

9:8b A תביט ܘܠܐ ܬܬܒܨܐ ܒܫܘܦܪܐ ܕܠܐ ܕܝܠܟ

Root ܒܪܐ

Outside, Beyond, Extra ,Foras ܠܒܪ

22:2a ܒܗ ܢܦܩ ܐܢܫ ܠܒܪ ܠܫܘܩܐ

21:23b ܘܐܢܫܘܗܝ ܕܓܒܪܐ ܕܢܦܩ ܡܢ ܠܒܪ

33(36):5b B זולתך ܕܠܝܬ ܐܠܗܐ ܠܒܪ ܡܢܟ

49:4a ܒܠܚܘܕ ܠܒܪ ܡܢ ܕܘܝܕ

A Son, Filius ܒܪܐ

sing. emphatic

4:10c A בן ܘܬܗܘܐ ܠܐܠܗܐ ܐܝܟ ܒܪܐ

22:3a ܒܗܬܬܐ ܗܘ ܠܐܒܐ ܒܪܐ ܣܟܠܐ

30:8b ܘܐܝܟ ܒܪܐ ܡܪܘܕܐ ܕܠܐ ܫܡܥ ܠܐܒܘܗܝ

30(33):29a E בן ܒܪܐ ܘܐܢܬܬܐ ܘܐܚܐ

31(34):24a ܐܝܟ ܐܢܫ ܕܢܟܣ ܒܪܐ

41:6a B מבן / Bm מבין ܡܢ ܒܪܐ ܒܘܠܐ ܢܐܒܕ ܫܘܠܛܢܐ

sing. const.

22:22c ܒܪ ܚܒܪܐ ܦܓ ܕܓ̈ܠܐ ܪܐܙܐ

26:28c ܠܐ ܓܒܪܐ ܒܪ ܚܐܪ̈ܐ ܕܐܬܡܣܟܢ

45:23a B [ב]ן ܘܐܦ ܦܢܚܣ ܒܪ ܐܠܥܙܪ

45:23b ܒܡܗܢܝܬܐ ܘܒܒܪ ܐܝܣܪܐܝܠ

45:25b B בן ܘܐܦ ܕܘܝܕ ܒܪ ܐܝܫܝ

46:1a B בן 7h3 ܓܒܪܐ ܒܪ ܚܝܠܐ ܝܫܘܥ

7a1 ܓܢܒܪ]

46:1a	B	בן	ܓܢܒܪܐ ܚܝܠܐ ܝܫܘܥ ܒܪ ܢܘܢ
46:7b	B	בן	ܘܟܠܒ ܒܪ ܝܘܦܢܐ
47:23e	B	בן	ܠܝܘܪܒܥܡ ܒܪ ܢܒܛ ܕܚܛܝܐ
49:11a			ܘܐܦ ܝܫܘܥ ܒܪ ܝܘܨܕܩ
50:1a	B	בן	ܫܡܥܘܢ ܒܪ ܚܢܢܝܐ ܟܗܢܐ ܪܒܐ
51:colophon.	B בן 7h3		ܕܝܫܘܥ ܒܪ ܫܡܥܘܢ ܕܡܬܩܪܐ ܒܪ ܐܣܝܪܐ
	7a1	absent	
51:colophon			ܫܠܡ ܠܡܟܬܒ ܚܟܡܬܐ ܕܒܪ ܣܝܪܐ

sing.with suffixes

1:28a			ܒܪܝ ܠܐ ܬܣܪܒ ܒܕܚܠܬܗ ܕܡܪܝܐ
2:1a			ܒܪܝ ܐܢ ܩܪܒܬ ܠܕܚܠܬܗ ܕܐܠܗܐ
3:8a	A	בני	ܒܪܝ ܒܡܥܒܕܐ ܘܒܡܡܠܠܐ ܝܩܪ ܠܐܒܘܟ
3:12a	A	בני	ܒܪܝ ܐܬܠܒܒ ܒܐܝܩܪܗ ܕܐܒܘܟ
3:17a	A, C	בני	ܒܪܝ ܒܥܘܬܪܟ ܒܡܟܝܟܘܬܐ ܗܠܟ
4:1a	A	בני	ܒܪܝ ܠܐ ܬܛܠܘܡ ܒܣܝܒܪܗ ܕܡܣܟܢܐ
6:18a			ܒܪܝ ܡܢ ܛܠܝܘܬܟ ܩܪܒ ܠܝܘܠܦܢܐ
6:23a			ܫܡܥ ܒܪܝ ܘܩܒܠ ܝܘܠܦܢܝ
6:32a	A	בני	ܐܢ ܬܨܒܐ ܒܪܝ ܬܬܚܟܡ
10:28a	A, B	בני	ܒܪܝ ܒܡܟܝܟܘܬܐ ܝܩܪ ܢܦܫܟ
10:29a	B	בני	ܒܪܝ ܡܢ ܕܡܚܝܒ ܢܦܫܗ
11:10a	A, B	בני	ܒܪܝ ܠܡܢܐ ܬܣܓܐ ܒܥܒܕܝܟ
11:10c	A, B	בני	ܒܪܝ ܐܢ ܠܐ ܬܪܗܛ ܠܐ ܬܕܪܟ
11:20a	A	בני	ܒܪܝ ܩܘܡ ܥܠ ܩܝܡܟ
14:11a	A	בני	ܐܢ ܐܝܬ ܠܟ ܒܪܝ ܫܡܫ ܢܦܫܟ
18:15a			ܒܪܝ ܠܛܒܐ ܕܡܦܩܕ ܠܡܒܪܘܗܝ
18:30a			ܒܪܝ ܒܬܪ ܪܓܝܓܬ ܢܦܫܟ ܠܐ ܬܐܙܠ
21:2a			ܒܪܝ ܐܝܟ ܡܢ ܩܕܡ ܚܘܝܐ ܥܪܘܩ ܡܢ ܚܛܗܐ

(Son, Filius, cont'd ܒܪܐ)

sing. w. suffixes cont'd

Ref.	Ms.	Heb.	Syriac
25:12c			ܐܚܘܕܝܗ̇ ܒܪܝ ܘܠܐ ܬܪܦܝܗ̇
26:19a			ܒܪܝ ܐܙܕܗܪ ܒܛܒܐ ܕܛܠܝܘܬܟ
27:3a			ܒܪܝ ܐܢ ܠܐ ܕܚܠܬܗ ܕܐܠܗܐ ܬܬܒܪ
34(31):12a	B	בני	ܒܪܝ ܐܢ ܬܬܒ ܥܠ ܦܬܘܪܗ
34(31):22a	B	בני	ܫܡܥ ܒܪܝ ܘܩܒܠ ܡ̈ܠܝ
37:27a	B } D	בני	ܒܪܝ ܒܚܝܝܟ ܢܣܐ ܢܦܫܟ
38:9a	B	בני	ܒܪܝ ܐܦ ܒܟܘܪܗܢܟ ܨܠܐ
38:16a	B	בני	ܒܪܝ ܥܠ ܡܝܬܐ ܐܚܘܬ ܕܡ̈ܥܐ
40:26f			ܐܚܘܕܝܗ̇ ܒܪܝ ܘܠܐ ܬܪܦܝܗ̇
40:28a	Bm	בני	ܒܪܝ ܡܢ ܕܬܫܐܠ ܠܟ ܠܐ ܬܬܟܠܘܢ
42:11a	{ Bm	בני	ܒܪܝ ܥܠ ܒܪܬܟ ܐܩܝܡ ܡܛܪܬܐ
44:23b			ܕܩܪܝܗܝ ܒܪܝ ܒܘܟܪܝ ܐܝܣܪܐܝܠ
50:29b			ܚܝܝܢ ܒܪܝ ܘܠܐ ܬܬܟܡܪܝܢ
30:9a			ܪܒܝ ܒܪܟ ܕܠܐ ܬܬܬܒܥ
30:13a	B	בנך	ܪܕܝܐ ܕܢܦܫܐ ܐܠܦ ܒܪܟ
3:5a			ܕܡܝܩܪ ܠܐܒܘܗܝ ܢܚܕܐ ܡܢ ܒܪܗ
30:1a			ܕܪܚܡ ܒܪܗ ܢܣܓܐ ܡܚܘ̈ܬܗ
30:2a			ܕܪܕܐ ܒܪܗ ܢܚܕܐ ܒܗ
30:3a			ܕܡܠܦ ܒܪܗ ܡܛܠ ܠܣܢܐܗ
30:7a	7h3,Δ , 7al		ܕܡܦܢܩ ܒܪܗ ܢܚܒܘܫ ܠܡ̈ܚܘܬܗ [ܠܡܚܒܪܗ
30(33):34b	E	ראשי	ܘܐ ܐܪܒܥܬ ܒܪܗ ܒܟܐ ܫܪܘ̈ܪܐ
47:23b			ܘܫܒܩ ܒܬܪܗ ܘܡܢ ܒܪܗ ܒܬܪܗ

plural emphatic

Ref.	Ms.	Heb.	Syriac
3:1a			ܡܢ ܒܬܪܗ ܒܢ̈ܝܐ ܕܝܢ ܠܐܒܘ̈ܗܐ ܫܡܥܘ
3:2a			ܡܛܠ ܠܐܒܐ ܥܠ ܒܢ̈ܝܐ

(Son, Filius cont'd ܒܪܐ)

plur. emphatic cont'd

7:23a A} C} בנים ܒܢ̈ܝܐ ܐܝܬ ܠܟ ܪܕܝ ܐܢܘܢ

16:1a A נערי ܠܐ ܬܬܪܓܪܓ ܠܫܘܦܪܐ ܕܒܢܝܐ

16:1b A} B} בבני ܠܐ ܬܚܕܐ ܒܟܠ ܒܢܝܐ ܕܥܘܠܐ

16:3f A} B} בנים ܕܗܘܝܢ ܠܗ ܒܢܝܐ ܣܓܝܐܐ ܕܥܘܠܐ

16:3f A} B} ערירי ܘܗܘ ܕܡܐܬ ܕܠܐ ܒܢܝܐ

23:7a ܡܪܕܘܬܐ ܕܦܘܡܐ ܫܡܥܘ ܒܢܝܐ

48:10a B בנים ܠܡܦܢܝܘ ܒܢܝܐ ܥܠ ܐܒܗ̈ܬܐ

plur. const.

15:20b ܘܠܐ ܐܡܪ ܠܒܢܝ ܐܢܫܐ ܕܢܚܛܘܢ

17:30b Δ, ܐܝܟ ܬܪܥܝܬܐ ܕܒܢܝ ܐܢܫܐ

38:25d B בני ܘܡܫܬܥܝܢܘܬܗ ܥܡ ܒܢܝ ܬܘܪܐ ܗܝ

39:19a ܒܥܒܕܝܗܘܢ ܕܟܠ ܒܢܝ ܐܢܫܐ

40:8a ܥܡ ܟܠܗܘܢ ܒܢܝ ܐܢܫܐ ܥܡ ܦܬܟܪܝܗܘܢ ܘܥܡܗܘܢ

44:11b B[לב] ܘܙܪܥܗܘܢ ܠܒܢܝ ܒܢܝܗܘܢ

44:12b ܘܒܢܝ ܒܢܝܗܘܢ ܒܩܝܡܐ ܠܥܠܡ

46:1f ܘܠܡܘܪܬܘ ܠܒܢܝ ܐܝܣܪܝܠ ܐܪܥܐ

47:20c B צאצאיך ܠܡܝܬܝܘ ܪܘܓܙܐ ܥܠ ܒܢܝ ܒܢܝܟ

47:22c ܘܒܢܝ ܪܚܡܘܗܝ ܠܐ ܢܘܒܕ

50:13a B בני ܘܟܠܗܘܢ ܒܢܝ ܐܗܪܘܢ ܒܐܝܩܪܗܘܢ

50:16a B בני ܗܝܕܝܢ ܢܙܥܩܘܢ ܒܢܝ ܐܗܪܘܢ

50:22c B אדם ܕܪܒܝ ܒܢܝ ܐܢܫܐ ܡܢ ܟܪܣܐ

plur. with suffixes

30(33):30a E בניך ܡܛܠ ܕܟܠ ܗܘ ܕܢܩܢܐ ܒܢܝܟ

30(33):32b ܐܪܘܬ ܢܦܫܟ ܠܒܢܝܟ

47:20c B צאצאיך ܪܘܓܙܐ ܥܠ ܒܢܝ ܒܢܝܟ

41:7a B} M} ילד[ ] ܠܐܒܐ ܪܫܝܥܐ ܒܢܘܗܝ ܢܬܪܥܡܘܢ

(Son, Filius cont'd ܒܪܐ)

Plur. with suffixes

41:9b				ܒܢܘܗܝ ܕܟܘܝܐ ܠܐ ܡܬܐܟܠܘܢ ܠܥܠܡ
4:11a	A	בניה		ܚܟܡܬܐ ܒܢܝܗ̇ ܐܠܦܬ
23:25a				ܠܐ ܢܪܡܘܢ ܒܢܝܗ̇ ܥܩܪܐ
44:11b				ܥܡ ܙܪܥܗܘܢ ܠܒܢܝ ܒܢܝܗܘܢ
44:12a	M	וצאצאיהם		ܘܒܢܝ ܒܢܝܗܘܢ ܒܩܝܡܐ ܩܝܡܝܢ
46:12c	B	לבניהם		ܠܒܢܝܗܘܢ ܘܠܟܠ ܥܡܐ ܬܫܒܘܚܬܗܘܢ

For this expression I have noted the differences between 7al and 7h3 (and the rest), using only these two signs,

Composite Expression

Son of Man, Filius Hominis

Version I, full spelling ܒܪܐܢܫܐ

singular absolute

11:29a	A		7h3	ܠܐ ܠܟܠ ܒܪ ܐܢܫ ܬܥܠܝܘܗܝ ܠܒܝܬܟ

Singular emphatic.

1:20n				ܦܘܩܕܢܘܗܝ ܠܒܪܐܢܫܐ ܕܥܒܕ
10:11a	A	אדם	7al	ܒܡܘܬܗ ܕܒܪܐܢܫܐ ܪܡܬܐ
11:2a	A, B	אדם	7h3	ܠܐ ܬܫܒܚ ܠܒܪܐܢܫܐ ܕܫܦܝܪ
11:2b	A, B	אדם	7h3	ܘܠܐ ܬܣܠܐ ܠܒܪܐܢܫܐ ܕܣܢܐ
11:4b			7h3	ܘܠܐ ܬܒܙܚ ܠܒܪܐܢܫܐ ܕܡܟܝܟ
11:32b	A	איש	7h3	ܗܟܢܐ ܒܪܐܢܫܐ ܢܟܠܐ ܐܪܒ ܠܕܡܐ
13:16b	A	אדם	7h3	ܘܠܕܡܘܬܗ ܗܘ ܡܬܢܩܦ ܒܪܐܢܫܐ
13:25a			7h3	ܠܒܗ ܕܒܪܐܢܫܐ ܫܢܐ ܐܦܘܗܝ
15:12b	A, B	אנשי	7al	ܚܫܘܚܐ ܕܒܪܐܢܫܐ ܒܗ ܠܐ
19:30b			7al	ܘܦܣܥܬܗ ܕܒܪܐܢܫܐ ܡܚܘܝܐ ܥܠܘܗܝ
21:24a			7h3	ܣܟܠܘܬܐ ܗܝ ܠܒܪ ܐܢܫܐ ܕܢܨܬ
23:20c			7h3	ܗܠܐ ܦܓܪ ܒܪܐܢܫܐ ܕܡܬܬܚܙܐ
28:3a			7h3	ܒܪܐܢܫܐ ܠܒܪܐܢܫܐ ܢܛܪ ܪܘܓܙܐ
29:21a				ܪܝܫ ܚܝܘܗܝ ܕܒܪܐܢܫܐ ܠܚܡܐ

(Son of Man, Filius Hominis cont'd)

sing. emph. cont'd **ܒܪܐܢܫܐ**

Ref.	Heb.		Syriac
34(31):27a	B לאנוש		ܐܝܟ ܡܝܐ ܚܝܐ ܚܡܪܐ ܠܒܪܐܢܫܐ
32(35):9a		7h3	ܘܡܘܗܒܬܐ ܕܒܪܐܢܫܐ ܛܒܐ
37:14a	B, D } אנוש	7h3	ܠܒܗ ܕܒܪܐܢܫܐ ܚܕܐ
48:12c			ܡܢ ܝܘܡܘܗܝ ܠܐ ܙܥ ܡܢ ܒܪܐܢܫܐ

plural emphatic

Ref.	Heb.		Syriac
5:13b	A, C } אדם	7h3	ܘܠܫܢܗܘܢ ܕܒܢܝܐܢܫܐ ܪܡܐ ܠܗܘܢ
7:17b	A, C } אנוש		ܡܛܠ ܕܣܒܪܬܐ ܕܟܠܗܘܢ ܒܢܝܐܢܫܐ
10:12a	A אדם	7h3	ܪܫ ܚܛܗܝܗܘܢ ܕܒܢܝܐܢܫܐ
10:18a	A לאנוש	7al	ܕܠܐ ܐܬܦܠܓܬ ܚܨܝܦܘܬܐ ܠܒܢܝܐܢܫܐ
11:4d	A מאדם; B מאנוש	7h3	ܡܛܫܝܢ ܡܢ ܒܢܝܐܢܫܐ ܥܒܕܘܗܝ
15:14a	A, B } אדם	7h3	ܐܠܗܐ ܡܢ ܒܪܫܝܬ ܒܪܐ ܒܢܝܐܢܫܐ
15:20a	A אנוש	7al	ܠܐ ܦܩܕ ܠܒܢܝܐܢܫܐ ܕܢܚܛܘܢ
16:16b	A לבני אדם	7h3	ܘܢܗܘܪܗ ܦܠܓ ܠܒܢܝܐܢܫܐ
17:32b		7h3	ܕܓܝ ܐܠܗܐ ܘܐܦ ܠܒܢܝܐܢܫܐ
18: 7a		7al	ܟܕ ܫܠܡܝܢ ܕܒܢܝܐܢܫܐ ܗܢܘܢ
18: 8a		7h3	ܡܢܐ ܐܢܘܢ ܒܢܝܐܢܫܐ
23:19c		7h3	ܘܚܙܝܐ ܐܘܪܚܬܐ ܕܟܠ ܒܢܝܐܢܫܐ
25:1b			ܩܕܡ ܐܠܗܐ ܘܩܕܡ ܒܢܝܐܢܫܐ
27:6b			ܟܠ ܬܪܥܝܬܗܘܢ ܕܒܢܝܐܢܫܐ
34(31):31d	B בני אדם	7h3	ܘܠܐ ܬܬܐܟܐ ܫܡܗ ܠܗܘܢ ܒܢܝܐܢܫܐ
36(33):10a		7h3	ܘܐܦ ܒܢܝܐܢܫܐ ܟܠܗܘܢ ܡܢ ܛܝܢܐ
37:15c		7h3	ܩܕܡ ܒܢܝܐܢܫܐ ܘܩܕܡ ܟܠ ܡܕܡ
38:6a	B לאנוש	7h3	ܕܝܗܒ ܠܒܢܝܐܢܫܐ ܚܟܡܬܐ
38:17a		7al	ܫܪܝܐ ܘܡܫܬܪܬܐ ܠܒܢܝܐܢܫܐ

Son of Man, Filius Hominis cont'd

plur. emph.cont'd ܒܢܝ̈ ܐܢܫܐ

38:17c		ܘܡܚܐ ܘܐܬܪܝ ܡܛܠ ܒܢܝ̈ ܐܢܫܐ
38:21c		ܗܢܐ ܗܘ ܒܡܘܬܐ ܡܕܩ ܒܢܝ̈ ܐܢܫܐ
39:26a	B אדם 7h3	ܪܝܫܬܐ ܕܡܬܒܥܝܢ ܠܚܝ̈ܐ ܕܒܢܝ̈ ܐܢܫܐ
40:1b	B אדם בני	ܢܝܪܐ ܬܩܝܦܐ ܥܠ ܒܢܝ̈ ܐܢܫܐ
45:1a	B אנשים 7h3	ܘܐܦ ܒܥܝܢܝ̈ ܒܢܝ̈ ܐܢܫܐ
45:4b		ܓܒܝܗܝ ܡܢ ܟܠܗܘܢ ܒܢܝ̈ ܐܢܫܐ
50:22c	B אדם	ܒܢܝ̈ ܐܢܫܐ ܡܢ ܟܪܣܐ ܕܐܡܗܬܗܘܢ

Son of Man, Filius Hominis

Version II,

abbreviated spelling ܒܪܢܫܐ

singular absolute

8:19a	A בשר	ܠܐ ܠܟܠ ܒܪܢܫ ܬܓܠܐ ܡܕܡ ܕܒܠܒܟ
11:29a	A איש 7al	ܠܐ ܠܟܠ ܒܪܢܫ ܬܥܠܠ ܠܒܝܬܟ
26:27c		ܢܦܫܐ ܕܝܢ ܕܟܠ ܒܪܢܫ ܕܐܢܬ

singular emphatic

1:20c		ܦܘܩܕܘܗܝ ܠܒܪܢܫܐ ܕܟܢ ܢܫܐ
1:20e		ܦܘܩܕܘܗܝ ܠܒܪܢܫܐ ܕܢܬܦܢܐ ܠܘܬܗ
2:5b		ܘܒܪܢܫܐ ܒܟܘܪܐ ܕܡܟܝܟܘܬܐ
2:12b		ܒܪܢܫܐ ܕܦܣܥ ܥܠ ܬܪ̈ܬܝܢ ܫܒܝ̈ܠܐ
10:11a	A אדם 7h3	ܒܡܘܬܗ ܕܒܪܢܫܐ ܪܡܬܐ ܘܡܢܬܗ
11:2a	A, B אדם 7al	ܠܐ ܬܫܒܚ ܠܒܪܢܫܐ ܕܒܦܪܨܘܦܗ
11:2b	A, B אדם 7al	ܘܠܐ ܬܣܠܐ ܠܒܪܢܫܐ ܕܣܢܐ ܒܚܙܘܗ
11:4b	7al	ܠܐ ܬܬܪܥܡ ܠܒܪܢܫܐ ܕܡܣܪܩ ܫܘܦܪܗ
11:27 b	A אדם	ܘܫܪܬܗ ܕܒܪܢܫܐ ܬܗܘܐ ܥܠܘܗܝ
11:28b	A אדם	ܕܒܚܪܬܗ ܗܘ ܡܬܝܕܥ ܒܪܢܫܐ
11:32b	A איש] 7al	ܗܟܢܐ ܒܪܢܫܐ ܚܛܝܐ ܐܪܒ ܕܡܐ
13:15b	A אדם	ܢܪܚܡ ܢܦܫܗ ܘܒܪܢܫܐ ܠܐܢܫܐ ܕܕܡܐ
13:16b	A אדם 7al	ܘܠܢܦܫܗ ܗܘ ܡܬܕܒܩ ܒܪܢܫܐ

(Son of Man, Filius Hominis cont'd)

sing. emph. cont'd **ܒܪܢܫܐ**

13:25a	A אנוש	7al	ܠܒܗ ܕܒܪܢܫܐ ܫܢܐ ܐܦܘܗܝ
15:12b	A/B באנשי	7h3	ܗܘܠܐ ܒܒܪܢܫܐ ܢܗܘܐ
17:31c			ܗܟܢܐ ܗܘ ܒܪܢܫܐ ܕܠܐ ܢܒܥܪ ܝܨܪܗ
18:9a			ܡܢܝܢܐ ܕܝܘܡܘܗܝ ܕܒܪܢܫܐ
18:13a			ܪ̈ܚܡܐ ܕܒܪܢܫܐ ܥܠ ܩܪܝܒ ܒܣܪܗ
19:30b		7h3	ܘܦܣܥܬܗ ܕܒܪܢܫܐ ܡܚܘܝܢ ܥܠܘܗܝ
20:26a			ܡܛܠ ܕܥܝܕܬܗ ܕܒܪܢܫܐ ܕܓܠܐ ܠܠܘܛܬܐ
21:24a		7al	ܫܠܝܛܘܬܐ ܗܝ ܠܒܪܢܫܐ ܕܢܨܬ
23:10a			ܡܛܠ ܕܟܠ ܒܪܢܫܐ ܕܡܫܬܒܥ ܠܡܐܡܐ
23:20c		7al	ܕܠܐ ܥܒܪ ܒܪܢܫܐ ܕܡܬܬܣܩ
28:3a		7al	ܒܪܢܫܐ ܠܒܪ ܐܢܫܐ ܢܛܪ ܪܘܓܙܐ
28:5a			ܐܢ ܕܒܪܢܫܐ ܗܘ ܠܐ ܫܒܩ ܠܚܛܗܐ
28:9a			ܒܪܢܫܐ ܢܟܠܐ ܕܪܕܦ ܕܒܒܐ
30:22a	B איש		ܚܕܘܬ ܠܒܐ ܐܝܟ ܗܢܝܢ ܚܝܘܗܝ ܕܒܪܢܫܐ
30:22b	B אדם		ܘܬܪܥܝܬܗ ܕܒܪܢܫܐ ܗܝ ܬܘܣܦܐ ܚܝܘܗܝ
35(32):17a,	B איש		ܒܪܢܫܐ ܚܟܝܡܐ ܩܒܠ ܡܪܕܘܬܐ
35(32):18a,	B איש		ܒܪܢܫܐ ܚܟܝܡܐ ܠܐ ܢܣܒ ܚܟܡܬܐ
32(35):9a		7al	ܡܘܗܒܬܐ ܕܒܪܢܫܐ ܦܬܚܐ ܬܬܦܬܚ
37:14a	B/D אנוש	7al	ܠܒܗ ܕܒܪܢܫܐ ܚܕܐ ܒܐܘܪܚܗ

Plural emphatic

1:29a			ܘܠܐ ܬܬܚܐܪ ܒܦܘܡ ܠܒܝܢ ܒܢܝܢܫܐ
3:24a	A בני אדם		ܕܣܓܝܐܝܢ ܐܝܟ ܪ̈ܚܫܝܗܘܢ ܕܒܢ̈ܝܢܫܐ
5:13b	A/C אדם	7al	ܘܠܫܢܗܘܢ ܕܒܢܝܢܫܐ ܪܡܐ ܠܗܘܢ
10:7a	A ואנשים		ܘܣܢܐ ܒܢܝܢܫܐ ܢܟܝܠܘܬܐ
10:12a	A אדם	7al	ܪܫ ܚܘܒܝܗܘܢ ܕܒܢܝܢܫܐ
10:17b	A מארץ		ܥܩܪ ܡܢ ܒܢܝܢܫܐ ܕܘܟܪܢܗܘܢ
10:18a	A לאנוש	7h3	ܘܠܐ ܐܬܚܠܩܬ ܓܝܘܬܐ ܠܒܢܝܢܫܐ

(Son of Man, Filius Hominis cont'd)

plur.emph.cont'd. ܒܢܝ̈ܢܫܐ

11:4d { A מאדם 7al / B מאנוש } ܘܡܟܣܝܢ ܡܢ ܒܢܝ̈ܢܫܐ ܥܒ̈ܕܘܗܝ

14:17a A הבשר ܡܛܠ ܕܟܠܗܘܢ ܒܢܝ̈ܢܫܐ ܡܒܠܐ ܒܠܝܢ

15:14a A, B } אדם 7al ܡܢ ܒܪܫܝܬ ܒܪܐ ܒܢܝ̈ܢܫܐ

15:17a A, B } אדם ܐܬܣܝܡ ܓܝܪ ܠܒܢܝ̈ܢܫܐ ܚܝܐ

15:19b { A איש / B אנוש } ܘܝܕܥ ܒܟܠܗܘܢ ܬܪ̈ܥܝܬܗܘܢ ܕܒܢܝ̈ܢܫܐ

15:20a A אנוש 7h3 ܠܐ ܦܩܕ ܠܒܢܝ̈ܢܫܐ ܕܢܚܛܘܢ

16:4b ܘܡܢ ܫܪܒܬܐ ܕܒܢܝ̈ܢܫܐ ܢܟܠܐ ܬܚܪܒ

16:16b A לבני אדם 7al ܘܢܘܗܪܗ ܦܠܓ ܠܒܢܝ̈ܢܫܐ

16:17d A בני אדם ܒܝܬ ܪ̈ܘܚܬܐ ܕܟܠܗܘܢ ܒܢܝ̈ܢܫܐ

17:20b ܘܚܛ̈ܗܐ ܕܟܠܗܘܢ ܒܢܝ̈ܢܫܐ

17:22a ܙܕܩܬܐ ܕܟܠܗܘܢ ܒܢܝ̈ܢܫܐ ܚܬܝܡܐ

17:22b ܘܛܝܒܘܬܐ ܕܟܠܗܘܢ ܒܢܝ̈ܢܫܐ ܐܝܟ ܒܒܬܐ

17:30b ܠܐ ܬܪ̈ܥܝܬܗ ܐܝܟ ܬܪ̈ܥܝܬܐ ܕܒܢܝ̈ܢܫܐ

17:32b 7al ܗܟܢ ܐܠܗܐ ܘܐܦ ܠܒܢܝ̈ܢܫܐ

18:7a 7h3 ܟܕ ܫܠܡܘ ܕܒܢܝ̈ܢܫܐ ܗܝܕܝܢ ܡܫܪܝܢ

18:8a 7al ܡܢܐ ܐܢܘܢ ܒܢܝ̈ܢܫܐ ܘܡܢܐ ܫܘܦܪܗܘܢ

20:15f ܠܐܠܗܐ ܘܠܒܢܝ̈ܢܫܐ ܣܢܝܢ ܐܢܘܢ

21:2d ܕܩܛܠܐ ܘܡܚܒܠܐ ܢܦ̈ܫܬܐ ܕܒܢܝ̈ܢܫܐ

23:19c 7al ܘܚܙܝܐ ܐܘܪ̈ܚܬܐ ܕܟܠ ܒܢܝ̈ܢܫܐ

34(31):31d, B בני אדם 7al ܘܠܐ ܬܒܥܐ ܡܢܗ ܠܥܝ ܒܢܝ̈ܢܫܐ

36(33):10a, 7al ܘܐܦ ܒܢܝ̈ܢܫܐ ܟܠܗܘܢ ܡܢ ܥܦܪܐ

37:15c 7al ܡܢܩ ܒܢܝ̈ܢܫܐ ܘܡܢܩ ܟܠ ܡܢܩ

38:6a B לאנוש 7al ܕܝܗܒ ܠܒܢܝ̈ܢܫܐ ܚܟܡܬܐ

38:17a 7h3 ܚܒܪܐ ܘܡܫܒܚܬܐ ܠܒܢܝ̈ܢܫܐ

39:26a B אדם 7al ܪ̈ܫܝܬܐ ܕܣܘ̈ܢܩܢܐ ܠܚܝ̈ܐ ܕܒܢܝ̈ܢܫܐ

39:32b ܐܫܬܘܕܥܬ ܒܢܝ̈ܢܫܐ ܕܒܟܬܒܐ ܟܬܒܬ

41: 4a ܚܪܬܐ ܕܟܠܗܘܢ ܒܢܝ̈ܢܫܐ ܡܢ ܐܠܗܐ

(Son of Man,Filius Hominis cont'd)

plur.emph. cont'd **ܒܢܝ̈ܢܫܐ**

42:18b ܘܒܠܒܗܘܢ ܕܬܪ̈ܥܝܬܗܘܢ ܕܒܢܝ̈ܢܫܐ ܐܝܟ ܡܢܫܝܐ

45:1a B לאנשים 7a1 ܘܐܦ ܒܥܝ̈ܢܝ ܒܢܝ̈ܢܫܐ

Daughter, Filia **ܒܪܬܐ**

sing. emphatic

7:25a A בת ܐܦܩ ܒܪܬܐ ܘܢܦܘܩ ܚܫܘܫܐ

26:24b ܒܪܬܐ ܕܝܢ ܐ ܡܟܣܢܝܬܐ

42:9a B בת ܒܪܬܐ ܠܐܒܘܗ ܢܛܪܐ ܣܓܝ

sing. with suffix

42:11a B [ ]ה[ ] / M בת ܒܪܝ ܥܠ ܒܪܬܟ ܐܘܚܕ ܡܛܪܬܐ

plur. emphatic

7:24a A בנות / C בנים ܒܢ̈ܬܐ ܐܝܬ ܠܟ ܛܪ ܒܣܪܗܝܢ

He created,Creavit **ܒܪܐ**

peal, perf. 3 m.s.

11:33a A יוליד ܒܝܫܐ ܡܛܠ ܕܠܒܝܫ ܒܪܐ

15:14a A, B ברא ܐܠܗܐ ܡܢ ܒܪܫܝܬ ܒܪܐ ܒܢܝ̈ܐܢܫܐ

16:26a A כבראו ܟܕ ܒܪܐ ܐܠܗܐ ܥܒ̈ܕܘ̈ܗܝ

17:6a ܐܠܦ ܠܗܘܢ ܘܒܪܐ ܠܗܘܢ ܦܘܡܐ

34(31):13b B ברא ܘܕܒܝܫ ܡܢܗ ܠܐ ܒܪܐ

37:18a ܡܪܝܐ ܒܪܐ ܥܠ ܛܒ ܘܒܝܫ

38:4a B מוציא / Bm ברא ܐܠܗܐ ܡܢ ܐܪܥܐ ܒܪܐ ܣܡܡܢܐ

39:28d ܘܪܘܚܐ ܕܡܢ ܕܒܪܐ ܐܢ̈ܝܢ ܡܚܝ̈ܢ

40:1a B חלק ܙܒ̈ܢܬܐ ܪ̈ܘܪܒܬܐ ܒܪܐ ܐܠܗܐ

42:24b B, M עשה ܘܠܐ ܒܪܐ ܚܕ ܡܢܗܘܢ ܒܛܠܢܝܬ

(He created, Creavit cont'd ܒܪܐ)

Peal, perf 3 m.s. cont'd

45:19c B ויבא בהם ܘܒܪܐ ܠܗܘܢ ܬܕܡܘܪܬܐ ܘܐܟܠ ܐܢܘܢ

7al ܘܦܘܪܐ]

50:22b B ? המגדל ܕܒܪܐ ܒܢܝ̈ ܐܢܫܐ ܡܢ ܒܛܢܐ

peal,perf. 3 m.s. with suffix

17:1a ܐܠܗܐ ܡܢ ܐܪܥܐ ܒܪܝܗܝ ܠܐܕܡ

38:1b B } חלק ܡܛܠ ܕܐܦ ܠܗ ܐܠܗܐ ܒܪܝܗܝ

Bm }

peal,part m.s. with suffix.(footnote)

7:30a A עושך ܠܟܠ ܡܢ ܒܪܝܟ ܘܡܫܡܫܢܘ̈ܗܝ

3:16b { A בוראו ܘܠܝܛ ܩܕܡ ܒܪܘܝܗ ܡܢ ܕܡܨܥܪ

{ C אל

4:6b A צורו ܘܩܠ ܨܠܘܬܗ ܢܫܡܥ ܒܪܘܝܗ

29:16b ܘܕܟܦܪ ܒܪܘܝܗ ܢܦܩ ܦܘܡܗ

36(33):13c E עושהו ܗܟܢܐ ܐܢܫܐ ܒܐܝܕܐ ܕܒܪܘܝܗ

31(34):27b ܕܡܠܟ ܚܕܘܬܐ ܕܐܚܝܢܐ ܡܠܟ ܒܪܘܝܗ

46:13a B עושהו ܪܚܡ ܠܒܪܘܝܗ ܡܢ ܕܐܬܝܠܕ

47:8c B עשהו ܘܒܟܠܗ ܠܒܗ ܪܚܡ ܒܪܘܝܗ

peal part. f.s.

4:21a A } משאת ܕܐܝܬ ܒܗܬܬܐ ܕܒܪܝܐ ܚܛܝܬܐ

C }

19:23a ܐܝܬ ܢܟܝܠܘܬܐ ܕܒܪܝܐ ܚܛܝܬܐ

ethpe'el perf. 3 m.s.

34(31):27d B(I) [ ]צר }

B(II) נחלק } ܡܢ ܒܪܝܬ ܠܒܣܝܡܘܬܐ ܐܬܒܪܝ

Bm נוצר }

Footnote: The word ܒܳܪܝܳܐ is used as a noun, but strictly speaking it is the emphatic form of the active participle, according to Payne Smith, Thasaurus Syriacus, Vol. I, col. 600.

(He created,Creavit, cont'd ܒܪܐ

ethpe'el, perf. 3 m.s.(cont'd)

36(33):10b	E	נוצר	ܘܡܢ ܥܦܪܐ ܐܬܒܪܝ ܐܕܡ
36(33):14a			ܠܘܩܒܠ ܒܝܫܬܐ ܐܬܒܪܝ ܛܒܬܐ
36(33):14c			ܘܠܘܩܒܠ ܢܗܘܪܐ ܐܬܒܪܝ ܚܫܘܟܐ

ethpe'el perf. 3 f.s.

1:14b			ܥܡ ܒܟܪܣܐ ܕܐܡܗܝܢ ܐܬܒܪܝܬ
5:14c	A	נבראה	ܘܥܠ ܓܢܒܐ ܐܬܒܪܝܬ ܒܗܬܬܐ
39:25a			ܛܒܬܐ ܡܢ ܒܪܫܝܬ ܠܛܒ̈ܐ ܐܬܒܪܝܬ
39:33b			ܘܟܠ ܨܒܘ ܠܙܒܢܗ ܐܬܒܪܝܬ

ethpe'el perf. 1 s.

23:14c			ܘܬܐܡܪ ܕܐܠܐ ܠܐ ܐܬܒܪܝܬ
24:9a			ܩܕܡ ܥܠܡ̈ܐ ܐܬܒܪܝܬ

ethpe'el perf. 3 m.pl.

11:16a	A	נוצרה	ܛܥܝܘܬܐ ܘܚܫܘܟܐ ܠܚܛܝ̈ܐ ܐܬܒܪܝܘ
36(33):14b			ܘܠܘܩܒܠ ܡܘܬܐ ܐܬܒܪܝܘ ܚܝ̈ܐ
37:3a	B, Bm	נוצרתי	ܕܒܝܫܐ ܠܡܢܐ ܐܬܒܪܝܘ
	D	נוֹצַרְתִּי	
39:16b			ܘܟܠܗܝܢ ܠܨܒ̈ܘܬܗܝܢ ܐܬܒܪܝܘ
39:32a			ܡܛܠ ܕܡܢ ܒܪܫܝܬ ܐܬܒܪܝܘ
42:15c			ܒܡܠܬܗ ܐܬܒܪܝܘ ܥܒ̈ܕܘܗܝ
49:14a	B ?	נוצר	ܙܥܘܪ̈ܝܢ ܐܬܒܪܝܘ ܥܠ ܐܪܥܐ
49:16a	B	נפקדו	ܫܝܬ ܘܐܢܘܫ ܒܐܢܫܐ ܐܬܒܪܝܘ

ethpe'el perf. 3 f.pl.

39:28a	B	[ ]צרו	ܐܝܬ ܪ̈ܘܚܐ ܕܠܬܒ̈ܥܐ ܐܬܒܪܝ
	Bm	נבראו	
39:29d	B	[ ]ו	ܟܠܗܝܢ ܠܕܝܢܐ ܐܬܒܪܝ
	M	[ ]ראו	

Creation,Creatio, or the Creature

Creatura ܒܪܝܬܐ

plur. emphatic

7:33a	A ?	חי	ܡܘܗܒܬܐ ܒܥܝܢ̈ܝ ܟܠ ܒܪ̈ܝܬܐ

(Creation,Creatio, ܒܪܝܬܐ

Creature, Creatura,cont'd)

plur. w. suffixes

16:16a A בריותיו ܪ̈ܚܡܘܗܝ ܡܚܘܝܢ ܠܟܠܗܘܢ ܒܪ̈ܝܬܗ

42:15d B ופועלו ܘܟܠܗܝܢ ܒܪ̈ܝܬܗ ܨܒܝܢܗ ܥܒ̈ܕܢ

M ופעל

16:26b A ? חייהם

Root ܒܪܕ

Hail Stone,Grando ܒܪܕܐ

sing. emph.

39:29a B וברד ܢܘܪܐ ܘܒܪܕܐ ܘܟܐ̈ܦܐ ܕܡܘܬܢܐ

46:5d B [ ]ל[ ]ש ܘܥܢܝܗܝ ܒܟܐ̈ܦܐ ܕܒܪܕܐ

Root ܒܪܟ

He blessed, Benedixit ܒܪܟ

peal ,perf. 3 m.s. w. suffix

16:29b ܠܐܪܥܐ ܐܚܝܕ ܒܪܟܗ ܒܟܠ ܛܒ̈ܬܗ

peal part, passive

51:30c B ברוך ܒܪܝܟ ܐܠܗܐ ܠܥܠܡ

peal imperf, 1.s. with suffix

51:12d B ואברכה ܘܐܒܪܟ ܠܫܡܗ ܕܡܪܝܐ

pael, perf. 3 m.s.

4:13b A בברכת ܘܐܬܪܐ ܕܒܪܟ ܡܪܝܐ

36(33):9a E]ךד[ܡܢܗܘܢ ܒܪܟ ܘܩܕܫ

36(33):12a ܡܢܗܘܢ ܒܪܟ ܘܐܪܝܡ

pael, part.

31(34):29a ܚܕ ܡܒܪܟ ܘܚܕ ܡܠܛ

pael part. f.s.

34(31):23a B תברך ܫܢܐ ܛܒܬܐ ܠܐ ܫܡܗܐ ܡܒܪܟܐ

pael infin.

45:15f B ולברך ܠܡܫܡܫܘ ܘܠܡܒܪܟܘ ܠܥܡܗ

50:16d B ? להזכיר ܠܡܒܪܟܘ ܩܕܡ ܐܠܗ ܥܡܐ

pael imperat. 2 m.s.

35(32):13a B ברך ܒܪܟ ܠܫܡܗ ܕܐܠܗܐ

(He blessed, Benedixit cont'd ܒܪܟ)

pael imperat. 2 m.pl.

39:35a B וברכו ܫܒܚܘ ܒܟܠܗ ܠܒܟܘܢ ܒܪܟܘ ܠܐܠܗܐ

45:26a ܫܒܚܘ ܒܪܟܘ ܠܐܠܗܐ

ethpa'al, part. f.s.

40:27a B ברכה ܕܚܠܬܗ ܕܐܠܗܐ ܟܓܢܬܐ ܡܬܒܪܟܬܐ

ethpa'al part. m.pl.

40:17a 7h3 ܘܛܒܬܐ ܕܐܒܗܬܐ ܟܓܢܬܐ ܡܬܒܪܟܝܢ

7al ܢܬܒܪܟܘܢ]

ethpa'al imperf. 3 m.s.

1:13b ܘܒܐܚܪܝܬ ܚܝܘܗܝ ܢܬܒܪܟ

2:18f 7h3,12al,Δ, ܘܪܚܡܘܗܝ ܢܬܒܪܟ ܥܡ ܥܒܕܗ

7al absent

ethpa'al imperf. 3 m.pl.

40:17a 7al ܘܛܒܬܐ ܕܐܒܗܬܐ ܟܓܢܬܐ ܢܬܒܪܟܘܢ

7h3 ܡܬܒܪܟܝܢ]

40:23a ܘܪܚܡܐ ܘܫܘܬܦܐ ܟܓܢܬܐ ܢܬܒܪܟܘܢ

44:21b B לברך ܘܢܬܒܪܟܘܢ ܒܙܪܥܗ ܟܠܗܘܢ ܥܡܡܐ

A Blessing, Benedictio ܒܘܪܟܬܐ

sing. emph.

3:9a A ברכת ܒܘܪܟܬܐ ܕܐܒܐ ܬܩܝܡ ܫܬܐܣܬܐ

44:23a B וברכה ܘܒܘܪܟܬܐ ܕܟܠ ܩܕܡܝܐ ܡܬܚܫܒܐ

45:1b B לטובה ܫܡܗ ܕܒܪܝܫ ܠܒܘܪܟܬܐ

46:11d B לברכה ܢܗܘܐ ܕܘܟܪܢܗܘܢ ܠܒܘܪܟܬܐ

sing with suffix

39:22a B ברכות ܒܘܪܟܬܗ ܐܝܟ ܢܗܪܐ ܕܪܕܐ

plur. emph.

31(34):20b ܘܐܣܝܘܬܐ ܕܚܝܐ ܘܒܘܪܟܬܐ

45:2a ܘܪܒܝܗ ܒܒܘܪܟܬܐ ܘܬܩܦܗ ܠܫܠܝܛܐ

45:5d B ותבונה ܢܡܘܣܐ ܕܚܝܐ ܘܒܘܪܟܬܐ

plur. w. suffix

7:32b A ברכתך ܡܛܠ ܕܬܫܬܠܡ ܒܘܪܟܬܟ

(A Blessing, Benediction cont'd ܒܘܪܟܬܐ)

plur. w. suffix cont'd

3:8b A ברכות ܕܢܐܬܝ̈ܢ ܥܠܝܟ ܟܠܗܝܢ ܒܘܪ̈ܟܬܗ

Knee , Genu ܒܘܪܟܐ

Plur. emphatic.

25:23c C ברכים ܕܡܦܠܬܐ ܕܐܝ̈ܕܝܐ ܘܬܒܪܐ ܕܒܘܪ̈ܟܐ

Root ܒܪܡ

Adverb: But,Sed ܒܪܡ

17:24a ܒܪܡ ܠܬܝ̈ܒܐ ܝܗܒ ܬܝܒܘܬܐ

28:18b ܒܪܡ ܠܐ ܐܝܟ ܡܦ̈ܠܬ ܠܫܢܐ

29:8a ܒܪܡ ܥܡ ܡܣܟܢܐ ܐܓܪ ܪܘܚܟ

36(33):8a ܒܪܡ ܒܚܟܡܬܗ ܕܐܠܗܐ ܐܬܦܪܫܘ

36(33):11a ܒܪܡ ܒܣܘܓܐ ܚܟܡܬܗ ܕܐܠܗܐ ܦܪܫ ܐܢܘܢ

36:23b B(I) B(II) Bm אך ܒܪܡ ܐܝܬ ܡܐܟܘܠܬܐ

37:1b Bm D אך ܒܪܡ ܐܝܬ ܪܚܡܐ ܕܫܡܗ

37:7b B Bm D אך ܒܪܡ ܐܝܬ ܡܠܟܐ ܕܢܦܫܗ

38:32c ܒܪܡ ܠܡܠܟܐ ܕܥܡܐ ܠܐ ܢܬܒܥܘܢ

38:34c ܒܪܡ ܗܘ ܕܝܗܒ ܢܦܫܗ ܠܡܬܗܓܝܘ ܠܢܡܘܣܐ

44:10a B ואולם M אולם ܒܪܡ ܗܠܝܢ ܐܢ̈ܫܐ ܕܟܐܢܘܬܐ

48:11b ܒܪܡ ܠܐ ܡܐܬܐ ܐܠܐ ܡܚܝܐ ܢܚܐ

Root ܒܬܠ

Virgin, Virgo ܒܬܘܠܬܐ

sing. emph.

9:5a A בבתולה ܒܒܬܘܠܬܐ ܠܐ ܬܬܒܩܐ

20:4a ܡܗܝܡܢܐ ܠܡܗܡܣܘ ܥܡ ܒܬܘܠܬܐ

30:20b B(I) נערה B(II) בתולה ܡܗܝܡܢܐ ܕܗܦܟ ܠܘܬ ܒܬܘܠܬܐ

Virginity,Virginitas ܒܬܘܠܘܬܐ

sing. with suffix

42:10a B } בבתוליה ܒܒܬܘܠܘܬܗ̇ ܕܠܐ ܬܬܦܪܣܐ
M }

ܓ

Root ܓܐܐ

He was proud, Superbuit ܓܐܐ

ethpa'al participle

20:8b ܘܕܡܬܓܐܐ ܢܣܬܠܦ ܣܢܝܐ ܗܘ

ethpaal imperf. 3 m.s.

10:9a A יגאה ܡܢܐ ܡܬܓܐܐ ܥܦܪܐ ܘܩܛܡܐ

adj. Proud, Superbus ܓܐܝܐ

sing. emph.

11:30a A גאה ܠܒܗ ܕܓܐܝܐ ܘܐܝܟ ܕܘܡܐ ܕܨܝܕܐ

25:2c ܡܣܟܢܐ ܓܐܝܐ ܘܥܬܝܪܐ ܟܕܒܐ

Pride, Superbia ܓܐܘܬܐ

sing. emphatic

10:7a A גאוה ܘܣܢܝܐ ܒܒܢܝܢܫܐ ܓܐܘܬܐ

10:8b A גאוה ܡܛܠ ܚܛܘܦܝܐ ܘܓܐܘܬܐ ܘܡܡܘܢܐ

10:13a A זדון ܕܡܒܘܥܐ ܕܚܛܝܬܐ ܓܐܘܬܐ

10:18a A זדון ܠܐ ܐܬܒܪܝܬ ܓܐܘܬܐ ܠܒܢܝܢܫܐ

sing. with suffix

26:26b ܕܡܫܒܪܐ ܒܓܐܘܬܗ ܠܟܠ ܐܢܫ ܬܬܚܫܒ

10:12a A גאון ܫܘܪܝܗܘܢ ܕܒܢܝܢܫܐ ܓܐܘܬܗܘܢ

16:8a A בגאותם ܕܐܪܥܘ ܡܛܠ ܓܐܘܬܗܘܢ

Proud man, Superbus ܓܐܘܬܢܐ

sing. emph.

10:15a ܥܩܪܐ ܕܓܐܘܬܢܐ ܥܩܪ ܡܪܝܐ

plur. emph.

10:6b A גאוה ܘܠܐ ܬܗܠܟ ܒܐܘܪܚܐ ܕܓܐܘܬܢܐ

10:14a A גאים ܟܘܪܣܐ ܕܓܐܘܬܢܐ ܗܦܟ ܡܪܝܐ

10:16a A גוים? ܡܕܝܢܬܐ ܕܓܐܘܬܢܐ ܥܩܪ ܡܪܝܐ

Root ܓܒܐ

He chose ,Elegit ܓܒܐ

peal, perf. 3 m.s. with suffix

45:4b B בחר ܓܒܝܗܝ ܡܢ ܟܠܗܘܢ ܒܢܝ̈ ܐܢܫܐ

45:7c ܘܓܒܝܗܝ ܒܪܘܡܐ ܕܐܝܩܪܐ

45:16a B ויבחר ܘܓܒܝܗܝ ܡܢ ܟܠܗܘܢ ܚܝ̈ܐ

peal imperf. 3 m.pl.

15:17b ܚܝ̈ܐ ܘܡܘܬܐ ܕܢܓܒܘܢ ܢܚܝ̈ܐ

A Choice, Electio ܓܒܝܘܬܐ

sing. emph. and with suffix.

20:15d ܘܓܒܝܘܬܗ ܓܒܝܘܬܐ ܗܝ ܕܦܪܢܣܘܬܐ

A Pit, Fovea ܓܘܒܐ

sing. emph.

21:10 b ܡܛܠ ܕܫܪܬܗ ܗܘ ܠܗ ܓܘܒܐ ܗܘ ܕܚܫܘܟܐ

21:14a ܠܒܗ ܕܣܟܠܐ ܐܝܟ ܓܘܒܐ ܬܒܝܪܐ

Root ܓܒܠ

He fashioned, Finxit, ܓܒܠ

peal, part. passive

36(33):13a ܐܝܟ ܛܝܢܐ ܕܓܒܝܠ ܒܐܝܕܐ ܕܦܚܪܐ

Nom. Prop.

(Mount) Gebal ܓܒܠ

50:26a ܝܬܒ̈ܝ ܓܒܠ ܘܦܠܫ̈ܬܝܐ

Root ܓܒܢ

Eyebrow, Supercilia ܓܒܝܢܐ

plur. w. suffix

26:9b ܒܪܡܙܬ ܥܝ̈ܢܝܗ̇ ܘܡܢ ܓܒܝ̈ܢܝܗ̇ ܬܬܝܕܥ

Root ܓܒܪ

He grew strong ,Invaluit ܓܒܪ

ethpa'al, part. pl.

39:17d ܡܛܠ ܕܟܠܗܘܢ ܒܙܒܢܗܘܢ ܡܬܓܒܪܝܢ

39:34b { B יגביר / Bm יגבר } ܘܟܠܗܝܢ ܒܙܒܢܗܘܢ ܡܬܓܒܪܝܢ

(He grew strong, Invaluit,cont'd ܓܒܪ)

ethpa'al, imperf, 2 m.s.

34(31):25a B תתגבר ܐܦ ܠܐ ܒܚܡܪܐ ܠܐ ܬܬܓܒܪ

A Man, Vir, ܓܒܪܐ

sing absol.

17:14b ܘܦܩܕ ܐܢܘܢ ܓܒܪ ܥܠ ܚܒܪܗ

42:12a { B,M לכל זכר / Bm כל } ܠܟܠ ܓܒܪ ܠܐ ܬܚܘܐ ܫܘܦܪܐ ܕܗܠܝܢ

46:11a B איש ܓܒܪ ܓܒܪ ܟܠ ܕܠܐ ܦܠܚ ܠܨܠܡܐ

sing. emphatic

3:11a A איש ܐܝܩܪܗ ܕܓܒܪܐ

3:17b C ומאיש ܘܡܢ ܓܒܪܐ ܕܝܗܒ ܡܘܗܒܬܐ

7:25b A } C גבר ܘܠܓܒܪܐ ܕܝ ܕܚܟܝܡ ܗܒܝܗ̇

8:1a A איש ܠܐ ܬܬܚܪܐ ܥܡ ܓܒܪܐ ܕܪܒܐ ܡܢܟ

8:3a A איש ܠܐ ܬܬܟܣܐ ܥܡ ܓܒܪܐ ܦܟܝܗܐ

8:15a A אכזרי ܥܡ ܓܒܪܐ ܡܪܝܪܐ ܠܐ ܬܐܙܠ

8:16a A בעל 7h3,7al, ܥܡ ܓܒܪܐ ܪܓܙܢܐ ܠܐ ܬܬܟܣܐ

Δ,12al,9ml, absent.

9:9(II)a ܥܡ ܐܢܬܬ ܓܒܪܐ ܠܐ ܬܣܬܡܟ ܡܫܬܘܬܐ

9:18a A איש ܕܚܝܠ ܒܡܕܝܢܬܐ ܓܒܪܐ ܦܟܝܗܐ

10:25b B [ו]גבר ܓܒܪܐ ܚܟܝܡܐ ܒܗ ܡܬܕܪܫ

12:9a A איש ܒܛܒܬܗ ܕܓܒܪܐ

12:14a A אשת ܥܠ ܕܡܬܚܒܪ ܠܓܒܪܐ ܢܟܠܐ

12:17b A כאיש ܬܚܫܒܘܢܝ ܬܦܘܩ ܐܝܟ ܓܒܪܐ ܕܡܥܕܪ ܠܟ

13:6c ܘܢܚܠܝ ܠܓܒܪܐ ܒܫܝܢܐ ܢܦܝܫ

13:17b ܗܟܢܐ ܢܦܠ ܠܓܒܪܐ ܕܗܘܐ

14:1a A אנוש ܛܘܒܘܗܝ ܠܓܒܪܐ ܕܠܐ ܡܠܠ ܦܘܡܗ

14:2a A איש ܛܘܒܘܗܝ ܠܓܒܪܐ ܕܠܐ ܟܣܝܬܗ ܢܦܫܗ

14:3b A ולאיש ܠܓܒܪܐ ܕܒܝܫ ܥܝܢܗ ܠܐ ܝܐܝܐ

14:20a A אנוש ܛܘܒܘܗܝ ܠܓܒܪܐ ܕܒܚܟܡܬܐ

16:23b A וגבר ܘܓܒܪܐ ܣܟܠܐ ܛܥܝܐ ܗܢܐ

sing. emphamtic cont'd

18:23b ܘܠܐ ܬܗܘܐ ܐܝܟ ܓܒܪܐ ܕܡܢܣܐ ܡܪܗ

18:27a ܓܒܪܐ ܚܟܝܡܐ ܠܗܠܝܢ ܟܠܗܝܢ ܢܙܕܗܪ

19:12a ܓܐܪܐ ܕܡܚܝܐ ܒܝܪܟܬܗ ܕܓܒܪܐ

19:29a ܚܙܘܐ ܕܐܦ̈ܘܗܝ ܦܪܫ ܠܗ ܓܒܪܐ

19:30a ܚܙܘܐ ܕܓܒܪܐ ܡܚܘܐ ܥܒ̈ܕܘܗܝ

20:7a ܓܒܪܐ ܚܟܝܡܐ ܢܛܪ ܥܕܢܐ

20:7b ܓܒܪܐ ܡܪܝܚܐ ܘܣܟܠܐ ܠܐ ܢܛܪ ܥܕܢܐ

20:9a ܡܣܠܩ ܕܠܒܝܫܬܗ ܗܘ ܕܓܒܪܐ

20:27b 7al,7h3 ܘܓܒܪܐ ܚܟܝܡܐ ܢܫܬܡܠܟ ܒܪ̈ܘܪܒܢܐ

Δ, 12al ܒܪܒܢܐ]

20:31a ܛܒ ܗܘ ܓܒܪܐ ܕܡܛܫܐ ܣܟܠܘܬܗ

20:31b ܛܒ ܡܢ ܓܒܪܐ ܕܡܛܫܐ ܚܟܡܬܗ

21:6a ܣܢܐ ܡܟܣܢܘܬܐ ܓܒܪܐ ܢܟܠܐ

21:9a ܕܢܟܠܐ ܒܢܟܠܗܘܢ ܕܓܒܪܐ ܡܣܟܢܐ

21:20b ܘܓܒܪܐ ܚܟܝܡܐ ܒܢܝܚܐ ܓܚܟ

21:22b ܠܒܝܬܐ ܕܓܒܪܐ ܚܟܝܡܐ ܡܢܥ ܐܦ̈ܘܗܝ

21:23b ܘܐܣܝܐ ܕܓܒܪܐ ܕܢܡܘܣ

22:15b ܡܢ ܕܠܡܥܡܪ ܥܡ ܓܒܪܐ ܣܟܠܐ

23:11a ܓܒܪܐ ܕܝܡܐ ܣܓܝܐ ܚܘ̈ܒܐ

23:15a ܓܒܪܐ ܕܝܠܦ ܕܠܐ ܡ̈ܠܐ ܨ̈ܥܪܬܐ

23:15d ܘܠܐ ܢܠܦܐ ܡܪܕܘܬܐ ܓܒܪܐ ܕܦܚܙ

23:16c ܓܒܪܐ ܕܦܚܙ ܒܒܣܪܐ ܕܒܣܪܗ

23:17a ܠܓܒܪܐ ܕܓܒܪܐ ܦܚܙܐ ܟܠ ܠܚܡ ܒܣܝܡ ܠܗ

23:18a ܓܒܪܐ ܕܡܥܒܪ ܥܠ ܬܫܘܝܬܐ

25:1d ܘܓܒܪܐ ܘܐܢܬܬܗ ܟܕ ܫܘܝܢ ܠܚܕܕܐ

25:7c ܕܠܐ ܦܠܛ ܓܒܪܐ ܕܚܕܐ ܒܐܢܬܬܗ

25:9a ܛܘܒܘܗܝ ܠܓܒܪܐ ܕܐܫܟܚ ܪ̈ܚܡܐ

25:9c ܛܘܒܘܗܝ ܠܓܒܪܐ ܕܠܐ ܬܒܥܬܗ

25:20a ܕܢܟܠܐ ܒܢܟܠܗܘܢ ܕܓܒܪܐ ܡܣܟܢܐ

25:20b c V'X ܐܢܬܬܐ ܕܠܫܢܗ ܐܝܟ ܠܗ ܓܒܪܐ ܡܣܟܢܐ

sing. emph. cont'd.

Ref.	MS	Heb.	Syriac
26:3b			ܐܢܬܬܐ ܛܒܬܐ ܬܬܝܗܒ ܠܓܒܪܐ
26:22b			ܐܢܬܬ ܓܒܪܐ ܗܝ ܐܝܟ ܡܓܕܠܐ ܗܝ
26:23a			ܒܥܠܬܗ ܕܓܒܪܐ ܥܘܠܐ ܬܬܝܗܒ
26:28c			ܠܓܒܪܐ ܒܪ ܚܐܪܐ ܕܐܬܡܣܟܢ
27:30b			ܘܓܒܪܐ ܢܟܠܬܢܐ ܡܩܒܒ ܐܢܘܢ
28:19a	7h3		ܛܘܒܘܗܝ ܠܓܒܪܐ ܕܐܬܛܫܝ
	7a1		ܠܗܝ]
28:19c			ܛܘܒܘܗܝ ܠܓܒܪܐ ܕܠܐ ܥܒܪ ܒܚܡܬܗ
29:14a			ܓܒܪܐ ܛܒܐ ܗܘ ܕܥܪܒ ܠܚܒܪܗ
29:28a			ܥܩܝܢ ܗܠܝܢ ܠܓܒܪܐ ܚܟܝܡܐ
34(31):12a		איש	ܐܢ ܝܬܒ ܐܢܬ ܥܠ ܦܬܘܪܐ ܕܓܒܪܐ ܥܬܝܪܐ
34(31):16a	B	כאיש	ܠܥܣ ܐܝܟ ܓܒܪܐ ܡܕܡ ܕܣܝܡ
34(31):20a	B	איש	ܥܡ ܓܒܪܐ ܕܒܡܫܚܬܐ ܐܟܠ
34(31):20d	B	איש	ܘܗܦܟ ܓܒܪܐ ܥܡ ܓܒܪܐ ܚܠܝܡܐ
31(34):9a			ܓܒܪܐ ܚܟܝܡܐ ܢܒܥܐ ܣܓܝ
36:25b	B	ואיש	ܘܓܒܪܐ ܚܟܝܡܐ ܡܦܬܠ
36:31c	B, C, D	איש	ܗܟܢܐ ܓܒܪܐ ܕܠܝܬ ܠܗ ܐܢܬܬܐ
38:4b	B	וגבר	ܘܓܒܪܐ ܚܟܝܡܐ ܠܐ ܢܒܣܐ
38:31b			ܘܟܠ ܓܒܪܐ ܒܚܟܡܬܐ ܕܐܘܡܢܘܬܗܘܢ
40:6c			ܐܝܟ ܓܒܪܐ ܕܢܦܩ ܡܢ ܩܕܡ ܪܕܘܦܐ
40:29a	B	איש	ܓܒܪܐ ܕܡܣܒܪ ܥܠ ܦܬܘܪܐ
40:29d	B	לאיש	ܘܠܓܒܪܐ ܕܝܕܥ ܗܘ ܠܗ
	M	ש[ ]	
41:1b	B, M	לאיש	ܠܓܒܪܐ ܥܬܝܪܐ ܕܫܠܡ ܥܠ ܢܟܣܘܗܝ
41:1c	B	איש	ܓܒܪܐ ܕܫܠܝ ܘܡܨܠܚ ܒܟܠ ܡܢ
41:2b	B	איש	ܠܓܒܪܐ ܕܬܒܝܪ ܘܚܣܝܪ ܚܝܠ
41:2c	B, Bm, M	איש	ܓܒܪܐ ܣܒܐ ܕܡܬܬܟܫܠ ܒܟܠ ܡܢ

(Man,Vir, cont'd ܓܒܪܐ)

sing. emphatic,cont'd.

42:10c ܘܐܬܐܠܨ ܒܐܬܪ ܓܒܪܐ ܐܚܪܢܐ

46:1a B גבור ܓܒܪܐ ܓܒܪܐ ܚܝܠܬܢܐ ܝܫܘܥ ܒܪ ܢܘܢ

50:28a B איש ܛܘܒܘܗܝ ܠܓܒܪܐ ܕܒܗܠܝܢ ܢܗܓܐ

plur. emphatic

46:1e ܘܠܡܬܦܪܥܘ ܡܢ ܓܒܪܐ ܣܢܐܐ

44:23f B איש ܘܢܦܩܘ ܡܢܗ ܓܒܪܐ ܙܕܝܩܐ

Power,Virtus, ܓܒܪܘܬܐ

in plural = Wonders,Mirabilia

plur. emphatic

15:18b { A,B(II) גבורות / B(I) בגבורה } ܘܬܩܝܦ ܓܒܪ̈ܘܬܐ ܗܘ

17:18a ܠܚܣܝܘܗܝ ܚܘܝ ܓܒܪ̈ܘܬܐ ܕܫܘܒܚܗܘܢ

34(31):9b ܕܣܓܝ ܓܒܪ̈ܘܬܐ ܥܒܕ ܒܥܡܗ

42:17b Bm גבורותיו ܠܡܫܬܥܝܘ ܓܒܪ̈ܘܬܐ ܕܦܪܝܫܬܗ

plur. with suffixes

18:4b ܐܘ ܡܢܘ ܢܥܩܒ ܓܒܪ̈ܘܬܗ

38:6b { B בגבורתו / Bm בגבורתם } ܝܕܥܬܐ ܠܡܫܬܒܚܘ ܒܓܒܪ̈ܘܬܗ

39:15c ܡܢܘ ܓܒܪ̈ܘܬܗ ܒܬܫܒܚܬܐ

Hero, Vir fortis, ܓܒܪܐ

sing. emph.

1:20z ܐܝܟ ܓܒܪܐ ܕܐܝܟ ܚܝܠܬܢܐ

15:18a B(I) ל[ת]ב ܡܛܠ ܕܓܒܪܐ ܗܘ ܚܝܠܬܢܐ

A,B(II) ספקה

47:4a B [ ]בור ܒܫܠܝܘܬܗ ܩܛܠ ܠܓܒܪܐ

47:5c B איש ܠܡܩܛܠ ܠܓܒܪܐ ܕܝܕܥ ܩܪܒܐ

51:10b B גבור ܐܒܐ ܓܒܪܐ ܘܦܪܘܩܐ

sing. const.

46:1a B בן 7a1 ܓܒܪܐ ܓܒܪ ܚܝܠܬܢܐ ܝܫܘܥ ܒܪ ܢܘܢ

7h3 [ܒܪ]

(Hero, Vir fortis, cont'd ܓܢܒܪܐ)

plur. const.

2:14a ܘܝ ܠܟܘܢ ܓܢܒܪ̈ܝ ܬܘܠܠܐ

Fortitude, Fortitudo ܓܢܒܪܘܬܐ

sing. emphatic

17:3a ܒܕܡܘܬܐ ܐܠܒܫ ܐܢܘܢ ܓܢܒܪܘܬܐ

32(35):22d {B מתני / Bm מפני} majority / 11c1,12a1,14c1,15c1,19g7. ܢܣܒܐ ܕܡܠܟ ܓܢܒܪܘܬܐ ܠܥ̈ܡܡܝܢ]

42:20b ܘܠܐ ܐܦ̈ܐ ܡܢ ܩܕܡܘܗܝ ܟܠ ܪܐܙ ܓܢܒܪܘܬܐ

42:17c {B אימץ / Bm אומץ / M אמץ} ܓܢܒܪܘܬܐ ܢܣܒ ܠܬܫܒ̈ܚܘܗܝ

48:24a B גבורה ܘܒܪܘܚܐ ܕܓܢܒܪܘܬܐ ܚܙܐ ܐܚܪܝܬܐ

sing. w. suffix

33(36):3b B גבורתיך ܘܢܚܙܘܢ ܓܢܒܪܘܬܟ ܒܒܥܘ̈ܬܐ

45:23a B בגבורה ܒܓܢܒܪܘܬܗ ܢܣܒ ܠܗ ܬܠܬܐ

16:7b {A / B} גבורתם ܕܡܠܘ ܠܥܠܡܐ ܒܓܢܒܪܘܬܗܘܢ

16:27a ܘܠܐ ܫܠܝܘ ܡܢ ܓܢܒܪܘܬܗܘܢ

Root ܓܓܠ

Wheel, Rota ܓܝܓܠܐ

sing. emphatic

36(33):5a ܐܝܟ ܓܝܓܠܐ ܡܬܥܠܠܬܐ ܠܒܗ

38:29a ܦܚܪܐ ܕܝܬܒ ܥܠ ܓܝܓܠܐ

Root ܓܓܪ

Throat, Guttur ܓܓܪܬܐ

sing. emph.

26:14b ܘܠܝܬ ܕܡܛܐ ܠܡܪܕܘܬ ܓܓܪܬܐ

sing. w. suffix

34(31):12b {B גרנך / Bm גרון} ܠܐ ܬܦܬܚ ܓܓܪܬܟ ܥܠܘܗܝ

Talkative, Gulosus ܓܪܓܪܢܐ

sing absol.

34(31):16b B גרגרן ܘܠܐ ܬܗܘܐ ܓܪܓܪܢ ܕܠܐ ܬܬܢܟܐ

Root ܓܕ

A Youth, Juvenis ܓܕܘܕܐ

sing. emph.

36: 31a B } בגדוד D } C גדוד ܡܗܝܡܢ ܠܓܝܣܐ ܕܫܘܪ ܠܓܕܘܕܐ

Root ܓܕܐ

Hoedus, a Kid ܓܕܝܐ

47:3a B כגדי ܐܪܝܘܬܐ ܐܝܟ ܓܕܝܐ ܦܚܠ

Root ܓܕܠ

Tower, Turris ܡܓܕܠܐ

sing. emph.

26:22b ܐܢܬܬ ܓܒܪܐ ܗܝ ܐܝܟ ܡܓܕܠܐ ܕܡܘܬܐ ܗܝ

Root ܓܕܦ

Ledge, Contractura ܓܕܦܐ

sing. emph.

40:16a { B גפת M גפות } ܐܝܟ ܡܠܠܐ ܕܥܠ ܓܕܦܐ ܕܢܗܪܐ

Root ܓܕܦ

He Blasphemed, Blasphemavit ܓܕܦ

pael, perf, 3 m.s.

48:18d B ויגדף ܘܓܕܦ ܒܪܘܪܒܘܬܐ ܥܠ ܐܠܗܐ

pael part.

3:16a { A מזיד C כמגדף } ܡܛܠ ܕܡܓܕܦ ܗܘ ܕܫܒܩ ܠܐܒܘܗܝ

Root ܓܕܫ

He chanced, Accidit ܓܕܫ

peal perf. 3 m.s.

14:7a ܘܐܢ ܓܕܫ ܘܐܬܦܢܝ ܡܬܚܫܒ ܗܘ ܒܛܒܬܐ

Root ܓܗܢ

adj. Bent over, Inclinatus ܓܗܝܢ

absol. sing.

38:30b ܘܥܕ ܠܐ ܡܫܪܝܬ ܠܡܦܐ ܘܓܗܝܢ

Root ܓܗܪ

adj. Deprived, Hebes ܓܗܝܪܐ

sing. absolute

3:25b A ובאין ܘܡܢܐ ܕܓܗܝܪ ܐܢܬ ܡܢ ܕܚܟܡܬܐ

Root ܓܘܐ

The inside, Pars interna ܓܘܐ

sing. emphatic

34(31):20d ܘܢܦܫܗ ܓܘܐ ܥܡ ܒܓܘܪܝܐ ܚܝܐ

34(31):21b ܩܘܡ ܢܦܩ ܡܢ ܡܨܥܬ ܓܘܐ ܘܬܬܬܢܝܚ

sing. construct

1:30d ܘܒܓܘ ܟܢܘܫܬܐ ܢܪܡܝܟ

11:8b { A וּבְתוֹךְ / B ובתוך } ܘܒܓܘ ܫܘܥܝܬܐ ܠܐ ܬܡܠܠ

11:9b { A / B } וב... ܘܒܓܘ ܕܝܢܐ ܠܐ ܬܬܦܓܥ ܥܡ ܚܛܝܐ

15:5b { A / B } ובתוך ܘܒܓܘ ܟܢܘܫܬܐ ܬܦܬܚ ܦܘܡܗ

19:26b ܬܒܪ ܢܦܫܐ ܘܓܘ ܠܒܗ ܡܠܐ ܢܟܠܐ

21:23a 7al ܡܢ ܓܘ ܬܪܥܐ ܠܓܘ ܒܝܬܐ

rel. absent

24:1b ܘܒܓܘ ܥܡܗ ܕܐܠܗܐ ܬܬܫܒܚ

24:2b ܬܦܬܚ ܦܘܡܗ ܘܒܓܘ ܚܝܠܘܬܗ ܬܬܫܒܚ

24:12b ܘܒܓܘ ܝܪܬܘܬܗ ܐܬܥܫܢܬ

25:16b ܡܢ ܐܢܬܬܐ ܒܝܫܬܐ ܒܓܘ ܒܝܬܐ

29:23b ܘܡܢܐ ܕܐܝܬ ܒܓܘ ܒܝܬܗ

sing. with suffix

1:30f ܓܘܗ ܕܠܒܟ ܡܠܐ ܢܟܠܐ

40:30b { B / M } ובקרבו ܘܐܝܟ ܢܘܪܐ ܝܩܕܐ ܒܓܘܗ

ܠܓܘ preposition: Within, Intro

4:15b A בחדרי ܘܕܨܐܬ ܠܝ ܢܫܪܐ ܠܓܘ ܡܚܕܝ

21:22a ܪ̈ܓܠ ܣܟܠ ܠܓܘ ܒܝܬܐ

21:23a ܡܢ ܬܪܥܐ ܠܓܘ ܒܝܬܐ

prep. with suffix

16:30b ܘܦܘܫ ܠܓܘܗ ܟܠ ܢܦ̈ܫܬܗܘܢ

17:1b ܠܒܪܩ ܘܗܦܟܗ ܢܦܫܗܘܢ، ܠܓܘܗ

48:17b B תוכה ܘܐܥܠ ܠܓܘܗ ܡ̈ܝܐ

Root ܓܘܡ

A Ditch,Fossa ܓܘܡܐ

Sing. emphatic

18:10a ܐܝܟ ܕܠܡܡܠܐ ܓܘܡܐ ܡܢ ܝܡܐ

Root ܓܘܢ

Colour, Color ܓܘܢܐ

sing. emphatic

25:(17)b ܘܬܘܕܩ ܐܦ̈ܝܗ ܐܝܟ ܓܘܢܐ ܕܣܩܐ

Root ܓܘܥ

Interjection: Bah ! , Vae! ܓܘܥ

13:22c A גע ܘܐܡܪܝܢ ܠܗ ܓܘܥ

Root ܓܘܪ

He committed adultery,Adulteravit ܓܘܪ

peal, imperf, 2 m.s. with suffix

37:11a ܥܡ ܐܢܬܬܐ ܕܠܐ ܬܓܘܪܝܗ

Adultery, Adulterium ܓܘܪܐ

sing. emphatic

9:7b ܘܬܬܚܒ ܒܓܘܪܐ ܕܫܘܩ̈ܐ

23:23c ܒܚܘܫܬܐ ܕܓܘܪܐ ܕܡ ܢܦܘܪܐ

adjective: Adulterous,Adulterus ܓܝܪܐ

fem. sing.emphatic

26:12e ܗܟܢܐ ܗܝ ܐܢܬܬܐ ܓܝܪܬܐ

26:22a ܐܢܬܬܐ ܓܝܪܬܐ ܠܡܐ ܡܘܬ ܬܬܚܫܒ

Root ܓܙܐ

Treasure, Gaza ܓܙܐ

sing. with suffix

29:12a ܨܘܪ ܙܕܩܬܐ ܘܚܣܘܢ ܒܝܬ ܓܙܟ

Root ܓܙܠ

Flame, Flamma ܓܙܠܬܐ

sing. emphatic

8:10b A בשביב ܠܐ ܬܬܚܡܡ ܒܓܙܠܬܐ ܕܢܘܪܗ

Root ܓܙܪ

He decreed, Decrevit ܓܙܪ

peal perf. 3 m.s.

16:9b ܘܓܙܪ ܠܚܡܣܗܘܢ ܠܚܘܒܐ

Flock, Ovile ܓܙܪܐ

sing. with suffix

18:13d ܘܐܝܟ ܪܥܝܐ ܕܗܦܟ ܠܓܙܪܗ

Island, Insula ܓܙܪܬܐ

plur. emphatic

47:16a ܒܥܡܡܐ ܠܓܙܪ̈ܬܐ ܪ̈ܚܝܩܬܐ ܡܛܐ ܫܡܟ

Fate, Fatum ܓܙܪ̈ܬܐ

sing. const.

14:12b A וחוק ܘܓܙܪܬ ܫܝܘܠ ܠܐ ܐܬܚܘܝܬ ܠܟ

Root ܓܚܟ

He laughed, Risit ܓܚܟ

peal participle sing.

21:15c ܘܫܡܥ ܠܗ ܣܟܠܐ ܘܡܒܙܚ ܓܚܟ

21:20b ܘܓܒܪܐ ܚܟܝܡܐ ܒܢܝܚܐ ܓܚܟ

peal part. plur.

27:15b ܘܗܘܐ ܓܘܚܟܗܘܢ ܥܒܕܝܢ ܐܢܫ̈ܐ ܓܚܟܝܢ

peal imperf. 2 m.s.

7:11a A תבז ܘܠܐ ܬܓܚܟ ܥܠ ܐܢܫܐ

8:6a A תבייש ܠܐ ܬܓܚܟ ܥܠ ܐܢܫܐ ܕܣܐܒ

(He laughed, Risit, cont'd ܓܚܟ)

peal, imperf. 2 m.s. cont'd

30:10a ܘܠܐ ܬܓܚܟ ܥܡܗ ܕܬܬܥܝܩ

pael, imperf, 2 m.s.

11:4a A } תתהלל B } ܒܡܢ ܕܠܒܫ ܕ̈ܘܣܟܐ ܠܐ ܬܓܚܟ

Laughter, Risus ܓܘܚܟܐ

sing. emphatic

21:10a ܣܟܠܐ ܒܓܘܚܟܐ ܡܪܝܡ ܩܠܗ

sing. with suffix

27:13b ܘܓܘܚܟܗܘܢ ܒܪܘܝܬܐ ܗܘ

Root ܓܚܢ

nom.prop. Gihon ܓܝܚܘܢ

24:27b ܘܐܝܟ ܓܝܚܘܢ ܒܝܘܡ̈ܝ ܩܛܦܐ

Root ܓܝܪ

Particle: For,Enim. ܓܝܪ

3:2a ܡܪܝܐ ܓܝܪ ܝܩܪ ܠܐܒܐ

3:11a ܐܝܩܪܗ ܓܝܪ ܕܓܒܪܐ

4:6a ܠܐܦ ܗ̇ܘ ܓܝܪ ܡܪܐ ܪ̈ܘܚܐ

7:33a ܫܦܝܪܐ ܗܝ ܓܝܪ ܡܘܗܒܬܐ

9:8c ܒܫܘܦܪܗ ܓܝܪ ܕܐܢܬܬܐ

10:27a maj. ܛܒ ܗܘ ܓܝܪ ܕܦܠܚ ܘܝܬܪ

7al om.

11:29b ܣܓܝ̈ܐܢ ܓܝܪ ܕܢܟܠܬܐ

12:9a ܒܛܒ̈ܬܗ ܓܝܪ ܕܓܒܪܐ

12:13a ܡܢܘ ܓܝܪ ܢܚܘܣ ܥܠ ܚܪܘܫܐ

13:2c 7al,7h3 ܡܢܘ ܓܝܪ ܡܬܚܠܛ ܥܡ ܩܕܪܐ

11cl,12al,14cl,15cl,19g7,9ml, om.

13:3a ܠܥܬܝܪܐ ܓܝܪ ܣܟܠܐ ܘܡܫܬܒܗܪ

14:15a ܠܐܚܪ̈ܢܐ ܓܝܪ ܫܒܘܩ ܐܢܬ ܢܟܣܝ̈ܟ

15:12b A } כי B } ܠܝܬ ܠܗ ܓܝܪ ܚܫܚܐ

15:17a		ܐܬܝܗܒ ܓܝܪ ܠܒܢܝܢܫܐ ܚܝܐ
16:4a		ܚܕ ܓܝܪ ܕܥܒܕ ܠܐܠܗܐ
18:17a		ܗܐ ܓܝܪ ܡܠܬܐ ܛܒܬܐ
18:18a		ܣܟܠܐ ܓܝܪ ܡܚܣܕ
18:(31a)		ܐܢ ܬܬܒܥ ܓܝܪ ܪܓܝܬܐ ܕܢܦܫܟ
19:16a		ܐܝܬ ܓܝܪ ܕܫܪܥ
20:10a	7a1,7h3	ܐܝܬܝܗ ܓܝܪ ܕܡܘܗܒܬܐ ܕܠܐ ܦܐܝܐ
	Δ ,9m1	om.
20:26a	Δ ,12a1	ܡܛܠ ܕܡܫܬܘܕܥܢܘܬܗ ܓܝܪ ܕܟܕܒܐ
	7a1,7h3	om.
22:11d		ܒܝܫܝܢ ܐܝܟ ܓܝܪ ܡܢ ܡܘܬܐ
22:12a		ܫܒܥܐ ܝܘܡܝ̈ܢ ܓܝܪ ܕܡܝܬܐ
22:14a		ܡܢ ܐܒܪܐ ܓܝܪ ܡܢܘ ܝܩܝܪ
22:21d		ܐܝܬ ܓܝܪ ܠܗ ܡܦܢܝܢܐ
22:22b		ܡܛܠ ܕܐܝܬ ܠܗ ܓܝܪ ܬܘܪܥܬܐ
23:8a		ܒܡܡܠܠܗ ܓܝܪ ܡܬܬܚܕ ܪܫܝܥܐ
23:15a		ܓܒܪܐ ܓܝܪ ܕܝܠܦ ܨܥܪܐ
25:25c		ܐܝܟ ܬܪܥܝܬܐ ܓܝܪ ܕܡܦܩܐ ܕܡܘܠܐ
26:26d		ܡܢܝܢܐ ܓܝܪ ܕܒܢܝ̈ܐ
27:18a		ܐܝܟܢܐ ܓܝܪ ܕܓܒܪܐ
28:9a		ܓܒܪܐ ܓܝܪ ܢܟܠܐ
28:24a		ܐܝܟܢܐ ܓܝܪ ܕܣܝܓ
29:4a		ܣܓܝܐܐ ܓܝܪ ܙܘܦܐ ܕܫܩܠܘ ܐܝܟ ܫܘܟܢܬܐ
29:5a		ܥܕܡܐ ܓܝܪ ܕܢܣܒ
29:22a		ܛܒܝܢ ܐܝܟ ܓܝܪ ܚܝ̈ܘܗܝ
29:27b		ܐܚܘܝ ܓܝܪ ܢܚܬ ܠܗ
30:14a		ܛܒ ܗܘ ܓܝܪ ܡܣܟܢܐ
30:22a		ܚܕܘܬ ܠܒܐ ܐܝܟ ܓܝܪ ܚܝ̈ܘܗܝ
34(31):6a	7a1,7h3	ܣܓܝܐܐ ܓܝܪ ܕܗܘܘ ܚܒܝ̈ܠܐ
	Δ , 12a1	om.
34(31):19a	B הלא	ܣܦܩ ܓܝܪ ܠܓܒܪܐ ܡܪܕܘܬܗ ܕܡܐܟܘܠܬܐ
34(31):26a		ܐܝܟ ܟܘܪܐ ܓܝܪ ܕܒܘܪܐ

(Particle: For, Enim cont'd ܓܝܪ)

31(34):7a ܣܓܝܐܐ ܓܝܪ ܕܒܚܠܡܐ ܛܥܘ

31(34):23a ܠܐ ܓܝܪ ܨܒܐ ܐܠܗܐ ܒܒܠܘܬܗܘܢ

32(35):12c ܕܝܗܒ ܓܝܪ ܠܡܣܟܢܐ

32(35):12d ܗܘ ܓܝܪ ܦܪܘܥܐ

36:(29b) ܢܘܪܐ ܗܝ ܓܝܪ ܐܒܘܬܢ

36:(31a) ܡܢܘ ܓܝܪ ܢܗܝܡܢ ܠܓܝܣܐ ܕܗܘܐ

37:20a ܐܝܬ ܓܝܪ ܕܚܟܝܡ

37:31a ܣܓܝܐܐ ܓܝܪ ܕܡܝܬܘ

38:5a ܒܢ ܡܩܝܣܐ ܓܝܪ ܚܠܝܘ ܡܝ̈ܐ

38:18b ܗܟܢܐ ܓܝܪ ܠܒܐ ܒܝܫܐ

38:25a ܡܢܐ ܓܝܪ ܢܬܚܟܡ

41:11a ܪܒܝܢܐ ܓܝܪ ܚܪܬܗ ܠܡܒܢܝܢܐ ܗܝ

43:7a ܡܢ ܣܗܪܐ ܓܝܪ ܐܬܘ̈ܬܐ ܕܥܐ̈ܕܐ

47:2a B --כ ܐܝܟܢܐ ܓܝܪ ܕܪܝܡ ܬܪܒܐ

Root ܓܠ

Wave, Unda ܓܠܐ
plur. emph.

29:18b ܢܫܩܘܢ ܐܝܟ ܓܠ̈ܐ ܕܝܡܐ

He revealed, Revelavit

peal, perf. 3 m.s.

23:20a ܟܠ ܡܕܡ ܓܠܐ ܗܘ ܩܕܡܘܗܝ

36:30b B, C, D } נע ܘܐܪܙ ܕܠܒܗ ܐܢܬܬܐ ܓܠܐ

peal participle

12:11c A כמגלה ܗܘܝ ܠܗ ܐܝܟ ܓܠܐ ܪܐܙܐ

22:26a ܐܢ ܓܠܐ ܠܟ ܚܒܪܟ ܪܐܙܐ

22:22c ܒܪ ܢܩܦܐ ܐܘ ܕܓܠܐ ܪܐܙܐ

27:16a ܕܓܠܐ ܪܐܙܐ ܡܘܒܕ ܗܝܡܢܘܬܐ

27:17b ܐܢ ܕܝܢ ܓܠܐ ܪܐܙܐ

peal part. plur.

42:19a ܘܓܠܝܢ ܡܕܡܘܗܝ ܟܠ ܕܐܬܝܢ ܠܥܠܡ

(He Revealed, Revelavit cont'd ܓܠܐ)

peal participle, fem. pl. passive

17:15a ܐܘܪ̈ܚܬܗܘܢ ܩܕܡܘܗܝ ܓܠܝ̈ܢ

17:19b ܓܠܝ̈ܢ ܠܗ ܟܠܗܝܢ ܐܘܪ̈ܚܬܗܘܢ

42:18b ܐܦ ܬܗܘܡܐ ܓܠܝ̈ܢ ܩܕܡܘܗܝ

42:19b B } ומגלה ܓܠܝ̈ܢ ܩܕܡܘܗܝ ܟܠܗܝܢ ܟܣܝ̈ܬܐ
M }

peal infinitive

19:25b ܘܐܝܬ ܕܡܣܩ ܠܡܓܠܝܐ ܕܝܢܐ

27:21b ܬܘܪܟܬܐ ܠܡܓܠܝܐ ܗܝ ܪ̈ܐܙܐ

peal imperf. 2 m.s.

8:19a A תגל ܠܐ ܠܟܠ ܒܪܢܫܐ ܬܓܠܐ ܡܐ ܕܒܠܒܟ

42:12a B(I) תתן ܠܐ ܠܟܠ ܓܒܪܐ ܬܓܠܐ ܡܐ ܕܒܠܒܟ
M תבן

peal imperf. 1 s.

4:18b A וגליתי ܐܬܘܒ ܢܦܫܝ ܘܐܓܠܐ ܠܗ ܟܣܝܘܗܝ

peal imperf. 3 m.pl. with suff.

23:3c ܘܢܓܠܘܢܢܝ ܩܕܡ ܒܥܠܕܒ̈ܒܐ

ethpe'el perf. 3 m.pl.

1:6a ܥܩܪ̈ܐ ܕܚܟܡܬܐ ܠܡܢ ܐܬܓܠܝܘ

42:16b B נגלתה ܐܬܓܠܝܘ ܥܒ̈ܕܘܗܝ ܕܡܪܝܐ
M נגלתן

ethpe'el part.

12:15a A יתגלה ܥܕܢܐ ܕܐܙܠ ܥܡܟ ܠܐ ܡܬܓܠܐ ܠܟ

ethpe'el part. m.pl.

3:19b A יגלה ܘܠܡܟܝ̈ܟܐ ܪ̈ܐܙܐ ܡܬܓܠܝܢ

ethpe'el imperf. 3 m.s.

17:23a ܒܬܪ ܗܠܝܢ ܢܬܓܠܐ ܘܢܦܪܘܥ ܐܢܘܢ

Pael (= He exiled, Exilivit) perf 3 m.s.

48:15c B נפחו ܥܡܡܐ ܕܓܠܝ ܡܢ ܐܪܥܗܘܢ

pael infinitive

47:24b B להדיחם ܠܡܓܠܝܘ ܐܢܘܢ ܡܢ ܐܪܥܗܘܢ

Revelation,Revelatio ܓܠܝܢܐ

song. const. with suffix

16:18b A ברדתו ܬܗܘܡܐ ܘܐܪܥܐ ܒܓܠܝܢܗ ܕܐܠܗܐ

Root ܓܠܬ

nom.prop. Goliath , ܓܘܠܝܕ

47:4d B גלית ܬܒܪ ܫܘܒܗܪܗ ܕܓܘܠܝܕ

Ice, Glacies ܓܠܝܕܐ

sing. emph.

3:15b { A כפור 7a1, Δ , 18/16g6,10m2, ܐܝܟ ܫܡܫܐ ܥܠ ܓܠܝܕܐ
{ C קרח 7h3 ܒܓܠܝܕܐ]

Root ܓܠܙ

He despoiled, Despoliavit ܓܠܙ

peal,perf. 3 m.s.

23:12c 10m1,17a4,17a3,19g7,17a1 ܘܐܦ ܡܢ ܕܓܠܙ ܢܦܫܗ
7a1, ܕܚܛܝ]
7h3 ܕܐܛܝ]

peal part.

22:20b ܘܡܢ ܕܓܠܙ ܚܒܪܗ ܡܒܛܠ ܪܚܡܘܬܗ
31(34):27a ܗܟܢܐ ܗܘܐ ܐܢܫܐ ܠܚܡܐ ܓܠܙ

peal part. m.pl. passive

40:14a ܟܕ ܗܘܢ ܓܠܝܙܝܢ ܢܬܒܪܘܢ

Plunderer,Spoliator, ܓܠܘܙܐ

sing. emph.

41:12e ܗܘ ܗܘ ܓܠܘܙܐ ܪܒܐ

plur. emph.

16:13a A בגזל ܠܚܛܝܐ ܥܘܠܐ ܘܓܠܘܙܐ

Root ܓܠܦ

A Carving, Sculptura ܓܠܦܐ
sing. emph.

22:17b 7a1,7h3 ܐܝܟ ܨܒܬܐ ܕܓܠܦܐ ܥܠ ܐܣܩܦܐ
11c1,14c1,19g7,18/16g6,9m1, ܕܓܠܘܦܐ]

plur. emph.

38:27c ܒܟܬܒܐ ܓܠܦܐ ܘܡܓܠܦܢܐ

Root ܓܡܨ

A Pit, Fovea ܓܘܡܨܐ

sing. emph.

27:26a [illegible]

Root, ܓܡܪ

He perfected, Complevit ܓܡܪ

peal perf. 3 m.s.

22:10c 7a1,7h3, [illegible]

10m1,17a4,17a3,19g7,17a1 [illegible]

43:7b [illegible]

peal part.

20:22b [illegible]

peal imperf. 3 m.s.

47:22c [illegible]

peal imperf. 3 f.s.

44:10b B ת[ ] [illegible]

peal imperf. 3 m.pl.

30(33):32a E [illegible] [illegible]

40:41a [illegible]

peal imperf. 3 m.pl. with suffix

24:28a [illegible]

pael, perf. 3 m.s.

10:17b A וישבת [illegible]

pael, infinitive

38:26b B לכלות [illegible]

38:30c 11c1,14c1,15c1,19g7,18/16g6 [illegible]

majority [illegible]

Adj.Complete, Perfectus ܓܡܝܪܐ

sing. emph. m.

8:10a [illegible]

sing. emph. f.

10:13d A כלה [illegible]

Completion, Perfectio, ܓܘܡܪܐ

sing . with suffix

23:20b ܒܬܪ ܓܘܡܪܗ ܕܥܠܡܐ

plur. emph.

21:18b ܐܝܟ ܓܘܡܪ̈ܐ ܕܢܘܪܐ

plur. const.

22:10c 10m1,17a4,17a3,19g7,17a1, 7a1,7h3. ܘܗܘܐ ܕܓܘܡܪ̈ܐ، ܓܡܘܪ̈ܝܢ [ܕܓܘܡܪ̈ܐ

Root ܓܢ

He covered, Texit, ܐܓܢ

aphel, part.

23:18d ܘܛܠܠܐ ܕܡܛܠܬ، ܡܓܢ ܠܗ

31(34):19b ܠܟܠܗܘܢ ܡܓܢ ܘܦܪܩ ܘܡܬܠܝܢܘܬܐ

A Garden, Hortus ܓܢܬܐ

sing. with suffix

24:31a ܐܡܪܬ ܕܐܫܩܐ ܓܢܬܝ

plur. emph.

24:30b ܐܟܐ ܕܡܝ̈ܐ ܕܫܦܥܬܐ ܠܓܢ̈ܐ

Root ܓܥܐ

He reprehended, Reprehendit ܓܥܐ

pael, imperf. 2 m.s.

11:2b A } תתעב ܘܠܐ ܬܓܥܐ ܠܒܪܢܫܐ
B }

Root ܓܢܒ

He Stole, Furavit ܓܢܒ

peal infinitive

20:25a ܡܬܝܪ ܠܡܓܢܒ ܡܢ ܠܡܕܓܠܘ

A Thief, Fur ܓܢܒܐ

sing. emphatic

5:14c A ܠܠܠ.ܐܬܒܪܝܬ ܒܗܬܬܐ ܡܛܠ ܕܥܠ ܓܢܒܐ

Deceit, Deceptio ܓܢܒܬܐ

sing. absol.

26:10b ܡܛܠ ܕܥܠܬ ܠܗ ܢܝܚܐ ܐܠܐ ܐܢ ܓܢܒܬ

Side , Latus, ܓܒܐ

sing. const.

13:24b A פי ܘܒܝܫܐ ܕܡܣܟܢܘܬܐ ܥܠ ܓܒ ܥܘ̈ܠܐ

50:15c ܘܢܫܕ ܥܠ ܓܒ ܡܕܒܚܐ

plur. with suffix

10:10a ܓܒ̈ܘܗܝ ܘܡܥ̈ܘܗܝ ܐܣܝܐ ܚܙܐ

21:15d ܘܪܡܐ ܠܗ ܠܒܣܬܪ ܡܢ ܓܒ̈ܘܗܝ

Root ܓܢܣ

A People, Gens ܓܢܣܐ

sing. emphatic

49:8a B זרי ܘܝܗܒܐܠ ܗܘ ܠܓܢܣܐ ܕܢܘܟܪܝܐ

sing. with suffix

13:15a A מינו ܟܠ ܒܣܪ ܢܪܚܡ ܓܢܣܗ

13:16b A מינו ܘܠܓܢܣܗ ܗܘ ܡܬܢܩܦ ܒܪܐܢܫܐ

27:9a ܦܪܚܬܐ ܕܫܡܝܐ ܠܘܬ ܓܢܣܗ̇ ܫܪܝܐ

plur. absolute

25:2a ܬܠܬܐ ܓܢܣ̈ܝܢ ܣܢܝܬ ܢܦܫܝ

plur. emphatic

40:1b ܘܓܢ̈ܣܐ ܬܩܝ̈ܦܐ ܥܠ ܒܢ̈ܝ ܐܢܫܐ

Root ܓܥܐ

A shout, Clamor ܓܥܬܐ

sing. with suffix

4:6b A צעקתו ܘܒܩܠ ܓܥܬܗ ܢܫܡܥ ܒܪܝܗ

Root ܓܘܠ

A Deposit,Depositum ܓܘܠܢܐ

sing. emphatic

41:12g ܓܘܠܢܐ ܕܣܝܡ ܐܢܬ ܠܗ

Root ܓܦܐ

A Vine, Vinea ܓܦܬܐ

sing. emphatic

24:17a ܐܢܐ ܐܝܟ ܓܦܬܐ ܐܢܬ ܫܦܪܐ

Root ܓܐܪ

Arrow, Sagitta ܓܐܪܐ

sing. emphatic

19:10b ܠܐ ܗܘܬ ܓܐܪܐ ܕܬܒܥܟ ܘܬܦܩܘܣ

19:12a ܐܝܟ ܓܐܪܐ ܕܩܒܥܐ ܒܝܪܟܬܗ

26:12d ܘܦܬܚ ܠܟܠ ܓܐܪܐ ܦܬܚܐ ܩܛܪܗ

Root ܓܪܐ

Examination, Examinatio ܡܓܪܢܐ

sing. emph.

34(31):26b { B למצות / Bm מצות } ܟܘܪܐ ܗܘ ܡܓܪܢܐ ܕܦܪܙܠܐ

Root ܓܪܡ

A Bone, Os ܓܪܡܐ

plur. emph.

28:17b ܘܡܚܘܬܐ ܕܠܫܢܐ ܬܒܪܐ ܓܪ̈ܡܐ

plur. with suffix

46:12a ܘܥܩܪܗܘܢ ܓܪ̈ܡܝܗܘܢ ܐܝܟ ܫܘܫ̈ܢܐ

49:10b ܢܚܘܢ ܓܪ̈ܡܝܗܘܢ ܡܚܘܪܝܗܘܢ ܬܚܘܬܗܘܢ

Root ܓܪܦ

He Inundated, Inundavit ܓܪܦ

ethpe'el imperf. 3 m.pl.

40:13a ܢܟܣ̈ܐ ܕܥܘܠܬܐ ܐܝܟ ܢܚܠܐ ܢܬܓܪܦܘܢ

Root ܓܫܡ

Body, Corpus ܓܘܫܡܐ

sing. emph.

21:25a ܦܘܡܗ ܕܪܫܝܥܐ ܒܓܘܫܡܐ ܕܣܟܠܘܬܗ ܡܡܠܠ

sing. with suffix

30:14a B בעצמו ܡܣܟܢܐ ܕܚܝ ܘܚܠܝܡ ܒܓܘܫܡܗ

ד

Particle: Of ד

1: 2a(2) 2b 3a 3b 8b 9a(3) 11a 12a 12b 13a 14a
14b 15a 16a 18a 19a 19b(2) 20a b c e g h l n
20 o p(2) q(2) r t u 28a 30e(2) 30f

2: 1a 3b 4a 5a 5b 7a 8a 9a 9b 10a 10b 11a
11b 11c 12b 13a 15a 15b 16a 17a 17b 18c 18e

3: 1b(2) 2b 3a 4a 5a 6a 6b 8b 9a 9b 10a 10b
11a(2) 11b 12a 14a 15a 16a(2) 16b 17b 18a(2)
20a(2) 21a 21b 22a 23a 23b(2) 26b 27b 25a(2)
25b 28a 28b 29a 29b 30a 31a(2) 31b

4: 1a 2a 2b(2) 3a 4a 5a 6b(absent from 7h3) 7b 11b
12a 12b 13a 15a 15b 16b 17a 17d 21a(2) 21b
24a 24b

5: 1b 3a 3b(2) 4a 4b 4c 6c(absent from 7a1) 7a
7c 8a 8b(2) 13a 13b 14c 14d

6: 1b 1c 2a 2b 4a 5b(2) 8b 14a 17a 17b 19b
19d 20b 21b 31a 31b 34a 35b 37a 37d

7: 1a 1b 3b 4b 6c 7a 8b 9a(2) 9b 11a 11b(2)
13b 14a 16a 17b(2) 18a 18b 20a 20b 25b 27b
28a 28b 31b 31c(2) 32b 35b

8: 1a 2c 2d 4b 5a 5b 6a 6b 7a 7b 8a 8c
8d 9a 9b 9c 9d 10b(2) 11b 12a 13a 14b
15b 15c 16c 17b 19a 19b

9: 1b 2b 3b 6b 7b 8a 8b 8c 10b 10d 11b
12a 12b 13a 13b 13e 15a 15b 16b 17a
17b 18b

10: 2a 2b 3b 4a(2) 4b 5a(2) 6b 7a 9b 11a
12a 13a(absent from 7a1) 13b 14a 15a 16a 18a
18b 19a(2) 19b 19c 19d(2) 20b 22a 22b 24b(3)
25b 27a 27b 29a 29b 30a 30b 31a 31b

11: 1a 2a 2b 3a 3b 4a 4b 4c(2) 5a(2) 5b(2)
6a 6b(2) 10b 11a 12a 12c 15a 15b 16b 17a
17d 18a 18b 21a 21c 27b 28b 29b 30a 30b(2)
30c 33a 33b 34a

12: 3a 3b 5d 9a 10b(2) 11d 12b 13a 13b
14a 14b 15a

13: 1a 1b 2a 2b 2c(2) 2d 6b 7a 10a 10b 11a
11c(2) 11d 12a 12b 13b 14b 17a 18b 19b(2)
22d 24a 25a 26a 26b(2)

14: 1a 2a 4a 5a 6a(2)9a 9b(2) 12a 13b 14a 16b
17a 17b 18a 18b 18c 20a 21a 16a(absent from
7h3)

15: 1a 1b 3a 3b 6b 8b 9a 9b 10a 10b 11a
11b(2) 12a 16b 17b 18a(2) 19b 20a 20b

16: 1a 2b(2) 3c 3d(2) 3e(4) 4a 4b 5a 5b
6a 6b 7a 8a(2) 8b 11c 13b 14a 15a(2)
15b 17b 17d 18a(absent from 7a1) 18b 19a(2)
21b 27b 30a

17: 2a(2) 8a(2) 8b 10a 11b 12a 13a 15b(absent 7al)
17b 19a 20b 22a 22b(2) 24b 25a 27a 27b
27c 29a 29b(2) 30a 30b 31a 31c 31d 32a 32b

18: 7a 9a(2) 10a 10b 12a(2) 13a 13b 13d 14a 14b
15a 15b 16a 17a 18b 20b 22b 22d 23b 23d
24a(2) 24b 27b 28a 29b 29c (31a) (31b)(2)
32a 32b

19: 1b 4a 4b 5a 6a 8c 9a(2) 10b 11b 12a(2)
13a(2) 13b 14a 14b 15a 16a 16b 17a 20a(3)
20b 22a 22b(2) 23a 23b 24a 25a 26a 27a 27b
28a(3) 29b(2) 30a 30b

20: 1a 1b 2a 3a 4b 5a 5b(2) 6a 8a(2) 8b 9a(2)
9b 12a 14a 14b 15b 15d 15e 17a 17b 17c
17d(3) 17e 20a 20b 22a 23a 24a 24b 26a(2)
27a 30a 31a 31b

21: 2d 3a 5a(2) 5b 6b 8a(2) 9a(2) 9b 10a 10b
11a 11b 13a(2) 14a 15a 16a 17a 18b 19a 21a
21b 22a 23b(2) 24a 25a(2) 26a 26b 27a 27c
27d

22: 1a 2b 6a 9a(2) 9b 10a 10b 10c 11a 11b 11c
12a 12b 13c 13f 15a 15b 16a(4) 16b 17a 17b
18a 18b 18c 18e 19a 19b 20a 20b 21b 22b 22c
22d 23b 23d 26c(2) 27b 27c

23: 1a 2b 2c 2d 3a 4a 5b 6a 7a 7b 10a(2)
10c 11e(2) 12a 12b 12c 13b(2) 14a 14c 14d

23:(cont'd) 14e 15a 15d(2) 16b (absent from 7h3) 16 c(2) 16d 17a 17b 18a(2) 18c 18d 18e 18f 19a(2) 19c 19d 20a 20b 20c(2) 21a 22a 23a(2) 23b 23c(2) 23d 27a 27b 27c(3) 27d

24: 1b 2a 3a 5b 6a 8b 8c 11a 12b 13b(2) 15a 19a 20a 22a 23a(2) 23b 23c 25a 29a 30a 30b(2) 31a

25: 6a 6b 7a 7b 7c 7d 8a 8b 8c 9a 9b 9c 11a 12a 12d 13a 13b 14a 14b 15a 15b(2) 16b 17a(2) 17b 18a 18b 19a 19b 20a(2) 20b 21a 21b 22a 22b 23a 23b 23c(2) 23d 25c(2)

26: 1b(2) 3b 5c 5d 7b 8b 9a 10b 12a 12f 14a 16a(2) 16b 17a(2) 17b 18a(2) 19a 21b 22b(2) 23a 23b 24a 25a 25b 26a 26b 26c 26d 26e 26f 27c(2) 27d 28c 28d 28e(2) 28f

27: 1a(2) 1b 3a 4b 6a(2) 6b 8b 9a 11a 13a 14a(2) 14b(2) 15b 16 a 17b 18a 20b 21a 22b 25a 25b 26a 26b

28: 2a 7b 9a 10a 10b 10c(2) 10d 13b 14c 14d 17a 17b 19a 19c 20a 20b 21b 22b 23a(2) 24a 26a

29: 1a 1b 2a 4a 5a(2) 5b 5c 6a 6b 7a 7b 9a 11b 13a 15a 15b 16a 16b 18b 19a(2) 19b 19d 20a 22a(2) 26b 28b(2) 28d 28f

30: 1a 1b 2a 3a 4a 4b 8a 8b 9a 10c 12c
13a 14a 14b 15a 16a 17b 18a(2) 18b 19a
19b 19c 20b 21b 22a 22b 23c 24b 25b

34(31): 1a 2a 4a 5a 5b 6a 7a 7b 8a(2) 9a 9b
10a 10c 12a 12c 13a 13b 14a 15a(2) 16a
16b 19a 20a(2) 25b 26a(2) 27c 27d 28a
28b 29b 30a 31a 31c

35(32): 1c 4a 5a 5b(2) 6a 6b 9b 11a 12b 13a
13b 14a(2) 16a 19a 19b 20a 20b 21a 23b(2)
24a(2) 24b

36(33): 1a 5a 6a 6b(2) 7a 7b(2) 8a 9b 11a 11b
13a(2) 13c 25a 27a 27b 30a(2) 30b 32a
32b 36a 37a(2) 38a 38d 39b 39d 40a

31(34): 1a 2a 2b(2) 3a 3b(2) 9b 10a 11a 14a
15a 17a 19a 19d 20a(2) 20b 21a 23a 23b
24a 24b 25a(2) 25b 26a 27a 27b 29b
30a 31d

32(35): 1a 1b 2a 4a 5a(2) 5b(2) 7a(3) 8a(2) 9a 9b
11b 12a 12c 13a 14a 15a 15b 16a 16b
17a 17b 20a(2) 21a 21c 22a 22d(2) 23b(2)
24a 25a(2) 26b(2)

33(36): 2a 4a 5a 5b 7a 10a(2) 11b 12a 12b(2) 13a
36: 16a 17a 17b 18a 18b 20a(2) 20b(2) 21a 22a
22b 22c(3) 22d 23b 24a 24b(2) 27a 30a
30b 31a 31b 31c 31d

37: 1b 2a 2b 3b 4a 5a 7b 8c 11a 11b 11e
11f 11g 11i 12b 14a 14b(2) 15b 18b 19a
20a 22a 22b(2) 23a 23b 24a 26a 26b 27b
28a 29a 30a(2) 30b 31a 31b

38: 1b 3a 5b(2) 6a 8b 9b 12b 13a(2) 14a 15a(2)
16c 17a 18a 19b(2) 22a 23a 23b 24a 24b
25c 27c(3) 27d 28c 28d 28f 29a 31d 32b
32c 33b 33d 33e 34a(2) 34b 34c 34d

39: 1a 2a(2) 2b 3a 4c 6a 7a 8a 8b 14a 14b 16a
17a 17b 17c(2) 17d 17e 18b 19a 19b 20a 20b
22a 23b 24a 26a(2) 28a 28d(2) 29a 30b
31a 32a 32b 34a 34b

40: 1c(2) 1d(2) 2a 2b(2) 3a 4b(2) 6c(2) 6d
7b 11a 11b 12a 13a 13b 15b(3) 16a(3) 17a
17b 17c(2) 18b 22a 22b 24a 26b 26c 26d
27a 28a 29a(2) 29b 29c 29d 30a

41: 1b 1c 2b 2c 3a 3b 4a(2) 5a 5b 7b 8b(2)
9a 11b 12a 12b(2) 12c 12d 12f(2) 12g

42: 9c 9d 10a 11d 11d 11e 12a(2) 13b(2) 15a
15b 16a 16b 17a 17b 18b 18c 19a 19b(2)

43: 2b(2) 3a 4a(2) 5a 6b(2) 7a 7b 8c(2)
8d(2)

44: 1a 1b 2b 5b(2) 8a 9b 10a(2) 17b 18b
19a(2) 20a(2) 21b(2) 21c 21g 23a(2) 23b

45: 5d 5e 6b 7a 7c 8a 8b 15b 15c 15d

45 (cont'd) 18d 19b 20c 20d 22c 23b 23c(2) 24b
25c 25d 26a(2) 26c 26d

46: 1f 2a 3b 4a 5a 5d 6d 7c 7d 8d 9c
10a(2) 10b(2) 11a 11c 13b(2) 14b(2) 16b
18a 18b 19c

47: 2a 4b 4d 5a 5c 5d 8b(2) 11d 13c 14c(2)
17a 18a 18b(2) 20d 21b 22d 23c 23f

48: 1a(2) 1b 3a 5a 5b 8b 9b 10b(2) 15c 16a
16b 21a 22a(2) 22b 22c 22d 23a 23b
24a 24b

49: 1a(2) 1b(2) 1d 2a 2b 4d 7b(2) 8a 9b
10c 10d 11a 11b 12b 12d(2) 13b

50: 1a 1b 7a 8a 8b 9a 9b(2) 10a 10b(2) 11a 11b
11d(2) 12a(2) 13c 14a 14b 16b 19a 22b
22c(2) 23a 24b 25b 26b 27a 28a

51: 2a(2) 3a 3d 3c 4a(2) 7a 8a 8b 8c(2)
10c(2) 25b 26c 26d 27a 30a 30colophon(3)

Root ܕܐܒ

Wolf , Lupus ܕܐܒܐ

sing.emph.

13:17a A זאב ܡܢܐ ܢܫܬܘܬܦ ܕܐܒܐ ܠܐܡܪܐ

plur. emph.

47:3b ܘܥܡ ܕܕܐܒ̈ܐ ܐܝܟ ܐܡܪ̈ܐ

Root ܕܒܚ

Sacrifice, Sacrificium ܕܒܚܐ

plur. emphatic.

45:16b B וחלבים? ܠܡܩܪܒܘ ܠܒܣܡܐ ܘܕܒܚ̈ܐ

Altar, Ara ܡܕܒܚܐ

sing. emphatic.

45:24b ܕܢܬܒܠ ܠܗ ܡܕܒܚܐ

47:9a B]זבח[ ] ܐܩܝܡ ܗܘܐ ܩܕܡ ܡܕܒܚܐ

48:3c ܥܠ ܡܕܒܚܐ ܘܥܠ ܐܟܠ̈ܐ ܢܘܪܐ

49:12b ܕܒܫܘܬܗܘܢ ܐܩܝܡܘ ܡܕܒܚܐ

50:14a B מזבח ܥܕܡܐ ܕܫܠܡ ܠܡܫܡܫܘ ܡܕܒܚܐ

50:15c ܘܢܣܟ ܥܠ ܝܣܘܕ ܡܕܒܚܐ

Root ܕܒܩ

He Adhered , Adhaesit ܕܒܩ

peal participle, f.s.

13:1a A תדבק ܕܩܪܒ ܠܩܛܪܐ ܕܒܩܐ ܒܐܝܕܘܗܝ

ethpe'el perf. 3 f.s.

51:19a { B חשקה / Q חריתי } ܐܬܕܒܩܬ ܢܦܫܝ ܒܗ

ethpe'el part. pl.

4:13a A ותמכיה ܘܡܬܕܒܩܝܢ ܒܗ ܐܡܝܢܐܝܬ

26:22b ܕܡܬܬܐ ܠܥܠܡ ܕܡܬܕܒܩܝܢ ܠܗ

ethpe'el imperat. 2 m.s.

2:3a ܐܬܕܒܩ ܒܗ ܘܠܐ ܬܪܦܝܘܗܝ

ethpe'el imperf. 2 m.s.

11:34a A תדבק ܠܐ ܬܬܕܒܩ ܠܒܝܫܐ

ethpe'el imperf. 1.s.

34(31):10a B שנדבק | Bm הנדבק ܘܗܘ ܗܘܐ ܕܐܬܕܒܩ ܒܗ

pael part.

22:9a ܐܝܟ ܐܢܫ ܕܡܕܒܩ ܚܨ̈ܦܐ

ethpa'al part.

13:16b A יחובר ܘܠܓܢܣܗ ܗܘ ܡܬܕܒܩ

19:2b ܘܕܡܬܕܒܩ ܠܙܢܝܬܐ ܢܣܒ

ethpa'al imperat.

6:34b ܘܡܢܘ ܗܘ ܚܟܝܡ ܐܬܕܒܩ ܠܗ

Root ܕܒܪ

He Led, Duxit ܕܒܪ

peal, perf. 3 m.s.

25:8b ܘܠܐ ܕܒܪ ܦܕܢܐ ܒܬܘܪܐ

peal part.

38:25c ܕܒܬܘܪܐ ܕܒܪ ܘܒܬܘܪ̈ܐ ܡܬܢܝ

ethpe'el, imperf. 3 m.pl.

26:27d ܫܢܝܐ ܒܐܘܠܨܢܐ ܢܬܕܒܪܘܢ

pael perf, 3 m.s.

47:23d ܘܣܛܝܢ ܕܒܪ ܒܚܛܝܬܗ ܠܥܡܗ

pael, part.

50:22d B ויעשהו ܘܡܕܒܪ ܠܗܘܢ ܐܝܟ ܨܒܝܢܗ

Desert, Desertum ܡܕܒܪܐ

sing. emph.

13:18a A מדבר ܡܫܘܠܬܗ ܕܐܪܝܐ ܥܪ̈ܕܐ ܕܡܕܒܪܐ

45:18b B במדבר ܘܩܢܘ ܒܗ ܒܡܕܒܪܐ ܐܢ̈ܫܐ ܕܢܟ

Bee, Apis ܕܒܘܪܬܐ

sing. emph.

11:3a A דברה | B דבורה ܡܛܠ ܕܙܥܘܪܐ ܗܝ ܒܦܪܚܬܐ ܕܒܘܪܬܐ

Root ܕܒܫ

Honey, Mel, ܕܒܫܐ

sing. emph.

24:20a ܡܛܠ ܕܕܘܟܪܢܝ ܡܢ ܕܒܫܐ ܚܠܐ

39:26c B ודבש ܘܚܠܒܐ ܘܚܛܐ ܘܡܫܚܐ ܘܕܒܫܐ

Honey, Mel (cont'd) ܕܒܫܐ

sing. emph.

46:8d B ודבש ܠܚܘܪܐ ܕܡܚܝܪܐ ܫܠܡܐ ܘܕܒܫܐ

49:1c B כדבש ܐܝܟ ܕܒܫܐ ܠܚܟܐ ܚܠܐ ܕܣܒܪܬܗ

Root ܕܓܠ

He Deceived, Mentitus Est ܕܓܠ

peal, perf. 3 f.s.

23:23a 7a1,7h3 ܫܐܠ ܕܕܓܠܬ ܒܥܘܗܕܢܐ

Δ ,12a1,9m1, ܕܟܕܒܬ]

peal imperf. 2 m.s.

19:8a ܒܪܫܝܬܐ ܘܒܫܘܠܡܐ ܠܐ ܬܕܓܠ

pael, part.

23:10c ܗܢܘ ܕܠ ܕܡܕܓܠ

37:11g ܘܥܡ ܐܢܫܐ ܕܡܕܓܠ ܒܡܠܘܗܝ

40:12a ܟܠ ܦܝ ܕܢܣܒ ܘܡܕܓܠ ܢܦܠ

pael infinitive

19:25a ܐܝܬ ܕܫܪܐ ܘܡܟܐ ܠܡܕܓܠܘ

20:25a 7a1,7h3 ܡܛܪܢ ܠܡܓܢܒ ܐܦ ܠܡܕܓܠܘ

Δ ,12a1 ܠܡܟܕܒܘ]

pael imperf. 3 f.s.

26:11b ܘܠܐ ܬܬܬܘܪ ܕܠܡܐ ܬܕܓܠ ܒܟ

pael imperf. 1.s.

16:21b A אכזב ܘܗܢ ܐܕܓܠ ܒܟܠ ܐܬܪ

A Liar, Mendax ܕܓܠܐ

sing. emphatic

20:26a 7a1,7h3 ܡܛܠ ܕܫܪܬܗ ܕܒܪܢܫܐ ܕܓܠܐ

Δ ,12a1, ܕܟܕܒܐ]

Deceit, Mendacium, ܕܓܠܘܬܐ

sing. emph.

20:24a 7a1,7h3 ܡܘܡ ܕܒܝܫ ܒܒܪܢܫܐ ܕܓܠܘܬܐ

Δ , ܕܟܕܒܘܬܐ]

21:2c 7a1,7h3, ܐܝܟ ܬܪܝ ܐܘܪܚܐ ܗܝ ܕܓܠܘܬܐ

Δ ,12a1,9m1, ܕܟܕܒܘܬܐ]

Root ܕܗܒ

Gold, Aurum ܕܗܒܐ

sing emphatic.

2:5a ܡܛܠ ܕܒܢܘܪܐ ܡܬܒܚܪ ܕܗܒܐ

7:18b A בזהב ܘܐܚܐ ܠܟ ܒܕܗܒܐ ܕܐܘܦܝܪ

8:2a A הון ܠܐ ܬܬܚܪܐ ܥܡ ܡܪܐ ܕܗܒܐ

8:2c A[.] זהב וה ܡܛܠ ܕܠܣܓܝܐܐ ܐܘܒܕ ܕܗܒܐ

21:21a ܐܝܟ ܦܘܠܚܢܐ ܕܕܗܒܐ ܫܒܝܚܬܐ

26:18a ܐܝܟ ܥܡܘܕܐ ܕܕܗܒܐ ܥܠ ܐܣܩܘܦܬܐ

30:15b B פז ܛܒܐ ܕܒܪܝܐ ܘܣܓܝܬ ܡܢ ܕܗܒܐ

35(32):5a B זהב ܐܝܟ ܫܘܬܦܐ ܥܠ ܢܩܫܐ ܕܕܗܒܐ

35(32):6a B זהב ܐܝܟ ܢܩܫܐ ܕܕܗܒܐ

40:25a B זהב ܕܗܒܐ ܘܣܐܡܐ ܡܩܝܡܝܢ ܪܓܠܐ

47:18c B זהב ܘܟܢܫܬ ܐܝܟ ܐܒܪܐ ܕܗܒܐ

50:9b B זהב ܘܐܝܟ ܢܩܫܐ ܕܕܗܒܐ ܕܡܫܒܚܝܢ ܒܟܐܦܐ

51:28b B וזהב ܘܣܐܡܐ ܘܕܗܒܐ ܬܩܢܘܢ ܒܗ

sing. with suffix

28:24b ܠܟܣܦܟ ܘܠܕܗܒܟ ܥܒܕ ܐܚܝܕܘܬ ܚܬܡܐ

Root ܕܘܐ

He was enfeebled, Debilis Fuit ܕܘܝ

peal, perfect 3 m.s.

41:5b ܘܒܪܬܐ ܕܘܝ ܠܗ ܬܘܠܕܬܐ ܕܚܛܝܐ

Misery, Miseria ܕܘܘܢܐ

sing. emphatic

30:21a B לדין ܠܐ ܬܬܠ ܠܕܘܘܢܐ ܢܦܫܟ

30:23c B דין ܡܛܠ ܕܠܣܓܝܐܐ ܩܛܠ ܕܘܘܢܐ

41:6b ܕܘܘܢܐ ܩܛܠܐ ܠܗܘܢ ܠܒܢܝܐ ܠܥܠܡ

Root ܕܘܒ

He vexed, Vexavit, ܕܒ

pael, participle

34(31):1a B ימחה ܫܗܪܐ ܡܕܝܒ ܒܣܪܗ ܕܥܬܝܪܐ

Root ܕܘܕ

Nom. Prop. David ܕܘܝܕ

45:25d B דוד ܘܐܦ ܕܘܝܕ ܒܪ ܐܝܫܝ

Nom.Prop. David (cont'd). ܕܘܝܕ

47:1b B דוד ܐܦ ܒܬܪܗ ܠܡܬܢܒܝܘ ܩܡ ܕܘܝܕ

47:2b B דויד ܗܟܢܐ ܦܪܝܫ ܕܘܝܕ ܡܢ ܐܝܣܪܐܝܠ

47:22f B [ ]לד ܘܠܕܘܝܕ ܡܠܟܘܬܐ ܪܒܬܐ

48:15f B דוד ܘܦܫ ܫܪܟܢܐ ܠܒܝܬ ܕܘܝܕ

48:22b B דוד ܘܗܘ ܒܐܘܪܚܬܗ ܕܕܘܝܕ

49:4a B דויד ܟܠܗܘܢ ܠܒܪ ܡܢ ܕܘܝܕ

Root ܕܢ =

He Judged, Judicavit ܕܢ

peal participle

16:12b A ישפט ܘܐܝܟ ܥܒ̈ܕܘܗܝ ܕܐܢ ܠܗ

17:32a ܚܝܠܘܬܐ ܕܫܡܝܐ ܕܐܢ ܐܠܗܐ

23:20b ܒܬܪ ܫܘܡܠܝܗ ܕܥܠܡܐ ܗܘ ܕܐܢ ܠܗ

32(35):22a B ישפוט ܘܕܝܢܐ ܕܩܘܫܬܐ ܕܐܢ

39:23a B יוריש ܗܟܢܐ ܒܪܘܓܙܗ ܥܡ̈ܡܐ ܕܐܢ

peal infinitive

45:26b ܠܡܕܢ ܠܥܡܗ ܒܟܐܢܘܬܗ

peal imperfect 3 m.s.

2:14b ܡܢܐ ܬܥܒܕܘܢ ܟܕ ܢܕܘܢ ܡܪܝܐ

4:15a A ישפט ܕܫܡܥ ܠܗ ܢܕܘܢ ܫܪܪܐ

peal imperf. 2 m.s.

8:14b A יש[ ] ܕܠܐ ܐܝܟ ܨܒܝܢܗ ܬܕܘܢ ܥܡܗ

peal imperf. 3 m.pl.

32(35):25a ܒܥܡܐ ܕܢܕܘܢ ܕܝܢܐ ܕܒܥܡܗ

Judgement, Judicium ܕܝܢܐ

sing. emph.

3:2b ܘܕܝܢܐ ܕܐܡܐ ܥܠ ܒܢܝܗ̇ ܫܪܪ

4:9b A במשפט ܘܠܐ ܬܬܪܦܐ ܢܦܫܟ ܒܕܝܢܐ

8:14a ܠܐ ܬܬܕܝܢ ܥܡ ܕܝܢܐ ܕܠܐ ܒܕܝܢܐ

14:1b A דין ܘܠܐ ܐܬܬܒܥ ܕܝܢܐ ܡܢ ܒܢ̈ܝܢܫܘܗܝ

19:25b ܘܡܬܒܥܐ ܠܡܓܠܐ ܕܝܢܐ

25:4a ܡܐ ܝܐܐ ܠܣܒ̈ܐ ܕܝܢܐ

sing. emph. (cont'd)

28:9a ܢܦܠܐ ܕܪܚܡ ܕܝܢܐ ܒܟܠܗ ܒܒܝܬܐ
28:10b ܘܒܟܠ ܕܬܩܝܦܐ ܒܕܝܢܐ ܡܬܩܦܐ ܚܡܬܗ
29:19d ܕܡܬܐܠܨ ܡܢܗ ܘܡܬܚܡܣ ܕܝܢܐ
32(35):15b B משפט ܡܛܠ ܕܐܠܗܐ ܟܐܢܐ ܕܝܢܐ ܗܘ
32(35):22a B משפט ܘܕܝܢܐ ܕܬܪܝܨܘܬܐ ܢܥܒܕ
32(35):25a ܒܥܒܕܐ ܕܥܒܕ ܕܝܢܐ ܕܢܨܚܘܗܝ
38:33b ܘܥܠ ܟܘܪܣܝܐ ܕܕܝܢܐ ܠܐ ܝܬܒܝܢ
39:29b B למשפט ܟܠܗܘܢ ܗܠܝܢ ܠܕܝܢܐ ܐܬܒܪܝܘ

sing. with suffix

43:10a B } חק ܒܡܠܬ ܩܕܝܫܐ ܢܩܘܡܘܢ ܐܝܟ ܕܝܢܗܘܢ
M }

plur. emph.

28:11b ܘܕܝܢܐ ܩܫܝܐ ܐܫܕܝܢ ܕܡܐ
29:19b 7a1,7h3 ܩܛܘܪܐ ܢܦܠ ܒܕܝܢܐ
Δ ,12a1,9m1, ܒܕܝܢܘܗܝ
29:24b ܘܥܠ ܕܝܢܐ ܕܡܪܕܘܬܐ ܠܐ ܐܬܚܫܒ
38:33c ܘܦܘܩܕܢܐ ܘܕܝܢܐ ܠܐ ܢܣܬܟܠܘܢ
45:17b B ומשפט ܘܐܫܠܛܗ ܒܦܘܩܕܢܐ ܘܕܝܢܐ

plur. with suffix

17:12b ܐܩܝܡ ܢܡܘܣܐ ܘܕܝܢܘܗܝ ܐܘܕܥ ܐܢܘܢ
18:14b ܘܐܝܠܝܢ ܕܡܬܟܠܝܢ ܠܕܝܢܘܗܝ
35(32):16a B II } משפטו ܢܬܒܥܘܢ ܒܕܝܢܘܗܝ
E II }
45:5f B ומשפטיו ܦܘܩܕܢܘܗܝ ܘܕܝܢܘܗܝ ܠܝܥܩܘܒ
46:10b ܕܢܗܠܟ ܒܢܡܘܣܗ ܕܐܠܗܐ ܘܕܝܢܘܗܝ

7:7b ? A בקהלה ܘܠܐ ܬܪܡܐ ܢܦܫܟ ܒܕܝܢܝܢ
29:19b Δ ,12a1,9m1, ܩܛܘܪܐ ܢܦܠ ܒܕܝܢܝܢ
7a1,7h3 ܒܕܝܢܐ]

Judge, Judex — ܕܝܢܐ

sing. emphatic

7:6a A מושל — ܠܐ ܬܬܒܥܐ ܠܡܗܘܐ ܕܝܢܐ

8:14a A שופט — ܠܐ ܬܬܕܝܢ ܥܡ ܕܝܢܐ ܥܘܠܐ

9:17a — ܒܚܟܡܬܗ ܕܕܝܢܐ ܬܬܬܩܢ ܡܕܝܢܬܐ

10:1a A שופט — ܕܝܢܐ ܚܟܝܡܐ ܢܠܦ ܥܡܗ

10:2a A כְשׁוֹפֵט — ܐܝܟ ܕܝܢܐ ܕܥܡܐ

10:24a { A ושופט / B שופט } — ܪܒܐ ܘܫܠܝܛܐ ܘܕܝܢܐ ܢܝܩܪ

21:5b — ܘܩܕܡ ܕܝܢܐ ܕܥܠܡܐ ܥܠܠܐ

46:13d B שופט — ܐܩܝܡ ܕܝܢܐ ܘܡܫܚܐ

plur. emphatic

23:9b — ܘܒܫܡܐ ܕܕܝ̈ܢܐ ܠܐ ܬܗܘܐ ܢܬܠ

City, Civitas — ܡܕܝܢܬܐ

sing. emph.

4:7b A עוד ? — ܘܠܫܠܝܛܐ ܕܡܕܝܢܬܐ ܐܡܟ ܪܫܟ

7:7a A שערי אל — ܠܐ ܬܚܘܒ ܠܥܝܢ ܒܟܢܘܫܬܐ ܕܡܕܝܢܬܐ

9:7a — ܘܬܬܦܢܐ ܒܫܘܩܐ ܕܡܕܝܢܬܐ

9:17a — ܒܚܟܡܬܗ ܕܕܝܢܐ ܬܬܬܩܢ ܡܕܝܢܬܐ

10:2b A ועיר — ܘܐܝܟ ܪܝܫܐ ܕܡܕܝܢܬܐ

23:21a — ܒܫܘܩܘܗܝ ܕܡܕܝܢܬܐ ܬܬܪܕܐ

36:18a B קרית Δ, — ܪܚܡ ܥܠ ܡܕܝܢܬܐ ܕܩܘܕܫܟ
7al, 7h3 ܩܪܝܬܐ]

36: 31b { B / C / D } עיר — ܗܘ ܕܢܦܪ ܡܢ ܡܕܝܢܐ ܠܡܕܝܢܐ

38:32a — ܘܒܠܥܕܝܗܘܢ ܠܐ ܡܬܬܒܐ ܡܕܝܢܬܐ

45:23b — ܩܢܐ ܗܦܟ ܒܡܕܝܢܬܐ

48:17a B עירו — ܚܙܩܝܐ ܚܣܢ ܡܕܝܢܬܐ

plur. emph.

28:14c — ܠܫܢܐ ܬܠܝܬܝܐ ܕܡܕܝ̈ܢܬܐ ܥܫܝ̈ܢܬܐ ܚܪܒ

39:4c — ܒܡܕܝ̈ܢܬܐ ܕܥܡܡܐ ܢܗܠܟ

City, Civitas (cont'd) ܡܕܝܢܬܐ

plur. emph.(cont'd)

46:2b B עיר ܘܟܕ ܢܦܩ ܥܠ ܡܕ̈ܝܢܬܐ

48:15d B הארץ ܘܐܬܒܕܪܘ ܒܟܠ ܡܕ̈ܝܢܬܐ

Root ܕܘܨ

Exultation, Exsultatio ܕܝܨܐ

sing. emph.

1:12b ܚܕܘܬܐ ܘܕܝܨܐ ܘܢܝ̈ܚܐ ܕܠܒܟ

Root ܕܘܩ

He Watched, Inspexit ܕܩ

peal infinitve

51:21a B להביט ܐܝܟ ܬܢܘܪܐ ܠܡܕܩܘ ܒܗ

peal imperfect 3 m.s.

14:23a A המשקיף ܘܢܕܘܩ ܠܘܬܗ ܡܢ ܟܘ̈ܝܢ

aphel part.

21:23a ܣܟܠܐ ܡܕܝܩ ܡܢ ܟܘ ܬܪܥܐ

aphel perf. 3m.s.

16:29a ܠܐ ܐܪܥܐ ܐܕܝܩ ܘܡܒܪܟܗ̇

Observation, Observatio ܕܘܩܐ

sing. emph.

11:30b ܘܐܝܟ ܕܘܩܐ ܕܢܚܪ ܠܡܦܘܠܬܐ

Root ܕܘܪ

He Dwelt, Mansit ܕܪ

peal imperfect 2 m.s.

18:23a ܢܗ ܠܟ ܬܗܘܐ ܐܝܟ ܢܕ̈ܪܝܟ

The Age , Saeculum ܕܪܐ

sing. absol.

39:9d ܘܫܡܗ ܠܐ ܢܬܛܥܐ ܡܢ ܕܪ ܠܕܪ

sing const. and plur absol.

51:30d B (both) לדר ודר ܘܡܒܪܟܝܢ ܫܡܗ ܠܕܪ ܕܪ̈ܝܢ

plur. const.

2:10b ܘܠܗܘܢ ܕܪ̈ܝ ܥܠܡܐ ܐܬܒܝܢܘ

Dwelling, Domicilium **ܡܕ̈ܝܪܐ**

plur. emphatic

3:9a A שרש ? ܒܘܪܟܬܐ ܕܐܒܐ ܬܩܝܡ ܡܕ̈ܝܪܐ

21:4a ܡܢ ܓܘܦܪܐ ܠܥܬܪܐ ܡܚܪܒܐ ܡܕ̈ܝܪܐ

plur. with suffix

14:27b A ובמעונותיה ܘܒܡܕ̈ܝܪܝܗ̇ ܢܗܘܐ ܫܪܐ

36(33):12d E ממעבד[ם] ܘܥܩܪ ܐܢܘܢ ܡܢ ܡܕ̈ܝܪܝܗܘܢ

Root **ܕܘܫ**

He Trod, Calcavit **ܕܫ**

peal, 3 f.s.imperf 3 f.s.

6:36b A ותשחק 7h3 ܘܒܥܩܒܘܗܝ ܬܕܘܫ ܐܣܟܘܦܬܗ ܪ̈ܓܠܝܟ

7al,11cl,14cl,15cl,9ml, ܘܬܕܘܫ]

17a4,17al, ܘܬܬܕܘܫ]

17a3, ܘܐܬܕܘܫ]

19g7,18/16g6 ܘܬܕܘܫ]

pael participle

18:22b ܠܐ ܬܗܘܐ ܡܕܫ ܒܥܕܢܐ ܕܬܫܠܡ

Root **ܕܚܐ**

He Pushed ,Propulit **ܕܚܐ**

ethpe'el part

13:21a A בסמך ܥܬܝܪ ܢܦܠ ܘܡܬܕܚܐ ܠܚܒܪ

13:21b A נדחה ܘܡܣܟܢܐ ܢܦܠ ܡܬܕܚܐ ܡܢ ܚܒܪ ܠܚܒܪ

Root **ܕܚܠ**

He Feared, Timuit **ܕܚܠ**

peal, perf 1 s.

26:5b ܘܡܢ ܐܪ̈ܒܥ ܦܢ ܕܚܠܬ

peal participle m. s. active

1:13a ܕܕܚܠ ܠܐܠܗܐ ܬܛܐܒ ܚܪܬܗ

2:17a ܕܕܚܠ ܠܐܠܗܐ ܢܬܩܢ ܠܒܗ

2:18e 7h3 et rel. ܢ̈ܕܒܘܗܝ ܕܕܚܠ ܠܐܠܗܐ

7al omits

6:16b A ירא ܘܐܝܢܐ ܕܕܚܠ ܠܐܠܗܐ ܗܘܢ

peal participle (cont'd)

9:15a	A	נבון	ܥܡ ܡܢ ܕܕܚܠ ܠܐܠܗܐ
10:19b			ܙܪܥܐ ܡܝܩܪܐ ܡܢ ܕܕܚܠ ܠܐܠܗܐ
10:20b	A, B	וירא	ܘܕܕܚܠ ܠܐܠܗܐ ܡܝܩܪ ܗܘ ܡܢܗ
10:24b	A	מ[ ]רא	ܡܢ ܕܡܝܩܪ ܠܡܢ ܕܕܚܠ ܠܐܠܗܐ
15:1a	A, B	ירא	ܕܕܚܠ ܠܐܠܗܐ ܥܒܕ ܗܕܐ
16:4a	A, B	ירא	ܡܢ ܚܕ ܓܒܪ ܕܕܚܠ ܠܐܠܗܐ
21:6a			ܘܕܕܚܠ ܠܐܠܗܐ ܬܐܒ ܡܢ ܠܒܗ
21:11b			ܘܕܕܚܠ ܠܐܠܗܐ ܠܐ ܢܣܒ ܠܗ ܡܕܡ
26:3b	C	ירא	ܢܬܝܗܒ ܠܓܒܪܐ ܕܕܚܠ ܡܢ ܡܪܝܐ
26:23b			ܠܓܒܪܐ ܕܕܚܠ ܠܡܪܝܐ ܬܬܝܗܒ
26:25b			ܘܢܟܦܬܐ ܕܕܚܠܐ ܡܢ ܡܪܝܐ
36(33):1a	B	ירא	ܕܕܚܠ ܠܐܠܗܐ ܠܐ ܢܦܓܥ ܒܗ ܒܝܫܬܐ
31(34):17a			ܕܕܚܠ ܠܐܠܗܐ ܛܘܒܝܗ ܠܢܦܫܗ

peal part. pl. m.

29:7b	ܡܛܠ ܕܕܚܠܝܢ ܡܢ ܥܘܠܬܐ
37:12b	ܗܢܘܢ ܕܚܠܝܢ ܠܦܘܩܕܢܐ ܕܡܢ ܐܠܗܐ

peal part. pl. with suffix

1:10b	ܘܐܘܗܒܗ ܠܟܠ ܕܚܠܘܗܝ
1:20c	ܢܡܘܣܐ ܕܚܠܘܗܝ ܕܐܠܗܐ
2:7a	ܕܚܠܘܗܝ ܕܡܪܝܐ ܣܟܘ ܠܛܝܒܘܬܗ
2:8a	ܕܚܠܘܗܝ ܕܡܪܝܐ ܗܝܡܢܘ ܒܗ
2:9a	ܕܚܠܘܗܝ ܕܡܪܝܐ ܣܟܘ ܠܛܝܒܘܬܗ
2:15a	ܕܚܠܘܗܝ ܕܡܪܝܐ ܠܐ ܢܣܠܘܢ ܡܐܡܪܘܗܝ
2:16a	ܕܚܠܘܗܝ ܕܡܪܝܐ ܢܬܪܘܢ ܨܒܝܢܗ
6:17a	ܕܚܠܘܗܝ ܕܐܠܗܐ ܢܫܘܘܢ ܪܚܡܘܬܗܘܢ
10:5b	ܘܠܕܚܠܘܗܝ ܢܬܠ ܐܝܩܪܗ

He Feared, Timuit (cont'd) ܕܚܠ

peal part pl. with suffi es (cont'd)

11:17a ܡܘܗܒܬܐ ܕܡܪܝܐ ܡܩܘܝܐ ܠܕܚ̈ܠܘܗܝ

35(32):16a {B I ירא / B II יראי} ܕܚ̈ܠܘܗܝ ܕܐܠܗܐ ܢܫܟܚܘܢ

31(34):14a ܢܦܫܐ ܕܕܚ̈ܠܘܗܝ ܢܒ̈ܗ ܡܘܪܐ

42:17c Δ,12al,9ml ܓܒܘܪܬܐ ܝܗܒ ܠܕܚ̈ܠܘܗܝ

7al,7h3,.]ܠܩ̈ܕܝܫܘܗܝ

peal infinitive

12:11b A להתירא ܗܒ ܠܟ ܠܡܕܚܠ ܡܢܗ

38:34c ܗܘ ܕܝܗܒ ܢܦܫܗ ܠܡܕܚܠ ܠܐܠܗܐ

peal imperat. 2 m.s.

4:20a A ופחד ܚܙܐ ܙܒܢ ܘܕܚܠ ܡܢ ܒܝܫܐ

7:29a A פחד ܒܟܠܗ ܠܒܟ ܕܚܠ ܡܢ ܐܠܗܐ

11:33a A גור ܕܚܠ ܡܢ ܒܝܫܐ

peal imperf. 3 m.s.

18:27b ܠܐ ܢܕܚܠ ܡܢ ܒܝܫܬܐ

peal imperf. 2 m.s.

1:20v ܘܐܢܬ ܒܗ ܠܒܟ ܘܠܐ ܬܕܚܠ

7:6c A תגור ? ܕܠܡܐ ܬܕܚܠ ܡܢ ܩܕܡ ܫܠܝܛܐ

9:13b A תפחד ܘܠܐ ܬܕܚܠ ܡܢ ܕܚܠܬܐ ܕܡܘܬܐ

22:22a ܥܠ ܪܚܡܟ ܬܦܬܚ ܦܘܡܟ ܠܐ ܬܕܚܠ

41:3a B/M תפחד ܠܐ ܬܕܚܠ ܡܢ ܡܘܬܐ

Fear, Timor ܕܚܠܐ

sing emphatic

22:16c ܘܟܠ ܕܚܠܐ ܠܐ ܬܪܥܝܘܗܝ

Fear, Timor ܕܚܠܬܐ

sing. emph.

4:17c ܘܡܕܡܐ ܐܒܝܫܘܗܝ ܕܚܠܬܐ

9:13b A'פחד ܘܠܐ ܬܕܚܠ ܡܢ ܕܚܠܬܐ ܕܡܘܬܐ

17:13b ܘܒܗ ܐܪܡܝ ܕܚܠܬܐ

23:14b ܘܡܢ ܐܒܐ ܕܚܠܬܐ ܬܬܦܠܛ

27:1a ܡܛܠ ܕܠܝܬ ܒܗܘܢ ܕܚܠܬܐ

Fear, Timor (cont'd) ܕܚܠܬܐ

sing. emph (cont'd)

40:5b B ופחד ܘܕܚܠܬܐ ܘܕܚܠܬ ܡܘܬܐ

sing. const.

40:5b B אימת ܕܚܠܬܐ ܘܕܚܠܬ ܡܘܬܐ

sing. with suffix

7:6d A בתמימיך ܘܬܬܠ ܡܟܫܘܠܐ ܒܕܚܠܬܟ

1:11a ܕܚܠܬܗ ܕܡܪܝܐ ܘܗܕܪܐ

1:12a ܕܚܠܬܗ ܕܡܪܝܐ ܡܚܕܝܐ ܠܒܐ

1:14a ܪܫ ܚܟܡܬܐ ܕܚܠܬܗ ܕܡܪܝܐ

1:16a ܪܫ ܚܟܡܬܐ ܕܚܠܬܐ ܕܡܪܝܐ

1:18a ܪܫ ܚܟܡܬܐ ܕܚܠܬܗ ܕܡܪܝܐ

1:20u ܥܩܪ ܕܚܠܬܗ ܕܡܪܝܐ

1:28a ܠܐ ܬܣܪܒ ܒܕܚܠܬܗ ܕܡܪܝܐ

1:30e ܡܛܠ ܕܠܐ ܐܬܩܪܒܬ ܒܕܚܠܬܗ ܕܐܠܗܐ

2:1a ܐܢ ܡܩܪܒ ܐܢܬ ܠܕܚܠܬܗ ܕܐܠܗܐ

6:37a A ביראת ܐܣܬܟܠ ܒܕܚܠܬܗ ܕܐܠܗܐ

9:15b ܘܟܠܗܘܢ ܡܫܬܥܝܢܝܟ ܒܕܚܠܬܗ ܕܡܪܝܐ Δ

7al,7h3, ܒܐܘܪܝܬܗ]

9:16b A וביראת ܘܒܕܚܠܬܗ ܕܐܠܗܐ ܢܗܘܐ ܬܫܒܘܚܬܟ

10:22b { A B יראת / Bm ביר } ܬܫܒܘܚܬܗ ܒܕܚܠܬܗ ܕܐܠܗܐ

16:2b { A / B } יראת ܡܛܠ ܕܠܐ ܐܝܬ ܒܗܘܢ ܒܕܚܠܬܗ ܕܐܠܗܐ

17:8b ܕܢܗܘܘܢ ܡܫܬܥܝܢ ܒܟܠܗܝܢ ܕܚܠܬܗ

19:20a ܟܠ ܚܟܡܬܐ ܕܚܠܬܗ ܕܡܪܝܐ

19:20b ܘܕܚܠܬܗ ܕܐܠܗܐ ܗܝ ܗܝ ܚܟܡܬܐ

23:27c ܕܠܝܬ ܕܥܫܝܢܐ ܡܢ ܕܚܠܬܗ ܕܐܠܗܐ

25:6c ܘܕܚܠܬܗ ܕܐܠܗܐ ܬܫܒܘܚܬܗܘܢ

25:11a ܕܚܠܬܗ ܕܐܠܗܐ ܥܠ ܟܠܡܕܡ ܥܠܝܐ

25:12a ܪܫ ܕܚܠܬܗ ܕܡܪܝܐ ܠܡܪܚܡܢܘܗܝ

Fear, Timor (cont'd) ܕܚܠܬܐ

sing. with suffix (cont'd)

26:28e ܡܢ ܕܡܦܢܐ ܡܢ ܕܚܠܬܗ ܕܐܠܗܐ

27:3a ܐܢ ܠܐ ܕܚܠܬܗ ܕܐܠܗܐ ܬܬܠܒܟ

28:23a ܕܫܒܩܝܢ ܕܚܠܬܗ ܕܐܠܗܐ

35(32):12b B ביראת ܘܒܗ ܢܥܒܕ ܒܕܚܠܬܗ ܕܐܠܗܐ

40:26b B [ ]ראת ܘܡܢ ܬܪܬܝܢ ܕܚܠܬܗ ܕܐܠܗܐ

40:26c B [ ]ראת ܠܝܬ ܒܕܚܠܬܗ ܕܐܠܗܐ ܚܘܣܪܢܐ

40:26e ܕܚܠܬܗ ܕܐܠܗܐ ܥܠ ܟܠ ܡܕܡ

40:27a B יראת ܕܚܠܬܗ ܕܐܠܗܐ ܒܒܪܟܬܐ ܡܬܒܪܟܐ

50:29a B יראת ܢܘܗܪܐ ܕܕܚܠܬܗ ܕܡܪܝܐ ܥܠ ܟܠ

17:4a ܐܪܡܝ ܕܚܠܬܗܘܢ ܥܠ ܟܠ ܒܣܪ

Timid, Timidus ܕܚܠܬܢܐ

plur. absol.

45:2b { B במרומים / Bm במוראים } ܒܫܘܒܚܐ ܘܬܩܦܗ ܠܕܚܠܬܢܐ

Feared, Timendus ܕܚܝܠܐ

sing. absol.

1:8a ܚܕ ܗܘ ܘܕܚܝܠ ܠܟܠܗܘܢ ܐܠܗܐ

4:30b A ומתירא ܘܐܝܟ ܕܚܝܠ ܒܒܢܝ ܒܝܬܟ

9:18a A נורא ܕܚܝܠ ܒܡܕܝܢܬܐ ܓܒܪܐ ܦܘܡܢܐ

48:4a B נורא ܡܐ ܕܚܝܠ ܐܢܬ ܐܠܝܐ

Root ܕܚܦ

He Expelled, Propulit ܕܚܦ

peal participle f.s.

34(31):2a B תפריג ܥܝܪܬܐ ܕܒܝܫܬܐ ܕܚܦܐ ܢܦܫܐ

Root ܕܝܢ

But, Sed, autem, ܕܝܢ

3:1a ܒܢܝܐ ܕܝܢ ܠܡܟܣܢܘܬܐ ܫܡܥܘ

4:19a 7a1,7h3 ܠ,18/16g omit ܒܬܪܝ ܐܢ ܕܝܢ ܢܣܛܐ ܡܢ ܒܬܪܝ

7:25b ܘܠܓܒܪܐ ܕܝܢ ܕܝܕܥ ܗܘܢܐ

27:17b ܐܢ ܕܝܢ ܓܠܝܬ ܪܐܙܐ

27:21b ܠܡܚܘܬܐ ܕܝܢ ܪܐܙܐ

22:27a ܡܢ ܕܝܢ ܢܣܝܡ ܥܠ ܦܘܡܝ

23:2a ܡܢ ܕܝܢ ܢܣܝܡ ܥܠ ܬܪܥܝܬܝ ܫܒܛܐ

26:22b ܐܢܬܬ ܓܒܪܐ ܕܝܢ ܐܝܟ ܡܓܕܠܐ

26:23a 7h3,7al ܐܢܬܬܐ ܕܝܢ ܪܫܝܥܬܐ

Δ, omit

26:23b ܐܢܬܬܐ ܕܝܢ ܕܚܠܬܐ

26:24a 7h3 ܠܐܢܬܬܐ ܕܝܢ ܕܠܐ ܒܗܬܬܐ

7al omits

Δ ,9ml ܐܢܫܐ]

26:24b ܒܪܬܐ ܕܝܢ ܐܬܢܟܦܬܐ

26:25a ܘܐܢܬܬܐ ܕܝܢ ܕܠܐ ܒܗܬܬܐ

26:26b ܪܫܝܥܬܐ ܕܝܢ ܕܡܒܣܪܐ

26:27c ܢܦܫܐ ܕܝܢ ܕܥܠ ܒܪܢܫ

26:29b ܫܘܒܐ ܕܝܢ ܠܐ ܡܙܕܕܩ

29:6d ܘܐܬܪܦܗ ܕܝܢ ܡܢ ܡܬܒܥܬܐ

30(33):38c ܠܐ ܕܝܢ ܬܘܣܦ ܥܠ ܟܠܢܫ

48:11b Δ,9ml ܒܪܡ ܕܝܢ ܠܐ ܢܡܘܬ

7al,7h3 omit

Root ܕܘܟܐ

Seat,Sedes ܕܘܟܬܐ

sing with suffix

12:12b A תחתיך ܢܩܘܡ ܢܦܘܩ ܒܕܘܟܬܟ

Root ܕܟܐ

He purified,Purgavit ܕܟܝ

pael imperat. 2 m.s.

38:10b B טהר ܘܡܢ ܟܠ ܣܟܠܘܬܐ ܕܟܝ ܠܒܟ

Pure, Purus ܕܟܝܐ

sing. emphatic

40:21b B ברה ܡܢ ܬܪܝܗܘܢ ܠܫܢܐ ܕܟܝܐ

Purity, Puritas **ܕܟܝܘܬܐ**

sing. emphatic

51:20b { B ובטהרה ܘܐܬܦܠܓܬ ܒܗ ܘܒܕܟܝܘܬܐ ܐܫܟܚܬܗ
{ Q ? הבריתי

Root **ܕܟܪ**

He Remembered, Meminit **ܕܟܪ**

ethpe'el, perf. 1.s.

51:8a B ואזכרה ܘܐܬܕܟܪܬ ܚܢܢܘܗܝ ܕܡܪܝܐ

ethpe'el ,perf. 1.s. with suffix

51:11b B ואזכרך ܘܐܬܕܟܪܟ ܒܬܫܒܘܚܬܐ

ethpe'el imperat . 2 m.s.

7: 16b A זכור ܐܬܕܟܪ ܕܪܘܓܙܐ ܠܐ ܢܓܪ

7:28a ܐܬܕܟܪ ܕܐܠܘ ܠܐ ܗܢܘܢ ܠܐ ܐܝܬܝܟ

8:5b A זכר ܐܬܕܟܪ ܕܟܠܢ ܚܝܒܝܢ

8:6b A נמנה ܐܬܕܟܪ ܕܟܠܢ ܣܐܒܝܢ

8:7b A זכר ܐܬܕܟܪ ܕܟܠܢ ܡܝܬܝܢ

9:12b A זכר ܐܬܕܟܪ ܕܢܡܘܣܐ ܠܡܘܬܐ ܐܣܝܪܐ ܠܗ ܪܫܐ

14:12a A זכור ܐܬܕܟܪ ܕܢܡܘܣܐ ܠܫܝܘܠ

18:22d ܐܬܕܟܪ ܕܡܘܬܐ ܠܐ ܡܫܬܘܚܪ

18:24a ܐܬܕܟܪ ܕܪܘܓܙܐ ܒܚܪܬܐ ܗܘ

23:14a ܐܬܕܟܪ ܕܐܒܐ ܘܐܡܐ ܐܝܬܠܟ

28:6a ܐܬܕܟܪ ܠܚܪܬܐ ܘܐܬܒܛܠ ܒܥܠܕܒܒܘܬܐ

28:7a ܐܬܕܟܪ ܦܘܩܕܢܐ ܘܠܐ ܬܛܢܐ

38:20b B זכור ܐܬܕܟܪ ܚܪܬܐ ܘܐܬܒܛܠ ܣܘ̈ܟܠܐ

38:22a B זכור ܐܬܕܟܪ ܕܦܘܣܩܢܐ ܗܘ ܠܟ

41:3b B } זכור ܐܬܕܟܪ ܕܩܕܡܝܐ ܘܐܚܪܝܐ ܠܘܬܟ
M }

ethpe'el imperat. 2 m.pl.

42:15a { B אזכר 7al,Δ,12al,9ml, ܐܬܕܟܪܘ ܡܟܝܠ ܒܥܒ̈ܕܘܗܝ
{ M אזכרה 7h3 et rel. ܐܬܕܟܪ]

ethpe'el imperf . 3 m.s. with suffix

16:17b A יזכרני ܘܒܡܪܘܡܐ ܕܥܠܡܐ ܡܢܘ ܢܬܕܟܪܢܝ

ethpe'el imperf, 3 f.s.

3:15a { A תזכר / C יזכר } ܒܝܘܡܐ ܕܥܩܬܐ ܗܝ ܬܬܕܟܪ ܠܟ

ethpe'el imperf.3 m.pl.

23:24b ܘܥܠ ܒܢܝ̈ܗ ܣܘܥܪ̈ܢܗ ܢܬܕܟܪܘܢ

Rememberance, Memoria ܕܘܟܪܢܐ

sing. absolute

47:23e B זכר 7h3 ܘܠܐ ܢܗܘܐ ܠܗ ܕܘܟܪܢ ܠܥܠܡܝܢ

sing. emph.

47:23e B זכר 7al,Δ,12al, ܘܠܐ ܢܗܘܐ ܠܗ ܕܘܟܪܢܐ ܠܥܠܡܝܢ

sing with suffix

24:29b ܘܠܥܠܡ ܥܠܡܝܢ ܠܐ ܢܒܛܠ ܕܘܟܪܢܝ

38:23b B זכרון ܗܢܝܐ ܒܛܠ ܕܘܟܪܢܗ
39:9c ܘܠܐ ܢܒܛܠ ܕܘܟܪܢܗ ܢܗܘܐ ܠܥܠܡ
45:1b B זכרון ܡܘܫܐ ܕܘܟܪܢܗ ܠܒܘܪܟܬܐ
49:1c B זכרון ܐܝܟ ܕܒܫܐ ܠܚܟܐ ܚܠܐ ܕܘܟܪܢܗ
49:13a B זכרון ܠܢܚܡܝܐ ܢܣܓܐ ܕܘܟܪܢܗ

23:26a ܘܢܫܬܒܩ ܠܠܘܛܬܐ ܕܘܟܪܢܗ̇

10:16b A ושרשם ܘܐܘܒܕ ܡܢ ܐܪܥܐ ܕܘܟܪܢܗܘܢ
10:17b A זכרם ܘܥܩܪ ܡܢ ܒܢܝ̈ܢܫܐ ܕܘܟܪܢܗܘܢ
32(35):9b ܘܕܘܟܪܢܗܘܢ ܕܙܕܝܩܐ ܠܐ ܢܬܛܥܐ
44:13a B זכרם ܘܙܪܥܐ ܠܥܠܡ ܩܝܡ ܕܘܟܪܢܗܘܢ
46:11d B זכרם ܢܗܘܐ ܕܘܟܪܢܗܘܢ ܠܒܘܪܟܬܐ

plural emph.

44:9a { B / M } זכר ܘܐܝܬ ܡܢܗܘܢ ܕܠܝܬ ܠܗܘܢ ܕܘܟܪ̈ܢܐ

Mindful, Memor ܕܟܝܪ

sing. absol.

7:36a A זכור ܗܘܝܬ ܕܟܝܪ ܚܪܬܐ

Mindful,Memor (cont'd) ܕܟܝܪ

sing. absol (cont'd)

18:25a ܗܘܝܬ ܕܟܝܪ ܠܟܦܢܐ

Root ܕܠܒ

Oriental plant,Planta orientalis

sing. emph. ܕܘܠܒܐ

24:14d ܐܬܝܪܒܬ ܐܝܟ ܕܘܠܒܐ ܥܠ ܡܝ̈ܐ

Root ܕܡܐ

Blood Sanguis ܕܡܐ

sing. emph.

9:9(II)d A ובדמים ܘܒܕܡܐ ܣܓܝܐܐ ܬܚܘܬ ܠܫܝܘܠ

11:32b A לדם ܐܫܕ ܕܡܐ ܐܝܟ ܡܝ̈ܐ

14:18c A ודם ܕܪ̈ܐ ܕܒܣܪܐ ܘܕܡܐ

17:31d ܡܛܠ ܕܒܣܪܐ ܗܘ ܘܕܡܐ

22:24b ܘܩܕܡ ܐܫܕ ܕܡܐ ܨܘܚܐ

27:14b ܘܕܐܫܕ ܕܡܐ ܨܐܬ ܩܠܐ

28:11b ܘܕܝ̈ܢܐ ܡܩܪܐ ܐܫܕܝܢ ܕܡܐ

30(33):39d ܘܠܐ ܬܬܚܠܛ ܒܕܡܐ ܕܡܣܟܢ

31(34):25b ܐܫܕ ܕܡܐ ܐܓܝܪܐ

31(34):27a ܕܐܫܕ ܕܡܐ ܐܓܝܪܐ ܠܐ ܠܡܠܐ ܠܐܝܠܝܢ

sing. with suffix

12:16d A דם ܐܬܪܐ ܠܐ ܢܣܒܥ ܡܢ ܕܡܟ

8:16c A דמים ܡܛܠ ܕܩܠܝܠ ܗܘ ܕܡܟ ܒܥܝܢܘܗܝ

He Resembled, Similis fuit ܕܡܐ

peal participle m.s.

13:15b A הדומה ܘܟܠ ܒܣܪܐ ܠܓܢܣܗ ܕܕܡܐ ܠܗ

36: 31a ܢܣܒ ܠܓܢܣܗ ܕܕܡܐ ܠܦܓܪܗ

48:1a B כ... ܢܒܝܐ ܕܕܡܐ ܠܢܘܪܐ

peal part. plur. m.

26:14b ܘܠܝܬ ܕܕܡܝܢ ܠܡܪܬܐ ܪܕܝܬܐ

ethpe'el imperf. 3 f.s.

26:27c 7a1 ܠܟܠܢ ܬܬܕܡܐ ܠܣܓܝܐܬܐ

7h3 ܬܬܪܡܐ]

Likeness, Similitudo ܕܡܘܬܐ

sing. emph.

26:22b ܐܝܟ ܡܓܕܠܐ ܗܝ ܕܡܘܬܐ ܠܡܠܝܢ

plur. emph.

3:24b A ודמיונות ܘܕܡܘ̈ܬܐ ܒܝ̈ܫܬܐ ܡܛܥܝ̈ܢ

Price ,Pretium ܕܡܝ̈ܐ

plur. emph.

6:14a A מחיר ܠܪ̈ܚܡ ܡܗܝܡܢܘܬܐ ܠܝܬ ܠܗ ܕܡܝ̈ܐ

Root ܕܡܟ

He Slept, Dormivit ܕܡܟ

peal part.

30:20b { B(I) יחבק ܡܗܝܡܢܐ ܕܕܡܟ ܠܘܬ ܒܬܘܠܬܐ
B(II) לן

peal infinitive

20:4a ܡܗܝܡܢܐ ܠܡܕܡܟ ܥܡ ܒܬܘܠܬܐ

peal imperf. 3 m.s.

34(31):20b B [ ]לין ܕܢܕܡܐ ܠܝ ܦܪܐ ܢܕܡܟ

Sleepy,Somno deditus ܕܡܟܐ

sing. emph.

22:9b ܐܝܟ ܕܡܥܝܪ ܕܡܟܐ ܡܢ ܫܢܬܐ

Root ܕܡܥ

He Wept, Lacrimavit ܕܡܥ

peal participle f.s.

34(31):13d { B תדמע
Bm תזיע ܘܡܢ ܐܦ̈ܐ ܕܡ̇ܥܐ ܕܡ̈ܥܐ

Tear, Lacrima ܕܡܥܬܐ

plur. emph.

12:16c A ידמיע ܡܢ ܥܝ̈ܢܘܗܝ ܢܚܘܬ ܕܡ̈ܥܐ

22:19a ܡܚܣܢܘܬܐ ܕܥ̈ܝܢܐ ܡܚܣܢܬܐ ܕܡ̈ܥܐ

34(31):13d B דמעה ܘܡܢ ܐܦ̈ܐ ܕܡ̇ܥܐ ܕܡ̈ܥܐ

38:16a B דמעה ܒܪܝ ܥܠ ܡܝܬܐ ܐܘܚܕ ܕܡ̈ܥܐ

Root ܬܗܪ

He Admired, Admiratus est ܬܗܪ

ethpa'al, imperf. 2 m.s.

11:21a A [ ]ת ܠܐ ܬܬܬܗܪ ܒܥܒ̈ܕܐ ܕܚܛܝܐ

12:12f A תתאנח ܘܥܠ ܡ̈ܠܝ • ܒܬܢܚܬܝ ܬܬܬܗܪ

Miracle, Miraculum ܬܗܪܘܬܐ

sing. emph.

43:2b B } נורא M } ܡܐܢܐ ܕܬܗܪܘܬܐ ܥܒܕܗ ܕܡܪܝܡܐ

Root ܕܢܚ

He Arose, Ortus est. ܕܢܚ

peal perf. 3 m.s.

26:16a C חח[ ] 7al,12al,17a4,17a3, 19g7,17al ܐܝܟ ܫܡܫ ܕ ܕܢܚ

7h3 ܕܕܢܚ]

aphel part.

39:17e ܒܡܐܡܪܗ ܡܕܢܚ ܫܡܫܐ

Adj. Risen, Ortus ܕܢܚ

sing. absol.

26:16a C חח[ ] 7h3 ܐܝܟ ܫܡܫܐ ܕ ܕܢܚ

7al,12al,17a4,17a3,19g7,17al ܕܕܢܚ]

42:16a { B ח[ ]ז M זהרת } ܐܝܟ ܫܡܫܐ ܕܕܢܚ ܥܠ ܟܠ

50:7a B משרקת ܐܝܟ ܫܡܫܐ ܕܕܢܚ ܥܠ ܐܦ̈ܝ ܐܪܥܐ

Root ܕܥܟ

He extinguished, Extinctus est ܕܥܟ

peal, imperf. 3 f.s.

28:23b ܬܐܟܘܠ ܢܘܪܐ ܘܠܐ ܬܕܥܟ

peal imperf. 2 m.s.

28:12b ܘܐܢ ܬܪܘܩ ܠܘܬܗ ܢܘܪܐ ܬܕܥܟ

pael, imperf. 3 m.pl.

3:30a A יכבו ܢܘܪܐ ܝܩܕܬܐ ܢܕܥܟܘܢ ܡ̈ܝܐ

Root ܕܩ

Small, Parvus, ܕܩܝܩܐ

sing emphatic f.

26:26f ܘܐܢ ܐܢܬܬܐ ܕܩܝܩܬܐ ܘܗܝ ܗܘܐ ܬܬܒܥܐ

Root ܕܩܠ

Palm Tree, Palma ܕܩܠܐ

sing. emph.

24:14a ܐܝܟ ܕܩܠܐ ܕܐܬܪܒܝܬ ܒܥܝܢ ܓܕܝ

nom. prop. Tigris ܕܩܠܬ

24:25b ܘܐܝܟ ܕܩܠܬ ܒܝܘ̈ܡܝ ܥܠܠܬܗ̈

Root ܕܪ

Age, Aetas ܕܪܐ

sing. absolute

44:14b ܘܫܡܗܘܢ ܚܝ ܡܢ ܕܪ ܠܕܪ { B ודור[ ]לנ ; M לדור ודור }

sing. emph.

14:18d ܕܪܐ ܡܝܬ ܘܐܚܪܢܐ ܡܬܝܠܕ

sing. with suffix

44:17a ܢܘܚ ܙܕܝܩܐ ܐܫܬܟܚ ܒܕܪܗ ܫܠܡ

plur. emph.

4:16b ܠܟܠܗܘܢ ܕܪ̈ܐ ܕܥܠܡܐ

14:17b ܘܕܪ̈ܐ ܕܥܠܡܐ ܡܡܬ ܡܝܬܝܢ A וחוק

14:18c ܗܟܢܐ ܐܦ ܕܪ̈ܐ ܕܒܣܪܐ A דורות

16:27b ܘܥܠ ܫܘܠܛܢܗܘܢ ܠܟܠ ܕܪ̈ܐ ܕܥܠܡܐ

24:32b ܘܐܦܩܘܗܝ ܠܕܪ̈ܐ ܣܓܝ̈ܐܐ

44:2b ܘܟܠܗ ܪܒܘܬܗܘܢ ܡܢ ܕܪ̈ܐ ܕܥܠܡܐ

45:26d ܘܥܠ ܫܘܠܛܢܗܘܢ ܠܟܠ ܕܪ̈ܐ ܕܥܠܡܐ B לדורות

plur. with suffixes

44:1b ܠܐܒܗ̈ܝܢ ܕܗܘܘ ܒܕܪ̈ܝܗܘܢ B בדורותם

44:7a ܒܕܪ̈ܝܗܘܢ ܗܘܐ ܠܗܘܢ ܐܝܩܪܐ { B בדורותם ; M בדרם }

Root ܕܪܟ

He Stepped, Gressus est ܕܪܟ

peal perf. 1 s.

51:15c B} דרכה ܕܪܟܬ ܪܓܠܝ ܒܦܫܝܛܘܬܐ ܕܝܠܝ
Q}

peal imperf. 3 m.s.

3:26b A ינהג ܕܪܚܡ ܒܝܫܬܐ ܒܗܝܢ ܢܕܪܘܟ

peal imperf. 2 m.s.

11:10c A} תגיע ܐܢ ܠܐ ܬܪܗܛ ܠܐ ܬܕܪܘܟ
B}

peal imperf. 3 m.pl. with suffix

15:8b A יזכרוה ܘܓܒܪ̈ܐ ܕܓܠܐ ܠܐ ܢܕܪܟܘܢܗ̇

24:28b ܘܐܚܪ̈ܝܐ ܠܐ ܢܕܪܟܘܢܗ̇

Root ܕܪܥ

Arm, Brachium, ܕܪܥܐ

sing. emph.

33(36):7a B זרוע ܫܒܚ ܐܝܕܐ ܘܕܪܥܐ ܕܝܡܝܢܐ

plur. with suffix

38:30a ܘܒܕܪ̈ܥܘܗܝ ܡܫܦܦ ܛܝܢܐ

Root ܕܪܫ

He Inquired, Inquisivit ܕܪܫ

peal, part.

8:8b A התרטש ܘܒܡܬܠܝܗܘܢ ܗܘܝܬ ܕܪܫ

peal, imperf. 3 f.s.

6:36b A ותשחק 7a1,11c1,14c1,15c1,9m1, ܘܒܬܪ̈ܥܘܗܝ ܘܬܗܕܪܘܫ

7h3,]ܘܬܕܘܫ ܘܐܣܩܘܦ̈ܬܗ ܪܓܠܟ.

17a4,17a1,]ܘܬܬܕܪܘܫ

17a3,]ܘܬܬܒܪܘܫ

19g7,18/16g6]ܘܬܕܘܫ

Root ܕܬ

nom. prop. ܕܬ

45:18c B דתן ܘܩܡܘ ܒܗ ܒܡܕܒܪܐ ܐܢܫ̈ܐ ܕܕܬܢ

ܗ

Root ܗܐ

Exclamation: Ha ! ܗܐ

11:19b ܗܐ ܡܫܟܚ ܐܢܘܚ ܡܢ ܛܒܬܝ

16:18a A הן ܗܐ ܫܡܝܐ ܘܫܡܝ ܫܡܝܐ

23:18c ܗܐ ܐܟܣܝܐ ܕܒܝܬܝ ܡܟܣܝܢ ܠܝ

24:31c ܘܗܐ ܐܦ ܗܘܐ ܠܝ ܠܝܡܐ

Root ܗܓܐ

He Pondered, Cogitavit ܗܓܐ

ethpa'al imperf. 3 m.s.

14:20a A ישעה ܘܒܚܟܡܬܐ ܢܬܗܓܐ

Root ܗܕܡ

Limb, Membrum ܗܕܡܐ

plur. emph.

50:12a B נתחים ܟܡܩܒܠܬܗ ܗ ܗܕܡ̈ܐ ܕܒܣܪܐ

Root ܗܕܪ

Slendour, Splendor ܗܕܪܐ

sing. emph.

1:11a ܕܚܠܬܗ ܕܡܪܝܐ ܗܕܪܐ ܘܫܘܒܚܐ

24:17b ܘܢܘܦܪ̈ܝ ܢܦ̈ܪܐ ܕܐܝܩܪܐ ܘܗܕܪܐ

Splendid, Splendidus ܗܕܝܪܬܐ

sing .emph. fem.

50:10a B רענן ܘܐܝܟ ܙܝܬܐ ܗܕܝܪܬܐ ܕܦܐ̈ܪܝܢ

Root ܗܘ

Personal pronoun (Normal form)

sing masc. He , Is ܗܘ

2:6a ܘܗܘ ܣܝܘܥܐ ܠܟ ܒܥܘܕܪܢܐ

2:6b ܦܩܘܕ ܠܗ ܘܗܘ ܢܬܪܘܨ ܐܘܪ̈ܚܬܟ

2:8b ܘܗܘ ܠܐ ܡܒܛܠ ܐܓܪܟܘܢ

2:13b ܐܦ ܗܘ ܠܐ ܢܬܦܨܐ

5:4d ܘܠܡܫܝܚܐ ܕܢܣܒ̈ܪ ܗܘ ܢܚܡ ܠܟ

Ref.	Hebrew	Syriac
6:37c	A והוא	ܘܗܘ ܢܚܟܡܟ ܐܝܟ ܕܨܒܝܬ
8:2d		ܠܒܐ ܕܡܠܟܐ ܗܘ ܡܣܛܐ
8:15c	A הוא	ܡܛܠ ܕܗܘ ܠܡܐܠ ܐܦܘܗܝ ܐܙܠ
13:5b		ܘܢܦܪܩܟ ܘܗܘ ܠܐ ܚܫ
13:9b		ܘܟܡܐ ܕܐܟ ܗܘ ܢܩܪܒܟ
13:16b		ܘܠܘܬ ܕܡܘܬܗ ܗܘ ܡܬܚܒܪ ܒܪܢܫܐ
14:6b	A ועמו	ܘܗܘ ܡܫܠܡ ܦܘܪܥܢ ܒܝܫܬܗ
14:7a		ܘܐܦܢ ܛܒܬܐ ܗܘ ܥܒܕ
15:12a	A הוא B היא	ܕܠܡܐ ܬܐܡܪ ܕܗܘ ܐܛܥܝܢܝ
15:14a	A,Bm אלהים 12al, Δ (less 15cl), B הוא 7al,7h3	ܗܘ ܡܢ ܒܪܫܝܬ ܒܪܐ
20:1b		ܘܐܝܬ ܕܫܬܩ ܘܗܘ ܚܟܝܡ
22:13d		ܘܠܐ ܢܛܢܦܟ ܒܗ ܗܘ ܡܬܢܦܨ
23:2c		ܕܗܘ ܡܪܝܐ ܢܚܘܣ ܥܠ ܚܛܗܝ
23:20b		ܗܘ ܕܝܢ ܠܗ
25:7d		ܒܗ ܗܘ ܚܕ ܚܕܘܬܐ
26:21b		ܘܠܐ ܒܪ ܕܗܘܐ ܬܗܘܐ ܪܒܘܬܟ
28:5a		ܗܘ ܕܒܪܢܫܐ ܗܘ ܠܐ ܫܒܩ ܠܚܒܪܗ
29:28e		ܘܐܢ ܢܛܠ ܗܘ ܒܠܚܘܕܘܗܝ
29:28h		ܡܛܠ ܕܐܝܬ ܘܗܘ ܦܪܥ ܠܟ
30:12a		ܟܦܘܦ ܪܫܗ ܟܕ ܗܘ ܛܠܝܐ
30:12b		ܘܡܚܐ ܡܬܢܬܗ ܟܕ ܗܘ ܙܥܘܪ
34(31):7b		ܘܟܠ ܡܢ ܕܪܕܦ ܒܗ ܗܘ ܡܬܬܩܠ
34(31):27d	B שהיא	ܕܗܘ ܡܢ ܒܪܫܝܬ ܠܚܕܘܬܐ
35(32):23b		ܡܛܪܐ ܗܘ ܢܛܪ ܦܘܩܕܢܐ
31(34):27c		ܛܠܡ ܦܥܠܗ ܗܘ ܡܫܠܡ ܦܘܪܥܢܐ

32(35):12d Bm הוא ܡܛܠ ܕܦܪܘܥܐ ܐܠܗܐ ܗܘ ܗܘ

32(35):13b ܗܘ ܦܪܥ ܠܟ

32(35):20a ܡܪܘܚܐ ܕܫܘܒܩܢܐ ܕܚܛܗܐ ܗܘ ܗܘ

36: 31b ܕܗܘ ܢܦܠ ܒ ܡܕܝܢܬܐ

37:8c B } הוא ܡܛܠ ܕܐܦ ܗܘ ܒܢܦܫܗ
D }

37:8c ܒܢܦܫܗ ܗܘ ܡܬܪܥܐ

37:13b ܘܐܦ ܗܘ ܡܗܝܡܢ ܗܘ ܠܟ ܡܢܗ

37:15b ܕܗܘ ܢܬܠ ܐܘܪܚܟ ܒܫܪܝܪܘܬܐ

38:24b B הוא ܘܕܠܐ ܡܬܥܢܐ ܒܥܒܕܐ ܗܘ ܢܬܚܟܡ

39:6c ܘܗܘ ܢܒܥ ܡ̈ܠܬܐ

39:7a ܗܘ ܢܬܪܨ ܡ̈ܠܬܐ ܕܝܕܥܬܐ

39:8a ܗܘ ܢܒܥ ܝܘܠܦܢܐ ܕܣܘܟܠܬܐ

39:17e ܘܒܡܐܡܪܗ ܗܘ ܡܦܩ ܠܗ

40:11a ܗܘ ܠܐܪܥܐ ܗܦܟ

41:12a B } הוא ܐܦ ܠܐ ܢܦܩ ܕܗܘ ܢܠܘܝܟ
M }

42:18a ܬܗܘܡܐ ܘܠܒܐ ܗܘ ܒܨܐ

46:3b ܡܛܠ ܕܩܪܒܘܗܝ ܕܡܪܝܐ ܗܘ ܢܟܐ

46:6e ܘܐܦ ܗܘ ܐܙܠ ܒܬܪ ܐܠܗܐ

46:7b B X[ ] ܗܘ ܘܟܠܒ ܒܪ ܝܘܦܢܐ

46:16a B הוא ܘܐܦ ܗܘ ܩܪܐ ܠܡܪܝܐ

48:10a ܘܗܘ ܟܬܝܒ ܕܢܐܬܐ

48:25a 7h3 ܗܘ· ܚܘܝ ܐܚܪܝܬܐ

7a1,10m1,17a4,17a3,19g7,17a1, ܗܘܐ]

50:12b B הוא ܘܗܘ ܩܐܡ ܠܥܠ ܡܢ ܡܕܒܚܐ

Personal Pronoun, Masc. sing.

Enclytic Form ,He, Is ܗܘ

1: 8a

2: 11a

3: 11a 25a

4: 6a 24a

5: 3b 4b 4c

6: 14a 16a 15b

8: 16c

10: 20b 27a

11: 11b 21c 28b

12: 10b

15: 18b

16: 3d 11b

17: 31b 31c 31d

18: 24a (31b)

19: 4a 6a

20: 9a 31a

21: 7b 10a 10b 19a

22: 3a 3b 16b

23: 11f

24: 23c

26: 26e

27: 13b 21a

29: 1b 28e 28g

30: 14a

34(31): 7a 26b

35(32): 23b

36(33): 30a 39a 39c

31(34): 2b 3a 10a 15a 19b 19d

32(35): 4a (in 12al, Δ ,9ml
omitted by 7al, 7h3)

7b 13a 15b

33(36): 22d

37: 12e(2) 19b

38: 22a 22b

40: 29b

41: 12e

43: 5a

46: 6d

47: 18b

48: 4b

Composite word ܗܘܝܘ

3 m.s. pers. pron.+ enclytic

1:8b ܐܠܗܐ ܕܗܘܝܘ ܫܠܝܛ ܠܟܠ

6:16b ܘܐܝܟܐ ܕܐܙܠ ܠܐܠܗܐ ܗܘܝܘ

21:26a ܦܘܩܕܢܗ ܕܡܠܟܐ ܗܘܝܘ ܠܟܠܗ

21:27b ܗܘܝܘ ܫܠܝܛ ܠܡܦܪܥܗ

37:9b B הוא ܟܠܐ ܦܘܩ ܐܠܗܐ ܕܗܘܝܘ ܕܐܝܬܘܗܝ

37:19b B C D הוא 7h3 ܒܢܝܢܫܗ ܗܘ ܗܘ ܡܠܟܐ

7al,12al,Δ, ܗܘܝܘ]

41:3a ܡܛܠ ܕܗܘܝܘ ܡܟܝܟ

Personal pronoun (Normal form)

sing. fem. She, Ea ܗܝ

1:1b ܘܗܝ ܥܡܗ ܗܝ ܡܢ ܠܥܠܡ

1:15a ܘܗܝ ܡܢ ܥܠܡܐ ܐܬܬܩܢܬ

3:14b A היא ܘܚܠܦ ܚܛܗܐ ܗܝ ܬܬܢܨܒܐ

3:15a ܒܝܘܡܐ ܕܐܘܠܨܢܐ ܗܝ ܬܬܕܟܪ

19:20b ܕܚܠܬܗ ܕܐܠܗܐ ܗܝ ܗܝ ܚܟܡܬܐ

20:24b ܘܒܦܘܡܗ ܕܣܟܠܐ ܗܝ ܫܟܝܚܐ

22:5b ܘܡܢ ܬܪܘܝܗܘܢ ܗܝ ܬܨܛܥܪ

23:24a ܐܦ ܗܝ ܡܢ ܟܢܘܫܬܐ ܬܬܦܩ

25:20b ܗܟܢܐ ܗܝ ܐܢܬܬܐ ܕܠܫܢܗ ܐܪܝܟ

26:8b ܐܢܬܬܐ ܪܘܝܬܐ ܘܡܦܩܬܐ ܕܗܝ ܨܥܪܗ

29:11b ܘܗܝ ܬܗܢܐ ܠܟ ܡܢ ܟܠ ܡܕܡ ܕܐܝܬ ܠܟ

29:12b ܘܗܝ ܬܦܪܩܟ ܡܢ ܟܠ ܒܝܫ

Personal pronoun(normal form)

sing. fem, She,Ea (cont'd) ܗܝ

29:13b ܘܠܡܫܒܩ ܚܛܗܐ ܗܝ ܐܬܝܗܒܬ

30:22b ܗܝ ܐܬܦܪܫܐ ܚܝܘܗܝ

36: 27b ܘܟܠ ܟܠ ܐܝܬ ܒܢܝܐ ܗܝ ܐܬܒܥܝ

37:13a ܡܛܠ ܕܡܫܘܕܥܬܐ ܗܝ ܐܬܚܙܝܘܗܝ

40:16b ܕܡܫܡ ܠܐ ܢܦܩ ܗܝ ܡܠܟܐ

40:27b ܘܠܟܠ ܡܢ ܠܐܢܫܝܢ ܗܝ ܡܬܒܥܝܢܐ

Personal pronoun(Enclytic Førm)

sing. fem. ܗܝ

1: 1a 1b 15a 19a

6: 21a 21b

7: 22b 26b 33a

10: 7a

11: 3a 15a

14: 9a

15: 8a 18a

16: 17d

18: 12a 17a

19: 20b

20: 15d

21: 2c 18a 24a

22: 6b

23: 11f

26: 12e 22b

35(32): 5b

33(36): 29b(2)

37: 9a

38: 25d

41: 4a 11a

51: 26c

Personal Pronoun (Normal Form)

plur. masc. They , Ii ܗܢܘܢ

7:28a ܐܬܕܟܪ ܕܐܠܘ ܠܐ ܗܢܘܢ ܠܐ ܐܝܬܝܟ

17:32b ܕܗܢܘܢ ܒܣܪܐ ܘܕܡܐ

18:7a ܟܕ ܫܠܡܝܢ ܕܒܢܝܢܫܐ ܗܢܘܢ ܡܫܪܝܢ

18:29a ܣܘܟܠܢܐ ܒܡܠܬܐ ܐܦ ܗܢܘܢ ܢܬܚܟܡܘܢ

37:12b B } אשר D } ܕܗܢܘܢ ܕܢܛܪܝܢ ܠܦܘܩܕܢܐ

38:34a ܡܛܠ ܕܒܥܒܕܘܬܗ ܕܥܠܡܐ ܗܢܘܢ ܣܡܝܟܝܢ

40:12b ܘܟܐܢܘܬܐ ܠܥܠܡܐ ܐܦ ܗܢܘܢ ܢܬܩܝܡܘܢ

40:14a ܟܕ ܗܢܘܢ ܫܠܝܛܝܢ ܢܚܕܘܢ

46:8a B הם ܘܗܢܘܢ ܬܠܬܝܗܘܢ ܐܬܦܨܝܘ

Personal Pronoun (Enclytic Form)

plur. masc. They Ii ܐܢܘܢ

3: 20a 24a

7: 23a 28b

10: 13d 17a(3)

11: 4c 14b 29b

15: 14b

17: 2b 3a 3b 7b 8a 11b 12b 14b 23a

18: 8a

20: 15f

22: 11d

26: 1b 26d

27: 29b

28: 14b 15b 18a 20b 23d

29: 22a

30: 23d

34(31): 6c 6d 27c

36(33): 11a 11b 12d

32(35): 25b

41:3b

44:21e

Personal Pronoun (Enclytic Form)

masc. plur. They, Ii (cont'd) ܐܢܘܢ

45: 19b 19d

46: 8c

47: 19b 24b

48: 2b 20d 21b

49: 10d

Personal pronoun (Ordinary Form)

fem. plur. They ,Eae ܗܢܝܢ

25:1b ܘܗܢܝܢ ܐܢܝܢ ܡܢܩ ܐܠܗܐ

27:29b ܘܗܢܝܢ ܢܠܗܝܢ ܐܢܝܢ

27:30a ܘܐܦ ܗܢܝܢ ܛܥܡܝܢ

39:24b ܘܐܦ ܠܬܪܥܐ ܗܢܝܢ ܡܬܦܬܚܢ

Personal pronoun(Enclytic form)

fem. plur. They, Eae ܐܢܝܢ

11: 15b

15: 13b

18: 26b

27: 11a 13a

28: 12c

31(34): 21a

39: 28d

40: 29d

50: 28b(3)

Demonstrative Pronoun

sing. masc. That, Ille ܗܘ

16:3e ܘܗܘ ܕܡܫܬܐܠ ܕܠܐ ܒܢܝܢܐ

16:3e A } ממי ܡܢ ܗܘ ܕܗܘܐ ܠܐ ܒܢܝܢܐ
B }

16:10a ܒܗܘ ܝܘܡܐ ܬܫܒܘܚܬܐ ܐܠܗܝ

18:31b ܐܝܟ ܗܘ ܗܘ ܕܢܦܩ ܒܟܝܢܐ ܕܦܫܐܗ

Demonstrative pronoun (cont'd)

masc. sing. That, Ille ܗܿܘ

37:19b B } הוא 7h3 ܒܪܢܫܐ ܗܿܘ ܗܘ ܣܟܠܐ
C } 7al,Δ,12al,
D }

38:34c ܒܪܡ ܗܿܘ ܕܝܗܒ ܢܦܫܗ

41:12c ܗܿܘ ܗܘ ܠܥܠܡܐ ܩܐܡ

Demonstrative pronoun

fem. sing. That, Illa ܗܿܝ

1:20d ܗܿܝ ܛܒܐ ܠܗ̇ ܡܢ ܟܠ ܦܘܩܕܢܬܐ

Root ܗܘܐ

He Was, Erat ܗܘܐ

peal perf. 3 m.s.

2:10a ܠܡܢܘ ܕܡܢ ܠܥܠܡܝܢ ܗܘܐ

3:10b ܡܛܠ ܕܠܐ ܗܘܐ ܐܝܩܪܐ

5:4a { A יעשה ; C יהיה } ܘܠܐ ܗܘܐ ܠܝ ܡܕܡ

12:1a ܠܐ ܗܘܐ ܡܕܡ ܛܒܐ ܐܢܬ

15:9b ܡܛܠ ܕܠܐ ܗܘܐ ܡܢ ܠܘܬ ܐܠܗܐ

17:30a ܡܛܠ ܕܠܐ ܗܘܐ ܐܝܟ ܗܘ ܠܗ

17:31b ܐܦ ܗܘ ܗܘܐ ܠܗ ܚܫܘܟܐ

20:21b ܫܝܢ ܗܘܐ ܕܗܘܐ ܘܢܝܚܐ

24:11b ܘܒܐܘܪܫܠܡ ܫܘܠܛܢܝ ܗܘܐ

24:31c ܘܗܘܐ ܐܦ ܗܘܐ ܠܝ ܝܡܐ

29:7a ܣܓܝܐܐ ܕܝܢ ܕܠܐ ܗܘܐ ܡܢ ܒܝܫܘܬܐ

31(34):18b ܘܡܢܘ ܗܘܐ ܠܗ ܣܡܘܟܐ

34(31):10b B ויהי ܘܗܘܐ ܠܗ ܫܘܒܚܐ

34(31):10b B והיה ܘܗܘܐ ܠܗ ܬܫܒܘܚܬܐ

37:28a ܡܛܠ ܕܠܐ ܗܘܐ ܟܠ ܡܥܕܪܢܘܬܐ

44:7a ܒܕܪܝܗܘܢ ܗܘܐ ܠܗܘܢ ܐܝܩܪܐ

44:17b B היה 7h3 ܒܙܒܢܐ ܕܛܘܦܢܐ ܗܘܐ ܫܘܚܠܦܬܐ
7al ܗܘܬ]

peal, perf. 3 m.s. (cont'd)

46:4b ܘܗܘܐ ܝܘܡܐ ܚܕ

47:8a ܗܘܐ ܡܠܐ ܒܟ̈ܠܗ ܕܬܘܕܝܬܐ

47:9c ܐܣܓܝܐܬ ܬܫܒ̈ܚܬܗ ܐܚܪ ܗܘܐ

48:8b ܘܢܒܝܐ ܕܗܘܐ ܒܬܪܗ

48:25a ܘܟܕ ܒܟܠܡܐ ܗܘܐ, 7a1,10m1,17a4,71a3,19g7,17a1,

7h3 ܗܘ]

49:7b ܕܗܘܐ ܡܢ ܟܪܣܐ ܕܐܡܗ

49:11b ܕܗܘܐ ܐܝܟ ܚܬܡܐ ܠܐܝܕܐ

50:25b ܘܕܬܠܬ ܠܐ ܗܘܐ ܥܡܐ

51:17a ܢܝܪܗ ܠܝ ܗܘܐ ܠܡܠܦܢܐ { B היה / Q היתה }

peal, perf. 3 f.s.

7:13b ܡܛܠ ܕܫܪܝܬܗ ܠܐ ܗܘܬ ܛܒܐ

15:9a ܠܐ ܗܘܬ ܝܐܝܐ ܒܦܘܡܐ

19:10b ܠܐ ܗܘܬ ܓܒܪܐ ܕܬܒܥܝܟ

44:17b ܒܙܒܢܐ ܕܛܘܦܢܐ ܗܘܬ ܫܪܟܬܐ 7a1 B היה

7h3 ܗܘܐ]

44:17c ܘܡܛܠܬܗ ܗܘܬ ܡܒܘܠ|ܒܘܬܐ B היה

45:15c ܘܗܘܬ ܠܗ ܠܩܝܡܐ ܕܠܥܠܡ B ותהי

peal perf. 2 m.s.

1:29b ܗܘܝܬ ܓܒܪ| ܠܢܟܝܐ Δ,12a1,18/16g6,9m1

7a1,7h3 ܬܗܘܐ]

5:10a ܗܘܝܬ ܣܡܝܟ ܥܠ ܛܒܥܟ A } C } היה

5:11a ܗܘܝܬ ܡܨܝܬ ܠܡܫܡܥ A } C } היה

5:11b ܘܒܡܬܝܢܘܬܐ ܗܘܝܬ ܡܦܢܐ ܦܬܓܡܐ

6:13b ܘܡܢ ܪܚܡܝܟ ܗܘܝܬ ܙܗܝܪ

6:34a ܒܟܢܫܬܐ ܕܩܫ̈ܝܫܐ ܗܘܝܬ ܩܐܡ

6:35a ܗܘܝܬ ܨܒܐ ܠܡܫܡܥ

He was, Erat, (cont'd) ܗܘܐ

peal, perf. 2 m.s. (cont'd)

6:37b ܘܒܦܘܩܕܢܘܗܝ ܗܘܝܬ ܪܢܐ
7:34b ܘܥܡ ܟܠ ܐܒܝܠܐ ܗܘܝܬ ܡܬܐܒܠ
7:36a ܒܟܠ ܥܒܕܝܟ ܗܘܝܬ ܕܟܝܪ
8:8b ܘܒܡܬܠܬܗܘܢ ܗܘܝܬ ܗܪܙ
9:14b ܗܘܝܬ ܡܠܟ ܙܐܘܐ
13:9a A היק ܗܘܝܬ ܡܬܪܚܩ ܡܢܗ
13:13a A והיה ܐܙܕܗܪ ܘܗܘܝܬ ܙܗܝܪ
18:25a ܗܘܝܬ ܕܟܝܪ ܠܟܦܢܐ
21:2a ܗܘܝܬ ܥܪܘܩ ܡܢ ܚܛܝܬܐ
34(31):22c B היה ܒܟܠ ܥܒܕܝܟ ܗܘܝܬ ܡܬܚܦܛ
35(32):22a E היה ܘܒܐܘܪܚܬܟ ܗܘܝܬ ܙܗܝܪ
30(33): 31a E היה ܒܟܠ ܥܒܕܝܟ ܗܘܝܬ ܡܬܠܠ
37:12a ܥܡ ܐܢܫܐ ܕܚܝܠܐ ܢܛܪ
37:15a ܗܘܝܬ ܡܨܠܐ ܠܐܠܗܐ
40:28b 7al ܐܠܐ ܗܘܝܬ ܥܒܕ ܠܡܚܝܢܘ
7h3
47:14a ܠܡܐ ܚܟܝܡ ܗܘܝܬ ܒܛܠܝܘܬܟ

peal perf. 3 masc. pl.

11:5b ܘܠܐ ܣܠܩܝܢ ܗܘܘ ܥܠ ܠܒܐ
34(31):6a B הין ܣܓܝܐܐ ܓܝܪ ܕܗܘܘ ܚܒܝܠܐ
41:7b ܕܡܛܠܬܗ ܗܘܘ ܒܫܝܛܘܬܐ ܒܨܠܬܐ
44:1b ܠܐܒܗܝܢ ܕܗܘܘ ܒܕܪܝܗܘܢ

peal perf. 3 fem. pl.

49:9b ܐܘܪ̈ܚܬܗ ܕܬܪܝܨܬܐ ܗ̈ܘܝ

peal participle m.s.

3:10b A הוא ܗܳܘܐ ܠܟ ܐܝܩܪܗ
6:11a ܒܛܒܬܟ ܗܳܘܐ ܐܝܟܘܬܟ
19:15a ܗܳܘܐ ܡܬܐܡܪ ܦܪܨܐ
23:20a ܡܛܠ ܕܟܠ ܠܐ ܗܳܘܐ
37:30a ܕܡܢ ܣܘܓܐܐ ܕܡܐܟܘܠܬܐ ܗܳܘܐ ܟܘܪܗܢܐ

He Was, Erat, (cont'd) ܗܘܐ

part. peal, f.s.

7:17b ܕܥܘܬܐ ܕܟܠܗܘܢ ܒܢܝ ܐܢܫܐ ܠܬܘܠܥܬܐ ܗܘܝܐ

9:11b ܡܢܐ ܗܘܝܐ ܚܪܬܗ

11:19c A יהיה ܘܠܐ ܝܕܥ ܡܢܐ ܗܘܝܐ ܚܪܬܗ

16:3c A, B תהיה ܕܗܘܝܐ ܠܗܘܢ ܚܪܬܐ ܛܒܬܐ

peal, part. m. pl.

12:9a ܒܒܥܠܕܒܒܘܗܝ ܒܟܪܝܘܬܐ ܗܘܝܢ

16:3e A שהיו, B שיהיו ܕܗܘܝܢ ܠܗ ܒܢܝܐ

peal part. f. pl.

26:21a ܘܗܟܢܐ ܗܘܝ̈ܢ ܬܠܠܝܟ

peal infinitive

7:6a A, C להיות ܠܐ ܬܒܥܐ ܠܡܗܘܐ ܕܝܢܐ

46:1b ܐܬܬܩܢ ܠܡܗܘܐ ܐܝܟ ܡܫܡܗܐ

peal inperat. 2 m.s.

4:10a A היה ܗܘܝ ܐܒܐ ܠܝܬ̈ܡܐ

8:12b ܗܘܝ ܐܝܟ ܡܘܒܕ

8:13b ܘܐܢ ܥܪܒܬ ܗܘܝ ܐܝܟ ܦܪܥ

12:11c A היה ܗܘܝ ܠܗ ܐܝܟ ܓܠܐ ܕܡܚܙܐ

22:23c ܒܙܒܢ ܐܘܠܨܢܗ ܗܘܝ ܠܗ ܫܘܬܦܐ

35(32):1c B היה ܗܘܝ ܠܟ ܐܝܟ ܚܕ ܡܢܗܘܢ

40:28b 7h3 ܐܠܐ ܗܘܝ ܛܒ ܠܡܣܟܢܘ

7al ܗܘܝܬ]

peal imperf. 3 m.s.

2:6a ܘܗܘ ܢܗܘܐ ܠܟ ܡܥܕܪܢܐ

8:11b A להושיבו ܕܠܐ ܢܗܘܐ ܟܡܐܢܐ

8:16d ܘܐܢ ܠܐ ܢܗܘܐ ܠܟ ܡܦܨܝܢܐ

14:20a ܛܘܒܘܗܝ ܕܒܚܟܡܬܐ ܢܗܘܐ ܪ̈ܢܐ

14:23b ܘܥܠ ܬܪ̈ܥܝܗ ܢܗܘܐ ܨܐܬ

14:26b ܘܒܣܘ̈ܟܝܗ ܡܫܬܘܫܬܗ ܢܗܘܐ ܥܡܪ

peal, imperf. 3 m.s. (cont'd)

14:27b ܘܒܡܛܠܠܗ̇ ܢܗܘܐ ܡܛܠܠ

19:5a ܘܕܫܪܐ ܥܠ ܒܝܫܬܐ ܢܗܘܐ ܬܒܪܗ̇

27:22a ܘܕܪܡܙܐ ܒܥܝܢܗ ܢܗܘܐ ܬܒܪܗ

28:13b ܠܓܒܪܐ ܬܠܝܬܝܐ ܠܝܬ ܢܗܘܐ ܕܡ̈ܛܠܐ

29:9b ܘܐܢ ܢܗܘܐ ܡܣܟܢܐ

34(31):4b B יהיה ܘܐܢ ܡܬܢܝܚ ܢܗܘܐ ܙܪܝܩܐ

30(33): 39a E [ ]היי ܥܒܕܟ ܐܟܘܬܟ ܢܗܘܐ

36: 21a ܠܟܠ ܕܢܗܘܐ ܡܦܩܢܐ ܠܟ

37:2b ܐܝܟ ܢܦܫܟ ܢܗܘܐ ܠܟ

44:17d ܕܠܐ ܢܗܘܐ ܬܘܒ ܛܘܦܢܐ

46:11d B יהי ܢܗܘܐ ܕܘܟܪܢܗܘܢ ܠܒܘܪܟܬܐ

47:23e B יהי ܘܠܐ ܢܗܘܐ ܠܗ ܕܘܟܪܢܐ

50:23b B ויהי ܘܢܗܘܐ ܫܠܡܐ ܒܝܢܬܗܘܢ

Peal imperf 3 f.s.

4:31a A } C תהי ܠܐ ܬܗܘܐ ܦܫܝܛܐ ܐܝܕܟ

4:31b ܘܬܗܘܐ ܩܦܝܣܐ ܠܡܬܠ

5:10b { A יהי / C יהיה } ܘܡܠܬܟ ܚܕܐ ܬܗܘܐ

9:16b ܒܕܚܠܬܗ ܕܐܠܗܐ ܬܗܘܐ ܬܫܒܘܚܬܟ

11:27b A תהיה ܘܫܪܬܗ ܕܒܪܢܫܐ ܬܗܘܐ ܠܠܘܬܗ,

26:21b ܘܠܒܢܝ ܗܘܘ ܬܗܘܐ ܙܪܥܬܟ

40:15a 7h3 ܠܒܢܝܐ ܕܥ̈ܘܠܐ ܠܐ ܬܗܘܐ
7al,10ml,]ܬܘܩܢ

42:11e ܘܒܒ̈ܢܬܐ ܠܐ ܬܗܘܐ ܫܕܪܐ

45:24c B תהיה ܘܬܗܘܐ ܠܗ ܘܠܙܪܥܗ

51:24b B תהיה ܘܢܦܫܟܘܢ ܬܗܘܐ ܨܗܝܐ

peal imperf. 2 m.s.

1:20y ܘܒܗ ܬܗܘܐ ܦܪܝܩ

1:29b 7al,7h3 ܘܒܣܦ̈ܘܬܟ ܬܗܘܐ ܙܗܝܪ
12al, Δ ,18/16g6,9ml

peal imperf. 2 m.s. (cont'd)

3:25b	A	תחסר ?	ܠܐ ܬܗܘܐ ܚܣܝܪ ܠܡܕܥܐ
4:10c	A	יקראך ?	ܘܬܗܘܐ ܠܐܠܗܐ ܐܝܟ ܒܪܐ
4:29a	A	תהי	ܠܐ ܬܗܘܐ ܪܒܬܢ
4:30b	A, C	תהי	ܠܐ ܬܗܘܐ ܟܠܒ
5:9a	A	תהיה	ܠܐ ܬܗܘܐ ܕܪܐ
	C	תהי	
6:1a	A	תהי	ܠܐ ܬܗܘܐ ܣܢܐܐ
6:32b			ܐܢ ܬܣܝܡ ܠܒܟ ܬܗܘܐ ܚܪܝܦ
7:5b			ܠܐ ܬܗܘܐ ܚܟܝܡܐ
8:10a			ܠܐ ܬܗܘܐ ܫܘܬܦܐ
13:4a			ܐܢ ܬܗܘܐ ܡܣܟܢ
18:22b			ܘܠܐ ܬܗܘܐ ܡܟܒ
18:23b			ܘܠܐ ܬܗܘܐ ܐܝܟ ܡܢܣܝܢܐ
18:32b			ܕܠܐ ܬܘܒ ܬܬܪܝܟ ܬܗܘܐ ܡܣܟܢ
18:33a	C	תהי	ܠܐ ܬܗܘܐ ܡܣܟܢ ܘܙܘ,
23:9b			ܘܫܡܐ ܕܩܕܝܫܐ ܠܐ ܬܗܘܐ ܢܬܠ
34(31):16b	B	תהיה	ܘܠܐ ܬܗܘܐ ܥܘܪܢ
37:11j			ܠܐ ܬܗܘܐ ܠܗ ܒܟܠ ܡܠܟܐ
40:28b			ܘܠܐ ܬܗܘܐ ܠܒ ܠܡܣܟܢ

peal imperf. 3 m. pl.

6:6a	A	יהיו	ܣܓܝܐܐ ܫܠܡܟ ܢܗܘܘܢ ܡܫܐܠܝܢ
9:15a	A	יהי	ܕܥܡ ܚܟܝܡܐ ܢܗܘܘܢ ܡܬܢܝܢܝܟ
9:16a			ܢܗܘܘܢ ܐܟܠܝ ܠܚܡܟ
17:2a			ܩܠܝ ܠܗܘܢ ܕܢܗܘܘܢ ܡܝܬܝܢ
17:8b			ܕܢܗܘܘܢ ܡܫܬܥܝܢ ܒܓܒܪܘܬܐ
17:10a			ܘܠܫܡܐ ܕܩܘܕܫܗ ܢܗܘܘܢ ܡܫܒܚܝܢ
25:1d			ܕܗ ܢܗܘܘܢ ܫܠܡܝܢ
49:10b	B	תהי	ܢܗܘܘܢ ܓܪܡܝܗܘܢ ܡܦܪܚܝܢ

He Was, Erat, (cont'd) ܗܘܐ

peal, imperf. 3 f. pl.

6:29a A והיתה ܘܢܗܘ̈ܝܢ ܠܟ ܡܨܝ̈ܕܬܗ

32(35):11a ܢܗܘ̈ܝܢ ܢܗܝܪ̈ܢ ܐܦܝ̈ܟ

Root ܗܘܢ

Intelligent, Intelligentia Praeditus

sing emph. ܡܗܘܢܐ

22:16b ܗܟܢܐ ܗܘ ܠܒܐ ܡܗܘܢܐ ܒܡܠܟܐ

Root ܗܓܓ

Thorn, Spina, ܗܓܓܐ

plur. emph.

28:24a ܕܣܝܓ ܐܢܬ ܟܪܡܟ ܒܗܓ̈ܓܐ

Root ܗܝܕ

Then, Tum ܗܝܕܝܢ

11:7b { A ואחר [illegible]; B ואחר } ܘܗܝܕܝܢ ܢܟܐ ܒܚܛ̈ܗܐ

13:7c A ובכן 7h3 ܠܐ ܢܬܠ ܠܟ ܘܗܝܕܝܢ ܢܚܣܟ

7al ܗܝܕܝܢ]

24:8a ܗܝܕܝܢ ܦܩܕܢܝ ܡܪܝܐ

50:16a B [illegible] ܘܗܝܕܝܢ ܝܗܒܘ ܒܢ̈ܝ ܐܗܪܘܢ

51:11c B [illegible] ܗܝܕܝܢ ܫܡܥ ܡܪܝܐ ܩܠܝ

Root ܗܝܟܠ

Temple, Templum ܗܝܟܠܐ

sing. emph.

49:12c B היכל ܘܒܢܘ ܗܝܟܠܐ ܩܕܝܫܐ

50:1c B היכל ܐܬܒܢܝ ܒܝܬܐ ܘܐܬܚܕܬ ܗܝܟܠܐ

50:5a B [illegible] ܡܐ ܝܐܐ ܒܡܦܩܗ ܡܢ ܗܝܟܠܐ

sing. with suffix

36:19b B היכלך ܡܢ ܫܘܒܚܟ ܘܡܢ ܐܝܩܪܟ ܗܝܟܠܟ

Root ܗܝܡܢ

He believed, Credidit ܗܝܡܢ

pael, perf. 3 m.s.

2:10c ܡܢܘ ܗܝܡܢ ܒܗ ܘܐܬܒܗܬ

He believed, Credidit, (cont'd) ܗܝܡܢ

pael participle

2:13a ܘܝ ܠܗ ܠܠܒܐ ܕܠܐ ܡܗܝܡܢ
19:4a ܘܕܡܗܝܡܢ ܒܥܓܠ ܡܫܘܪ ܪܥܝܢܐ ܗܘ
31(34):2b ܗܟܢܐ ܗܘ ܐܦ ܕܡܗܝܡܢ ܠܚܠܡܐ
31(34):5b ܕܡܗܝܡܢ ܠܗܝܢ ܐܝܟ ܠܒܗ
37:13b ܘܐܦ ܗܘ ܡܗܝܡܢ ܗܘ ܡܢ ܐܚܘܬܟ

pael part . fem. s. passive

34(31):23b B נאמנה ܘܣܗܕܘܬܐ ܫܦܝܪܬܐ ܡܗܝܡܢܬܐ

pael imperat . 2 m.s.

2:6a ܗܝܡܢ ܒܐܠܗܐ ܘܗܘ ܢܗܘܐ ܠܟ ܡܥܕܪܢܐ

pael imperat. 2 m.pl.

2:8a ܕܚܠ̈ܘܗܝ ܕܡܪܝܐ ܗܝܡܢܘ ܒܗ

pael imperf. 3 m.s.

4:16a ܐܢ ܢܗܝܡܢ ܒܗ ܢܐܪܬܝܗ
19:15b ܘܠܐ ܠܟܠ ܡܠܐ ܢܗܝܡܢ ܠܒܟ
36:31a B C D יאמין ܡܢܘ ܓܝܪ ܢܗܝܡܢ ܠܓܝܣܐ

pael imperf. 2 m.s.

7:26b A תאמן ܘܐܢ ܣܢܐ ܠܗ̇ ܠܐ ܬܗܝܡܢ ܒܗ̇
12:10a A תאמין ܠܐ ܬܗܝܡܢ ܒܒܥܠܕܒܒܐ
13:11b A תאמן ܘܠܐ ܬܗܝܡܢ ܠܣܘܓܐܐ ܕܡܠ̈ܘܗܝ
15:15b A B תאמין ܘܐܢ ܬܗܝܡܢ ܒܗ
16:3c A B תבטח ܘܠܐ ܬܗܝܡܢ ܕܢܗܘܐ ܠܗܝܢ ܚܪܬܐ

pael imperf. 2 m.s. with suffix

19:17b ܘܠܐ ܠܟܠ ܡܠܐ ܬܗܝܡܢܝܗܝ

ethpa'al part. f.s.

31(34):8b ܡܛܠ ܕܫܘܡܠܝܬܐ ܗܢ̈ܐ ܠܗ ܒܠܒܐ ܡܬܗܝܡܢܐ

ethpa'al imperf. 3 m.pl.

36:21b B יאמינו ܘܢܒܝ̈ܝܟ ܢܬܗܝܡܢܘܢ

Faithful,Fidelis **ܡܗܝܡܢܐ**

absol. sing.

44:20d B נאמן ܘܒܢܣܝܘܢܗ ܐܫܬܟܚ ܡܗܝܡܢ

plur. emph.

1:14b ܘܥܡ ܡܗܝ̈ܡܢܐ ܒܟܪܣܐ ܕܐܡܗܘܢ ܐܬܒܪܝܬ

Eunuch, Eunuchus **ܡܗܝܡܢܐ**

sing. emph.

20:(4a) ܡܬܪ̈ܓܪܓ ܡܗܝܡܢܐ ܠܡܗܦܟ ܥܡ ܒܬܘܠܬܐ

30:20b B נאמן ܘܡܬܬܢܚ ܐܝܟ ܡܗܝܡܢܐ

Faith, Fides **ܗܝܡܢܘܬܐ**

sing. emph.

1:4b ܘܣܘܟܠܬ ܗܝܡܢܘܬܐ ܡܢ ܠܥܠܡ

1:6a 7a1 ܥ̈ܩܪܝ ܗܝܡܢܘܬܐ ܠܡܢ ܐܬܓܠܝܘ

7h3 ܚܟܡܬܐ]

6:15a A אמונה ܠܪܚܡ ܗܝܡܢܘܬܐ ܠܝܬ ܠܗ ܕܡ̈ܝܐ

6:16a A אמונה ܪܚܡ ܗܝܡܢܘܬܐ ܣܡܐ ܗܘ ܕܚ̈ܝܐ

25:12b ܘܪܫ ܗܝܡܢܘܬܐ ܠܡܕܒܩ ܒܬܪܗ

27:16a ܕܓܠܐ ܪܐܙܐ ܡܘܒܕ ܗܝܡܢܘܬܐ

27:17b ܐܢ ܕܝܢ ܓܠܐ ܪܐܙܐ ܕܗܝܡܢܘܬܐ

sing. with suffix

37:13a ܡܛܠ ܕܗܝܡܢܘܬܗ ܗܝ ܬܘܩܢܗ

45:4a B באמונתו ܒܗܝܡܢܘܬܗ ܘܒܡܟܝܟܘܬܗ ܓܒܝܗܝ

Root **ܗܟܢ**

Usual Hebrew = כן

Thus, Sic,ita **ܗܟܢܐ**

2: 18c 18d

3: 30b

6: 17b 17c(in 7a1 only)

7: 12b

10: 2a 2b

11: 30d 32a

12: 13b 14a

13: 17b 19b

Thus, Sic ,ita (cont'd)

14: 18c

15: 1a

16: 12b 23b

17: 31c

18: 16a

19: 12b

20: (4b) 10b 17e 17c 17e

21: 9b (in 7h3)

7al

22: 1c 6a (in 7al,10ml,17a4,17a3,19g7,17al, omitted by 7h3)

9a 10b 16b 18e

23: 10c 22a

25: 20b 25d

26: 12e 16a 21a 26f

27: 4b 6b 10b 18b

28: 10c 10d 25b

30: 8a 19c

34(31): 26b

35(32): 5b 6b 22b

36(33): 13c 15a 38c 39b

31(34): 2b 3a 24b

33(36): 4b 31c

38: 18b 23a 27a 29a

39: 15d 23a

42: 13b

47: 2b

Root

He walked, Ambulavit

pael perf. 3 m.s.

48:22b B ?

He walked, Ambulavit (cont'd) ܗܠܟ

pael perf. 1 s.

24:5b ܘܒܥܘܡܩܐ ܕܬܗܘܡܐ ܐܝܟ ܐܢܫܐ ܗܠܟܬ

pael part. m.s.

5:14a A ? בעל ܠܐ ܬܬܩܪܐ ܡܗܠܟ ܒܬܪܬܝܢ

5:14d A ? בעל ܡܢ ܕܡܗܠܟ ܒܬܪܬܝܢ

6:1c A ? בעל ܡܢ ܕܡܗܠܟ ܒܬܪܬܝܢ

9:13f A תתהלך ܘܥܠ ܫܒ̈ܟܐ ܐܢܬ ܡܗܠܟ

10:10b A מלך ܘܡܠܟܐ ܡܗܠܟ ܘܡܝܬ ܕܡܚܪܬ

12:11b A ויהלך ܘܗܘ ܡܗܠܟ ܡܬܟܦܦ ܟܦܦ

13:13b A תהלך ܕܥܡ ܫܘܦ̈ܢܐ ܡܗܠܟ ܐܢܬ

pael imperat. 2 m.s.

3:17a A התהלך / C הלוך ܒܡܬܘܢ ܒܡܟܝܟܘܬܐ ܗܠܟ

pael imperf. 3 m.s.

15:1b A/B ידריכנה ܘܝܠܦ ܢܡܘܣܐ ܢܗܠܟ ܒܗ̇

39:4a ܘܒܝܢܬ ܫܠܝ̈ܛܢܐ ܢܗܠܟ

39:4c ܒܡܕܝܢܬܐ ܕܥܠܡܐ ܢܗܠܟ

pael imperf. 2 m.s.

10:6a ܘܠܐ ܬܗܠܟ ܒܪܘܫܐ ܕܪܡܘܬܐ

10:6b A תהלך ܘܠܐ ܬܗܠܟ ܒܐܘܪܫܐ

pael imperf. 1 s.

4:17d A אלך ܡܛܠ ܕܗܦܟܐ ܐܢܬ ܐܗܠܟ ܥܡܗ

pael imperf. 3 m.pl.

15:7a A/B ידריכוה ܠܐ ܢܗܠܟܘܢ ܒܗ̇ ܫܛ̈ܝܐ

Step, Gressus. ܗܠܟܬܐ

plur. with suffix

43:5b ܘܒܡ̈ܠܠ ܡܕܒܪܐ ܦܪܘܗܒ ܦܪܘܗܒ

Root ܗܦܟ

He averted, Avertit ܐܗܦܟ

aphel participle

13:3a A יתנוה ? ܥܬܝܪܐ ܢܕܝܢ ܢܬܦܐ ܘܡܗܦܟܐ

27:1b ܘܕܒ̈ܥܐ ܠܡܣܓܝܘ ܢܦܩܐ ܡܗܦܟܐ ܥܝܢܘܗܝ

Root ܗܢܐ

Demonstrative adj. and pronoun

This ,Hic , ܗܢܐ

sing masc.

1:20m ܗܢܐ ܕܚܠܬܐ ܕܠܗ ܩܛܠܐ ܚܛܗ̈ܐ

10:13c A על כן ܡܛܠ ܗܢܐ ܒܙܐ ܐܠܗܐ

16:11b A זה 7a1 ܗܢܐ ܗܘ ܬܡܗܐ

7h3]ܗܢܘ

18:10b ܗܟ ܟܠܗܝܢ ܗܢܐ ܠܐ ܐܬܚܙܝܘܢ

18:11a ܡܛܠ ܗܢܐ ܐܓܪ ܪܘܚܗ ܒܗܘܢ

18:12a ܡܛܠ ܗܢܐ ܐܣܓܝ ܪܚܡܝܗܘܢ

20:21b ܟܠ ܗܢܐ ܕܗܘܐ ܘܕܢܚܐ

21:9b 7a1 ܗܢܐ ܬܘܩܦܗܘܢ ܕܥܘܠܐ

7h3]ܗܢܢܐ

23:21a ܗܢܐ ܒܫܘ̈ܩܝܗ ܕܡܕܝܢܬܐ ܢܬܦܪܥ

34(31):9a B זה ܡܢܘ ܗܢܐ ܘܢܫܒܚܝܘܗܝ

34(31):10a B זה ܡܢܘ ܗܢܐ ܕܐܬܒܚܪ ܒܗ

34(31):11a ܡܛܠ ܗܢܐ ܢܩܘܡ ܛܘܒܗ

34(31):13c B זה ܡܛܠ ܗܢܐ ܡܢ ܩܕܡ ܢܦܩܢ

35(32):2b ܡܛܠ ܗܢܐ ܐܦ ܒܐܝܪܬܗܘܢ ܬܚܕܐ

31(34):10c ܡܢܘ ܗܢܐ. ܕܐܫܬܒܚ ܠܡܛܠܬܐ

39:17a ܘܠܝܬ ܕܢܐܡܪ ܗܢܐ ܠܡܢܐ ܘܗܢܐ ܠܡܢܐ

39:17c B זה(2) ܘܠܝܬ ܕܢܐܡܪ ܕܗܢܐ ܒܝܫ ܘܗܢܐ ܛܒ

39:34a B זה(2) ܘܠܝܬ ܕܢܐܡܪ ܗܢܐ ܒܝܫ ܡܢ ܗܢܐ

42:25a M זה(2) ܐܠܐ ܗܢܐ ܥܡ ܗܢܐ ܘܫܘ̈ܝܢ

44:21a B על כן ܡܛܠ ܗܢܐ ܒܡܘܡܬܐ ܝܡܐ ܠܗ

45:24a B לכן ܡܛܠ ܗܢܐ ܒܡܘܡܬܐ ܝܡܐ ܠܗ

This, Hic (cont'd) ܗܢܐ

47:6a B על כן — ܡܛܠ ܗܢܐ ܙܡܪܘܗܝ ܢܫ̈ܐ

47:8a — ܡܛܠ ܗܢܐ ܝܗܒ ܗܘܐ ܩܠܐ

50:27b — ܟܬܒܬ ܒܣܦܪܐ ܗܢܐ

51:12c B על כן 7a1,7h3 — ܡܛܠ ܗܢܐ ܐܘܕܐ ܘܐܫܒܚ
12a1,17a4,17a3,19g7,17a1, ܗܕܐ]

51:20d — ܡܛܠ ܗܢܐ ܠܐ ܐܫܒܩܝܘܗܝ

51:21b B בעבור ? — ܡܛܠ ܗܢܐ ܩܢܝܬܗ ܩܢܝܢܐ ܛܒܐ

Composite phrase ܗܘ + ܗܢܐ = ܗܢܘ

16:11b A זה 7h3
7a1 ܗܢܐ ܗܘ] — ܗܢܘ ܬܕܡܘܪܬܐ ܐܢ ܢܙܟܐ

Sing.fem. This,Haec, ܗܕܐ

26:29a — ܐܠܐ ܒܗܕܐ ܡܬܬܟܠ

41:4a B } זה
M } — ܡܛܠ ܗܕܐ ܗܝ ܡܢܬܐ ܕܟܠܗܘܢ

51:12c B עלכן 12a1,17a4,17a3,19g7,17a1 ܐܘܕܐ — ܡܛܠ ܗܕܐ ܐܘܕܐ
7a1,7h3 ܗܢܐ]

Plr. common, These Hi,Hae ܗܠܝܢ

1:4a — ܡܢ ܟܠܗܘܢ ܗܠܝܢ ܩܕܡܬ ܚܟܡܬܐ

7:35b A כי ממנו ? — ܕܡܛܠ ܗܠܝܢ ܐܢܬ ܡܬܪܚܡ

14:18b A שזה··ואחד — ܕܗܠܝܢ ܡܝܬܝܢ ܘܗܠܝܢ ܝܠܕܝܢ

16:5a A } כאלה
B } — ܕܣܓܝܐܢ ܡܢ ܗܠܝܢ ܚܙܬ ܥܝܢܝ

16:5b A } כאלה
B } — ܡܢ ܗܠܝܢ ܫܡܥܬ ܐܕܢܝ

16:23a A אלה — ܚܣܝܪ ܠܒܐ ܢܬܒܝܢ ܗܠܝܢ

16:29a — ܘܒܬܪ ܗܠܝܢ ܠܐܪܥܐ ܐܚܘܪ

17:23a — ܒܬܪ ܗܠܝܢ ܢܬܥܝܪ

17:30a — ܡܛܠ ܕܠܐ ܗܘܐ ܐܝܟ ܗܠܝܢ

18:26b — ܘܟܠܗܘܢ ܗܠܝܢ ܥܒܝܕܢ ܐܢܝܢ

18:27a — ܓܒܪܐ ܚܟܝܡܐ ܠܗܠܝܢ ܒܟܠܗܘܢ ܢܙܕܗܪ

23:12c — ܡܢ ܕܚܝܠܝ ܢܦܩܘܢ ܡܢ ܗܠܝܢ ܚܛܗܐ

24:7a — ܘܒܗܠܝܢ ܟܠܗܘܢ ܢܝܚܐ ܒܥܝܬ

These ,Hi,Hae (cont'd) ܗܠܝܢ

24:23a ܟܠܗܝܢ ܗܠܝܢ ܒܣܦܪܐ ܕܕܝܬܩܐ

25:11a ܥܠ ܟܠܗܝܢ ܗܠܝܢ ܐܬܝܬܪܬ

26:27c ܠܗܠܝܢ ܟܠܗܝܢ ܬܬܕܪܟܐ

27:29a ܦܚܐ ܘܡܨܝܕܬܐ ܗܠܝܢ ܠܒܥܠܕܒܒܝܗܘܢ

29:24b ܘܟܬܪ ܬܫܡܫ ܡܢܟܪܝܬܐ

29:28a ܚܫܝܢ ܗܠܝܢ ܠܓܒܪܐ ܚܟܝܡܐ

35(32):13a B [ ]לה ܘܥܠ ܟܠܗܝܢ ܗܠܝܢ ܒܪܟ ܠܡܪܗ

31(34):20c ܗܠܝܢ ܟܠܗܝܢ ܐܝܟܢܐ ܥܠ ܕܢܬܩܢ

36:25b B בו ܚܝܘܬܐ ܡܬܦܠܓ ܒܗܠܝܢ

37:15a B, D אלה 7h3 ܘܥܡ ܟܠܗܝܢ ܗܠܝܢ ܗܘܝܬ ܡܨܠܐ

7a1,17a4,17a3,17a1 *omit*

38:31a ܟܠܗܘܢ ܗܠܝܢ ܡܬܟܠ ܒܐܝܕܝܗܘܢ

39:27a B א[ ] ܟܠܗܝܢ ܗܠܝܢ ܠܛܒܐ ܡܬܒܥܝܢ

39:29b B אלה ܟܠܗܝܢ ܗܠܝܢ ܠܕܝܢܐ ܐܬܒܪܝ

39:32b ܕܒܟܬܒܐ ܟܬܒܬ ܟܠܗܝܢ ܗܠܝܢ

44:7a B, M אלה ܒܟܠܗܘܢ ܗܠܝܢ ܒܕܪܝܗܘܢ

44:10a B, M אלה ܗܠܝܢ ܐܢܫܐ ܕܛܝܒܘܬܐ

40:29d ܘܠܓܒܪܐ ܕܝܕܥ ܗܠܝܢ

48:15a B זאת ܘܒܟܠܗܘܢ ܗܠܝܢ ܠܐ ܬܒܘ ܥܡܐ

49:16b B חי ? ܟܠܗܝܢ ܗܠܝܢ ܬܫܒܘܚܬܗ ܕܐܕܡ

50:28a B באלה ܛܘܒܘܗܝ ܠܓܒܪܐ ܕܒܗܠܝܢ ܗܓܐ

51:24a ܒܗ ܐܡܬܝ ܬܚܣܪܘܢ ܡܢ ܗܠܝܢ

He Profited, Juvit

Aphel perf. 3 m.s. ܐܘܬܪ

31(34):30b ܡܢܐ ܐܘܬܪ ܡܢ ܡܫܘܚܬܗ

31(34):31d ܘܐ ܡܢܐ ܐܘܬܪ ܕܥܦ

aphel perf. 3 m.pl.

31(34):28b ܡܢܐ ܐܘܬܪܘ ܐܠܐ ܥܡܠܐ ܣܓܝܐܐ

aphel part.

37:14b ܫܒܥ ܡܢ ܢܛܘܪܐ ܕܥܠܐ ܕܠܐ ܡܘܬܪܐ

Profit Utilitas, ܗܢܝܢܐ

Bm [ ]צ

sing. emph.

15:12.b { A, צורך ; B חפץ } ܠܝܬ ܠܗ ܨܒܘ ܗܢܝܢܐ

17:27a ܟܠ ܕܒܥܐ ܗܢܝܢܐ ܐܝܬ ܠܗ

20:30b ܒܥܐ ܗܢܝܢܐ ܒܐܬ̈ܘܬܗܘܢ

30:19a ܒܥܐ ܗܢܝܢܐ ܐܝܬ ܠܦܬܟ̈ܪܐ

38:12b ܟܠ ܕܐܦ ܒܗ ܐܝܬ ܒܗ ܒܗ ܗܢܝܢܐ

Root ܗܦܟ

He turned ,Vertit,convertit ܗܦܟ

peal, perf. 3 m.s.

36(33):12c ܘܒܗܘܢ ܠܟ ܘܗܦܟ

46:11c B נסוג 7a1 ܘܠܐ ܗܦܟ ܡܢ ܒܬܪܗ

peal perf. 3 m. pl.

46:11c B נסוג 7h3 ܘܠܐ ܗܦܟܘ ܡܢ ܒܬܪܗ

peal participle

11:31a A יהפך ܘܛܒܬܐ ܠܒܝܫܬܐ ܗ̇ܦܟ

26:28d ܡܢ ܕܗܦܟ ܡܢ ܙܕܝܩܘܬܗ ܠܚܛܝܬܐ

31(34):30a ܘܗ̇ܦܟ ܗܘܐ ܠܗ

31(34):31b ܡܢ ܚܛܗܘܗܝ ܘܗ̇ܦܟ ܥܒܕ ܠܗܘܢ

39:23b B ויהפך ܘܗܦܟ ܐܪܥܐ ܕܫܩܝܐ ܠܡܠܚܐ

40:11a B ישוב ܕܡܢ ܐܪܥܐ ܗܘ ܠܐܪܥܐ ܗ̇ܦܟ

peal infinitive

30(33):28d E לשוב ܢܬܒܥܝܟ ܠܡܗܦܟ ܘܠܡܒܥܬܐ ܒܒܝܬܟ

peal imperf.3 m.s.

4:19a A יסור ܐܢ ܕܝܢ ܢܗܦܘܟ ܡܢ ܒܬܪܝ

6:12a A יהפך ܐܢ ܬܬܟܠ ܢܗܦܘܟ ܒܟ

36(33):1b { B [ ]ש ; Bm ושב ; E ישוב } ܒܢܣܝܘܢܐ ܘܢܗܦܘܟ ܘܢܬܦܠܛ

peal imperf. 3 f.s.

27:25a ܕܪܡܐ ܟܐܦܐ ܠܫܡܝܐ ܠܪܫܗ ܬܗܦܘܟ

peal imperf. 1.s.

4:18a A אשוב ܐܗܦܘܟ ܐܬܦܢܐ ܠܘܬܗ

peal imperf. 1.s. (cont'd)

51:18a { B אהפך ܐܬܚܫܒܬ ܠܡܥܒܕܗ ܘܠܐ ܐܗܦܘܟ
Q אשוב

ethpe'el part. fem. pl.

39:27b B } נהפכו ܘܠܚܛܝܐ ܠܠܘܛܬܐ ܡܬܗܦܟܢ
M }

ethpe'el imperf. 3 m.s.

12:12b A יהדפך 7h3 ܕܠܐ ܢܬܗܦܟ ܢܩܘܡ ܒܕܘܟܬܟ
7a1 ܢܗܦܟ]

aphel, perf. 1.s.

51:19b { B אהפך 12a1,Δ, ܘܐܦ ܠܐ ܐܗܦܟܬ ܡܢܗ
Q השיבותי 7a1,7h3, ܐܗܦܟ]

aphel part. m.s.

18:13d ܘܡܠܦ ܠܗܘܢ ܘܡܗܦܟ ܠܗܘܢ

aphel part. f.s.

18:16b ܗܟܢܐ ܡܠܬܐ ܡܗܦܟܐ ܡܘܗܒܬܐ

aphel part. m.pl.

39:31b B ימרו ? 12a1, Δ ,9m1, ܘܟܠ ܦܘܩܕ̈ܢܘܗܝ ܠܐ ܡܗܦܟܝܢ
7a1,7h3, ܡܥܒܪܝܢ]

aphel infinitive

17:1b ܒܪܝܗ̇ ܠܐܕܡ ܘܠܡܗܦܟܘܗܝ ܢܦܫܗ̇ ܠܗ̇
46:7c B להשיב ܒܡܪܕܘܬܐ ܕܥܡܐ ܘܠܡܗܦܟܘ ܚܡܬܐ
48:10c B להשיב ܠܡܗܦܟܘ ܒܢ̈ܝܐ ܠܘܬ ܐܒܗ̈ܬܐ

aphel imperfect 3 m.s.

11:34b A יהפך 7a1,19g7,18/16g6 ܘܢܗܦܟ ܠܟ· ܡܢܟ
7h3 ܘܢܗܦܟ]
12:12b A יהדפך 7a1, ܕܠܐ ܢܗܦܟ ܢܩܘܡ ܒܕܘܟܬܟ
7h3 ܢܬܗܦܟ]
18:24b ܠܐ ܢܗܦܟ ܡܢܟ ܐܦ̈ܐ
32(35):24a B ישיב ܢܦܩܐ ܕܢܗܦܟ ܠܒܢ̈ܝܐ ܢܘܟܪܝܐ
32(35):23a B ישיב ܘܠܥܡ̈ܡܐ ܢܗܦܟ ܦܘܪܥܢܐ

aphel imperf. 3 m.s. with suffix

11:34b A ויהפכך 7h3 ܘܢܗܦܟܟ ܠܟ ܡܢܟ
7a1,19g7,18/16g6 ܘܢܗܦܟ]

He turned, Vertit, convertit (cont'd) ܗܦܟ

aphel imperf.3m.s. with suff.(cont'd)

17:1b ܘܡܗܦܟܘ ܢܗܦܟܝܘܗܝ، ܠܥܦܪܗ̇

aphel imperf. 1 s.

51:19b { B אהפך 7a1,7h3, Q השיבותי 12a1,Δ , } ܘܐܗܦ ܠܐ ܐܗܦܟ ܡܢܗ̇

Distortion, Detortio ܗܘܦܟܐ

sing. const.

34(31):20d B תהפוכות ܘܗܘܦܟ ܠܒܐ ܡܢ ܒܪܢܫܐ ܚܣܝܐ

Contrariwise, Contrarie ܗܦܟܐܝܬ

4:17a ܡܛܠ ܕܗܦܟܐܝܬ ܐܗܠܟ ܥܡܗ

Root ܗܪ

He Disputed, Disputavit, ܗܪ

peal imperf. 2 m.s. with suffix

34(31):31b Bm תחרפהו ܘܠܐ ܬܗܪܝܘܗܝ ܒܚܕܘܬܗ ܗ

Litigation, Litigatio ܗܪܝܬܐ

sing. emph.

28:8a ܐܪܚܩ ܡܢ ܗܪܝܬܐ

29:7b ܡܛܠ ܕܫܠܡ ܡܢ ܗܪܝܬܐ ܘܪܘܚܬܐ

Root ܗܪܟ

Here, Hic, (adverb) ܗܪܟܐ

51:colophon B הנה 7h3 ܫܘܒܚܐ ܠܗܪܟܐ ܫܠܡܬ ܟܬܒܗ̈
7a1 omits

Root ܗܫܐ

Now, Nunc ܗܫܐ

14:12a ܕܗܘܝ ܠܗܫܐ ܡܘܬܐ ܠܐ ܫܦܬ

ס

Conjuction: And ,Et ס

The Hebrew equivalent, unless otherwise specified , is ו

1: 1b 3a 3b 4a 6b 8a 10b 11a 11b(2)
12b (in , 18/16g, omitted by 7al, 7h3)
12b 13a 13b 14a 15b 17b 18b(3) 19b 20 b 20f
20h 20i 20j 20l 20n 20p(2) 20r 20s 20t
20v(2) 20x 20y 20z 28b 29a 29b 30a 30b
30d 30f

2: 3a 4a(2) 6a 6b 5b 7b 8b 9b 10b(2) 10c
10d 10e 11a
11b (7h3, omitted by 7al)
11b 11c 12a 15b 16b 17b 18c 18f

3: 1a 2b 4a 5b(2) 6b 8a 9b 12b 13a 14b 15a
15b 16b 18b 20b 21a 22b 23a 24b 26b 27b
25b 29b 31b

4: 1b 2b 3b 5a 6b 7b 8b 9b 10b 10c 10d 11b
12b 13a 13b 14b 15b 16b 17b 17c 17e 18b
19b 20a 20b 21b 22b 23b 25a 26b 27b
28b 29b(2) 30b(2) 31b

5: 1b 4a 4d 6c 6d 7b 7d 9b 10b 11b 12b
13a 13b 14d 15a

6: 1a 1b 1c(2) 2a 2b 3a 3b 4b 5b 6b 7b
8b 11b 12b(2)
13a(only 7al, omitted by the rest)
14b 16b 18b 19a 19b 20b 21b 22b 23a 23b

6: 24b 25b 26b(7al,7h3, absent from 12al,Δ,)
27a(3) 27b(2) 28a(2) 28b 29a 31a 31b 32b 33b
34b 35b 36a(7h3 , omitted by 7al, 12al,Δ,)
36a 36b 37c(7al, omitted by 7h3) 37d

7: 1b 2a 3a(7al, 7h3 , omitted by Δ ,)
4b 5b 6b 7b 10b(7al,7h3, omitted by Δ ,)
10c 11a 11b 12b(, omitted by 7al, 7h3)
14b 18a 19b 21b 22b 23b 24b 25a 25b 26b
27b 28b 29b 30b 31a 31b 33b (7h3, omitted by 7al)
34a 35a 36b.

8: 2d (7h3 absent from 7al)
3b 8b 12b 13b 14a 15d 16b 16d

9: 7a 7b 8a 8b 9Ib 9Id 9IIb 13b 13c 13e 13f
14b 15b 16b 17b 18b

10: 1b 2b 3b 4b 5b 6b 6c 6d 7a 7b(2) 8b(2)
9a 10a 10b 11b 12b 13b 13d 14b 15b 16a
17a(2) 17b 17d 18b 20b 21a
23b(Δ , absent from 7al, 7h3)
24a(2) 24b 26a (7h3, absent from 7al,10ml,Δ , 9ml)
26b 27b 28b 30b

11: 1b 2b 3b 4b 4d 5b(7h3 absent from 7al)
6b 7b 8b 9b 10b 10d 11a(2) 11b 12a(2)
12b(2) 12d(2) 13a 13b 14a(2) 14b 15a(2) 15b
16a 16b 17b 18b 19a 19c 19d 20b(2)
21a(12al, Δ less 11cl, absent from 7al,7h3)
21b 27b 30b 30c 30d 31a 31b 34b

12: 1b(12a1, , absent from 7a1,7h3)
2a 3b 6a 6b 7a 7b 8b 9b 11a 11d 12c
12f 15b 16b 17b 18a 18b(2)

13: 1b 2b 2d 3a 3b(2) 4b 5b(2) 6b(2) 7a 7b
7c(2) 7d 8a 9a 9b 10b 11b 12a
12b 13a 15b 16b 21a 21b(2) 22a 22b 22c 22d
23a 23b 23c 23d 25b 26a

14 1b 2b 3b 4b 5b 6b 7a(2) 7b9b 10b 11b
12a(7h3 absent fr. 7a1)
12b 13b 14b 15b 16a(2) 16b 17b 18b 18c 18d
19a 19b 20b 21a 22a 22b 23a 23b 24a
24b 25b 26a(7h3 absent 7a1,10m1,12a1,△ less 19g7)
26b 27a 27b

15: 1b 2a 2b 3a 3b 4a(7h3 absent fr. 7a1)
4a 5a 5b 6a 6b 7b 8b 10b 11a 13a
13b 14b 15a 15b 16a 17a 17b 18b 19a 20b
20c

16: 1b 2a(7a1 absent fr. 7h3)
3c 3e 4b 5b 6b 8a 9a 9b
11a(7a1,7h3, absent 12a1, △ 9m1)
11c 11d
11d(7a1,7h3, absent 12a1,△ ,)
12b 13a 13b 14b 16b(2) 17b 17c 18a
18a(7h3 absent 7a1)
19a 20a 20b 23b 24a 24b 25b 27a 27b
27c(3) 27d 28b 29a(7a1, in 7h3)
29b 30b

17: 1b 2b 3b 4b 7a 7b 6a(4) 6b 10a 11b
12b 13a 13b 14a(2) 14b 15b 17b 19b
20b 22a 22b 23b 24b 25a 27b 31d
32b (7al absent from 7h3)

18: 2a 7b 8a(2) 10a 11b 13b 13c(2) 13d
14b 15b 17b 18b(7al,7h3 , ommitted by 12al, Δ ,)
19b 20a 20b(2) 21a 21b 22b 23b 24b 25b(2)
26b 27b 28b 29b 29c 30b 33a

19: 1b 2a 2b 4a 5a 7a 7b
8a(7al,10ml, Δ, omitted by 7h3)
8b 9b 10b 13b 14b 15b 16a 16b(2)
17b 20a 20b 22b 23b 24b 25a 25b
26a 26b 27a 27b 28b 29b 30b

20: 1b(2) 3a 4b 7a 7b(2) 8b 9b 12b 15a
15b(3) 15c 15d 15f 21b 22b 23b 24b
25b 27b 29a 29b(3) 30a

21: 2b 2d 3a 3b 4b 5b 6b 7b 10a 11b
13b 14b 15b(2) 15c 15d 16b 17b 18b 19b
20b 21b 22b 23b(2) 24b 25b 26b

22: 1b 1d 2a 2b 3b 5a 5b 6b(2) 9b 10a
10c 11b 12b 13b 13d 13e 13f 14b 15a(2)
16c 18b 18c 18f 19b 20b 21b 22a 22d
24b 25b 26d 27b 27d

23: 1a 2b 2d 3b 3c 3d 4a (7h3, ommitted by 7al, ,9ml)
5a 5b 6a 6b 7b 8b 9b 10c 11b 11d 11f
12c(Δ , omitted by 7al, 7h3)
12d 13a 14a 14b 14c 14d 14e 15c 16b
17b 18b 18d 18e 19a 19c 19d
20b (7al, 7h3, omitted by 12al, Δ ,)
20c 22d 23b 23c 24b(7h3 omitted by 7al,12al, ,)
25b 26a 26b 27b 27d(2)

24: 1b 2b 3b 4b 5b 6a 6b(2) 7a 8b(2) 9b
10b 11b 12a 12b 13b 14b(7al, omitted by 7h3)
14d 15a 15b 15c(4) 15d 16b(2) 17b 19b 20b
21b 22b 25b 26a 26b 27a 27b 28b 29b
30a (7h3, omitted by 7al,12al, Δ ,)
30b 31b 31c 31d 32b 33a

25: 1b(2) 1c 1d(2) 2b 2c 2d(2) 4b 5b(2) 6b
7b 8b 8d 9b 9d 12b 12c 13a 13b(2)
14a(12al,17a4,17a3,19g7,17al,18cl, omitted by 7al,7h3)
14b(2) 15b 16a 17b 18b 19a 21b 22a 23a
23b 23c 23d 25b(2) 25c 25d
26a (12al,17a4, 17a3,19g7,17al,18cl, omitted by 7al,7h3)

26: 2b 4a 4b 5b 5d 7b 8a 9a 9b 11b 12b
12c(2) 12d 14a(7h3, omitted by 7al,10ml, 10m2)
15b 19b 21a 21b 25a(7al, omitted by 7h3)
25b 26f 27a 28b 28c 28d 28e

27: 1b 2b 8b 9b 11b 12b 13b 14b 15b 16b 17a
19a(2) 20a 20b 21a 22a 24a 24b(2) 25b
26b 27a 29a 29b 30a(7al,11cl,14cl,15cl,19g7.
omitted by 7h3).

28: 1a(2) 1b(7h3, ד in 7al, ,) 2a 2b 6a 6b(2)
7a 7b 8b 10b 10d 11a 11b 12b 12c 13a 14b
14c 14d 15a 17b 19b 19d 20b 21b 23b(2)
23c 23d 24b 25a 25b

29: 1b 2b(2) 3a(2) 3b 4b 5b 5c 5d
6b(12al, , omitted by 7al, 7h3)
6c 6d 6e 6f 9a 9b 10b 11a 11b 12a
12b 13a(2) 13b 15b 16b
18b(7h3, 7al, omitted by 12al,Δ ,)
18c 18d 19b 19d 20b 21a(2) 21b 23a 23b
24b 25a 25b 26b 28b(2) 28d 28e 28g
28h

30: 2b 3b 4a 5a 5b 6a 7b 10a 10c 11b 12b
12c 13a 14a 15b 16b 17b 19b(2) 19d 20a(2)
20c 21b 22b 23a 23b 23d 24a 24b 25b

34(31): 1b 2b 3b 4b 5b 6b(7h3 omitted by 7al)
6c 6d 7b 8b 9a 10a 10b(2) 10c 10d(2)
11b 12c 13b 13d 14b 16b 17a 19b 20c(3)
20d 21a 21b 22a(2) 22b 22d 23b 28a(2)
29a(2) 30a 31b 31d

35(32): 1b 1c 1d 2a(2) 2c 4b 6a(2) 9b 11b 12a
12b 13a 14b 16b 17b 18a 19a 22a 24b

36(33): 1b(2) 5b 8b(2) 9a 9b 10a 10b 11b 12a
12b(2) 12c(2) 12d 14b 14c 16a(Δ, omitted by 7h3 ,7al)
25b 25c 27b 28a(3) 28d 29a 31b 32a 33a(2)
33b(3) 34a 34b 38a 38b 39d 40b

31(34): 1b 2a 3a 4a 4b(Δ , [sign] 7al, 7h3)
5a(2) 5b 6a 7b 9b 11a 11b(Δ ,9ml.omitted
by 7al, 7h3)
13b 15a (7al, omitted by 7h3)
18b 19b(3) 19c(2) 19d(2) 20a 20b(2) 25b
27a 27c 28a 29a 30a 31a 31b

32(35): 1b 2a(7h3 , omitted by 7al)
4a 5b 8b 10b 11b 13b 12b 15a 15c
16b 17b 20b 21b 22b 22c(2) 23a 23c
24b 25b 26a

33(36): 2a 3b 7a 8a 10a 11b(2)
15a(11c1,14c1,17a4,17a3,19g7 omitted by 7al,7h3)
36: 16a 17a 19b 20b 21a 21b 22a 25b 27b
29b 30b(2)

37: 1a 2a (7h3, [sign] 7al, Δ less 19g7, 12al)
3a 4b 5b 9a 9b(2) 10b 11c 11d 11g
11h 11i 12c 12e(2) 15a 18a(2) 18b
20a 20b 22a(12al, Δ , omitted by 7al,7h3)
22b (7al, 7h3, omitted by 12al, Δ ,)
23b 24a 24b 26a 27b(7al, omitted by 7h3)
28b 29b 30b 31b

38: 2b 3b 4a 8a 10a 12a 14b 14c(2) 16b(2)
16c 16d 17a 17b 17c 17d 19a 20b
22b 23b 24b 25c 25d 26a 26b
27b(2) 27c(2) 27d 28b 28d 28f 29b
30a 30b(2) 30c 30d 31b 32a 33a
33b 33c(2) 33e 34b 34d

39: 1b 2a 2b 3b 4a 4b(2) 4d 5a(7al, om. 7h3)
5c 5d 5e 6a(7al omitted by 7h3)
6c 6d 7b 8b 9a 9b 9c 9d 10b 11b 12a 13a
13b 13c 14b 15a 15b 15d(3) 16b 17a(2)
17c(2) 17e 18b 19b 20a 20b(2) 22b 23b
24b 25a 25b(2) 26b(3) 26c(4) 26d(5) 27b
28b (7al omitted by 7h3)
28d 29a(2) 30a(2) 31b(7h3 , omitted by 7al,12al,Δ)
33a 33b 34a 34b 35b

40: 1b 1d 2a 2b 3b(2) 4b(12al, Δ ,9ml, omitted by 7al,7h3)
5a 5a(7h3 ,7al, omitted by 12al,Δ ,9ml,10m2)
5b(4) 5c 7b 8b 11b 12a 12b 13b 15a
16a 17a 17b 17c 18a 18b 19a 20b
21a(7h3, omitted by 7al) 22a 22 b 23b 24a
25a 25b 26a 26b 26d 26f 27b
28b(7h3 ,7al, omitted by 12al,Δ ,)
29d 30b

41: 1c 1d 2d(2) 3b 5b 6b 9b 11b 12c 12d

42: 9b 9d 10c(2) 11c(2) 11d 11f 12b 15b
18a 18b 19a 19b(2) 20a 20b 21a
22a(7h3 ,omitted by 7al) 23a(2) 23b(2) 24a 24b

43: 2a 4d(2) 5b 6a 6b 8b 9a

44: 1a 2b 3a 4a 4c 5a 5b 6a 7b 9a 9b
10a 11a(7h3, omitted by 7al,12al,Δ ,)
12a 12b 13b(7h3 , omitted by 7al)
14b 15a 17d 19b 20b 20d 21c(7h3 omitted byΔ)

44(continued): 21d 21g 22a(7al, 7h3, omitted by △ ,)

23a 23c 23d 23e(2) 23f 23g

45: 1a(2) 2a 2b 3b 3c 3d(2) 4a 5a 5c 5d

5f(2) 6a 7a 7b(2) 7c 8a 8b 15a 15c

15d 15f 16a 16b(2) 16d 17a 17b(2) 18a

18b 18c 18d 19a(2) 19b 19c 19d 20a

20b 20d(2) 22b 22d 23a 23c 23d 24c(2)

25a(7h3 ,omitted by 7al, 12al)

25d 26d

46: 1e 1f 2b 4b 5c(2) 5d(2) 6a 6b 6c 6e

7a(7al, omitted by 7h3)

7b 7c 7d 8a 8d 9a 9b 9d 10b 11c 12a

12b 12c 13a 13d 13e 13f(2) 16a 17a 17b

18a 18b 19a 19b(2) 19c 19d 20a 20b 20c

47: 1a 3b 4b 4d 5b 7a 7b 7c 8b 8c

9c 11b(7h3 omitted by 7al)

11c 12a 13b 14b 14c 17b 17c 17d 18a

19a 19b 20a 22a 22b 22c 22d 22e 22f

23a 23b 23c 23e(2) 24a 25a

48 1b 2a 2b 3b 4b 7a 8a 9a 10a 11a

12b(3) 12d 13a 14b 15a 15b 15d 15e 16b

17b 18b 18c 18d 20b 20c 20d 21a 21b

22b 23b 24a 24b 25a 25b

49: 1d 2b 3a 3b 4a(2) 4c 5a 5b 6a

6b 8a 8b 10a(7h3,7al, omitted by 11c1,12al,17a4,17a3,

and 17al)

10d 12a 12c 13b 13c(2) 15a 16b

50: 1c 2a(10ml, ܠ, 9ml,19gl, omitted by 7al,7h3)
3a 4a 6b 7a 7b 8a 9a 9b 9c 10a 10b
11b 12a 12b 12c 13a(12al, ܠ, omitted by 7al, 7h3)
14b 15b 15c 16a 16c 17a 18a 18b 19a
22d 23b 24a 25b 26a 26b 27a 28b(3)

51: 1b 1c 2b (7h3, omitted by 7al,12al, less 15cl)
3a 3c 3d 3e 4a 6a 6b 7a 7b(2) 8a
8b 8d 9a 9b 10a 10b 11b 11c
12a(11cl,12al,14cl,17a4,17a3 omitted by 7al, 7h3)
12b 12c 12d 13a 13b 15b 16a 16b 17b 18a
19b 19d(3) 20a 20b 20c 22b 23b 24b
26a 26b 27b 28b(2) 29b 30b 30d

Root ܘܝ

Exclamation: Woe ! Vae ! ܘܝ

2:13a ܘܝ ܠܗ ܠܠܒܐ ܕܠܐ ܡܗܝܡܢ
2:14a ܘܝ ܠܟܘܢ ܚܣܝܪܝ ܡܣܝܒܪܢܘܬܐ
41:8a ܘܝ ܠܗܘܢ ܠܓܒܪܐ ܥܘܠܐ

Root ܘܠܐ

It is fitting, Decet ܘܠܐ

peal participle

20:(3a) ܕܠܐ ܘܠܐ ܠܗ ܠܡܬܒܥܘ
20:(6a) ܐܝܬܝܐ ܕܠܐ ܘܠܐ ܠܗ
30(33):38a ܕܘܠܐ ܠܗ ܐܫܠܛܝܗܝ ܒܥܒܕܝܟ
38:16c ܘܐܝܟ ܡܐ ܕܘܠܐ ܠܗ ܩܒܘܪ ܦܓܪܗ

Suitability, Honestas ܘܠܝܬܐ

sing. emphatic

38:16b B קינה ܘܥܒܕ ܠܟ ܘܐܡܪ ܐܘܠܝܬܐ
39:17b ܡܛܠ ܕܟܠܗܘܢ ܒܘܠܝܬܐ ܢܬܒܥܘܢ

Suitability, Honestas, (cont'd) ܘܠܝܘܬܐ

sing with suffix

34(31) :27b B במתכונתו ܐܢ ܢܫܬܝܘܗܝ، ܒܘܠܝܘܬܗ

34(31): 28b B ? וראי ܫܦܝܪܐ ܕܡܫܬܬܐ ܒܘܠܝܘܬܗ

ܙ

Root ܙܒܢ

Purchase, Emptio, ܙܒܢܐ
sing. with suffix

37:11d B ממכר / D ממכרו / Bm ממכ[ ] — ܘܥܡ ܡܙܒܢܢܐ ܥܠ ܙܒܢܗ

Buyer, Emptor ܙܒܘܢܐ
sing. emph

27:2b ܘܒܝܬ ܙܒܘܢܐ ܠܡܙܒܢܢܐ ܡܬܡܥܟ ܚܛܗܐ

Seller, Venditor ܡܙܒܢܢܐ

sing. emph.

27:2b ܘܒܝܬ ܙܒܘܢܐ ܠܡܙܒܢܢܐ ܡܬܡܥܟ ܚܛܗܐ

37:11d B וממקנה* / Bm,D וממקונה — ܘܥܡ ܡܙܒܢܢܐ ܥܠ ܙܒܢܗ

Time, Tempus ܙܒܢ

sing. absolute

13:9b A וכדי כן ? — ܘܟܠ ܙܒܢ ܕܗܘ ܢܩܪܒܟ

27:11a ܒܚܟܡܬܐ ܐܬܝ ܟܠ ܙܒܢ

composite "all time"

51:11a B תמיד — ܐܫܒܚ ܫܡܟ ܒܟܠܙܒܢ

sing. emph.

8:9d A בעת — ܬܫܟܚ ܢܠܦܐ ܒܙܒܢܐ ܕܡܬܒܥܐ

16:10a ܟܡܐ ܙܒܢܐ ܬܡܢܝܐ ܐܠܦܝ̈ܢ

18:20b ܩܠܐ ܘܠܙܒܢܐ ܕܣܥܘܪܬܐ ܬܫܟܚ ܚܘܣܝܐ

18:22c ܠܐ ܬܬܠ ܙܒܢܐ ܠܡܬܒ ܡܢ ܚܛܗܝ̈ܟ

18:24b ܘܒܙܒܢܐ ܕܢܩܡܬܐ ܠܐ ܢܗܦܟ

26:19a ܒܢܝ ܐܘܕܘܪ ܒܙܒܢܐ ܕܥܠܝܡܘܬܟ

27:3b ܬܬܒܪ ܡܚܠܠ ܙܒܢܐ

29:2b ܘܦܪܘܥ ܙܒܢܐ ܐܚܪܝ ܩܪܝܒܟ

29:5d ܘܠܙܒܢܐ ܦܘܪܥܢܐ ܢܣܒ ܠܗ

30(33):32a E עת — ܘܒܙܒܢܐ ܕܢܫܠܡܘܢ ܡܢܝܢܐ ܕܝ̈ܘܡܝܟ

32(35):26b B עת — ܐܝܟ ܥܢܢܐ ܕܡܛܪܐ ܒܙܒܢܐ ܕܡܬܒܥܐ

33(36):10a B מועד / Bm מצער — ܐܦ ܡܘܬܐ ܘܦܩܕܬ ܙܒܢܐ

38:13a B, Bm עת — ܡܛܠ ܕܐܝܬ ܙܒܢܐ ܕܒܐܝܕܗ

Time, Tempus (cont'd) ܙܒܢܐ

sing. emph(cont'd)

44:17b B לעת ܒܙܒܢܐ ܕܛܘܦܢܐ ܗܘܐ ܚܠܦܬܐ
46:19a B ועת ܘܒܙܒܢܐ ܕܡܬܢܝܚ ܥܠ ܥܪܣܗ

sing. with suffix

43:6a ܘܣܗܪܐ ܡܩܝܡ ܠܙܒܢܗ

39:33b B בעתו ܘܟܠ ܨܒܘ ܠܙܒܢܗ ܐܬܒܪܝܬ

39:34b ܘܟܠܗܝܢ ܕܒܙܒܢܗܝܢ ܡܬܝܩܪܢ

30:24b B עת ܘܕܠܐ ܒܙܒܢܗܝܢ ܡܩܦܐ ܣܝܒܘܬܐ

plur. absolute

19:15a ܡܛܠ ܕܣܓܝܐܐ ܙܒܢܝܢ ܗܘܐ ܡܐܟܠ ܩܪܨܐ
35(32):20b ܕܠܡܐ ܬܬܠܡ ܒܟܐܦܐ ܙܒܢܝܢ
48:3b ܘܐܚܝܬ ܬܠܬ ܙܒܢܝܢ ܢܘܪܐ

plur. emph.

36(33):8b ܘܫܢܐ ܡܘܥܕܝܗܘܢ ܒܙ̈ܒܢܐ ܘܙ̈ܒܢܐ
43:6b { B,M עתות / Bm עתעת } ܬܚܘܡܬܐ ܕܙ̈ܒܢܐ ܘܐܬܐ

Time, Tempus, ܙܒܢܬܐ

sing fem. emph.

13:7b ܙܒܢܐ ܒܢ ܙܒܢܬܐ ܘܬܪ̈ܬܝܢ ܬܠܬܝܢ

plur. emph.

31(34):13a ܙܒ̈ܢܬܐ ܣܓܝ̈ܐܬܐ ܠܡܘܬܐ ܡܛܝܬ

Root ܙܦܬ

Pitch, pix, ܙܦܬܐ

sing emph.

13:1a A בזפת 7a1,7h3 ܕܩܪܒ ܠܙܦܬܐ ܕܒܩܐ ܒܐܝܕܗ
12a1, Δ ,9m1 [ܠܙܦܬܐ]

Root ܟܠܐ

He Restrained, Cohibuit ܟܠܐ

peal part.

23:12c 7h3 ܘܐܦ ܡܢ ܕܟܠܐ ܢܦܫܗ

7a1 [ܕܟܠܝܢ

10m1,17a4,17a3,19g7,17a1, [ܕܟܠܐ

Root ܙܕܩ

He was justified,Justificatus est

ethpa'al part. ܡܙܕܕܩ

26:29b ܚܛܝܐ ܕܝܢ ܠܐ ܡܙܕܕܩ ܡܢ ܚܛܗܐ

Benefit, Eneficium, or alms, eleemosyne sing. emphatic ܙܕܩܬܐ

3:14a A } צדקת ܙܕܩܬܐ ܕܐܒܐ ܠܐ ܡܬܛܥܝܐ
C }

3:30b A צדקה ܗܟܢܐ ܙܕܩܬܐ ܡܟܦܪܐ ܚܛܗܐ

7:10b A ובצדקה ܘܡܢ ܙܕܩܬܐ ܠܐ ܬܬܟܘܪ

18:21b ܘܟܕ ܠܐ ܬܬܚܛܐ ܗܒ ܙܕܩܬܐ

29:12a ܨܘܪ ܙܕܩܬܐ ܘܣܝܡ ܒܒܝܬ ܓܙܝܟ

32(35):4a 7h3 ܘܕܥܒܕ ܙܕܩܬܐ ܕܒܚ ܬܘܕܝܬܐ

7a1 [ܙܕܝܩܘܬܐ

40:24b { B צדק
{ Bm צדקה

Just(man),Justus ܙܕܝܩܐ

sing. emph.

10:23a A } דל[ ]מש ܠܝܬ ܠܡܒܣܪܘ ܠܡܣܟܢܐ ܙܕܝܩܐ
B }

12:2a A לצדיק ܐܛܒ ܠܙܕܝܩܐ ܘܬܫܟܚ ܦܘܪܥܢܐ

12:3b A צדקה ܘܡܢ ܕܥܒܕ ܠܙܕܝܩܐ ܠܐ ܡܘܒܕ

13:17b A לצדיק ܗܟܢܐ ܢܦܠ ܠܚܛܝܐ ܙܕܝܩܐ

20:21b ܗܟܢܐ ܕܗܘܐ ܙܕܝܩܐ

21:16b ܘܒܦܘܡ ܡܫܟܠܐ ܕܙܕܝܩܐ ܡܫܬܟܚܬܐ

34(31):19a { B [נבון[2] ܡܕܡ ܕܝܗܒ ܐܢܫ ܡܢ ܡܘܗܒܬܗ ܕܙܕܝܩܐ
{ Bm [נכון

Just(man),Justus (cont'd) ܙܕܝܩܐ

sing. emph. (cont'd)

44:17a B M } צדיק ܢܘܚ ܙܕܝܩܐ ܐܫܬܟܚ ܒܕܪܗ

sing. emph. fem.

26:23b ܐܢܬܬܐ ܕܝܢ ܙܕܝܩܬܐ ܠܓܒܪܐ ܕܕܚܠ

plur. emph.

16:13b A צדיק ܘܠܐ ܢܓܠܐ ܣܒܪܗܘܢ ܕܙܕܝ̈ܩܐ

17:24b ܘܢܘܒܕ ܠܟܠ ܕܠܙܕܝ̈ܩܐ ܣܢܝܢ

18:10b ܚܕ ܢܘܣܒܐ ܒܝܘܡܬܐ ܕܙܕܝ̈ܩܐ

20:17c ܗܒܢܐ ܠܟܢܘܗ ܕܕܢܠܗ ܒܝܬ ܙܕܝ̈ܩܐ

28:22a ܠܐ ܫܠܛܐ ܒܙܕܝ̈ܩܐ ܘܠܛܒ̈ܐ

31(34):20c ܗܠܝܢ ܟܠܗܘܢ ܟܠ ܙܕܝ̈ܩܐ ܢܐܬܘܢ

32(35):8a ܡܩܪ̈ܒܢܝܗܘܢ ܕܙܕܝ̈ܩܐ ܥܠܬܐ ܕܦܘܩܕܢܝܢ

32(35):9b ܘܕܘܟܪܢܗܘܢ ܕܙܕܝ̈ܩܐ ܠܐ ܬܬܛܥܐ

37:12a ܥܡ ܐܢܫܐ ܙܕܝ̈ܩܐ ܗܘܝܬ ܢܛܝܪ

39:13a ܫܡܥܘܢܝ ܙܕܝ̈ܩܐ ܘܦܪܘ ܒܥܘܒܟܘܢ

39:24a B תמים ܐܘܪܚܬܗܘܢ ܕܙܕܝ̈ܩܐ ܬܪ̈ܝܨܢ

40:17b B M } וצדקה ܘܛܒ̈ܬܐ ܕܙܕܝ̈ܩܐ ܠܥܠܡ ܬܩܘܡ

44:23f ܘܦܠܓܗ ܠܗܘܢ ܠܫ̈ܒܛܐ ܙܕܝ̈ܩܐ

plur. with suffix

47:22c ܘܒܢ̈ܝ ܙܕܝ̈ܩܘܗܝ ܠܐ ܢܚܒܠ

Right, Aequus ܙܕܩܐ

sing. with suffix

38:17b ܘܥܒܕ ܐܒܠܐ ܒܙܕܩܗ

7:31b A ? חלקם ܘܗܒ ܠܗܘܢ ܙܕܩܗܘܢ

Justice, Justitia ܙܕܝܩܘܬܐ

sing. emph.

16:14a A צדקה ܠܟܠ ܡܢ ܕܥܒܕ ܙܕܝܩܘܬܐ

29:11a ܣܝܡ ܠܟ ܣܝܡܬܐ ܒܙܕܝܩܘܬܐ

32(35):4a 7a1 ܘܕܥܒܕ ܙܕܝܩܘܬܐ ܢܦܩ ܡܘܗܒܬܐ

7h3 ܙܕܩܘܬܐ]

Justice, Justitia (cont'd) ܙܕܝܩܘܬܐ

sing. emph. (cont'd)

44:10a ܗܠܝܢ ܐܢܫܐ ܕܛܝܒܘܬܐ ܘܕܙܕܝܩܘܬܐ

49:9b B צד[ק] ܕܬܠܝܢ ܐܘܪܚܬܗ ܕܙܕܝܩܘܬܐ

Root ܙܗܪ

He shone, Splenduit ܙܗܪ

peal, imperf. 3 m.pl.

46:12a ܘܢܙܗܪܘܢ ܓܪܡܝܗܘܢ ܐܝܟ ܫܘܫܢܐ

ethpe'el (= He was cautious, Cavit).

participle

23:7b ܫܡܥܘ ܒܢܝܐ ܘܕܡܙܕܗܪ ܠܐ ܢܬܬܚܕ

37:31b { B,D והנשמר / Bm ובהשמר } ܘܕܡܙܕܗܪ ܡܘܣܦ ܚܝܐ

ethpe'el, imperat. 2 m.s.

13:8a A השמר ܐܙܕܗܪ ܠܐ ܬܬܛܥܐ ܒܐܪܥܘܬܟ

13:13a A השמר ܐܙܕܗܪ ܘܗܘܝܬ ܙܗܝܪ

26:19a ܒܪܝ ܐܙܕܗܪ ܒܦܪܚܐ ܕܛܠܝܘܬܟ

28:26a ܐܙܕܗܪ ܕܠܡܐ ܬܦܠ

34(31):17a B ? חדל ܐܙܕܗܪ ܬܦܠ ܡܪܕܘܬܐ

ethpe'el imperat. 2 m. pl.

17:14a ܘܐܡܪ ܠܗܘܢ ܐܙܕܗܪܘ ܘܠܐ ܬܬܛܥܘܢ

22:26c ܘܠܐ ܟܠ ܕܫܡܥܢ ܢܙܕܗܪ ܡܢܟ

aphel, (= He Shone, Splenduit)

part. m. pl.

49:10b ܢܗܘܢ ܓܪܡܝܗܘܢ ܡܙܗܪܝܢ ܬܚܝܬܗܘܢ

Bright, Illustratus ܙܗܝܪܐ

sing. absol.

1:29b ܘܒܣܦܘܬܟ ܬܗܘܐ ܙܗܝܪ ܠܚܕܐ

6:13b A השמר ܘܡܢ ܪܚܡܟ ܗܘܝܬ ܙܗܝܪ

13:13a A זהיר ܐܙܕܗܪ ܘܗܘܝܬ ܙܗܝܪ

35(32):22a { BI השמר / BII הזהר / E זהיר } ܘܒܐܘܪܚܬܟ ܗܘܝܬ ܙܗܝܪ

Root ܙܘܐ

Corner, Angulus, ܙܘܝܬܐ

plur. emph.

22:16a ܒܒܢܝܢܐ ܕܙܘܝܬܐ ܕܒܝܬܐ

Root ܙܘܓ

Yoke, Jugum ܙܘܓܐ

plur. absolute

42:25a ܟܠܗܝܢ ܚܕܐ ܥܡ ܚܕܐ ܙܘܓܝܢ ܙܘܓܝܢ

Root ܙܘܢ

Nourishment, Alimentum ܡܙܘܢܐ
sing. emphatic

10:27b A מזון 7h3 ܡܢ ܕܡܫܬܒܗܪ ܘܚܣܝܪ ܡܙܘܢܐ

7al omits

34(31):2a ܨܠܘܬܐ ܕܡܙܘܢܐ ܕܢܦܫܐ ܘܡܫܬܬܐ

41:2d 12al, Δ, 9ml ܘܚܣܝܪ ܡܙܘܢܐ ܘܠܝܬ ܒܗ ܚܝܠܐ
7al, 7h3 ܡܙܘܢܝܐ]

Root ܙܘܥ = ܙܥ

He Moved, Se Movit ܙܥ

peal, perf. 3 m.s.

26:5a ܡܢ ܬܠܬ ܙܥ ܠܒܝ ܘܡܢ ܐܪܒܥ

48:12c B זע ܘܡܢ ܢܦܫܗ، ܠܐ ܙܥ ܡܢ ܒܪܢܫܐ

peal part. m. pl.

16:19b A ירעשו ܟܕ ܡܬܚܙܝܢ ܢܦܫܗܘܢ ܙܝܥܝܢ

peal part. f.sing. passive

34(31):13c { B תזוע ; Bm תזיע } ܡܢ ܩܕܡ ܟܠܡܕܡ ܙܝܥܐ ܥܝܢܐ

peal imperf. 2 m.s.

1:30a ܠܐ ܬܬܪܝܡ ܒܡܕܥܟ ܘܠܐ ܬܙܘܥ

peal imperf. 2 m.s. with suffix

22:16c ܘܟܠ ܕܠܒܐ ܠܐ ܬܙܝܥܝܘܗܝ

ethpe'el imperf. 2 m.s.

32(35):10b ܘܠܐ ܬܬܙܝܥ ܡܢ ܒܘܣܡܝܗܘܢ

aphel part.

38:29b ܘܡܙܝܥ ܒܪܓܠܗ ܓܝܓܠܐ

He Moved, Se Movit(cont'd) ܙܥ

ettaphal part. pl.

38:27a ܟܠܗܘܢ ܒܐܘܡܢܘܬܐ ܡܬܬܙܝܥܝܢ

ettaphal, imperf. 3 m.s.

34(31):19b B ישיק ܘܥܠ ܡܩܪܒܬܗ ܠܐ ܢܬܬܙܝܥ

Fear, Metus ܙܘܥܬܐ

sing. emph.

4:17c ܕܚܠܬܐ ܘܙܘܥܬܐ ܐܝܬܐ ܥܠܘܗܝ

Root ܙܗܐ

Splendour, Splendor. ܙܗܝܐ

sing. emph.

24:17b ܘܦܐܪܝ ܦܐܪܐ ܕܙܗܝܐ ܘܕܗܕܪܐ

Root ܙܝܢ

Weapon, Arma ܙܝܢܐ

sing. with suffix

12:5b A ? לחם ܡܐܢ̈ܝ ܙܝܢܗ ܠܐ ܬܬܠ ܠܗ

Root ܙܝܬ

The Olive, Oliva ܙܝܬܐ

sing. emph.

24:14c ܐܝܟ ܙܝܬܐ ܐܬܪܒܝܬ

50:10a B כזית ܘܐܝܟ ܙܝܬܐ ܡܗܢܝܐ ܕܪ̈ܘܝܢ ܦܐܪ̈ܘܗܝ

Root ܙܟܐ

He was innocent, Innocens fuit ܙܟܐ

peal, perf. 2 m.s.

7:8b A תנקה ܕܒܚܕܐ ܡܢܗ̈ܝܢ ܠܐ ܙܟܝܬ

18:23d ܡܛܠ ܕܒܚܕܐ ܡܢܗ̈ܝܢ ܠܐ ܙܟܝܬ

peal, part.

9:12b A ינקה ܕܥܕܡܐ ܠܡܘܬܐ ܐܚܪ ܠܐ ܙܟܐ

11:10b A } B } ינקה ܘܕܪ̈ܗܛ ܠܡܩܢܝܘܬܗ ܠܐ ܙܟܐ

23:10b ܡܢ ܡܚܘܬܐ ܠܐ ܙܟܐ

23:10d ܡܢ ܚ̈ܛܗܐ ܠܐ ܙܟܐ

ܙܟܐ

peal, part.(cont'd)

23:11f ܚܛܝܐ ܗܘ ܘܠܐ ܙܟܐ

peal imperf. 3 m.s.

16:11b A ינקה ܬܬܡܗܐ ܐܢ ܢܙܟܐ

34(31):5a B ינקה ܕܪܚܡ ܡܡܘܢܐ ܠܐ ܢܙܟܐ

31(34):4b ܘܡܢ ܡܢܘ ܢܕܟܐ ܕܢܙܟܐ

pael imperf. 3 m.s.

18:2a ܘܡܪܝܐ ܒܠܚܘܕܘܗܝ ܙܟܝ

pael imperf. 3 m.s. with suffix

10:29a A} B} יצדיקנו ܕܡܚܝܒ ܢܦܫܗ ܡܢܘ ܢܙܟܝܘܗܝ

19:4b ܕܡܚܛܐ ܢܦܫܗ ܡܢܘ ܢܙܟܝܘܗܝ

pael imperf 2 m.s.

7:5a A תצדק ܠܐ ܬܙܟܐ ܢܦܫܟ ܩܕܡ ܐܠܗܐ

Victory, Victoria ܙܟܘܬܐ

sing. emph.

1:20h ܘܙܟܘܬܐ ܕܠܠܒܟ ܒܟܠܗ ܡܕܝܢܬܐ

17:22a ܘܙܟܘܬܐ ܕܟܠܗܘܢ ܒܒܢܝܢܫܐ ܐܝܟ ܚܬܡܬܐ

31(34):4a ܘܡܢ ܕܓܠ ܒܗ ܢܦܩ ܙܟܘܬܐ

Innocent,Innocens ܙܟܝܐ

sing emph.

31(34):25b ܒܚܡܪܐ ܓܢܒܪ ܕܗܘܐ ܙܟܝܐ

31(34):27a ܓܢܒܪܐ ܕܗܘܐ ܙܟܝܐ ܠܐܠܗܐ ܢܦܠ

Root ܙܠ

He despised, Despexit, ܙܠ

aphel part.

10:29b A מקלה ܘܡܢܘ ܢܫܒܚ ܠܡܢ ܕܡܙܠ ܢܦܫܗ

Shameful, Turpis ܙܠܝܠܐ

sing. absol.

10;31b A} B} והנקלה ܘܕܙܠܝܠ ܒܥܘܬܪܗ ܒܡܣܟܢܘܬܗ

18:33a C זולל ܠܐ ܬܗܘܐ ܡܣܟܢ ܗܘܐ ܘܙܠܝܠ

Shameful, Turpis (cont'd) ܙܠܝܠܐ

sing. emphatic

8:4a A איש אויל ܠܐ ܬܬܚܐ ܥܡ ܙܠܝܠܐ

10:19c B נקלה ܙܪܥܐ ܙܠܝܠܐ ܡܢܐ ܕܥܒܪ ܠܦܘܩܕܢܐ

10:19d A, B נקלה ܙܪܥܐ ܙܠܝܠܐ ܗܘ ܕܠܐ ܢܛܪ ܦܘܩܕܢܐ

Root ܙܠܩ

Brightness, Fulgor, ܙܠܝܩܐ

plur. emph.

28:22b ܠܐ ܬܬܐܟܠ ܒܫܠܗܒܝܬܐ ܘܙܠܝܩܐ ܕܢܘܪܐ

plur. with suffix

43:4d ܘܡܢܗܪ ܙܠܝܩܘܗܝ ܘܡܚܫܟ ܥܝܢܐ

Root ܙܡܪ

Singing, Cantus ܙܡܪܐ

sing. emph.

22:6a ܐܝܟ ܙܡܪܐ ܒܝܬ ܒܟܝܐ

40:21a B שיר ܘܐܦܕܢܐ ܡܒܣܡܝܢ ܙܡܪܐ

Singing Woman, Cantatrix ܙܡܪܬܐ

sing. emph.

9:4a A מְנַגֵּינַת ܥܡ ܙܡܪܬܐ ܠܐ ܬܬܡܠܟ

Root ܙܢ

Custom, Habitus ܙܢܐ

plur. absolute

23:16a ܬܪܬܝܢ ܐܠܝܢ ܙܢܝܢ ܢܦܫܝ

Prostitute, Meretrix ܙܢܝܬܐ

sing. emph.

9:3a A זוֹנָה ܠܐ ܬܩܪܒ ܥܡ ܙܢܝܬܐ

9:6a A לזונה ܠܐ ܬܬܠ ܠܙܢܝܬܐ ܢܦܫܟ

19:2b ܘܕܡܬܢܩܦ ܠܙܢܝܬܐ ܢܣܟܠ

21:3a ܣܝܦܐ ܕܬܪܝܢ ܦܘܡܘܗܝ ܙܢܝܬܐ

Prostitution, Scortatio ܙܢܝܘܬܐ

sing. emph.

10:13b A זמה ܘܙܢܝܘܬܐ ܡܒܘܥܐ ܕܬܕܬܝܗܝܢ

Prostitution,Scortatio(cont'd) ܙܢܝܘܬܐ

sing. emph. (cont'd)

23:23c ܘܬܠܝܬܝܬ ܒܙܢܝܘܬܐ ܕܓܘܪܐ

sing with suffix

26:9a ܙܢܝܘܬܐ ܕܐܢܬܬܐ ܒܡܪܡܪܘܬ ܥܝܢܝܗ̇

Root ܙܥܦ

Furious, Exardescens ܙܥܦܐ

sing . absol.

4:30b { A ונזיר / C ומתפחז } ܠܒܢܝ ܒܝܬܟ ܐܠܐ ܒܥܒܕܝܟ ܘܙܥܦ

Root ܙܥܪ

He was small,Parvus fuit ܙܥܪ

peal perf. 3 m.s.

34(31):30b B מחסר 7h3 ܠܣܟܠܐ ܬܘܩܠܬܐ ܙܥܪ ܚܝܠܗ

7a1,10m1,12a1,Δ,9m1 ܢܒܨܪ]

aphel imperat. 2 m.s.

3:18a { A מעט / C תשפיל } ܒܟܠ ܕܐܢܬ ܪܒ ܒܟܠܡܐ ܐܙܥܪ ܢܦܫܟ

Small, Parvus ܙܥܘܪܐ

absol.sing.

5:15a A מעט ܒܪܒ ܘܒܙܥܘܪ ܠܐ ܬܬܦܫܥ

20:12a ܐܝܬ ܕܙܒܢ ܣܓܝ ܒܟܣܦ ܙܥܘܪ

20:15a ܙܥܘܪ ܢܬܠ ܘܣܓܝ ܢܚܣܕ

25:8d ܘܠܐ ܦܠܚ ܠܕܙܥܘܪ ܡܢܗ

29:23a Seebelow

30:12b B קטן ܘܦܩܕ ܡܪܕܘܬܗ ܟܕ ܗܘ ܙܥܘܪ

34(31):19a B מזער ܡܕܡ ܕܝܢ ܙܥܘܪ ܡܣܬܦܩܗ ܠܒܪܢܫܐ

51:16a { B בנערותי / Q כמעט } ܐܪܟܢܬ ܐܕܢܝ ܟܕ ܙܥܘܪ ܐܢܐ

51:27a B קטן ܚܙܘ ܒܥܝܢܝܟܘܢ ܕܙܥܘܪ ܥܡܠܬ ܒܗ̇

51:28a B בנערותי ܫܡܥܘ ܝܘܠܦܢܝ ܟܕ ܙܥܘܪ

29:23a ܥܡ ܣܓܝ ܘܥܡ ܙܥܘܪ ܐܝܬ ܠܟ ܢܛܪ

sing absolute, fem.

14:9a A מעט ܒܥܝܢܘܗܝ ܕܣܟܠܐ ܙܥܘܪܐ ܗܝ

Small, Parvus (cont'd) ܙܥܘܪܐ

sing. emphatic

6:19c {A מעט / C} ܐܝܟ ܙܒܢܐ ܙܥܘܪܐ ܬܦܠܘܚ

14:3a A קטן ܠܠܒܐ ܙܥܘܪܐ ܠܐ ܝܐܐ ܥܘܬܪܐ

20:27a C במעט ܐܝܟ ܙܥܘܪܐ ܢܫܘܐ ܢܦܫܗ

22:18a ܨܪܪܐ ܙܥܘܪܐ ܠܐ ܟܐܦܐ ܕܪܘܡܐ

39:11b ܘܐܢ ܢܬܠܘܢ ܒܒܝܬܐ ܙܥܘܪܐ

sing. construct

48:15f B ועוד ܙܥܘܪ ܢܦܠܝܢܐ ܠܒܝܬ ܕܘܝܕ

plur. absol.

49:14a B מעט ܙܥܘܪܝܢ ܐܬܒܪܝܘ ܥܠ ܐܪܥܐ

Smallness, Parvitas ܙܥܘܪܘܬܐ

sing. const.

25:19a C מעט ܘܠܐ ܐܝܟ ܙܥܘܪܘܬ ܒܝܫܘܬܗ ܕܐܢܬܬܐ

Root ܙܦܬ

Pitch, Pix, ܙܦܬܐ

sing. emph.

13:1a A נגע 12al,Δ,9ml ܕܩܪܒ ܠܙܦܬܐ ܕܒܩܐ

7al,7h3 ܠܙܒܬܐ]

Root ܙܩܦ

He erected, Erexit, ܙܩܦ

pael, part. f.s.

27:14a ܡܡܠܠܬܐ ܕܝܡܝܐ ܡܙܩܦܐ ܣܥܪܐ

Root ܙܩܬ

Rod, Baculus, ܙܩܬܐ

plural with suffix

30;1a ܕܪܚܡ ܒܪܗ ܢܣܓܐ ܙܩܬܬܗܘܢ

Root ܙܪܒ

nom.prop. Zerubbabel ܙܪܘܒܒܠ

49:11a ܡܢܐ ܢܫܒܚ ܠܙܪܘܒܒܠ

Root ܙܪܥ

He sowed, Seminavit ܙܪܥ

peal, participle (passive)

10:19a A זרע ܙܪܥܐ ܡܝܩܪܐ ܡܢܐ ܕܙܪܝܥ ܠܐܢܫܐ

10:19c B זרע ܙܪܥܐ ܐܠܝܠܐ ܡܢܐ ܕܙܪܝܥ ܠܐܢܫܐ

peal infinitive

26:20b ܠܡܙܪܥ ܙܪܥܟ ܒܬܘܠܬܟ

peal imperfect 2 m.s.

7:3a A תדע ܘܠܐ ܬܙܪܘܥ ܥܠ ܚܩܠܐ ܕܥܘܠܬܐ

Seed, Semen, ܙܪܥܐ

singular emphatic

10:19a A זרע ܙܪܥܐ ܡܝܩܪܐ ܡܢܐ ܕܙܪܝܥ

10:19b ܙܪܥܐ ܡܝܩܪܐ ܡܢ ܕܕܚܠ ܠܐܠܗܐ

10:19b ܠܐܠܗܐ. ܙܪܥܐ ܡܝܩܪܐ ܡܢ ܕܢܛܪ ܦܘܩܕܢܐ

10:19c B זרע ܙܪܥܐ ܐܠܝܠܐ ܡܢܐ ܕܙܪܝܥ ܠܐܢܫܐ

10:19d A } זרע ܙܪܥܐ ܐܠܝܠܐ ܡܢ ܕܠܐ ܢܛܪ ܦܘܩܕܢܐ
B

41:5a ܙܪܥܐ ܡܣܠܝܐ ܬܘܠܕܬܐ ܕܚܛܝܐ

47:22d ܘܠܐ ܢܘܒܕ ܙܪܥܐ ܕܪܚܡܘܗܝ

sing with suffix.

26:20b ܠܡܙܪܥ ܙܪܥܟ ܒܬܘܠܬܟ

2:18f 7h3 ܘܙܪܥܗ ܢܬܒܢܐ ܡܢ ܒܬܪܗ

7al omits

41:6b ܘܥܡ ܙܪܥܗ ܢܩܘܡ ܢܨܝܦܘܬܐ

44:21b B בזרעו ܕܢܬܒܪܟܘܢ ܒܙܪܥܗ ܟܠܗܘܢ ܥܡܡܐ

44:21c ܘܠܡܣܓܝܘ ܙܪܥܗ ܐܝܟ ܚܠܐ ܕܝܡܐ

44:21d ܘܠܡܬܠ ܙܪܥܗ ܠܥܠ ܡܢ ܟܠܗܘܢ

45:15d B ולזרעו ܘܠܙܪܥܗ ܐܝܟ ܝܘܡܬܐ ܕܫܡܝܐ

45:20d B ולזרעו ܘܡܢܬܐ ܕܩܘܕܫܐ ܠܗ ܘܠܙܪܥܗ

45:24c B ולזרעו ܘܬܗܘܐ ܠܗ ܘܠܙܪܥܗ ܟܗܢܘܬܐ

45:25d B זרעו ܢܪܬܐ ܕܐܗܪܘܢ ܠܗ ܘܠܙܪܥܗ

Seed, Semen, (cont'd) ܙܪܥܐ

sing. with suffix(cont'd)

46:9d	B	זרעו	ܘܐܦ ܙܪܥܗ ܝܐܪܬ ܝܘܪܬܢܐ
46:10a	B	זרע	ܡܛܠ ܕܢܕܥ ܙܪܥܗ ܕܝܥܩܘܒ
50:24b	B	ולזרעו	ܘܥܡ ܙܪܥܗ ܐܝܟ ܝܘ̈ܡܬܐ
38:26a			ܘܠܒܗ ܪܢܐ ܒܠܝܬܐ ܕܙܪܥܗ̇
1:15b			ܘܥܡ ܙܪܥܗܘܢ ܐܬܗܝܡܢ ܫܪܝܪܗ̇
44:11a	B, M	זרעם	ܘܥܡ ܙܪܥܗܘܢ ܩܝܡ ܛܘܒܗܘܢ
44:12a	M	זרעם	ܘܒܩܝܡܗܘܢ ܩܐܡ ܙܪܥܗܘܢ

Sower, Seminator ܙܪܘܥܐ

sing. emphatic

6:19a	A, C	כחורש	ܘܐܝܟ ܙܪܘܥܐ ܘܚܨܘܕܐ

ܚܒ

Root ܚܒ

He Loved, Amavit ܚܒ

aphel imperat. 2 m.s. with suffix

7:21a {A חבב {C אחוב ܥܒܕܐ ܚܟܝܡܐ ܐܚܒܝܗܝ ܐܝܟ ܢܦܫܟ

Love, Amor ܚܘܒܐ

sing. emphatic

11:15b A ? חטא ܚܘܒܐ ܘܐܘܪܚܬܐ ܕܛܒ̈ܬܐ ܡܢܗ ܗ̇ܝ

29:11a ܣܝܡ ܠܟ ܣܝܡܬܟ ܒܦܘܩܕܢܘܬܐ ܘܒܚܘܒܐ

Root ܚܒܛ

He thrust down, Dejecit, ܚܒܛ

peal perf. 3 m.s.

46:6a ܘܚܒܛ ܥܠ ܥܡܐ ܣܢܐܐ

Root ܚܒܠ

He corrupted, Corrupit ܚܒܠ

pael perf. 3 m.pl.

49:4b B השחיתו ܟܠܗܘܢ ܚܒܠܘ ܘܥܒܕܘ ܥܘܠܐ

pael part. m.s.

19:11a ܡܢ ܩܕܡ ܡܠܬܐ ܡܚܒܠ ܣܟܠܐ

pael part. f.s.

19:11b ܐܝܟ ܕܡܚܒܠܐ ܠܐܢܬܬܐ ܡܢ ܩܕܡ ܝܠܕܗ̇

21:2d ܕܝܠܗ̇ ܐܝܬ ܘܡܚܒܠܐ ܢܦܫ̈ܬܐ ܕܒܢ̈ܝܢܫܐ

pael infinitive

23:2d ܠܐ ܢܚܛܘܢ ܘܠܐ ܢܣܒܘܢ ܠܡܚܒܠܘ

pael imperf. 3 f.s.

6:4a A תשחת ܡܛܠ ܕܢܦܫܐ ܒܝܫܬܐ ܬܚܒܠ ܡܪܗ̇

ethpa'al imp 3 m.pl.

24:22b ܘܟܠ ܕܥܒ̈ܕܘܗܝ ܠܐ ܢܬܚܒܠܘܢ

adj. Corrupt, Perniciosus ܚܒܠܐ

sing. emph.

51:2b B משחת ܘܦܨܝܬ ܒܣܪܝ ܡܢ ܚܒܠܐ

Corruption, Pernicies ܚܘܒܠܐ

sing. with suffix

32(35):24a B ? פעלו ܥܡܐ ܕܒܥܝܢ ܠܒܢܝܐ ܚܘܒܠܗܘܢ

Corruption,Pernicies (cont'd) ܚܘܒܠܐ

plur. emphatic

3:6b ܘܐܝܟܢܐ ܚܘ̈ܒܠܐ ܕ̈ܝܢܐ ܠܐ ܐܠܗܐ

29:1a ܐܝܟܐ ܚܘ̈ܒܠܐ ܕ̈ܝܢܐ ܕܝ ܕܡܚܘܦ

32(35):2a ܐܝܟܐ ܚܘ̈ܒܠܐ ܕ̈ܝܢܐ ܕܝ ܕܡܚܘܒ

48:8a ܕܡܟܝܢ ܡ̈ܠܟܐ ܠܦܘܪܥܢܐ ܚܘ̈ܒܠܐ

Corruption,Pernicies ܡܚܒܠܢܘܬܐ

sing . with suffix

12:11a A להשחיתך ܘܠܐ ܢܟܝܢ ܠܡܚܒܠܢܘܬܟ

Reed, Arundo ܚܠܚܠܐ

sing. emph.

40:16a { B כקרדמות / M כקרמית } ܘܐܝܟ ܚܠܚܠܐ ܕܥܠ ܣܦܬ ܢܗܪܐ

Root ܚܒܢ

He was mean,Piger fuit ܚܒܢ

ethpa'al imperf. 2 m.s.

10:26a A B } תתחכם ܠܐ ܬܬܚܒܢ ܠܡܥܒܕ ܨܒܝܢܟ

Root ܚܦܙ

He hurried, Ursit ܚܦܙ

peal, imperf. 2 m.s.

34(31):13b Bm תיחד ܘܒܟܠܦܬܐ ܠܐ ܬܚܦܘܙ ܐܝܕܟ

Root ܚܒܪ

Companion,Neighbour,Socius ܚܒܪܐ

sing. absol.

30:4a ܡܝܬ ܐܒܘܗܝ ܘܚܒܪ ܕܠܐ ܡܝܬ

sing. emph.

7:12b A וחבר ܠܐ ܬܫܒܩ ܐܚܐ ܐܦ ܠܐ ܚܒܪܐ

22:23c ܒܕܝܢ ܢܗܘܬ ܗܘ ܠܗ ܚܒܪܐ

40:23a ܪܚܡܐ ܘܚܒܪܐ ܒܙܒܢܗ ܡܬܕܒܪܝܢ

sing. with suffix

5:12a { A דעך / C ריעין } ܐܢ ܐܝܬ ܠܟ ܡܠܬܐ ܦܢܝ ܠܚܒܪܟ

Companion,Neighbour,Socius(cont'd)

sing. with suffix ܚܒܪܐ

9:14a A רעך ܐܝܟ ܚܝܠܟ ܒܨܝ ܚܒܪܟ

22:23a Δ, less 15c1, ܗܝܡܢ ܚܒܪܟ ܒܡܣܟܢܘܬܗ
7a1,7h3 ܕܡܣܟܢ]

22:26a ܘܐܢ ܢܐܬܐ ܠܟ ܚܒܪܟ ܒܝܫܬܐ

27:17a ܪܚܡ ܚܒܪܟ ܘܐܬܬܟܠ ܥܠܘܗܝ

28:7a ܘܠܐ ܬܣܢܐ ܚܒܪܟ ܡܢ ܩܕܡ ܐܠܗܐ

29:2a ܐܘܙܦ ܠܚܒܪܟ ܒܥܕܢܐ ܕܣܢܝܩܘܬܗ

29:2b ܘܐܬܒܥ ܚܒܪܟ ܘܒܙܒܢ ܕܒܥܐ

29:3a ܘܐܬܩܝܡ ܥܡ ܚܒܪܟ ܘܒܟܠ ܥܕܢ

29:10a ܥܠ ܐܚܘܟ ܘܥܠ ܚܒܪܟ

29:20a ܥܕܪ ܠܚܒܪܟ ܐܝܟ ܡܐ ܕܡܨܐ

34(31):15a B רעך ܕܥ ܕܚܒܪܟ ܐܝܟ ܕܝܠܟ

12:10b A ורעו ܐܝܟ ܢܚܫܐ ܗܘ ܕܡܩܘܒܠ ܚܒܪܗ

14:9b A רעהו ܘܡܢ ܕܢܣܒ ܕܚܒܪܗ ܡܚܒܠ ܢܦܫܗ

17:14b ܘܦܩܕ ܐܢܘܢ ܐܢܫ ܥܠ ܚܒܪܗ

18:15a ܠܡܢ ܕܡܬܒܥ ܠܚܒܪܗ ܠܐ ܬܟܠܐ

20:23a C רעהו ܐܝܬ ܕܡܢ ܒܗܬܬܗ ܡܬܬܠ ܚܒܪܗ

22:20b ܘܡܢ ܕܡܚܣܕ ܚܒܪܗ ܡܒܛܠ ܪܚܡܘܬܗ

29:1a ܡܢ ܕܡܘܙܦ ܠܚܒܪܗ

29:5b ܘܥܠ ܢܟܣܐ ܕܚܒܪܗ ܡܪܟܢ ܩܠܗ

29:14a ܡܢ ܕܛܒ ܠܚܒܪܗ

30:7a 7a1 ܕܡܦܢܐ ܠܚܒܪܗ ܢܚܒܫ ܡܚܘܬܗ
7h3 ܒܪܗ]
Δ, ܠܒܪܗ]

31(34):26a ܕܩܛܠ ܚܒܪܗ ܫܩܠ ܢܦܫܗ

.plur. with suffix

15:5a { A,B מרעהו / Bm ריעהו } ܘܬܪܝܡܝܘܗܝ ܡܢ ܟܠܗܘܢ ܚܒܪܘܗܝ

Companion,Neighbour,Socius (cont'd)

plur. with suffix (cont'd) ܚܒܪ̈ܐ

21:8a ܕܒܢܐ ܒܝܬܗ ܒܢܟܣܐ ܕܚܒܪ̈ܘܗܝ

25:18a C רעים ܒܝܬ ܚܒܪ̈ܘܗܝ ܝܬܒ ܒܥܠܗ̇

30:2b ܘܒܝܬ ܚܒܪ̈ܘܗܝ ܢܫܬܒܗܪ ܒܗ

fem.sing . with suffix

27:2a ܒܝܬ ܟܐܦܐ ܠܚܒܪܬܗ̇ ܢܩܠ ܣܟܬܐ

42:13b ܦܘܫܐ ܕܐܢܬܬܐ ܡܢ ܒܝܫܘܬܐ ܕܚܒܪܬܗ̇

Root ܚܓܠ

Partridge ,Perdix ܚܓܠܐ

sing.emph.

11:30a A כעוף ܐܝܟ ܚܓܠܐ ܕܨܝܕܐ ܒܩܠܘܒܐ

Root ܚܕ

adj,num. One, Unus

as with masculine ܚܕ

1:8a ܚܕ ܗܘ ܘܫܠܝܛ ܒܟܠܗܘܢ ܐܠܗܐ

6:6b A אחד ܘܓܠܐ ܪܐܙܟ ܚܕ ܡܢ ܐܠܦ

7:3b ܕܢܚܨܕܝܬܐ ܕܠܐ ܚܕ ܫܒܥܐ

10:30a ܕܡܬܝܩܪ ܒܡܣܟܢܘܬܗ ܒܥܘܬܪܗ ܚܕ ܟܡܐ

10:31b ܕܙܠܝܠ ܒܥܘܬܪܗ ܒܡܣܟܢܘܬܗ ܚܕ ܟܡܐ

12:5d A פי ܚܕ ܬܪ̈ܝܢ ܒܥܬܐ ܬܡܚܘܢ

16:3d A B אחד ܛܒ ܕܢܦܩ ܗܘ ܚܕ ܕܥܒܕ ܨܒܝܢܐ

16:4a A B אחד מ ܡܢ ܚܕ ܚܟܝܡ ܕܕܚܠ ܠܐܠܗܐ

16:11a A אחד ܘܐܦ ܚܕ ܐܢ ܢܩܫܐ ܩܕܠܗ

16:28a ܚܕ ܠܚܕ ܠܐ ܥܠܨ

18:10b ܠܐ ܐܝܬܝܗܘܢ ܐܝܟ ܚܕ ܒܥܠܡܐ

18:32b C פי ܕܠܐ ܚܕ ܬܪ̈ܝܢ ܬܗܘܐ ܡܣܟܢ

20:12b ܘܦܪܥ ܠܗ ܚܕ ܒܫܒܥܐ

20:14b ܡܛܠ ܕܥܝܢ̈ܘܗܝ ܚܕ ܒܫܒܥܐ ܗܢܝ̈ܢ

21:15d ܘܪܡܐ ܠܗ̇ ܠܚܕ ܡܢ ܚܨ̈ܘܗܝ

23:19b ܕܢܫܩܘܗܝ ܕܐܠܗܐ ܚܕ ܒܪܗ ܒܥܠܡܐ

29:28h ܘܗܘ ܦܪܥ ܠܟ ܚܕ ܒܥܣܪܐ

35(32):1c B כאחד ܗܘܝ ܠܟ ܐܟ ܚܕ ܡܢܗܘܢ

36(33):15b E זה ܬܪܝܢ ܬܪܝܢ ܚܕ ܠܘܩܒܠ ܚܕ

30(33):39a E אחד ܐܢ ܚܕ ܗܘ ܥܒܕܟ

30(33):39c E אחד ܐܢ ܚܕ ܗܘ ܥܒܕܟ ܐܝܟ ܐܚܘܟ

31(34):28a ܚܕ ܒܢܐ ܘܐܚܪܢܐ ܣܬܪ

31(34):29a ܚܕ ܡܨܠܐ ܘܐܚܪܢܐ ܡܠܛ

39:6c ܘܗܘ ܢܦܘܩ ܡܠܬܐ ܚܕ ܬܪܬܝܢ

42:24a B זה ܘܟܠܗܘܢ ܬܪܝܢ ܬܪܝܢ ܚܕ ܠܘܩܒܠ ܚܕ

42:24b ܘܠܐ ܒܪܐ ܚܕ ܡܢܗܘܢ ܒܨܝܪܘܬܐ

43:4b ܚܕ ܬܠܬܐ ܐ ܫܡܫܐ ܡܚܡܡ

46:4b B אחד ܘܗܘܐ ܝܘܡܐ ܚܕ ܬܪܝܢ ܝܘܡܝܢ

as with feminine ܚܕܐ

1:29b ܘܒܣܦܘܬܟ ܬܗܘܐ ܙܗܝܪ ܠܚܕܐ

5:10b { A ואחד / C ואחד } ܘܡܠܬܟ ܚܕܐ ܬܗܘܐ

7:12b A יחדו ܠܐ ܬܚܪܐ ܐܦ ܠܐ ܚܒܪܐ ܒܚܕܐ

23:23a ܚܕܐ ܕܥܒܪܬ ܒܢܡܘܣܐ ܕܐܠܗܐ

51:24b B מאד ܘܢܦܫܟܘܢ ܬܗܘܐ ܨܗܝܐ ܠܚܕܐ

Root ܚܕܝ

He Rejoiced, Gavisus est ܚܕܝ

peal perf. 3 m.s.

30:5a ܒܚܝܘܗܝ ܚܙܝܗܝ ܘܚܕܝ

peal part.

19:5a ܘܚܕܐ ܠܐ ܒܚܛܝܬܐ ܢܗܘܐ ܬܒܪܗ

25:7c ܓܒܪܐ ܕܚܕܐ ܒܐܚܪܝܬܗ

peal part. plural

39:31a B ישישו ܒܡܠܬܐ ܕܦܘܡܗ ܠܗܘܢ ܚܕܝܢ

peal imperat. 2 m.s.

36: 17a ܘܚܕܝ ܠܐ ܢܦܫܟ ܕܐܬܒܪ ܢܦܫܟ ܠܗܘܢ

peal imperf. 3 m.s.

1:20i ܢܚܕܐ ܒܗ̇ ܘܬܚܕܐ ܒܗ

3:5a ܕܡܝܩܪ ܠܐܒܘܗܝ ܢܚܕܐ ܡܢ ܒܢܘܗܝ

14:4b A יתבעבע ܘܒܛܒܬܗ ܢܚܕܐ ܢܘܟܪܝܐ

23:3d ܒܥܠܕܒܒܐ ܘܢܚܕܐ ܠܝ ܣܢܐܐ

30:1b ܡܛܠ ܕܢܚܕܐ ܒܐܚܪܝܬܗ

30:2a ܕܪܕܐ ܒܪܗ ܢܚܕܐ ܒܗ

37:14a ܠܒܗ ܕܒܪܢܫܐ ܢܚܕܐ ܒܐܘܪܚܗ

peal imperf. 3 f.s.

1:20i ܢܚܕܐ ܒܗ̇ ܘܬܚܕܐ ܒܗ

3:29b A תשמח ܘܐܕܢܐ ܕܫܡܥܐ ܬܚܕܐ ܒܡܫܡܥܬܐ

51:29a B תשמח ܬܚܕܐ ܢܦܫܟܘܢ ܒܬܝܒܘܬܗ

peal imperf. 2 m.s.

6:28b A, C לתענוג ܢܝܚܐ ܘܬܫܟܚܝܗ̇ ܘܬܚܕܐ ܒܐܚܪܝܬܗ̇

8:7a A תתהלל ܠܐ ܬܚܕܐ ܥܠ ܐܢܫܐ ܕܡܐܬ

16:1b A, B תשמח ܘܠܐ ܬܚܕܐ ܒܟܠ ܒܢܝܐ

16:2a A תבע; B תשמח ܘܐܦ ܣܓܝܘ ܠܐ ܬܚܕܐ ܒܗܘܢ

18:32a C תשמח ܠܐ ܬܚܕܐ ܒܣܓܝܐܘܬܐ ܕܬܦܢܘܩܐ

35(32):2b B תשמח ܐܦ ܒܐܚܪܝܬܗܘܢ ܬܚܕܐ

peal imperf. 3 m. pl.

1:20k ܡܠܐܟܘܗܝ ܕܐܠܗܐ ܢܚܕܘܢ ܒܗ̇

pael part. m.s.

38:21d ܠܟ ܡܚܕܐ ܘܠܐܚܪܢܐ ܡܒܐܫ

40:20a B יעליצו ܚܡܪܐ ܘܫܟܪܐ ܡܚܕܐ ܠܒܐ

pael part. f.s.

1:12a ܕܚܠܬܗ ܕܡܪܝܐ ܡܚܕܝܐ ܠܒܐ

pael imperf. 3 m.s.

32(35):25b B ושמחם; Bm וישמחם ܘܢܚܕܐ ܐܢܘܢ ܒܦܘܪܩܢܗ

Joy, Gaudium ܚܕܘܬܐ

sing. emphatic

1:12b ܕܚܠܬܐ ܠܒܐ ܚܕܘܬܐ ܘܕܘܨܐ ܘܢܝܚܐ

1:20r ܫܪܪܬܐ ܕܠܥܠܡ ܘܚܕܘܬܐ ܘܪܘܚܬܐ

2:9b ܣܒܪܘ ܠܛܒܬܐ ܠܚܕܘܬܐ ܕܠܥܠܡ

6:4b A ושמחת ܘܚܕܘܬܐ ܠܣܢܐܘܗܝ ܬܥܒܕܝܘܗܝ

15:6a A } ושמחה ܚܕܘܬܐ ܘܕܘܨܐ ܬܫܟܚܝܘܗܝ
B }

26:2b ܘܫܢܝ ܚܝܘܗܝ ܒܚܕܘܬܐ ܢܫܠܡ

30:16b B טובה ܘܠܝܬ ܚܕܘܬܐ ܐܝܟ ܠܒܐ ܛܒܐ

34(31):27d { B I [ ]ת[ ]ל ܗܘܐ ܗܘ ܡܢ ܒܪܫܝܬ ܠܚܕܘܬܐ ܐܬܒܪܝ
{ B II לגיל

34(31):28a B שמחת ܚܕܘܬܐ ܕܠܒܐ ܘܬܦܢܘܩܐ

31(34):1b ܘܫܠܝܐ ܚܕܘܬܐ ܡܪܩܘܬܐ

31(34):20a ܚܕܘܬܐ ܕܠܒܐ ܘܢܘܗܪܐ ܕܥܝܢܐ

32(35):11b B ובששון ܘܒܚܕܘܬܐ ܐܘܩܕ ܠܗ ܕܠܐ ܦܢܝ

39:18a ܒܚܕܘܬܐ ܨܒܝܢܗ ܡܫܬܟܚ

41:9a ܐܝܬܝܬܝܢ ܬܗܘܐ ܠܚܕܘܬܐ ܕܒܢܝܟܘܢ

50:14b ܘܠܡܫܡܫܘܬܗ ܒܚܕܘܬܐ ܕܡܘܕܝܐ

Singular const.

30:22a B שמחת ܚܕܘܬ ܠܒܐ ܐܝܬ ܚܝܝ ܢܦܫܗ

sing. with suffix

34(31):31b ܘܠܐ ܬܗܪܝܘܗܝ ܒܚܕܘܬܗ

Root ܚܕܪ

He encircled, Circumdedit ܚܕܪ

peal perf. 3 f.s. with suffix

51:4a B סביב ܘܡܢ ܫܠܗܒܝܬܐ ܕܢܘܪܐ ܕܚܕܪܬܢܝ

ethpe'el perf. 1 s.

51:19d B אחדך ܘܐܬܚܕܪܬ ܠܗ ܘܐܬܒܩܝܬ ܒܗ

Begging, Mendicatio ܚܕܪܐ
or Surroundings, Circumstantes
sing. emph.

42:11e B סביב ܘܒܒܝܬܐ ܠܐ ܬܗܘܐ ܚܕܪܐ

Begging, Mendicatio (cont'd) or Surroundings, Cicumstantes ܚܕܪܐ

plural const.

14:24a A סביבות ܘܫܪܐ ܚܕܪ̈ܝ ܒܝܬܗ̇

plural with suffix

46:16a B מסביב ܬܒܪ ܣܢܐ̈ܐ ܡܢ ܟܠܗܘܢ ܚܕܪ̈ܘܗܝ

47:7a B ומסביב ܘܬܒܪ ܣܢܐ̈ܐ ܡܢ ܟܠܗܘܢ ܚܕܪ̈ܘܗܝ

47:13b B מסביב ܐܠܗܐ ܐܢܝܚ ܠܗ ܡܢ ܟܠܗܘܢ ܚܕܪ̈ܘܗܝ

Circuit, Consaeptum ܚܕܪܬܐ

sing. emph.

50:2b ܘܐܬܒܢܝܬ ܚܕܪܬܐ

Root ܚܕܬ

He Renewed, Renovavit ܚܕܬ

pael imperat. 2 m.s.

33(36):6a B חדש ܚܕܬ ܐܬܘ̈ܬܐ ܘܫܢܐ ܬܕܡܪ̈ܬܐ
Bm חַדֵּשׁ

pael part.m. pl.

40:19a ܒܢܝܐ ܘܡܕܝܢܬܐ ܡܚܕܬܝܢ ܫܡܐ

pael imperf. 3 m.s.

30:1a ܕܪܚܡ ܒܪܗ ܢܚܕܬ ܡܚܘ̈ܬܗ

New, Novus ܚܕܬܐ

sing emph.

9:10b A חָדשׁ ܡܛܠ ܕܚܕܬܐ ܠܐ ܡܛܐ ܠܗ

9:10c A חדש ܪܚܡܐ ܚܕܬܐ ܐܝܟ ܚܡܪܐ ܚܕܬܐ

Root ܚܝܒ

He Condemned, Damnavit ܚܝܒ

peal part. m.s. passive(emph.)

9:9 (II)d ܚܝܒܐ ܬܬܚܬ ܠܫܝܘܠ

pael perf. 3 m. s.

9:9 (I)d ܘܢܚܝܒ ܡܘܬܐ ܬܬܚܬ ܠܫܝܘܠ

pael part. m.s.

10:29a A, B מרשיע ܒܪܝ ܡܢ ܕܡܚܝܒ ܢܦܫܗ

He Condemned, Damnavit(cont'd) ܚܝܒ

part. pael (cont'd).

19:4b 7h3 ܕܡܚܝܒ ܢܦܫܗ ܡܢܗ ܚܛܝܬܗ,

7al,Δ, 9ml ܕܡܚܝܒܐ]

pael imperf. 3 m.s. with suff.

8:19b A תדיח ܕܠܐ ܢܚܝܒܟ ܛܝܒܘܬܟ

pael imperf. 2 m.s.

7:7a A תרשיעך ܠܐ ܬܚܝܒ ܢܦܫܟ ܒܟܢܘܫܬܐ

9:13c A תאשם ܘܐܢ ܩܪܒܬ ܠܐ ܬܚܝܒ ܢܦܫܟ

ethpa'al imperf. 2 m.s.

9:5b A תוקש ܕܠܡܐ ܬܬܚܝܒ ܒܦܘܪܥܢܗ̇ ܕܐܒܘܗ̇

Wicked Deeds, Scelera ܚܘ̈ܒܐ

(plural only)

plur. emph.

3:11b A חטא ܘܚܘ̈ܒܐ ܣܓܝ̈ܐܐ ܡܢ ܕܡܨܥܪ ܠܐܡܗ

3:14b { A חטאת ܘܚܠܦ ܚܘ̈ܒܐ ܗܝ ܡܬܬܢܨܒܐ
{ C עונות

5:4d A עוונותי 11cl,14cl,15cl,19g7,18/16g6,9ml ܕܚܘ̈ܒܐ ܘܠܫܘܒܩܢܐ

7h3,7al ܕܚܘ̈ܒܝܟ]

6:1c A רע ܘܫܡܗܐ ܘܚܘ̈ܒܐ ܢܐܪܬ ܕܡܣܡܩ

9:7b ܘܬܬܚܒܛ ܒܫܘܩܐ ܕܚܘ̈ܒܐ

13:24a A עון ܛܒ ܥܘܬܪܐ ܕܠܐ ܚܘ̈ܒܐ

23:10d ܘܢܩܐ ܡܢ ܚܘ̈ܒܐ ܠܐ ܢܗܐ

23:11a ܓܒܪܐ ܕܝܡܐ ܡܠܐ ܚܘ̈ܒܐ

plur. with suffix

5:4d A עוונותי 7al,7h3 ܘܠܫܘܒܩܢܐ ܕܚܘ̈ܒܝ ܗܘ ܪܚܡ

11cl,14cl,15cl,19g7,18/16g6,9ml ܕܚܘ̈ܒܐ]

23:2c ܕܗܘ ܡܪܝܐ ܢܚܘܣ ܥܠ ܚܘ̈ܒܝ

23:3a ܡܛܠ ܕܠܐ ܢܣܓܘܢ ܚܘ̈ܒܝ

Wicked Deeds, Scelera ܚܘܒܐ

plur. with suffix (cont'd)

18:22a 7al,12al,Δ, ܠܐ ܬܬܟܠ ܠܡܥܒܕܘ ܚܘܒܝܟ
7h3] ܚܛܗܝܟ

3:3a ܕܡܝܩܪ ܠܐܒܘܗܝ ܡܫܬܒܩܢ ܚܘܒܘܗܝ

23:26b ܕܚܣܕܗ ܘܚܘܒܝܗ ܠܐ ܢܬܛܠܩܢ

10:12a ܪܫ ܚܘܒܝܗܘܢ ܕܒܢܝ ܐܢܫܐ
11:30c A פשעי ܡܢܐ ܦܫܝܩܝܢ ܚܘܒܝܗܘܢ ܕܢܒܠܐ
17:23b ܘܚܘܒܝܗܘܢ ܒܪܫܝܗܘܢ ܢܬܠ
17:20a ܠܐ ܟܣܝܢ ܚܘܒܝܗܘܢ ܡܢ ܩܕܡܘܗܝ

Root ܚܘܕ

Alone, Solus ܠܚܘܕ

simple form.

45:22a B אך ܒܠܚܘܕ ܒܐܪܥܗܘܢ ܠܐ ܢܪܬ ܘܝܪܬܘܬܐ
49:4a B לבד ܒܠܚܘܕ ܠܒܪ ܡܢ ܕܘܝܕ

with suffixes

36:(22d) 7al.7h3 ܕܐܢܬ ܗܘ ܐܠܗܐ ܒܠܚܘܕܝܟ
12al,Δ, omit

1:8a ܚܕ ܗܘ ܘܕܚܝܠ ܒܠܚܘܕܘܗܝ ܐܠܗܐ
18:2a ܘܡܪܝܐ ܒܠܚܘܕܘܗܝ ܙܕܩ
48:15e B מזער ܘܫܬܪ ܝܗܘܕܐ ܒܠܚܘܕܘܗܝ
45:25c ܝܪܬܘܬܐ ܕܡܠܟܐ ܒܠܚܘܕܘܗܝ ܝܪܬ

46:8a ܘܗܢܘܢ ܒܠܚܘܕܝܗܘܢ ܐܫܬܘܙܒܘ

Root ܚܘܛ

Garment, Vestis ܚܛܐ

plur. emph.

39:26c ܘܬܪܒܐ ܘܚܛ̈ܐ ܘܚܠܒܐ ܘܕܒܫܐ

Root ܚܘܐ

Serpent, Serpens ܚܘܝܐ

sing. emph.

12:13a ܐܝܟܢܐ ܕܢܟܬܗ ܠܗ ܚܘܝܐ

25:15a ܠܝܬ ܪܫ ܡܪܝܪܐ ܡܢ ܪܫܗ ܕܚܘܝܐ

plur. emph.

39:30a B ופתן ܫܢܝ ܚܝܘܬܐ ܘܥܩܪ̈ܒܐ ܘܚܘܘ̈ܬܐ

Root ܚܘܐ

He Showed, Demonstravit ܚܘܝ

pael perf. 3 m.s.

46:20b B ויגד ܘܚܘܝ ܠܡܠܟܐ ܐܘܪܚܗ

49:8a B ויגד ܘܚܙܩܝܐܝܠ ܚܘܝ ܚܙܘܐ ܕܡܪܟܒܬܐ

pael perf. 3 m.s. with suff.

45:3d B[ ]ויר ܘܚܘܝܗ ܐܘܪܚܗ ܘܐܝܩܪܗ ܩܠܗ

pael perf. 3 m. pl.

44:3a { B וחזי / M וחזי } ܘܚܘܘ ܒܢܒܝܘܬܗܘܢ

pael part. m.s.

19:30a ܘܦܘܡܗ ܕܓܒܪܐ ܡܚܘܐ ܥܒ̈ܕܘܗܝ

pael part. f. pl.

39:28c ܘܒܝܘܡ ܪܘܓܙܐ ܡܚܘ̈ܝܢ ܚܝܠܗܝܢ

pael infin.

17:8a ܠܡܚܘܝܘ ܐܢܘܢ ܓܢܒܪ̈ܘܬܐ

18:4a ܡܢܘ ܡܫܟܚ ܠܡܚܘܝܘ ܥܒ̈ܕܘܗܝ

pael imperat. 2 m.s.

36(33):15a E הבט ܗܟܢܐ ܚܘܝ ܐܠܗܐ ܥܒ̈ܕܘܗܝ

pael imperf. 3 m.s.

20:27a C דבר ܐܝܟ ܙܒܘܪܐ ܢܘܗܪܐ ܢܚܘܝܗ

pael imperf. 3 f.s. with suff.

37:13a 7a1 ܡܛܠ ܕܡܢܗ ܡܗܝܡܢܘܬܗ ܗ̇ܝ ܬܚܘܝܘܗܝ

7h3 [ܬܚܘܝܘܗܝ

pael imperf. 1.s.

16:25b A אחוה ܘܒܚܟܡܬܐ ܐܚܘܐ ܝܘܠܦܢܝ

ethpa'al perf. 3 m.s.

3:23b A הראית ܡܛܠ ܕܣܓܝ ܡܢܟ ܐܬܚܘܝ ܠܟ

Demonstration, Demonstratio ܡܚܘܝܬܐ

sing. emph.

22:22d ܘܡܚܘܝܬܐ ܕܣܘܪܝܐ ܒܒܝܫܬܐ ܕܡܚܘܝܬܐ

plur. emph.

45:19c B אות ܘܥܒܕ ܠܗܘܢ ܡܚܘܝܬܐ ܘܐܘܟܠ ܐܢܘܢ

Demonstration, Demonstratio ܬܚܘܝܬܐ

sing. emph.

18:28b 7a1 ܣܘܟܠܬܐ ܘܠܡܫܝܚܘܬܗ ܠܗ ܬܚܘܝܬܐ

7h3 ܬܘܕܝܬܐ]

43:6b M יאריח ܬܚܘܝܬܐ ܕܙܒܢܐ ܘܐܬܐ ܕܥܠܡ

Root ܚܘܣ

He was merciful, Misertus est ܚܣ

peal perf. 3 m.s.

16:8a A חמל ܘܠܐ ܚܣ ܥܠ ܥܡܘܪܐ

peal part.

13:12b A יחמל ܘܠܐ ܚܐܣ ܥܠ ܢܦܫܬܐ

peal imperf. 3 m.s.

23:2c ܕܡܢ ܡܪܕܘܬܐ ܢܚܘܣ ܥܠ ܣܟܠܘܬܝ

Root ܚܙܐ

He saw, Vidit ܚܙܐ

peal part.

7:9a ܠܐ ܬܐܡܪ ܕܚܙܐ ܒܡܘܗܒܬܐ ܕܡܩܪܒ ܐܢܐ

11:30b ܘܐܝܟ ܕܒܒܐ ܕܚܙܐ ܠܡܦܘܠܬܐ

peal imperf. 3 m.s.

6:21b A יאחר ܕܠܐ ܢܚܙܐ ܘܢܫܒܩܝܗ̇

peal imperf. 3 f.pl.

9:8a ܐܦܢܝ ܒܐܢܬܬܐ ܕܫܦܝܪܐ ܠܐ ܢܚܙܝܢ

Sight, Visus ܚܘܪܐ

sing. emph.

22:18c ܡܐܢܐ ܕܟܠܬܐ ܘܡܢܗܪܐ ܚܘܪܐ

White Hair, Crines Albi ܚܘܪܐ

plur. emph.

30:24b ܘܕܠܐ ܒܙܒܢܗ ܡܩܦܐ ܚܘܪ̈ܬܐ ܨܦܬܐ

Root ܚܙܐ

He saw, Vidit ܚܙܐ

peal, perf. 3 m.s.

45:19a B וירא ܘܚܙܐ ܐܠܗܐ ܘܪܓܙ

48:24a B חזה ܘܒܪܘܚܐ ܕܓܢܒܪܘܬܐ ܚܙܐ ܐܚܪ̈ܝܬܐ

48:25a B הגיד ܘܥܕ ܠܥܠܡܐ ܗܘܐ ܚܙܐ ܐܬܝ̈ܬܐ

49:8b B ראה ܕܡܪܟܒܬܐ ܘܚܙܐ ܚܙܘܐ

peal perf. 3 m.s. with suffix

48:11a B ראך ܛܘܒܘܗܝ ܠܕܚܙܟ ܘܡܝܬ

30:5a ܒܚܝ̈ܘܗܝ ܚܙܗܝ ܘܚܕܝ

1:9a ܒܪܝܗ̇ ܘܚܙܗ̇ ܘܡܢܝܗ̇ ܘܫܦܥܗ̇

peal perf. 3 f.s.

16:5a A ראתה ܕܣܓܝ̈ܐܢ ܡܢ ܗܠܝܢ ܚܙܬ ܥܝܢܝ

peal perf. 2 m.s.

14:12a ܕܥܕܡܐ ܠܡܘܬܐ ܡܘܬܐ ܠܐ ܚܙܝܬ

34(31):14a B יב״ט ܡܢܐ ܕܚܙܝܬ ܠܐ ܬܘܫܛ ܐܝܕܟ

peal perf. 1 s.

31(34):12a ܣܓܝ ܚܙܝܬ ܟܕ ܢܦܩܬ

42:15b B, M חזיתי ܘܐܦ ܡܢܐ ܕܚܙܝܬ ܐܫܬܥܐ ܐܢܐ

peal perf. 3 m.pl.

17:13a ܘܬܫܒܘܚܬܐ ܕܐܝܩܪܗ ܚܙܘ ܒܥܝ̈ܢܝܗܘܢ

peal part. m. s.

22:2b ܘܟܠ ܡܢ ܕܚܙܐ ܠܗ ܡܢܦܨ ܐܝܕܘܗܝ

23:18b ܘܐܡܪ ܒܢܦܫܗ ܡܢܘ ܚܙܐ ܠܝ

23:18e ܘܠܝܬ ܕܚܙܐ ܠܝ

23:19c ܘܚܙܐ ܐܪܥܬܐ ܕܟܠ ܒܢܝ ܐܢܫܐ

29:23b ܟܦܢ ܒܝܬܗ ܐܢܫ ܠܐ ܚܙܐ ܠܗ

30:20a ܘܚܙܐ ܒܥܝܢܘܗܝ ܘܡܬܬܢܚ

40:7b B מראו ܡܬܬܥܝܪ ܘܚܙܐ ܕܠܝܬ ܠܗ ܡܕܡ

peal part. m.pl.

15:19a A } יראו ܘܟܠ ܡܕܡ ܒܥܒܕܘܗܝ ܚܙܝܢ
B }

peal part. m.pl. with suffix

37:24a D רואיהן ܘܢܫܒܚܘܢܝܗ ܟܠܗܘܢ ܚܙܝܢܘܗܝ

peal infin.

42:25b M להביט ܘܡܢܘ ܢܣܒܥ ܠܡܚܙܐ ܐܝܩܪܗܘܢ

43:2a ܟܕ ܢܦܩܐ ܠܡܚܙܐ ܘܠܡܬܚܙܝܘ

peal imperat. 2 m.s.

6:34b ܘܚܙܝ ܡܢܘ ܚܟܝܡ ܐܬܕܒܩ ܠܗ

6:36a A ראה ܚܙܝ ܡܢܘ ܚܟܝܡ

37:7a { D חזה ܟܠ ܡܠܟܐ ܚܙܝ
{ Bm [ ]זה

37:27b B } וראה ܘܚܙܝ ܡܕܡ ܕܒܝܫ ܠܗ
D }

peal imperat. 2 m. pl.

2:10b ܗܪܝ ܠܕܪܐ ܩܕܡܝܐ ܘܚܙܘ

51:27a B ראו ܚܙܘ ܒܥܝܢܝܟܘܢ ܡܛܠ ܕܒܨܝܪ ܥܡܠܬ

peal imperat. 2 m.pl. with suff.

50:29b 7al,10ml,12al,Δ,9ml,19gl ܚܙܘܗ̇ ܒܗ ܘܠܐ ܬܬܒܗܬܘܢ
7h3 ܐܬܒܗܬܘܢ]

peal imperf. 3 m.s.

14:7b ܘܒܐܚܪܝܬܗ ܢܚܙܐ ܒܝܫܬܗ

He Saw, Vidit (cont'd) ܚܙܐ

peal imperf. 3 m.s. (cont'd)

25:7d ܚܙܐ ܒܡܦܘܠܬܐ ܕܣܢ̈ܐܘܗܝ
37:9b B } להביט ܘܢܩܘܡ ܡܢ ܩܘܒܠ ܘܢܚܙܐ ܙܢܟ
D }

peal imperf. 3 m.s. with suffix

13:7c A יראך ܘܡܢܟܢ ܢܚܙܝܟ ܘܢܬܒܥܐ ܡܢܟ

peal imperf. 3 f.s. with suffix

16:21a A תראני ܐܢ ܐܚܛܐ ܠܐ ܬܚܙܝܢܝ ܥܝܢܐ

peal imperf.3 m.pl with suffix

15:7b A יראוה ܘܐܢܫܐ ܕ̈ܓܠܐ ܠܐ ܢܚܙܘܢܗ̇

ethpe'el perf. 3 f.s.

14:12b A הגד ܘܦܘܩܕܢܗ ܕܫܝܘܠ ܠܐ ܐܬܚܙܝܬ

ethpe'el part. m.s.

16:19b A בהביטו ܘܬܗ̈ܘܡܐ ܕܬܒܝܠ ܟܕ ܡܬܚܙܝܐ
19:26a ܐܝܬ ܕܡܬܚܙܝܐ ܐܝܟ ܡܟܝܟܐ
50:5b ܟܕ ܡܬܚܙܝܐ ܡܢ ܬܚܝܬ ܦܪܣܐ

ethpe'el part. m. pl.

16:16a A יראו ܪ̈ܚܡܘܗܝ ܡܬܚܙܝܢ ܠܟܠܗܘܢ ܒܪ̈ܝܬܗ

ethpe'el imperf. 3 f.s.

26:26f ܘܐܝܟ ܐܠܗܬܐ ܕܩܘܫܬܐ ܗܟܢܐ ܬܬܚܙܝܐ

ethpe'el imperf. 2 m.s.

32(35):6a ܠܐ ܬܬܚܙܐ ܩܕܡܘܗܝ ܣܪܝܩܐܝܬ

ethpe'el imperf. 3 m.pl.

16:15b A מגולים ܕܠܐ ܢܬܟܣܘܢ ܕܢܬܚܙܘܢ ܥܒ̈ܕܘܗܝ

Sight, Visio ܚܙܘܐ

sing. emphatic

7:19b A ? חן ܠܐ ܬܫܒܘܩ ܐܢܬܬܐ ܘܫܦܝܪܬ ܚܙܘܐ
19:29a ܐܝܬ ܕܡܢ ܚܙܘܐ ܕܐܦ̈ܘܗܝ ܦܪܫ
31(34):2b ܗܟܢܐ ܗܘ ܡܢ ܕܡܗܝܡܢ ܠܚܙܘܐ ܕܠܠܝܐ
31(34):3a ܗܟܢܐ ܗܘ ܚܙܘܐ ܘܚܠܡܐ ܕܠܠܝܐ
37:22b ܘܦܐܪ̈ܐ ܕܒܢ̈ܘܗܝ ܡܢ ܚܙܘܐ ܕܐܦ̈ܘܗܝ

Sight , Visio (cont'd)

sing. emphatic (cont'd)

40:6c B מחזון ܕܢܬܦܠܛ ܒܚܙܘܐ ܕܠܠܝܐ

49:8b B מראה ܗܘ ܚܙܝܐ ܕܡܪܟܒܬܐ ܘܚܙܘܐ ܚܘܐ

sing. with suffix

11:2a A בתארו ܠܐ ܬܫܒܚ ܐܢܫܐ ܕܫܦܝܪ ܒܚܙܘܗ

B בתוארו ܠܓܒܪ ܐܢܫܐ ܕܫܦܝܪ ܒܚܙܘܗ

11:2b A B במראהו ܘܠܐ ܬܣܠܐ ܠܓܒܪ ܐܢܫܐ ܕܣܢܐ ܒܚܙܘܗ

19:30a ܚܙܘܐ ܕܓܒܪܐ ܡܚܘܐ ܥܒ̈ܕܘܗܝ

Root ܚܙܩ

nom.prop. Hezechiah ܚܙܩܝܐ

48:17a B יחזקיהו ܚܙܩܝܐ ܒܢܐ ܡܕܝܢܬܐ

48:20b ܘܦܪܩ ܚܙܩܝܐ ܡܢ ܡܪܝܐ ܐܠܗ̈ܘܗܝ

48:22a B [ ]קיהו ܡܛܠ ܕܥܒܕ ܚܙܩܝܐ ܕܛܒ

49:4a B יחזקיהו ܒܠܚܘܕ ܠܒܪ ܡܢ ܕܘܝܕ ܘܚܙܩܝܐ 7h3 7al ܘܝܘܫܝܐ]

nom.prop. Ezechiel ܚܙܩܝܐܝܠ

49:8a B יחזקאל ܘܚܙܩܝܐܝܠ ܗܘ ܚܙܝܐ ܕܡܪܟܒܬܐ

Root ܚܙܪ

A Pig, Sus ܚܙܝܪܐ

sing. emphatic

22:13b ܘܡܢ ܚܙܝܪܐ ܠܐ ܬܬܐܒܠ ܒܡܘܪܣܐ

36(33):5b E חוזר ܘܐܝܟ ܚܙܝܪܐ ܗܦܟܝܢ ܬܪ̈ܥܝܬܗ

Root ܚܛܐ

He sinned, Peccavit ܚܛܐ

peal, perf. 3 m.s.

21:27a ܠܒܪ ܕܠܐ ܚܛܐ ܠܗ

47:23e ܒܪ ܢܒܛ ܕܚܛܐ ܘܐܚܛܝ ܠܐܝܣܪܝܠ

peal perf. 1.s.

5:4a A C חטאתי ܠܐ ܬܐܡܪ ܕܚܛܝܬ

15:11a A B פשעי ܡܢ ܐܠܗܐ ܦܘܪܥܬ ܘܚܛܝܬ

peal perf. 3 m.pl.

27:1a ܣܓܝܐܐ ܕܚܛܘ ܡܛܠ ܕܠܝܬ ܒܗܘܢ ܕܚܠܬܐ

peal part. m.s.

13:3a A יעוה ܥܬܝܪܐ ܚܛܐ ܘܡܫܬܒܗܪ

13:3b A נעוה ܘܡܣܟܢܐ ܚܛܐ ܘܡܬܟܫܦ ܠܗ

19:16a ܐܝܬ ܓܝܪ ܕܚܛܐ ܘܠܐ ܡܢ ܠܒܗ

19:24b ܐܝܬ ܕܝܬܝܪ ܡܗܝܡܢܐ ܕܚܛܐ

38:15a B חוטא ܡܛܠ ܕܡܢ ܕܚܛܐ ܩܕܡ ܐܠܗܐ

40:12a ܟܠ ܡܢ ܕܚܛܐ ܘܡܥܘܠ ܢܦܠ

peal part. f.s.

25:25d ܐܢܬܬܐ ܒܝܫܬܐ ܐܝܟ ܠܐ ܘܚܛܝܐ

peal infinitive

7:8a A לשנות ܠܐ ܬܬܢܐ ܠܡܚܛܐ ܚܛܗܐ

17:25b ܬܘܒܘ ܡܢ ܕܠܡܚܛܐ ܘܠܐ ܡܪܓܙܘ

18:23c ܠܐ ܬܬܦܣ ܠܡܚܛܐ ܚܛܗܐ

19:28a ܘܡܬܟܠܐ ܡܢ ܕܠܡܚܛܐ

28:6b ܘܐܬܟܠܐ ܡܢ ܕܠܡܚܛܐ

37:12b ܕܗܘܝܘ ܕܢܛܪ ܠܡܚܛܐ ܩܕܡ ܐܠܗܐ

peal imperf. 2 m.s.

7:36b A תשחת ܘܠܥܠܡ ܠܐ ܬܚܛܐ

18:21b ܘܟܕ ܠܐ ܬܚܛܐ ܗܘ ܕܬܦܢܝܬܐ

peal imperf. 1.s.

16:21a A חטאתי ܐܢ ܐܚܛܐ ܠܐ ܬܚܙܝܢܝ ܥܝܢܐ

23:18f ܘܗܘ ܟܠܗ ܠܝ ܕܐܚܛܐ

peal imperf. 3 m. pl.

15:20a A } לחטא ܠܐ ܦܩܕ ܠܒܢܝܢܫܐ ܕܢܚܛܘܢ
B }

aphel perf. 3 m.s.

47:23e B חטא[ ] ܕܐܚܛܝ ܕܚܛܐ ܘܐܚܛܝ ܠܐܝܣܪܝܠ

aphel part.

19:4b 7a1,Δ,9m1 ܕܡܚܛܐ ܢܦܫܗ ܗܘ ܡܚܣܪ ܢܦܫܗ
7h3 ܡܚܣܪ]

Sin , Peccatum ܚܛܝܬܐ

sing. emph.

7:3a ܘܠܐ ܬܙܪܘܥ ܥܠ ܢܪ̈ܒܐ ܕܚܛܝܬܐ

10:13a A חטא ܡܛܠ ܕܡܟܢܫܢܘܬܐ ܕܚܛܝܬܐ ܐܝܬܘܬܐ

Sinner, Peccator ܚܛܝܐ

sing. emph.

29:19a ܚܛܝܐ ܕܥܒܪ ܥܠ ܦܘܩܕܢܘܗܝ

plur. absol.

8:5b A חייבין ܐܬܕܟܪ ܕܟܠܢ ܚܛܝܢ

plur. emph.

11:16a A לפשעים ܚܫܘܟܬܐ ܘܣܟܠܘܬܐ ܠܚܛܝ̈ܐ ܐܬܒܪܝܘ

13:26b A עמל ? ܫܪܝܐ ܕܪܘܚܐ ܬܪܥܝܬܐ ܕܚܛܝ̈ܐ

15:7a A, B מתי שוא ܠܐ ܢܕܠܩܘܢ ܒܗ̇ ܚܛܝ̈ܐ

16:1a A, B שוא ܠܣܘܓܐܐ ܕܒܢ̈ܝܐ ܚܛܝ̈ܐ

19:22b ܘܠܝܬ ܬܪܥܝܬܐ ܕܚܛܝ̈ܐ

31(34):23a ܒܟܠܗ̈ܬܗܘܢ ܕܚܛܝ̈ܐ

32(35):23b B זדון ? ܢܣܒܐ ܕܠܘܒܐ ܢܣܥܘܢ ܕܚܛܝ̈ܐ

40:15b B, Bm חנף ܢܦܪܘܢ ܥܩܪ ܕܚܛܝ̈ܐ ܐܝܟ ܥܒܠܐ

41:5a B,M רעים 12al,Δ,9ml ܡܫܠܝܐ ܬܘܠܕܬܐ ܕܚܛܝ̈ܐ
Bm עדים 7al,7h3 ܕܒܝ̈ܫܐ]

41:5b B ע[ ] 7al,7h3 ܘܗܝ ܠܗ ܬܘܠܕܬܐ ܕܚܛܝ̈ܐ
M עש[ ] 12al,Δ,9ml ܕܥܘܠܐ]

Sin Peccatum ܚܛܗܐ

sing. emph.

21:2a ܗܟܝܠ ܥܪܘܩ ܡܢ ܚܛܗܐ

23:11c ܐܢ ܒܡܘܚܕ ܢܣܒ ܚܛܗܐ ܢܣܒ ܥܠܘܗܝ

plur. emph.

3:27b A עון ܘܕܝܢܐ ܢܘܣܦ ܚܛܗ̈ܐ ܥܠ ܚܛܗ̈ܐ

3:30b A חטאת ܘܙܕܩܬܐ ܡܚܣܝܐ ܚܛܗ̈ܐ

4:21a A C } עון ܒܗܬܬܐ ܕܡܝܬܝܐ ܚܛܗ̈ܐ

5:5b A C } עון ܕܠܐ ܚܛܗܐ ܥܠ ܚܛܗ̈ܐ ܬܘܣܦ

7:8a A חט ܠܐ ܬܬܢܐ ܠܡܣܓܐ ܚܛܗ̈ܐ

10:16c ܡܢ ܥܠ ܚܛܗ̈ܐ ܘܕܒܒܘܬܐ ܐܚܪܒܗ

10:8b A ? חמס ܡܛܠ ܚܛܗ̈ܐ ܕܚܡܣܐ ܘܥܘܠܬܐ ܘܡܡܘܢܐ

13:24b A זדון ܡܣܟܢܘܬܐ ܥܠ ܦܘܡ ܚܛܗ̈ܐ

16:11d A רשעים ܘܐܦ ܬܒܥ ܚܛܗ̈ܐ

16:12a ܗܟܢܐ ܐܦ ܬܒܥ ܚܛܗ̈ܐ

17:20b ܘܚܛܗ̈ܐ ܕܟܠܗܘܢ ܒܢܝܢܫܐ

18:23c ܠܐ ܬܘܣܦ ܠܡܣܓܐ ܚܛܗ̈ܐ

18:24a ܒܫܥܬܐ ܗܘ ܕܢܦܠܘܢ ܚܛܗ̈ܐ

19:8b ܘܐܢ ܐܝܬ ܠܟ ܚܛܗ̈ܐ ܒܗ ܬܓܠܝܘܢ

19:23a ܐܝܬ ܕܢܣܒܘܬܐ ܕܟܪܝܐ ܚܛܗ̈ܐ

19:24a ܕܡܬܦܢܐ ܡܢ ܚܛܗ̈ܐ

20:21a ܐܝܬ ܕܡܬܟܠܐ ܡܢ ܚܛܗ̈ܐ

23:12d ܘܒܚܛܗ̈ܐ ܠܐ ܢܬܚܠܛ

25:19b C חוטא ܦܣܬܐ ܕܚܛܗ̈ܐ ܬܦܠ ܥܠܘܗ̇

25:24a C עון ܡܢ ܐܢܬܬܐ ܫܪܘ ܚܛܗ̈ܐ

26:29a ܡܬܦܢܐ ܬܓܪܐ ܡܢ ܚܛܗ̈ܐ

26:29b ܠܐ ܡܙܕܕܩ ܡܢ ܚܛܗ̈ܐ

27:1b ܘܕܪ̈ܒܐ ܠܡܣܓܝܘ ܚܛܗ̈ܐ

27:2b ܠܡܙܒܢܢܐ ܡܬܦܫܠ ܚܛܗ̈ܐ

27:10b ܗܟܢܐ ܢܟܠܐ ܠܥܒܕܝ̈ ܚܛܗ̈ܐ

28:8b ܘܬܪܚܩܘܢ ܡܢܟ ܚܛܗ̈ܐ

29:19b ܘܪܕܦ ܠܡܥܒܕܗ ܟܠܗܘܢ ܚܛܗ̈ܐ

29:19c ܚܛܝܐ ܦܘܪ̈ܥܢܐ ܡܬܒܥܐ

31(34):8a ܒܐܬܪܐ ܕܠܝܬ ܒܗ ܚܛܗ̈ܐ

38:10b B פשעים ܘܡܢ ܟܠ ܚܛܗ̈ܐ ܕܟܐ ܠܒܟ

Sin,Peccatum (cont'd) ܚܛܗܐ

plur. emph. (cont'd)

38:20b ܐܬܦܪܥ ܒܚܘܒܬܐ ܘܐܢ ܥܒܕ ܚܛܗ̈ܐ

46:20d ܒܬܝܒܘܬܐ ܠܡܫܩܠܗ ܚܛܗ̈ܐ

48:16b B מעל ܘܐܝܬ ܕܥܒܕܘ ܕܐܘܣܦܘ ܚܛܗ̈ܐ

48:16b 7h3 ܟܠ ܚܛܗ̈ܐ

7al,12al,Δ(less15cl),9m1,19g1,omit

49:3b B חמס ܘܒܝܘܡ̈ܝ ܚܛܗ̈ܐ ܥܒܕ ܛܝܒܘܬܐ

plur. with suffix

23:3b ܘܠܐ ܢܣܓܘܢ ܚܛܗ̈ܝ

3:15b A עוניך / C חטאתיך ܟܠ ܢܫܬܪܐ ܠܡܫܩܠܗ ܚܛܗ̈ܝܟ

4:26a A מעון ܠܐ ܬܒܗܬ ܠܡܬܘܝܘ ܒܚܛܗ̈ܝܟ

18:22a 7h3 ܠܐ ܬܬܬܟܠ ܠܡܬܘܝܘ ܚܛܗ̈ܝܟ

7al,Δ, ܘܚܛܗ̈ܝܟ]

18:22c ܐܝܟܐ ܠܡܬܒܥ ܡܢ ܚܛܗ̈ܝܟ

28:2b ܘܟܠ ܚܛܗ̈ܝܟ ܢܫܬܒܩܘܢ ܠܟ

8:5a A משע ܠܒܪܢܫܐ ܕܬܐܒ ܡܢ ܚܛܗ̈ܘܗܝ

28:1b ܡܛܠ ܕܟܠ ܚܛܗ̈ܘܗܝ ܡܢܛܪ ܢܛܪ

28:5b ܡܢܘ ܢܚܣ ܠܗ ܚܛܗ̈ܘܗܝ

31(34):31a ܘܕܨܐܡ ܡܢ ܚܛܗ̈ܘܗܝ

39:5e ܘܥܠ ܚܛܗ̈ܘܗܝ ܢܒܥܐ ܚܘܣܝܐ

47:11a B פשעו ܐܠܗܐ ܥܒܪ ܠܗ ܚܛܗ̈ܘܗܝ

23:24b ܘܥܠ ܫܘܕ̈ܢܝܗ̇ ܚܛܗ̈ܝܗ̇ ܢܬܕܪܢ

16:9b A בעונם ܠܥܡܐ ܒܗ ܡܛܠ ܚܛܗ̈ܝܗܘܢ

47:24a B חטאתן ܘܐܣܓܝܘ ܚܛܗ̈ܝܗܘܢ ܛܒ

Root ܚܛܦ

He siezed, Rapuit ܚܛܦ

peal part.

11:30d A וחומס ܠܒܐ ܕܥܘܠܐ ܟ ܥܒܕ ܘܚܛܦ

ethpe'el perf. 3 m.s.

48:9a B הנלקח ܘܐܬܚܛܦ ܒܥܠܥܠܐ ܠܥܠ

One who siezes,Rapax ܚܛܘܦܐ

plur. emph.

4:19b A לשדדים ܘܢܫܠܡܝܘܗܝ ܒܝܕ ܚܛܘ̈ܦܐ

13:13b A חמס ܘܗܘܝܬ ܙܗܝܪ ܕܥܡ ܚܛܘ̈ܦܐ ܐܢܬ

Siezure, Raptura ܚܛܘܦܝܐ

sing. emph.

10:7b A מעל ܘܥܠ ܬܪ̈ܝܗܝܢ ܚܛܘܦܝܐ ܘܥܠܘܒܝܐ

32(35):15a B מעשק ܠܐ ܡܘܗ̈ܒܬܐ ܕܚܛܘܦܝܐ

Root ܚܛܪ

Rod, Baculus, ܚܘܛܪܐ

sing. emph.

1:(19a) ܚܘܛܪܐ ܗܝ ܕܬܘܕܝܬܐ

28:17a ܡܚܘܬܐ ܕܚܘܛܪܐ ܥܒܕܐ ܫܘܡܐ

Root ܚܝܐ

He lived, Vixit ܚܝܐ

peal perf. 3 m.s.

40:29b B } M } חיים ܠܐ ܐܝܬ ܚܝܘܗܝ ܕܚܝܐ ܗܘ

peal participle m.s.

48:11b B הי[ ] 12al, Δ ,9ml ܠܐ ܡܐܬ ܐܠܐ ܡܚܝܐ ܚܝܐ
7al, 7h3 ܚܝܐ]

peal part. m. pl.

17:27b ܚܠܦ ܐܝܠܝܢ ܕܚܝܝܢ ܘܡܘܕܝܢ

42:23a B ח[ ] ܘܚܝܝܢ ܘܩܝܡܝܢ ܠܥܠܡ

peal infin.

18:9a ܟܕ ܢܣܓܐ ܠܚܝܐ ܕܒܪܢܫܐ ܫܢܝܢ

He Lived, Vixit, (cont'd) ܚܝܐ

peal imperf. 3 m.s.

23:12c ܡܢ ܕܐܝܬܝ ܢܦܫܗ ܡܢ ܗܠܝܢ ܢܚܐ

peal imperf. 2 m.s.

15:15b A } תחיה ܬܫܬܡܥ ܒܗ ܐܦ ܐܢܬ ܬܚܐ
B }

peal imperf. 2 m.pl.

3:1b ܡܛܠ ܕܬܚܘܢ ܚ̈ܝܐ ܕܠܥܠܡ

aphel perf. 3 m.s.

48:5a B המקים ܕܐܚܝ ܡܝܬܐ ܡܢ ܫܝܘܠ

48:14b ܘܒܡܘܬܗ ܐܚܝ ܡܝܬܐ

aphel part.

48:11b ܠܐ ܡܚܐܬ ܐܠܐ ܡܚܝܐ ܚ̈ܝܐ

aphel infin.

40:28b ܐܠܐ ܡܘܬܐ ܛܒ ܠܡܚܝܘ

aphel imperf. 3 m.s.

48:11b B [ ]יח 7al,7h3 ܠܐ ܡܚܐܬ ܐܠܐ ܡܚܝܐ ܢܚ̈ܐ
12al, Δ ,9ml, ܢܚ̈ܐ]

aphel imperf. 3 f.s. with suffix

37:13a ܡܛܠ ܕܡܗܝܡܢܘܬܗ ܗܝ ܬܚܝܘܗܝ

Alive ,Vivus ܚܝܐ

sing. absol.

25:7d ܟܕ ܗܘ ܚܝ ܢܚܙܐ

30:14a B וחי ܛܒ ܗܘ ܓܒܪ ܡܣܟܢܐ ܕܚܝ

30(33):29a E חי ܟܕ ܐܢܬ ܚܝ ܘܢܫܡܬܐ ܒܟ

44:14b M חי ܘܫܡܗܘܢ ܚܝ ܡܢ ܕܪ ܠܕܪ

Life, Vita ܚ̈ܝܐ

plur. emph.

1:12b ܫܘܒܚܬܐ ܘܚܕܘܬܐ ܘܚ̈ܝܐ ܕܠܥܠܡ

1:18b ܘܡܣܝܒܪܢܘܬܐ ܫܠܡܐ ܘܚ̈ܝܐ ܘܐܣܝܘܬܐ

1:20a ܠܡܘܪ̈ܝ ܚ̈ܝܐ ܕܠܥܠܡ

plur. emph. (cont'd)

Ref.	MS	Hebrew	Syriac
1:20m			ܗܢܐ ܕܝܠܬܐ ܕܠܗ̇ ܡܠܟܐ ܚܝ̈ܐ
1:20q			ܡܢܗ ܕܙܕܝܩܐ ܕܢܐܪܬ ܚܝ̈ܐ
1:20t			ܘܬܬܠܒ ܒܡܦܢܝܐ ܕܚܝ̈ܐ
1:20x			ܠܐ ܬܬܡܢܥ ܘܬܒܥܐ ܚܝ̈ܐ
3:1b			ܡܛܠ ܕܬܚܝܘܢ ܚܝ̈ܐ ܕܠܥܠܡ
4:12a	A	חיים	ܪ̈ܚܡܝܗ̇ ܐܚܝܢ ܕܪܚܡܝܢ ܚܝ̈ܐ
6:16a	A	חיים	ܪܚܡܐ ܡܗܝܡܢܐ ܣܡܐ ܗܘ ܕܚܝ̈ܐ
11:14a	A	חיים	ܛܒܬܐ ܘܒܝܫܬܐ ܚܝ̈ܐ ܘܡܘܬܐ
15:17a	A, B	חיים	ܐܬܝܗܒ ܓܝܪ ܠܒܢܝ̈ܢܫܐ ܚܝ̈ܐ
15:17b			ܘܡܘܬܐ ܕܢܓܒܘܢ ܚܝ̈ܐ
16:30a			ܘܢܦ̈ܫܬܐ ܕܟܠ ܚܝ̈ܐ ܡܠܝܐ ܐܦ̈ܘܗ̇
17:11b			ܘܢܡܘܣܐ ܕܚܝ̈ܐ ܐܠܦ ܐܢܘܢ
21:13b			ܘܬܪܥܝܬܗ ܐܝܟ ܡܝ̈ܐ ܚܝ̈ܐ
22:11d			ܡܢ ܡܘܬܐ ܚܝ̈ܐ ܒܝ̈ܫܐ
26:27d			ܒܫܘܫܐ ܕܩܪܒܐ ܚܝ̈ܐ ܒܐܘܠܨܢܐ ܢܬܕܒܪܘܢ
29:24a			ܚܝ̈ܐ ܒܝ̈ܫܐ ܡܢ ܒ̈ ܠܒ
30:15a	B	חיי	ܚܝ̈ܐ ܕܒܪ̈ܝܐ ܪ̈ܓܝܓܢ ܡܢ ܕܗܒܐ
30:17a	B	מחיים	ܛܒ ܠܡܡܬ ܡܢ ܚܝ̈ܐ ܒܝ̈ܫܐ
34(31):27a	B	חיים	ܐܝܟ ܡܝ̈ܐ ܚܝ̈ܐ ܚܡܪܐ
36(33)14b	E	חיים	ܘܠܘܩܒܠ ܡܘܬܐ ܐܬܒܪܝܘ ܚܝ̈ܐ
31(34):20b			ܘܐܣܝܘܬܐ ܕܚܝ̈ܐ ܘܒܘܪ̈ܟܬܐ
37:18a	B, D	וחיים	ܛܒ ܘܒܝܫ ܚܝ̈ܐ ܘܡܘܬܐ
37:26b	D	בחיי	ܘܫܡܗ ܩܐܡ ܠܚܝ̈ܐ ܕܠܥܠܡ
37:31b	B, D	חיים	ܘܕܡܙܕܗܪ ܡܘܣܦ ܚܝ̈ܐ
38:14c	B	מחיה	ܘܬܬܐ ܐܣܝܘܬܐ ܒܐܝܕܗ ܘܚܝ̈ܐ
38:15b	B	רופא	ܢܬܡܣܒ ܠܐܝܕܘܗܝ ܚܝ̈ܐ

plur. emphatic (cont'd)

38:17d ܘܐܬܒܝܐ ܡܛܠ ܚܝ̈ܐ
38:34d ܘܠܡܬܗܦܟܘ ܒܢܡܘܣܐ ܕܚܝ̈ܐ
39:8b ܘܒܢܡܘܣܐ ܕܚܝ̈ܐ ܢܫܬܒܚ
39:26a B לחיי ܪ̈ܫܝܬܐ ܠܚܝ̈ܐ ܕܒ̈ܢܝܢܫܐ
40:1d B חי ܘܒܝܘܡܐ ܕܗܦܟܝܢ ܠܐܪܥܐ ܕܚܝ̈ܐ
44:23g B חי ܒܢ̈ܝ ܟܠܗܘܢ ܚܝ̈ܐ
45:5d B חיים ܢܡܘܣܐ ܕܚܝ̈ܐ ܘܕܒܝܢܬܐ
45:16a B חי ܘܓܒܝܗܝ ܡܢ ܟܠܗܘܢ ܚܝ̈ܐ

plur.with suffix

23:1a ܐܠܗܐ ܐܒܝ ܘܡܪܗܘܢ ܕܚܝ̈ܝ
23:4a ܐܠܗܐ ܐܒܝ ܘܡܪܗܘܢ ܕܚܝ̈ܝ

3:12b A חייך ܟܠ ܝܘܡ̈ܝ ܚܝ̈ܝܟ
30(33):28b E בחייך ܠܐ ܬܬܠܠ ܡܢ ܒܚܝ̈ܝܟ
37:27a { B בחייך / Bm,D בחמך } ܒܪܝ ܒܚܝ̈ܝܟ ܢܣܐ ܢܦܫܟ

3:13b A חיין ܟܠ ܝܘܡ̈ܝ ܚܝ̈ܘܗܝ
4:1a A לחיי ܠܐ ܬܛܠܡ ܒܚܝ̈ܘܗܝ ܕܡܣܟܢܐ
10:9b A בחייו ܕܒܚܝ̈ܘܗܝ ܬܬܠܠܐ ܓܘܝܗ
18:9a 12a1,Δ,9m1 ܡܢܝܢܐ ܕܚܝ̈ܘܗܝ ܕܒܪܢܫܐ
7a1,7h3]ܕܝܘܡ̈ܘܗܝ
20:8b ܘܕܡܫܬܠܛܐ ܢܣܒ ܚܝ̈ܘܗܝ
21:14b ܘܟܠ ܚܝ̈ܘܗܝ ܚܟܡܬܐ ܠܐ ܢܠܦ
22:12b ܘܟܠܗ ܒܬ̈ܐ ܕܣܟܠܐ ܟܠ ܝܘܡ̈ܝ ܕܚܝ̈ܘܗܝ
23:15b ܟܠ ܝܘܡ̈ܝ ܚܝ̈ܘܗܝ ܡܪܕܘܬܐ ܠܐ ܢܠܦ
26:2b ܘܫܢ̈ܝ ܚܝ̈ܘܗܝ ܒܫܠܡܘܬܐ ܢܫܠܡ
26:26d ܡܢܝܢܐ ܥܠ ܕܫܢ̈ܝܐ ܕܚܝ̈ܘܗܝ ܐܣܝܦ
29:21a ܪܫ ܚܝ̈ܘܗܝ ܕܒܪܢܫܐ ܠܚܡܐ
29:22a ܛܒܝܢ ܐܝܟ ܥܠ ܚܝ̈ܘܗܝ ܕܡܣܟܢܐ

Life,Vita (cont'd) ܚܝܐ

plur. with suffix (cont'd)

30:5a ܒܚܝ̈ܘܗܝ ܚܙܗܝ ܘܚܕܝ

30:22a B חיי ܚܕܘܬ ܠܒܐ ܐܝܟ ܗܢܘܢ ܚܝ̈ܘܗܝ

30:22b B אפו ܗܝ ܬܘܣܦܬܐ ܚܝ̈ܘܗܝ

34(31):27c B חיים ܡܢܐ ܐܝܟ ܚܝ̈ܘܗܝ

38:19b ܡܛܠ ܕܚܝ̈ܘܗܝ ܕܡܣܟܢܐ ܠܠܘܛܬܐ

48:14a B בחייו ܒܚܝ̈ܘܗܝ ܥܒܕ ܦܪܝܫܬܐ

48:23b ܘܐܬܘܣܦܘ ܥܠ ܚܝ̈ܘܗܝ ܕܡܠܟܐ

16:3a { A בחייהם / B]חייהם[} ܠܐ ܬܬܟܠ ܥܠ ܚܝ̈ܝܗܘܢ

25:2b ܘܣܢܝܬ ܠܝ ܛܒ ܒܚܝ̈ܝܗܘܢ

31(34):25a ܠܚܡܐ ܕܢܣܒܐ ܚܝ̈ܝܗܘܢ ܕܡܣܟܢ̈ܐ

Life, Vita, ܚܝܘܬܐ

sing. emph.

17:4b ܥܠ ܚܝܘܬܐ ܘܥܠ ܦܪܚܬܐ

sing. const.

12:13b A חית ܟܠ ܡܢ ܕܩܪܒ ܠܚܝܘܬ ܒܪܐ

39:30a B חית ܚܝܘܬ ܒܪܐ ܘܥܩܪ̈ܒܐ

Root ܚܝܠ

Force, Vis ܚܝܠܐ

sing. emph.

7:6b A} C} חיל. ܐܢ ܐܝܬ ܒܟ ܚܝܠܐ ܠܡܥܩܪܘ ܥܘܠܐ

11:9a { A עצבה / B עצה } ܐܢ ܐܝܬ ܒܟ ܚܝܠܐ ܠܐ ܬܬܚܪܐ

19:28a ܡܛܠ ܕܠܝܬ ܒܗ ܚܝܠܐ

21:8a ܕܒܢܐ ܒܝܬܗ ܒܚܝܠܐ ܕܚܒܪ̈ܘܗܝ

29:20a ܐܝܟ ܡܢܐ ܕܡܨܐ ܐܝܬ ܒܚܝܠܐ

40:26a B חיל ܚܝܠܐ ܘܬܘܩܦܐ ܡܪܝܡܝܢ ܠܒܐ

41:1d { B]יל[/ M כח } ܐܝܬ ܒܗ ܚܝܠܐ ܠܡܩܒܠܘ ܬܦܢܘܩܐ

Force, Vis (cont'd) **ܚܝܠܐ**

sing. emph. (cont'd)

41:2d ܘܠܝܬ ܒܗ ܚܝܠܐ ܠܡܣܒܠ

46:1a B חיל ܓܢܒܪܐ ܓܢܒܪ ܚܝܠܐ ܝܫܘܥ ܒܪ ܢܘܢ

44:6a B/M חיל ܘܒܥܘܬܪܐ ܚܝܠܐ ܘܫܠܝܢ ܥܠ ܬܘܬܒܘܬܗܘܢ

sing. with suffix

5:3a A כחו ܠܐ ܬܐܡܪ ܕܡܢܘ ܡܫܟܚ ܚܝܠܗ

5:2a A כוחך ܠܐ ܬܬܟܠ ܥܠ ܚܝܠܟ

6:1b A חילך ܕܠܐ ܬܗܘܐ ܐܝܟ ܬܘܪܐ ܚܝܠܟ

6:26b ܘܒܟܠܗ ܚܝܠܟ ܛܪ ܐܘܪ̈ܚܬܗ

9:14a A ככחך ܐܝܟ ܚܝܠܟ ܚܘܣ ܚܒܪܟ

26:19b ܘܠܐ ܬܬܠ ܠܢܘܟܪ̈ܝܐ ܚܝܠܟ

32(35):5b ܘܟܠ ܚܝܠܟ ܕܠܐ ܬܝܗܒ ܕܗܒܐ

12:15b A להציל ܠܐ ܡܨܐ ܐܢܬ ܚܝܠܗ

34(31):30b B כח ܡܒܨܪ ܚܝܠܗ ܘܡܣܓܐ ܡܚ̈ܘܬܗ

38:5b B כחו / Bm כוחם ܡܛܠ ܕܢܬܝܕܥ ܚܝܠܗ ܕܐܠܗܐ

39:28c B כחם ܘܒܥܕܢ ܣܘܦܐ ܚܝܠܗܘܢ ܡܫܦܟܝܢ

alternative form (fem.)

Force, Vis **ܚܝܠܘܬܐ**

plur. emphatic

17:32a ܚܝ̈ܠܘܬܐ ܕܪܘܡܐ ܕܝܢ ܐܠܗܐ

plur. with suffix

24:2b ܬܦܬܚ ܦܘܡܗ̇ ܘܩܕܡ ܚܝ̈ܠܘܬܗ ܬܫܬܒܚ

Powerful ,Potens **ܚܝܠܬܢܐ**

sing. emph.

1:20z ܐܝܟ ܓܢܒܪܐ ܘܐܝܟ ܚܝܠܬܢܐ

Power, Potentia ܚܝܠܬܢܘܬܐ

sing. emph.

26:2a C חיל ܐܢܬܬܐ ܚܝܠܬܢܝܬܐ ܡܒܣܡܐ ܠܒܥܠܗ̇

Root ܚܟܡ

He Knew, He Was Wise ,Cognovit,

Sapiens Fuit ܚܟܡ

peal part.

15:19b A} B} יכיר ܘܚܟܡ ܒܟܠܗܘܢ ܥܒ̈ܕܘܗܝ

peal imperf. 3 m.s.

50:28b B יחכם ܘܐܠܦ ܐܢܫ ܘܢܚܟܡ ܐܢܫ

ethpe'el imperf. 3 m.s.

12:8a A יודע ܠܐ ܢܬܚܟܡ ܒܛܒܬܗ ܪܚܡܐ

ethpe'el imperf. 3 m.pl.

35(32):16a B יבינו ܕܕܚ̈ܠܘܗܝ ܕܐܠܗܐ ܢܬܚܟܡܘܢ

pael part.

18:13c ܠܟܠ ܟܠܗܘܢ ܒܪ̈ܢܫܐ ܘܡܚܟܡ

ethpa'al imperf. 3 m.s.

38:2a B יחכם ܡܢ ܠܘܬ ܐܠܗܐ ܢܬܚܟܡ ܐܣܝܐ

38:24b B יתחכם ܘܕܠܐ ܥܒܕ ܥܒܕܘܬܐ ܗܘ ܢܬܚܟܡ

38:25a B יתחכם ܡܢܐ ܓܝܪ ܢܬܚܟܡ

39:6b ܘܒܪܘܚܐ ܕܣܘܟܠܬܢܘܬܐ ܢܬܚܟܡ

ethpa'al imperf. 2 m.s.

2:3b ܡܛܠ ܕܬܬܚܟܡ ܒܐܘܪ̈ܚܬܟ

6:32a A תתחכם ܐܢ ܬܨܒܐ ܒܪܝ ܬܬܚܟܡ

6:33b A תוסר ܘܐܢ ܬܪܟܢ ܐܕܢܟ ܬܬܚܟܡ

35(32):4b B תתחכם ܘܒܠ ܥܕܢ ܠܐ ܬܬܚܟܡ

ethpa'al imperf. 3 m.pl.

18:29a ܣܟܘ̈ܠܐ ܘܡܠܝܐ ܐܦ ܗܢܘܢ ܢܬܚܟܡܘܢ

38:31b ܒܥܒܕܐ ܕܐܘܡܢܘܬܗܘܢ ܢܬܚܟܡܘܢ

Erudition, Eruditio ܚܟܡܬܐ

sing. emph

9:1b ܕܠܐ ܬܐܠܦ ܥܠܝܟ ܚܟܡܬܐ ܒܝܫܬܐ

42:20a B,M שכל ܘܠܐ ܥܒܪܐ ܡܢ ܡܕܥܗ ܟܠ ܚܟܡܬܐ

Wisdom, Sapientia ܚܟܡܬܐ

sing. emph.

1:1a ܟܠ ܚܟܡܬܐ ܡܢ ܩܕܡ ܡܪܝܐ

1:4a ܡܢ ܟܠܗܘܢ ܗܠܝܢ ܩܕܡܬ ܚܟܡܬܐ

1:6a ܥܩܪ ܚܟܡܬܐ ܠܡܢ ܐܬܓܠܝܬ

1:14a ܪܫ ܚܟܡܬܐ ܕܚܠܬܗ ܕܡܪܝܐ

1:16a ܪܫ ܚܟܡܬܐ ܕܚܠܬܗ ܕܡܪܝܐ

1:17a ܟܠ ܐܘܨܪ̈ܝܗ̇ ܬܡܠܐ ܚܟܡܬܐ

1:18a ܪܫ ܚܟܡܬܐ ܕܚܠܬܗ ܕܡܪܝܐ

4:11a A חכמות ܚܟܡܬܐ ܒܢ̈ܝܗ̇ ܐܠܦܬ

4:24a A חכמה ܕܒܐܡܪܐ ܗܘ ܡܬܝܕܥܐ ܚܟܡܬܐ

6:18b C חכמה ܘܥܕܡܐ ܠܣܝܒܘܬܟ ܬܫܟܚ ܚܟܡܬܐ

6:20a A היא ܟܡܐ ܥܫܝܢܐ ܠܟ ܣܟܠܐ ܚܟܡܬܐ

10:3b A בשכל ܘܡܕܝܢܬܐ ܡܬܝܫܒܐ ܒܚܟܡܬܐ

11:15a A חכמה ܚܟܡܬܐ ܘܣܘܟܠܬܐ ܘܝܕܥܬܐ

14:20a A בחכמה ܛܘܒܘܗܝ ܠܓܒܪܐ ܕܒܚܟܡܬܐ ܢܗܘܐ

15:3a A } שכל ܠܚܡܐ ܕܚܟܡܬܐ ܘܡ̈ܝܐ ܕܣܘܟܠܬܢܘܬܐ
B }

15:9a A } תהלה 7h3 ܒܦܘܡܐ ܕܥ̈ܘܠܐ ܚܟܡܬܐ
B } 7a1,12a1,Δ, omit

16:25b A ובהצנה ܘܒܚܟܡܬܐ ܐܚܘܐ ܝܘܠܦܢܝ

17:7a ܚܟܡܬܐ ܘܣܘܟܠܬܢܘܬܐ ܡܠܐ ܠܗܘܢ

18:28a ܠܟܠ ܕܚܟܝܡ ܠܡܠܦܘ ܚܟܡܬܐ

18:29c ܘܡ̈ܠܐ ܕܚܟܡܬܐ ܘܢܠܦܘܢ

19:20a ܘܟܠ ܚܟܡܬܐ ܕܚܠܬܗ ܕܡܪܝܐ

19:20b ܘܕܚܠܬܗ ܕܐܠܗܐ ܗ̣ܝ ܗ̇ܝ ܚܟܡܬܐ

20:27a C חכם ܡܠܐ ܡ̈ܬܠܝܗ ܕܚܟܝܡܐ

20:30a ܚܟܡܬܐ ܛܡܝܪܬܐ ܘܣܝܡܬܐ

21:14b ܘܟܠ ܚܣܝܪ ܚܟܡܬܐ ܠܐ ܢܠܦ

21:18a ܐܝܟ ܒܝܬ ܐܣܝܪܐ ܗܝ ܚܟܡܬܐ

21:21a ܐܝܟ ܫܫܠܬܐ ܕܕܗܒܐ ܚܟܡܬܐ

22:6b ܘܡܪܕܘܬܐ ܒܟܠ ܙܒܢ ܚܟܡܬܐ ܗܝ

sing. emph. (cont'd)

22:11b ܣܟܠܐ ܕܐܬܒܠ ܡܢ ܚܟܡܬܐ

23:15b ܚܟܡܬܐ ܠܐ ܝܠܦ

24:1a ܚܟܡܬܐ ܬܫܒܚ ܢܦܫܗ

24:25a ܐܝܟ ܢܗܪܐ ܦܝܫܘܢ ܚܟܡܬܐ

24:28a ܠܐ ܝܕܥܗ ܩܕܡܝܐ ܠܚܟܡܬܐ

24:29a ܕܡܢ ܝܡܐ ܪܒܐ ܣܓܝܬ ܚܟܡܬܐ

25:3a ܒܛܠܝܘܬܟ ܠܐ ܩܢܝܬ ܚܟܡܬܐ

25:5a ܡܐ ܝܐܝܐ ܠܣܒܐ ܚܟܡܬܐ

27:11a ܬܢܝܬܗܘܢ ܕܟܐܢܐ ܒܚܟܡܬܐ

35(32):16b ܘܚܟܡܬܐ ܣܓܝܐܬܐ ܡܢ ܠܒܗܘܢ { B וכחמות ; Bm,E וחכמות }

35(32):18a ܚܟܝܡܐ ܠܐ ܢܣܒ ܚܟܡܬܐ { B כחמה ; Bm,E חכמה }

31(34):8b ܡܛܠ ܕܚܟܡܬܐ ܕܢ̈ܛܠܐ ܟܠܝܠܐ ܡܬܗܝܡܢܐ

31(34):11a ܕܢܣܒ ܐܦܝܢ ܚܟܡܬܐ

38:6a B בינה ܕܝܗܒ ܠܒܢܝ̈ ܐܢܫܐ ܚܟܡܬܐ

38:8c ܘܚܟܡܬܐ ܡܢ ܐܦ̈ ܐܪܥܐ

38:24d B חכמה ܬܘܣܦ ܠܗ ܚܟܡܬܐ

38:33d ܠܐ ܡܬܒܝܢܝܢ ܘܠܫܢܐ ܕܚܟܡܬܐ

39:1a ܐܝܟ ܚܟܡܬܐ ܕܟܠܗܘܢ ܩܕܡܝ̈ܐ

39:3a ܚܟܡܬܐ ܕܡܬܠܐ ܝܠܦ

39:7a ܗܘ ܢܬܩܠ ܡ̈ܠܬܐ ܘܚܟܡܬܐ 12a1,Δ,
7a1,7h3 ܕܚܟ̈ܡܬܐ]

39:8a ܗܘ ܢܦܩ ܘܠܦܢܐ ܕܚܟܡܬܐ

40:18b ܘܡܢ ܬܪ̈ܝܗܘܢ ܡܢ ܕܐܫܟܚ ܚܟܡܬܐ

42:21a ܘܚܟܡܬܐ ܡܬܡܟܗ ܦܫܛܐ { B [ ]תו ; M חכמ[ ] }

45:26a B חכמת חכמת ܠܐܠܗܐ ܕܝܗܒ ܠܟܘܢ ܚܟܡܬܐ

47:14b B מוסר ܘܐܬܡܠܝܬ ܐܝܟ ܢܗܪܐ ܚܟܡܬܐ

Wisdom, Sapientia (cont'd) ܚܟܡܬܐ

sing. emph. (cont'd)

47:17a			ܦܫܪ ܡ̈ܬܠܐ ܕܚܟܡܬܐ ܒܟܬܒܐ
47:23c	B	בינה	ܡܦܩܢܐ ܡܠ̈ܬܐ ܕܢܦܫܪ ܚܟܡܬܐ
50:23a	B	חכמת	ܢܬܠ ܠܟܘܢ ܚܟܡܬܐ ܕܠܒܐ
51:25b	B	חכמה	ܩܢܘ ܠܟܘܢ ܚܟܡܬܐ
51:30 colophon			ܫܠܡ ܠܡܟܬܒ ܚܟܡܬܐ ܕܒܪܣܝܪܐ

sing. with suffix.

4:23b	A	חכמתך	ܘܠܐ ܬܛܫܐ ܚܟܡܬܟ
9:17a	A	בחכמי	ܚܟܡܬܗ ܕܒܢܝܐ ܬܬܩܢ ܡܕܝܢܬܐ
10:30a	A, B	שכלו	ܡܣܟܢܐ ܕܡܬܝܩܪ ܡܛܠ ܚܟܡܬܗ
11:1a	A, B	חכמת	ܚܟܡܬܗ ܕܡܣܟܢܐ ܬܪܝܡ ܪܫܗ
15:18a	A, B	חכמת.	ܡܛܠ ܕܣܓܝܐ ܗܝ ܚܟܡܬܗ ܕܐܠܗܐ.
17:3a			ܒܚܟܡܬܗ ܐܠܒܫ ܐܢܘܢ
20:31b			ܛܒ ܡܢ ܓܒܪܐ ܕܡܛܫܐ ܚܟܡܬܗ
36(33):8a	E	[ ]מת	ܒܚܟܡܬܗ ܕܐܠܗܐ ܐܬܦܪܫܘ
36(33):11a			ܒܚܟܡܬܗ ܕܐܠܗܐ ܦܪܫ ܐܢܘܢ
38:24a	B	חכמת	ܚܟܡܬܗ ܕܣܦܪܐ ܬܬܘܣܦ ܠܗ
39:9a			ܘܢܫܒܚܘܢ ܣܓܝܐܐ ܡܢ ܚܟܡܬܗ
39:10a			ܚܟܡܬܗ ܬܫܬܥܐ ܒܢ̈ܝ ܥܕܬܐ

Wise, Sapiens, ܚܟܝܡܐ

sing. absol.

6:34b			ܘܚܙܝ ܡܢܘ ܚܟܝܡ ܐܬܕܒܩ ܠܗ
6:36a	A	יבין	ܚܙܝ ܡܢܘ ܚܟܝܡ ܘܒܟܪܝܗܝ
7:25b	A / C	נבון / נכון	ܘܠܓܒܪܐ ܕܝܢ ܕܚܟܝܡ ܗܒܝܗ̇
9:17b	A	חכם	ܘܫܠܝܛ ܒܥܡܡܐ ܚܟܝܡ
18:28a			ܟܠ ܕܚܟܝܡ ܠܡܠܦܘ ܚܟܡܬܐ

Wise, Sapiens (cont'd) ܚܟܝܡܐ

sing. absol.

20:1b ܘܐܝܬ ܕܫܬܩ ܘܗܘ ܚܟܝܡ

37:19a B, C, D חכם ܒܠ ܟܡ ܕܚܟܝܡ ܒܢܦܫܗ

37:20a B, D חכם ܐܝܬ ܓܒܪ ܕܚܟܝܡ ܘܒܡܡܠܠܗ ܡܣܬܢܐ

37:22a B,C יחכם; D נחכם ܘܐܝܬ ܚܟܝܡ ܕ ܠܢܦܫܗ

37:23a Bm, D יחכם ܐܝܬ ܚܟܝܡܐ ܕܟܠ ܒܢ ܚܟܝܡ

37:24a B, C, D חכם ܘܚܟܝܡ ܠܢܦܫܗ ܢܣܒܥ ܬܦܢܘܩܐ

47:14a B ܟܡܐ ܚܟܝܡ ܗܘܝܬ ܒܛܠܝܘܬܟ

sing. emphatic

3:29a A חכם ܠܒܐ ܚܟܝܡܐ ܢܣܬܟܠ

7:21a A, C משכיל ܥܒܕܐ ܚܟܝܡܐ ܐܚܒܝܗܝ

7:25b A, C נבון ܘܠܓܒܪܐ ܕܝܢ ܚܟܝܡܐ ܗܒܝܗ

10:1a ܕܝܢܐ ܚܟܝܡܐ ܢܠܦ ܥܡܗ

10:1b A מבין ܘܫܘܠܛܢܐ ܚܟܝܡܐ ܢܬܒ ܦܪܢܣܬܗ

10:25a A, B משכיל ܠܥܒܕܐ ܚܟܝܡܐ ܚܐܪ̈ܐ ܢܦܠܚܘܢ

18:27a ܓܒܪܐ ܚܟܝܡܐ ܠܟܠܗ ܒܥܠܡܐ ܢܙܕܗܪ

19:22a ܠܝܬ ܚܟܝܡܐ ܕܒܝܫ

19:29b ܘܡܢ ܡܣܒܠ ܝܕܥ ܠܗ ܚܟܝܡܐ

20:5a ܐܝܬ ܫܬܩ ܡܬܚܫܒ ܚܟܝܡܐ

20:7a C חכם ܓܒܪܐ ܚܟܝܡܐ ܢܛܪ ܥܕܢܐ

sing. emphatic (cont'd)

20:27b ܓܒܪܐ ܚܟܝܡܐ ܢܫܬܠܛ ܒܪܘܪܒܐ

21:7a ܚܟܝܡܐ ܡܢ ܩܕܡ ܒܠܫܢܗ ܡܬܝܕܥ

21:13a ܡܕܥܗ ܕܚܟܝܡܐ ܐܝܟ ܡܒܘܥܐ ܕܡ̈ܝܐ

21:15a ܡܠܬܗ ܕܚܟܝܡܐ ܫܡܥ ܠܗ ܚܟܝܡܐ

21:17a ܦܘܡܗ ܕܚܟܝܡܐ ܡܬܒܥܐ ܒܟܢܘܫܬܐ

21:20b ܓܒܪܐ ܚܟܝܡܐ ܒܫܠܝܐ ܓܚܟ

21:22b ܓܒܪܐ ܚܟܝܡܐ ܡܟܦ ܐܦ̈ܘܗܝ

21:24b ܘܠܚܟܝܡܐ ܡܟܐܒ ܨܥܪܗ

21:25b ܘܒܡܬܩܠܐ ܡܬܩܠܠ ܚܟܝܡܐ

21:26b ܘܦܘܡܗ ܕܚܟܝܡܐ ܒܠܒܗ

21:27c ܒܫܘܐ ܢܦܫܗ ܕܚܟܝܡܐ

22:17a 7al,7h3 ܠܒܐ ܚܟܝܡܐ ܒܡܫܟܠܬܐ

Δ(less 15cl) ܨܝܪܐ]

29:28a ܩܫܝܢ ܗܠܝܢ ܠܓܒܪܐ ܚܟܝܡܐ

35(32):18a B חכם 7h3 ܚܟܝܡܐ ܠܐ ܢܣܒ ܚܟܡܬܐ

7al ܒܪܢܫܐ]

31(34):9a ܓܒܪܐ ܚܟܝܡܐ ܒܣܓܝܐ ܦܪܩ

36: 25b B ותיק ܚܟܝܡܐ ܡܬܦܬܠ ܒܗܠܝܢ

37:22a B C D חכם ܐܝܬ ܚܟܝܡܐ ܕܠܢܦܫܗ ܚܟܝܡ

37:23a Bm D חכם ܐܝܬ ܚܟܝܡܐ ܕܟܠ ܥܡܗ ܚܟܝܡ

37:26a C D חכם ܚܟܝܡܐ ܕܥܡܗ ܢܝܪܬ ܐܝܩܪܐ

38:4b B מבין ܓܒܪܐ ܚܟܝܡܐ ܠܐ ܢܒܣܐ ܒܗܘܢ

sing. emph. fem.

26:26a ܠܒܠ ܐܢܫ ܚܟܝܡܬܐ ܬܬܝܚܒ

40:19b 7h3 ܘܡܢ ܬܪܝܗܘܢ ܐܢܬܬܐ ܚܟܝܡܬܐ

7al ܢܟܦܬܐ]

Wise, Sapiens (cont'd) ܚܟܝܡܐ

sing. emph. fem.(cont'd)

40:23b B משכלת 7a1 ܘܡܢ ܬܪܝܗܘܢ ܐܢܬܬܐ ܚܟܝܡܬܐ
7h3 ܡܣܬܟܠܬܐ]

plur. emph. masc.

3:29a A חכמים ܢܬܬܠ ܒܡܬܠܐ ܕܚܟܝܡܐ
3:29b A לחכמה ܘܐܕܢܐ ܕܫܡܥܐ ܬܫܒܚܐ ܕܚܟܝܡܐ
6:35b A, C בינה ܘܡܬܠܐ ܕܚܟܝܡܐ ܠܐ ܢܥܒܪܘܢܟ
8:8a A חכמים ܠܐ ܬܒܣܐ ܫܘܥܝܬܐ ܕܚܟܝܡܐ
9:14b A חכמים ܘܥܡ ܚܟܝܡܐ ܗܘܝܬ ܡܦܩ ܪܐܙܐ
15:10a A, B חכם ܒܦܘܡܐ ܕܚܟܝܡܐ ܬܬܐܡܪ
27:11a ܫܘܥܝܬܗܘܢ ܕܚܟܝܡܐ ܒܚܟܡܬܐ ܐܝܬ
27:12b ܘܒܝܬ ܚܟܝܡܐ ܠܡܬܒܠܠ ܐܡܝܢܐܝܬ
36:24b B מבין ܘܠܒܐ ܕܚܟܝܡܐ ܡܠܐ ܕܗܘ ܠܗ
Bm נכון
37:23b Bm,D דעתו ? ܘܦܐܪ̈ܝܗܘܢ ܕܚܟܝܡܐ ܠܓܘܫܡܗܘܢ
C [דען
38:33c ܘܒܡܬܠܐ ܕܚܟܝܡܐ ܠܐ ܢܬܬܠܘܢ
39:7a 7a1,7h3 ܗܘ ܢܬܬܠ ܡܬܠܐ ܕܚܟܝܡܐ
12a1,Δ, ܘܚܟܡܬܐ]
44:4b B, M חכמי ܚܟܝܡܐ ܠܥܡܐ ܒܚܟܡܬܗܘܢ
50:27a B שכל ܟܠ ܡܬܠܐ ܕܚܟܝܡܐ

plur. const.

18:29a ܚܟܝܡ̈ܝ ܡܠܘܐ ܐܦ ܗܢܘܢ ܐܬܚܟܡܘ

Root ܚܠܐ

Sand, Dust, Arena, Pulvis ܚܠܐ

sing. emph.

1:2a ܚܠܐ ܕܝܡܐ ܘܢܘܛܦܬܐ ܕܡܛܪܐ
18:10a ܘܐܝܟ ܦܪܕܬܐ ܕܚܠܐ ܐܟܢܐ ܫܢ̈ܝܐ

Sand,Dust, Arena,Pulvis(cont'd)

sing emph.(cont'd) ܚܠܐ

21:9a ܡܣܩܬܐ ܕܚܠܐ ܒܪܓܠܘܗܝ ܕܣܒܐ

22:15a ܚܠܐ ܘܡܠܚܐ ܘܦܣܬܐ ܕܦܪܙܠܐ

25:20a ܡܣܩܬܐ ܕܚܠܐ ܒܪܓܠܘܗܝ ܕܣܒܐ

44:21c ܘܠܡܣܓܝܘ ܙܪܥܗ ܐܝܟ ܚܠܐ ܕܝܡܐ

Root ܚܠܒ

Milk, Lac ܚܠܒܐ

sing. emph.

39:26c ܘܚܛܐ ܘܕܒܫܐ ܘܚܠܒܐ ܘܥܢܒܐ

46:8d B חלב ܠܐܪܥܐ ܕܪܕܝܐ ܚܠܒܐ ܘܕܒܫܐ

46:16b ܒܢܩܣܬܗ ܐܡܪܐ ܕܚܠܒܐ

Galbanum ܚܠܒܢܝܬܐ

sing. emph.

24:15c ܘܐܝܟ ܠܒܘܢܬܐ ܘܚܠܒܢܝܬܐ ܘܡܘܪܐ

Root ܚܠܛ

He Mixed, Miscuit ܚܠܛ

peal part. passive sing. m.

49:1b B רוקח 7h3 ܕܚܠܝܛ ܒܡܣܡܢܘܬܐ ܕܒܣܡܐ

peal part. passive plur. m.

49:1b B רוקח 7a1 ܕܚܠܝܛܝܢ ܒܡܣܡܢܘܬܐ ܕܒܣܡܐ

ethpa'al perf. 3 m.s.

28:19b ܕܐܬܦܢܝ ܡܢܗ ܘܒܚܡܬܗ ܠܐ ܐܬܚܠܛ

ethpa'al imperf. 3 m.s.

23:12d ܘܒܚܛܗܐ ܠܐ ܢܬܚܠܛ

Root

He Sweetened, Dulcem Fecit

pael perf. 3 m.s.

38:5a B המתיקו ܗܐ ܡܢ ܩܝܣܐ ܚܠܝ ܡܝܐ ܡܪܝܪܐ

Sweet, Dulcis ܚܠܝܐ

sing. absol.

24:20a ܡܛܠ ܕܘܟܪܢܝ ܡܢ ܕܒܫܐ ܚܠܐ

49:1c B ימתיק ܐܝܟ ܕܒܫܐ ܠܚܟܐ ܚܠܐ ܕܘܟܪܢܗ

Root ܚܠܡ

A Dream, Somnium ܚܠܡܐ

sing. emph.

31(34):1b E וחלומות ܘܚܠܡܐ ܫܪܘܝܬܐ ܦܪܝܣܘܬܐ

31(34):3a ܗܢܢܐ ܗܘ ܚܙܘܐ ܘܚܠܡܐ ܕܠܠܝܐ

31(34):7a 7h3 ܣܓܝܐܐ ܓܝܪ ܕܒܚܠܡܐ ܛܥܘ

7a1]ܕܒܚܠ̈ܡܐ

plur. emph.

31(34):5a ܠܐ ܢܚ̈ܫܐ ܘܩܨܡܐ ܘܚ̈ܠܡܐ ܛܥܝܘܬܐ

31(34):7a 7a1 ܣܓܝܐܐ ܓܝܪ ܕܒܚܠ̈ܡܐ ܛܥܘ

7h3]ܕܒܚܠܡܐ

A Cure, Sanatio ܚܘܠܡܢܐ

sing. emph.

38:14b ܘܢܬܠܘܢ ܒܐܝܕܗ ܚܘܠܡܢܐ

Wholeness, Integritas ܚܠܝܡܘܬܐ

sing. emph.

34(31):20a B חיים ܛܒܬܐ ܕܚܠܝܡܘܬܐ ܡܢ ܥܘܬܪܐ

Root ܚܠܦ

He Exchanged, Permutavit ܚܠܦ

pael imperf. 2 m.s.

7:18a A תמיר ܠܐ ܬܚܠܦ ܪܚܡܐ ܒܡܡܘܢܐ

7:19a A תמאס ܠܐ ܬܚܠܦ ܐܢܬܬܐ ܛܒܬܐ

shaphel imperf. 2 m.s. see below

eshtaphal perf. 2 m.s.

22:21b ܘܐܢ ܐܫܬܚܠܦܬ ܠܐ ܬܬܦܢ

eshtaphal part. m.s.

27:11b ܘܣܟܠܐ ܐܝܟ ܣܗܪܐ ܡܫܬܚܠܦ

eshtaphal part. f.s.

10: 8a A תסוב ܡܠܟܘܬܐ ܡܢ ܥܡܐ ܠܥܡܐ ܡܫܬܚܠܦܐ

shaphel imperf. 2 m.s.

7:14b A תישן ? ܘܠܐ ܬܫܚܠܦ ܡ̈ܠܐ ܒܨܠܘܬܟ

eshtaphal imperf. 2 m.s.

22:21a ܠܐ ܪܚܡܟ ܠܐ ܬܫܬܠܦ

eshtaphal imperf. 2 m.pl.

43:10b ܘܒܡܛܪܬܗܘܢ ܠܐ ܢܫܬܠܦܘܢ

In Place Of, Pro ܚܠܦ

3:14b { A ותמור / C ותחת } ܘܚܠܦ ܚܘܒܐ ܗܝ ܬܬܒܣܡ ܠܟ

4:10b A ותמור ܘܚܠܦ ܒܥܠܐ ܠܐܪܡܠܬܐ

6:1a A ותחת ܘܚܠܦ ܪܚܡܐ ܠܐ ܬܗܘܐ ܣܢܐܐ

17:27b ܚܠܦ ܐܝܠܝܢ ܕܚܝܝܢ ܘܝܗܒܝܢ ܠܗ

26:3b ܕܕܚܠ ܡܢ ܡܪܝܐ ܚܠܦ ܥܒܕܘܗܝ

29:6f ܘܚܠܦ ܐܝܩܪܐ ܨܥܪܐ

with suffix

4:28b A לך ܘܡܪܝܐ ܢܬܟܬܫ ܚܠܦܝܟ

10:14b A תחתם ܘܐܘܬܒ ܡܣܟܢܐ ܚܠܦܝܗܘܢ

10:15b ܘܢܨܒ ܡܟܝܟܐ ܚܠܦܝܗܘܢ

Compensation, Compensatio ܚܠܦܬܐ

sing. emph.

44:17b B תחליף ܗܘܐ ܚܠܦܬܐ ܠܥܠܡܐ

Exchange, Permutatio ܚܠܦܐ

sing. emph.

40:15a ܘܚܠܦܐ ܠܥܘܠܐ ܪܚܡܐ ܠܐ ܢܬܦܩܕ

Change, Mutatio ܫܘܚܠܦܐ

sing. emph.

43:8b { B בהשתנותו / Bm בתשובתו } ܘܡܬܪܒܝܐ ܡܬܪܒܝܐ ܒܫܘܚܠܦܐ

Root ܚܡ

Heat Aestus ܚܡܬܐ

sing. emph.

16:6b A חמה ܘܒܥܡܐ ܕܡܪܝܕ ܢܦܠܐ ܚܡܬܐ

38:28d ܘܢܦܫܗ ܒܚܡܬܐ ܕܢܘܪܐ

Heat, Calor, ܚܘܡܐ

sing. emph.

3:15b { A כחם / C וכחורב } ܐܝܟ ܚܘܡܐ ܥܠ ܓܠܝܕܐ

sing. with suffix

43:3b { B חרבו / M חרב } ܘܒܚܘܡܗ ܡܢܘ ܡܨܐ ܠܡܩܡ

Root ܫܩܠ

He carried, Portavit

peal imperf. 2 m.s.

6:19b A } C } וקוה ܘܣܘܟܝܐ ܕܥܠܠܬܗ ܬܫܩܘܠ

Root ܚܡܪ

Wine, Vinum ܚܡܪܐ

sing. emph.

9:9(I)b A ? שכור ܘܠܐ ܬܬܡܙܓ ܥܡܗ ܚܡܪܐ

9:10c A [ ]יין ܪܚܡܐ ܚܕܬܐ ܐܝܟ ܚܡܪܐ ܚܕܬܐ

19:2a C יין ܚܡܪܐ ܘܙܢܝܘܬܐ ܡܛܥܝܢ ܠܒܐ

25:8b ܕܠܐ ܕܒܪ ܦܕܢܐ ܒܬܘܪܐ ܒܚܡܪܐ

34(31):25a B היין ܐܦ ܥܠ ܚܡܪܐ ܠܐ ܬܬܓܢܒܪ

34(31):26b B היין ܗܟܢܐ ܚܡܪܐ ܡܒܩܪ ܗܘ ܕܡܠܝܐ

34(31):27a B היין ܐܝܟ ܡܝ̈ܐ ܚܝ̈ܐ ܚܡܪܐ ܠܒܪܢܫܐ

34(31):27c B היין ܡܢܐ ܐܢܘܢ ܚܝܘܗܝ ܕܚܣܝܪ ܚܡܪܐ

34(31):28b B יין ܚܡܪܐ ܕܡܫܬܬܐ ܒܥܕܢܗ

34(31):29b B יין ܚܡܪܐ ܕܡܫܬܬܐ ܒܪܘܝܐ

34(31):30a B חמר ܡܣܓܝܘܬܐ ܕܚܡܪܐ ܡܚܡܬ ܠܣܟܠܐ

34(31):31a B היין ܒܡܫܬܝܐ ܕܚܡܪܐ ܠܐ ܬܬܟܣܝܘܗܝ

35(32):4a B היין ܒܐܬܪܐ ܕܡܫܬܬܐ ܒܗ ܚܡܪܐ

35(32):5b B יין ܐܝܟ ܫܘܦܪܐ ܕܡܠܟܐ ܥܠ ܡܫܬܝܐ ܕܚܡܪܐ

35(32):6b B היין ܩܠܐ ܕܙܡܪܬܐ ܥܠ ܡܫܬܝܐ ܕܚܡܪܐ

30(33):33a E לחמור ܥܠܦܬܐ ܘܚܘܛܪܐ ܘܡܘܒܠܐ ܠܚܡܪܐ

38:17a ܚܡܪܐ ܘܡܫܒܚܬܐ ܠܟܪܝܗܐ

Wine, Vinum (cont'd)

sing. emph. (cont'd)

39:26d ܘܚܠܒܐ ܘܚܡܪܐ ܘܡܫܚܐ ܘܬܟܬܘܢܬܐ

40:20a B]י[ܚܡܪܐ ܘܫܬܘܬܐ ܡܚܕܝܐ ܠܒܐ

49:1d B היין ܐܠ ܡܫܬܘܬܐ ܕܚܡܪܐ

50:15b ܘܢܣܒ ܚܡܪܐ ܕܫܬܘܬܐ

Jewel, Gemma ܚܘܡܪܐ

plur. emph.

26:18a ܐܝܟ ܚܘܡܪ̈ܐ ܕܕܗܒܐ ܥܠ ܐܣܩܘܦܐ

Root ܚܡܬ

Anger, Ira ܚܡܬܐ

sing. emph.

33(36):8a B חמה ܐܥܝܪ ܪܘܓܙܐ ܘܐܫܕ ܚܡܬܐ

sing. with suffix

28:19b ܕܐܬܦܨܝ ܡܢ ܚܡܬܗ ܘܒܫܥܒܕܘܬܗ ܠܐ ܐܬܬܚܝܬ

Root ܚܢ

Merciful ,Clemens ܚܢܢܐ

sing. emph.

2:11a ܡܛܠ ܕܚܢܢܐ ܗܘ ܘܡܪܚܡܢܐ ܡܪܝܐ

Prayer, Preces, ܬܚܢܢܬܐ

sing. with suffix

51:11c B תחנוני ܫܡܥ ܡܪܝܐ ܩܠ ܘܨܐܬ ܠܬܚܢܢܬܝ

Root ܚܢܘ

Tavern Keeper, Caupo ܚܢܘܐ

sing. emph.

26:29b ܚܢܘܐ ܕܝܢ ܠܐ ܡܙܕܕܩ ܡܢ ܚܛܗ̈ܐ

nom.prop. Enoch

49:14a B כהניך ܘܕܘܡܝ ܐܬܒܪܝܘ ܥܠ ܐܪܥܐ ܐܝܟ ܚܢܘܟ

Root ܚܢܟ

Palate, Palatum ܚܢܟܐ

sing. emph.
(alternative spelling.Brockelmann 117)

49:1c B בחך ܐܝܟ ܕܒܫܐ ܠܚܢܟܐ ܚܠܐ ܕܘܟܪܢܗ

plur. emph.

4:6a A רוח ܡܪܝܪ ܚܢܟ̈ܐ ܡܢ ܟܠܗ ܢܦܫܗ

Palate, Palatum (cont'd)

plur. with suffix

7:11a A רוח ܐܝܟܢܐ ܕܡܛܥܡܝܢ ܚܢܟ̈ܘܗܝ

11:4b A } ? יוט ܠܒܪ ܐܝܟܢܐ ܕܡܛܥܡܝܢ ܚܢܟ̈ܘܗܝ
B }

Root ܚܢܦ

Pagan, Paganus ܚܢܦܐ

sing. emph. fem.

47:21b ܡܢ ܕܒܝܬ ܐܦܪܝܡ ܡܠܟܘܬܐ ܚܢܦܬܐ

Root ܚܣܐ

He Consecrated, Consecravit ܚܣܐ

pael infinitive

45:16d B ולהקטיר ܘܠܡܚܣܝܘ ܥܠ ܥܡܗ ܐܝܣܪܝܠ

Root ܚܣܟ

He Refused, Recusavit ܚܣܟ

peal perf. 2 m.s.

51:2b B חשכת ܘܚܣܟܬ ܒܣܪܝ ܡܢ ܚܒܠܐ

Root ܚܣܕ

He Cursed, Maledixit ܚܣܕ

pael part.

18:18a ܡܚܣܕ ܒܗ ܠܐ ܒܟܕ ܛܝܒܘܬܐ

20:15a ܙܥܘܪ ܝܗܒ ܘܣܓܝ ܡܚܣܕ

pael imperf. 3 m.s. with suffix

19:7b ܘܐܢܫ ܠܐ ܢܚܣܕܢܟ ܒܪܘܫܥܐ

pael imperf. 2 m.s.

8:5a A תכלים ܠܐ ܬܚܣܕ ܠܓܒܪܐ ܕܬܐܒ

ethpa'al imperf. 3 m.s.

23:7b ܘܕܢܛܪܗ ܠܐ ܢܬܚܣܕ

Ignominy, Ignominia ܚܣܕܐ

sing. emph.

6:1c ܘܚܣܕܐ ܘܚܘ̈ܒܐ ܥܠ ܗܘ ܕܡܗܦܟ ܒܬܪ̈ܬܝܢ

31(34):25a ܠܚܡܐ ܕܚܣܕܐ ܚܝ̈ܝܗܘܢ ܕܡܣܟ̈ܢܐ

47:4b ܘܐܥܒܪ ܚܣܕܐ ܕܥܡܗ

Ignominy, Ignominia (cont'd)

plur. emph

22:22c ܒܪ ܚܣ̈ܕܐ ܡܢ ܕܓܠܝܐ ܕܐܪܙܐ

Mercy, Clementia ܚܣܕܐ

sing. emph.

7:33a ܚܣܕܐ ܗܝ ܓܝܪ ܕܡܘܗܒܬܐ

50:24a B חסדו ܘܬܩܝܡ ܥܡ ܫܡܥܘܢ ܚܣܕܐ

sing. with suffix

1:15b ܘܥܡ ܙܪܥܗܘܢ ܐܬܬܩܝܡ ܚܣܕܗ

plur. with suffix

51:8a B רחמי ܘܐܬܕܟܪܬ ܚܣ̈ܕܘܗܝ ܕܡܪܝܐ

Root ܚܣܢ

Firm, Robustus, ܚܣܝܢܐ

sing. emph.

46:17b B אדיר ܘܒܩܠܐ ܚܣܝܢܐ ܐܫܡܥ ܩܠܗ

Root ܚܣܪ

He Lacked, Defecit ܚܣܪ

peal, perf. 3 m.s.

34(31):30b B מחסר 7a1,10m1,12a1,Δ,9m1, ܚܣܪ ܚܝܠܗ ܘܦ̈ܫ ܟ̈ܘܠܦܬܗ
7h3 ܐܚܪ

peal part. pl.

16:27d ܘܠܐ ܚܣܪܝܢ ܡܢ ܥܒܕܘܬܗܘܢ

peal imperf. 3 m.s.

21:11b ܠܐ ܢܚܣܪ ܠܗ ܡܕܡ

peal imperf. 2 m.s.

27:3b ܬܒܪ ܩܠܝܠ ܕܒܝܬܐ ܦܓܥܐ ܬܬܚܣܪ

peal imperf. 2 m.pl.

51:24a B תחסרון ܥܕ ܐܡܬܝ ܬܬܚܣܪܘܢ ܡܢ ܗܠܝܢ

Lacking, Deficiens ܚܣܝܪܐ

sing. absol.

3:25a A ܚܣܝܪ ܢܘܗܪܐ ܗܘ

4:2a A ܢܦܫܐ ܕܚܣܝܪ ܠܗ ܠܐ ܬܥܝܒ

sing. absol. (cont'd)

10:27b A [ח] ܡܢ ܕܡܫܬܒܗܪ ܘܚܣܝܪ ܠܚܡܐ

11:12b A חסר ܘܐܝܬ ܚܣܝܪ ܡܣܟܝܢ ܘܚܣܝܪ ܟܠ

19:4a ܚܣܝܪ ܠܒܐ ܗܘ

19:6a ܕܣܢܐ ܡܠܬܐ ܚܣܝܪ ܠܒܐ ܗܘ

19:23b ܘܐܝܬ ܣܟܠܐ ܕܚܣܝܪ ܚܟܡܬܐ

25:2d ܘܣܒܐ ܣܟܠܐ ܘܚܣܝܪ ܡܕܥܐ

28:7b ܘܥܒܕ ܠܗ ܟܡܐ ܕܚܣܝܪ ܠܗ

34(31):27c B חסר ܚܝܘܗܝ ܕܚܣܝܪ ܚܡܪܐ

41:2b B } חסר
M }
ܠܓܒܪܐ ܕܬܒܝܪ ܘܚܣܝܪ ܚܝܠ

41:2d Bm } אפס
M }
ܘܚܣܝܪ ܣܒܪܐ ܘܠܝܬ ܠܗ ܚܝܠܐ

47:23c B חסר ܪܒܐ ܕܣܟܠܘܬܐ ܘܚܣܝܪ ܝܕܥܬܐ

sing. const.

19:24a ܐܝܬ ܚܣܝܪ ܡܕܥܐ

plur. const.

6:20b A חסר ܘܠܐ ܢܩܘܝܘܗ ܚܣܝܪܝ ܠܒܐ

16:23a A חסרי ܚܣܝܪܝ ܠܒܐ ܢܬܪܥܘܢ ܗܠܝܢ

A Lack, Inopia ܚܣܝܪܘܬܐ

sing. emph.

22:3b ܘܒܪܬܐ ܠܚܣܝܪܘܬܐ ܗܝ ܡܬܝܠܕܐ

29:9b ܘܡܢ ܒܗܘ ܚܣܝܪܘܬܐ

34(31):31c ܡ̈ܠܐ ܕܚܣܝܪܘܬܐ ܠܐ ܬܐܡܪ ܠܗ

35(32):12b B מחסור ܒܕܚܠܬܗ ܕܐܠܗܐ ܘܠܐ ܒܚܣܝܪܘܬܐ

40:26c B אין מחסור ܠܝܬ ܒܕܚܠܬܗ ܕܐܠܗܐ ܚܣܝܪܘܬܐ

41:6b ܘܥܡ ܙܪܥܗ ܢܩܘܐ ܚܣܝܪܘܬܐ

sing. with suffix

30(33):39b ܐܝܟ ܕܒܢܦܫܟ ܗܟܢܐ ܚܣܝܪܘܬܟ

A Lack, Inopia (cont'd) ܚܘܣܪܢܐ

sing. with suffix (cont'd)

20:9b ܘܐܝܬ ܡܫܟܚܬܐ ܕܠܚܘܣܪܢܗ

18:18a ܣܟܠܐ ܚܣܝܪܐ ܘܡܚܣܕ ܚܘܣܪܢܗܘܢ

Defect, Defectus ܚܣܝܪܘܬܐ

sing. emph.

34(31):4a B לחסר ܥܡܠ ܡܣܟܢܐ ܠܚܣܝܪܘܬܐ ܕܡܣܟܢܘܬܗ

sing. const.

13:8b A בַּחֲסִירֵי ܘܠܐ ܬܬܕܡܐ ܒܚܣܝܪܘܬ ܡܕܥܗ

Root ܚܦܐ

Secret, Clandestinus ܡܚܦܝܐ

sing. emph.

25:23a ܘܠܒܐ ܕܟܪܝܗ ܡܚܦܝܐ ܚܫܘܟܐ

Root ܚܦܪ

He was ashamed, Puduit ܚܦܪ

peal perf. 3 m.s.

50:3a ܘܐܬܒܢܝܬ ܒܝܪܬܐ ܘܚܦܪ ܡܥܡܘܕܝܐ

peal part.

27:26a ܕܚܦܪ ܓܘܡܨܐ ܒܓܘܡܨܬܗ ܢܦܠ ܒܗ

Root ܚܨܕ

He reaped, Messuit ܚܨܕ

peal imperf. 2 m.s. with suffix

7:3b A תקצרהו ܕܠܐ ܬܙܪܥ ܒܬܠܡܐ ܬܚܨܕܝܗܝ

Reaper, Messor ܚܨܘܕܐ

sing. emphatic

6:19a A } וכקוצר ܘܐܝܟ ܚܨܘܕܐ ܩܪܘܒ ܠܘܬܗ
C }

Root ܚܨܦ

Bold, Audax ܚܨܝܦܐ

sing. emph.

40:30a { B עוז ܒܦܘܡܗ ܕܚܨܝܦܐ ܬܒܣܡ ܫܐܠܬܗ
{ Bm,M עז

Bold, Audax (cont'd) ܚܨܝܦܐ

sing. emph. fem.

19:3b C עזה ܢܦܫܐ ܚܨܝܦܬܐ ܬܚܒܠ ܡܪܗ̇

23:6b ܘܢܦܫܐ ܚܨܝܦܬܐ ܠܐ ܬܫܠܛ ܒܝ

26:10a ܥܠ ܚܨܝܦܬܐ ܐܣܓܐ ܢܛܘܪܐ

sing.const.

26:11a ܡܛܪ ܚܨܝܦܬ ܥܝܢܐ ܗܘܝ ܢܛܝܪ

Pot-sherd, Testa ܚܨܦܐ
plur. emph.

22:9a ܐܝܟ ܐܢܫ ܕܡܕܒܩ ܚܨ̈ܦܐ

Root ܚܩܠ

Field, Ager ܚܩܠܐ

sing. emph.

40:22b { B שדה / Bm שדי } ܘܡܢ ܬܪ̈ܝܗܘܢ ܝܪ̈ܩܐ ܕܚܩܠܐ

50:8a ܘܐܝܟ ܝܪ̈ܩܐ ܕܚܩܠܐ

Root ܚܪ

Free man, Liber, ܚܐܪܐ

plur. emph.

10:25a { A הורם / B הורים } ܠܥܒܕܐ ܚܟܝܡܐ ܚܐܪ̈ܐ ܢܦܠܚܘܢ

26:28c ܠܥܒܕܐ ܒܪ ܚܐܪ̈ܐ ܕܐܬܡܣܟܢ

Freedom, Libertas ܚܐܪܘܬܐ

sing. emph.

7:21b { A חפש / C חופש } ܘܠܐ ܬܟܠܐ ܡܢܗ ܚܐܪܘܬܐ

Freedom, Libertas ܚ̈ܐܪܘܬܐ

plur. emph.

30(33):34b ܘܡܢ ܐܘܪܚܬܐ ܒܥܝܗ ܒܥܐ ܚ̈ܐܪܘܬܐ

Root ܚܪܐ

Leg, Femur, ܚܪܘܬܐ

sing. with suffix.

19:12a ܐܝܟ ܓܐܪܐ ܕܢܩܝܫ ܒܚܪܘܬܗ ܕܓܒܪܐ

He Resisted, Restitit **ܐܬܚܪܝ**

ethpe'el perf. 3 m.pl.

45:18a B ויחרו ܘܐܬܚܪܝܘ ܥܡܗ ܢܘܟܪܝܐ

ethpe'el imperf. 2 m.s.

4:27b A תמאן ܘܠܐ ܬܬܚܪܐ ܠܩܕܡ ܫܠܝܛܐ

11:9a { B תתור / A תאחר } ܥܠ ܐܡܬܟ ܕܠܐ ܠܟ ܠܐ ܬܬܚܪܐ

Dispute, Certamen **ܚܪܝܢܐ**

sing. emph.

34(31):29b B בתחרה ܣܓܝܐܐ ܕܡܫܬܝܬܐ ܒܚܪܝܢܐ

40:5b B תהרה ? ܘܚܣܡܬ ܡܘܬܐ ܘܚܪܝܢܐ

sing. with suffix

26:26e ܚܪܝܢܐ ܕܐܢܬܬܐ ܒܡܫܒܚܢܘܬܐ ܗܘ

Root **ܚܪܒ**

He destroyed, Vastavit **ܚܪܒ**

peal imperf. 3 f.s.

16:4b A B } תחרב ܫܪܒܬܐ ܕܒܝܫܬܐ ܒܩܠܝܠ ܬܚܪܒ

aphel perf. 3 m.s.

28:14d ܘܒ̈ܬܐ ܕܡܠ̈ܟܐ ܡܚܪܒܘ ܐܚܪܒ

aphel part. f.s.

21:4a ܡܢ ܙܦܢܐ ܠܥܘܬܪܐ ܡܚܪܒܐ ܡܡܘܢܐ

aphel infin.

28:14d ܘܒ̈ܬܐ ܕܡܠ̈ܟܐ ܡܚܪܒܘ ܐܚܪܒ

Deserted, Desertus **ܚܪܒܐ**
A ruin, Ruina
sing. emphatic

8:16b 7al ܘܠܐ ܬܐܙܠ ܥܡܗ ܒܐܘܪܚܐ ܚܪܒܐ

7h3 ܚܘܪܒܐ]

20:18a ܡܫܬܪܝܐ ܐܝܟ ܡܩܛܠ ܚܪܒܐ

38:25a B מלמד ܡܬܚܟܡ ܐܚܝܕ ܚܪܒܐ ܕܦܕܢܐ

39:30b B וחרב ܚܪܒܐ ܕܦܘܪܥܢܐ ܠܡܘܒܕܘ

sing. fem with suffix

49:6b ܘܐܚܪܒܘ ܫܒ̈ܝܠܝܗ ܚܪܒܬܗ ܒܝܘܡܝ ܐܪܡܝܐ

Deserted, Desertus (cont'd) ܚܪܒܐ

plur. fem. with suffix

49:13b B חרבתינו ܘܐܩܝܡ ܚܪ̈ܒܬܢ ܘܒܢܐ ܡܦ̈ܠܬܢ

Devastation, Devastatio ܚܘܪܒܐ

sing. emph.

8:16b 7h3 ܘܠܐ ܬܐܙܠ ܥܡܗ ܒܐܘܪܚܐ ܚܘܪܒܐ

7a1 ܚܘܪܒܐ]

Root ܚܪܡ

Condemned, Damnatus ܚܪܡܐ

sing. emph.

16:9a A חרם ܘܠܐ ܚܣ ܥܠ ܥܡܐ ܚܪܡܐ

plur. emph.

46:6c B חרם ܘܗܘܘ ܠܟܠܗܘܢ ܥܡ̈ܡܐ ܚܪ̈ܡܐ

Root ܚܫ

He Regretted, Doluit ܚܫ

peal imperf. 3 m.s.

13:5b A יכאב ܘܢܣܪܩܟ ܘܗܘ ܠܐ ܢܚܫ

Root ܚܫܒ

He Thought, Cogitavit ܚܫܒ

peal part.

29:6b ܘܚܫܒ ܠܗ ܐܝܟ ܕܡܫܟܚܢܘܬܐ ܐܫܟܚܗ

peal imperat. 2 m.s. with suffix

30(33):39c E[ ]חשב ܢܦܫܟ ܐܝܟ ܐܚܘܟ ܚܫܘܒܝܗܝ

peal imperf. 3 m.s. with suffix

19:9b ܠܫܥܬܟ ܘܐܝܟ ܦܘܪܥܢܐ ܢܚܫܒܟ

22:26d ܢܛܪ ܡܢܟ ܘܐܝܟ ܦܘܪܥܢܐ ܢܚܫܒܟ

40:29b B} M} למנות ܠܐ ܐܝܟ ܚܫܝܒܝܢ ܚܝܘܗܝ ܐܝܟ ܕܚܝܐ

ethpe'el part.

20:5a C ונחשב ܐܝܬ ܕܗܘ ܫܬܩ ܘܡܬܚܫܒ ܚܟܝܡܐ

ethpe'el imperf. 3 f.s.

26:22a ܐܢܬܬܐ ܙܢܝܬܐ ܠܟܠ ܕܡܝܗ ܬܬܚܫܒ

ethpe'el imperf. 3 f.s. (cont'd)

26:22b ܠܟܠܝ ܕܡܬܕܟܝܢ ܠܗ ܬܬܚܫܒ

26:25a ܐܝܟ ܟܠܒܐ ܬܬܚܫܒ

26:26a ܠܟܠ ܐܢܫ ܚܟܝܡܬܐ ܬܬܚܫܒ

26:27b ܐܝܟ ܩܪܢܐ ܘܫܝܦܘܪܬܐ ܕܩܪܒܐ ܬܬܚܫܒ

ethpa'al perf. 1. s.

51:18a {B חשבתי / Q זמותי} ܐܬܚܫܒܬ ܠܡܥܒܕܗ ܘܠܐ ܐܗܦܟ

ethpa'al imperf. 3 m.s.

39:2b ܘܒܠܒ ܕܡܬܠ̈ܝܢ ܢܬܚܫܒ

A Thought, Ratio ܚܘܫܒܢܐ

sing. emph.

27:4b ܗܟܢܬܐ ܕܐܢܫܐ ܥܠ ܚܘܫܒܢܗ

plur. const.

31(34):6b ܠܡܦܩܗ ܒܚܘܫܒ̈ܢܝ ܠܠܒܐ

plur. with suffix

9:15a A ח[ ]בונך ܥܡ ܕܝܢ ܚܟܝܡܐ ܢܗܘܘܢ ܚܘܫܒ̈ܢܝܟ

27:6b A חשבון ܗܟܢܐ ܚܘܫܒ̈ܢܝܗܘܢ ܥܠ ܬܪ̈ܒܝܬܗܘܢ

38:27d ܘܐܦ ܚܘܫܒ̈ܢܝܗܘܢ ܠܫܠܡܐ ܕܐܘܡܢܘܬܗܘܢ

Thought, Cogitatio ܡܚܫܒܬܐ

sing. emph.

22:17a ܠܒܐ ܣܡܝܟܐ ܒܡܚܫܒܬܐ ܕܪܥܝܢܗ

24:29b ܥܡܝܩܬ ܚܟܡܬܐ ܘܡܚܫܒܬܐ

Root ܚܫܚ

He Used, Usus est ܚܫܚ

ethpa'al part.

30:19d Bm נהנה ܘܠܐ ܡܬܚܫܚ ܒܗ

Root ܚܫܟ

Darkness, Tenebrae ܚܫܘܟܐ, ܚܫܟܐ

sing. emph.

11:16a A [ ]וחו ܛܘܥܝܬܐ ܘܚܫܘܟܐ ܠܚܛܝ̈ܐ

Darkness, Tenebrae (cont'd) ܚܫܘܟܐ ܚܫܟܐ

sing. emph. (cont'd)

17:31b ܐܦ ܗܘ ܗܘܐ ܠܗ ܚܫܘܟܐ

23:19d ܘܡܣܬܟܠ ܒܗ ܕܒܚܫܘܟܐ

25:23b ܘܠܒܐ ܕܒܥܠܗ̇ ܡܫܚܠܦ ܚܫܘܟܐ

36(33):14c ܘܠܘܩܒܠ ܢܘܗܪܐ ܐܝܬܘܗܝ ܚܫܘܟܐ

sing. with suffix

16:16b A ושבחו ? ܢܘܗܪܗ ܘܚܫܘܟܗ ܦܠܓ ܠܒܢܝܢܫܐ

Blind, Caecus ܣܡܝܐ

sing. emph.

4:1b A ומר נפש ܘܠܐ ܬܬܠ ܓܒܐ ܠܡܣܟܢܐ ܣܡܝܐ

Root ܣܟܠ

He Planned, Consilium Cepit ܣܟܠ

peal part.

27:27a ܘܕܣܟܠ ܒܝܫܬܐ ܒܗ ܢܦܠ

Root ܚܬܡ

A Seal, Sigillum ܚܬܡܐ

sing. emph.

22:27b ܘܥܠ ܣܦܘ̈ܬܝ ܚܬܡܐ ܕܐܪܥܝܘܬܐ

28:24b ܘܠܦܘܡܟ ܥܒܕ ܐܚܘܕ ܚܬܡܐ

35(32):5a B כחותם ܐܝܟ ܚܬܡܐ ܥܠ ܟܝܣܐ ܕܕܗܒܐ

49:11b ܐܝܟ ܚܬܡܐ ܥܠ ܐܝܕܐ ܕܝܡܝܢܐ

A Seal, Sigillum ܚܬܡܬܐ

sing. emph.

17:22a ܚܬܡܬܐ ܘܡܘܗܒܬܐ ܠܘܬܗ

Root ܚܬܪ

Boasting, Superbus ܚܬܝܪܐ

sing. emph.

36(33):6a ܐܝܟ ܣܘܣܝܐ ܚܬܝܪܐ ܕܨܗܠܬܗ ܕܟܠ

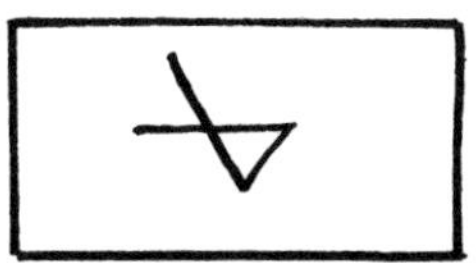

Root ܛܐܒ

He was good, Bonus fuit ܛܐܒ

peal imperf. 3 m.s.

11:12c A לטוב ܠܗܘܢ ܢܛܐܒ ܘܠܒܢܝܗܘܢ

peal imperf. 3 f.s.

1:13a ܕܕܚܠ ܠܡܪܝܐ ܬܛܐܒ ܚܪܬܗ

Aphel perf. 3 m.s.

14:7a ܘܐܢ ܥܒܕ ܘܐܛܐܒ

aphel part.

12:1a A טוב ܐܢ ܡܛܐܒ ܐܢܬ ܠܡܢܐ

14:5a A ייטיב 12a1,Δ(less 15c1),17a5 ܡܛܐܒ ܕܒܝܫ ܠܢܦܫܗ ܠܡܢ ܡܛܐܒ

7a1,7h3 ܢܛܐܒ]

18:15a ܠܡܢ ܕܡܛܐܒ ܠܢܦܫܗ ܠܐ ܬܬܠܠ

37:12e ܘܐܢ ܡܛܐܒ ܠܟ ܠܢܦܫܗ ܗܘ ܡܛܐܒ

aphel part. m. pl. with suffix

13:23b A שכלו ܘܟܠܗܘܢ ܢܣܩܘܢ ܠܗ ܘܡܛܐܒܢܘ̈ܗܝ

aphel part. f. pl.

39:27a B ייטיבו ܟܠܗܝܢ ܗܠܝܢ ܠܛܒ̈ܐ ܡܛܐܒ̈ܢ

aphel infin.

51:18a { B להיטיב ܐܬܚܫܒܬ ܠܡܛܐܒܘ ܘܠܐ ܐܗܦܟ
Q בטוב

aphel imperat. 2 m.s.

12:2a A היטב ܐܛܐܒ ܠܙܕܝܩܐ ܘܬܫܟܚ ܦܘܪܥܢܐ

12:7a A תן ܐܛܐܒ ܠܛܒܐ ܘܠܐ ܬܗܒ ܠܒܝܫܐ

14:11b A היטיב ܘܐܢ ܐܝܬ ܠܟ ܐܛܐܒ ܠܟ

14:13a A היטב ܥܕ ܠܐ ܬܡܘܬ ܐܛܐܒ ܠܪܚܡܟ

aphel imperf. 3 m.s.

14:5a A ייטיב 7a1,7h3 ܕܒܝܫ ܠܢܦܫܗ ܠܡܢ ܢܛܐܒ

12a1, Δ (less 15c1),17a5 ܡܛܐܒ]

Root ܛܒܐ

Rumour ,Rumor, ܛܒܐ

sing. emph.

46:7d B דבה ܘܠܡܒܛܠܘ ܛܒܐ ܒܝܫܐ ܡܢ ܐܪܥܐ

Root ܛܒܝ

Antilope ܛܒܝܐ

sing. emph.

27:20b ܡܛܠ ܕܐܫܬܦܠܛ ܐܝܟ ܛܒܝܐ ܡܢ ܢܫܒܐ

36:(31a) ܢܫܘܪ ܠܓܘܕܐ ܕܓܕܡܐ ܠܛܒܝܐ

Root ܛܒܥ

Seal, Sigillum ܛܒܥܐ

plur. emph .

35(32):6a ܐܝܟ ܕܒܣܡܐ ܡܛܒ̈ܥܐ ܘܐܙܡܪ̈ܓܕܐ

38:27c ܕܒܥܒܕܐ ܕܓܠ̈ܦܐ ܘܕܛܒ̈ܥܐ ܘܕܡܨ̈ܝܪܢܘܬܐ

Root ܛܗܪ

Midday, Meridies ܛܗܪܐ

sing. emph.

43:3a B} M} בהצהירו ܒܡܥܠܬܗ ܕܛܗܪܐ ܡܘܡܐ ܠܗ̇

Root ܛܝܒ

He prepared, Paravit ܛܝܒ

pael imperat. 2 m.s.

18:23a ܥܠ ܠܐ ܬܬܕܪ ܛܝܒ ܢܕܪ̈ܟ

pael infinitive

12:1b ܐܦ ܠܐ ܐܝܬ ܛܝܒܘ ܠܛܝܒܘܬܟ

Happiness, Beatitudo ܛܘܒܐ
Goodness,
sing. emph.

1:16b ܘܛܘܒܐ ܡܪܘܝܐ ܡܢ ܦܐܪ̈ܝܗ̇ ܬܠ̈ܠܬܗ̇

11:3b ܘܪܝܫ ܛܘܒܐ ܕܟܠ ܬܠ̈ܠܬܐ ܐܒܗ̇

sing. with suffix

2:7a ܕܕܚ̈ܠܘܗܝ ܕܡܪܝܐ ܣܟܘ ܠܛܘܒܗ

2:9a ܕܕܚ̈ܠܘܗܝ ܕ ܡܪܝܐ ܣܟܘ ܠܛܘܒܗ

Happiness(Goodness)Beatitudo(cont'd)

sing. with suffix (cont'd) ܛܘܒܐ

34(31):11a B טובו ܡܛܠ ܗܢܐ ܢܣܓܐ ܛܘܒܗ

44:11a B } טובם ܥܡ ܙܪܥܗܘܢ ܩܝܡ ܛܘܒܗܘܢ
M }

45:26c B טובכם

With suffix as for plural

Idiom: "Blessed is --"

1:20c ܛܘܒܘܗܝ ܠܓܒܪܐ ܕܒܗ ܢܗܓܐ

1:20e ܛܘܒܘܗܝ ܠܓܒܪܐ ܕܡܬܩܪܒ ܠܘܬܗ

1:20n ܛܘܒܘܗܝ ܠܓܒܪܐ ܕܢܣܒܗ

14:1a A אשרי ܛܘܒܘܗܝ ܠܓܒܪܐ ܕܠܐ ܡܠܠܗ ܦܘܡܗ

14:2a A אשרי ܛܘܒܘܗܝ ܠܓܒܪܐ ܕܠܐ ܟܪܝܬܗ ܢܦܫܗ

14:20a A אשרי ܛܘܒܘܗܝ ܠܓܒܪܐ ܕܒܚܟܡܬܐ ܢܗܓܐ

25:8a ܛܘܒܘܗܝ ܠܒܥܠܗ ܕܐܢܬܬܐ ܛܒܬܐ

25:8c ܛܘܒܘܗܝ ܠܕܠܫܢܗ ܠܐ ܡܠܠܗ

25:9a ܛܘܒܘܗܝ ܠܓܒܪܐ ܕܐܫܟܚ ܪܚܡܐ

25:9c ܛܘܒܘܗܝ ܠܓܒܪܐ ܕܠܐ ܡܫܬܥܐ ܠܐܕܢܗ ܕܫܡܘܥܬܐ

26:1a C אשרי ܐܢܬܬܐ ܛܒܬܐ ܛܘܒܘܗܝ ܠܒܥܠܗ

26:26c ܐܢܬܬܐ ܛܒܬܐ ܛܘܒܘܗܝ ܠܒܥܠܗ

28:19a ܛܘܒܘܗܝ ܠܓܒܪܐ ܕܐܬܦܨܝ ܡܢܗ

28:19c ܛܘܒܘܗܝ ܠܓܒܪܐ ܕܠܐ ܥܒܪ ܒܢܝܪܗ

34(31):8a B אשרי ܛܘܒܘܗܝ ܠܥܬܝܪܐ ܕܐܫܬܟܚ

48:11a B אשר ܛܘܒܘܗܝ ܠܡܢ ܕܚܙܟ

50:28a B אשרי ܛܘܒܘܗܝ ܠܓܒܪܐ ܕܒܗܠܝܢ ܢܗܓܐ

31(34):17a ܕܕܚܠ ܠܡܪܝܐ ܛܘܒܝܗ ܠܢܦܫܗ

32(35):1b ܕܢܛܪ ܦܘܩܕܢܐ ܛܘܒܝܗ ܠܢܦܫܗ

18:14a ܛܘܒܝܗܘܢ ܠܟܠܗܘܢ ܕܡܩܒܠܝܢ ܠܡܪܕܘܬܗ

Kindness, Benignitas ܛܝܒܘܬܐ

sing. emph.

4:21b A} וחן ܘܐܝܬ ܒܗܬܬܐ ܕܡܝܬܝܐ ܛܝܒܘܬܐ
C}

7:33b A חסד ܡܢ ܡܝܬܐ ܠܐ ܬܟܠܐ ܛܝܒܘܬܐ
8:19b A הטובה ܕܠܐ ܢܣܒܟ ܛܝܒܘܬܐ
12:1b A לטובתך 7a1 ܠܐ ܐܝܬ ܛܝܒܘ ܠܛܝܒܘܬܐ
7h3]ܠܛܝܒܘܬܟ
12:3a A טובה ܠܝܬ ܛܝܒܘܬܐ ܠܡܢ ܕܡܝܩܪ ܠܒܝܫܐ
17:22b ܘܛܝܒܘܬܐ ܕܟܠܗܘܢ ܒܢܝ̈ܢܫܐ
18:18a ܕܠܐ ܝܗܒ ܛܝܒܘܬܐ
20:2a ܠܝܬ ܠܗ ܛܝܒܘܬܐ ܠܡܢ ܕܡܟܣ ܠܚܒܪܗ
20:16b (abbreviation) ܘܠܝܬ ܛܝܒܘ ܠܛܝܒܘܬܝ
21:16b ܘܥܠ ܡܡܠܠܗ ܕܚܟܝܡܐ ܛܝܒܘܬܐ
26:15a C חן ܛܝܒܘܬܐ ܥܠ ܛܝܒܘܬܐ ܐܢܬܬܐ
29:16a ܛܝܒܘܬܐ ܕܥܪܒܐ ܢܚܒܠ ܚܛܝܐ
30:6a ܠܣܢܐܘܗܝ ܦܪܥ ܛܝܒܘܬܐ
44:1a B} חסד ܐܢܐ ܐܫܒܚ ܠܓܒܪܐ ܕܛܝܒܘܬܐ
M}

44:10b B} חסד ܐܢ̈ܫܐ ܕܛܝܒܘܬܐ ܘܕܙܕܝܩܘܬܐ
M}

46:7a B חסד ܘܒܝܘܡܘܗܝ ܕܡܘܫܐ ܥܒܕ ܛܝܒܘܬܐ

sing. with suffix

20:16b ܘܠܝܬ ܛܝܒܘ ܠܛܝܒܘܬܝ

12:1b A לטובתך 7h3 ܠܐ ܐܝܬ ܛܝܒܘ ܠܛܝܒܘܬܟ
7a1]ܠܛܝܒܘܬܐ

6:15b A לטובתו ܘܠܝܬ ܡܬܩܠܐ ܠܛܝܒܘܬܗ
47:22a B חסד ܘܐܦ ܐܠܗܐ ܠܐ ܫܒܩ ܛܝܒܘܬܗ

18:8b 7a1,7h3 ܘܡܢܐ ܛܝܒܘܬܗܘܢ ܘܡܢܐ ܒܝܫܘܬܗܘܢ
Δ ,17a5]ܛܝܒܘܬܗܘܢ

Kindness, Benignitas(cont'd) ܛܝܒܘܬܐ

sing with suffix (cont'd)

44:10b ܛܝܒܘܬܗܘܢ ܠܐ ܬܬܛܥܐ

plur . with suffix

51:8b B חסדיו ܘܛܝܒܘܬܗ ܕܡܢ ܥܠܡ

Good, Bonus ܛܒܐ

sing. absol.

7:17a A C } מאד ܛܒ ܛܒ ܡܟܟ ܢܦܫܟ

10:27a A B } טוב ܛܒ ܗܘ ܓܒܪ ܕܦܠܚ

13:24a A טוב ܛܒ ܥܘܬܪܐ ܕܠܐ ܚܛܗܐ

13:25b A לטוב ܐܢ ܠܛܒ ܘܐܢ ܠܒܝܫ

16:3d A טוב ܡܛܠ ܕܛܒ ܗܘ ܚܕ ܕܥܒܕ ܨܒܝܢܐ

17:7b ܛܒ ܘܒܝܫ ܐܘܕܥ ܐܢܘܢ

20:31a ܛܒ ܗܘ ܓܒܪܐ ܕܡܛܫܐ ܣܟܠܘܬܗ

20:31b 7a1,12a1,Δ,17a5 ܕܡܛܫܐ ܚܟܡܬܗ ܛܒ

7h3 omit

22:18b ܘܕܚܠܬ ܛܒ ܡܢܗ ܪܘܚܐ

25:2b ܘܫܦܝܪ ܠܐ ܛܒ ܒܥܝܢܝܗܘܢ

26:4b ܘܐܢ ܡܣܟܝܢ ܠܒܗ ܛܒ ܒܟܠ ܙܒܢ

28:21b ܘܫܝܘܠ ܐܝܬ ܒܥܠܡܐ ܛܒ ܡܢ ܕܠܗ

29:28c ܛܒ ܛܒ ܗܒ ܠܡܣܟܢܐ

30:14a B טוב ܛܒ ܗܘ ܓܒܪ ܡܣܟܢܐ ܕܚܝ

30(33):30a E טוב ܡܛܠ ܕܛܒ ܗܘ ܕܢܒܥܘܢ ܒܒܝܬܟ

37:5a Bm D } טוב ܛܒ ܪܚܡܐ ܕܡܬܢܨܚ

37:18a B D } טוב ܡܘܬܐ ܚܝܐ ܟܠ ܛܒ ܘܒܝܫ

39:4d ܛܒ ܘܒܝܫ ܒܐܢܫܐ ܢܒܣܐ

39:17c ܘܠܝܬ ܕܢܐܡܪ ܕܗܢܐ ܒܝܫ ܘܗܢܐ ܛܒ

39:25b B טוב ܐܢ ܠܛܒ ܘܐܢ ܠܒܝܫ

40:28b ܛܒ ܠܡܡܬ ܐܠܐ ܡܘܬܐ ܛܒ ܠܡܫܐܠܘ

42:23b ܘܡܫܬܡܥܝܢ ܛܒ ܒܟܠܚܫܚܬܗܘܢ

sing. absol (cont'd)

47:24a B מאד ܘܟܠܗܘܢ ܢܛܝܪܝܢ ܛܒ

48:15a B ?טוב 7a1 ܘܒܟܠܗܝܢ ܗܠܝܢ ܠܐ ܛܒ ܬܒܘ

7h3 [ܛܒܘ

48:22a B [ ]הטיב ܥܒܕ ܚܙܩܝܐ ܫܦܝܪܐ ܛܒ

sing. emph.

12:7a A לטוב ܐܬܠ ܠܛܒܐ ܘܠܐ ܡܢ ܒܝܫܐ

13:26a A טוב ܢܗܝܪܘܬܐ ܕܠܒܐ ܛܒܐ

14:25b A טוב ܘܢܒܘܬ ܒܒܘܬܐ ܛܒܐ

18:13d ܐܝܟ ܪܥܝܐ ܛܒܐ ܕܪܥܐ ܠܥܢܗ

24:15b ܘܐܝܟ ܡܘܪܐ ܛܒܐ ܐܒܣܡܬ ܪܝܚܝ

24:15d ܘܐܝܟ ܡܫܚܐ ܛܒܐ ܢܦܩܬ ܪܝܚܝ

29:14a ܓܒܪܐ ܛܒܐ ܦܪܥ ܕܪܥܝ ܠܚܒܪܗ

30:16b B טוב ܘܠܝܬ ܚܕܘܬܐ ܐܝܟ ܠܒܐ ܛܒܐ

33:13b B טוב ܠܒܐ ܛܒܐ ܣܓܝܐܝܢ ܡܐܟܘܠܬܗ

36(33):14a E טוב ܠܘܩܒܠ ܒܝܫܐ ܐܬܒܪܝ ܛܒܐ

32(35):9a ܡܘܗܒܬܐ ܕܒܪܝܟܐ ܛܒܐ

37:28a Bm } טוב ܕܠܐ ܗܘܐ ܠܟܠ ܡܐܟܘܠܬܐ ܛܒܐ
D }

40:20b ܘܛܒܐ ܡܢܗܘܢ ܪܚܡܬܐ ܕܪܚܡܐ

40:25b ܘܡܢ ܬܪܝܗܘܢ ܡܠܟܐ ܛܒܐ

46:12b ܘܫܡܗܘܢ ܢܚܘܐ ܛܒܐ ܠܒܢܝܗܘܢ

51:21b B טוב ܡܛܠ ܗܢܐ ܩܢܝܬܗ ܩܢܝܢܐ ܛܒܐ

sing. feminine absolute

1:20d ܕܝܠܗ ܛܒܐ ܠܗ ܡܢ ܟܠ ܣܝܒܪܬܐ

7:13b A תנעם ܡܛܠ ܕܫܘܘܕܝܗ ܠܐ ܗܘܬ ܛܒܐ

18:17a ܡܠܬܐ ܛܒܬܐ ܕܡܢ ܡܘܗܒܬܐ ܛܒܐ ܗܝ

23:27c ܕܠܝܬ ܕܛܒܐ ܡܢ ܕܚܠܬܗ ܕܐܠܗܐ

29:11b ܒܣܝܡܐ ܗܝ ܛܒܐ ܠܟ

37:9a { B מטוב ܘܢܐܡܪ ܡܢܐ ܛܒܐ ܗܝ ܐܘܪܚܟ
{ Bm,D להיטיב

sing. feminine emphatic

7:19a A משכלת ܠܐ ܬܫܒܘܩ ܐܢܬܬܐ ܛܒܬܐ

11:14a A טוב ܛܒܬܐ ܘܒܝܫܬܐ ܚܝܐ ܘܡܘܬܐ

11:27a A טוב ܒܝܫܬܗ ܕܫܥܬܐ ܬܛܥܐ ܛܒܬܐ

14:14a A מטובת ܠܐ ܬܬܟܠܐ ܡܢ ܛܒܬܐ

16:3c A } B } טובה ܠܐ ܬܗܝܡܢ ܕܗܘܐ ܠܗܘܢ ܚܪܬܐ ܛܒܬܐ

18:17a ܐܬܚܙܝ ܡܠܬܐ ܛܒܬܐ

25:8a C [ ]מ ܛܘܒܘܗܝ ܠܓܒܪܐ ܕܐܢܬܬܐ ܛܒܬܐ

26:1a C טובה ܐܢܬܬܐ ܛܒܬܐ ܛܘܒܘܗܝ ܠܒܥܠܗ

26:3a C [ ]ובה ܐܢܬܬܐ ܛܒܬܐ ܬܬܝܗܒ ܠܓܒܪܐ

26:14a ܡܘܗܒܬܐ ܕܡܪܝܐ ܐܢܬܬܐ ܛܒܬܐ

26:16b ܗܟܢܐ ܫܘܦܪܗ ܕܐܢܬܬܐ ܛܒܬܐ

26:17b 12a1,Δ,17a5 ܫܘܦܪܗ ܕܐܢܬܬܐ ܛܒܬܐ

7a1,7h3 omit

26:20a ܡܢ ܟܠ ܐܪܥ ܦܠܓܬܐ ܛܒܬܐ

26:26c ܐܢܬܬܐ ܛܒܬܐ ܛܘܒܘܗܝ ܠܒܥܠܗ

30:15b B טובה ܘܪܘܚܐ ܛܒܬܐ ܡܢ ܡܪ̈ܓܢܝܬܐ

34(31):23a B טוב ܠܒܐ ܛܒܬܐ ܥܠ ܠܚܡܐ

34(31):23b B טובו ܘܣܗܕܘܬܐ ܛܒܬܐ ܡܗܝܡܢܐ

32(35):10a ܒܥܝܢܐ ܛܒܬܐ ܗܒ ܠܡܣܟܢܐ

32(35):12b B בטוב ܒܥܝܢܐ ܛܒܬܐ ܘܒܐܝܕܐ ܦܪܝܣܬܐ

36:(29a) ܩܢܐ ܐܢܬܬܐ ܛܒܬܐ

39:5e ܘܥܠ ܚܛܗܘܗܝ ܢܒܥܐ ܛܒܬܐ

39:25a ܛܒܬܐ ܡܢ ܒܪܫܝܬ ܠܛܒ̈ܐ ܐܬܒܪܝܬ

40:19b 7a1 ܘܡܢ ܬܪ̈ܝܗܘܢ ܐܢܬܬܐ ܛܒܬܐ

7h3 ܚܣܝܢܬܐ]

40:23b B משכלת 7h3 ܘܡܢ ܬܪ̈ܝܗܘܢ ܐܢܬܬܐ ܛܒܬܐ

7a1 ܚܣܝܢܬܐ]

Plural masc. absol

29:22a ܛܒ̈ܝܢ ܚܝܝ ܓܒܪ ܡܣܟܢܐ ܕܡܬܟܣܐ

Good, Bonus (cont'd) ܛܒܐ

plur. masc. absolute (cont'd)

39:33a B טובים ܘܟܠܗܘܢ ܒܙܒܢܗܘܢ ܛܒܝܢ

plural masc. emphatic

3:6b ܘܪܚܡܐ ܫܩ̈ܠܐ ܛܒ̈ܐ ܠܐ ܐܠܗܐ

11:15b A ישרים ܘܐܘܪܚܬܐ ܕܥ̈ܒܕܐ ܛܒ̈ܐ

26:3b ܢܦܠ ܒܥ̈ܒܕܘܗܝ ܛܒ̈ܐ

29:1a ܪܚܡܐ ܫܩ̈ܠܐ ܛܒ̈ܐ

34(31):28a ܚܕܘܬܐ ܕܠܒܐ ܘܬܦܢܩܐ ܘܢܝ̈ܚܐ ܛܒ̈ܐ

32(35):2a ܪܚܡܐ ܫܩ̈ܠܐ ܛܒ̈ܐ

39:13c ܐܝܟ ܒܣ̈ܡܐ ܛܒ̈ܐ ܢܦܘܩ ܪܝܚܟܘܢ

39:25a B [ ]וב ܡܢ ܒܪܫܝܬ ܠܛܒ̈ܐ ܐܬܒܪܝܬ

39:27a B ל[ ]ובים ܠܟܠܗܝܢ ܗܠܝܢ ܠܛܒ̈ܐ ܡܛܝ̈ܒܢ

44:12b ܘܒܢܝ ܒܢ̈ܝܗܘܢ ܒܥ̈ܒܕܐ ܛܒ̈ܐ

plural fem. emphatic

3:26b A טובות ܘܡܢ ܕܪܚܡ ܛܒ̈ܬܐ ܒܗܝܢ ܢܕܪܟ

11:31a A טוב ܘܛܒ̈ܬܐ ܠܒܝ̈ܫܬܐ ܡܗܦܟ

24:19b ܘܡܢ ܥ̈ܠܠܬܝ ܛܒ̈ܬܐ ܬܬܦܢܩܘܢ

30:18a B טובה ܛܒ̈ܬܐ ܕܡܬܐܫ̈ܕܢ ܥܠ ܦܘܡܐ

41:11b B } חסד ܘܫܡܐ ܕܥ̈ܒܕܘܗܝ ܛܒ̈ܬܐ ܠܐ ܢܬܛܫܐ
M }

50:9c B חפץ ܘܡܟܠܬ ܒܟܐ̈ܦܐ ܛܒ̈ܬܐ

plural fem. with suffix

11:19b A טובתי ܡܟܝܠ ܐܟܘܠ ܡܢ ܛܒ̈ܬܝ

6:11a A בטובתך ܒܛܒ̈ܬܟ ܗܘܐ ܐܟܘܬܟ

12:8a A בטובה ܠܐ ܢܬܝܕܥ ܒܛܒ̈ܬܗ

12:9a A בטובת ܒܛܒ̈ܬܗ ܥܝܢ ܕܓܒܪܐ

14:4b A ובטובתו ܘܒܛܒ̈ܬܗ ܢܚܕܐ ܢܘܟܪܝܐ

14:5b A בטובתו ܘܠܐ ܢܚܕܐ ܛܒ̈ܬܗ

22:23b ܕܐܦ ܒܛܒ̈ܬܗ ܬܬܬܘܣܦ

Good, Bonus, (cont'd) ܛܒܐ

plur. fem. with suffix (cont'd)

35(32):13b B מטובתו ܫܒܘܚ ܠܐܠܗܐ ܕܐܣܒܥܟ ܡܢ ܛܒ̈ܬܗ

30(33):25b ܘܒܛܒ̈ܬܗ ܕܐܠܗܐ ܐܦ ܐܢܐ ܩܕܡܬ

Well, Indeed, Bene, ܛܒ

adverb.

24:10b ܘܛܒ ܒܨܗܝܘܢ ܐܝܟ ܐܢܐ ܩܡܬ

24:21a ܐܟܠܝ ܛܒ ܢܟܦܢܘܢ ܠܝ

24:21b ܘܫܬܝ ܛܒ ܢܨܗܘܢ ܠܝ

24:32a ܛܒ ܢܠܦܢ ܒܨܦܪܐ ܐܢܗܪ

24:33a ܛܒ ܢܠܦܢ ܒܢܒܝܘܬܐ ܐܫܦܪ

Root ܛܦܠ

He Walked, Ambulavit ܛܦܠ

pael part.

14:27b A ישכן 7h3 ܘܒܫܘܒܚܗ ܢܗܘܐ ܡܛܦܠ

7al [ܡܛܦܠ

Root ܛܘܦ

He Overflowed, Inundavit ܛܦ

aphel perf. 2 m.s.

47:14b B ותצף ܘܐܛܦܬ ܐܝܟ ܢܗܪܐ

aphel part. fem. sing.

24:26a ܘܡܛܝܦܐ ܐܝܟ ܦܪܬ ܣܘܟܠܬܢܘܬܐ

A Flood, Diluvium ܛܘܦܢܐ

sing. emph.

44:17b ܒܙܒܢܐ ܕܛܘܦܢܐ ܗܘܐ ܫܘܚܠܦܐ ܠܥܠܡܐ

44:17d B מבול ܕܠܐ ܢܗܘܐ ܒܗ ܛܘܦܢܐ

Root ܛܘܪ

A Mountain, Mons ܛܘܪܐ

sing. emph.

24:13b ܐܝܟ ܐܪܙܐ ܕܒܚܪܡܘܢ ܛܘܪܐ ܕܬܠܓܐ

plur. emph.

16:19a A הרים ܫܬܐܣܐ ܕܛܘܪ̈ܐ ܘܬܗܘܡܐ ܕܬܒܝܠ

A Mountain, Mons (cont'd) ܛܘܪܐ

plur. emph. (cont'd)

39:28b B } יס[ ] M ܘܒܪܘܓܙܗܘܢ ܛܘܪ̈ܐ ܢܥܩܪܘܢ

43:4b B הרים ܫܡܫܐ ܡܘܩܕ ܛܘܪ̈ܐ

Root ܛܝܢ

Mud, Lutum ܛܝܢܐ

sing. emph.

36(33):10a E חמר ܒܢ̈ܝ ܐܢܫܐ ܟܠܗܘܢ ܡܢ ܛܝܢܐ

36(33):13a ܐܝܟ ܛܝܢܐ ܕܡܬܓܒܠ ܒܐܝܕܐ ܕܦܚܪܐ

38:30a ܘܒܕܪ̈ܥܘܗܝ ܡܦܫܦܫ ܛܝܢܐ

Root ܛܠܠ

Shadow, Umbra ܛܠܠܐ

23:18d ܘܛܠܠܐ ܕܒܝܬܝ، ܦܪܝܣ ܥܠܝ

29:22a ܬܚܝܬ ܛܠܠܐ ܕܩܪ̈ܝܬܗ

31(34):2a ܐܝܟ ܐܢܫ ܕܐܚܕ ܛܠܠܐ

sing. with suffix

14:27a A בצלה ܘܢܬܒ ܒܛܠܠܗ ܡܢ ܚܘܡܐ

Root ܛܠܐ

He Became Young, Juvenis Factus Est ܛܠܐ

peal part.

30:12a B בנעורותו ܟܦܘܦ ܪܝܫܗ ܟܕ ܗܘ ܛܠܝܐ

51:13a B } נער Q ܐܢܐ ܛܠܝܐ ܘܐܨܛܒܝܬ ܒܗ

Youth, Juventus ܛܠܝܘܬܐ

sing. emph.

49:2b ܘܒܛܠ ܬܥ̈ܒܕܐ ܕܛܠܝܘܬܐ

sing. with suffix

51:15d B } מנעורי Q ܘܡܢ ܛܠܝܘܬܝ، ܒܥܝܬܗ ܠܚܟܡܬܐ

6:18a ܡܢ ܛܠܝܘܬܟ ܩܒܠ ܠܚܟܡܬܐ

Youth, Juventus (cont'd) ܛܠܝܘܬܐ

sing. with suffix (cont'd)

25:3a ܒܛܠܝܘܬܟ ܠܐ ܟܢܫܬ ܣܝܒܘܬܐ

47:14a B בנעריך ܟܡܐ ܚܟܝܡ ܗܘܝܬ ܒܛܠܝܘܬܟ

30:11a B בנעוריו ܠܐ ܬܫܠܛܝܘܗܝ ܒܛܠܝܘܬܗ

47:4a B בנעוריו ܒܛܠܝܘܬܗ ܩܛܠ ܠܓܢܒܪܐ

23:23b ܘܕܬܪ̈ܬܝܢ ܒܒܥܠ ܛܠܝܘܬܗ̇ ܘܕܓܠܬ ܠܗ

42:9c B, M בנעוריה ܒܛܠܝܘܬܗ̇ ܕܠܐ ܬܣܛܐ

7:23b A, C בנעוריהם ܘܣܒ ܠܗܘܢ ܢܫ̈ܐ ܒܛܠܝܘܬܗܘܢ

Root ܛܠܡ

He wronged, Iniuria affecit ܛܠܡ

peal perf. 3 m.s.

19:17a ܐܟܣ ܠܚܒܪܐ ܕܠܡܐ ܛܠܡ

peal part.

31(34):27b ܕܛܠܡ ܐܓܪܐ ܕܐܓܝܪܐ ܛܠܡ ܕܡܗ

peal infinitive

37:11 i ܘܥܡ ܢܓܒܐ ܕܟܒܐ ܠܡܛܠܡ ܡܪ̈ܘܗܝ

peal imperf. 2 m.s.

10:6a A תשלים רע ܠܐ ܬܛܠܘܡ ܪܚܡܟ

Injury, Iniuria ܛܠܘܡܝܐ

sing. emph.

10:7b A ܘܡܢ ܬܪ̈ܝܗܘܢ ܣܢܝܐ ܛܠܘܡܝܐ

sing. with suffix

11:9b ܒܕܠܐ ܠܐ ܬܬܚܪܐ ܛܠܘܡܝܟ

Root ܛܢܦ

Impure, Impurus ܛܢܦܐ

plur absol , fem.

27:30a ܘܚܡܬܐ ܘܪܘܓܙܐ ܐܦ ܗܠܝܢ ܛܢ̈ܦܢ

Root ܛܡܪ

Hidden thing, Absconditum ܛܡܝܪܐ

plur. const.

1:6b ܘܛܡܝܪ̈ܝ ܡܬܚܟܡܢܘܬܐ ܡܢܘ ܝܕܥ

Hidden, Abditus ܛܡܝܪܐ

sing. emph. masc.

36:25a B עקוב ܠܒܐ ܛܡܝܪܐ ܢܬܠ ܥܩܬܐ

sing. emph. fem.

20:30a ܚܟܡܬܐ ܛܡܝܪܬܐ ܘܣܝܡܬܐ ܕܠܐ ܡܬܚܙܝܐ

Root ܛܢ

He was jealous, or zealous

Invidit, Studuit ܛܢ

peal perf. 3 m.s.

45:23b ܒܛܢܢܐ ܕܛܢ ܒܡܗܝܡܢܘܬܐ ܘܩܡ ܥܠ ܐܦܝܗܘܢ

peal perf. 3 m.pl.

45:18b B ויקנאו ܘܛܢܘ ܒܗ ܒܡܕܒܪܐ ܐܢܫ̈ܐ ܕܩܘܪܚ

peal imperf. 2 m.s.

9:1a A תקנא ܠܐ ܬܛܢ ܒܐܢܬܬܟ

9:11a A תקנא ܠܐ ܬܛܢ ܒܥܘܬܪܐ ܕܪܫܝܥܐ

9:12a ܠܐ ܬܛܢ ܒܫܠܘܐ ܕܥܘܠܐ

aphel part.

30:3a 7h3 ܕܡܠܦ ܒܪܗ ܡܛܢ ܠܒܥܠܕܒܒܗ

7a1 [ܡܛܢܐ]

Care, Studium ܛܢܢܐ

sing. emph.

30:24a B קנאה ܛܢܢܐ ܘܪܘܓܙܐ ܡܒܨܪܝܢ ܝܘܡܬܐ

40:5a B קנאה ܪܘܓܙܐ ܘܚܪܝܢܐ ܘܛܢܢܐ

42:13b ܗܟܢܐ ܛܢܢܐ ܕܐܢܬܬܐ ܥܠ ܚܒܪܬܐ

45:23b B בקנאו ܒܛܢܢܐ ܕܛܢ ܒܡܗܝܡܢܘܬܐ

sing. with suffix

48:2b B ובקנאתו ܘܒܛܢܢܗ ܒܨܪ ܐܢܘܢ

Root ܛܢܦ

He Profaned, Profanavit

pael part.

12:10b A יחליא ܡܛܠ ܕܐܝܟ ܢܚܫܐ ܗܘ ܕܡܛܢܦ ܥܒܕܗ

pael imperf. 3 m.s. with suffix

22:13d ܘܠܐ ܢܛܢܦܟ ܒܗ ܡܐ ܕܡܬܢܦܨ

Root ܛܥܐ

He erred, Erravit ܛܥܐ

peal perf. 3 m.s.

14:7a ܘܐܢ ܛܒ ܥܒܕ ܒܛܥܝܘܬܐ ܗܘ ܛܥܐ

34(31):8b B נלוז ܘܒܬܪ ܡܡܘܢܐ ܠܐ ܛܥܐ

34(31):10c B סר ܕܐܫܟܚ ܠܡܛܥܐ ܘܠܐ ܛܥܐ

46:11b B נשא ܒܗ ܕܠܐ ܛܥܐ ܠܒܗܘܢ

peal perf. 3 m.pl.

31(34):7a ܣܓܝܐܐ ܓܝܪ ܕܚܠܡܐ ܛܥܘ ܐܘܪܚܐ

peal part.

34(31):7b { B פותה / Bm פתה } ܘܟܠ ܡܢ ܕܛܥܐ ܒܗ ܡܬܬܩܠ

peal infin.

31(34):6b ܡܛܠ ܐܠܗܐ ܐܬܦܢܝ ܠܡܛܥܝܘ ܒܚܠܡܐ

34(31):10c B לסור ܗܘܐ ܕܐܫܟܚ ܠܡܛܥܐ ܘܠܐ ܛܥܐ

peal imperf. 3 m.s.

34(31):5b B ישגה ܘܕܪܕܦ ܚܒܠܐ ܒܗ ܢܛܥܐ

peal imperf. 2 m.s.

4:2b A תתעלם ܘܠܐ ܬܛܥܐ ܪܘܚܗ

7:27b ܘܠܒܘܟ ܕܝܠܕܬܟ ܠܐ ܬܛܥܐ

13:8b A תדמה ܘܠܐ ܬܛܥܐ ܒܡܣܪܘܬ ܟܪܣܟ

ethpe'el part. fem.sing.

3:14a { A תמחה / C תשכח } ܕܛܒܬܐ ܕܐܒܐ ܠܐ ܡܬܛܥܝܐ

ethpe'el imperf. 3 m.s.

32(35):9b ܘܕܘܟܪܢܗܘܢ ܕܙܕܝܩܐ ܠܐ ܢܬܛܥܐ

He erred, Erravit, (cont'd) ܛܥܐ

ethpe'el imperf. 3 m.s. (cont'd)

39:9b ܘܠܥܠܡܐ ܠܐ ܢܬܛܥܐ ܫܡܗ

39:9d ܘܕܘܟܪܢܗ ܠܐ ܢܬܛܥܐ ܡܢ ܕܪ ܠܕܪ

41:11b B } יכרת M ܘܫܡܐ ܕܢܟ̈ܦܝ ܛܒ̈ܬܐ ܠܐ ܢܬܛܥܐ

44:13b { M[ ]ימח ܘܒܫܘܪܗܘܢ ܠܐ ܢܬܛܥܐ

45:26c B ישכח ܡܛܠ ܕܠܐ ܢܬܛܥܐ ܛܘܒܗܘܢ

aphel,(He led astray, Errare fecit)

part. m.s.

14:7a ܘܐܢ ܥܒܕ ܘܐܛܐܒ ܡܛܥܐ ܗܘ ܛܥܐ

aphel part. fem. pl.

3:23b A מתעות ܘܕܡܘ̈ܝܬܐ ܒ̈ܝܫܬܐ ܡܛܥ̈ܝܢ

aphel imperf. l.s. with suffix

51:20a B אטח ܘܠܥܠܡ ܠܥܠܡ ܠܐ ܐܛܥܝܘܗܝ

Error ܛܥܝܘܬܐ

sing. emph.

11:16a A שכלות ܛܥܝܘܬܐ ܘܚܫܘܟܐ ܠܚܛ̈ܝܐ

31(34):5a ܘܩܨ̈ܡܐ ܘܢܚ̈ܫܐ ܛܥܝܘܬܐ

sing. with suffix

23:4a ܠܐ ܬܪܡܝܢܝ ܒܛܥܝܘܬܗܘܢ ܕܚܢܝܐ ܪܘܚܬܐ

Error, sing.emph. ܛܘܥܝܐ

23:11c ܐܢ ܒܛܘܥܝܐ ܝܡܐ ܫܛܝܐ ܠܘܩܒܠܗ

Root ܛܥܡ

He tasted, Gustavit ܛܥܡ

peal part.

36: 24a { B,Bm בוחן D יטעם ܦܘܡܐ ܛܥܡ ܛܥܡܐ ܕܡܐܟܘܠܬܐ

Taste, Gustus ܛܥܡܐ

sing. emph.

10:28a { A [ ]ט B טעם ܘܗܒ ܠܗ ܛܥܡܐ ܐܝܟ ܡܐ ܕܫܘܝܐ

Taste, Gustus (cont'd) ܛܥܡܐ

sing. emph. (cont'd)

25:5a ܘܠܣܝ̈ܒܐ ܛܥܡܐ ܘܪ̈ܥܝܢܐ

36:(24a) { B,Bm מטעמי / D מנעמי } ܦܘܡܐ ܛܥ̇ܡ ܛܥܡܐ

sing. with suffix

5:10a { A דעתך / C דברך } ܗܘܝ ܣܡܝܟ ܥܠ ܛܥܡܟ

Root ܛܥܢ

Burden, Onus ܛܥܢܐ

sing. emph.

21:16a ܫܘ̈ܥܝܬܗ ܕܪܫܝܥܐ ܐܝܟ ܛܥܢܐ ܒܐܘܪܚܐ

22:15a ܚܠܐ ܘܡܠܚܐ ܘܛܥܢܐ ܕܦܪܙܠܐ

30(33):33a E ומשא ܣܥܪܐ ܘܫܘܛܐ ܘܛܥܢܐ ܠܚܡܪܐ

sing. with suffix

6:24b ܘܒܛܥܢܗ̇ ܐܥܠ ܨܘܪܟ

Root ܛܦܪ

Onyx ܛܦܪܐ

sing . emph.

24:15c ܘܐܝܟ ܠܒܘܢܬܐ ܘܫܠܒܘܬܐ ܘܛܦܪܐ

Root ܛܪܕ

He expelled, Expulit ܛܪܕ

peal perf. 3 m.s.

28:14c ܐܢܫܐ ܣܓܝܐܐ ܕܡܕܝܢܬܐ ܡܢ ܡ̈ܬܘܬܗܘܢ ܛܪܕ

Root ܛܪܢ

Tyrant, Tyrannus ܛܪܘܢܐ

plur. emph.

46:18b B סרני ܘܐܘܒܕ ܟܠܗܘܢ ܛܪ̈ܘܢܐ ܕܦܠܫܬܝܐ

Root ܛܪܦ

He struck, Percussit ܛܪܦ

peal imperf. 2 m.s. with suffix

30(33):40a ܬܛܦܠ ܕܡܢ ܛܪܦܬܗ ܢܦܘܩ ܢܟܒ

He turned (eyes),Oculos convertit

pael ܛܪܦ

participle m. s.

22:2b ܘܟܠ ܡܢ ܕܢܣܒܗ ܡܛܪܦ ܐܝ̈ܕܘܗܝ

A Leaf , Folium, ܛܪܦܐ

plur. emph.

14:18a A כפרח ܐܝܟ ܛܪ̈ܦܐ ܕܐܝܠܢܐ

plural with suffix

6:3a A ܛܪ̈ܦܝܟ ܬܬܪ ܘܐܒܒܝܟ ܬܐܒܘܠ

He vexed, vexavit ܛܪܦ

pael imperf. 2 m.s.

4:1b A תדאיב ܘܠܐ ܬܛܪܦ ܠܡܣܟܢܐ

7:20a { A תדע באמת ; C תרע } ܠܐ ܬܛܪܦ ܠܥܒܕܐ ܕܦܠܚ

Vexation, Vexatio ܛܘܪܦܐ

sing. emph.

30:13a ܛܘܪܦܐ ܕܝܘܠܦܢܐ ܐܠܦ ܒܪܝ

Root ܛܫܐ

He hid, Se occultavit ܛܫܐ

peal part.

39:19b { B נסתר ; Bm מסותר } ܘܠܝܬ ܕܡܛܫܝܐ ܡܢ ܥܝܢܘܗܝ

42:20b ܘܠܐ ܛܫܝܐ ܡܢ ܥܝܢܘܗܝ ܟܠ ܕܐܝܬ ܒܒܪܝܬܐ

peal imperf. 2 m.s.

22:25b ܡܢ ܥܝܢܘܗܝ ܠܐ ܬܛܫܐ 7al,10ml,17a4,17a3,17al,

7h3 ܬܬܛܫܐ]

pael part.

20:31a ܛܒ ܗܘ ܓܒܪܐ ܕܡܛܫܐ ܣܟܠܘܬܗ

20:31b ܛܒ ܡܢ ܓܒܪܐ ܕܡܛܫܐ ܚܟܡܬܗ

35(32):17a B } E } יטה ܓܒܪܐ ܚܛܝܐ ܡܛܫܐ ܘܠܦܐ

He hid, Se ocultavit (cont'd) ܛܫܐ

pael part. m.s. passive

16:21b A סתר ܒܟܠ ܐܬܪ ܕܡܛܫܝܐ ܡܢܗ ܢܗܪ

pael part. f.s.

20:30a ܘܣܝܡܬܐ ܕܡܛܫܝܐ ܡܢܐ ܗܢܝܐ

pael part. m.pl.

11:4d A, B ונעלם ܕ̈ܐܢܘܗܝ ܕܐܠܗܐ ܘܡܛܫܝܢ

pael imperf. 2 m.s.

4:23b A תצפין ܘܠܐ ܬܛܫܐ ܚܟܡܬܟ

ethpa'al perf. 3 m.s.

49:2a 7h3 ܡܛܠ ܕܐܬܛܫܝ ܡܢ ܢܦ̈ܫܬܐ

7al ܐܬܛܫܝ]

ethpa'al perf. 1.s.

16:15a A נסתרתי ܕܡܢ ܡܢܟ ܡܢܘ ܐܬܛܫܝܬ

ethpa'al 3 m.s.imperfect.

6:12b A יסתר ܡܢ ܩܕܡܝܟ ܢܦܠ ܘܢܬܛܫܐ

12:8b A יכוסה ܘܠܐ ܢܬܛܫܐ ܒܒܝ̈ܫܬܗ ܣܢܐܐ

13:7c A והתעבר ܘܡܢܗܝܢ ܢܦܫܟ ܢܬܛܫܐ ܡܢܟ

ethpa'al imperf. 2 m.s.

22:25b 7h3 ܘܡܢ ܡܩܕܡܘܗܝ ܠܐ ܐܬܬܛܫܐ

7al,10ml,17a4,17a3,17al, ܐܬܛܫܐ]

ܝ

Root ܝܐ

Yah ! (exclamation) ܝܐ

41:1a { Bm הוי / M הה[} ܝܐ ܡܘܬܐ ܡܢܐ ܒܝܫ ܐܢܬܝ

He was beautiful, Pulcher fuit ܝܐܐ

peal, perf. l.s.

24:17a ܐܝܟ ܓܦܬܐ ܝܐܝܬ ܫܘܦܪܐ

Beautiful, Pulcher ܝܐܝܐ ܝܐܐ

sing. emph.

14:3a A נאוה 7h3 ܠܓܒܪܐ ܙܥܘܪܐ ܠܐ ܝܐܐ ܥܘܬܪܐ

7a1,11c1,12a1,17a4,17a3,17a1, ܝܐܝܐ]

14:3b A נאוה 7h3 ܘܠܓܒܪܐ ܚܣܝܡܐ ܠܐ ܝܐܐ ܡܡܘܢܐ

7a1 ܝܐܝܐ]

15:9a A, B נאתה ܠܐ ܗܘܬ ܝܐܝܐ ܒܦܘܡܐ ܕܥܘܠܐ

20:1a ܐܝܬ ܡܟܣܢܘܬܐ ܕܠܐ ܝܐܝܐ

25:4a ܡܐ ܝܐܝܐ ܠܣܒܐ ܕܝܢܐ

25:5a ܡܐ ܝܐܝܐ ܠܣܒܐ ܚܟܡܬܐ

46:2a B נהדר ܡܐ ܝܐܝܐ ܗܘ ܟܕ ܡܪܝܡ ܐܝܕܗ

50:5a B נהדר ܡܐ ܝܐܝܐ ܒܡܦܩܗ ܡܢ ܗܝܟܠܐ

plur. absol. m.

39:16a B טובים ܥܒܕܘܗܝ ܕܐܠܗܐ ܝܐܝܢ ܐܝܟ ܕܐܡܝܪ

plur. absol. f.

25:1b ܘܗܢܝܢ ܝܐܝܢ ܩܕܡ ܐܠܗܐ

26:18b ܠܐ ܡܫܬܩܠܢ ܕܫܦܝܪܐ ܝܐܝܢ ܪܓܠܝܗ̇

Beauty, Pulchritudo ܝܐܝܘܬܐ

sing. emph.

40:22a B [ ]י ܝܐܝܘܬܐ ܘܫܘܦܪܐ ܪܓܝܓܬܐ ܕܥܝܢܐ

50:11d B ויהדר ܒܝܐܝܘܬܐ ܬܫܒܘܚܬܐ ܕܡܩܕܫܐ

Root ܝܒܒ

He cried for joy,
Laetos clamores sustulit ܝܒܒ

pael perf. 3 m.pl.

50:16a B יריעו ܗܝܕܝܢ ܝܒܒܘ ܒܢܝ̈ ܐܗܪܘܢ

Root ܝܒܫ

He dried up, Exaruit ܝܒܫ

peal part. f.s.

40:17b B נדעכו / Bm נדעכה / M נדעך ܗܝܟ ܩܠ ܢܗܪܗ ܝܒܫܐ

Dry, Siccus ܝܒܝܫܐ

sing. emph.

6:3b A יבש ܘܬܫܒܩܝܟ ܐܝܟ ܐܝܠܢܐ ܝܒܝܫܐ

14:10b A יבש ܘܝܒܝܫܐ ܘܟܦܢܐ ܥܠ ܦܬܘܪܐ

Root ܝܓܪ

A Pile, Acervus ܝܓܪܐ

sing. with suffix

21:8b ܟܢܫ ܟܐܦܐ ܠܝܓܪܗ

Root ܐܝܕ

A Hand, Manus ܐܝܕܐ
sing. emph.

6:2a A ביד ܠܐ ܬܬܪܝܡ ܒܐܝܕܐ ܕܢܦܫܟ

29:1b ܘܕܡܚܝܠ ܒܐܝܕܐ ܢܛܪ ܦܘܩܕܢܘܗܝ

36(33):13a ܐܝܟ ܛܝܢܐ ܕܡܚܕ ܒܐܝܕܐ ܕܦܚܪܐ

36(33):13c ܗܟܢܐ ܐܢܫܐ ܒܐܝܕܐ ܕܒܪܘܝܗ

32(35):12b B יד ܒܥܝܢܐ ܛܒܬܐ ܘܒܐܝܕܐ ܪܒܬܐ

33(36):7a B / Bm יד ܬܘܒ ܐܝܕܐ ܘܕܪܥܐ ܕܡܥܠܝܬܐ

49:11b ܐܝܟ ܚܬܡܐ ܠܐܝܕܐ ܕܝܡܝܢܐ

50:12a B מיד ܡܢ ܐܝܕܐ ܕܐܚܘ̈ܗܝ

51:3d B ומיד ܘܡܢ ܐܝܕܐ ܕܒܥܝܢ ܢܦܫܝ ܦܪܩܬܢܝ

sing. const.

4:19b A ---ל ܘܐܫܠܡܝܘܗܝ ܒܝܕ ܫܘܕܐ

Hand, Manus (cont'd) ܐܝܕܐ

sing. const.(cont'd)

5:13a {A ביד / C ביד} ܐܝܩܪܐ ܘܨܥܪܐ ܒܝܕ ܡܢ ܕܡܡܠܠ

15:14b A} B} ביד ܘܐܫܠܡ ܐܢܘܢ ܒܝܕ ܝܨܪܗܘܢ

38:5a {B ב-- 7a1,7h3 ܒܝܕ ܩܝܣܐ ܐܬܚܠܝܘ ܡܝܐ
Bm --ם 12a1,Δ,17a5 ---ܒ]

48:20d B ביד ܘܦܪܩ ܐܢܘܢ ܒܝܕ ܐܫܥܝܐ ܢܒܝܐ

51:2c B ומיד ܡܢ ܝܕ ܣܢܐܐ ܦܪܩܬܢܝ

sing. with suffix

51:19c B} Q} ידי ܐܝܕܝ ܦܬܚܬ ܬܪܥܗ

4:31a A} C} ידך ܠܐ ܬܗܘܐ ܦܫܝܛܐ ܐܝܕܟ ܠܡܣܒ

5:12b A} C} ידך ܘܐܠܐ ܐܝܕܟ ܣܝܡ ܥܠ ܦܘܡܟ

7:32a A יד ܠܡܣܟܢܐ ܐܘܫܛ ܐܝܕܟ

15:16b A} B} ידיך ܒܐܝܢܐ ܕܨܒܐ ܐܢܬ ܐܘܫܛ ܐܝܕܟ

27:19a ܘܐܝܟ ܢܦܠܐ ܡܢ ܐܝܕܟ ܐܦܪܫܬܝܗܝ

29:26b 7a1,7h3 ܘܠܚܡܐ ܡܕܡ ܕܐܝܬ ܒܐܝܕܟ
12a1,Δ,17a5, ܒܐܝܕܝܟ]

29:28d ܘܡܢ ܡܐ ܕܒܐܝܕܟ ܐܟܠܬܝܗܝ

34(31):14a B יד ܡܐ ܕܚܙܝܬ ܠܐ ܬܘܫܛ ܐܝܕܟ

34(31):14b ܘܥܡܗܘܢ ܠܐ ܬܬܪܡܐ ܐܝܕܟ

34(31):18b B יד ܠܐ ܬܘܫܛ ܐܝܕܟ ܩܕܡܝܗܘܢ

33(36):3a Bm יד ܐܪܝܡ ܐܝܕܟ ܥܠ ܥܡܐ ܢܘܟܪܝܐ

12:18a A ידו ܢܢܝܕ ܪܝܫܗ ܘܢܩܫ ܒܐܝܕܗ

13:1a A ידו 7a1,7h3 ܕܢܩܦ ܠܙܦܬܐ ܕܒܩܐ ܒܐܝܕܗ
12a1,17a4,17a3,19g7,17a1,,ܒܐܝܕܘܗܝ]

sing. with suffix (cont'd)

21:21b ܘܐܝܟ ܫܦܬܐ ܥܠ ܐܝܕܗ ܕܝܡܝܢܐ
29:5a ܟܕܐܝܬܝܢ ܕܢܣܒ ܢܫܩ ܐܝܕܗ ܕܡܘܙܦܢܐ
30:20c { B מידו ; Bm בידן } ܘܡܬܢܚܐ ܗܟܢ ܒܐܝܕܗ
38:13a B } בידו Bm } ܡܛܠ ܕܐܝܬ ܙܒܢܐ ܕܒܐܝܕܗ
38:14b ܘܢܬܠܘܢ ܒܐܝܕܗ ܚܘܠܡܢܐ
38:14c ܘܬܐܬܐ ܐܣܝܘܬܐ ܒܐܝܕܗ
38:28e ܠܡܓܠ ܫܘܠܡܐ ܢܣܩ ܐܝܕܗ
45:15a B ידו ܘܫܡܠܝ ܠܗܘܢ ܡܘܫܐ ܐܝܕܗ
46:1d ܠܡܗܘܐ ܒܐܝܕܗ ܦܘܪܩܢܐ
46:2a B יד ܟܕ ܡܪܝܡ ܒܢܝܙܟܐ ܕܒܐܝܕܗ
46:4a B בידו 7h3 ܡܛܠ ܕܒܐܝܕܗ ܩܡ ܫܡܫܐ
7al] ܒܐܝܕܘܗܝ
46:5c ܘܝܗܒ ܒܐܝܕܗ ܬܘܩܦܢܐ
47:4c B ידו ܐܢܝܦ ܐܝܕܗ ܒܩܠܥܐ
47:5b ܘܝܗܒ ܒܐܝܕܗ ܬܘܩܦܢܐ
48:18c B ידו ܘܐܪܝܡ ܐܝܕܗ ܥܠ ܨܗܝܘܢ
48:23a B בידו ܡܛܠ ܕܒܐܝܕܗ ܩܡ ܫܡܫܐ
50:15a ܐܘܫܛ ܥܠ ܡܣܛܐ ܐܝܕܗ

50:13b B [illegible] ܡܘܪ̈ܒܢܐ ܒܐܝܕܝܗܘܢ ܠܡܩܪܒ

plural emphatic

2:12a ܠܒܐ ܡܚܝܠܐ ܘܐܝ̈ܕܝܐ ܡܪ̈ܦܝܬܐ
7:31c ܠܚܡܐ ܕܡܘܪ̈ܒܢܐ ܘܪ̈ܫܝܬܐ ܕܐܝ̈ܕܝܐ
25:23c C ידים ܪ̈ܦܝܬܐ ܕܐܝ̈ܕܝܐ ܘܬܒܝܪܬܐ ܕܒܘܪ̈ܟܐ
28:10c ܐܝܟ ܬܚܒܘܫܬܐ ܕܐܝ̈ܕܝܐ ܕܐܢܫܐ

plural const.

38:15b Bm ידי ܡܬܡܣܟ ܠܐܝ̈ܕܝ ܐܣܝܐ
44:5a ܥܠ ܐܝ̈ܕܝ ܩܝܬ̈ܪܐ ܘܫܝ̈ܪܐ

Hand, Manus (cont'd) ܐܝܕܐ

plural with suffix

8:1b { A(I)]דו[; A(II) בידו } ܕܠܡܐ ܬܦܠ ܒܐܝܕܘ̈ܗܝ

10:4a A ביד ܒܐܝ̈ܕܘܗܝ ܕܡܪܝܐ ܫܘܠܛܢܐ ܕܬܒܝܠ

10:5a A ביד ܒܐܝ̈ܕܘܗܝ ܕܡܪܝܐ ܫܘܠܛܢܐ ܕܟܠ

13:8a ܠܐ ܬܬܢܣܒ ܒܐܝ̈ܕܘܗܝ

14:19b A ידיו ܘܥܒܕ ܐܝ̈ܕܘܗܝ ܐܙܠ ܒܬܪܗ

14:26a A קנו ܘܢܪܡܐ ܐܝ̈ܕܘܗܝ ܥܠ ܦܐ̈ܪܝܗ

22:2b ܟܠ ܕܢܣܒܗ ܠܗ ܡܢܦܨ ܐܝ̈ܕܘܗܝ

29:6c ܘܠܩܒܠ ܐܝ̈ܕܘܗܝ ܡܢ ܢܟ̈ܣܘܗܝ

46:4a B בידיו 7a1 ܡܛܠ ܕܒܐܝ̈ܕܘܗܝ ܩܡ ܫܡܫܐ
7h3]ܒܐܝܕܗ

48:20b B כפיס ܘܦܪܣܘ ܫܡܝܐ ܩܕܡ ܡܪܝܐ ܐܝ̈ܕܝܗܘܢ

Root ܝܕܝ

He confessed, Confessus est ܐܘܕܝ

aphel part.

21:15b ܘܠܗ̇ ܡܘܕܐ ܘܠܒܗ̇ ܡܘܣܦ

aphel infinitive

4:22b ܘܠܐ ܬܒܗܬ ܠܡܘܕܝܘ ܒܬܘܩ̈ܠܬܟ

4:26a A לשוב ܠܐ ܬܒܗܬ ܠܡܘܕܝܘ ܒܚܛܗܝܟ

aphel imperat. 2 m.pl.

39:15b ܘܐܘܕܘ ܠܐܠܗܐ ܥܠ ܟܠܗܝܢ ܥ̈ܒܕܘܗܝ

aphel imperfect 1.s.

51:1a B אודיך ܐܘܕܐ ܠܟ ܡܪܝܐ ܡ̇ܠܟܐ

51:12c B הודיתי ܡܛܠ ܗܢܐ ܐܘܕܐ ܘܐܫܒܚ

aphel imperf. 3 m.pl.

39:6d ܘܢܘܕܘܢ ܠܗ ܒܬܫ̈ܒܚܬܗܘܢ

Acknowledgement, Confessio ܬܘܕܝܬܐ

sing. emph.

17:27b Δ ,17a5, ܬܘܕܝܬܐ ܐܝܟ ܕܚܝܝܢ ܘܝܗܒܝܢ ܠܗ
7a1,7h3]ܬܫܒܘܚܬܐ

sing. emph (cont'd) ܬܘܕܝܬܐ

18:28b 7h3 ܣܘܟܠܐ ܘܠܕܝܕܥܝܗ̇ ܠܡܬܠ ܬܘܕܝܬܐ

7a1 ܬܘܒܝܬܐ]

39:15d ܒܬܘܕܝܬܐ ܘܒܩܠܐ ܙܡܪܐ

47:8b B הדות ܒܟܠܗ ܗܘܬ ܬܘܕܝܬܐ ܗܘܐ ܡܘܕܐ

50:18b B השיר ܘܝܗܒܘ ܬܘܕܝܬܐ ܩܠܗܘܢ

51:17b {B הודאה / Q הודי} ܘܠܡܠܦܢ ܐܬܠ ܬܘܕܝܬܐ

Root ܝܕܥ

He Knew, Cognovit ܝܕܥ

peal perf. 3 m.s.

1:6b ܘܥܘܪ̈ܝܗ̇ ܘܡܬܒܠܬܘܬܐ ܡܢܘ ܝܕܥ

31(34):10a ܕܠܐ ܢܣܐ ܩܠܝܠ ܗܘ ܝܕܥ

46:10a B דעת 10m1,12a1,17a4,17a3, 19g7,17a1,9m1 } ܡܛܠ ܕܝܕܥ ܙܪܥܗ ܕܝܥܩܘܒ

7a1,7h3 ܢܕܥ]

peal perf. 1.s.

51:15d {B למדתי / Q ידעתיה} ܘܡܢ ܛܠܝܘܬܝ، ܝܕܥܬ ܗܘܝܬ ܠܚܟܡܬܐ

peal perf. 3 m.pl.

46:6c B ת[ ] ܘܝܕܥܘ ܟܠܗܘܢ ܥܡܡܐ ܚܪ̈ܡܐ

peal perf. 3 m.pl. with suffix

33(36):2a ܕܢܕܥܘܢܟ ܟܠ ܥܡܡ̈ܐ ܕܠܐ ܝܕܥܘܟ

peal perf. 1.pl.

33(36):5a B ידענו ܕܝܕܥܢ ܐܝܟ ܡܐ ܕܝܕܥܢ

peal part. m.s.

11:19c A ידע ܘܠܐ ܝܕܥ ܡܢܐ ܗܘܐ ܒܚܪܬܗ

16:21b A יודע ܒܟܠ ܐܬܪ ܕܡܬܦܩܕ ܡܢܘ ܝܕܥ

18:12a ܡܛܠ ܕܝܕܥ ܕܒܝܫܬܗܘܢ ܒܝܫܐ ܗܝ

19:29b ܘܡܢ ܡܚܙܐ ܝܕܥ ܠܗ ܣܟܘܠܬܢܐ

21:27d ܕܠܐ ܝܕܥ ܡܢܐ ܢܥܒܕ

23:19a ܘܠܐ ܝܕܥ ܕܥܝܢ̈ܘܗܝ ܕܐܠܗܐ ܢܗܝܪ̈ܢ

peal part. (cont'd)

29:23a ܘܐܦ ܕܚܙܐ ܐܢܫ ܠܐ ܝܕܥ

40:29d B / M ידוע ܘܠܓܒܪܐ ܝܕܥ ܡܠܟ

47:5c B יודע ܠܡܩܛܠ ܠܓܒܪܐ ܝܕܥ ܩܪܒܐ

peal part. m.pl.

19:27b ܘܐܝܬܘܗܝ ܕܠܐ ܝܕܥܝܢ ܠܗ

peal imperat. 2 m.s.

9:13e A דע ܘܕܥ ܕܒܝܬ ܦܚܐ ܐܢܬ ܦܣܥ

34(31):15a B(I) דעה / B(II) דע ܕܥ ܕܫܒܪܟ ܐܝܟ ܕܝܠܟ

37:8b B / D ודע ܘܕܥ ܠܩܕܡ ܡܢܐ ܚܫܚܬܗ

peal imperf. 3 m.s.

13:11d A וחקירך ܘܡܠܟܐ ܠܟ ܢܒܥܐ ܕܢܕܥ ܫܒܝܠܟ

27:27b ܘܠܐ ܢܕܥ ܡܢ ܐܝܟܐ

46:10a B דעת 7a1,7h3 ܡܛܠ ܕܢܕܥ ܟܠܗ ܕܒܝܬ ܝܥܩܘܒ

10m1,12a1,17a4,17a3,17a1,19g7,9m1, ܕܢܕܥܘܢ]

peal imperf. 3 m.s. with suffix

16:15b A ידעו ܕܠܐ ܢܕܥܘܢܝ ܕܢܬܚܙܘܢ ܥܒܕܘܗܝ

peal imperf. 2 m.s.

9:11b A תדע ܡܛܠ ܕܠܐ ܬܕܥ ܡܢܐ ܗܘܐ ܚܪܬܗ

12:11d A ודע ܘܬܕܥ ܚܪܬܐ ܕܚܣܡܘܬܗ

12:12e A תשיג ܘܒܚܪܬܐ ܬܕܥ ܡܠܝ

peal imperf. 3 m.pl.

18:29b ܘܢܕܥܘܢ ܢܒܥܐ ܠܐܘܪܚܬܐ ܡܠܬܐ

23:27a ܘܢܕܥܘܢ ܟܠܗܘܢ ܕܒܝܬܘܬܗ ܕܐܪܥܐ

33(36):3b B וידאו ܘܢܕܥܘܢ ܓܒܘܪܬܟ ܒܥܡܡܐ

33(36):5a B וידעו ܕܢܕܥܘܢ ܐܝܟܢܐ ܕܝܕܥܝܢ

36:22c B וידעו / Bm וידאו ܕܢܕܥܘܢ ܟܠ ܕܒܫܡܝܐ ܕܐܪܥܐ

He Knew , Cognovit (cont'd) ܝܕܥ

ethpe'el part. f.s.

4:24a A נודעת ܒܡܡܠܠܐ ܗܘ ܡܬܝܕܥܐ ܚܟܡܬܐ

ethpe'el imperf. 3 m.s.

38:5a B להודיע ܡܛܠ ܕܢܬܝܕܥ ܚܝܠܗ ܕܐܠܗܐ

ethpe'el imperf. 3 f.s.

26:9b ܘܡܢ ܓܒܝܢܝܗ̇ ܬܬܝܕܥ

26:26b ܒܐܝܩܪܘܬܗ̇ ܠܟܠ ܐܢܫ ܬܬܝܕܥ

ethpe'el imperf. 1.s.

16:17c A אודע ܘܒܡܢܝܢܐ ܣܓܝܐܐ ܠܐ ܐܬܝܕܥ

aphel perf. 3 m.s.

17:12b ܘܕܝܢ̈ܘܗܝ ܐܘܕܥ ܐܢܘܢ

eshtaphal part.

21:7b ܝܕܝܥܐ ܡܢ ܡܪܚܩ ܒܫܘ̈ܩܘܗܝ ܡܫܬܘܕܥ

Knowledge, Notitia ܝܕܥܬܐ

sing. emph.

3:25b A דעת ܡܢ ܝܕܥܬܐ ܠܐ ܬܗܘܐ ܡܚܣܪ

11:15a A והבין ܘܚܟܡܬܐ ܘܝܕܥܬܐ ܕܢܡܘܣܐ

Intelligence, Intelligentia ܡܕܥܐ

sing. emph.

19:24a ܐܝܬ ܕܚܣܝܪ ܡܕܥܐ ܕܕܚܠܬܗ

19:24b ܐܝܬ ܕܝܬܝܪ ܡܕܥܐ ܕܢܟܝܠܐ

21:18b ܘܡܕܥܐ ܠܣܟܠܐ ܐܝܟ ܦܬܓܡ̈ܐ ܕܒܘܪܐ

25:2d ܘܣܒܐ ܣܟܠܐ ܘܚܣܝܪ ܡܕܥܐ

sing with suffix

3:13a A מדעו ܐܦ ܟܕ ܡܕܥܗ ܒܨܪ ܠܗ

13:8b A מדע ܘܠܐ ܬܬܕܡܐ ܒܚܣܝܪܘܬ ܡܕܥܗ

21:13a ܡܕܥܗ ܕܚܟܝܡܐ ܐܝܟ ܡܒܘܥܐ

42:10c ܘܥܠ ܒܥܠܗ̇ ܕܠܐ ܬܬܛܦܐ ܒܡܕܥܗ

Acquaintance, Amicus, Notus ܝܕܘܥܐ

plur. with suffix

18:28b ܠܟܠܗܘܢ ܝܕܘܥܬܐ ܘܠܝܕ̈ܘܥܘܗܝ ܠܡܬܠ ܠܗ ܬܘܕܝܬܐ

Acquaintance, Amicus, Notus (cont'd)

plur. with suffix

27:29a 7h3 ܘܡܫܬܘܕܥܐ ܗܘܐ ܠܝܕ̈ܘܥܘܗܝ
7al [ܠܝܕ̈ܘܥܘܗܝ

Root ܝܗܒ

He Gave, Dedit ܝܗܒ

peal perf. 3 m.s.

16:27a ܘܝܗܒ ܒܗܘܢ ܫܘܠܛܢܐ ܒܥܒ̈ܕܘܗܝ

17:24a ܒܪܡ ܠܬܝ̈ܒܐ ܝܗܒ ܬܝܒܘܬܐ

32(35):12a { B כמתנתו / Bm כמתתו } ܗܒ ܠܐܠܗܐ ܐܝܟ ܕܝܗܒ ܠܟ

38:6a B ויתן ܕܝܗܒ ܠܒ̈ܢܝ ܐܢܫܐ ܚܟܡܬܐ

42:17c ܓܒܪ̈ܘܬܐ ܝܗܒ ܠܩܕ̈ܝܫܘܗܝ

44:23c B ויתן ܘܝܗܒ ܠܗ ܝܪܬܘܬܐ

45:7b B ויתן ܘܝܗܒ ܥܠܘܗܝ ܡܢ ܐܝܩܪܗ

45:17a B ויתן ܘܝܗܒ ܠܗ ܦܘܩܕ̈ܢܐ

45:20b B ויתן ܘܝܗܒ ܠܗ ܝܪܬܘܬܗ

45:26a B ויתן ܢܬܠ ܐܠܗܐ ܕܝܗܒ ܠܟܘܢ ܚܟܡܬܐ

46:5c ܘܥܢܝܗ̇ ܘܝܗܒ ܒܐܝܕܗ ܬܘܩܦܐ

46:9a B ויתן ܘܝܗܒ ܠܟܠܒ ܬܘܩܦܐ

47:5b B ויתן ܘܝܗܒ ܒܐܝܕܗ ܬܘܩܦܐ

47:8a B נתן ܝܗ̣ܒ ܗܘܐ ܩܠܐ ܒܩ̈ܠܐ

47:10a ܝܗܒ ܬܫܒ̈ܚܬܐ ܠܥܐܕ̈ܬܐ

47:11c B [ ] ܘܝܗܒ ܠܗ ܩܝܡܐ ܕܡܠܟܘܬܐ

47:23f B ויתן ܘܝܗܒ ܠܒܝܬ ܐܦܪܝܡ ܬܘܩܠܬܐ

51:22a B נתן ܝܗܒ ܡܪܝ ܠܠܫܢܝ ܐܓܪܐ

peal perf. 3 m.s. with suffix

1:9a ܘܚܙܗ̇ ܘܡܢܝܗ̇ ܘܝܗܒܗ̇

1:10a ܐܝܟ ܨܒܝܢܗ ܝܗܒܗ̇

peal perf. 2 m.s.

47:19a B ותתן ܘܝܗܒܬ ܠܢܫܐ ܬܘܩܦܟ

47:20a B [ ]תן ܘܝܗܒܬ ܡܘܡܐ ܒܐܝܩܪܟ

peal perf. 1.s.

24:15d ܘܐܝܟ ܡܘܪܐ ܓܒܝܐ ܝܗܒܬ ܪܝܚܐ

51:20a { B נתתי / Q פרתי } ܝܗܒܬ ܢܦܫܝ ܒܬܪܗ

peal perf. 3 m.pl.

49:5a B ויתן ܘܝܗܒܘ ܢܨܚܗܘܢ ܠܐܚܪܢܐ

50:18a B ויתן ܘܝܗܒܘ ܠܬܘܕܝܬܐ ܩܠܗܘܢ

peal part.

3:17b { A מנותן / C מתן } ܥܒܕܐ ܕܝܗܒ ܡܘܗ̈ܒܬܐ

5:11b { A השב / C תענה } ܗܘܝܬ ܝܗܒ ܦܬܓܡܐ

11:31b A יתן ܘܒܛܒܬܐ ܪܡܝܬܐ ܝܗܒ ܬܘܠܡܬܐ

18:15b ܘܒܬܪ ܕܝܗܒ ܠܐ ܬܟܐܪ ܠܒܟ

20:15a ܙܥܘܪ ܝܗܒ ܘܣܓܝ ܡܚܣܕ

29:5d ܘܠܙܒܢܐ ܦܘܢܝܐ ܝܗܒ ܠܗ

32(35):12c Bm נותן ܡܛܠ ܕܝܗܒ ܗܘ ܠܡܣܟܢܐ

38:34c ܗܘ ܕܝܗܒ ܢܦܫܗ ܠܡܬܒܝܢܘ ܒܐܠܗܐ

41:12f ܡܢ ܐܠܦܐ ܕܣܝܡܐ ܕܝܗܒ ܐܢܬ

41:12g ܦܘܠܚܢܐ ܕܝܗܒ ܐܢܬ ܠܗ

51:26d B ונותן ܘܕܝܗܒ ܢܦܫܗ ܡܫܟܚ ܠܗ

peal part. m.pl.

13:22d ܠܐ ܝܗܒܝܢ ܠܗ ܐܬܪܐ

17:27b ܐܝܟ ܕܚܝܝܢ ܘܝܗܒܝܢ ܠܗ ܬܘܕܝܬܐ

peal imperat. 2 m.s.

7:23b { A / C } ושא 12al,17a4,17a3,17al ܘܗܒ ܠܗܝܢ ܓܒ̈ܪܐ
7al,7h3]ܘܣܒ

7:31b A ותן ܘܗܒ ܠܗܝܢ ܕܦܠܓܗܝܢ

10:28b { A ויתן / B ותן } ܘܗܒ ܠܗ ܐܝܩܪܐ

12:7b ܘܠܐ ܬܬܠ ܚܛܝܐ ܗܒ ܠܡܣܟܢܐ

peal imperat. 2 m.s. (cont'd)

12:11b	A	תן	ܗܒ ܠܟ ܠܡܣܟܢܐ ܡܢܗ
14:13b	A	תן	ܘܐܝܟ ܕܡܛܝܐ ܠܟ ܗܒ ܠܗ
14:16a	A	תן	ܗܒ ܘܣܒ ܘܐܬܦܨܐ ܢܦܫܟ
18:21b			ܘܥܕ ܠܐ ܬܚܛܐ ܗܒ ܠܬܝܒܘܬܐ
25:26b			ܗܒ ܠܗ̇ ܘܫܪܝܗ̇ ܡܢ ܒܝܬܟ
28:7b			ܗܒ ܠܗ ܡܐ ܕܚܣܪ ܠܗ
29:28c			ܛܒ ܛܒ ܗܒ ܠܡܣܟܢܐ
32(35):10a			ܒܥܝܢܐ ܛܒܬܐ ܗܒ ܠܡܣܟܢܐ
32(35):12a	B	תן	ܗܒ ܠܐܠܗܐ ܐܝܟ ܡܐ ܕܝܗܒ ܠܟ
38:12a	B	[ ]ן	ܘܐܦ ܠܐܣܝܐ ܗܒ ܐܬܪܐ

peal imperat. 2 m.s. with suffix

7:25b	A / C	חברה / זבדה	ܘܠܓܒܪܐ ܗܘ ܕܚܟܝܡ ܗܒܝܗ̇

peal imperat. 2 m.pl.

16:24b	A	שׂימו	ܘܠܠܒ ܩ̈ܠܝ ܗܒܘ ܠܡܠܝ

ethpe'el perf. 3 m.s.

15:17a		7al 7h3	ܐܬܝܗܒ ܩܕܡ ܠܒܢ̈ܝܢܫܐ ܚ̈ܝܐ ܐܬܝܗܒܘ]
44:19b	B	נתן	ܘܠܐ ܐܬܝܗܒ ܡܘܡܐ ܒܐܝܩܪܗ

ethpe'el perf. 3 f.s.

15:9b	A	נחלקה	ܡܢ ܩܕܡ ܐܠܗܐ ܐܬܝܗܒܬ ܠܗܘܢ

ethpe'el perf. 3 m . pl.

15:17a		7h3 7al	ܐܬܝܗܒܘ ܩܕܡ ܠܒܢ̈ܝܢܫܐ ܚ̈ܝܐ ܐܬܝܗܒ]

ethpe'el part.

38:15b	Bm	יתוגר	ܡܬܝܗܒ ܠܐܝ̈ܕܝ ܐܣܝܐ

ethpe'el imperf. 3 m.s.

27:25b			ܘܡܚܘܬܐ ܒܣܬܪܐ ܠܚܒܪܗ ܢܬܝܗܒ
51:30b	B	נותן	ܘܢܬܝܗܒ ܐܓܪܟܘܢ ܒܥܕܢܗ

ethpe'el imperf. 3 f.s.

26:3b	C	תנתן	ܐܢܬܬܐ ܛܒܬܐ ܬܬܝܗܒ ܠܓܒܪܐ

He Gave, Dedit (cont'd) ܝܗܒ

ethpe'el imperf. 3 f.s.

26:23a ܒܡܘܗܒܬܗ ܕܓܒܪܐ ܛܒܬܐ ܬܬܝܗܒ

26:23b ܐܢܬܬܐ ܕܕܚܠܐ ܠܡܪܝܐ ܬܬܝܗܒ

ethpe'el imperf. 2 m.s.

13:8a A תרהב ܐܙܕܗܪ ܠܐ ܬܬܝܗܒ ܒܐܝܕܘ̈ܗܝ

Imperfect peal : see NUN ܢܬܠ

A Gift, Donum ܡܘܗܒܬܐ

sing. emph.

4:3b A מתן ܘܠܐ ܬܟܠܐ ܡܘܗܒܬܐ ܡܢ ܣܢܝܩܐ

7:4b A } משוב ܘܡܢ ܡܠܟܐ ܡܘܗܒܬܐ ܕܐܝܩܪܐ
C

7:33a A מתן ܢܣܒܐ ܗܝ ܟܠ ܡܘܗܒܬܐ

18:16b ܗܟܢܐ ܡܠܬܐ ܡܗܦܟܐ ܡܘܗܒܬܐ

18:17a ܡܠܬܐ ܛܒܬܐ ܕܡܢ ܡܘܗܒܬܐ ܛܒܐ ܗܝ

plur . emph.

3:17b A מתנות ܡܢ ܓܒܪܐ ܕܝܗܒ ܡܘܗ̈ܒܬܐ

38:2b B משאות ܡܢ ܡܠܟܐ ܢܣܒ ܡܘܗ̈ܒܬܐ

41:12c ܡܛܠ ܕܡܒܛܠ ܡܘܗ̈ܒܬܐ ܘܦܬܓܡܐ

plur. with suffix.

32(35):10b ܘܠܐ ܬܬܟܪ ܒܡܘܗ̈ܒܬܟ

32(35):11a B מעשיך ܒܟܠ ܡܘܗ̈ܒܬܟ ܢܗܝܪ̈ܝܢ ܐܦ̈ܝܟ

11:17a A [ ]מ ܡܘܗܒܬܗ ܕܡܪܝܐ ܡܩܘܝܐ ܠܥܠܡ

18:18b ܘܡܘܗܒܬܗ ܕܪܫܝܥܐ ܡܚܫܟܐ ܥܝܢܐ

20:14a ܡܘܗܒܬܗ ܕܣܟܠܐ ܠܐ ܥܕܪܐ ܠܟ

26:14a ܡܘܗܒܬܗ ܕܡܪܝܐ ܐܢܬܬܐ ܛܒܬܐ

27:14a ܡܘܗܒܬܗ ܕܪܫܝܥܐ ܡܦܩܐ ܡܝ̈ܐ

32(35):9a ܡܘܗܒܬܗ ܕܒܪܢܫܐ ܛܒܐ ܬܬܩܒܠ

Root ܝܗܕ

nom. prop. ܝܗܘܕܐ

48:15e B ליהודה ܘܫܪܟ ܝܗܘܕܐ ܠܒܝܬ ܕܘܝܕ

49:4d B יהודה ܡܠܟ̈ܐ ܕܒܝܬ ܝܗܘܕܐ

		Root	ܝܘܙ=
		nom. prop.	ܝܘܙܕܩ
49:12a	B יוצדק		ܘܐܦ ܝܫܘܥ ܒܪ ܝܘܙܕܩ
		Root	ܝܘܡ=
		Day, Dies	ܝܘܡܐ
		sing. absol.	
5:7b	A C מיום		ܘܠܐ ܬܬܟܪܐ ܡܢ ܝܘܡ ܠܝܘܡ
47:9c			ܘܒܟܠ ܝܘܡ ܐܡܘܣܩܬܐ
51:1b			ܐܫܒܚ ܫܡܟ ܡܪܝܐ ܒܟܠ ܝܘܡ
		composite phrase	
6:37b	A תמיד		ܘܒܦܘܩܕܢܘܗܝ ܗܘܝܬ ܪܢܐ ܒܟܠܝܘܡ
		sing. emph.	
3:15a	A C ביום		ܒܝܘܡܐ ܕܐܘܠܨܢܐ ܗܘ ܬܬܕܟܪ
5:8b	A ביום		ܡܛܠ ܕܠܐ ܢܗܢܘܢܟ ܒܝܘܡܐ ܕܐܘܠܨܢܐ
10:10b	A היום		ܘܡܠܟܐ ܝܘܡܢ ܘܡܚܪ ܡܐܬ
11:27a			ܒܝܫܬ ܝܘܡܐ ܬܛܥܝܐ ܛܒܬܐ
14:14a	A יום		ܠܐ ܬܬܟܠܐ ܡܢ ܛܒܬܐ ܕܝܘܡܐ
18:10b			ܐܝܟ ܚܕ ܝܘܡܐ ܒܥܠܡܐ ܕܢܘܗܪܐ
23:14f			ܘܠܝܘܡܐ ܕܐܬܝܠܕܬ ܒܗ ܬܠܘܛ
26:28f			ܐܠܗܐ ܡܛܝܒܝܗ، ܠܝܘܡܐ ܕܩܛܠܐ
27:29b			ܥܕܡܐ ܠܝܘܡܐ ܕܡܘܬܗܘܢ
34(31):6d	B ביום		ܠܐ ܬܣܝܡ ܐܢܘܢ ܒܝܘܡܐ ܕܣܘܥܪܢܗܘܢ
36(33):7a	E יום	7a1,7h3	ܒܝܫܬܐ ܕܝܢ ܝܘܡܐ ܡܢ ܝܘܡܐ
		9m1,Δ,17a5	ܝܘܡܬܐ]
36(33):7a	E יום		ܠܡܢܐ ܐܝܬ ܝܘܡܐ
30(33):32b	E ביום		ܒܝܘܡܐ ܕܡܘܬܟ ܐܘܪܬ ܢܦܫܟ
38:17c	B יום		ܝܘܡܐ ܘܬܪܝܢ ܡܛܠ ܒܢܝ ܐܢܫܐ
40:1c	B מיום	7h3	ܡܢ ܝܘܡܐ ܕܢܦܩܘ ܡܢ ܟܪܣܐ
		7a1	omits
40:2b			ܥܕܡܐ ܠܝܘܡܐ ܕܡܘܬܗܘܢ

Day, Dies (cont'd) ܝܘܡܐ

sing. emph. (cont'd)

41:8b ܒܝܘܡܐ ܠܝܘܡܐ ܕܡܘܬܗܘܢ

46:4b B יום ܘܗܘܐ ܝܘܡܐ ܚܕ ܬܪ̈ܝܢ ܝܘܡ̈ܝܢ

51:10c B ביום ܠܐ ܬܫܒܘܩܝܢܝ ܕܝܘܡܬܐ

sing. with suffix

48:10c ܩܕܡ ܕܢܐܬܐ ܝܘܡܗ ܕܡܪܝܐ

plur. absol.

22:12a ܒܝܬ ܒ̈ܟܝܐ ܓܝܪ ܕܡܝܬܐ ܫܒܥܐ ܝܘܡ̈ܝܢ

46:4b ܘܗܘܐ ܝܘܡܐ ܚܕ ܬܪ̈ܝܢ ܝܘܡ̈ܝܢ

plur. emphatic

1:2b ܘܝܘ̈ܡܬܐ ܕܥܠܡܐ ܡܢܘ ܡܫܟܚ ܠܡܡܢܝܐ

1:20b ܘܒܩ̈ܢܝܢܗ ܢܛܝܪܐ ܕܝܘ̈ܡܬܐ

17:2a ܡܢܝܢܐ ܕܝܘ̈ܡܬܐ ܦܠܓ ܠܗܘܢ

18:27b ܘܒܝܘ̈ܡܬܐ ܕܚܘܛܝܐ ܠܐ ܢܗܘܠ

25:4b ܘܠܣ̈ܒܐ ܝܘܡܬܐ ܡܠܘܟܘܬܐ

26:1b C ימיו ܡܛܠ ܕܝܘ̈ܡܬܐ ܕܚܝ̈ܘܗܝ ܐܥܦܝܢ

30:24a B ימים ܛܢܢܐ ܘܪܘܓܙܐ ܡܒܨܪܝܢ ܝܘ̈ܡܬܐ

36(33):7a E יום 9m1,Δ,17a5 ܒܝܬܐ ܕܡܢ ܝܘ̈ܡܬܐ ܦܪܫ

7a1,7h3

36(33):7b ܡܛܠ ܕܟܠܗܘܢ ܢܗ̈ܝܪܐ ܝܘ̈ܡܬܐ

36(33):9b ܢܒܗ ܠܡܢܝܢܐ ܕܝܘ̈ܡܬܐ

36:16a B כימי ܐܝܟܢܐ ܕܐܡܪܬ ܡܢ ܝܘ̈ܡܬܐ

45:15d B כימי ܘܠܙܪܥܗ ܐܝܟ ܝܘ̈ܡܬܐ ܕܫܡܝܐ

50:24b B כימי ܘܥܡ ܙܪܥܗ ܐܝܟ ܝܘ̈ܡܬܐ ܕܫܡܝܐ

plur. const.

3:12b A ימי ܘܠܐ ܬܥܒܘܩ ܐܒܘܗ ܟܠ ܝܘ̈ܡܝ ܚ̈ܝܘܗܝ

3:13b A ימי ܘܠܐ ܬܒܗܬܝܘܗܝ ܟܠ ܝܘ̈ܡܝ ܚ̈ܝܘܗܝ

18:25a ܗܘܝܬ ܕܟܝܪ ܠܟܦܢܐ ܒܝܘ̈ܡܝ ܣܒܥܐ

18:25b ܘܚܣܝܪܘܬܐ ܒܝܘ̈ܡܝ ܥܘܬܪܐ

21:14b 7h3 ܘܟܠ ܝܘ̈ܡܝ ܚ̈ܝܘܗܝ

7a1, 19g7 omit

22:12b ܘܒܝܬ ܒ̈ܟܝܐ ܕܣܟܠܐ ܟܠ ܝܘ̈ܡܝ ܚ̈ܝܘܗܝ

plur. const. (cont'd)

23:15b ܟܠ ܝܘܡܝ ܚܝܘܗܝ

24:25b ܘܐܝܟ ܕܩܠܬ ܒܝܘܡܝ ܛܠܠܬܗ

24:27b ܘܐܝܟ ܓܝܚܘܢ ܒܝܘܡܝ ܩܛܦܐ

24:26b ܘܐܝܟ ܝܘܪܕܢܢ ܒܝܘܡܝ ܚܨܕܐ

39:12b ܐܝܟ ܣܗܪܐ ܒܝܘܡܝ ܦܠܓܗ

46:7a B ובימי ܘܒܝܘܡܝ ܡܘܫܐ ܥܒܕ ܛܝܒܘܬܐ

49:3b B ובימי ܘܒܝܘܡܝ ܚܛܝ̈ܐ ܥܒܕ ܛܝܒܘܬܐ

49:6b ܕܠܫܢ ܢܒܝ̈ܘܬܗ ܒܝܘܡܝ ܐܪܡܝܐ

50:6b B בימי ܘܐܝܟ ܣܗܪܐ ܒܝܘܡܝ ܚܨܕܐ

50:8c B בימי ܘܐܝܟ ܐܢܬܒܐ ܕܠܒܢܢ ܒܝܘܡܝ ܩܝܛܐ

plur.with suffix

30(33):32a E ימיך Δ,9ml ܘܡܢ ܟܠܗ ܕܝܘܡܝ̈ ܚܝܐ ܕܝܘܡܝܟ
7al,7h3 ܕܝܘܡܬܟ]

18:9a 7al,7h3 ܡܢܝܢܐ ܕܝܘܡܘܗܝ ܕܒܪܢܫܐ
12al, 17a5 ܕܝܘܡܬܗ]

48:12c B מימיו ܡܢ ܝܘܡܘܗܝ ܠܐ ܙܥ ܡܢ ܒܪܢܫܐ

48:18a B בימיו ܒܝܘܡܘܗܝ ܣܠܩ ܠܠܒܢܢ ܣܢܚܪܝܒ

50:1b B ובימיו ܕܒܝܘܡܘܗܝ ܐܬܒܢܝ ܒܝܬܐ

39:31a 7al,7h3 ܘܟܠ ܝܘܡܝܗܘܢ ܠܐ ܡܥܒܪܝܢ
12al,Δ 9ml ܝܘܡܬܗܘܢ

plur. with suffix, derived from plural form ܝܘܡܬܐ

30(33):32a E ימיך 7al,7h3 ܘܡܢ ܟܠܗ ܕܝܘܡܝ ܚܝܐ ܕܝܘܡܬܟ
Δ,9ml ܕܝܘܡܝܟ

1:13b ܘܒܚܪܬܗ ܝܘܡܬܗ ܢܬܒܪܟ

3:6a ܕܡܝܩܪ ܠܐܒܘܗܝ ܢܣܓܘܢ ܝܘܡܬܗ

39:31a 12al,Δ,9ml ܘܟܠ ܝܘܡܬܗܘܢ ܠܐ ܡܥܒܪܝܢ
7al,7h3 ܝܘܡܝܗܘܢ]

Day, Dies (cont'd) ܝܘܡܐ

plur. with suffix (cont'd)

44:7b { B ומשמרתיהם / Bm ובימיהם } ܐܝܠܝܢ ܕܒܝܘܡܬܗܘܢ ܬܫܒܘܚܬܗܘܢ

Today, Hodie ܝܘܡܢܐ

20:15c ܝܘܡܢܐ ܡܘܙܦ ܘܡܚܪ ܬܒܥ

38:22b B היום ܠܝ ܐܬܡܠܝ ܘܠܟ ܝܘܡܢܐ

47:7c B היום ܘܐܦ ܥܕܡܐ ܠܝܘܡܢܐ ܬܒܪ ܩܪܢܗܘܢ

Root ܝܘܣ

nom. prop. ܝܘܣܦ

49:15a B כיוסף ܘܐܦܠܐ ܐܝܟ ܝܘܣܦ ܠܐ ܐܬܝܠܕ

Root ܝܦܢ

nom. prop. ܝܘܦܢܐ

46:7b B יפנה ܗܘ ܘܟܠܒ ܒܪ ܝܘܦܢܐ

Root ܝܪܒ

nom prop. ܝܘܪܒܥܡ

47:23c B ירבעם ܠܝܘܪܒܥܡ ܒܪ ܢܒܛ ܕܚܛܝܐ

nom.prop. ܝܘܪܕܢ

24:26b ܘܐܝܟ ܝܘܪܕܢ ܒܝܘܡܝ ܚܨܕܐ

Root ܝܫ

nom prop. ܝܘܫܝܐ

49:1a B יאשיהו ܕܘܟܪܢܗ ܕܝܘܫܝܐ ܐܝܟ ܦܪܡܐ ܕܒܣܡܐ

49:4a B ויאשיהו ܠܒܪ ܡܢ ܕܘܝܕ ܘܚܙܩܝܐ ܘܝܘܫܝܐ

Root ܝܙܦ

He Borrowed, Mutuum Accepit ܝܙܦ

peal part.

20:12a ܐܝܬ ܕܝܙܦ ܣܓܝ ܐܝܟ ܙܥܘܪ

29:5a ܒܐܝܕܐ ܕܢܣܒ ܕܝܙܦ ܢܫܩ ܐܝܠܝܢ ܕܡܙܦܝܢ

Aphel (He Lent, Mutuum Dedit)

perf. 2 m.s.

8:12b A הלוית ܘܐܢ ܐܘܙܦܬ ܗܘܝ ܐܝܟ ܕܐܒܕܬ

aphel part.

20:15c ܝܘܡܢܐ ܡܘܙܦ ܘܡܚܪ ܬܒܥ

29:1a ܡܢ ܕܡܘܙܦ ܠܚܒܪܗ

He Lent, Mutuum Dedit, (cont'd)

aphel part. (cont'd)

32(35):12c Bm מלוה ܠܡܠܟܐ ܗܘ ܡܘܙܦ

29:28g ܘܠܡܠܟܐ ܗܘ ܡܘܙܦ ܐܢܬ

aphel infinitive

29:7b ܡܢ ܥܒܕܬܐ ܐܬܩܒܠܘ ܠܡܘܙܦܘ

aphel imperat. 2 m.s.

29:2a ܐܘܙܦ ܠܚܒܪܟ ܒܙܒܢܐ ܕܣܢܝܩܘܬܐ

32(35):11b ܘܒܣܢܝܩܘܬܐ ܐܘܙܦ ܠܟ ܕܠܐ ܦܪܥ ܠܟ

aphel imperf. 2 m.s.

8:12a A תלוה ܠܐ ܬܘܙܦ ܠܓܒܪ ܕܥܫܝܢ ܡܢܟ

A Loan, Mutuum ܝܙܦܬܐ

sing. emph.

29:4a ܣܓܝܐܐ ܓܝܪ ܝܘܙܦܐ ܕܝܗܒܘ ܝܙܦܬܐ

29:5c ܘܒܙܒܢܐ ܕܦܘܪܥܢܐ ܝܙܦܬܐ ܡܘܚܠ ܢܦܫܗ

29:28b ܒܥܬܐ ܘܚܣܕܐ ܘܝܙܦܬܐ ܕܡܘܙܦܢܐ

plur. emph.

29:4a ܣܓܝܐܐ ܓܝܪ ܝܘܙܦܐ ܕܝܗܒܘ ܝܙܦܬܐ

A Lender, Mutuum Dator ܡܘܙܦܢܐ

sing. emph.

29:5a ܒܙܒܢܐ ܓܝܪ ܕܢܣܒ ܢܫܩ ܐܝܕܗ ܕܡܘܙܦܢܐ

29:28b ܒܥܬܐ ܘܚܣܕܐ ܘܝܙܦܬܐ ܕܡܘܙܦܢܐ

plur. with suffix

29:4b ܕܝܗܒܘ ܝܙܦܬܐ ܘܐܗܘܪܘ ܠܡܘܙܦܢܝܗܘܢ

Root ܫܚܪ

He Separated himself, Se disjunxit

Eshtaphal part. ܡܫܬܘܚܪ

11:11b A מתאחר 7a1,17a4,17a3 ܘܒܠܚܘܕܝܗܝ ܗܘ ܡܫܬܘܚܪ

7h3 ܡܫܬܘܚܪ]

Root ܝܐܫ

He Despaired, Desperavit ܝܐܫ

aphel imperf. 2 m.s.

22:21c ܐܢ ܬܫܡܘܛ ܣܝܦܐ ܠܗ ܠܐ ܬܘܝܫ

Root ܝܠܠ

Lamentation ,Lamentatio ܝܠܠܬܐ

plur. emph.

30:7b ܘܥܠ ܟܠ ܝ̈ܠܠܬܐ ܢܦܪܘ ܠܒܗ

Root ܝܠܕ

She Bore, Peperit ܝܠܕ̇

peal parf. 3 f.s.

49:15a B נולד ܘܐܦܐ ܐܟ ܝܘܣܦ ܠܐ ܝܠܕܬ

peal perf. 3 f.s. with suffix

7:27b ܘܠܐܡܟ ܕܝܠܕܬܟ ܠܐ ܬܛܥܝܐ

peal part. f.s.

41:9a ܐܢܬܬܐ ܙܢܝܬܐ ܠܚܘܒܬܐ ܕܝܠܕܗ̇

peal part. m. pl. const.(pass)

10:18b A לילוד ܘܪܘܡܬܐ ܕܠܒܐ ܠܝ̈ܠܝܕܝ ܐܢܬܬܐ

ethpe'el perf. 2 m.s.

23:14f ܘܠܝܘܡܐ ܕܐܬܝܠܕܬ ܒܗ ܬܠܘܛ

ethpe'el part. m.s.

14:18d A גומל ܗܪܟܐ ܡܐܬ ܘܐܚܪܢܐ ܡܬܝܠܕ

ethpe'el part. f.s.

22:3b ܘܒܪܬܐ ܠܒܘܨܪܢܐ ܗܘ ܡܬܝܠܕܐ

38:18a ܡܛܠ ܕܡܢ ܥܝܩܬܐ ܡܬܝܠܕܐ ܡܘܬܐ

Birth, Partus, ܝܠܕܐ

sing. emph.

23:23d ܕܡܢ ܢܘܟܪܝܐ ܐܩܝܡܬ ܝܠܕܐ

plur. with suffix.

3:2b ܘܕܝܢܐ ܕܐܡܐ ܥܠ ܝ̈ܠܕܝܗ̇ ܫܪܪ

23:24b ܘܥܠ ܝ̈ܠܕܝܗ̇ ܚܛ̈ܗܝܗ̇ ܢܬܕܟܪܘܢ

Mother, Mater ܝܠܕܬܐ

sing. emph.

19:11b ܐܟ ܕܡܚܒܠܐ ܝܠܕܬܐ ܡܢ ܩܕܡ ܝܠܕܗ̇

Generation, Generatio ܬܘܠܕܬܐ

sing. emph.

41:5a M ת[ ]ות ܐܪܟܐ ܡܣܠܝܐ ܬܘܠܕܬܐ ܕܚ̈ܛܝܐ

Generation, Generatio (cont'd)

sing. emph.(cont'd) ܬܘܠܕܬܐ

41:5b ܘܪܒܬܐ ܗܝ ܠܗ ܬܘܠܕܬܐ ܕܚܛܝܐ

plur. with suffix

26:20b ܠܙܪܥ ܕܝܠܟ ܒܬܘܠܕܬܟ ܬܬܟܠܝܬ

Root ܝܠܦ

He Learnt, Didicit ܝܠܦ

peal perf. 3 m.pl.

44:4b ܚܟܝܡܐ ܝܠܦܘ ܒܣܦܪܬܗܘܢ

peal part.

15:1b A} תופש
B} ܘܕܐܠܦ ܢܡܘܣܐ ܢܣܒܝܗ ܠܗ

23:15a 7a1,7h3 ܓܒܪܐ ܕܝܢ ܕܐܠܦ ܡ̈ܠܐ

11c1,12a1,14c1,15c1,17a3 ܕܝܠܦ]

peal imperf. 3 m.s.

21:14b ܘܟܠ ܝܘܡ̈ܝ ܚܝܘܗܝ ܚܟܡܬܐ ܠܐ ܢܐܠܦ

23:15b ܟܠ ܝܘܡ̈ܝ ܚܝܘܗܝ ܚܟܡܬܐ ܠܐ ܢܐܠܦ

peal imperf. 3 f.s.

9:1b A תלמד ܕܠܐ ܬܐܠܦ ܥܠܝܟ ܒܝܫܬܐ

peal imperf. 2 m.s.

6:33a ܐܢ ܬܨܒܐ ܒܪܝ ܠܡܫܡܥ ܬܐܠܦ

Teaching, Doctrina ܝܘܠܦܢܐ

sing. emph.

6:18a ܡܢ ܛܠܝܘܬܟ ܩܒܠ ܝܘܠܦܢܐ

8:8c A לקח ܕܡܢܗܘܢ ܬܩܒܠ ܝܘܠܦܢܐ

8:9c A שכל ܡܛܠ ܕܡܢܗܘܢ ܬܩܒܠ ܝܘܠܦܢܐ

18:29a ܚܟܝܡܐ ܝܘܠܦܢܐ ܐܦ ܗܢܘܢ ܢܬܚܟܡܘܢ

18:29c ܘܡ̈ܠܐ ܕܚܟܡܬܐ ܘܝܘܠܦܢܐ

21:19a ܐܝܟ ܟܒ̈ܠܬܐ ܗܘ ܝܘܠܦܢܐ

sing. emph (cont'd)

22:6b ܘܝܘܠܦܢܐ ܒܟܠ ܙܒܢ ܚܟܡܬ ܗܝ

23:2b ܘܥܠ ܠܒܝ ܫܒܛܐ ܕܝܘܠܦܢܐ

23:7a ܝܘܠܦܢܐ ܕܦܘܡܝ ܫܡܥܘ ܒܢ̈ܝܐ

23:15c ܘܠܐ ܝܘܠܦܢܐ ܡܩܒܠ ܝܘܡܬܐ

24:27a ܘܡܢܒܥܐ ܐܝܟ ܢܗܪܐ ܝܘܠܦܢܐ

35(32):14a B מוסר ܦܘܠܚܢܐ ܕܐܠܗܐ ܢܩܒܠ ܝܘܠܦܢܐ

35(32):17a B } תוכחות
E }

38:33d ܠܐ ܡܬܚܫܒܝܢ ܝܘܠܦܢܐ ܕܚܟܡܬܐ

39:8a ܗܘ ܢܒܥ ܝܘܠܦܢܐ ܕܚܟܡܬܐ

51:15d B חכמה ܘܡܢ ܛܠܝܘܬܝ ܝܠܦܬ ܝܘܠܦܢܐ

51:16b { B דעה ܘܐܝܟ ܐܫܟܚܬ ܝܘܠܦܢܐ
{ Q לקח

51:23b B מדרשי ܘܒܬܘ ܒܝܬ ܝܘܠܦܢܐ

sing. with suffix

6:23a ܫܡܥ ܒܪܝ ܘܩܒܠ ܝܘܠܦܢܝ

16:24a A שכלי ܫܡܥܘܢܝ ܘܩܒܠܘ ܝܘܠܦܢܝ

16:25b A דעי ܘܒܢܝܚܘܬܐ ܐܚܘܐ ܝܘܠܦܢܝ

24:20a ܡܛܠ ܕܝܘܠܦܢܝ ܡܢ ܕܒܫܐ ܚܠܐ

24:32a ܬܘܒ ܝܘܠܦܢܝ ܐܝܟ ܨܦܪܐ ܐܢܗܪ

24:33a ܬܘܒ ܝܘܠܦܢܝ ܒܢܒܝܘܬܐ ܐܫܕ

39:12a ܐܦܬܟܠܘ ܘܐܫܪܪ ܝܘܠܦܢܝ

51:28a B למודי ܫܡܥܘ ܝܘܠܦܢܝ ܒܙ ܙܥܘܪ

23:14d ܕܠܐ ܬܬܛܠ ܡܢ ܩܕܡܝܗܘܢ ܘܒܝܘܠܦܢܟ ܬܫܬܛܐ

6:22a A המוסר ܫܡܗ̇ ܐܝܟ ܝܘܠܦܢܗ̇

plur. with suffix

34(31):22a B מוסרי ܫܡܥ ܒܪܝ ܘܩܒܠ ܝܘ̈ܠܦܢܝ , Δ, 12a1

7h3 ܡ̈ܠܝ]

7a1 omits

Root ܝܡܐ

Sea, Mare ܝܡܐ

sing. emph.

1:2a ܚܠܐ ܕܝܡܐ ܘܢܘܛܦܬܐ ܕܡܛܪܐ

18:10a ܕ ܠܢܘܛܦܬܐ ܕܡܝܐ ܡܢ ܝܡܐ

24:6a 7h3 ܒܡܪ̈ܕܝܬܐ ܕܝܡܐ ܘܒܐܪܥܐ ܟܠܗ̇ ܫܠܛܬ

7a1, Δ ,17a5 ܕܝܡ̈ܐ]

24:29a ܡܛܠ ܕܡܢ ܝܡܐ ܪܒܐ

24:31d ܘܢܗܪܝ، ܗܘܐ ܠܝ ܝܡܐ

29:18b ܘܢܦܩܘ ܒܥܡܡܐ ܐܝܟ ܓ̈ܠܠܐ ܕܝܡܐ

44:21c ܘܐܪܒܝܗ ܐܝܟ ܚܠܐ ܕܝܡܐ

44:21e B ים ܠܡܐܪܬܘ ܐܢܘܢ ܡܢ ܝܡܐ ܠܝܡܐ

45:24a B ? חק ܒܡܘ̈ܡܬܐ ܝܡܐ ܠܗ ܐܠܗܐ

Day, Dies ܐܝܡܡܐ

sing. emph.

17:31a ܡܢܐ ܕܢܗܝܪ ܝܬܝܪ ܡܢ ܐܝܡܡܐ

38:27b ܘܠܠܝܐ ܐܝܟ ܐܝܡܡܐ ܒܗܘܢ ܗܘ̣ ܪܕܐ

He Swore, Juravit ܝܡܐ

peal perf. 3 m.s.

44:17d ܘܝܡܐ ܐܠܗܐ ܕܠܐ ܢܗܘܐ ܬܘܒ ܛܘܦܢܐ

44:18a ܒܡܘ̈ܡܬܐ ܕܝܡܐ ܠܗ ܒܒܪܝܬܐ

44:21a ܡܛܠ ܗܢܐ ܒܡܘ̈ܡܬܐ ܝܡܐ ܠܗ ܐܠܗܐ

44:22a ܘܐܦ ܠܐܝܣܚܩ ܝܡܐ

peal part.

23:10c ܘܝܡܐ ܡܢ ܚܛܗܐ ܠܐ ܙܟܐ

22:11c ܡܢ ܟܣܝܐ ܝܡܐ ܫܩܪܐ ܠܐܠܗܘܗܝ

23:11e ܡܛܠ ܕܟܠ ܕܝܡܐ ܒܟܠ ܙܒܢ

peal infin.

23:10a ܡܛܠ ܕܟܠ ܕܒܨܐ ܕܡܬܒܩܐ ܠܡܝܡܐ

peal imperf. 3 m.s.

23:11d ܘܐܢ ܒܫܪܪܐ ܠܐ ܢܝܡܐ

One who swears, Jurator ܝܡܝܐ

sing.emph.

23:11a ܓܒܪܐ ܝܡܝܐ ܡܠܐ ܚܛ̈ܗܐ

Oath, Jusjurandum ܡܘܡܬܐ

plur. emph.

23:9a ܠܡܘ̈ܡܬܐ ܠܐ ܬܠܦ ܦܘܡܟ

38:20a ܠܐ ܬܬܠ ܠܒܟ ܠܡܘ̈ܡܬܐ

44:18a B באות ܡܘ̈ܡܬܐ ܕܝܗܒ ܠܗ ܒܥܘܪܐ

44:21a B בש[ ]עה ܒܡܘ̈ܡܬܐ ܝܗܒ ܠܗ ܐܠܗܐ

45:24a 7a1,7h3 ܒܡܘ̈ܡܬܐ ܝܗܒ ܠܗ ܐܠܗܐ

19g1,Δ, omit

Root ܝܡܢ

Right Hand, Dextera ܝܡܝܢܐ

sing.emph.

21:21b ܘܐܝܟ ܨܦܬܐ ܥܠ ܐܝܕܐ ܕܝܡܝܢܐ

33(36):7a { B וימין / Bm ימים } ܬܦܘܠ ܐܝܕܐ ܘܕܪܥܐ ܕܝܡܝܢܐ

49:11b ܐܝܟ ܚܬܡܐ ܥܠ ܐܝܕܐ

sing. with suffix

12:12c A לימינך ܠܐ ܬܬܝܬܒܘܗܝ ܡܢ ܝܡܝܢܟ

21:19b ܘܐܝܟ ܐܣܘܪܐ ܥܠ ܝܡܝܢܗ

Root ܝܣܦ

He Added, Addidit ܝܣܦ

aphel perf. 3 m.pl.

48:16b B הפליאו ܘܐܝܬ ܡܢܗܘܢ ܕܐܘܣܦܘ ܚܛ̈ܗܐ

aphel part.

21:15b ܘܠܗ ܡܫܒܚ ܘܥܠܝܗ ܡܘܣܦ

37:31b B } D } יוסף ܘܕܡܙܕܗܪ ܡܘܣܦ ܚ̈ܝܐ

aphel imperf. 3 m.s.

3:27b A מוסיף ܘܕܚܛܐ ܢܘܣܦ ܚܛ̈ܗܐ

19:13b ܘܐܢ ܥܒܕ ܕܠܐ ܢܘܣܦ

aphel imperf. 3 f.s.

38:24a B תרבה ܚܟܡܬܐ ܕܣܦܪܐ ܬܘܣܦ ܠܗ

He Added, Addidit (cont'd) ܝܣܦ

aphel imperf. 2 m.s.

5:5b A להוסיף C ܕܠܐ ܚܛܗܐ ܥܠ ܚܛܗܐ ܬܘܣܦ

18:23c ܠܐ ܬܘܣܦ ܠܡܚܛܐ ܚܛܗܐ

ettaphal perf. 3 m.s.

48:23b B ויוסף (less15cl),19gl ܘܐܬܬܘܣܦ ܥܠ ܚܝܘܗܝ

7a1]ܘܐܬܬܘܣܦܘ

7h3]ܘܐܬܘܣܦܘ

Root ܢܒܐ

He grew, Crevit ܢܒܐ

peal perf. 3 f.s.

40:15b ܐܝܟ ܢܒܠܐ ܕܢܒܬ ܥܠ ܫܢܐ ܕܟܐܦܐ

40:16a ܘܐܝܟ ܢܒܠܒܠܐ ܕܢܒܬ ܥܠ ܓܝܦܐ

peal part. m.pl.

14:18b A צומח ܗܠܝܢ ܢܒ̈ܬܢ ܘܗܠܝܢ ܢܬܪܝܢ

Root ܢܟܠ

Miser, Avarus, ܢܟܝܠܐ

sing. emph.

34(31):20d B כילי ܘܗܝܡܢܘܬܐ ܡܢ ܓܒܪܐ ܢܟܝܠܐ

Root ܥܩܒ

nom.prop. ܝܥܩܘܒ

23:12b ܠܐ ܬܫܬܟܚ ܒܝܪܬܘܬܗ ܕܝܥܩܘܒ

24:8c ܐܡܪ ܠܝ ܕܒܝܥܩܘܒ ܫܪܝ ܘܐܬܝܪܬܝ

24:23c ܝܪܬܘܬܐ ܗܝ ܠܟܢܘܫܬܐ ܕܝܥܩܘܒ

33(36):13a B יעקב ܟܢܫ ܟܠܗܘܢ ܫܒ̈ܛܘܗܝ ܕܝܥܩܘܒ

45:5f B ביעקב ܘܦܘܩ̈ܕܢܘܗܝ ܘܕܝ̈ܢܘܗܝ ܠܝܥܩܘܒ

46:10a B יעקב ܡܛܠ ܕܢܚܙ ܙܪܥܗ ܕܝܥܩܘܒ

46:14b B יעקב ܐܒܢܝܐ ܕܦܩܕ ܡܪܗ ܕܝܥܩܘܒ

47:22c ܘܝܗܒ ܠܝܥܩܘܒ ܡܫܘܙܒܢܘܬܐ

48:10d B ל[ ] ܘܠܡܬܩܢܘ ܠܫܒ̈ܛܘܗܝ ܝܥܩܘܒ

Root ܝܦܐ

He achieved, perfected, Perfecit ܝܦܐ

aphel imperf. 3 m.pl.

42:17a { B הספיקו / M השפיקו } ܠܐ ܢܘܦܘܢ ܡܫܬܥܝܢ̈ܘܬܗ ܕܡܪܝܐ

Root ܝܨܠ

A Couch, Cubitus ܝܨܠܐ

sing. with suffix

9:9(I)a ܥܡ ܡܪܬ ܒܥܠܐ ܠܐ ܬܣܡܘܟ ܝܨܠܟ

Root ܝܨܦ

He took care of, Curavit ܝܨܦ

peal imperat. 2 m.s.

35(32):1c B דאג ܐܝܟ ܚܕ ܡܢܗܘܢ ܘܝܨܘܦ ܕܠܗܘܢ

peal imperf. 3 m.s.

16:27a ܫܘܒܚܐ ܠܥܠܡ ܒܥܠܡܝܢ ܢܐܨܦ

Root ܝܨܪ

Desire, Cuido ܝܨܪܐ

sing. with suffix

17:31c ܘܠܐ ܒܒܪ ܝܨܪܗ

21:11a ܕܢܛܪ ܢܡܘܣܐ ܟܒܫ ܝܨܪܗ

15:14b A } B } יצרו ܘܐܫܠܡ ܐܢܘܢ ܒܝܕ ܝܨܪܗܘܢ

Root ܝܩܕ

He Burnt, Arsit ܝܩܕ

peal part. m.s.

38:28d ܘܝܩܕ ܒܡܥܒܕܬܐ ܕܢܘܪܐ

peal part. f.s.

3:30a A לוהטת ܢܘܪܐ ܕܝܩܕܐ ܢܕܥܟܘܢ ܡܝ̈ܐ

9:8d A תלהט ܘܪܚܡܬܗ ܐܝܟ ܢܘܪܐ ܝܩܕܐ

11:32a A ירבה ܡܢ ܡܠܬ ܫܘܪܬܐ ܝܩܕܐ ܢܘܪܐ

16:6a A } Bm } יוקדת ܒܟܢܘܫܬܐ ܕܚܛ̈ܝܐ ܝܩܕܐ ܢܘܪܐ

He Burnt, Arsit (cont'd) ܝܩܕ

peal part. f.s. (cont'd)

40:30b B} תבער M ܘܐܝܟ ܢܘܪܐ ܝܩܕܐ ܒܟܪܣܗ

48:1b B בוער ܘܡܠܬܗ ܝܩܕܐ ܐܝܟ ܬܢܘܪܐ

peal part. m. pl.

51:21a B ܩ̈ܕܠ ܝܩܕܝܢ ܐܝܟ ܬܢܘܪܐ

peal imperf. 3 m.s.

28:10a ܠܦ ܕܬܘܪܥܬܐ ܒܢܘܪܐ ܢܩܕ

peal imperf. 3 f.s.

12:14b A תבער ܠܐ ܢܩܪܒ ܢܩܕܐ ܕܬܐܩܕ ܒܗ ܢܘܪܐ

23:16d ܠܐ ܬܬܢܝܚ ܢܩܕܐ ܕܬܐܩܕ ܒܗ ܢܘܪܐ

28:22a ܠܐ ܬܐܩܕ ܒܙܕܝ̈ܩܐ

28:23b ܘܒܗܘܢ ܬܐܩܕ ܢܘܪܐ

peal imperf. 2 m.s.

8:10b A תבער ܕܠܐ ܬܐܩܕ ܒܓܘܡܘܪܬܐ ܕܢܘܪܗ

28:12a ܐܢ ܬܦܘܚ ܒܢܘܪܐ ܬܐܩܕ

aphel perf. 3 m.s.

45:19d B ויאכלם ܘܐܝܬܝ ܘܐܘܩܕ ܐܢܘܢ ܒܢܘܪܐ

aphel part. m.s.

43:3a B} ירתיח M ܒܡܛܠܬܗ ܕܛܗܪܐ ܡܘܩܕ ܠܗ̇

43:4b {B ידליק / Bm יפיק} ܠܛܘܪ̈ܝ ܥܒܝܕܬܐ ܡܘܩܕ ܫܡ̈ܫܐ

aphel part. m.pl.

28:11a ܙܪܘܐ ܘܚܪܝܢܐ ܡܘܩܕܝܢ ܢܘܪܐ

aphel imperf. 3 m.pl. with suffix

28:22b 7a1 ܘܠܫܠܗܒܐ ܕܢܘܪܐ ܠܐ ܢܘܩܕܘܢܗ

7h3 ܢܘܩܕܘܢܟ

Root ܝܩܪ

He Honoured, Honoravit ܝܩܪ

peal perf. 3 m.s.

22:14a 7a1 ܡܢ ܐܒܐ ܝܩܝܪ ܗܘ ܝܩܪ

7h3 ܝܩܝܪ]

peal perf. 3 m.s. with suffix

45:8b B ויפארהו ܘܝܩܪܗ ܒܡܐܢܐ ܕܬܘܩܦܐ

He honoured, Honoravit (cont'd) ܝܩܪ

peal imperative 2 m.s.

10:28a A } כבד ܒܪܝ ܒܡܟܝܟܘܬܐ ܝܩܪ ܢܦܫܟ
B }

pael part. m.s.

3:3a ܕܡܝܩܪ ܠܐܒܘܗܝ ܡܫܬܒܩܝܢ ܚܛܗܘܗܝ
3:4a ܘܐܝܟ ܣܐܡ ܣܝܡܬܐ ܗܢܘ ܕܡܝܩܪ ܠܐܡܗ
3:5a ܕܡܝܩܪ ܠܐܒܘܗܝ ܢܚܕܐ
3:6a ܕܡܝܩܪ ܠܐܒܘܗܝ ܢܣܓܘܢ ܝܘܡܘܗܝ
3:6b A מכבד ܗܘ ܕܡܝܩܪ ܠܐܡܗ
10:24b ܕܡܝܩܪ ܠܗ ܕܕܚܠ ܠܐܠܗܐ
10:29b A } יכבד 7a1,Δ,9m1,17a5 ܘܡܢܘ ܡܝܩܪ ܠܗ ܕܡܨܠ
B } 7h3 ܢܝܩܪ]
12:3a A למנוח ܠܗ ܕܡܝܩܪ ܠܛܒܐ

pael part. m.s. passive

10:20a A } נכבד ܒܝܬ ܐܚܐ ܡܕܒܪܢܐ ܡܝܩܪ
B }

10:20b B נכבד ܕܕܚܠ ܠܐܠܗܐ ܡܝܩܪ ܗܘ ܡܢܗ

pael part. f.s.

25:23d C תאשר ܐܢܬܬܐ ܕܠܐ ܡܝܩܪܐ ܘܡܒܛܠܐ ܒܥܠܗ̇
26:26a ܐܢܬܬܐ ܕܡܝܩܪܐ ܒܥܠܗ̇

pael part. m.pl. passive.

11:6b A } נִכְבָּדִים ܘܕܡܝܩܪ̈ܐ ܕܐܬܡܣܪܘ ܒܐܝܕܝ ܐܚܪ̈ܢܐ
B }

pael imperat. 2 m.s.

3:8a A כבד ܘܒܡܠܬܐ ܝܩܪ ܠܐܒܘܟ
7:27a ܒܟܠܗ ܠܒܟ ܝܩܪ ܠܐܒܘܟ
7:29b A הקדיש ܘܠܟܗܢܘܗܝ ܝܩܪ
7:30a A אהוב ܒܟܠܗ ܠܒܟ ܝܩܪ ܒܪܘܝܟ
7:31a A והדר ܘܝܩܪ ܐܦ ܠܟܗܢܘܗܝ
10:24a A } נכבדו ܘܫܠܝܛܐ ܘܕܝܢܐ ܝܩܪ
B }

He honoured, Honoravit (cont'd) ܝܩܪ

pael imperat. 2 m.s.

38:1a { B רעי / Bm רעה } ܝܩܪ ܐܣܝܐ ܥܕܠܐ ܬܬܒܥܐ

pael imfinitive

10:23b A/B } לכבד ܐܦ ܠܐ ܠܡܝܩܪܘ ܠܥܬܝܪܐ

pael imperf. 3 m.s.

10:29b A/B } יכבד 7a1,7h3 Δ ,9m1, ܡܢܘ ܢܝܩܪ ܠܡܢ ܕܡܨܥܪ ܢܦܫܗ [ܡܝܩܪ]

ethpa'al part.

10:27b A/B } מתכבד ܡܢ ܕܡܬܝܩܪ ܘܚܣܝܪ ܡܙܘܢܐ

10:30a A/B } נכבד ܐܝܬ ܡܣܟܢܐ ܕܡܬܝܩܪ

10:30b A/B } נכבד ܘܐܝܬ ܥܬܝܪܐ ܕܡܬܝܩܪ

10:31a A/B } ה[ ]כבד ܕܡܬܝܩܪ ܒܡܣܟܢܘܬܗ

ethpa'al imperf. 3 f.s.

24:1b ܘܒܓܘ ܥܡܐ ܕܐܠܗܐ ܬܬܝܩܪ

ethpa'al imperf. 2 m.s.

1:29a ܘܠܐ ܬܬܝܩܪ ܒܗ ܠܒܟ ܒܒܢܝܢܫܐ

3:10a A תתכבד ܠܐ ܬܬܝܩܪ ܒܨܥܪܗ ܕܐܒܘܟ

10:26b A/B } תתכבד ܘܠܐ ܬܬܝܩܪ ܒܥܕܢܐ ܕܐܘܠܨܢܟ

Honour, Honor ܐܝܩܪܐ

sing. absol.

17:13b ܘܐܝܩܪ ܡܡܠܠܗ ܫܡܥܘ ܒܐܕܢܝܗܘܢ

37:20b B/D } תענוג ܘܡܢ ܟܠ ܐܝܩܪ ܚܠܐ ܢܦܫܗ

40:27b B/M } כבוד ܘܠܥܠ ܡܢ ܟܠ ܐܝܩܪ ܗܝ ܡܬܚܦܝܐ

sing. emphatic

1:11a			ܕܚܠܬܗ ܕܡܪܝܐ ܫܘܒܚܐ ܘܐܝܩܪܐ
1:(19b)			ܘܐܝܩܪܐ ܕܠܥܠܡ ܠܟܠ ܡܢ ܕܐܙܠ ܒܐܘܪܚܬܗ
3:10b	B	כבוד	ܡܛܠ ܕܠܐ ܗܘܐ ܐܝܩܪܐ
4:13a	A	כבוד	ܐܝܩܪܐ ܡܢ ܠܘܬ ܐܠܗܐ
5:13a	A C	כבוד	ܐܝܩܪܐ ܘܨܥܪܐ ܒܝܕ ܡܡܠܠܐ
6:31a	A	כבוד	ܘܠܒܘܫܐ ܕܐܝܩܪܐ ܬܠܒܫܝܗ
7:4b	A C	כבוד	ܡܢ ܡܠܟܐ ܡܘܬܒܐ ܕܐܝܩܪܐ
11:5b	A C	? צניף	ܠܒܫܘ ܠܒܘܫܐ ܕܐܝܩܪܐ
22:27b			ܘܥܠ ܣܦܘܬܝ ܚܬܡܐ ܕܐܝܩܪܐ
24:16b			ܣܘܟܝ ܬܫܒܘܚܬܐ ܘܐܝܩܪܐ
29:6f			ܘܠܐ ܐܝܩܪܐ ܦܪܥ
29:27a			ܦܘܩ ܡܢ ܩܕܡ ܐܝܩܪܐ
35(32):2c	B	בכבודם	ܘܥܠ ܦܬܘܪܐ ܬܩܒܠ ܐܝܩܪܐ
37:26a	C D	כבוד	ܚܟܝܡܐ ܕܥܡܗ ܢܐܪܬ ܐܝܩܪܐ
40:18a			ܢܟܣܐ ܘܐܝܩܪܐ ܢܣܓܘܢ ܚܝܐ
44:2a	B M	כבוד	ܣܓܝ ܐܝܩܪܐ ܦܠܓ ܠܗܘܢ
44:7a	Bm M	נכבדו	ܒܕܪܝܗܘܢ ܗܘܐ ܠܗܘܢ ܐܝܩܪܐ
45:20a	B	כבודו	ܘܐܘܣܦ ܥܠ ܐܗܪܘܢ ܐܝܩܪܐ
47:8b			ܒܡܠܐ ܕܬܘܕܝܬܐ ܘܐܝܩܪܐ
47:14c			ܘܒܪܘܟܐ ܕܐܝܩܪܐ ܕܡܠܟܘܬܐ
47:18b	B	הנכבד	ܐܝܩܪܐ ܕܐܬܩܪܝ ܥܠ ܐܝܣܪܝܠ
49:12d	B	לכבוד	ܗܝܟܠܐ ܡܛܝܒܐ ܕܢܗܘܐ ܠܐܝܩܪܐ
50:11b	B	תפארת	ܘܡܬܥܛܦ ܡܐܢܐ ܕܐܝܩܪܐ
51:17a	B	לכבוד	ܢܝܪܗ ܗܘܐ ܠܝ ܠܐܝܩܪܐ

Honour, Honor (cont'd) **ܐܝܩܪܐ**

sing. with suffix.

30(33):31b ܘܠܐ ܬܬܠ ܕܘܟܬܐ ܒܐܝܩܪܟ

36: 19b B ומכבודך ܘܡܢ ܐܝܩܪܟ ܗܝܟܠܟ

47:20a B בכבודך ܘܝܗܒܬ ܕܘܟܬܐ ܒܐܝܩܪܟ

3:11a A כבוד ܐܝܩܪܗ ܕܓܒܪܐ ܐܝܩܪܗ ܗܘ ܕܐܒܘܗܝ

3:12a A בכבוד ܒܪܝ ܐܬܠܒܒ ܒܐܝܩܪܗ ܕܐܒܘܟ

3:12b ܘܠܐ ܬܫܒܘܩ ܐܝܩܪܗ

10:5b A הודו ܘܠܫܠܝܛܐ ܢܬܠ ܐܝܩܪܗ

17:13a ܘܬܫܒܘܚܬܐ ܕܐܝܩܪܗ ܚܙܘ

24:23b ܘܐܝܩܪܗ ܕܥܘܬܪܐ ܕܢܦܩܝܢ ܡܢ ܠܒܝ

42:17d B, M כבודו ܠܡܩܡ ܩܕܡ ܐܝܩܪܗ

44:19b B בכבודו ܘܠܐ ܐܫܬܟܚ ܕܘܟܬܐ ܒܐܝܩܪܗ

45:3d ܘܚܘܝܗ ܐܝܩܪܗ ܘܐܪܙܘܗܝ ܟܠܗ

45:7b B הוד; Bm הודו ܘܝܗܒ ܠܗܘܢ ܡܢ ܐܝܩܪܗ

45:7c ܥܒܕܗ ܒܠܒܘܫܐ ܕܐܝܩܪܗ

4:21b A, C כבוד ܘܐܝܬ ܒܗܬܬܐ ܕܐܝܩܪܐ ܘܛܝܒܘܬܐ

11:5b ܘܕܡܝܩܪܝܢ ܐܬܟܣܝܘ ܡܢ ܐܝܩܪܗܘܢ

25:6a ܐܝܩܪܗܘܢ ܕܣܒܐ ܣܘܟܠܬܐ ܕܝܕܥܬܐ

26:28d ܕܐܬܟܣܝܘ ܡܢ ܐܝܩܪܗܘܢ

42:25b ܘܡܢܘ ܢܣܒܥ ܠܡܚܙܐ ܐܝܩܪܗܘܢ

44:13b M וכבודם ܘܐܝܩܪܗܘܢ ܠܐ ܢܬܛܫܐ

49:5b B וכבודם ܘܐܝܩܪܗܘܢ ܠܥܡܐ ܢܘܟܪܝܐ

50:13a B בכבודם ܟܠܗܘܢ ܒܢܝ ܐܗܪܘܢ ܒܐܝܩܪܗܘܢ

plur.absol. m.

45:23a ܢܣܒ ܠܗ ܬܠܬܐ ܐܝܩܪܝܢ

Respected, Heavy, Gravis ܝܩܝܪܐ

sing. absol.

13:2a A כבד ܕܝܩܝܪ ܡܢܟ ܠܐ ܬܫܩܘܠ

22:14a 7h3 ܡܢ ܐܒܪܐ ܝܩܝܪ ܥܠ ܝܩܝܪ

7a1 ܝܩܪ]

sing. emph. m.

10:19a A נכבד ܙܪܥܐ ܝܩܝܪܐ ܗܘ ܕܕܚܠ ܠܐܠܗܐ

10:19a ܙܪܥܐ ܝܩܝܪܐ ܡܢ ܕܫܠܡ ܠܐܠܗܐ

10:19b ܙܪܥܐ ܝܩܝܪܐ ܡܢ ܕܢܛܪ ܦܘܩܕܢܐ

21:16a ܐܝܟ ܛܥܢܐ ܝܩܝܪܐ ܒܐܘܪܚܐ

24:12a ܘܐܫܪܫܬ ܒܥܡܐ ܝܩܝܪܐ

sing. absol. f.

42:9a ܒܪܬܐ ܠܐܒܘܗ ܝܩܝܪܐ ܥܠܝܗ

sing. emph. f.

6:21a A משא ܐܝܟ ܐܒܢܐ ܗܝ ܝܩܝܪܬܐ ܠܣܟܠܗܝ

emph. pl.

8:4b A לנדיבים ܕܠܐ ܢܨܘܪܟ ܝܩܝܪܐ

25:5b 7a1 ܘܠܝܩܝܪܐ ܡܠܟܐ ܘܪܢܝܐ

7h3 ܘܠܡܝܩܪܐ]

48:6a B נכבדים ܘܡܫܕܐ ܝܩܝܪܐ ܡܢ ܥܪܣܬܗܘܢ

plur. absol. f.

29:28a ܝܩܝܪܢ ܗܠܝܢ ܠܓܒܪܐ ܣܟܘܠܬܢܐ

Honoured, Magnificus ܡܝܩܪܐ

plur. emph.

25:5b 7h3 ܘܠܡܝܩܪܐ ܡܠܟܐ ܘܪܢܝܐ

7a1 ܘܠܝܩܝܪܐ]

28:14c ܘܒܬܐ ܕܐܢܫܐ ܡܝܩܪܐ ܗܦܟܬ

Root ܝܪܚ

Month, Mensis ܝܪܚܐ

simg. emph.

43:8a ܝܪܚܐ ܐܝܟ ܫܡܗ ܐܝܬܘܗܝ

Root ܝܪܩ

He was pale, Lividus fuit ܝܪܩ

aphel imperf. 3 f.s

25:(17a) C ישחיר ܒܝܫܬܐ ܬܘܪܩ ܐܝܟ ܐܦܘܗ̈ܝ

Grass, Herba ܝܘܪܩܐ

sing. absol.

40:16b ܕܩܕܡ ܟܠ ܝܘܪܩ ܡܝ̈ ܢܒܥܐ

Root ܝܪܬ

He inherited, Heres fuit ܝܪܬ

peal perf. 3 m.s.

45:25c B נחלת ܝܪܬܘܬܐ ܕܟܗܢܘܬܐ ܠܒܢܘ̈ܗܝ ܝܪܬ

peal perf. 3 m.pl.

45:22a B ינחל ܒܐܪܥܗܘܢ ܠܐ ܝܪܬܘ ܝܪܬܘܬܐ

peal part. m.s.

31(34):26a ܕܢܦܠ ܡܢܗ ܝܪܬ ܢܟܦܘܬܗ

peal part.m.pl.

24:20b ܘܠܝܪܬܝܢ ܠܗ ܡܢ ܟܘܪܝܬܐ

peal imperf. 3 m.s.

1:20q ܘܗܘ ܕܪܚܡܗ ܕܢܐܪܬ ܚܝ̈ܐ

19:1b ܕܪܘܫܢ ܒܡܢܐ ܢܐܪܬ ܒܨܝܪܘܬܐ

37:26a C/D ינחל ܚܟܝܡܐ ܕܥܡܐ ܢܐܪܬ ܐܝܩܪܐ

46:9d B ירש ܘܐܦ ܙܪܥܗ ܢܐܪܬ ܝܪܬܘܬܐ

peal imperf. 3 m.s. with suff.

4:16a ܐܢ ܢܗܝܡܢ ܒܗ ܢܐܪܬܝܗ

peal imperf. 3 f.s. with suff.

12:17a A קראך ܐܢ ܬܐܪܬܟ ܒܝܫܬܐ ܬܬܒܥܝܘܗܝ

peal imperf. 2 m.s.

6:1c A תוריש ܕܠܐ ܫܡܐ ܒܝܫܐ ܘܡܠܠܐ ܬܐܪܬ

22:23a ܕܐܦ ܒܝܪܬܘܬܗ ܬܐܪܬ

peal imperf. 3 m.pl.

23:2d ܕܒܚܛܗ̈ܝܗܘܢ ܠܐ ܢܐܪܬܘܢ

He inherited, Heres fuit (cont'd) ܝܪܬ

peal imperf. 3 m.pl.

36:16a B ויתנחלו 7h3 ܘܢܐܪܬܘܢ ܐܝܟ ܕܡܢ ܩܕܡܝܬ

7al ܢܐܪܬܘܢ]

aphel (He bequeathed,Heredem fecit)

infinitive

44:21e B להנחילם ܠܡܘܪܬܘ ܡܢ ܝܡܐ ܠܝܡܐ

aphel imperat. 2 m.s.

30(33):32b E[ ]הנחל ܐܘܪܬ ܒܢܝ̈ܟ ܠܒܢܝ̈ܟ

aphel imperf. 3 f.s. with suff

15:6b A תורישנו ܘܫܡܐ ܕܥܠܡܐ ܬܘܪܬܝܘܗܝ

aphel imperf. 3 f.pl.

20:25b ܘܬܪ̈ܬܝܗܘܢ ܐܫܘܝܬܗ ܒܗܬܬܐ ܬܐܪ̈ܬܢ

Heir, Heres ܝܪܬܐ

sing. emph.

23:22b ܘܡܩܝܡܐ ܝܪܬܐ ܡܢ ܐܚܪܢܐ

Inheritance,Hereditas ܝܪܬܘܬܐ

sing.with suffix

22:23d 12al, Δ(less 15cl), ܕܐܦ ܒܝܪܬܘܬܗ ܬܐܪܬ

7al ܒܝܘܬܪܢܗ]

7h3 ܒܝܘܪܬܢܗ]

23:12b ܠܐ ܬܫܬܟܚ ܒܝܪܬܘܬܗ ܕܝܥܩܘܒ

24:11b ܘܒܝܪܬܘܬܗ ܐܝܣܪܝܠ

45:22d B[ ]ל[ ] ܘܝܪܬܘܬܗ ܠܝܬ ܒܐܪܥܐ

46:8c B נחלתם ܠܡܥܠܘ ܐܢܘܢ ܠܝܪܬܘܬܗܘܢ ܠܐܪܥܐ

Inheritance, Hereditas ܝܘܪܬܢܐ

sing. emph.

1:20r ܝܘܪܬܢܐ ܕܠܥܠܡ ܘܡܫܘܚܬܐ ܪܒܬܐ

9:6b A נחלתך ܕܠܐ ܬܘܒܕ ܝܘܪܬܢܐ ܕܒܢܝ̈ܟ

24:7b 7h3 ܕܒܐܝܢܐ ܝܘܪܬܢܐ ܐܫܪܐ

7al ܝܘܪܬܢܐ]

Inheritance,Hereditas (cont'd)

sing. emph. (cont'd) ܝܪܬܘܬܐ

24:23c ܝܪܬܘܬܐ ܗܝ ܠܟܢܘܫܬܗܘܢ ܕܝܥܩܘܒ

44:23c B נחלתו ܘܝܗܒ ܠܗ ܝܪܬܘܬܐ

45:22a B נחלה ܠܐ ܢܪܬܘ ܝܪܬܘܬܐ

45:25c B נחלת ܝܪܬܘܬܐ ܕܡ̈ܠܟܐ ܠܒܢܘܗܝ ܢܪܬ

45:25d B נחלת ܝܪܬܘܬܐ ܕܐܗܪܘܢ ܠܗ ܘܠܙܪܥܗ

46:9d B נחלה ܘܝܗܒ ܠܗܘܢ ܘܙܪܥܗ ܝܪܬ ܝܪܬܘܬܐ

sing. with suffix

22:23d 7h3 ܕܐܦ ܒܝܪܬܘܬܗ ܬܐܪܬ

7a1 ܒܝܪܬܘܬܗ]

12a1,Δ(less 15c1), ܒܝܪܬܘܬܗ]

45:20b B נחלתו ܘܝܗܒ ܠܗ ܝܪܬܘܬܗ

Root ܦܫܛ

He extended,Extendit ܦܫܛ

aphel perf. 3 m.s.

50:15a ܐܘܫܛ ܥܠ ܟܣܐ ܐܝܕܗ

aphel imperat. 2 m.s.

7:32a A ט[ ] ܠܡܣܟܢܐ ܐܘܫܛ ܐܝܕܟ

15:16b {A שלח / B תשלח} ܒܐܝܢܐ ܕܨܒܝܬ ܐܘܫܛ ܐܝܕܟ

aphel imperf. 2 m.s.

34(31):14a {B תושיט / Bm תשיט} ܗܘ ܕܚܙܝܬ ܠܐ ܬܘܫܛ ܐܝܕܟ

34(31):18b B תושט ܠܐ ܬܘܫܛ ܐܝܕܟ ܩܕܡܝܗܘܢ

Root ܝܫܥ

nom.prop.-Josue ܝܫܘܥ

46:1a B יהושע ܓܢܒܪܐ ܗܘܐ ܚܝܠܐ ܝܫܘܥ ܒܪ ܢܘܢ

49:12a B יהושע ܘܐܦ ܝܫܘܥ ܒܪ ܝܘܨܕܩ

51:30 colophon B ישוע 7h3 ܫܠܡܬ ܚܟܡܬܗ ܕܝܫܘܥ ܒܪ ܣܝܪܐ

7a1 omits

Root ܝܬܒ

He sat, dwelt, Sedit, Habitavit ܝܬܒ

peal perf. 3 m.pl.

11:5a A ישבו ܣܓܝܐܐ ܕܝܬܒܘ ܥܠ ܟܘܪܣܝܐ

peal part. m.s.

23:9b ܘܒܫܡܗ ܕܡܪܝܐ ܠܐ ܬܗܘܐ ܝܬܒ

25:18a C ישב ܝܬܒ ܒܒܝܬܗ ܕܫܒܒܘܬܐ

38:29a ܗܟܢܐ ܐܦ ܦܚܪܐ ܕܝܬܒ ܥܠ ܓܝܓܠܐ

41:1b { B שוק[ ] ܠܓܒܪܐ ܕܝܬܒ ܥܠ ܢܟܣܘܗܝ
M שקט

50:26b B הדר ܘܥܡܐ ܣܟܠܐ ܕܝܬܒ ܒܫܟܝܡ

peal part. m.pl. const.

40:3a B מיושב ܡܢ ܝܬܒܝ ܟܘܪܣܝܐ ܕܡܠܟܘܬܐ

40:3b ܠܝܬܒܝ ܥܦܪܐ ܘܩܛܡܐ

50:26a B יושבי ܝܬܒܝ ܓܒܠ ܘܦܠܫܬܝܐ

peal infin.

38:28a ܠܡܬܒ ܥܠ ܟܘܪܐ

peal imperf. 3 m.s.

14:27a A וחוסה ܢܗܘܐ ܢܛܪ ܘܢܬܒ ܒܛܠܠܗ

peal imperf. 2 m.s.

8:14a A תשפט ܠܐ ܬܬܒ ܥܡ ܕܝܢܐ ܒܕܝܢܐ

27:15a ܥܡ ܕ̈ܝܢܐ ܠܐ ܬܬܒ

34(31):12a B ישבתה ܒܪܝ ܐܢ ܬܬܒ ܥܠ ܦܬܘܪܗ ܕܥܬܝܪܐ

34(31):18a B ישבת ܘܐܢ ܬܬܒ ܒܝܬ ܣܓܝܐܐ ܠܡܠܟܘ

peal imperf. 3 m.pl.

38:32c ܠܡܠܟܐ ܕܥܡܐ ܠܐ ܢܬܒܘܢ

38:33b ܘܥܠ ܟܘܪܣܝܐ ܕܕܝܢܐ ܠܐ ܢܬܒܘܢ

ethpa'al part. f.s.

10:3b A נושבת ܘܡܬܝܬܒܐ ܡܕܝܢܬܐ ܒܣܘܟܠܬܐ

38:32a ܘܕܠܒܪ ܡܢܗܘܢ ܠܐ ܡܬܝܬܒܐ ܡܕܝܢܬܐ

aphel perf. 3 m.s.

10:14b A וישב ܘܐܘܬܒ ܡܣ̈ܟܢܐ ܚܠܦܝܗܘܢ

ܝܬܒ

He sat,dwelt, Sedit,habitavit(cont'd)

aphel imperf. 3 m.s.

10:1b ܘܫܠܝܛܐ ܣܟܘܠܬܢܐ ܢܘܬܒ ܥܡܗ

aphel imperf. 3 f.s. with suff.

11:1b A תשיבנו / B תושיבנו ܘܚܟܡܬ ܡܣܟܢܐ ܬܘܬܒܝܘܗܝ

aphel imperf. 2 m.s. with suff .

12:12c A תושיבהו ܠܐ ܬܘܬܒܝܘܗܝ ܥܠ ܝܡܝܢܟ

A Dwelling, Mansio ܡܘܬܒܐ

sing. emph.

6:29a A מכון ܘܢܗܘܘܢ ܠܟ ܕܥܫܢܘܬܐ ܡܘܬܒܐ

sing. const.

26:16b C בדביר ܫܘܦܪܗ ܕܐܢܬܬܐ ܛܒܬܐ ܒܡܘܬܒ ܒܝܬܗ

26:17b 12a1,Δ,17a5 ܫܘܦܪܗ ܕܐܢܬܬܐ ܒܡܘܬܒ ܒܝܬܗ

7a1,7h3 ܒܡܘܬܒ]

Stranger, Advena ܬܘܬܒܐ

sing.emph.

10:22a A B גר ܥܡܗ ܬܘܬܒܐ ܐܟܣܢܝܐ ܕܡܣܟܢܐ

Root ܝܬܡ

Orphan, Orphanus ܝܬܡܐ

plur. emph.

4:10a A ליתומים ܗܘܝ ܐܒܐ ܠܝܬܡܐ

32(35):17a B יתום ܠܐ ܢܒܣܐ ܒܥܘܬܗ ܕܝܬܡܐ

Root ܝܬܪ

He remained, Remansit ܝܬܪ

peal perf. 3 m.s.

48:15e B וישאר ܘܫܬܪ ܥܡܐ ܒܝܗܘܕܐ

aphel infin.

46:1f B ולהנחיל ܘܠܡܘܪܬܘ ܠܒܢܝ ܐܝܣܪܝܠ ܐܪܥܐ

Increase, Profit,Accretio ܡܘܬܪܢܐ

sing. emph.

24:7b 7a1 7h3 ܕܒܐܝܢܐ ܡܘܬܪܢܐ ܐܪܥܐ

ܡܘܬܪܢܐ]

Increase,Accretio (cont'd) ܝܘܬܪܢܐ

sing. with suffix

22:23d 7a1 ܕܐܦ ܒܝܘܬܪܢܗ ܬܐܪܬ

12a1,Δ (less 15c1) ܒܝܪܬܘܬܗ]

7h3 ܒܘܪܬܢܗ]

18:8a ܘܡܢܐ ܝܘܬܪܢܗܘܢ ܘܡܢܐ ܦܘܓܥܬܗܘܢ

Adjective:Superfluous, Superfluus ܝܬܝܪܐ

(in absol.= More than)

sing. absol.

10:27a A } ויותר ܛܒ ܗܘ ܓܒܪ ܕܦܠܚ ܘܝܬܝܪ ܡܢ ܡܫܒܗܪܐ
B }

11:12b A ܘܚܣܝܪ ܟܠ ܘܝܬܝܪ ܡܣܟܢܘܬܐ

37:14b ܝܬܝܪ ܡܢ ܣܘܬܪܐ ܕܡܠܟܐ ܕܠܐ ܡܗܝܢܐ

38:18b ܠܒܐ ܒܝܫܐ ܝܬܝܪ ܡܢ ܡܘܬܐ

sing. const.

19:24b ܘܐܝܬ ܝܬܝܪ ܡܕܥܐ ܕܣܛܐ

ܟ

Root ܟܐ

Vituperation, Vituperatio ܟܐܬܐ

sing. emph.

29:28b ܠܓܒܪܐ ܝܕܘܥܐ ܟܐܬܐ ܘܪܫܝܢܘܬܐ

Root ܟܐܒ

He grieved, Doluit ܟܐܒ

aphel imperf. 3 m.s.

38:16b { B התמרר / Bm התמרמר } ܘܢܟܐܒ ܠܟ ܘܐܡܪ ܐܘܠܝܬܐ

aphel imperf. 2 m.s.

4:2a A תפוח ܢܦܫܐ ܕܚܣܝܪܐ ܠܚܡ ܠܐ ܬܟܐܒ

4:3a A תכאיב ܡܥܘܗܝ ܕܐܢܫܐ ܡܣܟܢܐ ܠܐ ܬܟܐܒ

Sorrow, Dolor ܟܐܒܐ

sing. emph.

30:17b B מכאב ܘܠܡܝܬ ܠܥܠܡ ܡܢ ܟܐܒܐ ܕܡܩܘܐ

34(31):20a B מכאוב ܟܐܒܐ ܘܫܗܪܐ ܘܚܫܘܫܐ ܘܟܘܠܢܐ

34(31):29a ܟܐܒܐ ܘܡܟܫܘܠܢܘܬܐ

40:29d { B סוד / Bm, M יסוד } ܟܐܒܐ ܐܝܬ ܕܡܥܝܐ

sing. const.

34(31):29a B כאב ܘܡܟܫܘܠܢܘܬܐ ܘܟܐܒ ܪܫܐ

plur. emph.

38:7a B מכאוב ܒܗܘܢ ܐܣܝܐ ܡܚܠܡ ܡܢ ܟܐܒ̈ܐ

plur. with suffix

3:27a A מכאביו ܠܒܐ ܩܫܝܐ ܢܣܓܘܢ ܟܐܒ̈ܘܗܝ

Root ܟܐܦ

Stone, Lapis ܟܐܦܐ

sing. emph.

6:21a A כאבן ܐܝܟ ܟܐܦܐ ܗܝ ܡܣܪܩܬܐ ܠܘܬܗ

Stone, Lapis (cont'd) ܟܐܦܐ

sing. emph. (cont'd)

20:10a ܐܝܟܢܐ ܨܝܪ ܕܐܬܪܡܐ ܟܐܦܐ ܒܟܘܦܐ

20:16c ܐܬܠܝ ܠܫܡܗ ܐܝܟ ܛܘܒܐ ܕܟܐܦܐ

20:17b ܡ̈ܢܐ ܕܐܟܫܝܢ ܠܐ ܛܘܒܐ ܕܟܐܦܐ

22:1a ܐܝܟ ܟܐܦܐ ܨܚܝܬܐ ܕܪܘܡܐ

22:18a ܨܪ̈ܪܐ ܕܢܘܪܐ ܥܠ ܟܐܦܐ ܕܪܘܡܐ

22:20a ܕܫܕܐ ܟܐܦܐ ܒܨܦܪܐ ܡܦܪܚ ܠܗ

27:2a ܒܝܬ ܟܐܦܐ ܠܫܪܒܬܗ̇ ܟܐܠܐ ܣܟܬܐ

27:25a ܕܫܕܐ ܟܐܦܐ ܥܠܘܗܝ ܬܗܦܘܟ

29:10b ܘܠܐ ܬܛܫܝܘܗܝ ܬܚܝܬ ܟܐܦܐ

35(32):20b ܕܠܡܐ ܬܬܬܩܠ ܒܟܐܦܐ ܘܬܬܒܪ

plur. emph.

21:8b ܡܟܢܫ ܟܐܦ̈ܐ ܠܩܒܪܗ

39:29a ܢܘܪܐ ܘܒܪܕܐ ܘܟܐܦ̈ܐ ܕܡܚܘܬܐ

46:5d B ואבני ܘܫܕܝܗܝ ܒܟܐܦ̈ܐ ܕܒܪܕܐ

50:9c B אבני ܘܡܨܒܬ ܒܟܐܦ̈ܐ ܝܩܝܪ̈ܬܐ

Root ܟܒܪ

Sulpher, Sulphur ܟܒܪܝܬܐ

sing. emph.

46:5d ܟܒܪܝܬܐ ܡܢ ܫܡܝܐ ܐܚܬ

Root ܟܒܫ

He subdued, Domuit ܟܒܫ

pael perf. 3 m.s.

17:31c ܒܪܢܫܐ ܕܠܐ ܟܒܫ ܝܨܪܗ

pael passive participle

30:8a ܐܝܟ ܣܘܣܝܐ ܫܠܐ ܕܠܐ ܡܟܒܫ

Root ܟܕ

When , Cum ܟܕ

2:14b ܡܢܐ ܬܥܒܕܘܢ ܟܕ ܢܦܩ ܡܪܝܐ

3:5b ܘܟܕ ܡܨܠܐ ܢܫܬܡܥ

9:10d A כי ܚܡܪܐ ܚܕܬܐ ܕܟܕ ܢܥܬܩ

When ,Cum (cont'd) ܟܕ

10:25b ܟܕ ܡܬܪܕܐ ܠܐ ܡܬܪܥܡ

16:19b A ב--- ܟܕ ܡܬܚܙܝܐ ܠܗܘܢ ܙܐܥܝܢ

16:26a A כ--- ܟܕ ܒܪܐ ܐܠܗܐ ܥܒܕܘܗܝ

18:9a ܡܢܝܢܐ ܕܝܘܡܘܗܝ ܕܒܪܢܫܐ ܟܕ ܣܓܝܐ

18:32b C ו--- ܘܙܠܠ ܘܦܩܩ ܟܕ ܡܣܟܢ ܒܟܝܣܟ ܠܝܬ

20:5a ܐܝܬ ܕܟܕ ܫܬܩ ܡܬܚܫܒ ܚܟܝܡܐ

21:27a ܟܕ ܠܛ ܣܟܠܐ

22:13d ܘܠܐ ܬܬܛܢܦ ܟܕ ܗܘ ܡܬܢܦܨ

25:1d ܘܓܒܪܐ ܘܐܢܬܬܐ ܟܕ ܫܘܝܢ ܥܠܡܝ

34(31):18a B וגם ܘܟܕ ܬܬܒ ܒܝܬ ܦܬܘܪܐ

34(31):26b B אם ܚܡܪܐ ܠܒܪܢܫܐ ܟܕ ܢܫܬܝܘܗܝ

35(32):14b B ו--- ܘܟܕ ܡܢ ܠܐ ܡܕܡܗܘܢ ܠܢܦܫܗܘܢ

35(32):18a ܠܐ ܢܣܒ ܡܪܕܘܬܐ ܟܕ ܡܬܟܣܐ

40:14a ܟܕ ܗܘܝܢ ܝܠܝܢ ܢܚܕܘܢ

46:2a B ב--- ܡܐ ܫܒܐ ܗܘ ܟܕ ܡܪܝܡ ܒܝܕܗ

46:2b B ב--- ܘܟܕ ܡܚܝܦ ܥܠ ܡܕܝܢܬܐ

48:25a B עד ܘܟܕ ܒܥܠܡܐ ܗܘܐ ܚܙܐ ܐܚܪܝܬܐ

50:5b ܟܕ ܡܬܚܙܐ ܡܢ ܒܝܬ ܦܪܣܐ

51:18b B כי ܘܠܐ ܐܗܦܟ ܟܕ ܐܫܟܚܝܘܗܝ

51:28a B ב--- ܫܡܥܘ ܝܘܠܦܢܝ ܟܕ ܙܥܘܪ

Root ܟܕܒ

He Lied, Mentitus est ܟܕܒ

pael perf. 3 f.s.

23:23a 12al,Δ, 9ml ܫܢܐ ܕܟܕܒܬ ܒܢܡܘܣܐ

7al,7h3 ܕܗܝܟܠ]

pael infin.

7:13a A לכחש ܠܐ ܬܪܓ ܠܡܟܕܒܘ ܟܕܒ

20:25a 12al,Δ, ܡܬܪܓܪܓ ܠܡܟܕܒ ܐܦ ܠܡܟܕܒܘ

7al,7h3 ܠܡܓܪܓܘ]

pael imperf. 2 m. s.

1:28a ܒܪܝ ܠܐ ܬܟܕܒ ܒܕܚܠܬܗ ܕܡܪܝܐ

He lied, Mentitus est (cont'd)

pael imperf. 2 m.pl.

17:14a ܘܠܐ ܬܟܕܒܘܢ ܘܦܘܡܐ ܐܝܟ

A Liar, Mendax **ܟܕܒܐ**

sing. emph.

20:26a 12al,Δ, ܡܛܠ ܕܥܘܬܪܗ ܕܓܒܪܐ ܟܕܒܐ

7al,7h3 [ܕܓܠܐ

25:2c ܘܡܣܟܢܐ ܓܐܝܐ ܘܥܬܝܪܐ ܟܕܒܐ

31(34):4b ܐܘ ܡܢܗ ܟܕܒܐ ܕܫܪܪܐ

A Lie, Mendacium **ܟܕܒܘܬܐ**

sing. emph.

7:13a A כחש ܠܐ ܬܨܒܐ ܠܡܟܕܒܘ ܟܠ ܟܕܒܘܬܐ

10:6c ܡܢ ܟܠ ܣܘܪܚܢܐ ܘܟܕܒܘܬܐ ܐܪܘܣ

20:24a 12al,Δ, ܡܘܡ ܕܒܝܫ ܒܐܢܫܐ ܟܕܒܘܬܐ

7al,7h3 [ܕܓܠܘܬܐ

21:2c 12al,Δ,9ml ܐܝܟ ܫܢ̈ܝ ܐܪܝܐ ܗܝ ܟܕܒܘܬܐ

7al, 7h3 [ܕܓܠܘܬܐ

31(34):1a E כזב ܕܒܪܐ ܣܘܥܪܢܘܬܐ ܡܣܟܢܐ ܟܕܒܘܬܐ

Root **ܟܗܢ**

Priest, Sacerdos, **ܟܗܢܐ**

sing. emph.

46:13d B ומכהן ܫܡܘܐܝܠ ܕܢܒܝܐ ܘܟܗܢܐ

50:1a B הכהן ܫܡܥܘܢ ܒܪ ܚܢܝܐ ܟܗܢܐ ܪܒܐ

plur. with suffix

7:29b A כהניו ܕܚܠ ܡܢ ܐܠܗܐ ܘܠܟܗܢ̈ܘܗܝ ܝܩܪ

7:31a A כהן ܘܝܩܪ ܐܦ ܠܟܗܢ̈ܘܗܝ

Priesthood, Sacerdotium **ܟܗܢܘܬܐ**

sing. emph.

45:24d B כהונה ܟܗܢܘܬܐ ܪܒܬܐ ܠܥܠܡ

Root **ܟܘܐ**

Window ,Fenestra **ܟܘܬܐ**

plur. emph.

14:23a A חלונה ܘܡܕܝܩ ܒܟܘ̈ܝܗ ܡܢ ܬܪ̈ܥܝ

Root ܟܘܟܒ

Star, Stella ܟܘܟܒܐ

sing. absol.

50:6a B כוכב ܐܝܟ ܟܘܟܒܐ ܢܘܗܪܐ ܕ ܒܝܢܬ ܥܢܢܐ

plur.emph.

43:9a B } כוכב ܫܘܦܪܐ ܕܫܡܝܐ ܘܫܘܒܚܬܐ ܕܟܘܟܒܐ
M }

Root ܟܐܢ

Just, Justus ܟܐܢܐ

sing. emph.

19:27b ܡܢ ܠܗ ܟܐܢܐ

plur. emph.

6:5b A חן ܘܣܦܘܬܗܘܢ ܕܟܐܢܐ ܒܫܐܠܬܐ ܕܫܠܡܐ

9:16a A צדיק ܐܢܫܐ ܟܐܢܐ ܢܗܘܘܢ ܐܟܠܝ ܦܬܘܪܟ

40:17a B } וחסד ܘܛܒܬܐ ܕܟܐܢܐ ܠܥܠܡܐ ܠܐ ܬܬܥܩܪ
M }

41:7a ܥܠܬܐ ܒܢܘܗܝ ܟܐܢܐ ܢܠܘܛܘܢܗ

41:9b ܒܢܘܗܝ ܟܐܢܐ ܠܐ ܢܬܐܟܠܘܢ ܠܗܘܢ

Root ܟܦܦ

He bent, Flexit ܟܦ

peal imperat. 2 m.s.

30:12a B כוף ܟܘܦ ܪܫܗ ܟܕ ܗܘ ܛܠܝܐ

Root ܟܘܪ

Furnace, Furnus. ܟܘܪܐ

sing. emph.

2:5b ܘܒܢܝܢܫܐ ܒܟܘܪܐ ܕܡܟܝܟܘܬܐ

34(31):26a B כור ܐܝܟܢܐ ܕܒܚܪ ܕܟܘܪܐ ܒܦܓܪܐ ܥܒܕܗ

38:28a ܠܚܡܬܐ ܕܟܠ ܟܘܪܐ

43:4a B } כור ܐܝܟ ܟܘܪܐ ܕܢܦܚ ܒܡܥܒܕܐ
M }

Root ܒܗܬ

He was ashamed, Puduit eum ܒܗܬ

ethpa'al imperf. 3 f.s.

26:24b ܐܦ ܡܢ ܒܥܠܗ̇ ܬܬܒܗܬ

Root ܟܝܣ

Purse, Sacculus ܟܝܣܐ

sing. emph.

35(32):5a B כיס ܐܝܟ ܚܬܡܐ ܥܠ ܟܝܣܐ ܕܕܗܒܐ

sing. with suffix

18:33b C כיס ܟܕ ܡܕܡ ܒܟܝܣܟ ܠܝܬ

Root ܟܘܪ

Honey comb, Favus ܟܘܪܬܐ

sing. emph.

24:20b ܘܠܒܪܬܝ ܠܝ ܡܢ ܟܘܪܬܐ

Root ܟܠ

Hebrew Equivalent= כל All, Every, Omnis ܟܠ، ܟܠܗܘܢ

1: 1a 4a 8b 9b 10a 10b 17a 19b 20d 201
20m 20s

2: 1b 4a 11b

3: 8b 12b 13b 18a

4: 6a 11b 16b 18b

5: 3b 9a 9b

6: 26a 26b 35a 36b

7: 13a 17b 27a 29a 30a 33a 34b 36a

8: 5b 7b 19a

9: 2b 15b

10: 52 6a 6c

11: 3b 7a1,7h3 ܘܪܝܫ ܦܬܓܡܐ ܕܟܠ ܬܠܝܬܝܘܬܐ ܐܝܬܘܗܝ
9m1,Δ ,17a5 ܕܟܠܗܝܢ]
11b 12b 29a 30c 30d

12: 13b 14a

13: 9b 15a 16a 23a

14: 2b 16b 17a 19a

15: 5a 13a 19a 19b

16: 1b 4a 14a 14b 16a 17a 21b 24b
27b 29b 30a 30b

17: 2b 4a 17a 19a 19b 20b 22a 24b 27b

18: 1a 13b 24a 26b 27a 28a

19: 15b 17b 20a

21: 14b 16b

22: 1b 1d 2b 6b 12b 16c 26c

23: 10a 10c 11e(2) 15b 17a 19c 20a 27a 27b

24: 6b 7a 8a 19a 22b 23a

25: 11a 13a 13b 14a 14b 24b

26: 4a 5d 12c(2) 12d 12f 20a 26a 26b
27c(3)

27: 11a

28: 1b 2b 10a 10b 23a

29: 3b 11b 12b

30: 7b 11b 25b

34(31): 7b 13c 22c 22d

35(32): 2a 4b 13a 23a 23b

36(33): 5b 6b 7b 10a 13d 15a 29b
31a 38c

31(34): 5a 9b 19a 20c

32(35): 5a 7a 11a

33(36): 1a 11b 13a 22c 23a 27b
36

37: 7a 15a 18a 19a 23a 24b 28a 28b

38: 10b 27a 29c 31a 31b

39: 1a 2a 3b 15b 16a 16b 17b 17d
19a 26a 27a 29b 31b 32b 33a 33b
34b

40: 8a 11a 12a 16b 26d 27b

41: 1c 2c 4a 12d

42: 12a 15d 16a 16b 19a 19b 20a 20b
22a 22b 23b(2) 24a

44: 2b 7a 18b 21b 21d 23a 23g

45: 4a 16a 16d 26d

46: 6b 6c 11b 12c 16a 18a 18b 19d

47: 4d 7a 8c 10a 13b 25a

48: 12d 13a 15a 15d

49: 4b 6b

50: 13a 13c 16b 16d 17b 27a

51: 1b 8c 11a 12a 12b

Crown, Corona **ܟܠܝܠܐ**

sing. emph.

1:11b ܘܐܝܩܪܐ ܘܪܒܘܬܐ ܘܟܠܝܠܐ ܕܐܬܒܣܡܘܬܐ

1:20g ܟܠܝܠܐ ܕܟܠܗܘܢ ܬܫܒܘܚܬܗܘܢ

6:31b A ועטרת ܘܟܠܝܠܐ ܕܐܬܒܣܡܘܬܐ ܬܬܥܛܦܝܗ

50:1a B ותפארת ܪܒ ܐܚܘܗܝ ܘܟܠܝܠܐ ܕܥܡܗ

50:12c B עטרת ܐܝܟ ܟܠܝܠܐ ܐܚܘܗܝ

Root **ܟܠܐ**

He impeded, Impedivit **ܟܠܐ**

peal, perf. 3 m.s.

48:3a B ע[ ]ב ܒܡܠܬܗ ܕܡܪܝܐ ܟܠܐ ܫܡܝܐ

peal part.

14:4a A מונע ܕܟܠܐ ܡܢ ܢܦܫܗ ܡܟܢܫ ܠܐܚܪܢܐ

23:18f ܡܢܘ ܟܠܐ ܠܝ ܕܐܚܛܐ

31(34):25b ܘܕܟܠܐ ܠܗ ܡܢܗܘܢ

37:20b B, D נבצר ܘܡܢ ܟܠ ܐܘܟܠܐ ܟܠܐ ܢܦܫܗ

peal imperat. 2 m.s.

12:7a A ומנע ܘܟܠܐ ܡܢ ܒܝܫܐ

12:7b ܗܒ ܠܛܒܐ ܘܟܠܐ ܡܢ ܚܛܝܐ

32(35):5b ܘܟܠܐ ܫܘܩ ܕܠܐ ܬܒܛܠ ܙܡܪܐ

peal imperat. 2 m.s. with suffix

18:30b ܠܐ ܬܐܙܠ ܘܡܢ ܪܓܬܟ ܟܠܝܗ

peal imperf. 2 m.s.

4:3b A תמנע ܘܠܐ ܬܟܠܐ ܡܘܗܒܬܐ

4:23a A, C תמנע ܠܐ ܬܟܠܐ ܦܬܓܡܐ

7:21b A, C תמנע ܘܠܐ ܬܟܠܐ ܡܢܗ ܚܐܪܘܬܐ

7:33b A תמנע ܡܢ ܡܝܬܐ ܠܐ ܬܟܠܐ ܛܝܒܘܬܐ

18:15a ܠܡܢ ܕܡܬܒܥܐ ܠܣܢܝܩܐ ܠܐ ܬܟܠܐ

peal imperf. 2 m.s. with suff.

40:28a ܒܪܝ ܡܢ ܕܫܐܠ ܠܟ ܠܐ ܬܟܠܝܘܗܝ

He impeded, Impedivit (cont'd) ܟܠܐ

peal imperf. 3 m.s. with suff.

13:6c A ושחק ܘܢܟܠܟ ܘܒܪܝܫܐ ܒܟܢܘܫܐ

ethpe'el perf. 3 m.s.

22:11a ܠܡܝܬܐ ܕܐܬܟܠܝ ܡܢ ܢܘܗܪܐ
22:11b ܘܥܠ ܣܟܠܐ ܕܐܬܟܠܝ ܡܢ ܚܟܡܬܐ

ethpe'el perf. 3 m. pl.

29:7a ܡܢ ܒܝܫܘܬܐ ܐܬܟܠܝܘ ܠܡܘܙܦܘ

ethpe'el part.

19:28a ܘܡܬܟܠܐ ܡܢ ܕܠܡܚܛܐ

ethpe'el imperat. 2 m.s.

4:25b A היכנע ܘܡܢ ܣܟܠܘܬܟ ܐܬܟܠܝ
28:6b ܘܐܬܟܠܝ ܡܢ ܕܠܡܚܛܐ

ethpe'el imperf. 3 m.s.

23:17b ܘܠܐ ܢܬܟܠܐ ܢܗܘܐ ܕܢܣܒ

ethpe'el imperf. 2 m.s.

14:14a A תמנע ܠܐ ܬܬܟܠܐ ܡܢ ܛܒܬܐ
18:22a ܠܐ ܬܬܟܠܐ ܠܡܫܠܡܘ ܢܕܪܟ

Root ܟܠܒ

Dog, Canis ܟܠܒܐ

sing. absol.

4:30a {A ככלב / C כאריה} ܠܐ ܬܗܘܐ ܟܠܒ ܒܒܝܬܟ

sing. emph.

11:30d A ככלב ܐܝܟ ܟܠܒܐ ܕܠܟܠ ܒܝ ܢܥܠ
13:18a A כלב ܡܢܐ ܬܠܝܢ ܐܦܐ ܠܟܠܒܐ
26:25a ܕܠܐ ܒܗܬܬܐ ܐܝܟ ܟܠܒܐ ܬܬܚܫܒ

Nom.Prop. Caleb. ܟܠܒ

46:7b B וכלב ܗܘ ܘܟܠܒ ܒܪ ܝܦܢܐ
46:9a B לכלב ܘܝܗܒ ܠܟܠܒ ܬܘܩܦܐ

Root ܟܡܐ

How much, Quanto ܟܡܐ

6:20a ܟܡܐ ܥܣܩܐ ܗܝ ܠܣܟܠܐ ܚܟܡܬܐ

How much, Quanto (cont'd) ܟܡܐ

10:31a A } B } איככה ܒܥܘܬܪܗ ܗܘ ܟܡܐ

10:31b A } B } איככה ܒܡܣܟܢܘܬܗ ܗܘ ܟܡܐ

12:15a A כאשר ܟܡܐ ܕܩܐܡ ܠܟ ܢܦܩ

19:15a ܣܓܝ ܕܟܡܐ ܕܒܢܝ ܗܘܝܐ

28:10b 9m1,Δ,17a5 ܘܟܡܐ ܬܩܝܦܐ ܒܕܝܢܐ

7a1,7h3 [ܘܒܥܠ

33(36):4a B } Bm } כאשר ܟܡܐ ܕܠܒܢܝܢ ܐܬܡܛܟܣܬܘܢ

47:14a B מה ܟܡܐ ܚܟܝܡ ܗܘܝܬ ܒܛܠܝܘܬܟ

Root ܟܡܢ

He lay in wait for, Insidiatus est ܟܡܢ

peal part.

27:10a ܐܪܝܐ ܠܨܝܕܐ ܟܡܝܢ ܗܟܢܐ ܒܥܠ

Ambush, Insidiae ܟܡܢܐ ܟܡܝܢܐ

sing. absol.

14:22b A יצד ܘܥܠ ܡܥܠܢܘܗ ܢܗܘܐ ܟܡܝܢ

sing. emph.

8:11a A כאורב ܕܠܡܐ ܢܗܘܐ ܟܡܝܢܐ ܠܦܘܡܟ

plur. with suff.

11:29b A[ ]ם ܟܡܝ̈ܢܘܗܝ ܓܝܪ ܕܢܟܠܬܢܐ

Root ܟܢܪ

Harp, Cithara ܟܢܪܐ

plur. emph.

44:5a ܥܠ ܐܦܝ ܩܝܬܪ̈ܐ ܘܟܢܪ̈ܐ

Root ܟܢܫ

He assembled, Congregavit ܟܢܫ

peal perf. 2 m.s.

25:3a ܒܛܠܝܘܬܟ ܠܐ ܟܢܫܬ ܚܟܡܬܐ

peal imperat. 2 m.s.

38:16c B אסוף ܘܐܝܟ ܟܡܐ ܕܘܠܐ ܠܗ ܟܢܘܫ ܦܓܪܗ

ethpe'el perf. 3 m.s.

48:12a ܐܠܝܐ ܒܥܠܥܠܐ ܕܪ̈ܘܚܐ ܐܬܟܢܫ ܠܫܡܝܐ

49:15b B נפקדה ܘܐܦ ܓܪܡܘܗܝ ܐܬܟܢܫ ܒܫܠܡܐ

44:14a { ܦܓܪ̈ܝܗܘܢ ܒܫܠܡܐ ܐܬܟܢܫܘ

M נאספה

pael perf. 2 m.s.

47:18c B ותצבר ܘܟܢܫܬ ܐܝܟ ܐܒܪܐ ܕܗܒܐ

pael part.

14:4a A יקבץ ܕܟܠܐ ܡܢ ܢܦܫܗ ܡܟܢܫ ܠܐܚܪ̈ܢܐ

21:8b ܒܣܠܐ ܕܐܒ̈ܗܘܗܝ ܡܟܢܫ ܟܐܦ̈ܐ ܠܩܒܪܗ

pael infin.

34(31):3a B לקבל ܢܦܠ ܥܬܝܪܐ ܠܡܟܢܫܘ ܠܗ ܢܟܣܐ

pael imperat. 2 m.s.

33(36):13a B אסוף ܟܢܫ ܟܠܗܘܢ ܫܒܛ̈ܘܗܝ ܕܝܥܩܘܒ

Assembly, Congregatio ܟܢܫܐ

sing. emph.

42:11d M וקהלת 7a1,7h3 ܘܒܟܢܫܐ ܕܬܪܥܟ ܬܒܗܬܟ

9m1,Δ,17a5, ܘܒܟܢܘܫܬܐ]

Assembly, Congregatio ܟܢܘܫܬܐ

sing. emph.

1:30d ܘܒܓܘ ܟܢܘܫܬܐ ܢܫܦܠܟ

4:7a A לעדה ܐܪܚܡ ܢܦܫܟ ܠܟܢܘܫܬܐ

6:34a ܒܟܢܘܫܬܐ ܕܣܒ̈ܐ ܗܘܝܬ ܩܘܡ

7:7a A בעדת ܠܐ ܬܚܘܒ ܢܦܫܟ ܒܟܢܘܫܬܐ

7:14a A בעדת ܠܐ ܬܫܬܥܐ ܢܦܫܟ ܒܟܢܘܫܬܐ

15:5b A } קהל ܘܒܓܘ ܟܢܘܫܬܐ ܬܦܬܚ ܦܘܡܗ

B }

16:6a A } בעדת ܒܟܢܘܫܬܐ ܕܪ̈ܫܝܥܐ ܢܦܩܐ ܢܘܪܐ

B }

21:17a ܦܘܡܐ ܕܚܟܝܡܐ ܡܬܒܥܐ ܒܟܢܘܫܬܐ

23:24a ܐܦ ܗܝ ܡܢ ܟܢܘܫܬܐ ܬܦܘܩ

Assembly, Congregation (cont'd) ܟܢܫ

sing. emph. (cont'd)

26:5c ܕܫܠܛ ܪܘܓܙܐ ܕܟܢܘܫܬܐ

30(33):27b E קהל ܘܪܘܪܒܢܐ ܕܟܢܘܫܬܐ ܫܡܥܘܢܝ

38:33a ܘܒܟܢܘܫܬܐ ܠܐ ܢܬܪܘܡܘܢ

42:11d M ובקהלת 9ml, Δ, 17a5, ܘܒܟܢܘܫܬܐ ܕܬܪܥܝܟܝ ܬܒܗܬܟܝ

7a1, 7h3 [ܘܒܟܢܘܫܝܐ

45:18d B ועדת ܘܟܢܘܫܬܐ ܕܩܘܪܚ ܒܚܡܬܐ

46:7c B עדה ܠܡܬܪܥܬܐ ܕܥܡܐ ܘܠܡܫܬܩܘ ܟܢܘܫܬܐ

sing. with suffix

24:2a ܒܟܢܘܫܬܗ ܕܐܠܗܐ ܥܠܝܐ ܦܘܡܗ

24:23c ܝܪܬܘܬܐ ܗܝ ܠܟܢܘܫܬܗ ܕܝܥܩܘܒ

23:2d ܕܒܟܢܘܫܬܗܘܢ ܠܐ ܢܚܛܘܢ

plur. emph.

34(31):11b B קהל ܘܬܫܒܘܚܬܗ ܢܬܢܝܢ ܟܢܘ̈ܫܬܐ

39:10a ܚܟܡܬܗ ܟܢܘ̈ܫܬܐ ܢܬܢܝܢ

44:19a ܐܒܪܗܡ ܐܒܐ ܕܟܢܘ̈ܫܬܐ ܕܥܡ̈ܡܐ

46:14a B עדה ܒܢܡܘܣܗ ܦܩܕ ܟܢܘ̈ܫܬܐ

Root ܟܣܐ

Straw, Stramentum ܟܣܬܐ

sing. emph.

30(33):33a E XISSM ܟܣܬܐ ܘܚܘܛܪܐ ܘܡܘܒܠܐ ܠܚܡܪܐ

Root ܟܣܝ

He covered, Hid, Occultavit ܟܣܝ

pael perf. 3 m.s.

17:3b ܘܟܣܝ ܐܢܘܢ ܕܝܠܬܐ

pael perf. 1.s.

24:3b ܘܐܝܟ ܥܢܢܐ ܟܣܝܬ ܐܪܥܐ

pael part. m.s.

29:21b ܘܒܝܬܐ ܡܟܣܝܐ ܥܪܛܠܝܐ

29:28f ܡܛܠ ܕܒܣܪܟ ܐܢܬ ܡܟܣܐ

He covered, Hid (cont'd) — ܛܫܐ

pael part. (pass) m.s.

30:18a B סתום ܛܒ̈ܬܐ ܕܡܛܫܝܢ ܥܠ ܦܘܡܐ ܕܡܛܫܝ

pael part. (pass) f.s.

26:8b ܗܝ ܕܙܢܝܐ ܠܐ ܡܛܫܝܐ

35(32):18a B יכסה ܠܐ ܢܣܒ ܡܪܕܘܬܐ ܒܗ ܡܛܫܝܐ

pael part. plur. fem. (pass)

30:18a B שפוכה ܛܒ̈ܬܐ ܕܡܛܫܝܢ ܥܠ ܦܘܡܐ

pael infinitive with suffix

8:17b A לכסות ܡܛܠ ܕܠܐ ܡܫܟܚ ܠܡܛܫܝܘܬܗ

pael imperat. 2 m.s.

37:10b D העלים ܘܡܢܗ ܛܫܝ ܪܐܙܟ

ethpa'al perf. 3 m.s.

14:1b A אבה ܘܠܐ ܐܬܛܫܝ ܕܝܢܐ ܡܢ ܠܒܘܗܝ

ethpa'al perf. 3 f.s.

48:13a ܘܟܠ ܡܠܐ ܠܐ ܐܬܛܫܝܬ ܡܢܗ

Hidden, Occultatus ܛܫܝܐ

plur. absol.

17:20a ܠܐ ܛܫܝܢ ܡܢܗ ܥܘܠܝܗܘܢ

plur. emph. fem.

3:22b A/C בנסתרות ܘܠܝܬ ܠܟ ܬܘܪܥܝܬܐ ܥܠ ܛܫܝܬܐ

42:19b B/M נסתרות ܘܓܠܐ ܡܕܡ ܕܗܘܐ ܘܟܠܗܝܢ ܛܫܝܬܐ

plur. fem. with suffix

4:18b A מסתרי ܘܡܓܠܝܐ ܠܗ ܟܠܗܝܢ ܛܫܝܬܗ

42:18b ܛܫܝܬܗܘܢ ܕܒܢܝܢܫܐ 11c1,12a1,14c1,17a3,19g7,

7a1,7h3 ܬܛܫܝܬܗܘܢ]

Hidden Occultatus, ܛܫܝܐ

sing. emph.

42:18c ܡܛܠ ܕܠܐ ܛܫܐ ܡܢ ܐܠܗܐ ܡܕܡ

Covering, Tectio ܟܘܣܝܐ

sing. const.

20:22b ܘܡܢ ܟܘܣܝ ܐܦ̈ܘܗܝ ܢܦܪ

Clothing, Vestimentum, ܬܟܣܝܬܐ

sing. emph.

29:21a ܠܣܘܢܩܢܐ ܘܡ̈ܝܐ ܬܟܣܝܬܐ ܘܒܝܬܐ

39:26d ܘܚܡܪܐ ܘܡܫܚܐ ܘܬܟܣܝܬܐ ܘܠܒܘܫܐ

Root ܚܣܕ

Reproach, Vituperatio ܡܚܣܕܢܘܬܐ

sing. with suffix

48:7a ܘܐܫܡܥ ܒܣܝܢܝ ܡܚܣܕܢܘܬܗܘܢ

Root ܟܣܦ

Silver, Argentum ܟܣܦܐ

sing. emph.

51:25b B כסף ܩܢܘ ܠܟܘܢ ܚܟܡܬܐ ܕܠܐ ܟܣܦܐ

sing. with suffix

28:24b ܠܟܣܦܟ ܘܠܕܗܒܟ ܥܒܕ ܐܢܬ ܡܬܩܠܐ

29:10a ܐܘܒܕ ܟܣܦܟ ܥܠ ܐܚܘܟ

Root ܟܦܦ

Bowed down, Curvatus ܟܦܝܦܐ

sing. absol.

12:11a A בנחת ܘܡܗܠܟ ܡܗܠܟ ܟܦܝܦ

38:30b ܘܢܒ ܠܐ ܡܬܒܪ ܟܦܝܦ ܘܦܫܝܢ

Root ܟܦܢ

He Hungered, Esurivit ܟܦܢ

peal perf. 3 m.s.

22:10a ܕܐܟܠ ܠܣܘܢܩܐ ܒܗ ܠܐ ܟܦܢ

peal part. pl.

16:27c ܠܐ ܟܦܢܝܢ ܘܠܐ ܠܐܝܢ

peal imperf. 3 m.pl.

24:21a ܐܟ̈ܠܝ ܬܘܒ ܢܟܦܢܘܢ ܠܝ

38:32b ܘܐܝܟܐ ܕܢܥܡܪܘܢ ܠܐ ܢܟܦܢܘܢ

Hunger, Fames ܟܦܢܐ

sing. emph.

18:25a ܗܘܝܬ ܕܟܝܪ ܠܟܦܢܐ ܒܝܘܡܝ ܣܒܥܐ

48:2a B מטה לחם ܘܐܝܬܝ ܥܠܝܗܘܢ ܟܦܢܐ

Root ܟܪ

Where , Ubi ܟܪ

20:(3a) ܘܡܫܬܐܠ ܒܗ ܡܢ ܟܪ ܕܠܐ ܐܠܐ

26:21b ܘܐܠܐ ܟܪ ܕܗܘ ܬܬܗܘܐ ܬܪܒܝܬܟ

Root ܟܪܐ

He was sad, Doluit ܟܪܐ

peal part. f.s.

30:5b ܘܒܡܘܬܗ ܠܐ ܟܪܝܐ ܠܗ

peal imperf. 2 m.s.

35(32):19b { B תתקצף / E תתקצף } ܒܬܪ ܕܥܒܕܬ ܐܢܬ ܠܐ ܬܬܟܪܐ ܠܟ

ethpa'al imperf. 2 m.s.

4:9b A תקוץ ܘܠܐ ܬܬܟܪܐ ܒܕܝܢܟ

Sorrow, Dolor ܟܪܝܘܬܐ

sing. emph.

12:9a ܒܛܒܬܗ ܕܓܒܪܐ ܒܟܪܝܘܬܐ ܗܘܝܘ

30:23b B וקצפון ܘܟܪܝܘܬܐ ܫܕܝܗ ܡܢܟ

30:23d B בקצפון ܘܐܘܒܕܬ ܐܝܟ ܟܪܝܘܬܐ

38:18a ܡܛܠ ܕܡܢ ܟܪܝܘܬܐ ܡܬܝܠܕܐ ܡܘܬܐ

40:5a ܪܘܓܙܐ ܘܟܪܝܘܬܐ ܘܚܣܡܐ

Root ܟܪܒ

Furrow, Sulcus ܟܪܒܐ

sing. emph.

7:3a A חרושי ܘܠܐ ܬܙܪܘܥ ܥܠ ܟܪܒܐ ܕܥܘܠܬܐ

Root ܟܪܗ

He was ill, Aegrotavit ܟܪܗ

ethpe'el part.

37:30b B } D } זרא ܕܡܣܓܐ ܠܡܐܟܠ ܡܬܟܪܗ

He was ill, Aegrotavit (cont'd) ܟܪܗ

ethpe'el imperf. 2 m.s.

18:19b ܘܥܕ ܠܐ ܬܬܟܪܗ ܥܒܕ ܠܟ ܐܣܝܐ

Root ܟܪܟ =

He wound round, Involvit ܟܪܟ

peal part. pass . m.pl.

50:12c B סביב ܘܟܪܝܟܝܢ ܠܗ ܐܝܟ ܟܠܝܠܐ ܐܚܘܗܝ

Root ܟܪܡ =

Vine, Vinea ܟܪܡܐ

sing. emph.

30(33):25a ܐܝܟ ܡܒܨܪܢܐ ܕܟܪܡܐ ܒܬܪ ܩܛܘܦܐ

sing. with suff.

28:24a ܕܣܝܓ ܐܢܬ ܟܪܡܟ ܒܟܘܒܬܐ

plur. emph.

36: 30a B, C, D כרם ܐܬܪ ܕܠܝܬ ܣܝܓܐ ܡܬܒܙܙ ܟܪܡܐ

Root ܟܪܣ

Womb, Uterus ܟܪܣܐ

sing. emph.

1:14b ܡܢ ܟܪܣܐ ܕܐܡܗܘܢ ܐܬܒܪܝܬ

40:1c B מרחם ܡܢ ܕܢܦܩܘ ܡܢ ܟܪܣܐ ܕܐܡܗܘܢ

46:13b B מבטן ܡܢ ܕܐܬܝܠܕ ܡܢ ܟܪܣܐ ܕܐܡܗ

49:7b B מרחם ܕܗܘܐ ܡܢ ܟܪܣܐ ܕܐܡܗ ܢܒܝܐ

50:22c B מרחם ܒܢܝ̈ ܐܢܫܐ ܡܢ ܟܪܣܐ ܕܐܡܗܘܢ

Throne, Thronus ܟܘܪܣܝܐ

sing. emph.

10:14a A כסא ܟܘܪܣܝܐ ܕܝܗܝܪ̈ܘܬܐ ܗܦܟ ܡܪܝܐ

11:5a A, B כסא ܕܝܬܒܘ ܥܠ ܟܘܪܣܝܐ ܕܡܠܟܘܬܐ

38:33b ܘܥܠ ܟܘܪܣܝܐ ܕܕܝܢܐ ܠܐ ܝܬܒܝܢ

47:11d B וכסאו ܟܘܪܣܝܐ ܕܡܠܟܘܬܐ ܥܠ ܐܝܣܪܐܝܠ

Throne, Thronus (cont'd) ܟܘܪܣܝܐ

sing. with suff.

24:4b ܘܟܘܪܣܝ ܒܥܡܘܕܐ ܕܥܢܢܐ

12:12d A מושבך ܗܠܡܐ ܢܬܒܐ ܒܟܘܪܣܝܟ

plur. emph.

40:3a B כסא ܡܢ ܝܬܒ ܟܘܪܣܘܬܐ ܕܡܠܟܐ

plur. with suff.

48:6a ܘܣܚܦ ܢܘܟܪܝܐ ܡܢ ܟܘܪܣܘܬܗܘܢ

Root ܟܫܪ

He was suitable, Idoneus fuit ܟܫܪ

peal part. m.s.

10:4b A איש ܘܟܫܝܪ ܠܒܪܢܫܐ ܢܩܝܡ ܥܠܝܗ̇

31(34):9b ܘܟܫܝܪ ܠܟܠ ܡܕܡ ܒܝܫܐ

Industry, Industria ܟܘܫܪܐ

sing. with suff.

38:31a ܟܠܗܘܢ ܗܠܝܢ ܡܛܠ ܟܘܫܪܗܘܢ

Diligent, Sollers ܟܫܝܪܐ

sing. absol.

13:4a A תכשר ܐܢ ܗܘܝܬ ܟܫܝܪ ܠܗ

41:2a ܐܘ ܡܘܬܐ ܡܢܐ ܟܫܝܪ ܐܢܬ

sing. emph.

13:6c ܘܢܠܝܟ ܐܝܟ ܟܫܝܪܐ ܢܫܪܝܟ

plur. const.

40:12b ܘܟܫܝܪܝ ܥܠܡܐ ܐܝܟ ܗܘܢ ܢܬܩܝܡܘܢ

Diligent, Sollers, ܟܫܝܪܐ

plur. emph.

18:17b ܘܬܪܬܝܗܘܢ ܠܘܬ ܓܒܪܐ ܟܫܝܪܐ

Root ܟܬܒ

He wrote, Scripsit ܟܬܒ

peal part. m.s. (passive)

32(35):1a ܐܢ ܢܛܪܬ ܡܕܡ ܕܟܬܝܒ ܒܢܡܘܣܐ

He wrote, Scripsit (cont'd) ܟܬܒ

peal part. passive m.pl.

17:20b Δ,17a5 ܘܣܘܪ̈ܚܢܐ ܕܠܗܘܢ ܒܟܬܒܐ ܟܬܝܒܝܢ

7a1,7h3 ܪܫܝܡܝܢ]

50:27b ܟܬܝܒܝܢ ܒܣܦܪܐ ܗܢܐ

peal part. passive f.pl.

24:23a ܒܣܦܪܐ ܕܩܝܡܐ ܕܡܪܝܐ ܟܬ̈ܝܒܢ

39:32b ܕܒܟܬܒܐ ܟܬ̈ܝܒܢ ܟܠܗܝܢ ܗܠܝܢ

peal infinitive

51:colophon ܫܠܡ ܠܡܟܬܒ ܚܟܡܬܐ ܕܒܪܣܝܪܐ

ethpe'el imperf. 2 m.s.

1:20t ܘܬܬܟܬܒ ܒܣܦܪܐ ܕܚܝ̈ܐ

9:7b ܘܬܬܟܬܒ ܒܦܬܓܡܐ ܕܚܛ̈ܗܐ

Book, Librum ܟܬܒܐ

sing. emph.

1:20m ܗܢܐ ܟܬܒܐ ܠܟܠܗ̇ ܡܠܐ ܚܝ̈ܐ

39:32b B ובכתב ܐܣܬܟܠܬ ܒܡܠ̈ܝܐ ܕܒܟܬܒܐ

44:5b B בכתב ܘܐܡܪܘ ܡܬܠܐ ܒܟܬܒܐ

47:17a ܦܫܪ ܡ̈ܬܠܐ ܕܚܟܡܬܐ ܒܟܬܒܐ

Root ܟܬܢ

Linen, Linum ܟܬܢܐ

sing. emph.

22:18c ܐܝܟ ܡܚܘܐ ܗܢܐ ܕܟܬܢܐ ܘܡܢܘܪܐ ܣܘܪܐ

Root ܟܬܦ

Arm , Humerus ܟܬܦܐ

sing. with suff.

6:25a A שכמך ܦܪܘܣ ܟܬܦܟ ܘܣܘܒܠܝܗ̇

Root ܟܬܫ

He fought, Pugnavit ܟܬܫ

peal part. m.s. pass.

30:14b B ונגע ܡܢ ܥܬܝܪܐ ܕܟܬܝܫ ܒܒܣܪܗ

He fought, Pugnavit (cont'd) ܟܬܫ

ethpa'al perf. 3 m.s.

47:6b B נלכם ܘܟܠܠ ܐܬܟܬܫ

ethpa'al part.

37:5a { Bm נוחל,נלחם / D נלחם } ܕܡܬܟܬܫ ܠܘܩܒܠ ܒܒܠܒܒܐ

ethpa'al imperat. 2 m.s.

4:28a A העצה ܐܬܟܬܫ ܥܠ ܩܘܫܬܐ

ethpa'al imperf. 3 m.s.

4:28b A נלחם ܘܡܪܝܐ ܢܬܟܬܫ ܚܠܦܝܟ

12:5c A יקביל ܕܠܡܐ ܒܗܘܢ ܢܬܟܬܫ ܒܟ

ethpa'al imperf. 2 m.s.

18:19a ܥܕ ܠܐ ܬܬܟܬܫ ܒܗ ܠܟ ܒܕܘܪܐ

30(33):39d E תקנא ܘܠܐ ܬܬܟܬܫ ܒܕܡܐ ܕܢܦܫܟ

37:11b { B מלחמתו / D מלחמה } ܘܥܡ ܦܪܣܐ ܕܠܐ ܬܬܟܬܫ

Affliction, Plaga ܡܚܘܬܐ

sing. emph.

23:11b ܘܠܐ ܢܥܒܪ ܡܢ ܒܝܬܗ ܡܚܘܬܐ

plur. with suff.

10:13c A נִגְעֹה ܦܪܫ ܐܠܗܐ ܡܚܘ̈ܬܗܘܢ

ܠ

Usual Hebrew = ל   To ,Ad   ܠ

1: 10b 12b 19b 20c 20d 20e 20g 20j
20n 20r 20x 29a 29b 30b

2: 1a 1b 6a 7a 9a 9b(3) 10a 10b 13a(2)
14a 15b 17a 17b 18c

3: 1a 1b 2a 3a 4a 5a 6a 6b 8a 10b
11b 13a 15a 15b 16a 16b 18b 19b 22b
23b 25a 25b 28a(2) 31b

4: 1b 2a 5a 7a 7b 8a
9a 7al ܦܪܘܣ ܠܒܠܚܐ ܡ ܐܠܚܢ̈ܬܗܝ
7h3 omits
10a 10b 10c 11b 12c 15a 15b 16b 18b
26a 27a 28a 31a 31b

5: 1b 2b 4a 4d 7b 7d
9a: 7al,10ml,11cl,
Δ,18/16g6,9ml ܪܗܛܐ ܠܒܠ ܪܘܫ
17a5,7h3 .ܒ]
9b 11a 12a(2) 13b

6: 4b 7b 15a(2) 15b 18b 22b 32b 33a
34b 35a

7: 6a 6b 8a 9b 10c 13a 17b 18a 20a 20b
22a 23a 23b 24a 24b 25b 26a 27a
27b 29b 31a(2) 31b 32a 35a(2) 36b

8: 2c 5a 9d 10a 12a 13a 16d 17b 19a

9: 2a 2b(2) 6a 8b 9(I)d 9(II)d 10b 12b
13a 15a

10: 4b 5b 8a 18a 18b 19a 19b 19c 19d
20b 21a 23a(2) 22b 24b(2)

11: 2a 2b 4b 10b 14g 17a 17b 18b 19a
19d(2) 21b 21d(2) 26a 29a(3) 30b 30c
30d 31a 33a 34a

12: 1a 1b 2a 3a(2) 3b 5b 5d 6a 7a
7b 10a 11a 11b 11c 11d 13a 14a 15a
16d 17b 18b

13: 1a 1b 2b 2c 2d(2) 2e 4a 5a 6b(2)
9a 11a 11b 11d 15b(2) 16b 17a 17b
18a 18b 19b 21a 21b 22c 22d
23a 7a1 [illegible]
7h3 omits
25a(2)

14: 1a 2a 3a 3b 4a 5a(2) 6a 11a 11b(2)
12a 12b 13a 13b(2) 15a 15b 16b 20a 22a

15: 1a 9b 12b 13b 17a 20a 20b

16: 1a 3c 3e 4a 7a 9b 11d 12b 13a(2)
13b 14a(2) 16a · 16b 21b 27a 27b 28a
28b 30b

17: 1a 1b 2a 6a 6b(2) 8a 10a 14a 24a

24b(2) 25a 25b(2) 27a(2) 27c 29b 31b 31d

18: 9a 10a 13d(2) 14a(2) 14b 15a(2) 19a 19b

20b 22a 22b 22c 23c 25a 26a 27a

28a(2) 28b(2) 29b

19: 2b 8b 8c 15b 17a(2) 17b 25a 25b

27b(2) 28b 29a 29b

20: 2a(3) 3a(2) 4a 6a(2) 9a 9b 12b 14a

14b 15f 16a 16b 20b 23b 25a(2) 26a

21: 3b 4a 5a 6b 7b 8b 10a 11b(2) 15a

15b 15c 17b 18a 18b 21a 22a 23a

23b 24a 24b 27a(2) 27b 27d

22: 2a 2b 3a 3b 9a 10b 10d 11a 11c 13c

15a 15b 18b 18f 20a

20b 7h3 [illegible]

7al omits

21b 22b 23c 26a

23: 3d 4b 9a 10a 12a 13a 14a 17a 18b

18e 18f 20b 26a

24: 7a 8b 9b 11a 19a 20b(2) 21a 21b

22a 23c 28a 31c 32b

25: 1a 2b 4a 4b 5a 5b 8a 8c 8d 9a

9b 9c 12a 12b 16a 16b 21a 21b(2)

25a 25b 26b

To , Ad, (cont'd)

26: 1a 3b 7b 10b 12b 12f 14b 15b 19b
20b 22a 22b(2) 23b(2) 24a 26a 26b
26c 27c 28b 28f(2)

27: 1b 2a 2b 4a 10a 10b 12a 16b 21a
21b 25b 29a

28: 1b 2b 3a 5a 5b(2) 6a 7b(2) 14b
14c 19a 19c 24b(2) 25a 25b

29: 1a 2a 4b 5d 6b 6c 6e 7a 9a 11a
11b(2) 13a 15a 18a 18c 18d 19b 19d
20a 23b 24a 24b 28a 28g 28h

30: 3a 3b 5a 6a 7a 8b 10c 11b 17a
17b(2) 19a 19c. 21a 23c

34(31): 3a(2) 3b 4a 6c 6d 7a 8a 10b(3) 10c
10d 12c 15a 17a 20b 22b 22d 25b 27a
27d 30a 31c 31d

35(32): 1c 9b(2) 11a 11b 19b 24b

36(33): 1a 6b 7a 9b 13d 28c 28d(2) 32b
33a 34a 38a 38b

31(34): 2b 5b 6b(2) 9b 13a 17a(2) 18b 23b
25b 27a 30a 31b

32(35): 1b 5a 9b 10a 11b 12a(2) 21a 23a 23c
24a 24b

33(36): 1a 4a 4b 10a 21a(2) 22d 31a(2) 31b 31c
36

37: 1a 2a 2b 3a 3b 4a 11e 11f(2) 11i 11j
12b 12c 12e(2) 15a 22a 23b 24a 26b(2)
29a 30b

38: 1a 1b 6a 6b 12a 15b 16c 17a 19a 19b
20a 22a 22b(2) 24a 26b 27d 28a 28b 30c
30d 32c 34c(2) 34d

39: 5a 6d 9c 15b 16b 17a(2) 17e 18b 23b
24b 25a 25b(2) 26a 27a 27b(2) 28a 29b
30b(2) 31a 33b 34b 35a 35b

40: 1d 2b 3b 4b 5d 7b 11a 11b 15a 17b
26d 28a 28b(2)

41: 1b 1d 2b 2d 5b 7a 8a 8b(2) 9a 11a 11b
12f(2) 12g(2)

42: 12a 17a 17b 17c 17d 19a 21a 22a 23a 23b

43: 2a(2) 3a(2) 6a 7b

44: 1a 1b 2a 7a 8b 9a 11b 13a 14b 17b 18a
20c 21a 21c 21d(2) 21e(2) 21g 23c 23d
23e

To, Ad (cont'd)

45: 1b 2b 5a 5e(2) 5f 6b 7a 15a(3) 15d 15f(3) 16b 16d 17a 19c 20b 20d(2) 24a 24b 24c(2) 24d 25d(2) 26a(2) 26b(2) 26d

46: 1b 1d(2) 1e 1f(2) 2a 3a 6b 7c(2) 7d 8c(2) 8d 9a 9b 9c 11d 12c(2) 13a 13f 20b 20d

47: 1b 4a 5e(2) 5d 7c 11a 11b 11c 11d 13b 13c(2) 16a 16b 19a 20c 21a(2) 22c 22f 23d 23e(2) 23f 24b

48: 1a 8a 9a 9b 10a 10c 11a 12a 15f 17b 18b 24b

49: 3a 4d 5a 11a 12d(2)

50: 4a 11c 12b 14a 14b 15d 16d 17b(2) 18a 19a 22d 23a(2) 28a

51: 1a 6a 6b 7a 7b 8c 8d 10a 11c 17a(2) 17b 18a 19d 20a 20c 21a 22a 24b 25b 26c(2) 26d 30c 30d colophon.(2)

Usual Hebrew = לא Not , Non ܠܐ

1: 28a 29a 30a(2) 30b

2: 3a 7b 8b 10e 13a 13b 15a

3: 10a 10b 12b 13b 14a 16a 21a 21b 23a 25b

4: 1a 1b 2a 2b 3a 3b 4a 5a 9b 20b
22a 22b 23a 23b 25a 26a 26b 27a 27b
29a 30a 31a

5: 1a 2a 3a 4a(2) 4c 5a 5b 7a 7b
8a 8b 9a 14a 14b 15a

6: 1a 1b 1d 8b 20b 21b 22b 25b 27b 35b

7: 1a 1b 3a 3b 4a 5a 5b 6a 6b 7a 7b
8a 8b 9a 10a 10b 10c 11a 12a 13a 13b
14a 14b 16a 16b 18a 19a 20a 20b 21b
24b 26a 26b 27b 28a(2) 30b 33b 34a
35a 36b

8: 1a 2a 3a 3b 4a 4b 5a 6a 7a 8a 9a 10a
10b 11a
11b 7a1,7h3 ה ܠܐ ܗܘܐ ܡܬܐܡܪܐ
12a1,Δ 17a5 ה]ܠܡܪܐ
12a 13a 14a 14b 15a 16a 16b 16d 17a 17b
19a 19b

9: 1a 1b 2a 3a 4a
4b A ܦ] 7al ܕܠܐ ܐܬܕܒܪܬ ܒܡܘܫ̈ܬܗ
7h3 ܕܐܠܗܐ]
6a
6b A ܦ] 7al,10ml,12al,Δ,9ml ܕܠܐ ܐܬܕܒܪ ܒܪܝܬܐ
7h3 ܕܐܠܗܐ]
8a 8b(2) 9(I)a 9(I)b 9(II)a 9(II)b 10a
10b 11a 11b 12a 12b 13c

10: 6a 6b 6d 18a 19b 23b 25b 26a 26b

11: 2a 2b 4a 4b 5b 7a(2) 8a(2) 8b 9a
10b 10c(2) 10d(2) 18b 19c 21a 28a(2)
29a 34a
34a A ···] 7al,7h3, ܠܗ̇ܠܐ ܕܠܐ ܢܫܬܠܛ
12al,Δ,9ml ܕܐܠܗܐ]

12: 1a 1b 3b 5b 8a 8b 10a 11d 12a 12b
12c 14b 15a 15b 16d

13: 2a 2b 5b 8a 8b 10a(2) 10b(2) 11a 11b
12b 12c 12d 22d 24a

14: 1a 1b 2a 2b 3a 3b 5b 12a 12b 13a
14a 14b

15: 4a 4b 6b 7a 7b 8b 9a 9b 11a
11b 13b 20a 20b 20c

16: 1a 1b 2a 2b 3a 3c 7a 8a 9a 13a 13b
15b 17a 17c 20a 21a 27c(4) 28a 28b

17: 14a 15b 20a 25b 30a 30b 31c

18: 10b 15a 15b 18a 19a 19b 20a 21a 21b 22a 22b
22c 22d 23a 23b 23c 23d 24b 27b
30a 32a 33a

19: 1a 7a 7b 8a 8c 9a 10b 13a 13b 14b
15b 16a 17b 27b

20: 1a 3a 6a 7b 14a 17a 17e 20b

21: 11b 14b 27a 27d

22: 2a 2b 3a 3b 9a 10b 10d 11a 11c
13c 15a 15b 18b 18f 20a 21b 21d
22b 23c 26a

23: 1b 2d(2) 3a 3b 4a 4b 5b 6a 6b 7b
9a 9b 10b 10d 11b 11d 11f 12b 12d
13a 14c 14d 15b 15c 16d 19a 20a
20c 25a 25b 26b

24: 9b 22a 22b 28a 28b

25: 3a 7a 7b 8b 8c 8d 9c 9d 12c 13a
13b 14a 14b 17b 18a 21a 21b 22d
25a 26a

26: 8b 11b 19b 21b 22a 24a 25a 29b

27: 15a 16b 17b 19a 20a 24a 27b

28: 5a 7a 18b 19b 19c 19d 22a 22b 23b 26b

29: 7a 9b 10b 23a 23b 24b

30: 4a 5b 8a 8b 9a 10b 10c 11a 11b 12c
19b(2) 19d 21a 21b

34(31): 5a 6c 6d 8a 8b 10c 10d 12b 12c(2)
13b 14a 14b 16b(2) 19b 22a 22d
31a 31b 31c 31d

35(32): 1a 1b 4a 4b 9a 9b 11a 12b 18a 18b
19a(2) 20a 21a 24b

36(33): 1a 28b 28c 29b 31b 34a 36a 38b
38c 38d(2) 39d

31(34): 6b 22a 23a 23b

32(35): 5b 6a 9b 10b 11b 14a(2) 17a 21a 21c
22b 22c(2)

33(36): 2a

37: 2a 10a 11a 11b 11h 11j 14b 27b 28a
28b 29a 29b

38: 1a 4a 8b 16d 20a 24b 30b 32a 32c
33a 33b 33c 33e

39: 9b 9c 9d 31b

40: 15a 26f 28a 28b 29b

41: 3a 9b 11b 12f

42: 9c 9d 10a 11e 11f 12a 12b 17a 20a
20b 24b

43:

44: 10b 13b 17d 19b

45: 22a 22b 26c

46: 11a 11c 19c 19d

47: 22a 22b 22c 23e(2)

48: 11b 12c 12d 15a 15b 25b

49: 15a

50: 25b

51: 18a 19b 20a 20d 25b 30a

Root ܠܐܐ

He was tired, Fatigatus est ܠܐܐ

peal part. m.s.

11:11a ܐܝܬ ܕܪܗܛ ܘܢܦܠ ܘܠܐܐ

11:12a A ריש ܐܝܬ ܕܠܐܐ ܘܢܦܠ ܘܚܣܝܪ

peal part. m.pl.

16:27c ܘܠܐ ܟܦܢܝܢ ܘܠܐ ܠܐܝܢ

aphel imperf. 3 m.s. with suff.

22:13f ܘܠܐ ܢܠܐܟ ܒܫܘܥܝܐ ܕܪܘܫܥܘܬܗ

Root ܠܐܟ

Angel, Angelus ܡܠܐܟܐ

plur. with suff.

1:20k ܡܠܐܟܘܗܝ ܕܐܠܗܐ ܚܙܝܢ ܒܗ̇

Root ܠܒ

Heart, Cor ܠܒܐ

sing. emph.

1:12a ܕܚܠܬܗ ܕܡܪܝܐ ܡܒܣܡܐ ܠܒܐ

2:12a ܠܒܐ ܡܚܝܠܐ ܘܐܝܕܝܐ ܡܪܦܝܬܐ

2:13a ܘܝ ܠܗ ܠܠܒܐ ܕܠܐ ܡܗܝܡܢ

3:26a A לב ܠܒܐ ܩܫܝܐ ܬܒܐܫ ܚܪܬܗ

3:27a A לב ܠܒܐ ܩܫܝܐ ܢܣܓܘܢ ܟܐܒܘܗܝ

3:29a A לב ܠܒܐ ܚܟܝܡܐ ܢܣܬܟܠ ܒܡܬܠܐ ܠܐ

6:20b A לב ܘܠܐ ܢܣܒܪܝܘܗ̇ ܚܣܝܪܝ ܠܒܐ

8:2a ܐܦ ܠܒܐ ܕܡܠܟܐ ܗܘ ܡܣܛܐ

10:18b A עזות אף ܘܡܥܘܬܐ ܕܠܒܐ ܠܝܠܝܕܝ

11:5b A } לב ܘܕܠܐ ܡܠܟܝܢ ܗܘܘ ܥܠ ܠܒܐ
B }

13:26a A לב ܡܨܒܬܐ ܕܠܒܐ ܛܒܐ

14:3a A ללב ܠܠܒܐ ܙܥܘܪܐ ܠܐ ܝܐܐ ܥܘܬܪܐ

16:23a A לב ܚܣܝܪܝ ܠܒܐ ܢܬܒܝܢ ܗܠܝܢ

17:6b ܘܐܕܢܐ ܘܥܝܢܐ ܘܠܒܐ

19:2a C לב ܚܡܪܐ ܘܐܢܬܬܐ ܡܚܣܢ ܠܒܐ

sing. emph. (cont'd)

22:16b ܗܟܢܐ ܗܘ ܠܒܐ ܡܬܡܟܢܐ
22:17a ܠܒܐ ܣܡܝܟܐ ܒܡܣܬܟܠܢܘܬܐ
22:19b ܘܡܚܘܬܐ ܕܠܒܐ ܡܒܟܝܐ ܪܓܫܬܐ
23:5a ܘܠܒܐ ܒܝܫܐ ܐܪܚܩ ܡܢܝ
25:(13a) C לב ܘܠܐ ܐܝܟ ܡܚܘܬܐ ܕܠܒܐ
25:23a ܘܠܒܐ ܕܢܟܪܗ ܡܚܠܦܐ
25:23b ܫܦܝܠܐ ܘܡܚܘܬܐ ܕܠܒܐ
30:16b B לבב / Bm שאר ܘܠܝܬ ܚܕܘܬܐ ܐܝܟ ܠܒܐ ܛܒܐ
30:22a B לבב ܚܕܘܬ ܠܒܐ ܐܝܬܝܗ ܚ̈ܝܐ
30:25a B לב ܠܒܐ ܛܒܐ ܡܫ̈ܬܝܢ
34(31):28a B לב ܚܕܘܬܐ ܕܠܒܐ ܘܬܦܢܩܐ ܘܢܦܫܐ
31(34):20a ܚܕܘܬܐ ܕܠܒܐ ܘܢܘܗܪܐ ܕܥܝ̈ܢܐ
36: 24b B ולב ܘܠܒܐ ܕܚܟܝܡܐ ܡ̈ܠܐ ܕܢܟ̈ܠܐ
36: 25a B לב ܠܒܐ ܥܩܝܪܐ ܡܘܠܕܐ ܥܩܬܗ
38:18b B לבב ܠܒܐ ܒܝܫܐ ܢܬܪ ܡܢ ܡܘܬܐ
38:19b ܡܛܠ ܕܫܢ̈ܘܗܝ ܕܡܣܟܢܐ ܠܠܘܛܬܐ ܕܠܒܐ
40:20a B לב ܚܡܪܐ ܢܬܝܩܐ ܡܚܕܝܐ ܠܒܐ
40:26a B לב ܚܝܠܐ ܘܬܘܩܦܐ ܡܪܝܡܝܢ ܠܒܐ
42:18a B / M ולב ܬܗܘܡܐ ܘܠܒܐ ܗܘ ܒܨܐ
45:26a B לב ܕܢܗܒ ܠܟܘܢ ܚܟܡܬܐ ܕܠܒܐ
50:23a B לבב ܢܬܠ ܠܟܘܢ ܚܟܡܬܐ ܕܠܒܐ
51:20c B ולב ܘܠܒܐ ܩܢܝܬ ܠܗ ܡܢ ܪܫܝܬܐ

sing. with suffix

16:20a A לב ܐܦܢ ܠܐ ܐܣܩ ܥܠ ܠܒܝ
23:2b ܘܥܠ ܠܒܝ ܡܪܕܘܬܐ ܕܝܘܠܦܢܐ
25:7a ܬܫܥ ܕܠܐ ܥܠ ܠܒܝ ܣܒܪܬ
26:5a ܡܢ ܬܠܬ ܙܥ ܠܒܝ
26:28a ܥܠ ܬܪ̈ܬܝܢ ܥܒ̈ܝܢ ܬܘܪ ܠܒܝ

Heart , Cor (cont'd) ܠܒܐ

sing. with suffix (cont'd)

1:20v ܘܐܡܪܬ ܒܗ̇ ܠܒܟ

1:30f ܘܢܗܘܐ ܕܠܒܟ ܡܠܐ ܢܟܠܐ

5:2b A(I) נפשך ܠܒܬܪ ܪ̈ܓܝܓ ܠܒܟ
A(II) לבך

6:26a ܒܟܠܗ ܠܒܟ ܩܪܘܒ ܠܘܬܗ̇

6:32b A לבך 7a1 ܘܐܢ ܬܣܝܡ ܠܒܟ ܬܗܘܐ ܚܟܝܡ
12a1,17a4,17a3,17a1, ܠܠܒܟ]
7h3 ܠܒܠܟ]

7:29a A לבך ܒܟܠܗ ܠܒܟ ܕܚܠ ܡܢ ܐܠܗܐ

7:27a ܒܟܠܗ ܠܒܟ ܝܩܪ ܠܐܒܘܟ

7:30a A מאודך ܒܟܠܗ ܠܒܟ ܝܩܪ ܒܪ̈ܝܟ

8:19a A לבך ܠܐ.... ܬܓܠܐ ܡܐ ܕܒܠܒܟ

9: 9(I)c A לב ܕܠܡܐ ܢܣܛܐ ܒܬܪܗ̇ ܠܒܟ

9: 9(II)c A לב ܕܠܡܐ ܢܣܛܐ ܒܬܪܗ̇ ܠܒܟ

12:11b A לבך ܗܒ ܠܒܟ ܠܡܙܕܗܪ ܡܢܗ

19:10a ܫܡܥܬ ܡܠܬܐ ܬܡܘܬ ܒܠܒܟ

19:15b ܠܐ ܠܟܠ ܡܠܐ ܢܗܝܡܢ ܠܒܟ

28:2a ܫܒܘܩ ܡܐ ܕܒܠܒܟ

30:23a B לבך ܦܝܣ ܢܦܫܟ ܘܦܝܣ ܠܒܟ

34(31):6b ܠܐ ܬܬܠ ܠܗܘܢ ܠܒܟ

37:12c B} לבבך ܘܠܗܘܢ ܗܒ ܠܠܒܟ
D}

38:10b B לב ܘܡܢ ܟܠ ܚܛܗ̈ܐ ܕܟܐ ܠܒܟ

38:20a B לב ܠܐ ܬܬܠ ܠܒܟ ܠܡܘܥ̈ܩܬܐ

42:12a ܠܐ ܬܓܠܐ ܡܐ ܕܒܠܒܟ

2:17a ܕܕܚܠܝ ܠܐܠܗܐ ܢܬܩܢ ܠܒܗܘܢ

4:17d A לבו ܥܕܡܐ ܕܢܬܡܠܐ ܠܒܗ ܒܝ

11:30a A לב ܐܝܟ ܩܠܐ ܕܨܝܕܐ ܒܩܠܩܠܬܐ. ܠܒܗ ܕܫܐܛܐ

12:16b A ובלבו ܘܐܝܟܐ ܘܒܠܒܗ ܡܬܪܥܐ ܬܘܪ̈ܥܬܐ

Heart , Cor (cont'd) ܠܒܐ

sing. with suffix (cont'd)

13:25a A לב ܠܒܐ ܕܒܪ ܐܢܫܐ ܡܫܢܐ ܐܦܘܗܝ

14:21a A לבו ܕܝܗܒ ܥܠ ܐܘܪܚܬܗ ܠܒܗ

16:15a A לב ܡܢܘ ܡܢ ܠܒܗ ܕܦܪܫ

19:16a ܕܫܪܟܐ ܘܠܐ ܡܢ ܠܒܗ

19:26b ܘܗܘ ܠܒܗ ܡܠܐ ܢܟܠܐ

21:6b ܘܕܕܚܠ ܠܐܠܗܐ ܢܬܘܒ ܡܢ ܠܒܗ

21:14a ܠܒܗ ܕܣܟܠܐ ܐܝܟ ܚܨܒܐ

21:26a ܒܦܘܡܗ ܕܣܟܠܐ ܗܘܐ ܠܒܗ

21:26b ܘܦܘܡܗ ܕܚܟܝܡܐ ܒܠܒܗ

22:18e ܗܟܢܐ ܠܒܗ ܕܣܟܠܐ ܒܡܚܫܒܬܗ

26:4b ܠܒܗ ܛܒ ܒܟܠ ܙܒܢ

30:7b ܘܥܠ ܟܠ ܬܠܬܠܐ ܢܬܪܕ ܠܒܗ

36(33):5a E לב ܐܝܟ ܓܝܓܠܐ ܕܥܓܠܬܐ ܠܒܗ

31(34):5b ܘܕܪܕܦ ܠܒܥܝ ܛܥܐ ܠܒܗ

37:14a B } D } לב ܠܒܗ ܕܒܪܐܢܫܐ ܚܙܐ

38:26a B לֵב ܘܠܒܗ ܪܢܐ ܒܩܛܝܬܐ ܕܬܘܪܘܗܝ

38:30c ܘܠܒܗ ܫܝܡ ܠܡܫܠܡܘ ܥܒܕܗ

39:5a ܘܒܠܒܗ ܢܣܝܡ ܠܡܩܕܡܘ

40:7a ܐܝܟ ܙܟܝܐ ܒܠܒܗ

47:8c B לבו ܘܒܟܠܗ ܠܒܗ ܪܚܡ ܒܪܝܗ

49:3a B לבו ܘܐܫܠܡ ܠܐܠܗܐ ܠܒܗ

16:24b A לב ܘܠܡܠܝ ܗܒܘ ܠܒܟܘܢ

39:35a B לב ܡܢ ܟܠܗ ܠܒܟܘܢ ܒܪܟܘ

10:12b A מלבו 7h3 ܘܡܢ ܒܪܝܗܘܢ ܡܪܚܩ ܠܒܗܘܢ

7a1] ܠܒܗܘܢ

17:7a ܝܕܥܬܐ ܘܣܘܟܠܬܐ ܡܠܐ ܠܒܗܘܢ

21:17b ܘܠܡܠܘܗܝ ܢܣܝܡܘܢ ܠܒܗܘܢ

Heart, Cor (cont'd) ܠܒܐ

sing. with suffix (cont'd)

35(32):16b B} מלבם ܘܡܣܒܪܢܘܬܐ ܢܦܩܢܝܬܐ ܡܢ ܠܒܗܘܢ
E}

37:12c { B לבבו ܘܠܒܗܘܢ ܢܗܘܐ ܠܠܒܟ
Bm כלבבו
D בלבבו

40:2a ܬܪܥܝܬܗܘܢ ܘܚܪܬܐ ܕܠܒܗܘܢ

46:11b B לבו ܕܠܐ ܛܥܐ ܠܒܗܘܢ

plur. absol.

1:28b ܘܠܐ ܬܬܩܪܒ ܠܗ ܒܬܪ̈ܝܢ ܠܒ̈ܝܢ

Root ܠܒܛ

Inciting, Excitans ܡܠܒܛܢܝܬܐ

sing. emph. f.

26:27b ܐܝܟ ܩܪܢܐ ܡܠܒܛܢܝܬܐ ܕܩܪܒܐ ܡܬܚܫܒܐ

Root ܠܒܢ

nom. prop. ܠܒܢܢ

24:13a ܘܐܝܟ ܐܪܙܐ ܐܬܪܒܝܬ ܒܠܒܢܢ

39:14a ܐܝܟ ܪܝܚܐ ܕܠܒܢܢ ܒܩܪ̈ܝܢܘܗܝ

50:8c B לבנון ܘܐܝܟ ܐܝ̈ܠܢܐ ܕܠܒܢܢ

Incense, Incensum ܠܒܘܢܬܐ

sing. emph.

24:15c ܘܐܝܟ ܠܒܘܢܬܐ ܘܡܫܚܐ ܘܦܩܪܐ

50:9a B לבונה ܘܐܝܟ ܪܝܚܐ ܕܠܒܘܢܬܐ

Root ܠܒܫ

He clothed himself, Induit ܠܒܫ

peal perf. 3 m.pl.

11:5b { A,B(I) עטו ܠܒܫܘ ܠܒܘܫܐ ܕܡܠܟܘܬܐ
B(II) יעטו

peal part. m.s. (active)

13:1b A ילמד ܠܟܘܬܐ ܠܒܫ ܡܢ ܕܡܫܬܘܬܦ ܥܡܗ

peal part. m.s. (passive)

11:4a { A מעטה ܒܡܢ ܕܠܒܝܫ ܬܚܡܨܐ ܠܐ ܬܬܦܚܪ
B אזור

He clothed himself, Induit(cont'd) ܠܒܫ

peal part. m.pl. (passive)

40:4b { B עוטה ; Bm עושה } ܠܥܠܡ ܕܠܒܝܫܝܢ ܠܒܘܫܐ ܕܡܣܟܢܘܬܐ

peal imperf. 3 f.s. with suffix

6:31a A תלבשנה ܘܠܒܘܫܐ ܕܐܝܩܪܐ ܬܠܒܫܝܟ

peal imperf. 2 m.s. with suffix

27:8b ܘܬܠܒܫܝܘܗܝ ܐܝܟ ܢܚܬܐ ܕܬܫܒܘܚܬܐ

aphel perf. 3 m.s.

17:3a ܟܣܘܬܐ ܐܠܒܫ ܐܢܘܢ ܢܗܝܪܘܬܐ

aphel perf. 3 m.s. with suffix

45:8a B וילבישהו ܘܐܠܒܫܗ ܢܚܬܐ ܕܬܠܠܬܐ

aphel part. with suffix

50:11a B והתלבשו ܒܡܠܒܫܗ ܡܐܢܐ ܕܫܘܒܚܐ

aphel imperat. 2 m.s. with suffix

29:28e ܘܐܢ ܢܦܠ ܗܘ ܐܠܒܫܝܗܝ

A garment, Vestimentum ܠܒܘܫܐ

sing. emph.

6:31a A בגדי ܘܠܒܘܫܐ ܕܐܝܩܪܐ ܬܠܒܫܝܟ

39:26d B ובגד ܘܡܫܚܐ ܘܬܐܢܬܐ ܘܠܒܘܫܐ

40:4b ܠܥܠܡ ܕܠܒܝܫܝܢ ܠܒܘܫܐ ܕܡܣܟܢܘܬܐ

42:13a B, M מבגד ܡܛܠ ܕܐܝܟܢܐ ܕܡܢ ܠܒܘܫܐ ܢܦܩ ܣܣܐ

plur. emph.

11:15b ܠܒܫܘ ܠܒܘ̈ܫܐ ܕܐܝܩܪܐ

Root ܠܩܢ

A dish, Patina ܠܩܢܬܐ

sing. emph.

34(31):14b B בטנא ܠܐ ܬܘܫܛ ܐܝܕܟ ܘܒܠܩܢܬܐ

Root ܬܠܡ =

Furrow , Sulcus ܬܠܡܐ

sing. emph.

38:26a ܘܠܒܗ ܪܢܐ ܒܬܠܡܐ ܕܬܘܪܘܗܝ

Root ܠܗܓ =

Mist, Vapor ܠܗܓܐ

sing. with suff.

43:4c { Bm,M לשון / B לאשון } ܠܗܓܗ ܐܝܟ ܬܦܝܐ ܕܢܘܪܐ

Root ܠܘܐ

He accompanied, Comitatus est ܠܘܐ

peal part.

11:18b ܘܐܡܪ ܕܠܐ ܠܘܐ ܠܗ ܢܟܣܘܗܝ

peal imperf. 3 m.s. with suff.

41:12a B } ילוך / M } ܐܦܠܐ ܟܠ ܫܢܝܟ ܕܗܘܝ ܢܠܘܘܢܟ

peal imperf. 3 f.pl.

27:29b ܘܟܐܒܐ ܢܠܘܝܢ ܐܢܘܢ ܥܕܡܐ ܠܝܘܡܐ ܕܡܘܬܐ

aphel part.

41:8b ܡܠܘܝܐ ܠܗܘܢ ܥܕܡܐ ܠܝܘܡܐ ܕܡܘܬܗܘܢ

Root ܠܘܝ

nom. prop. ܠܘܝ

45:6b B לוי ܠܐܗܪܘܢ ܡܢ ܫܒܛܐ ܕܠܘܝ

Would that, Utinam ܠܘܝ

23:14e 10ml,12al,17a4,19g7,17al ܕܠܘܝ ܠܐ ܐܬܝܠܕܬ

7al, 7h3 ܕܗܘܐ ܠܐ]

Root ܠܘܛ =

He detested, Detestatus est ܠܛ

peal perf. 3 m.s.

36(33):12c ܘܡܢܗܘܢ ܠܛ ܘܡܟܟ

peal part.

4:6a A צועק ܠܛ ܗܘ ܠܟ ܡܪܝܪ ܢܦܫܐ

He detested, Detestatus est(cont'd) ܠܛ

peal part.m.s. (act.)

21:27a ܟܕ ܠܐܛ ܣܟܠܐ ܠܡܢ ܕܠܐ ܚܛܐ ܠܗ

peal part. m.s. (pass.)

3:16b { A מכעיס C זועם } ܘܠܝܛ ܩܕܡ ܒܪܘܝܗ ܡܢ ܕܡܒܙܚ

28:13a ܠܫܢܐ ܬܠܝܬܝܐ ܠܝܛ ܢܗܘܐ

peal imperf. 3 m.s. with suff.

4:5a A לקללך ܘܠܐ ܬܬܠ ܠܗ ܐܬܪܐ ܕܢܠܘܛܟ

27:24b ܐܠܗܐ ܢܣܢܝܘܗܝ ܘܢܠܘܛܝܘܗܝ

peal imperf. 2 m.s.

23:14f ܘܠܝܘܡܐ ܕܐܬܝܠܕܬ ܒܗ ܬܠܘܛ

peal imperf. 3 m.pl. with suff.

41:7a { M יקב B [ ]יק } ܠܐܒܐ ܒܢܘܗܝ ܚ̈ܛܝܐ ܢܠܘܛܘܢܗ

pael part.

21:27b ܗܘܝܘ ܡܠܐܛ ܠܢܦܫܗ

31(34):29a ܚܕ ܡܒܪܟ ܘܐܚܪܢܐ ܡܠܐܛ

Detestation, Detestatio ܠܘܛܬܐ

sing. emph.

3:9b A קללת 7al,7h3 ܘܠܘܛܬܐ ܕܐܡܐ ܬܥܩܪ

18/16g6,Δ,17a5 ܘܠܘܛܬܗ]

20:26a ܡܛܠ ܕܫܪܒܗ ܕܓܒܪܐ ܕܓܠܐ ܠܠܘܛܬܐ

23:26a ܘܢܫܒܘܩ ܠܠܘܛܬܐ ܕܟܪܗ

38:19b ܡܛܠ ܕܚܝ̈ܘܗܝ ܕܡܣܟܢܐ ܠܠܘܛܬܐ ܕܠܒܐ

39:27b { B לרעה Bm לזרא M לזרה } ܘܠܚ̈ܛܝܐ ܠܠܘܛܬܐ ܡܬܗ̈ܦܟܝܢ

sing. with suff .

3:9b A קללת 18/16g6,Δ,17a5 ܘܠܘܛܬܗ ܕܐܡܐ ܬܥܩܪ

7al,7h3 ܘܠܘܛܬܐ]

ܠܘܛ Nom. prop.

16:8a	A	לוט	ܥܠ ܡܥܡܪܐ ܕܡܪܘܬܗ ܕܠܘܛ

ܠܘܬ Root

ܠܘܬ Unto , Ad

4:13a	A	מ---	ܐܝܩܪܐ ܡܢ ܠܘܬ ܐܠܗܐ
11:15a	A	מ--	ܘܚܟܡܬܐ ܕܢܡܘܣܐ ܡܢ ܠܘܬ ܡܪܝܐ ܗܝ
17:25a			ܬܘܒܘ ܠܘܬ ܡܪܝܐ ܘܐܬܬܘܒܘܢ
21:9b			ܗܢܐ ܬܘܩܠܗܘܢ ܕܚܛܝ̈ܐ ܠܘܬ ܢܘܪܐ
24:16a			ܠܘܬ ܐܪܥܐ ܘܠܘܬ ܬܚܘܬܐ
25:20b			ܐܢܬܬܐ ܕܠܫܢܗ̇ ܐܪܝܟ ܠܘܬ ܓܒܪܐ
27:9a			ܦܪܚܬܐ ܕܫܡܝܐ ܠܘܬ ܓܢܣܗ̇
27:9b			ܘܩܘܫܬܐ ܠܘܬ ܥܒ̈ܕܘܗܝ ܐܙܠ
30:20b	B	עם	ܡܗܝܡܢܐ ܕܗܦܟ ܠܘܬ ܒܬܘܠܬܐ
39:1b			ܘܠܘܬ ܢܒܝ̈ܐ ܩܕܡ̈ܝܐ ܢܬܦܢܐ

with suffix

24:19a			ܬܘ ܠܘܬܝ، ܟܠ ܕܡܬܪܓܝܢ ܠܝ
51:23a	B	אלי	ܬܘ ܠܘܬܝ، ܣܟ̈ܠܐ
12:12a	A	אצלך	ܠܐ ܬܩܝܡܝܘܗܝ، ܠܘܬܟ
14:15b	A	ויגיעך	ܘܠܘܬܟ ܠܐܚܪ̈ܢܐ ܕܝܪܬܝܢ ܦܠܓ̈ܐ
41:3b	B } M }	עמך	ܐܬܕܟܪ ܕܩܕ̈ܡܝܐ ܘܐܚ̈ܪܝܐ ܠܘܬܟ
11:15b	A	מ--	ܘܚܘܒܐ ܦܠ̈ܓܐ ܡܢ ܠܘܬܗ ܐܝܬܝ̈ܗܝ
13:16a	A	אצלו	ܡܢ ܟܠ ܒܣܪ ܠܘܬܗ
17:22a			ܙܕܩܬܐ ܘܛܝܒܘܬܐ ܠܘܬܗ
17:29b			ܕܚܐܣ ܠܚܛܝ̈ܐ ܕܬܝܒܝܢ ܠܘܬܗ
21:2b			ܕܐܢ ܬܩܪܘܒ ܠܘܬܗ ܢܟܬܟ
28:21b			ܘܫܝܘܠܐ ܐܝܬ ܒܥܘܠ ܛܒ ܡܢ ܕܠܘܬܗ
34(31):20b	B(I)	א[ ]	ܠܓܒܪܐ ܕܢܦܩ ܘܢܦܫܗ ܠܘܬܗ
	B(II)	עמו	
36(33):12b			ܘܡܢܗܘܢ ܩܪܒ ܘܩܕܫܐ ܠܘܬܗ ܩܪܒ
1:20e			ܦܘܩܕܢܝܗ̇، ܠܚܝ̈ܐ ܕܬܘܪܒ ܠܘܬܗ̇

Root ܠܚܡ

Bread, Panis ܠܚܡܐ

sing. emph.

7:31c A לחם ܠܚܡܐ ܕܩܘܪ̈ܒܢܐ ܘܪܫܝܬܐ

14:10a A הלחם ܥܝܢܐ ܒܝܫܬܐ ܡܥܝܩܐ ܠܚܡܐ

15:3a A, B לחם ܘܬܘܟܠܝܘܗܝ ܠܚܡܐ ܕܣܘܟܠܬܐ

22:10a ܐܝܟ ܐܢܫ ܕܐܟܠ ܠܚܡܐ

29:21a ܠܚܡܐ ܘܡܝ̈ܐ ܘܬܟܣܝܬܐ

34(31):23a B לחם ܥܝܢܐ ܛܒܬܐ ܥܠ ܠܚܡܐ

30(33):33b ܘܡܪܕܘܬܐ ܘܠܚܡܐ ܘܦܘܠܚܢܐ

31(34):25a ܠܚܡܐ ܕܣܢܝܩܐ ܚܝ̈ܝܗܘܢ ܕܡܣܟܢ̈ܐ

45:20d B לחם ܘܦܬܘܪ̈ܐ ܕܠܚܡܐ ܠܗ ܘܠܙܪܥܗ

sing. with suffix

20:16c ܐܟ̈ܠܝ ܠܚܡܝ ܐܝܟ ܙܘܢܐ ܕܐܢܦܐ

Root ܠܚܫ

He whispered, Sussuravit ܠܚܫ

pael part.

12:18b A לחש ܘܢܩܫ ܡܠܚܫ ܘܡܫܢܐ ܐܦ̈ܘܗܝ

Root ܠܝܬ

advervial expression

There is not , Non est ܠܝܬ

3: 22b 25a 28a

6: 15a 15b

10: 23a 24b

12: 3a

14: 6a

15: 12b

18: 33b

19: 22a 22b 28a

20: 2a 16a 16b

21: 3a

22: 11c

23: 18e 27c 27d

25: 12d 15a 15b

26: 10b 14a 15b

27: 1a

30: 16a 16b

31(34): 8a

32(35): 15c

33(36): 5b 10a 12b 30a 30b 31c

37: 11f

39: 17a 17c 18b 19b 20a 20b 34a

40: 7b 26c 26d 26f

41: 2d

44: 9a

51: 7b

Root ܠܠܝ

Night, Nox ܠܠܝܐ

sing. emph.

31(34):2b ܦܓ ܕܡܫܡܫ ܠܚܙܘܐ ܕܠܠܝܐ

31(34):3a ܗܟܢܐ ܗܘ ܚܙܘܐ ܘܚܠܡܐ ܕܠܠܝܐ

31(34):6b ܠܡܬܒܥܐ ܒܚܘܫܒ̈ܢܝ ܠܠܝܐ

31(34):8b ܡܛܠ ܕܫܒܩܬܐ ܕܟ̈ܠܗ ܒܠܠܝܐ ܡܬܚܫܒܐ

38:27b B לילה ܘܠܠܝܐ ܘܐܝܡܡܐ ܒܡܢ ܗܘ ܕܢܢܝ

40:5d B לילה ܒܫܢܬܐ ܕܠܠܝܐ ܦܓܪ ܠܗܘܢ

40:6c ܕܫܬܡܠܟ ܒܚܙܘܐ ܕܠܠܝܐ

Root ܠܚܡ

He ate, Coenatus est ܠܚܡ

peal imperat. 2 m.s.

29:26b ܬܩܢ ܦܬܘܪܐ ܘܠܚܡ ܡܕܡ ܕܐܝܬ ܒܐܝܕܝܟ

34(31):16a B ואכול ܠܚܡ ܐܝܟ ܓܒܪܐ ܡܕܡ.

peal infin.

34(31):18a ܘܟܕ ܬܬܒ ܒܝܬ ܣܓܝ̈ܐܐ ܠܡܠܚܡ

Root ܠܫܢ = ܠܫܢܐ

Tongue , Lingua

sing. emph.

4:24b A לשון ܚܟܡܬܐ ܘܣܘܟܠܐ ܒܒܢܝܢܐ ܕܠܫܢܐ

17:6a ܘܒܪܐ ܠܗܘܢ ܦܘܡܐ ܘܠܫܢܐ

26:5d ܘܡܚܘܬܐ ܕܠܫܢܐ ܒܟܠܗܝܢ ܐܒܝܫܐ

28:13a ܘܐܦ ܠܫܢܐ ܬܠܝܬܝܐ ܠܘܛ ܢܗܘܐ

28:14a ܠܫܢܐ ܬܠܝܬܝܐ ܣܓܝ̈ܐܐ ܒܟܒܟܐ ܐܦܩ

28:15a ܠܫܢܐ ܬܠܝܬܝܐ ܣܓܝ̈ܐܐ ܒܟܒܟܐ ܐܦܩ

28:17b ܘܡܚܘܬܐ ܕܠܫܢܐ ܬܬܒܪ ܓܪ̈ܡܐ

28:18b ܒܪܡ ܠܐ ܐܝܟ ܩܛ̈ܝܠܝ ܠܫܢܐ

40:21b B לשון ܡܢ ܬܪ̈ܝܗܘܢ ܠܫܢܐ ܕܟܝܐ

sing. with suff.

22:27d ܒܗܘܢ ܢܦܠܐ ܘܠܫܢܝ ܠܐ ܢܘܒܕܢܝ

51:22a B ובלשוני ܝܗܒ ܡܪܝ ܠܠܫܢܝ ܐܓܪܐ

4:29a A בלשונך 7h3 ܠܐ ܬܗܘܐ ܪܒܘܪܒܢ ܒܠܫܢܟ [ܒܡܠܬܟ]

5:14b A ובלשונך 7al ܘܒܠܫܢܟ ܠܐ ܬܬܟܠ

19:16b ܘܐܝܬ ܕܡܬܬܟܠ ܘܠܐ ܒܠܫܢܗ

20:17b ܗܟܢܐ ܠܫܢܗ ܕܣܟܠܐ ܒܥܓܠ ܕܡ̈ܛܐ

25:8c ܛܘܒܘܗܝ ܠܕܠܫܢܗ ܠܐ ܡܠܟܬܗ

35(32):18b B } לשונו
E } ܘܣܟܠܐ ܠܐ ܢܛܪ ܠܫܢܗ

37:18b B } לשון
D } ܘܕܫܠܝܛ ܒܠܫܢܗ ܗܘ ܦܝܫܐ

25:20b ܐܢܬܬܐ ܕܠܫܢܗ̇ ܐܪܝܟ ܠܘܬ ܓܒܪܐ

5:13b A } ולשון
C } ܘܠܫܢܗܘܢ ܕܒܢ̈ܝ ܐܢܫܐ ܢܦܠܐ ܠܗܘܢ

ܟܡ

Root

Usual Hebrew = מה

How ! Quam !

ܟܡܐ

ܟܡܐ

3: 23e

6: 37d

7: 31b

8: 19a

9: 2b

10: 19a 19d 28b

11: 28c

17: 29a 31a

22: 10c

23: 19d 7a1,7h3 ܘܡܫܬܒܚܬ ܟܡܐ ܒܫܘܒܚܐ

11c1,12a1,14c1,15c1,17a3,9m1,17a5 omit

25: 4a 5a

27: 15b

28: 2a 7b

29: 11b 20a 28d

34(31): 14a

32(35): 10a

33(36): 5a

37: 9a

38: 16c

41: 1a 2a

42: 12a

44: 9b

46: 2a

48: 4a

50: 5a

1:30c ܕܠܡܐ ܢܫܟܚ ܡܚܘܐ ܐܫܬܘܕܝ

2:7b ܘܠܐ ܬܬܛܘܫܘܢ ܡܢ ܒܬܪܗ ܕܠܡܐ ܬܦܠܘܢ

7:6c A פן ܕܠܡܐ ܬܬܢܣܒ ܡܢ ܩܕܡ ܫܠܝܛܐ

8:1b A למה ܕܠܡܐ ܬܦܠ ܒܐܝܕܘܗܝ

8:2b A פן ܕܠܡܐ ܢܬܩܠ ܡܬܩܠܟ

8:11b A ל--- 7a1,7h3 ܕܠܡܐ ܢܗܘܐ ܒܐܡܢܐ
12a1,Δ,17a5 ܕܠܐ]

8:15b A פן ܕܠܡܐ ܢܥܒܐ ܒܒܝܫܬܟ

9:4b A פן 7h3 ܕܠܡܐ ܬܬܨܝܕ ܒܦܘܩܕܢܝܗ̇
7a1 ܕܠܐ]

9:5b A פן ܠܐ ܬܬܚܒܐ ܕܠܡܐ ܬܬܚܝܒ

9:6a A פן 7h3 ܕܠܡܐ ܬܘܒܕ ܝܪܬܘܬܟ
7a1,10m1,12a1,Δ ,9m1 ܕܠܐ]

9: 9(I)c A פן ܕܠܡܐ ܢܣܛܐ ܒܬܪܗ̇ ܠܒܟ

9:9(II)c A פן ܕܠܡܐ ܢܣܛܐ ܒܬܪܗ̇ ܠܒܟ

11:10a A } למה
B } ܒܪܝ ܕܠܡܐ ܬܣܓܐ ܒܥܒܕܝܟ

11:33b A למה ܕܠܡܐ ܡܘܡܐ ܕܠܥܠܡ ܬܩܒܠ

11:34a A ---ו 12a1,Δ,19g117a5 ܕܠܡܐ ܢܗܦܟ ܐܘܪܚܟ
7a1,7h3 ܕܠܐ]

12:5c A למה ܠܐ ܬܬܠ ܠܗ ܕܠܡܐ ܒܗܝܢ ܢܬܟܬܫ

12:12d A למה ܕܠܡܐ ܢܒܥܐ ܒܕܘܟܬܟ

15:12a A } פן
B } ܕܠܡܐ ܬܐܡܪ ܕܗܘ ܐܛܥܝܢܝ

19:14a 7a1 ܐܟܣ ܚܒܪܟ ܕܠܡܐ ܠܐ ܐܡܪ
7h3 ܕܠܐ]

26:11b ܘܠܐ ܬܬܕܡܪ ܕܠܡܐ ܬܥܘܠ ܒܟ

28:26a ܐܙܕܗܪ ܕܠܡܐ ܬܦܠ

30:13b B פן ܕܠܡܐ ܒܣܟܠܘܬܗ ܢܬܩܠܟ

35(32):20b B } ואל
E } ܕܠܡܐ ܬܬܩܠ ܒܟܐܦܐ

Lest, Ne Num (cont'd) ܕܠܡܐ

37:8d B} למה D} ܕܠܡܐ ܢܐܡܪ ܠܟ ܬܘܒܐ

42:10c ܘܥܠ ܒܥܠܗ ܕܠܡܐ ܬܣܛܐ

42:11b ܕܠܡܐ ܬܥܒܕܝܟ ܫܡܐ ܒܝܫܐ

Hundred, Centum ܡܐܐ

18:9a ܟܕ ܢܣܓܐ ܠܡܐܐ ܡܐܐ ܫܢܝܢ

Root ܡܐܢ =

He ceased , Desiit ܡܐܢ

peal imperf. 2 m.s.

7:35a A תשא לב ܘܠܐ ܬܡܐܢ ܠܟ ܠܡܣܥܪ

Instrument, Instrumentum

or, Garment, Vestis ܡܐܢܐ

sing. emph.

22:18c ܐܝܟ ܡܐܢܐ ܕܒܠܬܐ ܘܢܡܪܐ ܚܘܪܐ

38:29b ܘܡܦܢܐ ܒܟܦܝܗ ܡܐܢܐ

43:2b ܡܐܢܐ ܕܬܕܡܘܪܬܐ ܥܒܕܗ

43:8c B} כלי M} ܡܐܢܐ ܕܡܫܪܝܬܐ ܕܪܘܡܐ

sing. with suffix

11:31b ܘܒܡܐܢܝܟ ܢܬܠܐ ܢܣܡ ܬܘܠܬܐ

plur. emph.

45:8b ܘܝܩܪܗ ܒܡܐ̈ܢܐ ܕܬܘܫܒܚܬܐ

50:11a B בגדי ܒܡܠܒܫܗ ܡܐ̈ܢܐ ܕܫܘܒܚܐ

50:11b B בגדי ܘܒܡܬܥܛܦܗ ܡܐ̈ܢܐ ܕܐܝܩܪܐ

plur. const.

12:5b A כלי ܡܐ̈ܢܝ ܩܪܒܐ ܠܐ ܬܬܠ ܠܗ

38:28b ܘܠܡܫܟܠܠܘ ܒܡܐ̈ܢܝ ܡܬܩܠܐ

38:29c ܕܟܠܗܘܢ ܒܡܐ̈ܢܝ ܟܠ ܥܒܕܗ

Root ܡܓܢ =

Freely, Gratis ܡܓܢ

20:23b C חנם ܘܩܢܐ ܠܗ ܣܢܐܐ ܡܓܢ

Freely, Gratis (cont'd) ܡܓܢ

29:6d ܘܐܬܬܘܦ ܕܝܢ ܡܓܢ ܡܨ̈ܘܬܐ

29:19d ܕܡܬܐܠܨ ܡܓܢ ܘܡܬܬܒܥ ܕܝܢܐ

Root ܡܕܡ

Anything, Something, Aliquid ܡܕܡ

2:10a ܐܣܬܟܠܘ ܠܡܕܡ ܕܡܢ ܠܡܕܥܝܢ ܗܘܐ

5:4a A מאומה ܘܠܐ ܗܘܐ ܠܝ ܡܕܡ

12:1a ܠܐ ܗܘܐ ܡܕܡ ܛܒܬܐ ܐܝܬ

14:13b ܘܡܕܡ ܕܡܛܐ ܠܟ ܗܒ

14:16b A דבר ܘܟܠ ܡܕܡ ܕܫܦܝܪ ܥܒܕ ܠܐܠܗܐ

15:19a A} B} מעשיו ܘܟܠ ܡܕܡ ܒܥܒܕܘܗܝ ܝܕܥ

17:2b ܘܐܫܠܛ ܐܢܘܢ ܒܟܠ ܡܕܡ

18:33b C[ ]ומאומ ܟܕ ܡܕܡ ܒܟܝܣܟ ܠܝܬ

20:9a ܐܝܬ ܡܕܡ ܕܠܒܝܫܬܗ ܗܘ

20:24a ܡܕܡ ܕܒܝܫ ܒܐܢܫܐ ܕܓܠܘܬܐ

21:11b ܠܐ ܢܫܦܪ ܠܗ ܡܕܡ

23:5b 7h3 ܘܡܕܡ ܕܫܦܝܪ ܠܐ ܢܠܦܟ

7al,Δ ,9ml omit

23:20a ܟܠ ܡܕܡ ܝܕܝܥ ܡܢ ܩܕܡܘܗܝ

23:20c ܘܒܡܕܡ ܕܠܐ ܫܦܝܪ ܒܐܢܫܐ

26:22a ܠܐ ܡܕܡ ܬܬܚܫܒ

28:7b 9ml,Δ ,17a5 ܘܗܒ ܠܗ ܡܕܡ ܕܫܦܝܪ ܠܗ

7al,7h3 ܡܢܐ

34(31):13c B כל דבר ܡܢ ܡܕܡ ܒܠܡܕܡ ܐܢܫ ܢܫܐ

34(31):16a(II)B דבר ܡܕܡ ܕܣܢܐ ܡܢܟܘܢ

34(31):19a ܡܕܡ ܥܝܢ ܠܒܐ ܕܢܦܫܗ ܕܐܢܫܐ

31(34):9b ܘܕܒܪ ܠܟܠ ܡܕܡ ܒܨܐ

32(35):1a ܐܢ ܒܥܝܬ ܡܕܡ ܕܟܬܝܒ ܒܢܡܘܣܐ

37:15c ܡܕܡ ܒܬܪ ܐܢܫܐ ܘܡܕܡ ܟܠ ܡܕܡ

37:27b B} D} מה ܘܚܙܝ ܡܕܡ ܕܒܝܫ ܠܗ

ܡܕܡ

Anything, Something, Aliquid (cont'd)

40:7b ܘܥܕܡܐ ܕܠܝܬ ܠܗ ܡܕܡ

40:11a ܟܠ ܡܕܡ ܕܡܢ ܐܪܥܐ

40:26e ܕܫܠܝܛܘܬܗ ܕܐܠܗܐ ܥܠ ܟܠ ܡܕܡ

42:18c ܡܛܠ ܕܝܕܥ ܗܘ ܥܠܝܐ ܟܠ ܡܕܡ

Root ܡܘܡ

Stain, Macula ܡܘܡܐ

sing. emph.

7:6d A נתונה ܘܬܬܠ ܡܘܡܐ ܒܬܪܝܨܘܬܟ

11:33b A מום ܕܠܡܐ ܡܘܡܐ ܕܠܥܠܡ ܢܬܠ

34(31):8a B תמים ܕܐܫܬܟܚ ܕܠܐ ܡܘܡܐ

30(33):31b E מום ܘܠܐ ܬܬܠ ܡܘܡܐ ܠܝܩܪܟ

44:19b B מום ܠܐ ܐܫܬܟܚ ܡܘܡܐ ܒܐܝܩܪܗ

47:20a B מום ܘܝܗܒܬ ܡܘܡܐ ܒܐܝܩܪܟ

Root ܡܘܩ

He derided, Derisit ܡܝܩ

pael imperf. 2 m.s.

4:1a A תלעג ܠܐ ܬܡܝܩ ܒܚܝܘܗܝ ܕܡܣܟܢܐ

pael imperf. 3 m.pl.

20:17a ܐܟܡܐ ܢܡܝܩܘܢ ܥܠܘܗܝ

ethpa'al imperf. 2 m.s.

30:9a ܕܗ̇، ܒܪܟ ܕܠܐ ܬܬܡܝܩ

A scoffer, Derisor ܡܡܝܩܢܐ

sing. emph.

3:28a A לץ ܠܡܚܘܬܗ ܕܡܡܝܩܢܐ ܠܝܬ ܠܗ ܐܣܝܘܬܐ

Root ܡܘܪ

Myrrh, Chrisma ܡܘܪܐ

sing. emph.

24:15b ܘܐܝܟ ܡܘܪܐ ܓܒܝܐ ܐܒܣܡܬ ܪܝܚܝ

Root ܡܘܫ

nom. prop. Moses ,Moyses ܡܘܫܐ

24:23b ܢܡܘܣܐ ܕܦܩܕ ܡܘܫܐ

Nom.prop. Moses, Moyses (cont'd) ܡܘܫܐ

45:1b B משה ܡܘܫܐ ܕܗܘܪܝܘܗ ܠܒܪܝܬܐ
45:15a B משה ܘܡܫܚ ܠܠܘܗܝ ܡܘܫܐ ܐܚܘܗܝ
46:1b B משה ܠܡܫܡܫܢܐ ܐܝܟ ܡܘܫܐ ܪܒܐ
46:7a B משה ܘܒܝ̈ܘܡܝ ܡܘܫܐ ܥܒܕ ܛܝܒܘܬܐ

Root ܡܘܬ

He died, Mortuus est ܡܝܬ

peal perf. 3 m .s.

30:4a ܡܝܬ ܐܒܘܗܝ ܘܫܒܪ ܕܠܐ ܡܝܬ
48:11a B ונמת ܦܓܪܗܘܢ ܠܚܝܟ ܘܡܝܬ

peal perf. 3 m.pl.

37:31a { B יגועו ; Bm,D גועו } ܣܓܝ̈ܐܐ ܡܢ ܕܡܝܬܘ

peal part. m.s. (act.)

8:7a A גוע ܠܐ ܬܚܕܐ ܥܠ ܐܢܫܐ ܕܡܐܬ
10:10b A יפול ܘܡܠܟܐ ܝܘܡܢ ܘܡܚܪ ܡܐܬ
11:19d A ומת ܘܫܒܩ ܠܗܘܢ ܠܐܚܪ̈ܢܐ ܘܡܐܬ
14:18d A גוע ܗܪܟܐ ܡܐܬ ܘܐܚܪܢܐ ܡܬܝܠܕ
16:3e A } B ומות ܘܛܒ ܕܡܐܬ ܕܠܐ ܒܢ̈ܝܐ

38:30b ܘܥܕ ܠܐ ܡܐܬ ܢܫܠܡ ܘܢܫܡܫ
48:11b ܒܪܡ ܠܐ ܡܐܬ ܐܠܐ ܡܚܝܐ ܢܚܐ

peal part. m.pl. (active)

8:7b A נאספים ܐܬܕܟܪ ܕܟܠܢ ܡܝܬܝܢ
14:17b A יגועו ܘܗܪ̈ܟܐ ܕܠܥܠܡܐ ܡܡܬ ܡܐܬܝܢ
25:24b C גוענו 7h3 ܘܡܛܠܬܗ̇ ܟܠܢ ܡܐܬܝܢ ܚܢܢ

peal part. m.pl. (active) with suffix

25:24b C גוענו 7a1,17a4,17a3, 19g7,17a1,18/16g6,17a5 ܘܡܛܠܬܗ̇ ܟܠܢ ܡܐܬܝܢܢ

peal infinitive

14:17b A גוע ܘܗܪ̈ܟܐ ܕܠܥܠܡܐ ܡܡܬ ܡܐܬܝܢ

He died , Mortuus est (cont'd) **ܡܝܬ**

peal infin. (cont'd)

30:17a B למות ܛܒ ܠܡܡܬ ܡܢ ܚܝܐ ܒܝܫܐ

peal imperf. 3 m.s.

36:(31d) ܒܐܬܪ ܕܢܬܒܣ ܢܡܘܬ

41:9b ܘܐܢ ܢܡܘܬ ܐܒܐ ܢܘܠܐ

peal imperf. 3 f.s.

19:10a ܬܡܘܬ ܡܠܬܐ ܬܡܘܬ ܒܠܒܟ

peal imperf. 2 m.s.

14:13a A תמות ܥܕ ܠܐ ܬܡܘܬ ܐܛܐܒ ܠܪ̈ܚܡܝܟ

Death , Mors **ܡܘܬܐ**

sing. emph.

4:28a A המות ܥܕܡܐ ܠܡܘܬܐ ܐܬܟܬܫ ܥܠ ܩܘܫܬܐ

9:9(I)d A ובדמים ܘܢܣܒ ܡܘܬܐ ܬܚܘܬ ܠܫܝܘܠ

9:12b A מות ܕܥܕܡܐ ܠܡܘܬܐ ܐܝܟ ܠܐ ܙܟܐ

9:13b A מות ܘܠܐ ܬܕܚܠ ܡܢ ܕܚܠܬܐ ܕܡܘܬܐ

11:14a A ומות ܛܒܬܐ ܘܒܝܫܬܐ ܚܝ̈ܐ ܘܡܘܬܐ

14:12a A מות ܕܥܕܡܐ ܠܥܠܡܐ ܡܘܬܐ ܠܐ ܫܗܝܬ

15:17a A ומוות / B ומות ܠܒܢܝ̈ܢܫܐ ܚܝ̈ܐ ܘܡܘ̈ܬܐ

15:17b ܕܢܨܒܝܢ ܚܝ̈ܐ ܘܢܣܒܘܢ ܡܘܬܐ

18:22d ܐܬܕܟܪ ܕܡܘܬܐ ܠܐ ܡܫܬܘܚܪ

22:11d ܡܛܒܝܢ ܐܝܟ ܡܢ ܕܡܘܬܐ

28:6a ܐܬܕܟܪ ܠܡܘܬܐ ܘܐܫܒܩ ܒܥܠܕܒܒܘܬܐ

28:21a ܡܘܬܐ ܒܝܫܐ ܡܘܬܗ

36(33):14b E מות ܘܠܘܩܒܠ ܡܘܬܐ ܐܬܒܪܝ ܚܝ̈ܐ

31(34):13a ܕܚܠ̈ܬܐ ܦܘܪ̈ܥܢܝܬܐ ܠܡܘܬܐ ܡܦܨܝܐ

37:2a B / Bm / D מות ܕܠܐ ܡܛܝܐ ܥܕܡܐ ܠܡܘܬܐ

37:18a B / D ומות ܛܒ ܘܒܝܫ ܚܝ̈ܐ ܘܡܘ̈ܬܐ

sing. emph. (cont'd)

38:18b ܠܒܐ ܟܪܝܐ ܝܬܝܪ ܡܢ ܡܘܬܐ
39:29a ܢܘܪܐ ܘܒܪܕܐ ܘܟܦܢܐ ܘܡܘܬܐ
40:5b B מות ܕܚܠܬܐ ܘܕܚܠܬ ܡܘܬܐ ܘܚܪܝܢܐ
41:1a B למות ܐ ܡܘܬܐ ܡܐ ܟܡܐ ܡܪ ܐܢܬ
41:2a B למות ܐܘ ܡܘܬܐ ܫܦܝܪ ܐܢܬ
41:3a B } ממות ܠܐ ܬܕܚܠ ܡܢ ܡܘܬܐ
M }
51:2a B ממות ܘܦܨܝܬ ܢܦܫܝ ܡܢ ܡܘܬܐ
51:6b B למות ܘܩܪܝܒ ܠܡܘܬܐ ܐܬܩܪܒܬ

sing. with suffix

30(33):32a E המות ܒܝܘܡܐ ܕܡܘܬܟ ܐܘܪܬ ܢܟܣܝܟ

10:11a A במות ܒܡܘܬܐ ܕܒܪܢܫܐ ܪܡܬܐ ܝܪܬܘܬܗ
28:21a ܡܘܬܐ ܒܝܫܐ ܡܘܬܗ
30:5b ܚܝܘܗܝ ܚܕܝ ܘܒܡܘܬܗ ܠܐ ܒܐܫ ܠܗ
46:20a B מותו ܘܡܢ ܒܬܪ ܡܘܬܗ ܐܫܬܐܠ
48:14b B ובמותו ܘܒܡܘܬܗ ܥܒܕ ܬܕܡܪܬܐ

27:29b ܥܕܡܐ ܠܝܘܡܐ ܕܡܘܬܗܘܢ
40:2b ܥܕܡܐ ܠܝܘܡܐ ܕܡܘܬܗܘܢ
41:8b ܥܕܡܐ ܠܝܘܡܐ ܕܡܘܬܗܘܢ

Dead , Mortuus ܡܝܬܐ

sing. emph.

7:33b A ממת ܘܐܦ ܡܢ ܡܝܬܐ ܠܐ ܬܟܠܐ ܛܝܒܘܬܟ
22:11a ܥܠ ܡܝܬܐ ܠܡܒܟܝܐ
22:11c ܠܝܬ ܠܡܒܟܝܐ ܥܠ ܡܝܬܐ ܕܡܬܬܢܝܚ
22:12a ܟܠܗ ܒܟܝܐ ܓܝܪ ܕܡܝܬܐ ܫܒܥܐ ܝܘ̈ܡܝܢ
31(34):30a ܕܣܚܐ ܡܢ ܡܝܬܐ ܘܗܘ ܦܓܥ
38:16a B המת ܥܠ ܡܝܬܐ ܐܚܬܐ ܕܡ̈ܥܐ
38:23a Bm מת ܐܝܟ ܕܫܠܐ ܡܝܬܐ ܗܢܐ ܫܠܐ

Dead , Mortuus ܡܝܬܐ

sing. emph. (cont'd)

48:5a B גוע ܘܐܚܝ ܡܝܬܐ ܡܢ ܫܝܘܠ

48:14b ܘܒܡܘܬܗ ܐܚܝ ܡܝܬܐ

Root ܡܙܓ

He mixed, Miscuit ܡܙܓ

peal imperf. 2 m.s.

9:9(I)b A בס[ ] ܘܠܐ ܬܬܡܙܓ ܥܡܗ ܫܟܪܐ

Root ܡܚܐ

He struck , Verberavit ܡܚܐ

peal perf. 3 m.s.

10:13d A ויכהו ܘܡܚܐ ܐܢܘܢ ܡܚܘܬܐ

19:12a ܐܝܟ ܓܐܪܐ ܕܡܚܐ ܒܝܪܟܗ ܕܓܒܪܐ

48:21b B ויהמם ܘܡܚܐ ܐܢܘܢ ܡܚܘܬܐ ܪܒܬܐ

peal part.

27:25b ܘܕܡܚܐ ܒܟܣܝܬܐ ܠܚܒܪܗ ܠܗ ܢܦܫܗ

A wound, Plaga, sing. emph. ܡܚܘܬܐ

10:13d ܘܡܚܐ ܐܢܘܢ ܡܚܘܬܐ ܠܓܡܪܐ

22:19a ܡܚܘܬܐ ܕܥܝ̈ܢܐ ܡܚܝܬܐ ܕܡ̈ܥܐ

22:19b ܘܡܚܘܬܐ ܕܠܒܐ ܡܒܕܪܐ ܪܚܡܘܬܐ

23:10b ܡܢ ܡܚܘܬܐ ܠܐ ܙܟܐ

25:(12a) ܘܠܐ ܐܝܟ ܡܚܘܬܐ ܕܠܒܐ

25:23b ܘܡܚܘܬܐ ܕܠܒܐ ܐܢܬܬܐ ܒܝܫܬܐ

26:5d ܘܡܚܘܬܐ ܕܠܫܢܐ ܟܠܗܘܢ ܐܟܣܢܝܐ

28:17a ܡܚܘܬܐ ܕܫܘܛܐ ܥܒܕܐ ܫܘܡܐ

28:17b ܘܡܚܘܬܐ ܕܠܫܢܐ ܬܒܪܐ ܓܪܡܐ

31(34):19d ܘܡܫܘܙܒܢܐ ܗܘ ܡܢ ܡܚܘܬܐ ܘܬܘܩܠܐ

48:21b B במגפה ܘܡܚܐ ܐܢܘܢ ܡܚܘܬܐ ܪܒܬܐ

sing. with suffix

3:28a A מכת ܠܡܚܘܬܗ ܕܡܡܝܩܢܐ ܠܝܬ ܠܗ ܐܣܝܘܬܐ

21:3b ܫܢܝ̈ܗ ܘܠܡܚܘܬܗ ܠܝܬ ܠܗ ܐܣܝܘܬܐ

plur. emph,

25:(13a) C מכה ܟܠ ܡܚܘ̈ܬܐ ܘܠܐ ܐܝܟ ܡܚܘܬܐ

Root ܡܚܪ

Tomorrow, Cras ܡܚܪ

10:10b A ומחר ܝܘܡܢܐ ܡܠܟ ܘܡܚܪ ܡܐܬ

20:15c ܝܘܡܢܐ ܡܘܙܦ ܘܡܚܪ ܬܒܥ

Root ܡܛܐ

He arrived, Pervenit ܡܛܐ

peal perf. 3 m.s.

24:31d ܘܢܗܪܝ، ܡܛܐ ܟܠ ܝܡܐ

47:16a ܒܥܡܡܐ ܠܓܙܪ̈ܬܐ ܪ̈ܚܝܩܬܐ ܡܛܐ ܫܡܟ

peal perf. 3 f.s.

51:6a B ותגע ܘܡܛܬ ܠܡܘܬ ܢܦܫܝ

peal part.

9:10b ܡܛܠ ܕܚܕܬܐ ܠܐ ܡ̇ܛܐ ܠܗ

37:2a B, Bm, D מגיע ܗܠܐ ܡ̇ܛܐ ܒܗܘܢܐ ܠܡܘܬܐ

peal imperf. 3 f.s. with suff

18:20a ܘܥܕ ܠܐ ܬܡܛܝܟ ܕܘܘܢܐ ܙܟܐ

pael perf. 1 s.

31(34):13a ܠܡܘܬܐ ܡ̇ܛܝܬ ܘܐܬܦܨܝܬ

pael perf. 3 m.pl.

36(33):12b ܘܒܗܘܢܐ ܠܘܬܗ ܡ̇ܛܝܘ

pael imperat. 2 m.s.

33(36):10a B ופקדו ܐܘܚܕ ܩܨܐ ܘܡ̇ܛܝ ܙܒܢܐ

aphel part. m. pl.

13:23b A יגיען ܘܗܘܢܗ ܠܫܡܝܐ ܡܡܛܝܢ ܠܗ

Root ܡܛܠ

Because, Propter Quia ܡܛܠ ܡܛܠ ܕ

Usual Hebrew = כי

1: 30e

2: 3b 5b 11a 18c

3: 1b 8b 10b 16a 20a 23b 24a 28b

4: 17a 21a 24a

5: 3b 4b 6c 7c 8b 14c
6: 4a 17b
7: 8b 11b 13b 17b 32b 35b
8: 2c 8c 9c 15c 16c 17b
9: 10b 11b
10: 7a 8a 13a 13c 18a 30a 30b
11: 3a 4c 21c 26b 33a
12: 10b
13: 1a 1b 2a 2b 7c 9a 16a 21b
14: 17a
15: 9b 11b 18a
16: 2b 3d
8b 7a1, Δ (less15c1), 17a5 [Syriac text]
7h3 [Syriac text]
9b 10b 11c
17: 27a 30a 31d
18: 11a 12a 12b 23d
19: 15a 28a
20: 14a 20b 21a 26a
21: 10b
22: 22b
23: 1b 3a 10a 11e 13b 20a
24: 20a 29a
25: 12d 22a 24b
26: 1b 10b
27: 1a 20a 21a
28: 1b 7a1, Δ , 17a5 [Syriac text]
7h3 [Syriac text]
20a
29: 7b 28f
30: 1b 4b 23c

Because , Propter ܡܛܠ, ܡܛܠܬ

34(31): 7a 11a 13a 13c 17a 25b

35(32): 2b 23b

36(33): 7b 30a 37a 39b 40a

31(34): 8b 13b 15a

32(35): 7a 13a 14a 15b

33(36): 10a

37: 8c 28a 30a 31a

38: 1b 5b 8b 12b 13a 15a 17c 17d 18a
19b 31a 34a

39 17a 17d 32a 34b

40: 26f

41: 3a 4a 7b 12c

42: 12a

44: 17c 21a 22a

45: 22c 24a 26c

46: 3b 4a 5a 10a

47: 5a 6a 13c

48: 22a 23a

49: 2a

51: 12c 20d 21b 27a

Root ܛܠ

Dew , Imber ܛܠܐ

sing. emph.

1:2a ܫܠܐ ܗܘܐ ܘܢܘܗܪܐ ܕܛܠܐ

18:16a ܐܝܟ ܛܠܐ ܢܚܬ ܕܡܛܠܬ ܥܡܐ

32(35):26b ܐܝܟ ܥܢܢܐ ܕܛܠܐ ܒܙܒܢܐ ܕܚܘܡܐ

Root ܡܝ

Water, Aqua ܡܝܐ

plur. absol.

26:12b ܘܡܢ ܟܠ ܡܝܢ ܢܫܬܐ

plur. emph.

3:30a A ט'ז ܢܗܪܐ ܕܗܘܘ ܢܚܬܝܢ ܡܝܐ

11:32b ܢܦܠܐ ܐܘܪ ܕܗܘܐ ܐܝܟ ܡܝܐ

Water, Aqua (cont'd) ܡ̈ܝܐ

15:3b A} ומי ܘܡ̈ܝܐ ܕܣܘܟܠܬܢܘܬܐ ܐܫܩܝܘܗܝ,
B}

15:16a A} ומים ܣܝܡܝܢ ܩܕܡܝܟ ܢܘܪܐ ܘܡ̈ܝܐ
B}

20:17b ܐܝܟ ܡ̈ܝܐ ܕܐܟܣܢܝܢ

21:13a ܐܝܟ ܡܒܘܥܐ ܕܡ̈ܝܐ ܢܦܝܫܐ

21:13b ܘܬܪܥܝܬܗ ܐܝܟ ܡ̈ܝܐ ܚ̈ܝܐ

24:6a 7a1,Δ,17a5 ܒܡܒܘ̈ܥܐ ܕܡ̈ܝܐ ܘܒܫܬܐܣܬܗ
7h3 ܕܝܡܐ]

24:15d ܐܝܟ ܕܘܠܒܐ ܥܠ ܡ̈ܝܐ

24:30b ܘܐܝܟ ܐܡܬܐ ܕܡ̈ܝܐ ܕܢܦܩܬܐ ܠܦܪ̈ܕܐ

25:25a ܠܐ ܬܬܠ ܠܡ̈ܝܐ ܡܦܩܢܐ

25:25c ܘܬܫܘܪܬܐ ܡܢ ܕܡ̈ܝܐ ܕܐܙܠܐ

26:12b ܘܦܘܡܗ ܦܬܚܐ ܠܡ̈ܝܐ ܩܪ̈ܝܒܐ

28:12b ܘܐܢ ܬܪܘܩ ܥܠܘܗܝ ܡ̈ܝܐ ܬܕܥܟ

29:21a ܠܝܫܐ ܘܡ̈ܝܐ ܘܬܟܣܝܬܐ

34(31):27a B למי ܐܝܟ ܡ̈ܝܐ ܚ̈ܝܐ ܚܡܪܐ ܠܒܢܝܢܫܐ

38:5a B מים ܗܐ ܩܝܣܐ ܡܢ ܚܠܝܘ ܡ̈ܝܐ ܡܪ̈ܝܪܐ

39:13b ܘܐܝܟ ܒܪܘܙܐ ܕܫܬܠܝ ܥܠ ܡ̈ܝܐ

39:26b B מים ܡ̈ܝܐ ܘܢܘܪܐ ܘܦܪܙܠܐ ܘܡܠܚܐ

48:17b B מים ܘܐܥܠ ܠܓܘܗ ܡ̈ܝܐ

50:8b B מים ܘܐܝܟ ܫܘܫܢܐ ܥܠ ܡܒܘ̈ܥܐ ܡ̈ܝܐ

Root ܡܟ

He humiliated, Humiliavit ܡܟ

aphel imperat. 2 m.s.

4:7b A הכאף ܘܠܫܠܝܛܢܐ ܕܡܕܝܢܬܐ ܐܡܟ ܪܫܟ

7:17a A} השפיל ܛܒ ܛܒ ܐܡܟ ܢܦܫܟ
C}

Humble , Humilis ܡܟܝܟܐ

sing. absol.

34(31):22c B צנוע ܒܟܠ ܥܒܕ̈ܝܟ ܗܘܝܬ ܡܟܝܟ

Humble , Humilis (cont'd) ܡܟܝܟܐ

sing. emph. (cont'd)

12:7b ܗܒ ܠܡܟܝܟܐ ܘܟܠܐ ܡܢ ܪܫܝܥܐ

19:26a ܐܝܬ ܕܡܬܟܫܦܐ ܐܝܟ ܡܟܝܟܐ

25:20b ܐܝܟ ܠܘܬ ܓܒܪܐ ܡܟܝܟܐ

plur. emph.

3:19b A לענוים ܘܠܡܟܝ̈ܟܐ ܐܪ̈ܙܘܗܝ ܡܬܓܠܝܢ

10:14b A עניים ܐܘܬܒ ܡܟܝ̈ܟܐ ܚܠܦܝܗܘܢ

10:15b ܘܫܒ ܡܟܝ̈ܟܐ ܚܠܦܝܗܘܢ

Humility, Humilitas ܡܟܝܟܘܬܐ

sing. emph.

3:17a A, C בענוה ܒܪܝ ܒܥܒܕܝܟ ܒܡܟܝܟܘܬܐ ܗܠܟ

4:8b A בענוה ܘܦܢܝܘܗܝ ܫܠܡܐ ܒܡܟܝܟܘܬܐ

26:26e ܫܒܝܚܘ ܕܐܢܬܬܐ ܒܡܟܝܟܘܬܐ ܗܘ

sing. with suff.

45:4a B ובענותו / Bm ובענותנותו ܒܗܝܡܢܘܬܗ ܘܒܡܟܝܟܘܬܗ ܓܒܝܗܝ

Root ܡܟܟ

Therefore , Ergo ܡܟܝܠ

11:19b A ועתה ܗܫܐ ܡܟܝܠ ܐܟܘܠ ܡܢ ܛܒ̈ܬܝ

39:35a ܡܟܝܠ ܒܟܠܗ ܠܒܟܘܢ ܒܪܟܘ ܠܐܠܗܐ

42:15a B, M נא ܐܬܕܟܪ ܡܟܝܠ ܥܒ̈ܕܘܗܝ ܕܐܠܗܐ

45:26a ܡܟܝܠ ܒܪܟܘ ܠܐܠܗܐ

Root ܡܠܠ

He spoke, Locutus est ܡܠܠ

pael perf. 3 m.s.

48:12b ܘܐܬ̈ܘܬܐ ܡܠܠ ܦܘܡܗ

pael perf. 1 s.

25:7b ܘܥܣܪ̈ܐ ܕܠܐ ܡܠܠܬ

51:25a B ודברתי ܦܬܚܬ ܦܘܡܝ ܘܡܠܠܬ ܒܗ

He spoke , Locutus est **ܡܠܠ**

pael perf. 3 m.pl.

36:20b B דבר 11c1,14c1,15c1, 19g7,18/16g6,9m1,17a5 ܐܝܟ ܕܡܠܠܘ ܒܥܒܪܝܐ

7a1,7h3 ܕܡܡܠܠܝܢ]

pael part. m.s.

5:13a { A בוטא ; C בוטה } ܐܝܩܪܐ ܘܨܥܪܐ ܒܝܕ ܗܘ ܕܡܡܠܠ

13:22a A מדבר ܥܬܝܪܐ ܡܡܠܠ ܘܫܒܩܝܢ ܒܗܕܘܪܗܝ

13:22c A נמוט ܡܣܟܢܐ ܡܡܠܠ ܘܐܡܪܝܢ ܠܗ

13:23a A דובר ܥܬܝܪܐ ܡܡܠܠ ܘܟܠܗܘܢ ܫܬܩܝܢ

13:23c A דובר ܡܣܟܢܐ ܡܡܠܠ ܘܐܡܪܝܢ ܡܢܘ

20:(6a) ܐܝܬ ܕܡܡܠܠ ܐܝܟ ܕܠܐ ܪܘܚܐ

20:15b ܘܦܬܚ ܦܘܡܗ ܘܡܡܠܠ ܐܝܟ ܟܪܘܙܐ

21:25a ܒܣܦܘܬܐ ܕܢܘܟܪܝܐ ܡܡܠܠ

21:25b ܘܒܡܬܩܠܬܐ ܡܡܠܠ ܚܟܝܡܐ

pael part. m.pl.

36:20b B דבר 7a1,7h3 ܐܝܟ ܕܡܡܠܠܝܢ ܒܥܒܪܝܐ

11c1, 14c1,15c1,19g7,18/16g6,9m1,17a5 ܕܡܠܠܘ]

pael infin.

13:11a A לחפש ܠܐ ܬܬܬܟܠ ܠܡܡܠܠܘ ܥܡܗ

20:(6a) ܐܝܬܘܗܝ ܕܠܝܬ ܠܗ ܠܡܡܠܠܘ

27:12b ܘܒܝܬ ܚܟܝܡܐ ܠܡܡܠܠܘ ܐܣܬܡܟ

35(32):11a (II) B דברים ܒܝܘܡܐ ܕܐܬܘܪܐ ܠܐ ܬܣܓܐ ܠܡܡܠܠܘ

pael imperf. 3 m.s.

21:23b ܘܢܣܡܟ ܠܒܪ ܘܢܡܠܠ

pael imperf. 2 m.s.

11:8b { A תְּדַבֵּר ; B תדבר } ܘܒܝܬ ܡܠܬܐ ܠܐ ܬܡܠܠ

A word , Verbum **ܡܠܬܐ**

sing. emph.

3:8a A במאמר ܒܪܝ ܒܥܒܕܐ ܘܒܡܠܬܐ ܝܩܪ

5:12a ܐܢ ܐܝܬ ܠܟ ܡܠܬܐ ܦܢܝ ܠܚܒܪܟ

A word, Verbum (cont'd) ܡܠܬܐ

sing.emph. (cont'd)

18:16b ܗܟܢܐ ܡܠܬܐ ܕܡܗܦܟܐ ܕܡܘܗܒܬܐ
18:17a ܐܝܬ ܓܝܪ ܡܠܬܐ ܛܒܬܐ
19:6a ܕܬܢܐ ܡܠܬܐ ܚܣܝܪ ܪܢܝܢܐ ܗܘ
19:7a ܘܠܥܠܡ ܠܐ ܬܬܢܐ ܡܠܬܐ
19:10a ܫܡܥܬ ܡܠܬܐ ܬܡܘܬ ܒܠܒܟ
19:11a ܡܢ ܩܕܡ ܡܠܬܐ ܡܚܒܠ ܫܛܝܐ
19:12b ܗܟܢܐ ܡܠܬܐ ܒܡܥܘ̈ܗܝ ܕܫܛܝܐ
20:17e ܗܟܢܐ ܡܠܬܐ ܕܠܐ ܡܬܐܡܪܐ
20:20a ܒܦܘܡܗ ܕܫܛܝܐ ܬܬܡܐܣ ܡܠܬܐ

sing. with suffix

5:10b { A דברך / C דבריך } ܘܡܠܬܟ ܚܕܐ ܬܗܘܐ
28:25a ܘܠܡܠܬܟ ܥܒܕ ܡܬܩܠܐ
29:3a ܐܩܝܡ ܡܠܬܟ ܘܐܡܝܢ ܡܠܬܟ

16:28b ܘܥܕܡܐ ܠܥܠܡ ܠܐ ܡܥܒܪܝܢ ܡܠܬܗ
21:15a ܡܠܬܗ ܕܚܟܡܬܐ ܫܡܥ ܠܗ̇
39:31b ܘܟܠ ܥܕܢ̈ܝܗܘܢ ܠܐ ܡܥܒܪܝܢ ܡܠܬܗ
42:15c { B באומר / M באמר } ܒܡܠܬܗ ܐܬܒܪܝܘ ܥܒ̈ܕܘܗܝ
46:13e ܘܒܡܠܬܗ ܬܩܢܬ ܡܠܟܘܬܐ
48:1b B ודבריו ܘܡܠܬܗ ܝܩܝܪܐ ܐܝܟ ܬܢܘܪܐ
48:3a B בדבר ܒܡܠܬܗ ܕܡܪܝܐ ܟܠܐ ܫܡܝܐ

plur. emph.

18:29b ܢܒܥܐ ܠܚܪܬܐ ܡ̈ܠܐ
18:29c ܘܡ̈ܠܐ ܕܚܟܡܬܐ ܘܡܬܠܐ
19:15a ܠܐ ܠܟܠ ܡ̈ܠܐ ܬܗܝܡܢ ܠܒܟ
19:17b ܘܠܐ ܠܟܠ ܡ̈ܠܐ ܬܗܝܡܢܝܘܗܝ
19:20a ܡ̈ܠܐ ܕܚܟܡܬܐ ܘܟܠ ܚܟܡܬܐ
23:13b ܐܝܬ ܒܗ̇ ܡ̈ܠܐ ܕܚܘܣܪܐ

plur. emph. (cont'd)

23:15a ܓܒܪܐ ܝܠܦ ܕܣܟܠ ܡ̈ܠܐ

27:14b ܨܐܬ ܡ̈ܠܐ ܕܝܘ̈ܠܐ

34(31):31c B דבר ܡ̈ܠܐ ܕܚܘܣܕܐ ܠܐ ܬܐܡܪ

35(32):6b B דבריס ܗܟܢܐ ܡ̈ܠܐ ܫܦܝܪ̈ܐ

36:(24b) ܡ̈ܠܐ ܘܠܒ̈ܐ ܕܡܫܬܡܥܐ

47:8b ܫܒܚ ܗܘܐ ܥܠܝܐ ܒܡ̈ܠܐ ܕܬܘܕܝܬܐ

48:13a B דבר ܘܟܠ ܡܠܐ ܠܐ ܐܬܟܣܝܬ ܡܢܗ

plur. const.

7:10a ܠܐ ܬܬܒܝܢ ܒܡ̈ܠܝ ܨܠܘܬܟ

7:14b A דבר ܘܠܐ ܬܬܢܐ ܡ̈ܠܝ ܨܠܘܬܟ

43:5b B ודברין ܘܒܡ̈ܠܝ ܡܪܝܐ ܗܘܪܒ ܡܠ̈ܟܘܗܝ

43:10a B } בדבר ܒܡ̈ܠܝ ܡܪܝܐ ܢܩܘܡܘܢ
M)

plur. with suff.

1:20p 7a1,7h3 ܘܢܘܬܘ ܘܢܬܒܝܢܘ ܒܡ̈ܠܝ
12a1,17a4,17a3,17a1, omit

1:20s ܟܠ ܡ̈ܠܝ ܢܡܘܣܐ ܘܢܒܝ̈ܐ

12:12e A אמרי ܘܒܣܘܪܬܐ ܬܕܟܪ ܡ̈ܠܝ

16:24b A דברי ܘܠܟܠ ܡ̈ܠܝ ܗܒ ܠܒܟ

16:25a ܐܡܪ ܒܡܬܩܠܐ ܡ̈ܠܝ

34(31):22a(IIB) מוסרי ܫܡܥ ܒܪܝ ܘܩܒܠ ܡ̈ܠܝ

34(31):22b B[ ]אמ ܘܠܚܪܬܐ ܬܫܟܚ ܡ̈ܠܝ

4:29a A בלשונך 7a1 ܠܐ ܬܗܘܐ ܫܒܗܝܢ ܒܡ̈ܠܝܟ
7h3 [ܠܫܢܟ

22:10e ܘܗܟܢܐ ܕܝܩܪ ܡ̈ܠܝܟ ܐܡܪ ܠܟ

47:22b B מדבריו ܘܠܐ ܢܘܒܕ ܡ̈ܠܘܗܝ ܠܐܪܥܐ

40:2b ܘܚܪܬܐ ܕܡ̈ܠܝܗܘܢ ܝܘܡܐ ܕܡܘܬܐ

Speech, Sermo **ܡܡܠܠܐ**

sing. emph.

9:9(II)a A תטעם ܠܐ ܬܬܦܝܣ ܡܡܠܠܐ

sing. with suffix

17:13b ܘܩܠܐ ܕܡܡܠܠܗ ܫܡܥܘ ܒܐܕܢܝܗܘܢ

21:16b ܘܥܠ ܡܡܠܠܗ ܕܚܟܝܡܐ ܦܬܓܡܐ

21:17b ܘܠܡܡܠܠܗ ܢܣܝܡܘܢ ܠܒܗܘܢ

23:8a ܒܡܡܠܠܗ ܓܝܪ ܡܬܬܚܕ ܪܫܝܥܐ

Root **ܡܠܐ**

He filled, Implevit **ܡܠܐ**

peal perf. 3 m.s.

1:20m ܗܘܐ ܒܪܝܬܐ ܟܠܗ ܡܠܐ ܫܢܝܐ

1:30f ܘܦܘܡܗ ܕܠܒܟ ܡܠܐ ܢܟܠܐ

16:30a ܘܒܦܬܟܪܐ ܕܟܠ ܚܝܐ ܡܠܐ ܐܦܝ̈ܗ

17:7a ܝܕܥܬܐ ܘܣܘܟܠܐ ܡܠܐ ܠܒܗܘܢ

19:26b ܘܦܢܝ ܠܒܗ ܡܠܐ ܢܟܠܐ

20:27a ܡܠܐ ܡܬܠܐ ܕܝܨܝܦܘܬܐ

peal perf. 1 s.

30(33):25c E מלאתי ܘܐܝܟ ܩܛܘܦܐ ܡܠܝܬ ܡܥܨܪܬܝ

peal perf. 3 m. pl.

16:7b { A המורים / B המורדים } ܠܓܢܒܪ̈ܐ ܡܪ̈ܘܕܐ ܕܡܠܘ ܥܠܡܐ

peal part. m.s. absol.

24:25a 7a1 ܕܡܠܐ ܐܝܟ ܢܗܪܐ ܦܝܫܘܢ

7h3 ܕܡܠܝܐ]

peal part. m.s. emphatic

13:11c A ושחק 7h3 ܘܡܠܝܐ ܠܟ ܒܡܘܡܐ ܕܚܕܐ

7a1 ܘܡܡܠܠܐ]

peal part. f.s. absol.

24:25a 7h3 ܕܡܠܝܐ ܐܝܟ ܢܗܪܐ ܦܝܫܘܢ

7a1 ܕܡܠܐ]

peal part. f. pl.

40:13b ܘܐܝܟ ܢܗܪ̈ܘܬܐ ܕܡܠܝܢ ܡܢ ܡ̈ܝܐ

He filled, Implevit (cont'd) ܡܠܐ

peal infin.

18:10a ܐܝܟ ܕܠܡܡܠܐ ܓܘܒܐ ܡܢ ܡܝܐ

37:3b { B למלא / D למלא } ܠܡܡܠܐ ܐܪܥܐ ܢܟܠܐ ܕܢܟܠܐ

peal imperat. 2 m.s.

36: 19a B מלא ܡܠܝ ܨܗܝܘܢ ܡܢ ܐܘܕܝܬܟ

peal imperf. 3 m.s. with suff.

27:26a ܕܚܦܪ ܓܘܡܨܐ ܒܓܘܡܨܗ ܢܡܠܝܘܗܝ

peal imperf. 3 f.s.

1:17a ܟܠ ܒܝܬ ܓܙܝܗ̇ ܬܡܠܐ ܪܓܝܓܬܐ

peal imperf. 3 f.s. with suff.

15:6a { A,Bm ימצא / B תמצא } ܚܕܘܬܐ ܘܪܘܙܐ ܬܡܠܝܘܗܝ

ethpe'el imperf. 3 m.s.

4:17d A ימלא ܥܕ ܕܢܬܡܠܐ ܠܒܗ ܒܝ

ethpe'el imperf. 3 f.s.

16:4a A, B } תשב ܬܬܡܠܐ ܒܠܗ̇ ܡܕܝܢܬܐ

Root ܡܠܚ

Salt , Sal ܡܠܚܐ

sing. emph.

20:17d ܕܠܐ ܡܛܥܡ ܐܠܘܬܐ ܕܡܬܬܒܠ ܕܠܐ ܡܠܚܐ

22:15a ܚܠܐ ܘܡܠܚܐ ܘܟܘܒܪܐ ܕܦܪܙܠܐ

39:23b B למלח ܘܗܦܟ ܐܪܥܐ ܕܫܩܝܢ ܠܡܠܚܐ

39:26b B ומלח ܡܝܐ ܘܢܘܪܐ ܘܦܪܙܠܐ ܘܡܠܚܐ

Root ܡܠܟ

He persuaded , Suasit ܡܠܟ

peal part.

3:25b A חכמה ܠܐ ܬܗܘܐ ܡܠܟ ܠܡܦܩܘܣ

ethpe'el (He deliberated, deliberavi

part. m.s.

40:6b 7h3 ܕܡܬܡܠܟ ܒܚܠܡܐ ܕܠܠܝܐ

7al ܕܡܬܡܠܟ]

He deliberated, Deliberavit ܐܬܡܠܟ

ethpe'el imperf. 3 m.s.

40:6c 7a1 ܕܢܬܡܠܟ ܒܚܙܘܐ ܕܠܠܝܐ

7h3]ܕܢܬܡܠܟ

ethpe'el imperf. 2 m.s.

37:10a D תועץ ܠܐ ܬܬܡܠܟ ܒܚܡܘܟ

ethpa'al perf. 3 m.s.

47:25a ܘܥܠ ܟܠ ܒܝ̈ܫܬܐ ܐܬܡܠܟ

King, Rex. ܡܠܟܐ

sing. emph.

7:4b A } ממלך ܘܡܢ ܡܠܟܐ ܡܘܬܒܐ ܕܐܝܩܪܐ
C }

7:5b A מלך ܘܩܕܡ ܡܠܟܐ ܠܐ ܬܗܘܐ ܣܟܠܐ

10:3a A מלך ܡܠܟܐ ܣܟܠܐ ܢܘܒܕ ܥܡܗ

38:2b B מלך ܘܡܢ ܡܠܟܐ ܢܣܒ ܡܘܗ̈ܒܬܐ

39:14b ܘܐܝܟ ܢܘܪܐ ܕܫܘܫܢܬ ܡܠܟܐ

45:3b B מלך 7a1,9m1 ܘܐܦܩܕܗ ܩܕܡ ܡܠܟܐ

7h3]ܡܠ̈ܟܐ

46:20b B למלך ܘܚܘܝ ܠܡܠܟܐ ܐܘܪܚܗ

47:12a ܘܩܡ ܒܬܪܗ ܡܠܟܐ ܬܩܝܦܐ

48:23b ܘܐܬܘܣܦ ܥܠ ܚܝ̈ܘܗܝ ܕܡܠܟܐ

50:8b ܘܐܝܟ ܫܘܫܢܬ ܡܠܟܐ ܒܡܒܘ̈ܥܝ ܡܝ̈ܐ

51:1a ܐܘܕܐ ܠܟ ܡܪܝܐ ܡܠܟܐ

plur. emph.

8:2d A [ד]יבים ܐܦ ܠܒܐ ܕܡܠ̈ܟܐ ܗܘ ܡܣܛܐ

11:6a A נשאים ܣܓܝ̈ܐܐ ܡܠ̈ܟܐ ܕܐܬܬܒܪܘ

16:7a { A לנסכי ܠܐ ܚܣ ܠܡܠ̈ܟܐ ܩܕܡܝ̈ܐ
{ B לנסיכי

28:14d ܘܒ̈ܬܐ ܕܡܠ̈ܟܐ ܡܚܪܒܐ ܐܚܪܒ

38:3b { B נדיבים ܘܩܕܡ ܡܠ̈ܟܐ ܢܫܬܡܫ
{ Bm מלכים

39:4b ܘܒܝܬ ܡܠ̈ܟܐ ܘܪ̈ܘܪܒܢܐ ܢܫܡܫ

King, Rex (cont'd) ܡܠܟܐ

plur. emph. (cont'd)

40:3a ܡܢ ܝܬܒ ܟܘܪܣܝܐ ܕܡܠܟܐ

45:3b B מלך 7h3 ܘܐܘܩܡܗ ܩܕܡ ܡܠܟܐ

7a1,9m1, ܡܠܟܐ]

45:25d ܘܝܪܬܘܬܐ ܕܡܠܟܐ ܠܒܢܘܗܝ ܝܗܒ

46:13f ܘܡܫܚ ܫܠܝܛܢܐ ܘܡܠܟܐ ܠܥܡܐ

47:14c ܘܒܪܘܟܐ ܕܐܡܪܐ ܕܡܠܟܐ

48:8a B ? מלא ܕܡܫܚ ܡܠܟܐ ܠܦܘܪܥܢܐ ܘܢܒܝܐ

49:4d B מלכי ܡܠܟܐ ܕܒܝܬ ܝܗܘܕܐ

Promise, Promissum ܡܘܠܟܢܐ

sing. emph.

46:1f ܠܒܢܝ ܐܝܣܪܝܠ ܐܪܥܐ ܕܡܘܠܟܢܐ

46:7d ܠܡܥܠܘ ܦܓܪܐ ܒܥܡܐ ܡܢ ܐܪܥܐ ܕܡܘܠܟܢܐ

Kingdom, Regnum ܡܠܟܘܬܐ

sing. emph.

10:8a A מלכות ܡܠܟܘܬܐ ܡܢ ܥܡܐ ܠܥܡܐ

11:5a ܕܝܬܒ ܠܗ ܒܟܘܪܣܝܐ ܕܡܠܟܘܬܐ

46:13e B ממלכת ܕܐܩܝܡܗ ܠܒܝܬ ܡܠܟܘܬܐ

47:11d B ממלכת ܟܘܪܣܝܐ ܕܡܠܟܘܬܐ ܥܠ ܐܝܣܪܝܠ.

47:21b B ממלכת ܡܢ ܕܒܝܬ ܐܦܪܝܡ ܡܠܟܘܬܐ ܣܢܝܬܐ.

47:22f ܘܠܕܘܝܕ ܡܠܟܘܬܐ ܕܠܥܠܡ

Advice, Consilium ܡܠܟܐ

sing. emph.

22:16b ܗܟܢܐ ܗܘ ܠܒܐ ܕܣܡܝܟ ܒܡܠܟܐ ܕܪܚܝܡܘܗܝ

30:21b { B בעונך ; Bm עצתך ; בעצתך } ܘܠܐ ܬܬܬܠ ܒܡܠܟܐ ܕܢܦܫܟ

35(32):19a B עצה ܕܠܐ ܡܠܟܐ ܠܐ ܬܥܒܕ ܡܕܡ

37:7b { B Bm D } יועץ ܒܙܩ ܐܝܬ ܡܠܟܐ ܕܢܦܫܗ ܢܦܫ

37:11j ܠܐ ܬܗܘܐ ܠܗ ܒܟܠ ܡܠܟܐ

Advice, Consilium (cont'd) ܡܠܟܐ

sing. emph.(cont'd)

38:32c ܒܪܡ ܠܡܠܟܐ ܕܥܡܐ ܠܐ ܢܬܒܥܘܢ

40:25b ܘܡܢ ܬܪܝܗܘܢ ܡܠܟܐ ܛܒܐ

plur. emph.

44:4a { B ורוזנים / M ורזנים } ܐܬܘܬܐ ܘܡܠܟܐ ܒܣܘܟܠܬܗܘܢ

Advisor, Consiliarius ܡܠܘܟܐ

sing. emph.

37:7a B, Bm, D } יועץ ܟܠ ܡܠܘܟܐ ܚܙܝ

37:8a { B מיועץ / Bm מהיועץ / D מיועץ } ܡܢ ܡܠܘܟܐ ܢܛܪ ܢܦܫܟ

Kingdom, Regnum ܡܠܟܘܬܐ

plur. absol.

47:21b B שבטים ܠܡܬܦܠܓܘ ܠܬܪܬܝܢ ܡܠܟܘܢ

Root ܡܡܢ =

Wealth, Divitiae ܡܡܘܢܐ

sing. emph.

7:18a A במחיר ܠܐ ܬܫܚܠܦ ܪܚܡܐ ܒܡܡܘܢܐ

.10:8b ܡܛܠ ܚܛܗܐ ܥܘܠܬܐ ܘܡܡܘܢܐ

10:27a A, B } הון ܕܦܠܚ ܘܝܬܪ ܡܡܘܢܐ

14:3b A חרוץ ܕܚܣܐ ܥܝܢܗ ܠܐ ܝܐܐ ܡܡܘܢܐ

34(31):5a B מחיר ܕܪܕܦ ܡܡܘܢܐ ܠܐ ܙܟܐ

34(31):7a ܡܛܠ ܕܬܘܩܠܬܗ ܗܘ ܡܡܘܢܐ ܠܣܟܠܐ

34(31):8b B ממון ܘܒܬܪ ܡܡܘܢܐ ܠܐ ܛܥܐ

41:2d ܘܚܣܝܪ ܡܡܘܢܐ ܘܠܝܬ ܒܗ ܚܝܠܐ 7a1,7h3

ܡܡܘܢܐ] ܡܐܘܢܐ 12a1,Δ,9m1,17a5.

Root

Usual Hebrew = מן   From, Ab Ex   = [illegible] — [illegible]

1: 1a 1b 4a 4b 14b 15a 16b 17b 20d

2: 7b 10a 10b 18f

3: 5a 17b 21a 21b 23b 25b 28b

4: 3b 6a 9a 12b 13a 15b 19a 20a 20b 25b

5: 7b 7c

6: 6b 11b 12b 13a 13a 18a 37d

7: 2a(2) 4a 4b 6c 10b 16a 21b 29a 33b 34a

8: 1a 5a 8c 9b 9c 11a 12a 13a

9: 13a 13b

10: 6c

7b 7a1,7h3 [illegible]

Δ,17a5 [illegible]

8a 16a 17b 20b 24b 27b

11: 4b 6b 12d(2) 15a 15b 18a 19b 21d 32a

33a 24b

12: 2b(2) 7a 7b 11b 12c 16c 16d

13: 1a 1b 2a 2b 7c 9a 16a 21b

14: 1b 4a 6a 14a 23a 27a

15: 5a 8a 9b 11a 14a

16: 3d 3e 4a 5a 5b 15a 26a 27d

8b 7h3

7a1,Δ(less 15c1),17a5 [illegible]

29a 7h3

7a1 [illegible]

17: 1a 15b 20a 25a 25b 31a

18: 10a(2) 10b 17a 22c 24b 26a 27b 30b

19: 11a 11b 16a 24a 28a 29a 29b

20: 3a 21a 22a 22b 23a 31b

21: 2a 4a 5a 6b 7a 15d 23a 23b

22: 1b 1d 5b 9b 11a 11b 11d 13c 13e

14a 15b 21b 25b. 26c

23: 5a 10b 10d 11b 12c 14b 20b 22b

24a 27c 27d

From, Ab Ex (cont'd)

24: 3a 9a 19b 20a 20b 29a 29b

25: 8d 15a 15b 16b 24a 26b

26: 3b 5a 5b 9a 12a 12c 20a 24b 25b 28d
28e 29a 29b

27: 4a 19a 20b(2) 27b

28: 1a 3b 6b 8a 8b 12c 14b 14c 15b
19a 21b

29: 3b 6c 7a 7b 11b 12b 15b 20b 22b 24a 27a

30: 6b 12c 14b 15a 15b 16a 17a 17b 23b

34(31): 6c 13b 13c 13d 20d 21b

35(32): 1c 1d 9b 13b 16b 19b

36(33): 7a 8b 9a 9b 10a 10b 12a 12c 12d
28d 30a 30b(2)

31(34): 4a 6a 19c(2) 19d(2) 24b 25b 29b
30a 30b 31a

32(35): 2a 5a 21a

33(36): 5b 16a 19a 19b 20a 23b 31b

37: 4b 8a 9b 10b 14a 18b 20b 22b 30a

38: 2a 2b 3a 4a 7a 8c 10b 18a 18b

39: 5c 9a 9d 19b 25a 32a 34a

40: 1c(2) 3a 4a 6d 11a 13b 18b 19b
20b 21b 22b 23b 24b 25b 26b 27b

41: 3a 6a 12b

42: 9d 13b 15b 18c 20a 20b 24b

43: 7a

44: 8a 9a 14b 21d 21e 21g 23f

45: 4b 6b 7b

46: 1e 5d 7d 8b 11c 13b 16a 19c 20a 20c

47: 2a 2b 7a 7b 13b 21b 24b

48: 3b 5a 6a 12c(2) 13a 15b 15c 16a 16b

49: 2a 4a 7b

From, Ab Ex (cont'd) ܡܢ

50: 4a 5a 5b 6a 12a 12b 22c

51: 2a(2) 2b 2c 3c 3d 3e 4a 8b 8d(2)
9a 10a 12a 12b 15b 19b 20c 24a

Who (relative, interrogative) ܡܢ

Qui , Quis

1:6a ܥܩ̈ܪܝ ܚܟܡܬܐ ܠܡܢ ܐܬܓܠܝܘ

1:(19b) ܠܟܠ ܡܢ ܕܐܙܠ ܒܬܪܗ̇

3:4a ܡܢ ܕܡܝܩܪ ܠܐܡܗ

3:6b ܡܢ ܕܡܝܩܪ ܠܐܡܗ

3:11b ܡܢ ܕܡܨܥܪ ܠܐܡܗ

3:16a ܡܢ ܕܫܒܩ ܠܐܒܘܗܝ

3:16b ܡܢ ܕܡܨܥܪ ܠܐܡܗ

3:24b A ···] 7a1,7h3 ܡܢ ܕܪܚܡ ܛܒ̈ܬܐ

11c1,14c1,15c1,19g7,18/16g6,17a5 omit

3:25a ܡܢ ܕܠܝܬ ܠܗ ܒ̈ܒܬܐ ܕܥ̈ܝܢܐ

5:13a ܘܡܠܠܐ ܒܝܕ ܡܢ ܕܡܡܠܠ

5:14d ܒܗܬܬܐ ܥܠ ܡܢ ܕܡܗܠܟ ܒܬܪ̈ܬܝܢ

6:1c A ܐܝܟ ܘܚܣܕܐ ܥܠ ܡܢ ܕܡܗܠܟ ܒܬܪ̈ܬܝܢ

8:12a A ܐܝܟ ܠܐ ܬܘܙܦ ܠܡܢ ܕܥܫܝܢ ܡܢܟ

8:13a ܠܐ ܬܥܪܒ ܠܡܢ ܕܥܫܝܢ ܡܢܟ

9:15a ܥܡ ܡܢ ܕܝܕܥ ܠܐܠܗܐ

10:19b(I) ܐܝܢܐ ܙܪܥܐ ܡܢ ܕܢܛܪ ܦܘܩ̈ܕܢܐ

10:19b(II) ܐܝܢܐ ܙܪܥܐ ܡܢ ܕܕܚܠ ܠܐܠܗܐ

10:19d ܐܝܢܐ ܙܠܝܠܐ ܡܢ ܕܠܐ ܢܛܪ ܦܘܩ̈ܕܢܐ

10:23b ܡܢ ܕܡܝܩܪ ܠܡܢ ܕܕܚܠ ܠܐܠܗܐ

10:25b ܒܝ ܡܢ ܕܡܬܝܩܪ ܘܣܥܪ

10:29a ܒܪܝ ܡܢ ܕܡܚܝܒ ܢܦܫܗ

11:4a ܒܡܢ ܕܠܒܝܫ ܪ̈ܘܡܚܐ

12:3a ܠܡܢ ܕܡܝܩܪ ܠܒܝܫܐ

12:3b ܘܡܢ ܕܝܗܒ ܙܕܩܬܐ ܠܐ ܡܟܝܟ

12:13b ܟܠ ܡܢ ܕܩܪܒ ܠܚܝܘܬ ܒܪܐ

12:14a 7h3 ܟܠ ܡܢ ܕܡܫܬܘܬܦ ܠܓܒܪܐ ܚܛܝܐ

7al, Δ, omit

14:5a A למי ܕܒܝܫ ܠܢܦܫܗ ܠܡܢ ܛܐܒ

14:9a ܘܡܢ ܕܢܣܒ ܕܚܒܪܗ

16:14a ܠܟܠ ܡܢ ܕܥܒܕ ܙܕܝܩܘܬܐ

17:27a ܒܫܝܠ ܡܢ ܕܐܡܒܘ ܒܒܠܝܐ

18:15a ܠܡܢ ܕܡܛܐܒ ܠܚܒܪܗ ܠܐ ܬܬܠܐ

18:15b ܘܒܡܢ ܕܝܗܒ ܠܐ ܬܬܒܐܫ

19:9a ܕܠܐ ܡܢ ܕܢܫܡܥܝܢ ܢܫܝܢ

20:2a ܠܡܢ ܕܡܒܣ ܠܚܒܠܐ

20:(4b) ܡܢ ܕܥܒܕ ܕܝܢܐ ܒܐܘܠܨܢܐ

21:27a ܠܡܢ ܕܠܐ ܚܛܐ ܠܗ

22:2b ܘܟܠ ܡܢ ܕܢܣܒ ܠܗ ܡܢܦܨ ܐܝܕܘܗܝ

22:9a ܘܝܢܐ ܡܢ ܕܡܠܦ ܠܣܟܠܐ

22:10b ܘܝܢܐ ܡܢ ܕܡܠܠ ܠܣܟܠܐ

22:20b ܘܡܢ ܕܡܚܣܕ ܚܒܪܗ

22:22c ܒܪ ܡܢ ܫܘܥܝܐ ܕܡܚܣܕ ܪܐܙܐ

23:2a ܡܢ ܕܝܢ ܢܬܠ ܥܠ ܬܪܥܝܬܝ ܡܪܕܘܬܐ

23:12c ܘܐܦ ܡܢ ܕܝܩܪ ܢܦܫܗ

22:27a ܡܢ ܕܝܢ ܢܬܠ ܥܠ ܦܘܡܝ ܢܛܘܪܐ

24:8b ܘܡܢ ܕܒܪܝܢܝ ܘܐܡܪ

26:7b ܘܡܢ ܕܡܫܬܒܪ ܠܗ

26:28e ܡܢ ܕܗܦܟ ܡܢ ܙܕܝܩܘܬܗ ܠܚܛܝܬܐ

28:19a 7al ܛܘܒܘܗܝ ܠܡܢ ܕܐܬܦܨܝ ܡܢܗ̇

7h3 ܠܓܒܪܐ]

29:1a ܡܢ ܕܡܘܙܦ ܠܚܒܪܗ

29:14a ܓܒܪܐ ܛܒܐ ܡܢ ܕܥܒܕ ܠܚܒܪܗ

29:14b ܘܡܢ ܕܡܒܣܪ ܒܗܬܬܐ ܢܦܘܩ ܡܢܗ

30:19c ܗܟܢܐ ܡܢ ܕܐܝܬ ܠܗ ܥܘܬܪܐ

34(31):7b ܘܟܠ ܕܛܥܐ ܒܗ ܗܘ ܡܬܬܩܠ

35(32): 24b ܘܡܢ ܕܬܟܠ ܥܠ ܐܠܗܐ
36(33):6b ܥܠ ܡܢ ܕܪܟܒ ܠܗ
31(34):2b ܘܐܝܢܐ ܗܘ ܡܢ ܕܡܫܬܡܥ
31(34):18a 7h3 ܥܠ ܡܢ ܕܐܬܬܟܠ
7a1]ܡܢܘ
31(34):24b ܘܐܝܢܐ ܡܢ ܕܡܩܪܒ ܩܘܪܒܢܐ
31(34):29b ܒܩܠܐ ܕܡܢ ܡܢ ܗܠܝܢ ܢܫܡܥ ܐܠܗܐ
32(35):11b ܐܝܟ ܠܡܢ ܕܠܗ ܦܪܥ ܠܟ
32(35):12c ܡܢ ܕܝܗܒ ܚܢܝ ܠܡܣܟܢܐ
36:(21a) ܠܡܢ ܕܡܢ ܩܕܡܐ ܕܒܪܝܬܐ ܠܟ
37:19a ܐܝܬ ܡܢ ܕܚܟܝܡ ܒܥܝܢܘܗܝ
38:15a B אשר ܡܛܠ ܕܡܢ ܕܚܛܐ ܩܕܡ ܐܠܗܐ
39:28d ܘܪܘܚܐ ܕܡܢ ܕܒܪܐ ܐܢܘܢ ܡܢܝܚܝܢ
40:12a ܥܠ ܡܢ ܕܚܛܐ ܘܡܬܗܦܟ ܒܢܟܠ
40:18b ܡܢ ܕܐܫܟܚ ܣܝܡܬܐ
40:28a ܡܢ ܕܫܐܠ ܠܟ ܠܐ ܬܟܠܝܘܗܝ
40:29c ܗܢܐ ܢܦܫܗ ܡܢ ܕܪܕܐ ܬܪܥܝܬܐ
46:13b ܪܚܝܡ ܠܒܪܘܝܗ ܡܢ ܕܐܫܬܐܠ
48:4b B אשר ܘܡܢ ܕܐܟܘܬܟ ܗܘ ܢܫܬܒܚ

49:2a B כי 7h3 ܡܢ ܕܐܫܬܟܚ ܡܢ ܢܨܘܚܐ
7a1]ܡܛܠ
51:8a ܘܦܪܩ ܠܗܘܢ ܡܢ ܡܢ ܕܐܬܡܟܠ ܡܢܗܘܢ
51:26c ܩܪܝܒܐ ܗܝ ܠܡܢ ܕܒܥܐ ܠܗ

Who is it,Quis est ܡܢܘ

1:2b ܘܬܚܘܡܬܐ ܕܥܠܡܐ ܡܢܘ ܡܨܐ ܠܡܡܢܘ
1:6b ܘܪܒܘܬܗ ܘܡܬܒܠܬܗ ܡܢܘ ܝܕܥ
1:20q ܡܢܘ ܕܚܙܐ ܕܚܠܬܗ ܝܬܗ
2:10c ܡܢܘ ܗܝܡܢ ܒܗ ܘܐܬܒܗܬ
2:10e ܐܘ ܡܢܘ ܩܪܝܗ ܘܠܐ ܥܢܝܗ
2:10d ܐܘ ܡܢܘ ܐܬܬܟܠ ܥܠܘܗܝ

Ref.	MS	Heb.	Syriac
5:3a	A	מי	ܠܐ ܬܐܡܪ ܕܡܢܘ ܡܨܐ ܥܠܝ
6:4b			ܘܚܙܝ ܡܢܘ ܚܟܝܡ
6:35a	A	מה	ܚܙܝ ܡܢܘ ܚܟܝܡ ܘܒܟܪܘܗܝ
10:29a	A B	מי	ܡܢܘ ܢܙܕܩܘܗܝ
10:29b	A B	ומי	ܐܘ ܡܢܘ ܢܝܩܪ ܠܡܢ ܕܡܨܠ ܢܦܫܗ
12:13a	A	מי	ܡܢܘ ܢܚܘܣ ܥܠ ܐܚܘܕܐ
16:17b	A	מי	ܘܒܡܪܘܡܐ ܕܫܡܝܐ ܡܢܘ ܢܬܕܟܪܢܝ
16:20b	A	מי	ܘܒܐܘܪܚܬܝ ܡܢܘ ܢܬܒܝܢ
16:21b	A	מי	ܒܟܠ ܐܬܪ ܕܥܒܕ ܡܢܘ ܢܕܥ
18:4a			ܡܢܘ ܡܨܐ ܠܡܫܘܚܘ ܓܒܪܘܬܗ
18:4b			ܐܘ ܡܢܘ ܢܫܬܥܐ
19:4b			ܕܡܚܛܐ ܒܢܦܫܗ ܡܢܘ ܢܙܕܩܝܘܗܝ
20:21b			ܡܢܘ ܗܢܐ ܕܗܘܐ ܙܕܝܩܐ
22:14b			ܘܡܢܘ ܫܡܗ ܐܠܐ ܣܟܠܐ
23:18f			ܡܢܘ ܚܙܐ ܠܝ ܕܐܚܛܐ
28:5b			ܠܐ ܨܒܐ ܠܡܫܒܩ ܠܗ ܡܢܘ ܢܫܒܘܩ ܠܗ
34(31):9a	B Bm	מי הוא	ܡܢܘ ܗܢܐ ܘܢܛܘܒܝܘܗܝ
34(31):10a	B	מי הוא	ܡܢܘ ܗܢܐ ܕܐܬܒܚܪ ܒܗ
34(31):10c	B	מי	ܡܢܘ ܗܢܐ ܕܐܫܟܚ ܠܡܥܒܪ
31(34):4b			ܐܘ ܡܢܘ ܢܟܡܐ ܕܢܫܪܐ
31(34):18a			ܠܠ ܡܢܘ ܐܬܬܟܠ
31(34):18b			ܘܡܢܘ ܗܘܐ ܠܗ ܣܡܘܟܐ
31(34):31c			ܨܠܘܬܗ ܡܢܘ ܢܫܡܥ
32(35):12d	Bm	ומי	ܡܢܘ ܓܒܪ ܦܪܘܫܐ ܐܠܐ ܐܢ ܗܘ
36:31a	B C D	מי	ܡܢܘ ܓܒܪ ܢܗܝܡܢ ܠܓܝܣܐ
39:15c			ܡܢܘ ܓܒܪܘܬܗ ܒܬܫܒܘܚܬܐ
42:25b	Bm M	מי	ܘܡܢܘ ܢܣܒܥ ܠܡܚܙܐ ܒܫܘܦܪܗܘܢ
43:3b	B M	מי	ܡܢܘ ܡܨܐ ܠܡܩܡ
46:3a	B	מי	ܡܢܘ ܡܨܐ ܠܡܩܡ ܩܕܡܘܗܝ

Ref.	MS	Hebrew	Syriac
2:14b			ܡܢܐ ܬܥܒܕܘܢ ܟܕ ܢܣܥܪ
7:28b			ܘܡܢܐ ܬܦܪܘܥ ܐܝܟ ܕܦܪܥܘܢܟ
9:11b	A	מה	ܕܠܐ ܬܕܥ ܡܢܐ ܗܘܐ ܚܪܬܗ
10:9a	A	מה	ܡܢܐ ܫܒܗܪܐ ܥܦܪܐ
11:19c	A	מה	ܘܠܐ ܝܕܥ ܡܢܐ ܗܘܐ ܚܪܬܗ
13:2c	A	מה	ܡܢܐ ܓܝܪ ܬܬܚܠܛ
13:2e	A	מה	ܡܢܐ ܢܬܚܠܛ ܥܬܝܪܐ ܠܡܣܟܢܐ
13:17a	A	מה	ܡܢܐ ܢܬܚܠܛ ܕܐܒܐ ܠܐܡܪܐ
13:18a	A	מאין	ܡܢܐ ܫܠܡ ܐܦܐ ܠܟܠܒܐ
13:18b			ܡܢܐ ܢܫܠܡ ܥܬܝܪܐ ܠܡܣܟܢܐ
13:22c	A	מי זה	ܘܐܡܪܝܢ ܡܢܐ ܐܡܪ
16:17d	A	מה	ܡܢܐ ܗܝ ܢܦܫܝ ܒܟܠܗ ܒܪܝܬܐ
17:27a			ܡܢܐ ܗܢܝܐ ܐܝܬ ܠܗ
18:8a			ܡܢܐ ܐܝܟ ܒܪ ܐܢܫܐ ܘܡܢܐ ܛܒܬܗܘܢ ܘܡܢܐ ܒܝܫܬܗܘܢ
18:8b			ܘܡܢܐ ܚܘܒܬܗܘܢ ܘܡܢܐ ܟܢܘܫܬܗܘܢ
20:30b			ܡܢܐ ܗܢܝܐܢܐ ܐܝܬ ܒܬܪܬܝܗܝܢ
21:27d			ܕܠܐ ܝܕܥ ܡܢܐ ܢܐܡܪ ܠܗ
22:10d			ܐܡܪ ܠܟ ܡܢܐ ܐܡܪܬ
28:3b			ܡܢܐ ܒܥܐ ܐܣܝܘܬܐ
29:23b			ܘܡܢܐ ܢܒܥܐ ܒܝܬܗ ܐܢܫ ܠܐ ܢܫܐ
30:19a	Bm	מה	ܡܢܐ ܗܢܝܐ ܐܝܬ ܠܦܬܟܪܐ
34(31):27c	B	מה	ܡܢܐ ܐܝܟ ܚܝܘܗܝ
36(33):7a			ܠܡܢܐ ܐܝܬ ܝܘܡܐ ܒܫܒܬܐ
31(34):28b			ܡܢܐ ܐܗܢܝܘ ܐܠܐ ܥܡܠܐ
31(34):30b			ܡܢܐ ܐܘܬܪ ܡܢ ܡܣܚܝܬܗ
31(34):31d			ܐܘ ܡܢܐ ܐܘܬܪ ܕܨܡ
33(36):10b	B	מה	ܡܛܠ ܕܠܝܬ ܕܐܡܪ ܠܟ ܡܢܐ ܥܒܕ
37:3a	B, D	מדוע	ܘܒܝܫܐ ܠܡܢܐ ܐܬܒܪܝ
37:8b	B, D	מה	ܘܕܥ ܠܘܩܕܡ ܡܢܐ ܚܫܚܐ
38:25a	B	מה	ܡܢܐ ܓܝܪ ܢܬܚܟܡ ܐܟܪܐ

What , Quid (cont'd) ܡܢܐ

39:17a ܘܠܝܬ ܕܐܡܪ ܗܢܐ ܠܡܢܐ ܘܗܢܐ ܠܡܢܐ

49:10a ܡܢܐ ܢܫܒܚ ܠܙܪܘܒܒܠ

Hair, Crinis ܡܢܬܐ

plur. emph.

27:14a ܡܩܦܣܐ ܡ̈ܢܬܐ ܕܫܡܘܥܐ

Root ܡܢܐ

He numbered, numeravit ܡܢܐ

peal perf. 3 m.s. with suff.

1:9a ܒܪܗ̇ ܘܚܙܗ̇ ܘܡܢܝܗ̇ ܘܐܫܦܥܗ̇

peal infin.

1:2b ܡܢܘ ܡܫܟܚ ܠܡܡܢܐ

42:17b ܠܡܡܢܐ ܓܒܪ̈ܘܬܐ ܕܦܪ̈ܫܬܗ B/M לספר

peal imperf. 3 m.s.

18:4b ܡܢܘ ܢܡܢܐ ܓܒܪ̈ܘܬܗ

peal perf. 3 m.pl.

1:20 1 ܘܡܢܘܢ ܟܠ ܐܬܒ̈ܣܝܡܬܗ ܕܡܪܝܐ

A part, Pars ܡܢܬܐ

sing. with suff.

41:3a ܡܛܠ ܕܗܘܘ ܡܢܬܟ

10:11a A ינחל ܒܡܘܬܗ ܕܒܪܢܫܐ ܪܡ̈ܫܬܐ ܡܢܬܗ

14:9a A חלקו ܐܟܪܝܐ ܗܝ ܡܢܬܗ

17:17b ܘܡܢܬܗ ܕܡܪܝܐ ܐܝܣܪܝܠ

24:12b ܒܥܡܐ ܫܦܝܪܐ ܒܡܢܬܗ ܕܡܪܝܐ

26:23a ܒܡܢܬܗ ܕܓܒܪܐ ܢܦܠܐ

27:18a ܕܓܒܪܐ ܕܐܘܒܕ ܡܢܬܗ

45:22c B [ ]ל[ ] ܡܛܠ ܕܡܪܝܐ ܡܢܬܗ ܘܝܪܬܘܬܗ

Number , Numerus ܡܢܝܢܐ

sing. emph.

17:2a ܡܢܝܢܐ ܕܝܘ̈ܡܬܐ ܦܠܓ ܠܗܘܢ

Number , Numerus (cont'd) ܡܢܝܢܐ

sing. emph. (cont'd)

18:9a ܡܢܝܢܐ ܕܝܘܡܬܗ ܕܒܪܢܫܐ

26:1b C מספר 7h3 ܡܛܠ ܕܡܢܝܢܐ ܕܝܘܡܬܐ ܕܚܝܘܗܝ

7al,10ml,12al,Δ , omit

26:26d ܡܢܝܢܐ ܣܓܝ ܕܫܢܝܐ ܕܚܝܘܗܝ

36(33):9b E מספר ܘܣܡܢܘܢ ܒܓܘ ܠܡܢܝܢܐ ܕܝܘܡܬܐ

30(33):32a E מצער ܘܒܪܐ ܕܥܒܕܝܢ ܡܢܝܢܐ ܕܝܘܡܬܟ

Root ܡܢܐ

Portion, Portio ܡܢܬܐ

sing. with suff.

34(31):19a B די ܡܣܬܦܩ ܓܒܪ ܙܥܘܪ ܒܡܢܬܗ ܕܡܛܝܐ

Decayed ,Putridus ܡܚܝܐ

sing. emph.

2:12a ܠܒܐ ܡܚܝܐ ܘܐܝ̈ܕܝܐ ܡܪ̈ܦܝܬܐ

Root ܡܥܐ

Intestines, Intestina ܡܥ̈ܝܐ

plur. emph.

40:29d B } מעים ܒܐܒܕܐ ܐܢܫ ܡܥ̈ܝܐ
M }

plur. with suff.

51:21a B מעי ܡܥ̈ܝ ܢܫܬܓܪܘܢ ܐܝܟ ܬܢܘܪܐ

4:3a A וקרב ܡܥ̈ܘܗܝ ܕܐܢܫܐ ܡܣܟܢܐ

10:10a ܒܥ̈ܘܗܝ ܘܡܥ̈ܘܗܝ ܐܣܝܐ ܚܙܐ

19:12b ܗܟܢܐ ܡܠܬܐ ܒܡܥ̈ܘܗܝ ܕܣܟܠܐ

22:18e ܗܟܢܐ ܠܒܗ ܕܣܟܠܐ ܒܡܥ̈ܘܗܝ ܬܒܪ

Root ܡܛܐ

He was equal to,Par fuit ܡܛܐ

peal part.

5:3a A יוכל ܠܐ ܬܐܡܪ ܕܡܢܘ ܡܛܐ ܚܝܠܗ

12:15b ܠܐ ܡܛܐ ܐܢܬ ܚܝܠܗ

29:20a ܐܝܟ ܡܐ ܕܡܛܐ ܐܝܕܟ ܒܚܝܠܟ

Root ܡܨܥ

Middle , Medium ܡܨܥܬܐ

sing. const.

34(31):21b ܐܦ ܐܢ ܐܬܐܠܨܬ ܡܢ ܡܨܥܬ ܡܐܟܘܠܬܐ ܘܬܬܢܝܚ

sing. with suff.

43:3a ܒܡܨܥܬܗ ܕܛܗܪܐ ܡܚܡܡ ܠܗ ܠܐܪܥܐ

Root ܡܪܪ

Bitter , Amarus ܡܪܝܪܐ

sing. absol. f .

25:15a ܠܝܬ ܪܝܫܐ ܡܪܝܪܐ ܡܢ ܪܝܫܗ ܕܚܘܝܐ

25:15b ܘܠܝܬ ܒܥܠܕܒܒܘܬܐ ܕܡܪܝܪܐ ܡܢ ܕܐܢܬܬܐ

sing. emph. f.

29:25b ܘܒܬܪ ܗܠܝܢ ܬܫܡܥ ܡܪܝܪܬܐ

sing. const. m.

4:6a A מר ܠܐܦ ܗܘ ܓܝܪ ܡܪܝܪ ܢܦܫܐ

plur. emph. m.

38:5a ܗܠܐ ܡ̈ܝܐ ܡܪ̈ܝܪܐ

plur. const. f .

7:11a A במר ܠܐ ܬܒܣܐ ܐܢܫܐ ܕܡܪ̈ܝܪܢ ܢܦ̈ܫܗ

11:4b A}B} במרירי ܠܒܪܢܫܐ ܕܡܪ̈ܝܪܢ ܢܦ̈ܫܗ

Bitterness,Acervitas ܡܪܝܪܘܬܐ

sing. emph.

32(35):20a B תמרורי ܡܪܝܪܘܬܐ ܕܢܦܫܗ ܕܡܣܟܢܐ

Root ܡܪܐ

Lord,Dominus (divine title)(in emphatic) ܡܪܝܐ

sing. emph.

1:1a ܟܠ ܚܟܡܬܐ ܡܢ ܩܕܡ ܡܪܝܐ ܗܝ

1:11a ܕܚܠܬܗ ܕܡܪܝܐ ܗܕܪܐ ܘܐܝܩܪܐ

1:12a ܕܚܠܬܗ ܕܡܪܝܐ ܡܚܕܝܐ ܠܒܐ

1:14a ܪܫ ܚܟܡܬܐ ܕܚܠܬܗ ܕܡܪܝܐ. ܘܥܡ

1:16a ܪܫ ܚܟܡܬܐ ܕܚܠܬܗ ܕܡܪܝܐ. ܘܣܘܒܥܐ

1:18a ܪܫ ܚܟܡܬܐ ܕܚܠܬܗ ܕܡܪܝܐ. ܘܫܘܡܠܝܐ

Lord, Dominus (cont'd)

sing. emph. (cont'd)

1:20 l			ܘܢܛܪܝܢ ܟܠ ܦܘܩܕܢܘܗܝ ܕܡܪܝܐ
1:20 u			ܪܚܡܝܢ ܕܚܠܬܗ ܕܡܪܝܐ
1:28a			ܠܐ ܬܪܗܒ ܒܕܚܠܬܗ ܕܡܪܝܐ
1:30e			ܕܠܡܐ ܢܓܠܐ ܡܪܝܐ ܐܦܘܬܟ
2:7a			ܕܚ̈ܠܘܗܝ ܕܡܪܝܐ ܣܟܘ ܠܛܝܒܘܬܗ
2:8a			ܕܚ̈ܠܘܗܝ ܕܡܪܝܐ ܗܝܡܢܘ ܒܗ
2:9a			ܕܚ̈ܠܘܗܝ ܕܡܪܝܐ ܣܒܪܘ ܠܛܝܒܘܬܗ
2:11a			ܡܛܠ ܕܚܢܢܐ ܗܘ ܘܡܪܚܡܢܐ ܡܪܝܐ
2:14b			ܡܢܐ ܬܥܒܕܘܢ ܟܕ ܢܣܥܘܢ ܡܪܝܐ
2:15a			ܕܚܠܘܗܝ ܕܡܪܝܐ ܠܐ ܢܣܠܘܢ ܡܐܡܪܗ
2:16a			ܕܚܠܘܗܝ ܕܡܪܝܐ ܢܬܪܥܘܢ ܨܒܝܢܗ
3:2a			ܡܪܝܐ ܝܩܪ ܐܒܐ ܠܒܢܐ
4:12b	A	מייי	ܢܣܒܠܘܢ ܪܚܡܐ ܡܢ ܡܪܝܐ
4:13b	A	ייי	ܘܒܐܬܪܐ ܕܒܪܟ ܡܪܝܐ
4:28b	A	ייי	ܘܡܪܝܐ ܢܬܟܬܫ ܠܘܩܒܠܟ
5:3b	A	ייי	ܡܛܠ ܕܡܪܝܐ ܬܒܥܐ ܗܘ
5:4c	A	ייי	ܠܐ ܬܗܘܐ ܕܡܪܚܡܢܐ ܗܘ ܡܪܝܐ
9:15b	A	?בינותו	ܘܡ̈ܠܝܟ ܒܐܘܪܝܬܗ ܕܡܪܝܐ
10:4a	A	אלהים	ܒܐܝ̈ܕܘܗܝ ܕܡܪܝܐ ܫܘܠܛܢܐ
10:5a	A	אלהים	ܒܐܝ̈ܕܘܗܝ ܕܡܪܝܐ ܫܘܠܛܢܐ
10:14a	A	אלהים	ܟܘܪܣܝܐ ܕܓܐܘܬܢܐ ܗܦܟ ܡܪܝܐ
10:15a			ܥܩܪܐ ܕܓܐܘܬܢܐ ܥܩܪ ܡܪܝܐ
10:16a	A	אלהים	ܥܡܡܬܐ ܕܓܐܘܬܢܐ ܥܩܪ ܡܪܝܐ
11:12c	A	ייי	ܡܐܡܪܗ ܕܡܪܝܐ ܢܠܒܘܗܝ
11:15a	A	מייי	ܡܢ ܠܘܬ ܡܪܝܐ ܗܝ
11:17a			ܡܘܗܒܬܐ ܕܡܪܝܐ ܡܩܘܝܐ ܠܚܣ̈ܝܕܘܗܝ
11:21b	A	לייי	ܐܠܐ ܣܟܐ ܠܡܪܝܐ
11:21c	A	ייי	ܡܛܠ ܕܩܠܝܠ ܗܘ ܩܕܡ ܡܪܝܐ
12: 2b	A	מייי	ܐܠܐ ܡܢܗ ܡܢ ܩܕܡ ܡܪܝܐ
16:15a	A	ייי	ܡܪܝܐ ܩܫܐ ܠܒܗ ܕܦܪܥܘܢ

Lord, Dominus (cont'd) ܡܪܝܐ

sing. emph. (cont'd)

16:17a A מאל 7a1,12a1,Δ,9m1,17a5, ܡܢ ܩܕܡ ܡܪܝܐ ܐܬܛܫܝܬ
7h3 ܐܠܗܐ]

17:17b ܘܡܢܬܗ ܕܡܪܝܐ ܐܝܣܪܐܝܠ

17:25a ܬܘܒ ܠܘܬ ܡܪܝܐ

18:2a ܘܡܪܝܐ ܒܠܚܘܕܘܗܝ ܙܕܝܩ

19:20a 7a1,Δ, ܘܟܠ ܚܟܡܬܐ ܕܚܠܬܗ ܕܡܪܝܐ
7h3 ܐܠܗܐ]

21:6b 12a1,Δ,17a5, ܘܕܕܚܠ ܠܡܪܝܐ ܬܐܒ
7a1,7h3 ܐܠܗܐ]

23:2c ܘܗܘ ܡܪܝܐ ܢܚܘܣ ܥܠ ܣܟܠܘܬܝ

24:12b ܒܡܢܬܗ ܕܡܪܝܐ ܘܥܡܗ ܝܪܬܘܬܗ

24:23a ܒܟܬܒܐ ܕܩܝܡܐ ܕܡܪܝܐ ܥܠܝܐ

25:12a ܪܫ ܕܚܠܬܗ ܕܡܪܝܐ ܠܡܪܚܡܘ

25:14a ܡܗܝܡܢܘܬܐ ܕܡܪܝܐ ܐܠܗܬܐ ܦܩܘܕܬܐ

26:3b C יי ܠܓܒܪܐ ܕܕܚܠ ܡܢ ܡܪܝܐ

26:23b 7a1,Δ, ܠܓܒܪܐ ܕܕܚܠ ܠܡܪܝܐ ܬܬܝܗܒ
7h3 ܐܠܗܐ]

26:25b ܕܕܚܠܐ ܡܢ ܡܪܝܐ ܐܝܬ ܠܗ ܒܗ ܒܗܬܬܐ

29:19a ܕܥܒܪ ܥܠ ܦܘܩܕܢܘܗܝ ܕܡܪܝܐ

30:20c B ייי ܘܡܪܝܐ ܬܒܥ ܒܐܝܕܗ

31(34):14a ܢܦܫܐ ܕܕܚܠܘܗܝ ܢܚܐ ܡܪܝܐ

31(34):19a ܥܝܢܘܗܝ ܕܡܪܝܐ ܥܠ ܟܠܗܘܢ ܕܚܠܘܗܝ

32(35):22b { B אל ; Bm אדון } ܘܐܦ ܡܪܝܐ ܠܐ ܢܫܗܐ

37:18a ܡܪܝܐ ܒܪܐ ܥܠ ܛܒ ܘܒܝܫ

42:16b { B ייי ; M אדני } ܙܠܝܩܘܗܝ ܕܡܪܝܐ ܥܠ ܟܠܗܘܢ ܥܒܕܘܗܝ

42:17a { B, M } אל ܠܐ ܣܦܩܘ ܡܫܬܥܝܘܗܝ ܕܡܪܝܐ

sing. emph. (cont'd)

43:5a { B יהוי / אדני / עליון } ܪܒ ܗܘ ܡܪܝܐ ܕܥܒܕܗ

45:22c B [דין] ܡܛܠ ܕܡܪܝܐ ܡܢܬܗ ܘܝܪܬܘܬܗ

46:3b B יהוי ܡܛܠ ܕܩܪ̈ܒܐ ܕܡܪܝܐ ܗܘ ܢܨܒ

46:5a B אל עליון ܡܛܠ ܕܨܠܐ ܩܕܡ ܡܪܝܐ

46:17a B יהוי ܘܪܥܡ ܒܫܡܝܐ ܡܪܝܐ

46:19b B יהוי ܐܣܗܕ ܩܕܡ ܡܪܝܐ

48:3a B אל ܒܡܠܬܗ ܕܡܪܝܐ ܟܠܐ ܫܡܝܐ

48:5b B יהוי ܐܝܟ ܨܒܝܢܗ ܕܡܪܝܐ

48:10b ܩܕܡ ܕܢܐܬܐ ܝܘܡܗ ܕܡܪܝܐ

48:20b B אל עליון ܘܦܪܣܘ ܐܝܕܝܗܘܢ ܩܕܡ ܡܪܝܐ ܐܠܗܗܘܢ

50:29a B יהוי 7a1,7h3 ܪܘܡܐ ܕܕܚܠܬܗ ܕܡܪܝܐ

12a1, Δ (less 15c1,& 19g7),19g1, ܐܠܗܐ ܐ]

51:1a B אלהי ܐܘܕܐ ܠܟ ܡܪܝܐ ܡܠܟܐ

51:1b B אלהי ܘܐܫܒܚ ܫܡܟ ܡܪܝܐ ܒܟܠ ܝܘܡ

51:8a B יהוי ܘܐܬܕܟܪܬ ܚܣ̈ܕܘܗܝ ܕܡܪܝܐ

51:10b ܡܪܝܐ ܓܒܪܐ ܘܦܪܘܩܐ

51:11c B יהוי ܗܝܕܝܢ ܫܡܥ ܡܪܝܐ ܩܠܝ

sing. const.

8:2a A איש ܠܐ ܬܚܪܐ ܥܡ ܡܪܐ ܕܗܒܐ

24:8a ܗܝܕܝܢ ܦܩܕܢܝ ܡܪܐ ܟܠ

32(35):21b ܘܩܕܡ ܡܪܐ ܪܒܘܬܐ ܢܐܠܐ

sing. with suff.

51:15c B אדני ܕܪܟܬ ܪܓܠܝ ܒܬܪܝܨܘܬܐ ܡܪܝ

51:22a B יהוי ܝܗܒ ܡܪܝ ܠܠܫܢܝ ܐܓܪܐ

18:23b ܓܒܪܐ ܕܡܢܣܐ ܡܪܗ

46:14b B אלהי ܐܝܟ ܢܡܘܣܐ ܕܦܩܕ ܡܪܗ ܕܝܥܩܘܒ

Lord, Dominus (cont'd) ܡܪܐ

sing. with suffix(cont'd)

6:3a A בעליה ܡܛܠ ܕܦܐܪܐ ܘܥܣܬܐ ܬܐܟܘܠ ܡܪܗ̇

19:3b C בעליה ܦܓܪܐ ܣܝܒܘܬܐ ܬܘܒܕ ܡܪܗ̇

23:1a ܐܠܗܐ ܐܒܝ ܘܡܪܗܘܢ ܕܚܝܝ

23:4a ܐܠܗܐ ܐܒܝ ܘܡܪܗܘܢ ܕܚܝܝ

plur. const.

26:28d ܘܥܠ ܐܢܫܝܢ ܡܪ̈ܝ ܫܡܐ

29:18c ܘܐܦ ܠܡܪ̈ܝ ܢܟܣܐ ܛܪܕܬ

plur. with suffix

37:11a ܘܥܡ ܢܓܒܪܐ ܕܒܥܐ ܠܡܦܠܓ ܡܪ̈ܘܗܝ

Mistress, Domina ܡܪܬܐ

sing. const.

9:9(I)a A בעלה ܘܥܡ ܡܪܬ ܒܥܠܬܐ ܠܐ ܬܣܬܡܟ

Root ܡܪܓ√

Jewel, Margarita ܡܪܓܢܝܬܐ

plur. emph.

7:19b A פנינים ܘܛܒܬ ܫܘܦܪܐ ܒܡܪ̈ܓܢܝܬܐ

30:15b B מפנינים ܘܪܘܚܐ ܛܒܬܐ ܡܢ ܡܪ̈ܓܢܝܬܐ

38:27c ܒܒܢܝܢܐ ܕܚܠܩܐ ܘܕܛܒ̈ܥܐ ܘܕܡܪ̈ܓܢܝܬܐ

Root ܡܪܕ

He resisted, restitit ܡܪܕ

peal imperf. 3 m.s.

30:12c B ומרה ܕܠܐ ܢܩܫܐ ܘܢܡܪܕ ܒܟ

30(33):36a E ימרוד ܦܠܘܚ ܒܥܒܕܟ ܕܠܐ ܢܡܪܕ

Rebellious, Repugnans, ܡܪܘܕܐ

sing. emph.

30:8b ܗܟܢܐ ܒܪܐ ܡܪܘܕܐ ܕܠܐ ܢܦܩ

plur. emph.

15:8a A } מלצים ܪܚܝܩܐ ܗܝ ܡܢ ܡܪ̈ܘܕܐ
B }

Root ܡܪܚ

Daring, Audax ܡܪܚܐ

sing. absol.

3:27b A מתחולל ܘܡܪܚܐ ܢܗܘܐ ܣܘܦܗ ܒܝܫܬܐ

sing. emph.

12:7b ܗܒ ܠܡܟܝܟܐ ܘܟܠܐ ܡܢ ܡܪܚܐ

20:7b C ? וכפיל ܘܫܢܝܐ ܡܪܚܐ ܘܣܟܠܐ ܠܐ ܢܛܪ

Audacity, Audacia ܡܪܚܘܬܐ

sing. emph.

15:13a { A ותעבה / B ותועבה } ܟܠ ܒܝܫܬܐ ܘܡܪܚܘܬܐ ܣܢܐ

27:13b ܘܫܥܝܗܘܢ ܡܪܚܘܬܐ ܗܝ

48:18d B בגאנו ܘܫܛ ܒܡܪܚܘܬܗ ܥܠ ܐܠܗܐ

Root ܡܪܥ

Illness , Morbus ܡܪܥܐ

sing. emph.

2:4b ܘܒܡܪܥܐ ܘܒܡܣܟܢܘܬܐ ܡܓܪ ܪܘܚܟ

34(31):2b { B ומחלי / Bm ומחלה } ܘܡܪܥܐ ܬܩܝܦܐ ܡܦܪܚ ܫܢܬܐ

37:30a { B / D } חולי ܣܓܝܐܘܬܐ ܕܐܟܠܬܐ ܡܝܬܝܐ ܠܡܪܥܐ

sing. with suff.

38:9a { B בחולי / Bm במחלה } ܒܪܝ ܐܦ ܒܡܪܥܟ ܠܐ

plur. emph.

7:35a A מאוהב ܠܐ ܬܒܣܐ ܡܪ̈ܥܐ

Root ܡܫܚ

He anointed, Unxit ܡܫܚ

peal perf. 3 m.s.

46:13f B וימשח ܘܡܫܚ ܡܠܟܐ ܘܫܠܝܛܐ ܠܥܡܗ

48:8a B המושח ܕܡܫܚ ܡܠ̈ܟܐ ܠܦܘܪܥܢܐ ܘܢܒ̈ܝܐ

peal perf. 3 m.s. with suff.

45:15b B וימשחהו ܘܡܫܚܗ ܡܫܘܚܐ ܕܩܘܕܫܐ

Oil, Oleum ܡܫܚܐ

sing. emph.

24:13b ܘܐܝܟ ܐܝܠܢܐ ܕܡܫܚܐ ܒܛܘܪ ܦܪܘܓܐ

24:15d ܘܐܝܟ ܡܫܚܐ ܦܩܥܐ ܝܗܒܬ ܪܝܚܐ

39:26d B יצהר ܘܚܡܪܐ ܘܡܫܚܐ ܘܬܠܒܘܫܬܐ

45:15b ܘܡܫܚܗ ܡܫܚܐ ܕܩܘܕܫܐ

50:10b B שמן ܘܐܝܟ ܐܝܠܢܐ ܕܡܫܚܐ ܕܡܫܒܚ

The anointed one, unctus ܡܫܝܚܐ

sing. with suff.

46:19b B ומשיחו ܡܢ ܡܪܝܐ ܘܡܢ ܡܫܝܚܗ

He measured, Mensus est ܡܫܚ

peal imperf. 3 m.s.

1:3b ܘܬܗܘܡܐ ܪܒܐ ܡܢܘ ܢܡܫܘܚ

Root ܡܬܠ

Parable, Parabola ܡܬܠܐ

plur. emph.

3:29a A משלי ܠܒܐ ܚܟܝܡܐ ܢܣܬܟܠ ܒܡ̈ܬܠܐ

6:35b A } ומשל ܘܡ̈ܬܠܐ ܕܚܟܡܬܐ ܠܐ ܢܦܠܛܘܢܟ
C }

18:29b ܘܢܒܥܘܢ ܚܟܡܬܐ ܠܐܘܪܝܬܐ ܡ̈ܬܠܐ ܕܡ̈ܬܠܐ

20:27a ܡܢ ܡ̈ܬܠܐ ܕܚܟܡܬܐ

38:33c ܘܒܡ̈ܬܠܐ ܕܚܟܡܬܐ ܠܐ ܢܣܬܟܠܘܢ

39:3a ܚܟܡܬܐ ܕܡ̈ܬܠܐ ܢܒܥܐ

39:6c ܗܘܝܘ ܢܒܥ ܡ̈ܬܠܐ ܕܚܟܡܬܐ

39:7a ܗܘ ܢܣܬܟܠ ܡ̈ܬܠܐ ܕܚܟܡܬܐ

47:17a B [illegible]ל ܦܫܪ ܡ̈ܬܠܐ ܕܚܟܡܬܐ

50:27a B ומושל ܟܠ ܡ̈ܬܠܐ ܕܚܟܡܬܐ

plur. with suff.

8:8b A ובחידתיהם ܘܒܡ̈ܬܠܝܗܘܢ ܗܘܝܬ ܕܪܫ

Root ܡܬܢ

Loins, Lumbi ܡܬܢܬܐ

plur. with suff.

30:12b B מתניו ܘܦܫܘܚ ܡܬܢ̈ܬܗ ܟܕ ܗܘ ܙܥܘܪ

He approached slowly, ܡܬܢ

Tardo passu incedit

ethpa'al imperat. 2 m.s.

1:20w ܩܪܘܒ ܘܠܐ ܬܬܡܬܢ

Slowness, Segnitas ܡܬܝܢܘܬܐ

sing . emph.

5:11b { A ארך רוח
C ארך ענה ܘܒܡܬܝܢܘܬܐ ܗܘܝܬ ܦܢܐ ܦܬܓܡܐ

ܢ

Root ܢܒܛ

nom. prop. ܢܒܛ

47:23e B נבט ܠܝܘܪܒܥܡ ܒܪ ܢܒܛ ܕܐܚܛܝ

Root ܢܒܐ

Prophet, Propheta ܢܒܝܐ

sing. emph.

47:1a ܘܒܬܪܗ ܩܡ ܢܬܢ ܢܒܝܐ

48:1a B נביא ܥܕܡܐ ܕܩܡ ܢܒܝܐ

48:8b B ונביא ܘܢܒܝܐ ܕܗܘܐ ܒܬܪܗ

48:20d ܘܦܪܩܢ ܐܢܘܢ ܒܝܕ ܐܫܥܝܐ ܢܒܝܐ

48:22c ܕܦܩܕܗ ܐܫܥܝܐ ܢܒܝܐ

49:7b B נביא ܕܗܘܐ ܡܢ ܟܪܣܐ ܕܐܡܗ ܢܒܝܐ

plur. absol.

49:10a B הנביאים ܘܐܦ ܬܪܥܣܪ ܢܒܝ̈ܝܢ

plur. emph.

39:1b ܘܠܘܬ ܢܒܝ̈ܐ ܡܬܦܢܐ ܠܡܦܩܐ

48:22d ܐܫܥܝܐ ܢܒܝܐ ܡܫܒܚܐ ܕܢܒܝ̈ܐ

plur. with suff.

36: 20b ܘܐܩܝܡ ܢܒܘܬܐ ܕܢܒܝ̈ܝܟ

36: 21b B ונביאיך ܕܗܘܐ ܡܗܝܡܢܐ ܠܗ ܘܢܒܝ̈ܝܟ

Prophecy, prophetia ܢܒܘܬܐ

sing. absol.

46:13c B נבואה 7h3 ܡܪܝܐ ܒܢܒܘܬ ܫܡܘܐܝܠ ܕܗܘܐ

7al,Δ, ܒܢܒܘܬܐ]

sing. emph.

19:20a ܟ̈ܠܗ ܕܢܒܘܬܐ ܘܟܠ ܫܒܝܚܘܬܐ

24:33a ܬܘܒ ܗܠܝܢ ܒܢܒܘܬܐ ܐܡܪ

46:1b B בנבואה ܒܢܒܘܬܐ ܐܬܬܚܝܪ ܠܡܘܫܐ ܐܝܟ

46:13c B נבואה 7al,Δ, ܡܪܝܐ ܒܢܒܘܬܐ ܫܡܘܐܝܠ ܕܗܘܐ

7h3 ܒܢܒܘܬ]

Prophecy, Prophetia (cont'd) ܢܒܝܘܬܐ

sing. emph. (cont'd)

46:20d B נבואה ܒܢܒܝܘܬܐ ܠܡܫܒܩܘ ܚܛܗܐ

47:17b ܘܒܢܒܝܘܬܐ ܐܬܕܡܪܘ ܥܡܡܐ

48:12b ܘܡܠܐ ܢܒܝܘܬܐ ܐܥܦܐ ܐܠܝܐ

sing. with suff.

44:3a B בנבואתם ܘܗܘܘ ܒܢܒܝܘܬܗܘܢ

plur. emph.

36: 20b B חזון ܘܐܩܝܡ ܢܒܝܘܬܐ ܕܒܫܡܟ

Root ܝܠܕ

He generated, Genuit ܝܠܕ

aphel imperat. 2 m.s.

33(36):10a B החיש ܐܘܠܕ ܩܨܐ ܘܦܩܘܕ ܙܒܢܐ

A spring, Fons ܡܒܘܥܐ

sing. emph.

21:13a ܡܕܥܗ ܕܚܟܝܡܐ ܐܝܟ ܡܒܘܥܐ ܕܡܝܐ

50:3a B אשיח ܘܐܬܚܦܪܬ ܒܝܪܬܐ ܘܡܠܐ ܡܒܘܥܐ

plur. emph.

24:6a ܡܒ̈ܘܥܐ ܕܝܡܐ ܘܒܟܠܗ̇ ܐܪ̈ܥܬܐ ܐܬܚܝܠܬ

plur. const.

50:8b B יבלי ܘܐܝܟ ܫܘܫܢ̈ܬܐ ܒܡܒ̈ܘܥܐ ܕܡ̈ܝܐ

Root ܢܓܕ

He drew , Traxit ܢܓܕ

peal perf. 3 m.s.

28:19c ܛܘܒܘܗܝ ܠܓܒܪܐ ܕܠܐ ܢܓܕ ܒܢܝܪܗ̇

peal imperat. 2 m.s.

34(31):21b B קוה ܒܡܐܟܘ̈ܠܬܐ ܢܓܕ ܢܦܫܟ

Root ܢܓܗ

Shining, Lucens

sing. emph. ܢܓܗܐ

50:6a ܐܝܟ ܟܘܟܒܐ ܢܓܗܐ ܡܢ ܒܝܬ ܥܢ̈ܢܐ

Root ܢܓܪ
He was patient ܢܓܪ

Patientiam adhibuit

pael perf. 3 m.s.

23:12c 7a1 ܡܢ ܕܢܓܪ ܢܦܫܗ ܒ ܡܠܝ ܚܣܐ

10m1,17a4,17a3,19g7,17a1 ܕܢܓܪܘ]

7h3 ܕܢܓܪ]

pael part.

18:11a ܡܛܠ ܗܢܐ ܡܢܓܪ ܪܘܚܗ ܥܠܝܗܘܢ

aphel imperat. 2 m.s.

29:8a ܒܪ ܡܣܟܢܐ ܐܓܪ ܪܘܚܟ ܥܠܘܗܝ

aphel imperf. 2 m.s.

9: 9(II)b ܘܠܐ ܬܓܪ ܥܡܗ ܒܡܫ̈ܬܝܐ

Patient, Patiens, ܢܓܝܪܐ

sing. absol.

5:4b A } ארך C } ܡܛܠ ܕܐܠܗܐ ܢܓܝܪ ܪܘܚܐ ܗܘ

Day time, Tempus diuturnum ܢܘܓܪܐ

sing. emph.

1:20b ܘܫܘܦܥ̈ܗ ܢܘܓܪܐ ܕܫܘܒܚܐ

Root ܢܕ
He detested, Abhorruit ܢܕ

aphel part. m.s.

40:5d ܒܥܕܢܐ ܕܠܠܝܐ ܡܢܕ ܠܗܘܢ

40:8b ܘܥܠ ܚܛܝܐ ܡܢܕ ܠܗܘܢ

aphel part. f.s.

42:9b B[ ]תפ 7a1,7h3 ܘܒܝܘܡܬܗ ܡܢܕܐ ܠܗ

12a1,Δ,17a5 ܡܢܕܪܐ]

Root ܢܕܪ
A vow, Votum ܢܕܪܐ

plur. with suff.

18:23a ܥܠ ܕܬܫܪܐ ܢܕܪ̈ܝܟ

A river, Flumen ܢܗܪܐ

sing. emph.

24:25a ܐܝܟ ܢܗܪܐ ܦܝܫܘܢ ܡܣܓܐ ܚܟܡܬܐ

24:27a ܐܝܟ ܢܗܪܐ ܢܦܩܐ

24:30a ܐܢܐ ܐܝܟ ܢܗܪܐ ܕܡܫܩܝܐ

39:22a B כיאר ܒܘܪܟܬܗ ܐܝܟ ܢܗܪܐ ܕܪܘܝܐ

39:22b B וכנהר ܘܐܝܟ ܢܗܪܐ ܠܬܒܝܠ ܡܪܘܐ

47:14b כיאר ܘܐܬܡܠܝܬ ܐܝܟ ܢܗܪܐ ܣܘܟܠܬܐ

sing. with suff.

24:31d ܘܢܗܪܝ ܗܘܐ ܠܝ ܝܡܐ

plur. emph.

40:13b B XNN פיק ܘܐܝܟ ܢܗܪ̈ܘܬܐ ܕܡܠܝܢ ܡܢ ܡܛܪܐ

He illuminated, Luxit ܢܗܪ

pael part.

26:17a C שרף ܐܝܟ ܫܪܓܐ ܕܡܢܗܪ ܥܠ ܡܢܪܬܐ

43:4d ܘܡܢܗܪ ܠܛܘܪ̈ܐ ܘܡܚܪܟ ܥܝܢܐ

43:8d ܕܡܢܗܪ ܒܪܩܝܥܐ ܕܫܡܝܐ

pael imperf. 3 f.s.

4:11b A ותעיד ܘܬܢܗܪ ܠܟܠ ܕܡܣܬܟܠܝܢ ܒܗ

pael imperf. 2 m.s.

7:24b { A תאיר / C תאר } ܘܠܐ ܬܢܗܪ ܠܗܝܢ ܐܦܝܟ

aphel perf. 3 m.pl.

29:4b ܕܒܥܘܬܐ ܘܐܢܗܪܘ ܠܡܦܪܢܣܢܝܗܘܢ

aphel part. m.pl.

17:24b ܘܡܛܠ ܠܟܠ ܕܠܬܝܒܘܬܐ ܡܢܗܪܝܢ

Light, Lumen ܢܘܗܪܐ

sing. emph.

3:25a A אור ܕܠܝܬ ܠܗ ܒܒܬܐ ܕܥܝܢܐ ܢܚܣܪ ܢܘܗܪܐ

22:11a ܠܡܝܬܐ ܕܐܬܟܠܝ ܡܢ ܢܘܗܪܐ

36(33):14c E האור ܘܠܩܘܒܠ ܢܘܗܪܐ ܐܬܒܪܝ ܚܫܘܟܐ

Light , Lumen (cont'd) ܢܘܗܪܐ

sing. emph. (cont'd)

31(34):20a ܡܢܗܪܬܐ ܕܠܒܐ ܘܢܘܗܪܐ ܕܥܝܢ̈ܘܗܝ

sing. with suff.

11:21b A לא[]רך ܦܬܐ ܠܡܣܟܢܐ ܘܢܗܘܐ ܒܢܘܗܪܗ

16:16b A ואורו ܘܢܘܗܪܐ ܘܚܫܘܟܗ ܦܠܓ ܠܒܢ̈ܝ ܐܢܫܐ

Bright , Splendidus ܢܗܝܪܐ

sing. emph.

43:7b ܢܗܝܪܐ ܕܚܣܪ ܠܡܫܠܡܘܬܐ

plur. abs. m.

38:34a ܡܛܠ ܕܒܥܒܕܘܬܗ ܕܥܠܡܐ ܗܢܘܢ ܢܗܝܪ̈ܝܢ

plur. abs. f.

26:4b ܠܗ ܛܒ ܒܟܠ ܙܒܢ ܘܐܦ̈ܘܗܝ ܢܗܝܪ̈ܢ

32(35):11a B האר ܢܗܝܪ̈ܝܢ ܢܗܝܪ̈ܢ ܐܦ̈ܝܟ

plur. emph. m.

36(33):7b E אור ܡܛܠ ܕܟܠܗܘܢ ܢܗܝܪ̈ܐ ܕܝܘܡܬܐ

plur. emph. f.

13:26a A אוריס ܢܩܦܬܗ ܕܠܒܐ ܛܒܐ ܐܦ̈ܐ ܢܗܝܪ̈ܬܐ

Root ܢܘܕ

He shook, se commovit ܢܕ

peal imperf. 3 m.s.

13:7d A יניע ܘܒܪܫܗ ܢܢܕ ܥܠܝܟ

aphel part.

12:18a A יניע ܒܪܫܗ ܡܢܕ ܘܡܨܦܩ ܒܐܝܕܗ

Root ܢܘܚ

He rested, Quievit ܢܚ

ethpe'el perf. 1 . s.

24:11a 7a1,7h3 ܕܒܡܕܝܢܬܐ ܠܗ ܐܚܒܬ ܐܬܬܢܝܚܬ

12a1,Δ, ܐܬܬܬܢܝܚܬ]

ethpe'el part.

20:21b 7a1 ܘܟܠ ܒܥܬܪܗ ܡܬܬܢܝܚ

7h3 ܡܬܬܬܢܝܚ]

ethpe'el part. m.s.(cont'd)

22:11c 7a1 ܠܝܬ ܠܡܒܟܝܐ ܥܠ ܡܝܬܐ ܕܡܬܢܝܚ
7h3 ܕܡܬܬܢܝܚ]

34(31):3b B יניח 7a1,7h3 ܘܡܬܢܝܚ ܠܡܦܪܥܘ ܬܦܢܘܩܐ
12a1, Δ (less 17a4,17a3) ܡܬܬܢܝܚ]

46:19a B נוחו 7a1,7h3 ܘܒܙܒܢܐ ܕܡܬܢܝܚ ܥܠ ܥܪܣܗ
Δ, ܕܡܬܬܢܝܚ]

ethpe'el part. f.s.

44:23a B נחה 7a1,7h3 ܡܬܢܝܚܐ ܥܠ ܪܫܗ ܕܐܝܣܪܝܠ
Δ, ܡܬܬܢܝܚܐ]

ethpe'el part. m. pl.

40:5c B נוחו ܘܒܙܒܢܐ ܕܡܬܢܝܚܝܢ ܥܠ ܥܪܣܬܗܘܢ

ethpe'el imperf. 3 m.s.

34(31):4b B יניח 7a1 ܘܐܢ ܢܬܢܝܚ ܢܗܘܐ ܣܢܝܩܐ
7h3 ܢܬܬܢܝܚ]

ethpe'el imperf. 2 m.s.

34(31):21b BI נחת תמצא ܩܘܡ ܡܨܥܬ ܩܝܐ ܘܬܬܢܝܚ
BII וינוח

aphel perf. 3 m.s.

47:13b B הניח ܘܐܠܗܐ ܐܢܝܚ ܠܗ

aphel part. m.s.

38:7a B יניח ܒܗܘܢ ܐܣܝܐ ܡܢܝܚ ܡܢ ܟܐܒܐ

aphel part. f.pl.

39:28d M יניחו ܘܪܘܚܐ ܕܡܢ ܕܒܪܐ ܐܢܝܢ ܡܢܝܚܢ

aphel imperf. 3 f.s. with suff.

29:13b ܘܠܡܩܒܠ ܣܝܦܐ ܗܝ ܬܢܝܚܟ

ettaphal perf. 1.s.

24:11a 12a1,Δ, ܕܪܚܝܡܬܐ ܠܗ ܐܝܟܘܬ ܐܬܬܢܝܚܬ,
7a1,7h3 ܐܬܢܝܚܬ]

ettaphal part. m.s.

20:21b 7h3 ܘܠܐ ܒܟܪܝܘܬܗ ܡܬܬܢܝܚ

7a1 ܡܬܢܝܚ]

22:11c 7h3 ܠܡܝܬ ܒܟܝܐ ܠܗ ܡܛܠ ܕܡܬܬܢܝܚ

7a1 ܕܡܬܢܝܚ]

34(31):3b B ינוח 7a1,7h3 ܘܡܬܬܢܝܚ ܠܡܬܡܠܝܘ ܒܦܘܢܩܐ

12a1, Δ (less 17a4,17a3) ܘܡܬܢܝܚ]

46:19a B ינוח Δ, ܘܒܙܒܢܐ ܕܡܬܬܢܝܚ ܥܠ ܥܪܣܗ

7a1,7h3 ܕܡܬܢܝܚ]

ettaphal part. f.s.

44:23a B נחה Δ, ܡܬܬܢܝܚܐ ܥܠ ܪܝܫܗ ܕܐܝܣܪܝܠ

7a1,7h3 ܡܬܢܝܚܐ]

ettaphal imperf. 3 m.s.

5:6d {A ינוח / C יניח} ܘܥܠ ܚܛܝܐ ܢܬܬܢܝܚ ܪܘܓܙܗ

23:16d ܠܐ ܢܬܬܢܝܚ ܥܕܡܐ ܕܬܐܟܘܠ

34(31):4a B ינוח 7h3 ܘܐܢ ܢܬܬܢܝܚ ܢܗܘܐ ܨܪܝܟܐ

7a1 ܢܬܢܝܚ]

Quiet, Quietus ܢܝܚܐ

sing. absol.

22:15a ܘܦܠܚܐ ܕܦܪܙܠܐ ܢܝܚ ܠܡܫܩܠ

sing. emph.

50:15d ܠܘܬ ܡܪܝܐ ܡܠܟܐ ܕܢܝܚܐ

plur. absol

17:19a 7h3 ܥܒܕܝܗܘܢ ܐܝܟ ܫܡܫܐ ܕܢܝܚܝܢ

7a1,17a4,17a3,19g7,17a1. ܕܢܝܚܝܢ]

plur. emph.

6:28a {A / C} מנוחתה ܘܒܚܪܬܐ ܬܫܟܚ ܢܝܚܐ

Rest, Quies ܢܝܚܐ

sing. emph.

11:19a A נחת ܐܫܟܚܬ ܠܝ ܢܝܚܐ

21:20b ܘܓܒܪܐ ܚܟܝܡܐ ܒܢܝܚܐ ܢܓܚܟ

22:13e ܐܫܟܚ ܒܗ ܘܬܫܟܚ ܢܝܚܐ

24:7a ܒܟܠܗܝܢ ܒܥܝܬ ܢܝܚܐ ܒܒܝܬ ܠܝ

26:10b ܡܛܠ ܕܠܝܬ ܠܗ ܢܝܚܐ

28:21b ܘܢܝܚܐ ܐܝܬ ܒܫܝܘܠ

30(33):34a E נחת ܘܠܐ ܬܬܠ ܠܗ ܢܝܚܐ

nom.prop. Noah ܢܘܚ

44:17a {B ח[] / M נוח} ܢܘܚ ܙܕܝܩܐ ܐܫܬܟܚ

Root ܢܘܡ

Sleep , Somnus ܢܘܡܬܐ

sing. emph.

34(31):2a B נומה ܦܠܚܬܐ ܕܡܪܥܐ ܕܫܡܐ ܢܘܡܬܐ

Root ܢܘܢ

nom. prop. Nun ܢܘܢ

46:1a B נון ܝܫܘܥ ܒܪ ܢܘܢ

Root ܢܘܦ

He aimed, directed, Inclinavit ܢܦ

aphel perf. 3 m.s.

47:4c B בהניפו ܐܢܝܦ ܐܝܕܗ ܒܩܠܥܐ

aphel part.

12:18a A והניף ܪܫܗ ܡܢܝܕ ܘܡܢܝܦ ܒܐܝܕܗ

46:2b B בהניפו ܟܕ ܡܢܝܦ ܥܠ ܡܕܝܢܬܐ

Root ܢܘܪ

Fire, Ignis ܢܘܪܐ

sing. emph.

2:5a ܡܛܠ ܕܒܢܘܪܐ ܡܬܒܩܐ ܕܗܒܐ

3:30a A אש ܢܘܪܐ ܕܝܩܕܐ ܢܛܦܘܢ ܡܝ̈ܐ

8:3b A אש ܘܠܐ ܬܣܝܡ ܥܠ ܢܘܪܐ ܩܝܣ̈ܐ

sing. emph.

9:8d	A	באש	ܘܪܚܡܬܗ̇ ܐܝܟ ܢܘܪܐ ܝܩܕܐ
11:32b	A	גחלת	ܡܢ ܩܠܝܠ ܙܪܝܩܬܐ ܢܦܩܐ ܢܘܪܐ
12:14b	A	אש	ܢܦܩܐ ܕܐܬܐܟܠ ܒܗ ܢܘܪܐ
15:16a	A, B	אש	ܣܝܡܝܢ ܩܕܡܝܟ ܢܘܪܐ ܘܡܝܐ
16:6a	A, Bm	אש	ܒܟܢܘܫܬܐ ܕܥ̈ܘܠܐ ܢܦܩܐ ܢܘܪܐ
21:9b			ܬܘܩܕܢܗܘܢ ܕܥ̈ܘܠܐ ܠܗܘ ܢܘܪܐ
21:18b			ܐܝܟ ܓܡܘܪ̈ܐ ܕܢܘܪܐ
22:24a			ܩܕܡ ܢܘܪܐ ܬܢܢܐ ܬܢܢܐ
23:16d			ܢܦܩܐ ܕܐܬܐܟܠ ܒܗ ܢܘܪܐ
27:4a			ܐܝܟ ܬܢܢܐ ܫܒܝܩܐ ܠܟܠ ܡܢ ܢܘܪܐ
28:10a			ܟܠ ܕܬܪܥܐ ܒܢܘܪܐ ܢܚܘܐ
28:11a			ܡܗܘܡܝܢ ܢܘܪܐ ܘܕܡ̈ܐ ܫܦܝܟܐ
28:12a			ܐܢ ܬܦܘܚ ܒܢܘܪܐ ܬܐܩܕ
28:22b			ܘܠܫ̈ܒܐ ܕܢܘܪܐ ܠܐ ܢܘܩܕܘܢ
28:23b			ܘܒܗܘܢ ܬܐܩܕ ܢܘܪܐ ܘܠܐ ܬܕܥܟ
33(36):11a			ܒܪܘܓܙܐ ܘܒܢܘܪܐ ܐܘܟܠ ܫܪܟܐ
38:28c			ܫܠܗܒܝܬܐ ܕܢܘܪܐ ܡܦܩܦܩ ܒܣܪܗ
38:28d			ܘܢܦܩ ܒܫܠܗܒܝܬܐ ܕܢܘܪܐ
39:26b	B	ואש	ܡܠܚܐ ܘܢܘܪܐ ܘܦܪܙܠܐ
39:29a	B	אש	ܢܘܪܐ ܘܒܪܕܐ ܘܟܦܢܐ ܘܡܘܬܢܐ
40:30b	B, M	אש	ܘܐܝܟ ܢܘܪܐ ܢܦܩܐ ܒܟܪܣܗ
43:4c			ܠܫܡܫܐ ܐܝܟ ܬܢܘܪܐ ܕܢܘܪܐ
45:19d	B	אשו	ܘܐܘܩܕ ܐܢܘܢ ܒܢܘܪܐ ܘܡܝܬܘ
48:1a	B	כאש	ܢܒܝܐ ܕܕܡܐ ܠܢܘܪܐ
48:3b	B	אשות	ܘܐܚܬ ܬܠܬ ܙܒ̈ܢܝܢ ܢܘܪܐ
48:9b	B	אש	ܒܕܘ̈ܕܐ ܕܢܘܪܐ ܠܫܡܝܐ
51:4a	B	אש	ܘܡܢ ܫܠܗܒܝܬܐ ܕܢܘܪܐ ܕܡܫܪܝܬܢܝ

Fire, Ignis (cont'd) ܢܘܪܐ

sing. w. suffix

8:10b A אשׁ ܕܠܐ ܬܐܩܕ ܒܫܠܗܒܝܬܐ ܕܢܘܪܗ

Candlestick,Candelabrum ܡܢܪܬܐ

sing. emph.

26:17a C מנורת ܕܡܢܗܪ ܥܠ ܡܢܪܬܐ ܕܩܘܕܫܐ

Root ܐܠ

He applied himself,Se inclinavit ܐܠ

peal imperat. 2 m.s

11:20b ܘܒܥܒ̈ܕܝܗ ܐܠ ܘܐܬܥܩܒ

Root ܢܙܪ

Nom. prop. Nazirite,Nazireus ܢܙܝܪܐ

46:13c B נזיר ܢܙܝܪܐ ܒܢܒܝܘܬܐ ܫܡܘܐܝܠ

Root ܢܚܠ

River bank,Rivus ܢܚܠܐ

sing. emph.

24:31c ܘܗܐ ܐܦ ܗܘܐ ܠܝ ܢܚܠܐ ܘܢܗܪ،

40:13a B כנחל ܢܟ̈ܣܐ ܕܥܘܠܐ ܐܝܟ ܢܚܠܐ ܡܫܬܦܟܝܢ

40:16a B נחל ܕܢܚܬ ܥܠ ܣܦܬܐ ܕܢܚܠܐ

M

Root ܢܚܡ

He consoled, Consolatus est ܢܚܡ

pael perf. 3 m.s

48:24b B ינחם ܘܢܚܡ ܠܡܐܒ̈ܠܐ ܕܨܗܝܘܢ

nom. prop.

Nehemiah ܢܚܡܝܐ

49:13a B נחמיה ܢܚܡܝܐ ܢܣܝܒܐ ܕܘܟܪܢܗ

Root ܢܚܫ

Bronze , Aes ܢܚܫܐ

sing. emph.

12:10b A כנחשת ܡܛܠ ܕܐܝܟ ܢܚܫܐ ܗܘܐ ܕܡܚܠܕ

13:2c ܡܬܚܬܦ ܩܕܪܐ ܕܦܚܪܐ ܠܩܕܪܐ ܕܢܚܫܐ

Bronze, Aes (cont'd) ܢܚܫܐ

plur. emph.

31(34):5a ܟܠ ܢܚܫܐ ܘܩܝܣܐ ܘܫܠܗܒܝܬܐ

Root ܢܚܬ

He descended, Descendit ܢܚܬ

peal part. f.s.

24:30b ܘܐܝܟ ܐܡܬܐ ܕܡܝܐ ܕܢܚܬܐ ܠܓܢܬܐ

peal infin.

30:17b { B ולירד / Bm ולרד } ܘܠܡܚܬ ܠܫܝܘܠ ܡܢ ܚܝܐ

peal imperf. 2 m.s.

9:9(I)d A תטה ܘܒܝܕ ܡܘܬܐ ܬܚܘܬ ܠܫܝܘܠ

9:9(II)d A תטה ܘܒܕܡܐ ܚܝܐ ܬܚܘܬ ܠܫܝܘܠ

aphel perf. 3 m.s.

46:5d ܘܒܪܕܬܐ ܡܢ ܫܡܝܐ ܐܚܬ

48:3b ܘܐܚܬ ܬܠܬ ܙܒܢܝܢ ܢܘܪܐ

aphel part. m.s.

12:16c A ידמיע ܡܢ ܥܝܢܘܗܝ ܡܚܬ ܕܡܥ̈ܐ

aphel part. f.s.

22:19a ܡܚܝܬܐ ܕܥܝܢ̈ܐ ܡܚܬܐ ܕܡܥ̈ܐ

Garment, Vestis ܢܚܬܐ

sing. emph.

27:8b ܘܬܠܒܫܝܗ̇ ܐܝܟ ܢܚܬܐ ܕܬܫܒܘܚܬܐ

plur. emph.

45:8a B כליל ܘܐܠܒܫܗ ܢܚ̈ܬܐ ܕܬܟܠܬܐ

Root ܢܛܦ

A drip, Gutta ܢܛܘܦܬܐ

plur. emph.

1:2a ܚܠܐ ܕܝܡܐ ܘܢܛܘܦ̈ܬܐ ܕܡܛܪܐ

Root ܢܛܪ

He kept ,Custodivit ܢܛܪ

peal part. m.s.

10:19b ܡܢ ܕܢܛܪ ܦܘܩܕܢܐ

peal part.(cont'd)

10:19d A } B עובד ܡܢ ܕܠܐ ܢܛܪ ܦܘܩܕܢܐ

20:7a C מחריש ܓܒܪܐ ܚܟܝܡܐ ܢܛܪ ܙܒܢܐ

20:7b C ישמור ܘܣܟܠܐ ܠܐ ܢܛܪ ܙܒܢܐ

21:11a ܕܢܛܪ ܢܡܘܣܐ ܐܚܕ ܝܨܪܗ

28:3a ܠܓܒܪ ܐܢܫܐ ܢܛܪ ܪܘܓܙܐ

29:1b ܘܕܐܢܫ ܒܐܝܕܗ ܢܛܪ ܦܘܩܕܢܐ

35(32):18b B } E ישמר ܘܣܟܠܐ ܠܐ ܢܛܪ ܠܢܦܫܗ

35(32):23b B שומר ܗܘ ܢܛܪ ܦܘܩܕܢܐ

35(32):24a { B שומר / E נוצר ܕܢܛܪ ܐܘܪܚܗ

35(32):24a B נוצר ܢܛܪ ܦܘܩܕܢܐ ܕܐܠܗܐ

32(35):1b ܘܕܢܛܪ ܦܘܩܕܢܐ ܦܩܕ ܢܦܫܗ ܠܢܘܚܐ

32(35):4a ܘܕܒܥܐ ܕܬܫܒܘܚܬܐ ܢܛܪ ܢܡܘܣܐ

32(35):7a ܕܒܥܐ ܕܨܒܐ ܢܛܪ ܦܘܩܕܢܐ

peal part. passive, f.s.

17:22b ܛܝܒܘܬܐ ܕܐܢܫܐ ܢܛܝܪܐ ܐܝܟ ܒܒܬ ܥܝܢܗ

peal part. passive, m.pl.

28:1b ܚܛܗܘܗܝ ܡܛܪ ܢܛܝܪܝܢ ܠܗ

peal infin.

23:27d ܘܠܝܬ ܕܒܣܝܡ ܡܢ ܕܠܡܛܪ ܦܘܩܕܢܘܗܝ

27:12a ܒܝܬ ܣܟܠܐ ܠܡܛܪ ܙܒܢܐ

28:1b ܡܛܠ ܕܟܠ ܚܛܗܘܗܝ ܡܛܪ ܢܛܝܪܝܢ ܠܗ

29:9a ܘܐܦ ܕܠܡܛܪ ܦܘܩܕܢܐ ܐܬܪܚܡܝܘܗܝ

peal imperat. 2 m.s.

4:20a A שמר ܙܒܢܐ ܛܪ ܘܕܚܠ ܡܢ ܒܝܫܐ

6:26b ܘܒܟܠܗ ܚܝܠܟ ܛܪ ܐܘܪܚܬܗ

7:24a A } C נצור ܒܢܬܐ ܐܝܬ ܠܟ ܛܪ ܒܣܪܗܝܢ

He kept, Custodivit (cont'd) ܢܛܪ

peal imperat. (cont'd) 2 m.s.

35(32):23a B שמור ܒܟܠ ܥܒ̈ܕܝܟ ܛܪ ܢܦܫܟ

37:8a { B שמור / D שמר } ܡܢ ܡܠܟܐ ܥܘܠܐ ܛܪ ܢܦܫܟ

peal imperf. 2 m.s.

15:15a A, B } תשמר ܐܢ ܬܨܒܐ ܬܛܪ ܦܘܩܕܢܘܗܝ

peal imperf. 3 m.pl.

2:15b ܕܪ̈ܚܡܝܢ ܠܗ ܢܛܪܘܢ ܐܘܪܚܬܗ

ethpe'el perf. 3 m.s.

46:1b B נוצר ܐܬܢܛܪ ܠܡܫܡܫܘܬܐ ܐܝܟ ܡܘܫܐ

Keeper, Custos ܢܛܘܪܐ

plur. emph.

22:27a ܐܣܝܡ ܥܠ ܦܘܡܝ ܢܛܘ̈ܪܐ

26:10b ܥܠ ܣܝܥܠܬܐ ܐܣܝܡ ܢܛܘ̈ܪܐ

Custody, Custodia ܡܛܪܬܐ

sing. emph.

42:11a B [ ]מו / Bm, M } משמר ܥܠ ܒܪܬܟ ܐܣܝܡ ܡܛܪܬܐ

Root ܢܙܟ

Spear, Hasta ܢܝܙܟܐ

sing. emph.

46:2a B כידון ܟܕ ܡܪܝܡ ܒܢܝܙܟܐ ܕܒܐܝܕܗ

Root ܢܝܣ

nom.prop. Nisan ܢܝܣܢ

24:26b ܘܐܝܟ ܢܘܪܕܢ ܒܝܘ̈ܡܝ ܢܝܣܢ

50:6b ܘܐܝܟ ܣܗܪܐ ܒܝܘ̈ܡܝ ܢܝܣܢ

Root ܢܝܪ

Yoke, Jugum ܢܝܪܐ

sing emph.

26:7a ܢܝܪܐ ܡܙܝܥܐ ܐܢܬܬܐ ܒܝܫܬܐ

Yoke , Jugum (cont'd) ܢܝܪܐ

sing. emph. (cont'd)

28:20a ܡܛܠ ܕܢܝܪܐ ܦܪܙܠܐ ܢܝܪܗ̇

sing. with suff.

51:17a B } עלה Q ܢܝܪܗ ܗܘܐ ܠܝ ܠܬܫܒܘܚܬܐ

28:19c ܛܘܒܘܗܝ ܠܓܒܪܐ ܕܠܐ ܥܒܪ ܒܢܝܪܗ̇

28:20a ܡܛܠ ܕܢܝܪܐ ܦܪܙܠܐ ܢܝܪܗ̇

51:26a B בעלה ܘܨܘܪܝܟܘܢ ܐܥܠܘ ܒܢܝܪܗ̇

Root ܢܟܠ

Deceit, Dolus ܢܟܠܐ

sing. emph.

1:30f ܘܢܗܘܐ ܕܠܒܟ ܡܠܐ ܢܟܠܐ

5:8a A נכסי 12a1,17a4,17a3,17a1, ܥܠ ܢܟܠܐ ܕܥܘܠܐ

7a1,7h3, ܢܟ̈ܣܐ]

19:26b ܘܐܝܬ ܠܒܗ ܡܠܐ ܢܟܠܐ

22:27c ܕܠܐ ܐܚܘܕ ܒܗܘܢ ܢܟܠܐ

False, Fallax ܢܟܘܠܬܢܐ

sing. emph.

11:29b A רוכל ܢܟܝ̈ܢܘܗܝ ܓܝܪ ܕܢܟܘܠܬܢܐ

27:30b ܘܓܒܪܐ ܢܟܘܠܬܢܐ ܡܩܒܠ ܐܘܪܚܗ

Root ܢܟܣ

He slaughtered, Mactavit ܢܟܣ

peal perf. 3 m.s.

31(34):24a ܐܝܟ ܐܢܫ ܕܢܟܣ ܒܪܐ ܩܕܡ ܐܒܘܗܝ

peal imperf. 2 m.s.

34(31):31a ܠܐ ܬܟܣ ܪܚܡܟ

aphel part.

20:2a ܠܝܬ ܠܗ ܛܝܒܘܬܐ ܠܓܒܪ ܕܡܟܣ ܠܚܒܪܐ

aphel imperat. 2 m.s.

19:13b ܐܟܣ ܪܚܡܟ ܕܠܐ ܢܥܒܕ ܕܒܝܫ

He slaughtered, Mactavit(cont'd) ܢܟܣ

aphel imperat. 2 m.s.(cont'd)

19:14a ܐܟܣܘ ܚܒܪܟ ܕܠܐ ܢܐܡܪ
19:15a ܐܟܣܘ ܪܚܡܟ ܡܛܠ ܕܣܓܝܐܐ ܕܒܝܫܢ
19:17a ܐܟܣܘ ܠܚܒܪܐ ܕܠܫܪܝܪܐ ܡܛܠ

Riches, Opes ܢܟ̈ܣܐ

plur. emph.

5:8a A נכסי 7a1,7h3 ܥܠ ܢܟ̈ܣܐ ܕܥܘܠܐ
12a1,17a4,17a3,17a1 ܢܟܠܐ]
25:21b C יש ܘܐܦ ܐܢܬ ܠܗ̇ ܢܟ̈ܣܐ
29:5b ܘܥܠ ܢܟ̈ܣܐ ܕܚܒܪܗ ܡܡܟܟ ܩܠܗ
29:18c ܘܐܦ ܠܚܐܪ̈ܐ، ܢܟ̈ܣܐ ܡܘܪܕܬ
34(31):3a B הון ܠܡܟܢܫܘ ܠܗ ܢܟ̈ܣܐ
40:13a {B חול / M חיל} ܢܟ̈ܣܐ ܕܡܢ ܥܘܠܐ ܐܝܟ ܢܚܠܐ

plur. with suff.

5:1a A חילך ܠܐ ܬܬܟܠ ܥܠ ܢܟ̈ܣܝܟ
9:6b ܕܠܐ ܬܘܒܕ ܝܘܪܬܢܐ ܕܢܟ̈ܣܝܟ
14:15a A חילך ܠܐܚܪܢܐ ܬܫܒܘܩ ܐܢܬ ܢܟ̈ܣܝܟ
30(33):29c ܠܐ ܬܬܠ ܠܐܚܪ̈ܢܐ ܢܟ̈ܣܝܟ
30(33):32b ܐܘܪܬ ܢܟ̈ܣܝܟ ܠܒܢ̈ܝܟ

26:10d ܘܐܝܟ ܡܫܘܚܬܐ ܕܢܟ̈ܣܘܗܝ
29:6c ܗܠܟ ܐܝܬܘܗܝ ܡܢ ܢܟ̈ܣܘܗܝ
31(34):26a ܕܫܩܠ ܡܚܪܒܗ ܢܬܬ ܢܟ̈ܣܘܗܝ
41:1b {B / M} מכונתו ܠܓܒܪܐ ܕܫܠܐ ܥܠ ܢܟ̈ܣܘܗܝ

28:15b ܘܐܘܒܕܬ ܐܢܘܢ ܡܢ ܢܟ̈ܣܝܗܘܢ
29:18b ܘܛܪܕܬ ܢܟ̈ܣܝܗܘܢ ܐܝܟ ܓ̈ܠܠܐ ܕܝܡܐ
34(31):6b B זהב ܘܐܬܬܟܠܘ ܥܠ ܢܟ̈ܣܝܗܘܢ

Reproach , Vituperatio ܡܒܣܪܢܘܬܐ

sing. emph.

20:29b ܘܐܝܟ ܦܘܡܐ ܘܡܦܠܓ ܡܒܣܪܢܘܬܐ

21:6a ܣܢܐ ܡܒܣܪܢܘܬܐ ܒܝܬ ܚܛܝܐ

Root ܒܗܬ

He was ashamed,Puduit eum ܒܗܬ

peal imperat. 2 m.s.

41:12a B} פחד 9ml,Δ (less 17a3,19g7) ܒܗܬ ܥܠ ܫܡܟ
M}

aphel imperat. 2 m.s.

41:12a B} פחד 7al,7h3 ܐܒܗܬ ܥܠ ܫܡܟ
M}

Shame ,Pudicitia ܒܗܬܬܐ

sing. emph

11:15a A ושכל ܚܟܡܬܐ ܘܒܗܬܬܐ ܘܝܕܥܬܐ

Root ܢܟܪ

Stranger, Alienus ܢܘܟܪܝܐ

sing. emph.

10:22a { A זר Δ,17a5 ܬܘܬܒܐ ܢܘܟܪܝܐ ܘܡܣܟܢܐ
{ B זר 7al,7h3 ܐܒܝܘܢܐ]

14:4b A זר ܘܒܛܒܬܗ ܢܚܐ ܢܘܟܪܝܐ

23:23d ܘܡܢ ܢܘܟܪܝܐ ܐܘܠܕܬ ܠܗ ܒܢܐ

29:18d ܘܐܙܠܘ ܠܥܡܐ ܢܘܟܪܝܐ

33(36):3a B נכר ܐܪܝܡ ܐܝܕܟ ܥܠ ܥܡܐ ܢܘܟܪܝܐ

49:5b B נכרי ܘܐܫܠܡܘܢ ܠܥܡܐ ܢܘܟܪܝܐ

plur. emph.

26:19b ܘܠܐ ܬܬܠ ܠܢܘܟܪܝܐ ܚܝܠܟ

45:18a B זרים ܘܐܬܚܪܘ ܒܗ ܢܘܟܪܝܐ

Root ܢܟܬ

He bit, Momordit ܢܟܬ

peal perf. 3 m.s. with suff.

21:2b ܘܐܢ ܬܬܩܪܒ ܠܘܬܗ ܢܟܬܟ

He bit , Momordit (cont'd) ܢܟܬ

peal part .

12:13a A נשוך ܕܢܟܝܬ ܠܗ ܚܘܝܐ

Root ܢܡܣ

Law, Lex ܢܡܘܣܐ

sing. emph.

2:16b ܘܪ̈ܚܡܘܗܝ ܢܫܠܡܘܢ ܢܡܘܣܐ

11:15a A דבר ܘܚܟܡܬܐ ܕܢܡܘܣܐ ܡܢ ܠܘܬ ܡܪܝܐ

15:1b A/B תורה ܘܐܚܝܕ ܢܡܘܣܐ ܢܕܪܟܝܗ̇

17:11b ܘܢܡܘܣܐ ܕܚܝ̈ܐ ܐܘܪܬ

21:11a ܕܢܛܪ ܢܡܘܣܐ ܐܚܝܕ ܝܨܪܗ

23:23a ܚܕܐ ܕܐܥܒܪܬ ܒܢܡܘܣܐ ܕܐܠܗܐ

24:23b ܢܡܘܣܐ ܕܦܩܕ ܡܘܫܐ

30(33):38d E σ§ψμ ܘܐܠܐ ܒܢܡܘܣܐ ܠܐ ܬܬܢܟܐ

32(35):1a ܡܣܩ ܕܢܛܪ ܒܢܡܘܣܐ

32(35):4a ܘܡܢܚܐ ܕܡܫܒܘܬܐ ܢܛܪ ܢܡܘܣܐ

38:34d ܘܠܡܬܪܥܝܘ ܢܡܘܣܐ ܕܚܝ̈ܐ

39:8b ܘܒܢܡܘܣܐ ܕܚܝ̈ܐ ܢܫܬܒܚ

45:5c B תורת ܘܝܗܒ ܒܐܝܕܘܗܝ ܢܡܘܣܐ ܕܚܝ̈ܐ

46:10b ܕܐܠܦ ܢܡܘܣܐ ܕܐܠܗܐ

46:11c 7al ܘܠܐ ܗܦܟ ܡܢ ܢܡܘܣܐ ܕܐܠܗܐ

7h3 [ܢܡܘܣܗ

49:4c B תורת ܟܠܗܘܢ ܫܒܩܘ ܘܒܣܪܘ ܢܡܘܣܐ

sing with suffix

46:11c 7h3 ܘܠܐ ܗܦܟ ܡܢ ܢܡܘܣܗ ܕܐܠܗܐ

7al [ܢܡܘܣܐ

46:14a ܒܢܡܘܣܗ ܦܩܕ ܟܢܘܫܬܐ

plur. with suffix

45:5e B עדותיו ܠܡܠܦܘ ܠܒܢܝܗ ܕܐܝܣܪܝܠ ܢܡܘ̈ܣܘܗܝ

16:26b ܡܢ ܒܪ̈ܝܬܗܘܢ ܦܠܓ ܢܡܘ̈ܣܝܗܘܢ

Root ܢܡܪ

Tiger, Tigris ܢܡܪܐ

sing. emph.

28:23d ܘܐܝܟ ܢܡܪܐ ܕܒܝܘܡܝ ܐܒܝܒ

Root ܢܣܒ

He took, accepit ܢܣܒ

peal perf. 3 m.s.

45:23a B [ ]נח ܢܣܒ ܠܗ ܕܠܬܐ ܒܐܝܕܘܗܝ

46:19c B'ת[ ] ܘܡܘܗܒܬܐ ܡܢ ܐܢܫ ܠܐ ܢܣܒ

50:15b ܘܢܣܒ ܚܡܪܐ ܕܥܢܒܐ

peal part.

9:18b A ונושא ܘܕܢܣܒ ܥܠ ܦܘܡܗ ܡܫܘܬܐ

14:9 b A ולוקח ܘܡܢ ܕܢܣܒ ܕܚܒܪܗ ܡܘܒܕ ܢܦܫܗ

38:2b B ישא ܘܡܢ ܡܠܟܐ ܢܣܒ ܡܘܗܒܬܐ

peal infin.

4:31a { A לקחת / C לשאת } ܠܐ ܬܗܘܐ ܦܫܝܛܐ ܐܝܕܟ ܠܡܣܒ

32(35):15c B משוא ܘܠܝܬ ܩܕܡܘܗܝ ܡܣܒ ܒܐܦ̈ܐ

peal imperat.2 m.s.

7:23b { A ושא 7a1,7h3 ܘܣܒ ܠܗܘܢ ܢܫ̈ܐ ܒܛܠܝܘܬܗܘܢ

C ושא 12a1,17a4,17a3,17a1 ܗܒ] }

14:16a ܗܒ ܘܣܒ ܘܦܪܢܣ ܢܦܫܟ

peal imperat. 2 m.pl.

51:25b B קנו ܩܢܘ ܠܟܘܢ ܚܟܡܬܐ ܕܠܐ ܒܟܣܦܐ

peal imperf. 2 m.s.

4:22a A } C תשא ܠܐ ܬܣܒ ܒܐܦ̈ܐ ܢܦܫܟ

11:33b A תשא ܕܠܡܐ ܡܘܡܐ ܕܠܥܠܡ ܬܣܒ

Root ܢܣܝ

He tried, tested, Tentavit_ ܢܣܝ

pael perf. 3 m.s.

31(34):10a ܕܠܐ ܢܣܝ ܡܠܠ ܗܘ ܒܪ

He tried,tested,Tentavit(cont'd) ܢܣܝ

pael perf. 3 m.s.(cont'd)

31(34):11a ܘܕܠܐ ܢܣܝ ܐܝܟ ܣܓܝܐܬܐ

pael perf.1.s.

31(34):12a ܐܝܟ ܚܙܝܬ ܒܗ ܢܣܝܬ

pael part.

18:23b ܐܝܟ ܓܒܪܐ ܕܡܢܣܐ ܠܡܪܗ

pael imperat. 2 m.s.

27:17a ܢܣܝ ܚܒܪܟ ܘܐܬܬܟܠ ܥܠܘܗܝ,

37:27a B } נס ܒܪܝ ܒܚܝܝܟ ܢܣܝ ܢܦܫܟ
D }

pael imperf. 3 m.s

39:4d 7h3 ܐܦ ܘܒܝܢ ܒܟܠܗܘܢ ܢܢܣܐ
7al,Δ, ܢܢܣܐ]

Danger , Periculum ܢܣܝܢܐ

sing. emph.

6:7a A בניסיון ܩܢܐ ܐܢܬ ܪܚܡܐ ܒܢܣܝܢܐ ܩܢܝܗܝ,

36(33):1b { B בניסוי 7h3 ܐܠܐ ܐܢ ܒܢܣܝܢܐ ܘܢܦܨܝܟ
{ E בנסוי

Temptation,Tentatio ܢܣܝܘܢܐ

sing. emph.

36(33):1b { B בניסוי 7al ܐܠܐ ܐܢ ܒܢܣܝܘܢܐ ܘܢܦܨܝܟ
{ E בנסוי

sing. with suff.

44:20d B ובניסויו ܘܒܢܣܝܘܢܗ ܐܫܬܟܚ ܡܗܝܡܢ

48:7a ܘܐܬܚܙܝ ܒܢܣܝܘܢܗ ܕܡܢܣܝܢܘܬܗܘܢ

plur. absol.

2:1b ܐܛܝܒ ܢܦܫܟ ܠܟܠ ܢܣܝܘܢܝܢ

plur. emph.

13:11c A נסיון ܡܛܠ ܕܡܣܓܝܐܐ ܕܡܫܬܥܝܬܗ ܢܣܝܘܢܐ

48:12c ܘܐܝܟ ܢܣܝܘܢܐ ܘܐܬܘܬܐ ܥܒܕ

48:25b B נסתרות ܘܢܣܝܘܢܐ ܒܗ ܠܐ ܐܬܘ

Temptation, Tentatio (cont'd) ܢܣܝܘܢܐ

plur. emph. (cont'd)

49:2a ܡܛܠ ܕܐܬܒܛܠ ܡܢ ܢܣܝܘܢܐ

plur. with suff.

4:17e A בנסיונות ܘܒܕܘܒܘܗܝ ܒܢܣܝܘܢܝ̈ܗ ܒܗ

Root ܢܣܟ

He poured out, Fudit ܢܣܟ

peal perf. 3 m.s.

50:15c ܘܢܣܟ ܠܗ ܥܢܒ ܡܒܚܪܐ

Root ܢܦܚ

He blew, Flavit ܢܦܚ

peal part.

43:4a B, M נופח ܐܝܟ ܟܘܪܐ ܕܢܦܚ ܒܒܚܪܐ

peal imperf. 2 m.s.

28:13a ܐܢ ܬܦܘܚ ܒܢܘܪܐ ܬܬܝܩܕ

Root ܢܦܠ

He fell, Cecidit ܢܦܠ

peal perf. 3 m. pl.

50:17a B ויפלו ܘܢܦܠܘ ܥܠ ܐܦܝܗܘܢ

peal part.

3:30b A מוטו ܘܒܒܘܒܐ ܕܢܦܠ ܡܟܣܐ ܠܗ

13:21a A מוט ܠܥܬܝܪܐ ܢܦܠ ܘܡܬܬܕܝܢ ܠܚܒܪ

13:21b A נמוט ܘܡܣܟܢܐ ܢܦܠ ܘܡܬܬܕܝܢ ܡܢ ܚܒܪ

27:27a ܘܕܥܒܕ ܒܝܫܬܐ ܒܗ ܢܦܠ

29:19a ܠܐ ܠܡܣܒܢܘܗܝ ܕܚܛܝܐ ܒܥܪܒܘܬܐ ܢܦܠ

29:19b ܠܠܘܗܝ ܣܓܝܐܐ ܢܦܠ ܒܕܝܢܐ

42:13a B, M יצא ܡܛܠ ܕܐܝܟܢܐ ܕܡܢ ܠܒܘܫܐ ܢܦܠ

peal infin.

31(34):19d ܘܦܨܐ ܡܢ ܕܠܡܦܠ

He fell, Cecidit (cont'd) ܢܦܠ

imperf. peal 3 m.s.

15: 4a A} ימוט B} ܢܣܬܡܟ ܥܠܘܗܝ ܘܠܐ ܢܦܠ

24:22a ܕܢܥܒܕ ܒܝ ܠܐ ܢܦܠ

peal imperf 3 f.s.

25:19b C יפול ܦܬܓܡܐ ܕܚܛܝܐ ܬܦܠ ܥܠܘܗܝ

peal imperf. 2 m.s.

6:12a A תשיגך ܐܢ ܬܦܠ ܢܗܦܘܟ ܒܟ

8:1b { A(I) תשוב / A(II) תפול } ܕܠܡܐ ܬܦܠ ܒܐܝܕܘܗܝ

9:3b A תִּפּוֹל ܕܠܐ ܬܦܠ ܒܡܨܝܕܬܗ

12:15b A תפול ܘܐܢ ܬܦܠ ܠܐ ܡܨܐ ܐܢܬ

28:26a ܐܙܕܗܪ ܕܠܡܐ ܬܦܠ

peal imperf. 3 m.pl.

28:23a ܕܫܒܩܝܢ ܕܚܠܬܗ ܕܐܠܗܐ ܒܗ ܢܦܠܘܢ

peal imperf. 2 m.pl.

2:7b ܡܢ ܒܬܪܗ ܕܠܡܐ ܬܦܠܘܢ

A fall, Casus ܡܦܘܠܬܐ

sing. emph.

11:30b ܘܐܝܟ ܕܘܒܐ ܕܣܐܪ ܠܡܦܘܠܬܐ

25:7b ܢܣܒ ܒܡܦܘܠܬܐ ܕܣܢܐܘܗܝ

Root ܢܦܨ

He struck, Concussit ܢܦܨ

ethpa'al part.

22:13d ܘܠܐ ܬܬܛܢܦ ܒܗ ܟܕ ܡܬܢܦܨ

Root ܢܦܩ

He went out, Exiit ܢܦܩ

peal perf. 3 m.s.

44:23e 7al,10ml,12al, Δ(less 14cl),9ml 7h3 . ܘܢܦܩܘ] ܘܢܦܩ ܘܐܬܦܠܓ ܠܬܪܥܣܪ

peal perf. 1.s.

24:3a ܡܢ ܦܘܡܗ ܕܐܠܗܐ ܢܦܩܬ

He went out, Exiit (cont'd) ܢܦܩ

peal perf. 3 m.pl.

40:1c B יצאתו ܕܢܦܩܘ ܡܢ ܟܪܣܐ ܕܐܡܗܘܢ

44:23e 7h3 ܘܢܦܩܘ ܘܐܬܦܠܓܘ ܠܬܪ̈ܥܣܪ

7a1,10m1,12a1,Δ(less 14c1),9m1, ܘܢܦܩ]

44:23f B X[ ] ܘܢܦܩܘ ܡܢܗ ܓܒܪ̈ܐ ܕܛܒܘܬܐ

peal part.

5:7c A} C} יצא ܡܛܠ ܕܡܢ ܫܠܝܐ ܢܦܩ ܪܘܓܙܐ

22:2a ܕܢ ܢܦܩ ܐܢܫ ܠܒܪ ܠܫܘܩܐ

39:6c ܘܗܘ ܢܦܩ ܡ̈ܠܬܗ ܐܝܟ ܬܪ̈ܝܢ

peal infin.

14:22a A לצאת ܘܠܡܦܩ ܒܬܪܗ ܐܝܟ ܡܩܒܘܢܐ

peal infin . with suff

50:5a B ובצאתו ܡܐ ܗܐ ܒܡܦܩܗ ܡܢ ܡܫܟܢܐ

50:11c B בעלותו ܒܡܦܩܗ ܠܡܕܒܚܐ ܕܩܘܕܫܐ

peal imperat. 2 m.s.

29:27a ܦܘܩ ܡܢ ܩܕܡ ܐܝܩܪܐ

peal imperf. 3 m.s.

7:25a A} C} ויצא ܘܢܦܘܩ ܒܨܒܘܬܐ

30(33):40a E יצא ܡܛܠ ܕܐܢ ܬܫܥܒܕܝܘܗܝ ܢܦܘܩ

peal imperf. 3 f.s.

19:10b ܣܒܪܐ ܕܬܬܒܙܥ ܘܬܦܘܩ

23:24a ܘܗܕܐ ܗܝ ܒܟܢܘܫܬܐ ܬܦܘܩ

peal imperf. 3 m.pl.

35(32):16b B} E} יוציאו ܡܢ ܠܒܗܘܢ ܢܦܩܘܢ

aphel perf. 3 m.s.

28:14a ܠܫܢܐ ܬܠܝܬܝܐ ܐܦܩ ܘܒܕܪ ܐܢܘܢ

28:15a ܠܫܢܐ ܬܠܝܬܝܐ ܐܦܩ ܘܐܪܡܠ

aphel part. f.s.

30:24b ܘܩܢܛܐ ܣܝܒܘܬܐ ܡܦܩܐ

aphel imperat. 2 m.s.

7:25a { A הוצא / C הוציא } ܐܦܩ ܒܪܬܐ ܘܢܦܘܩ ܒܨܒܘܬܐ

He went out, Exiit (cont'd) ܢܦܩ

aphel imperf. 3 m.s.

31(34):4a ܘܐܢ ܐܢܫ ܢܦܫܗ ܢܦܩ ܠܕܘܒܬܐ

39:8a ܗܘ ܢܦܩ ܝܘܠܦܢܐ ܕܝܕܥܬܐ

aphel imperf. 2 m.s. with suff.

22:26b ܐܪܐܙ ܠܐ ܬܦܩܝܘܗܝ

Departure, Exitus ܡܦܩܢܐ

sing. emph.

22:21d ܐܝܬ ܠܗ ܓܝܪ ܡܦܩܢܐ

25:25a ܠܐ ܬܬܠ ܠܡܝܐ ܡܦܩܢܐ

38:23b B צאתו ܘܐܬܒܝܐ ܡܢ ܡܦܩܢܐ ܕܢܦܫܗ

An exit, Effossum ܢܦܩܐ

sing. emph.

42:11e B אשנב ܠܐ ܬܗܘܐ ܒܗ ܢܦܩܐ

Root ܢܦܫ

Soul , Anima ܢܦܫܐ

sing. absol.

41:2b B} עצמה 7h3 ܠܓܒܪܐ ܕܬܒܝܪ ܘܚܣܝܪ ܢܦܫ
M} 7al]ܢܦܫܐ

sing. emph.

4:2a A נפש ܢܦܫܐ ܕܚܣܝܪܐ ܠܐ ܬܟܐܒ

6:4a A נפש ܡܛܠ ܕܢܦܫܐ ܡܒܝܫܬܐ ܬܚܒܠ

18:29a 7h3 ܕܡܫܟܚܬܐ ܘܝܘܠܦܢܐ ܕܢܦܫܐ
7al omits

19:3b C נפשו ܢܦܫܐ ܣܢܝܬܐ ܬܘܒܕ ܡܪܗ̇

19:26a ܬܒܪ ܢܦܫܐ ܘܦܓܪ ܠܗܘ ܡܠܬܐ ܢܠܐ

23:6b ܘܢܦܫܐ ܣܢܝܩܬܐ ܠܐ ܬܬܠ ܠܝ

26:27c ܘܢܦܫܐ ܕܝܢ ܕܟܠ ܒܪܢܫ ܕܐܢܬ

30:13a ܦܪܘܩܐ ܕܢܦܫܐ ܐܠܘܗ ܒܪܝ

36:(23a) { B(I) גרגרת ܟܠ ܡܐܟܘܠܬܐ ܡܩܒܠܐ ܢܦܫܐ
B(II) חיה

37:28b B} נפש ܘܠܐ ܟܠ ܢܦܫܐ ܒܟܠܡܕܡ ܡܬܪܥܝܐ
D}

Soul , Anima (cont'd) **ܢܦܫܐ**

sing with suff.

16:17d A נפשי ܡܢܐ ܗܝ، ܢܦܫܝ ܒܝܢܬ ܒܪ̈ܝܬܐ

23:16a ܬܪ̈ܬܝܢ ܐܠܝܢ ܣܢܬ ܢܦܫܝ

25:1a ܬܠܬ ܨܒܝ ܐܬܪܓܪܓܬ ܢܦܫܝ

25:2a ܬܠܬܐ ܓܢܣܝܢ ܣܢܬ ܢܦܫܝ

41:2b B } עצמה 7a1 ܠܓܒܪܐ ܕܚܣܝܪ ܘܣܢܝܩ ܢܦܫܗ
M } 7h3] ܢܦܫܗ

50:25a B נפשי ܒܬܪ̈ܝܢ ܥܡ̈ܡܝܢ ܐܬܬܥܝܩܬ ܢܦܫܝ

51:2b B נפשי ܕܦܪܩܬ ܢܦܫܝ ܡܢ ܡܘܬܐ

51:6a B נפשי ܘܡܛܬ ܠܫܝܘܠ ܢܦܫܝ

51:19a B } נפשי ܐܬܕܒܩܬ ܢܦܫܝ ܒܗ
Q }

51:20a B } נפשי ܢܣܒܬ ܢܦܫܝ ܒܬܪܗ
Q }

1:30b ܘܠܐ ܬܪܝܡ ܠܢܦܫܟ ܡܠܠܐ

2:1b ܐܛܝܒ ܢܦܫܟ ܠܟܠ ܢܣܝܘܢܝܢ

3:18a A } נפשך ܕܡܟ ܕܒܟܠܡܐ ܕܪܒ ܢܦܫܟ
C }

4:7a A לנפשך ܐܪܚܡ ܢܦܫܟ ܠܟܢܘܫܬܐ

4:7b A ראש 7a1 ܘܠܫܠܝܛܢܐ ܕܡܕܝܢܬܐ ܐܪܟܢ ܢܦܫܟ
7h3] ܪܫܟ

4:20b A נפשך ܘܡܢ ܢܦܫܟ ܠܐ ܬܒܗܬ

4:22a { A נפשך ܠܐ ܬܣܒ ܒܐܦ̈ܐ ܢܦܫܟ
{ C לנפשיך

4:27a A נפשך ܠܐ ܬܬܠ ܠܣܟܠܐ ܢܦܫܟ

6:2a A נפשך ܠܐ ܬܬܪܝܡ ܒܡܠܟܐ ܕܢܦܫܟ

7:5a ܠܐ ܬܙܕܩ ܢܦܫܟ ܩܕܡ ܐܠܗܐ

7:7a A ך.... ܠܐ ܬܚܝܒ ܢܦܫܟ ܒܟܢܘܫܬܐ

7:7b A ך.... ܠܐ ܬܪܡܐ ܢܦܫܟ ܒܥܡܐ

7:14a ܠܐ ܬܦܩܪ ܢܦܫܟ ܒܟܢܘܫܬܐ

sing. with suff .(cont'd)

Ref.	MS	Hebrew	Syriac
7:16a	A	ך...	ܠܐ ܬܪܝܡ ܢܦܫܟ ܥܡ ܐܢܫܐ
7:17a	A, C	גאוה	ܛܒ ܛܒ ܡܟܟ ܢܦܫܟ
7:21a	A, C	כנפש	ܐܚܒܝܗܝ ܐܝܟ ܢܦܫܟ
9:2a	A	נפשך	ܠܐ ܬܬܠ ܠܐܢܬܬܐ ܢܦܫܟ
9:6a	A	נפשך	ܠܐ ܬܬܠ ܠܙܢܝܬܐ ܢܦܫܟ
9:13c	A	נשמתך 7a1	ܦܪܘܥ ܐܢܬ ܠܐ ܬܘܒܕ ܢܦܫܟ
		7h3	[ܢܦܫܬܟ
10:28a	A, B	נפשך	ܒܡܟܝܟܘܬܐ ܝܩܪ ܢܦܫܟ
14:11a	A	נפשך	ܐܢ ܐܝܬ ܠܟ ܒܪܝ ܫܡܫ ܢܦܫܟ
14:16a	A	נפשך	ܗܒ ܘܣܒ ܘܬܪܣܐ ܢܦܫܟ
18:30a			ܒܬܪ ܪܓܬܐ ܢܦܫܟ ܠܐ ܬܐܙܠ
18:(31a)			ܐܢ ܬܫܒܘܩ ܨܒܝܢܐ ܕܢܦܫܟ
29:20b			ܘܦܨܐ ܢܦܫܟ ܡܢ ܐܒܕܢܐ
30:21a	B	נפשך	ܠܐ ܬܬܠ ܠܕܘܘܢܐ ܢܦܫܟ
30:21b			ܘܠܐ ܬܬܟܠ ܒܡܠܟܐ ܕܢܦܫܟ
30:23a	B	נפשך	ܦܬܝ ܢܦܫܟ ܘܦܝܣ ܠܒܟ
34(31):21b			ܩܘܡ ܢܦܫܟ ܡܢ ܡܨܥܬ ܩܝܐ
35(32):23a	B	נפשך	ܒܟܠ ܥܒܕ̈ܝܟ ܛܪ ܢܦܫܟ
30(33):39d			ܘܠܐ ܬܬܬܒܥ ܒܕܡܐ ܕܢܦܫܟ
37:2b	B	כנפשך	ܪܚܡܐ ܕܪܚܡ ܐܝܟ ܢܦܫܟ
	Bm, D	כנפש	
37:8a	B, D	נפשך	ܡܢ ܡܠܟܐ ܢܟܠܐ ܛܪ ܢܦܫܟ
37:27a	B, D	נפשך	ܒܪܝ ܒܚܝܝܟ ܢܣܐ ܢܦܫܟ

Ref.	MS	Hebrew	Syriac
4:6a	A	נפשו	ܡܪܗ ܫܡܥܐ ܡܢ ܟܠܗ ܢܦܫܗ
7:20b	A, C	נפשו	ܠܐܓܝܪܐ ܕܡܫܠܡ ܢܦܫܗ

Soul, Anima (cont'd) **ܢܦܫܐ**

sing. with suff. (cont'd)

10:29a A B } נפשו ܒܪܝ ܡܢ ܕܡܚܝܒ ܢܦܫܗ

10:29b A B } נפשו ܡܢ ܕܡܩܠ ܢܦܫܗ

14:4a A נפשו ܕܟܢܫ ܡܢ ܢܦܫܗ

14:5a A לנפשו ܕܒܝܫ ܠܢܦܫܗ ܠܡܢ ܛܐܒ

14:6a A לנפשו ܕܒܝܫ ܠܢܦܫܗ ܠܝܬ ܕܒܝܫ ܡܢܗ

14:9 b ܘܡܢ ܕܢܣܒ ܕܚܒܪܗ ܡܘܒܕ ܢܦܫܗ

19:4b ܕܡܚܛܐ ܢܦܫܗ ܡܢܗ ܡܬܢܟܐ

20:22a C נפשו ܐܝܬ ܕܡܘܒܕ ܢܦܫܗ

20:27a C נפשו ܐܝܟ ܕܒܥܐ ܢܣܒ ܢܦܫܗ

21:25a ܟܪܝܗܐ ܕܢܦܫܗ ܡܡܠܠ

21:27b ܗܘܘ ܡܠܝܛ ܠܢܦܫܗ ܚܛܝܐ

21:27c ܢܦܫܗ ܕܡܫܥܝܢܐ ܠܐ ܡܩܠܐ

22:2a ܠܒܪ ܠܓܕܫܐ ܘܡܩܪܒ ܢܦܫܗ

23:12c ܘܐܦ ܡܢ ܕܢܬܪ ܢܦܫܗ

23:18b ܘܐܡܪ ܠܢܦܫܗ ܡܢܘ ܚܙܐ ܠܝ

27:16b ܘܫܟܚܐ ܐܝܟ ܢܦܫܗ

29:5c ܘܒܫܠܝܐ ܡܡܟܟ ܢܦܫܗ

34(31):20b B ונפשו ܢܩܝܡ ܘܢܦܫܗ ܠܘܬܗ

32(35):20a ܡܪܥܝܐ ܕܢܦܫܗ ܕܡܣܟܢܐ

37:8c B לנפשו

Bm D } נפשו ܕܠܡܐ ܕܐܦ ܗܘ ܒܢܦܫܗ ܡܬܪܥܐ

37:12d ܘܐܢ ܡܡܟܟ ܠܟ ܠܢܦܫܗ ܗܘ ܡܡܟܟ

37:12e ܘܐܢ ܡܛܐܒ ܠܟ ܠܢܦܫܗ ܗܘ ܡܛܐܒ

37:20b ܘܡܢ ܟܠ ܡܐܟܘܠ ܟܠܐ ܢܦܫܗ

37:22a B C D } לנפשו ܘܐܝܬ ܚܟܝܡ ܕܠܢܦܫܗ ܚܟܝܡ

Soul, Anima (cont'd) ܢܦܫܐ

sing. with suff. (cont'd)

37:24a B [ ]לנפ / D לנפשו / C לנפש[ ]ו — ܘܡܣܒܥ ܠܢܦܫܗ ܢܣܒܥ ܛܘܒܬܐ

38:23b B נפשו — ܘܐܬܒܝܐ ܥܡ ܡܦܩܬܐ ܕܢܦܫܗ

38:34c — ܒܪܡ ܗܘ ܕܝܗܒ ܢܦܫܗ

40:29c B נפשו / Bm נפשו — ܗܘܐ ܢܦܫܗ ܠܐ ܕܪܫܝܢ ܓ̈ܥܝܬܐ

51:26d B נפשו — ܘܡܫܟܚ ܢܦܫܗ ܡܫܟܚܐ ܠܗ

14:2a A נפשו — ܕܠܐ ܒܣܪܬܗ ܢܦܫܗ

24:1a — ܚܟܡܬܐ ܬܫܒܚ ܢܦܫܗ̇

51:24b B ונפשכם — ܘܢܦܫܟܘܢ ܨܗܝܐ ܗܘܝܐ ܠܗܕܐ

51:26a B נפשכם — ܘܬܩܒܠ ܢܦܫܟܘܢ ܡܪܕܘܬܐ

51:29a B נפשי — ܬܚܕܐ ܢܦܫܟܘܢ ܒܬܝܒܘܬܗ

37:23b Bm / D בגויתם — ܘܦܐܪ̈ܝܗܘܢ ܕܡܗܝܡܢܘܬܐ ܠܢܦܫܗܘܢ

plur. emph.

13:12b A נפש — ܘܠܐ ܚܐܣ ܥܠ ܢܦ̈ܫܬܐ

16:30a — ܘܢܦ̈ܫܬܐ ܕܟܠ ܚܝܐ

21:2d — ܘܡܚܒܠܐ ܢܦ̈ܫܬܐ ܕܒܢ̈ܝܢܫܐ

Root ܢܨܐ

He quarrelled, Rixatus est ܢܨܐ

peal imperf. 2 m.s.

8:3a A תינץ — ܠܐ ܬܨܐ ܥܡ ܓܒܪܐ ܦܟܗܐ

8:4a A תרגיל — ܠܐ ܬܨܐ ܥܡ ܐܠܠܐ

8:16a A תעיז — ܘܐܦܠܐ ܠܐ ܬܨܐ ܥܡ ܚܡܬܢܐ

8:16b A תרכב — ܘܠܐ ܬܨܐ ܥܡܗ ܒܐܘܪܚܐ

34(31):31a — ܘܠܐ ܬܨܐ ܥܡܗ ܠܚܡ ܒܚܡܪ

A Quarrel , Rixa ܡܨܘܬܐ

sing. emph.

8:16a A מצה ܥܡ ܓܒܪܐ ܪܓܙܢܐ ܠܐ ܬܨܐ ܡܨܘܬܐ
27:21a ܘܠܡܨܘܬܐ ܐܝܬ ܬܪܥܘܬܐ

plur. emph.

29:6e ܘܐܡܬܘܦ ܗܝ ܥܡ ܡܨܘ̈ܬܐ

Root ܢܨܒ

He Planted, Plantavit ܢܨܒ

peal perf. 3 m.s.

10:15b ܘܢܨܒ ܡܟܝ̈ܟܐ ܒܕܘܟܬܗܘܢ

ethpe'el part. f.s.

3:14b { A תנתע / C תנת[ ]צ } ܘܚܠܦ ܚܛ̈ܗܐ ܗܝ ܡܬܢܨܒܐ

A plant, Planta ܢܨܒܬܐ

sing. emph.

3:28b A מטע ܡܛܠ ܕܡܢ ܢܨܒܬܐ ܒܝܫܬܐ
40:19a B נטע ܒܢܝܐ ܘܢܨܒܬܐ ܡܩܝܡܝܢ ܫܡܐ

sing. with suff.

3:28b A נטעו ܕܡܢ ܢܨܒܬܐ ܒܝܫܬܐ ܢܨܒܬܗ

Root ܢܩܒ

Woman , Femina ܢܩܒܬܐ

sing. emph.

22:3b ܘܢܩܒܬܐ ܠܒܨܝܪܘܬܐ ܗܘ ܡܬܝܠܕܐ

Root ܦܪܥ

Retribution, Retributio ܡܦܪܥܢܘܬܐ

sing. with suffix

36(33):13d E להתיצב ܠܡܦܪܥܢܘܬܗ ܒܟܠ ܥܒ̈ܕܘܗܝ

Root ܢܩܦ

He stuck to, Adhaesit, ܢܩܦ

aphel imperf. 2 m.s.

33(36):7a { B האדר / Bm האריך } ܬܩܦ ܐܝܟܢܐ ܘܗܕܪܐ ܕܗܢܘܢܐ

Root ܢܥܨ

He placed, Infixit ܢܥܨ

peal perf. 1.s.

24:4a ܒܡܪ̈ܘܡܐ ܥܠ̈ܝܐ ܢܥܨܬ ܡܫܟܢܝ

24:16a ܐܝܟ ܪܘܕܕܦܐ ܢܥܨܬ ܫܪ̈ܫܝ

peal part. m.s.

29:5a ܒܒܥܘܬܗ ܕܢܣܒ ܢܥܨ ܐܢܫ ܗܘ

peal part. f.s.

13:2d A נוקש ܠܩܕܪܐ ܕܢܚܫܐ ܕܢܥܨܐ ܠܗ̇

Stiff , Fixatus ܢܥܨܐ

sing. emph.

16:11a A מקשה ܘܐܦ ܚܕ ܐܢ ܢܥܨܐ ܩܕܠܗ

Root ܢܪܒ

A branch, Palma ܢܘܪܒܐ

plur. const.& plur with suffix

24:17b ܘܢܘܪ̈ܒܝ ܢܘܪ̈ܒܝ ܙܘܚܐ ܘܗܕܪܐ

Root ܢܫ

Weak , Debilis ܢܫܝܫܐ

sing. absol.

4:29b A ורשיש ܪܦܐ ܘܢܫܝܫ ܒܥܒܕ̈ܝܟ

Women ,Feminae ܢܫ̈ܐ ܢܫܐ

(plural form of ܐܢܬܬܐ)

7:23b A נשים ܘܣܒ ܠܗܘܢ ܢ̈ܫܐ ܒܛܠܝܘܬܗܘܢ

42:12b B נשים ܘܒܝܬ ܢ̈ܫܐ ܠܐ ܬܬܦܢܐ ܬܫ̈ܡܫܬܐ

47:6a B בנות ܙܡܪܘܗܝ، ܢ̈ܫܐ ܒܪ̈ܩܘܕܬܐ

47:19a B לנשים ܘܝܗܒܬ ܠܢ̈ܫܐ ܬܘܩܦܟ

Root ܢܫܒ

Wind, Flatus ܢܫܒܐ

Sing. emph.

27:20b ܡܛܠ ܕܐܬܦܠܛ ܐܝܟ ܛܒܝܐ ܡܢ ܢܫܒܐ

plur. emph.

9:13f A רשת ܘܥܠ ܢܫ̈ܒܐ ܐܢܬ ܡܗܠܟ

Root ܢܫܡ

Spirit , Spiritus ܢܫܡܬܐ

sing. emph.

30(33):29a E נשמה ܗܐ ܐܢܬ ܘܢܫܡܬܐ ܡܢ ܠܐ ܬܫܬܠܛ

sing . with suff.

9:13c A נשמתך 7h3 ܠܐ ܬܬܚܒ ܢܫܡܬܟ
7al ܢܦܫܟ]

Root ܢܬܠ

He was giving, Dabat ܢܬܠ

(imperfect of ܝܗܒ)

peal infinitive

4:31b { A מתן ; C השב } ܘܬܗܘܐ ܦܫܝܛܐ ܠܡܬܠ

18:28b ܘܠܡܘܕܝܢ ܠܡܬܠ ܬܘܕܝܬܐ

44:21d ܘܠܡܬܠ ܝܪܬܗ ܠܟܠ ܡܢ ܟܠܗܘܢ ܢܗܪܐ

50:23a B יתן ܠܡܬܠ ܠܗܘܢ ܚܟܡܬܐ ܕܠܒܐ

peal imperf. 3 m.s.

10:5b A ישית ܘܠܫܠܝܛܘ ܢܬܠ ܐܝܩܪܗ

15:13b A } B } יאננה ܘܠܐ ܢܬܠ ܐܢܫ ܠܕܚܠܘܗܝ

17:23b ܘܥܒܕܝܗܘܢ ܒܪܫܗܘܢ ܢܬܠ

47:22e B ויתן ܘܢܬܠ ܠܝܥܩܘܒ ܫܘܪܒܘܬܐ

peal imperf. 2 m.s.

4:5a A תתן ܘܠܐ ܬܬܠ ܠܗ ܐܬܪܐ

9:2a A תקנא ܠܐ ܬܬܠ ܠܐܢܬܬܐ ܢܦܫܟ

9:6a A תתן ܠܐ ܬܬܠ ܠܙܢܝܬܐ ܢܦܫܟ

11:8a { A תָשִׁיב ; B תשיב } ܠܐ ܬܬܠ ܦܬܓܡܐ

12:5b A תתן ܡܐܟܘܠܬܟ ܠܐ ܬܬܠ ܠܗ

18:22c ܠܐ ܬܬܠ ܙܒܢܐ ܠܡܬܒ

23:4b ܥܝܢܐ ܪܡܬܐ ܠܐ ܬܬܠ ܠܝ

25:25a ܠܐ ܬܬܠ ܠܡܝܐ ܡܦܩܢܐ

26:19b ܘܠܐ ܬܬܠ ܠܢܘܟܪܝܐ ܚܝܠܟ

He was giving, Dabat, (cont'd) ܢܬܠ

peal imperf. 2 m.s. (cont'd)

30:21a B תתן ܠܐ ܬܬܠ ܠܕܘܝܐ ܢܦܫܟ

30(33):28c E תתן ܠܐ ܬܬܠ ܠܐܚܪܢܐ ܢܦܫܟ

30(33):31b E תתן ܘܠܐ ܬܬܠ ܡܘܗܒܬܐ ܒܐܝܕܝܟ

30(33):34a ܘܠܐ ܬܬܠ ܠܗ ܫܢܝܐ

31(34):6b ܠܐ ܬܬܠ ܠܗܘܢ ܠܒܟ

36:(21a) B תן ܘܬܬܠ ܐܓܪܐ ܠܟ̈ ܕܡܣܬܟܝܢ ܠܟ

37:27b B} D} תתן ܡܕܡ ܕܒܝܫ ܠܗ ܘܠܐ ܬܬܠ ܠܗ

38:20a { B תשיב / Bm תשית } ܠܐ ܬܬܠ ܠܒܟ ܠܟܪܝܘܬܐ

peal imperf. 1.s.

51:17b B} Q} אתן ܘܠܡܠܦܢܝ ܐܬܠ ܬܘܕܝܬܐ

Root ܢܬܢ

nom. prop. Nathan ܢܬܢ

47:1a B נתן ܘܒܬܪܗ ܩܡ ܢܬܢ ܢܒܝܐ

nom. prop. Nathaniah

50:1a B יוחנן ܫܡܥܘܢ ܒܪ ܢܬܢܝܐ ܟܗܢܐ ܪܒܐ

Root ܢܬܪ

He decreased, Decidit ܢܬܪ

peal part. m. pl.

14:18b A נובל ܕܗܠܝܢ ܢܬܪ̈ܝܢ ܘܗܠܝܢ ܢܦܩܝܢ

peal imperf. 3 f.s.

6:3a A תשרש ܛܪ̈ܦܝܟ ܬܬܪ ܘܐܒܝܟ ܬܘܒܕ

		ܣ
	Root	ܣܐܒ
	He grew old, Senuit	ܣܐܒ
	peal part. m.s.	
8:6a	A [ ]שיש	ܠܐ ܬܒܣܝܢ ܠܒܪ ܐܢܫܐ ܕܣܐܒ
	peal part. f.s.	
11:16b		ܒܝܫܬܐ ܥܡܗܘܢ ܣܐܒܐ
	peal part. m. pl.	
8:6b	A מזקנים	ܐܬܗܢܝ ܕܡܢܢ ܣܐܒܝܢ
35(32):9b		ܘܠܗ ܣܐܒܝ ܡܢܝܢ ܠܐ ܬܙܒܢܐ
	Old man, Senex	ܣܒܐ
	sing. emph.	
25:2d		ܘܣܒܐ ܣܟܠܐ ܘܚܣܝܪ ܡܕܥܐ
41:2c		ܓܒܪܐ ܣܒܐ ܕܡܬܬܩܠ ܒܟܠ ܡܢ
	plur. emph.	
6:34a		ܒܟܢܫܬܐ ܕܣܒܐ ܗܘܝܬ ܩܐܡ
8:9a	A שבים	ܠܐ ܬܬܒܣܐ ܒܫܘܥܝܬܐ ܕܣܒܐ
25:4a		ܡܐ ܝܐܐ ܠܣܒܐ ܕܝܢܐ
	Old Age , Senectus	ܣܝܒܘܬܐ
	sing.with suff.	
6:18b		ܘܥܕܡܐ ܠܣܝܒܘܬܟ ܬܫܟܚ ܚܟܡܬܐ
25:3a		ܐܝܟܢܐ ܬܫܟܚܝܗ̇ ܒܣܝܒܘܬܟ
46:9b	B שיבה	ܘܥܕܡܐ ܠܣܝܒܘܬܗ ܐܬܩܝܡ ܥܡܗ
	Root	ܣܐܡ
	Silver , Argentum	ܣܐܡܐ
	sing. emph.	
26:18a		ܐܝܟ ܐܣܛܘܢܐ ܕܣܐܡܐ ܥܠ ܢܩܦܬܗ̇
40:25a	B [ ]וכס	ܕܗܒܐ ܘܣܐܡܐ ܡܩܝܡܝܢ ܪܓܠܐ

Silver , Argentum (cont'd) ܣܐܡܐ

sing. emph. (cont'd)

47:18d B כסף ܘܣܐܡܐ ܐܝܟ ܢܚܫܐ

51:28b B וכסף ܘܣܐܡܐ ܘܕܗܒܐ ܬܩܢܘܢ ܒܗ

Root ܣܒܥ

He was satisfied, Satiatus est ܣܒܥ

peal perf. 3 m.s. with suff.

35(32):13b B המרוך ܕܐܠܗܐ ܕܣܒܥܟ ܡܢ ܛܒܬܗ

peal imperf. 3 m.s.

12:16d A ישבע ܐܬܪܐ ܠܐ ܢܣܒܥ ܡܢ ܕܡܟ

37:24a B ש[ ]

C } ישבע ܘܕܚܟܝܡ ܠܢܦܫܗ ܢܣܒܥ ܛܘܒܬܐ

D

42:25b M ישבע ܘܡܢܘ ܢܣܒܥ ܠܡܚܙܐ ܐܝܩܪܗܘܢ

pael part.

50:10b B מרוה ܐܝܟ ܙܝܬܐ ܕܡܣܒܥ ܒܥܢܒܘܗܝ

Satisfaction, Satietas ܣܒܥܐ

sing. emph.

18:25d ܗܘܝܬ ܕܟܝܪ ܠܟܦܢܐ ܒܝܘܡܝ ܣܒܥܐ

Root ܣܒܪ

He hoped , Speravit ܣܒܪ

peal part.

23:20c ܘܡܕܡ ܕܠܐ ܣܒܪ ܒܪܢܫܐ ܡܬܬܘܐ

40:29a ܓܒܪܐ ܕܣܒܪ ܥܠ ܦܬܘܪܐ ܕܐܚܪܢܐ

peal imperf. 2 m.s.

22:21b ܠܐ ܬܣܒܪ ܕܐܝܬ ܠܟ ܢܦܩܗ ܕܬܘܬܒܘܬܐ

pael part. m. pl.

18:14a 7h3 ܛܘܒܝܗܘܢ ܠܟܠܗܘܢ ܕܡܣܒܪܝܢ

7a1 ܕܡܣܟܝܢ]

pael infin.

46:10d ܘܠܡܣܒܪܘ ܠܥܬܝܕ ܢܦܫܗ

pael imperat. 2 m.s.

2:6b ܣܒܪ ܒܗ ܘܗܘ ܢܥܕܪܟ ܘܢܬܪܨ ܐܘܪܚܬܟ

He hoped, Speravit ܣܒܪ

pael imperat. 2 m. pl.

2:7a ܕܕܚܠܝܢ ܕܡܪܝܐ ܣܒܪܘ ܠܛܒܬܗ

2:9a ܕܕܚܠܝܢ ܕܡܪܝܐ ܣܒܪܘ ܠܛܒܬܗ

Hope, Spes, ܣܒܪܐ

sing. emph.

27:21b ܠܡܓܠܝܘ ܕܝܢ ܐܪܙܐ ܦܣܩ ܣܒܪܐ

38:21a B תקוה ܡܛܠ ܕܠܝܬ ܒܗ ܣܒܪܐ

sing. with suff.

31(34):15a ܡܛܠ ܕܪܒ ܗܘ ܣܒܪܗ ܘܦܪܘܩܗ

16:13b A תאות ܘܠܐ ܢܒܛܠ ܣܒܪܗܘܢ ܕܙܕܝܩܐ

Root ܣܝܒܪ

He tolerated, Toleravit ܣܝܒܪ

pael part.

26:7b ܘܡܢ ܕܡܣܝܒܪ ܠܗ ܐܚܝܕ ܥܩܪܒܐ

pael imperf. 3 m.pl. with suff.

6:20b A יכלכלנה ܘܠܐ ܢܣܝܒܪܘܢܗ ܡܚܝܠܝ ܠܒܐ

Food, Cibus, ܣܝܒܪܬܐ

plur. emph.

38:17a ܣܒܪܐ ܣܝܒܪܬܐ ܠܒܣܝܡܘܬܐ ܕܡܪܥܘܬܢ

Root ܣܓܕ

He worshiped, Veneratus est ܣܓܕ

peal infin.

50:17b B להשתחוות ܟܠܗ ܥܡܐ ܠܡܣܓܕ ܠܐܠܗܐ

Root ܣܓܐ

He increased, Auctus est ܣܓܐ

peal perf. 3 f.s.

1:4a ܡܢ ܟܠܗܝܢ ܗܠܝܢ ܣܓܝܬ ܚܟܡܬܐ

24:29a ܡܢ ܝܡܐ ܪܒܐ ܣܓܝܬ ܚܟܡܬܐ

peal perf. 3 m.pl.

16:2a A פרו ܘܐܢ ܣܓܘ ܠܐ ܬܚܕܐ

peal part. m.s.

28:10b ܘܟܘܠ ܕܬܩܝܦܐ ܒܕܝܢܐ ܡܣܓܝܐ ܣܓܝܐ

peal part. f.s.

25:25c ܬܘܪܥܠܬܐ ܢܝܪ ܕܡܝ̈ܐ ܕܐܙܠܐ ܘܣܓܝܐ

peal infin.

28:10b ܘܟܘܠ ܕܬܩܝܦܐ ܒܕܝܢܐ ܡܣܓܝܐ ܣܓܐ

peal imperf. 3 m.s.

2:18e 7h3 ܕܐܝܟ ܠܐܠܗܐ ܢܣܓܐ ܡܢܝܢܗ

7a1 omits.

18:19a ܥܕ ܢܣܓܐ ܠܟܘܪܗܢܐ ܡܟܐ

21:13a ܐܝܟ ܡܥܝܢܐ ܕܡܝ̈ܐ ܢܣܓܐ

49:13a ܢܚܡܝܐ ܢܣܓܐ ܕܘܟܪܢܗ

peal imperf. 2 m.s.

11:9b ܘܒܕܝܢ ܥܘܠܐ ܠܐ ܬܣܓܐ ܠܡܩܡ

11:10a A} תרבה ܒܪܝ ܠܡܢܐ ܬܣܓܐ ܒܥܒܕܝܟ
B}

35(32):11a B תרבה ܠܐ ܬܣܓܐ ܠܡܡܠܠܘ

peal imperf. 3 m.pl.

3:6a ܕܡܝܩܪ ܠܐܒܘܗܝ ܢܣܓܘܢ ܝܘ̈ܡܬܗ

3:27a A ירבו ܠܒܐ ܩܫܝܐ ܢܣܓܘܢ ܟܐܒ̈ܘܗܝ

6:5a A ירבה ܦܘܡܐ ܒܣܝܡܐ ܢܣܓܘܢ ܪ̈ܚܡܘܗܝ

23:3a ܡܛܠ ܕܠܐ ܢܣܓܘܢ ܣܟ̈ܠܘ

peal imperf. 3 f. pl.

30:7a ܕܡܦܢܩ ܠܒܪܗ ܢܣ̈ܓܝܢ ܚܘܠܩ̈ܬܗ

pael perf. 3 m.s.

12:18b A ולרוב ܘܡܢܝܕ ܒܐܝܕܗ ܘܣܓܝ ܡܠܚܫ

48:12b B הרבה ܘܣܓܝ ܢܒܝܘܬܐ ܘܐܬܘܬܐ ܡܠܠ

pael part. m.s.

16:11d ܘܪܘܓܙܐ ܥܡܗ ܘܡܣܓܐ ܠܡܫܒܩ

47:23c B רחב ܡܣܓܐ ܫܛܝܘܬܐ ܘܚܣܝܪ ܣܘܟܠܬܐ

pael part. f.s.

1:18b ܕܫܠܡܘܬܗ ܕܡܪܝܐ ܘܡܣܓܝܐ ܫܠܡܐ ܘܚܝ̈ܐ

He increased, Auctus est (cont'd) ܣܓܐ

pael part. f.s. (cont'd)

14:10a A מרבה ܥܝܢܐ ܒܝܫܬܐ ܡܣܓܝܐ ܠܚܡܐ

pael infin.

27:1b ܘܕܒܥܐ ܠܡܣܓܝܘ ܚܛܗ̈ܐ

pael imperf. 3 m.s.

1:30c ܕܠܡܐ ܢܣܓܐ ܡܪܝܐ ܐܣܘܪ̈ܝܟ

pael imperf. 2 m.s.

1:30b ܘܠܐ ܬܣܓܐ ܠܢܦܫܟ ܩܠܠܐ

9:9(II)a A תטעם ܠܐ ܬܣܓܐ ܡܡܠܠܐ

28:10b ܘܟܠ ܕܬܣܓܐ ܒܥܒܕܐ

37:29a { Bm תזרו, תזר ܠܐ ܬܣܓܐ ܠܗ̇ ܡܥܕ̈ܘܢܬܐ
{ D תזר

aphel perf. 3 m.s.

18:12b ܡܛܠ ܗܢܐ ܐܣܓܝ ܪܚܡܘܗܝ

31(34):11a ܘܕܢܣܐ ܐܣܓܝ ܚܟܡܬܐ

47:24a B ותגדל ܘܐܣܓܝ ܚܛܗ̈ܝܗܘܢ ܛܒ

aphel perf.3 m.s. with suff

1:10b ܘܐܣܓܝܗ̇ ܠܟܠ ܕܕܚ̈ܠܘܗܝ

aphel perf. 2 m.s.

32(35):1a ܕܢܛܪ ܒܢܡܘܣܐ ܐܣܓܝܬ ܦܘܠܚܢܐ

aphel part.

23:10a ܡܛܠ ܕܟܠ ܒܪܢܫܐ ܕܡܣܓܐ ܠܡܐܡܐ

37:30b { B והמרבה ܘܕܡܣܓܐ ܠܡܐܟܠ ܡܬܒܪܗ
{ Bm,D והמזיע

aphel infin.

44:21c ܘܠܡܣܓܝܘ ܙܪܥܗ ܐܝܟ ܚܠܐ ܕܝܡܐ

aphel imperat. 2 m.s.

26:10a ܥܠ ܚܨܝܦܬܐ ܐܣܓܐ ܢܛܘܪ̈ܐ

30(33):38b E[ ]הר ܘܐܢ ܠܐ ܫܡܥ ܠܟ ܐܣܓܐ ܐܣܘܪ̈ܘܗܝ

38:16a ܒܪܝ ܥܠ ܡܝܬܐ ܐܣܓܐ ܕܡ̈ܥܐ

aphel imperf. 3 f.s.

30:22b B האריך ܘܚܕܘܬܗ ܕܒܪܢܫܐ ܗܝ ܬܣܓܐ ܫܢ̈ܘܗܝ

A multitude, Multitudo ܣܘܓܐܐ

sing. emph.

5:4d A וכל ܘܠܣܘܓܐܐ ܕܚܛܗ̈ܝܢ ܗܘ ܪܚܡ

6:19b A לרב / C לרוב ܘܣܘܓܐܐ ܕܥܠܠܬܗ ܬܐܟܘܠ

7:9a ܠܐ ܬܐܡܪ ܕܢܚܙܐ ܒܣܘܓܐܐ ܕܩܘܪ̈ܒܢܝ

13:11b A לרב ܠܐ ܬܗܝܡܢ ܠܣܘܓܐܐ ܕܡܡܠܠܗ

13:11c A מרבות ܡܛܠ ܕܣܘܓܐܐ ܕܡܡܠܠܗ ܢܣܝܘܢܐ

13:26b ܘܣܘܓܐܐ ܕܡܡܠܠܐ ܬܪ̈ܥܝܬܐ ܕܥܡܠܐ

16:1a ܠܐ ܬܬܪܓܪܓ ܠܣܘܓܐܐ ܕܒܢ̈ܝܐ ܣܢܝ̈ܐ

16:4b ܘܡܢ ܣܘܓܐܐ ܕܒܝ̈ܫܐ

18:32a ܠܐ ܬܚܕܐ ܒܣܘܓܐܐ ܕܬܦܢܝ̈ܩܐ

20:5b C ܘܐܝܬ ܕܡܣܬܢܐ ܒܣܘܓܐܐ ܕܡܡܠܠܗ

20:8a ܐܝܬ ܕܒܣܘܓܐܐ ܕܡܠܬܗ ܡܣܬܢܐ

22:13f ܘܠܐ ܢܠܐܝܟ ܒܣܘܓܐܐ ܕܡܡܠܠܗ

26:5c ܪ̈ܛܢܐ ܕܡܕܝܢܬܐ ܒܣܘܓܐܐ ܕܥܡܐ

28:10d 7a1,7h3 ܘܐܝܟ ܣܘܓܐܐ ܕܢܟܣ̈ܘܗܝ

Δ,9m1 ܣܘܓܐܬ]

30(33):37a E הרבה ܡܛܠ ܕܣܘܓܐܐ ܕܒܛܝ̈ܠܘܬܐ

31(34):23b ܠܐ ܒܣܘܓܐܐ ܕܩܘܪ̈ܒܢܝܗܘܢ ܪܚܡ

51:3e B מרבות ܘܡܢ ܣܘܓܐܐ ܕܐܘܠ̈ܨܢܝ ܦܪܩܬܢܝ

Many, Multus ܣܓܝ

(in absolute= adverb,Valde,Much)

3:23b A רב ܡܛܠ ܕܣܓܝ ܡܢܟ ܐܬܚܙܝ ܠܟ

5:1b A ܘܠܐ ܬܐܡܪ ܕܣܓܝ ܐܝܬ ܠܝ

5:15a A ܣܓܝ ܘܙܥܘܪ ܠܐ ܬܣܟܠ

20:12a ܐܝܬ ܕܙܒܢ ܣܓܝ ܐܝܟ ܙܥܘܪ

20:15a ܙܥܘܪ ܝܗܒ ܘܣܓܝ ܡܚܣܕ

21:2a ܣܓܝ ܗܘܝܬ ܥܪܘܩ ܡܢ ܚܛܗܐ

22:14a ܡܢ ܐܒܪܐ ܝܩܝܪ ܣܓܝ ܣܟܠ

26:5b ܙܥ ܠܒܝ ܘܡܢ ܐܪܒܥ ܣܓܝ ܕܚܠܬ

Many, Multus (cont'd)

(absolute: adverb= Much,Valde) ܣܓܝ

Ref.	MS	Hebrew	Syriac
26:28b			ܘܥܠ ܬܠܬ ܣܓܝ ܐܬܟܡܪܬ ܠܝ
27:24a			ܣܓܝ ܣܢܝܬ ܘܠܐ ܐܫܘܝܬܗ
29:23a			ܥܡ ܣܓܝ ܘܥܡ ܙܥܘܪܐ
34(31):9b	B, Bm	הפליה	ܕܣܓܝ ܥܒܝܕܘܬܐ ܕܒܗ
31(34):9a			ܓܒܪܐ ܡܪܕܝܐ ܝܕܥ ܣܓܝ
31(34):12a			ܣܓܝ ܚܙܝܬ ܟܕ ܢܦܩܬ
39:20a			ܘܠܝܬ ܕܩܠܝܠ ܘܣܓܝ ܩܕܡܘܗܝ
42:9a			ܒܪܬܐ ܠܐܒܘܗ ܕܫܗܪܐ ܣܓܝ
44:2a	B, M	רב	ܣܓܝ ܐܝܩܪܐ ܦܠܓ ܠܗܘܢ
51:16b	B, Q	והרבה	ܘܣܓܝ ܐܫܟܚܬ ܝܘܠܦܢܐ
51:28b	B	רבים	ܘܐܩܢܝܬܘܢ ܣܓܝ

Many, Multus ܣܓܝܐܐ

sing. emph. m.

Ref.	MS	Hebrew	Syriac
16:17c	A	כבד	ܘܒܥܡܐ ܣܓܝܐܐ ܠܐ ܐܬܝܕܥ
20:24b			ܘܒܦܘܡܗ ܕܣܟܠܐ ܬܢܝ ܣܓܝܐܐ
25:19a			ܣܓܝܐܐ ܒܝܫܬܐ ܘܠܐ ܐܝܟ ܕܒܐܢܬܬܐ
27:3b			ܘܒܥܠܐ ܣܓܝܐܐ ܬܬܥܩܪ
27:4a			ܐܝܟ ܬܢܢܐ ܣܓܝܐܐ ܠܝܬ ܡܢ ܢܘܪܐ
29:5d			ܘܠܙܒܢܐ ܣܓܝܐܐ ܢܓܪ ܠܗ
29:22b			ܡܢ ܢܘܬܪܐ ܣܓܝܐܐ ܒܐܟܣܢܝܘܬܐ
36:(25a)			ܠܒܐ ܥܩܡܐ ܣܓܝܐܐ ܙܥܦܐ

sing. emph. f .

Ref.	MS	Hebrew	Syriac
35(32):16b	B	רבות	ܘܡܫܟܚܬܐ ܣܓܝܐܬܐ ܡܢ ܠܒܗܘܢ
37:29b			ܣܢܝ ܥܠ ܡܬܒܣܡܘܬܐ ܣܓܝܐܬܐ
37:31a			ܕܡܝܬܘ ܡܛܠ ܡܬܒܣܡܘܬܐ ܣܓܝܐܬܐ

plur. absol. m.

Ref.	MS	Hebrew	Syriac
3:19a	A	רבים	ܡܛܠ ܕܣܓܝܐܝܢ ܐܝܟ ܪ̈ܚܡܘܗܝ

Many , Multus (cont'd) ܣܓܝܐܐ

plur. absolute, m. (cont'd)

3:24a A רבים ܡܛܠ ܕܣܓܝ̈ܐܝܢ ܐܢܘܢ ܪ̈ܢܝܗܘܢ

6:6a A רבים ܒ̈ܥܠܝ ܫܠܡܟ ܢܗܘܘܢ ܣܓܝܐܝܢ

11:30c A ירבו ܡܢܐ ܣܓܝܐܝܢ ܚܘܒܝܗܘܢ ܕܢܟ̈ܠܐ

13:22a A רבים ܥܬܝܪܐ ܡܡܠܠ ܘܣܓܝܐܝܢ ܣ̈ܡܘܟܘܗܝ

11:29b A רבו ܒܟܐ̈ܒܘܗܝ ܓܝܪ ܕܢܟܠܬܢܐ ܣܓܝ̈ܐܝܢ

16:12a A כרב ܐܝܟܢܐ ܕܪ̈ܚܡܘܗܝ ܣܓܝ̈ܐܝܢ

17:29a ܡܢܐ ܣܓܝ̈ܐܝܢ ܪ̈ܚܡܘܗܝ ܕܐܠܗܐ

28:18a ܣܓܝ̈ܐܝܢ ܐܢܘܢ ܩܛ̈ܝܠܝ ܚܪܒܐ

plur. absol. f.

16:5a A} B} רבות ܕܣܓܝ̈ܐܢ ܡܢ ܗܠܝܢ ܚܙܬ ܥܝܢܝ

(30:27a)33:13b ܠܐܘܪ̈ܚܐ ܣܓܝ̈ܐܢ ܡܦܠܓܘܬܗ

plur. emph. m.

2:12b ܒܐܘܪ̈ܚܐ ܕܦܫܩ ܥܠ ܪ̈ܓܠܐ ܣܓܝ̈ܐܐ

8:2c A רבים ܡܛܠ ܕܠܣܓܝ̈ܐܐ ܐܘܒܕ ܕܗܒܐ

9:8c A רבים ܕܐܢܬܬܐ ܣܓܝ̈ܐܐ ܐܘܒܕܘ

11:5a A רבים ܣܓܝ̈ܐܐ ܛܘܪ̈ܢܐ ܕܝܬܒܘ

11:6a A רַבִּים ܣܓܝ̈ܐܐ ܡܠ̈ܟܐ ܕܐܬܨܥܪܘ

11:13b A רבים ܘܢܬܕܡܪܘܢ ܥܠܘܗܝ ܣܓܝ̈ܐܐ

13:12b A רבים ܫܐܦ ܥܠ ܢܦܫ̈ܬܐ ܕܣܓܝ̈ܐܐ

16:3e A} B} רבים ܒܢ̈ܝܐ ܣܓܝ̈ܐܐ ܕܢܘܟܠܐ

19:17a ܐܟܣ ܠܚܒܪܐ ܕܠܣܓܝ̈ܐܐ ܓܠܝܢ

21:4b ܘܐܦ̈ܕܢܐ ܣܓܝ̈ܐܐ ܢܥܩܪ

24:32b ܘܐܢܗܪܝܘܗܝ ܠܕܪ̈ܐ ܣܓܝ̈ܐܐ

27:1a ܣܓܝ̈ܐܐ ܕܚܛܘ ܡܛܠ ܕܠܝܬ ܒܗܘܢ ܕܚܠܬܐ

28:11b ܘܕܡ̈ܐ ܣܓܝ̈ܐܐ ܐܫܕܢ ܕܡܢܐ

28:13b ܕܩܛܠܬ ܣܓܝ̈ܐܐ ܐܘܒܕܬ

28:14a ܠܫܢܐ ܬܠܝܬܝܐ ܣܓܝ̈ܐܐ ܒܙܥܘܥܐ ܐܦܣ

28:15a ܠܫܢܐ ܬܠܝܬܝܐ ܣܓܝ̈ܐܐ ܒܢ̈ܫܐ ܐܦܣ

Many, Multus (cont'd) ܣܓܝܐܐ

plur. emph. m. (cont'd)

29:4a ܣܓܝܐܐ ܓܝܪ ܫܐܠܘ ܕܟܬܒ ܘܗܦܟܘ ܠܡܫܐܠܬܐ

29:7a ܣܓܝܐܐ ܠܐ ܗܘܐ ܡܢ ܒܝܫܘܬܐ ܐܬܟܠܝܘ

29:13b ܘܠܡܩܒܠ ܣܓܝܐܐ ܗܝ ܬܫܒܘܚ

29:18a ܢܘܟܪܝܐ ܠܣܓܝܐܐ ܐܘܒܕܬ

29:19c ܣܓܝܐܐ ܣܓܝܐܐ ܡܚܝܢܐ ܢܦܠܘ ܒܗ

30:23c B רבים ܡܛܠ ܕܠܣܓܝܐܐ ܩܛܠ ܕܘܘܢܐ

34(31):6a B רבים ܣܓܝܐܐ ܓܝܪ ܕܗܘܘ ܚܒܠܐ

34(31):18a B רבים ܘܐܢ ܝܬܒܬ ܒܝܬ ܣܓܝܐܐ ܠܡܠܟܐ

34(31):25b B רבים ܡܛܠ ܕܠܣܓܝܐܐ ܐܘܒܕ ܚܡܪܐ

31(34):7a ܣܓܝܐܐ ܓܝܪ ܕܐܛܥܝܘ ܚܠܡܐ

37:31a B } רבים ܣܓܝܐܐ ܓܝܪ ܕܡܝܬܘ
D }

39:9a ܘܢܫܒܚܘܢ ܣܓܝܐܐ ܡܢ ܚܟܡܬܗ

plur. emph. f.

31(34):12b ܣܘܥܪܢܐ ܣܓܝܐܬܐ ܚܙܝܬ ܒܢܝ

31(34):13a ܘܒܣܘܥܪܢܐ ܣܓܝܐܬܐ ܠܡܘܬܐ ܩܪܒܬ

plur. const. m.

34(31):30b B ומ[illegible] ܘܢܚܣܪ ܘܡܣܓܐ ܫܩܘܦܐ ܠܚܝܠܗ

A multitude, Multitudo ܣܘܓܐܐ

sing. const.

1:16b ܘܡܢ ܣܘܓܐܐ ܕܝܘܡܬܐ ܡܛܠܬܗ

28:10d ܘܐܝܟ ܣܘܓܐܐ ܕܢܟܣܘܗܝ, Δ,9ml,

7al,7h3 ܣܘܓܐܐ ܕ...]

Increase, Incrementum ܣܓܝܐܘܬܐ

sing . emph.

34(31):30a B מרבה ܣܓܝܐܘܬܐ ܕܫܪܘܬܐ ܡܣܓܝܐ

37:30a { B ברוב ܡܛܠ ܕܡܢ ܣܓܝܐܘܬܐ ܕܡܐܟܘܠܬܐ
{ D ברב

Increase , Incrementum (cont'd)

sing. emph. (cont'd) ܬܘܣܦܬܐ

49:1b ܗܠܠܝܢ ܒܬܘܣܦܬܐ ܕܒܫܘܒܚܬܐ

51:3b B כרוב ܘܦܪܩܬܢܝ ܒܬܘܣܦܬܐ ܕܪ̈ܚܡܝܟ

sing. const.

25:6a ܐܝܩܪܗܘܢ ܕܣܒ̈ܐ ܬܘܣܦܬ ܝܕܥܬܐ

Increase, Incrementum ܬܘܣܦܬܐ

sing. with suffix

11:10b A } להרבות ܘܕܪܗܛ ܠܬܘܣܦܬܗ̇ ܠܐ ܢܩܐ
B }

Root ܣܕܪ

He placed, Posuit ܣܕܪ

peal perf. 3 m.s.

45:5a { B וישם ܘܣܕܪ ܒܐܝܕܘܗܝ ܦܘܩܕܢܐ
{ Bm ויתן

Order , Ordo, ܣܕܪܐ

plur. emph.

45:20d ܘܣܕ̈ܪܐ ܕܠܚܡܐ ܠܗ ܘܦܠܓܢܘܢ

50:12b B המערכות ܘܗܘ ܩܐܡ ܠܥܠ ܡܢ ܣܕ̈ܪܐ

Root ܣܗܕ

He testified, Testatus est ܣܗܕ

pael part. f. pl.

19:30b ܘܦܣ̈ܥܬܗ ܕܓܒܪܐ ܡܣܗ̈ܕܢ ܥܠܘܗܝ

aphel perf. 3 m.s.

46:19b B העיד ܐܣܗܕ ܩܕܡ ܡܪܝܐ

46:19d ܘܟܠ ܒܪܢܫ ܠܐ ܐܣܗܕ ܥܠܘܗܝ

Testimony, Testimonium ܣܗܕܘܬܐ

sing. emph.

34(31):23b B עדות ܘܣܗܕܘܬܐ ܛܒܬܐ ܡܣܗܕܝܢ

plur. emph.

36:(20a) B עזות ܐܩܝܡ ܣܗܕܘ̈ܬܐ ܕܒܪ̈ܝܬܟ

Root ܣܗܪ

Moon, Luna ܣܗܪܐ

sing. emph.

27:11b ܘܣܟܠܐ ܐܝܟ ܣܗܪܐ ܡܫܬܚܠܦ

39:12b ܐܝܟ ܣܗܪܐ ܒܡܘ̈ܠܝܗ ܬ̈ܫܡܪܐ

43:6a B M } ירח ܘܣܗܪܐ ܡܢܗ ܠܙܒܢܗ

43:7a ܡܢ ܣܗܪܐ ܗܘ ܐܬܘ̈ܬܐ ܕܥ̈ܐܕܐ

50:6b B וכירח ܘܐܝܟ ܣܗܪܐ ܒܡܘ̈ܠܝܗ ܢܦܩ

Root ܣܝܓ

He enclosed, Inclusit ܣܓ

peal part.

28:24a ܐܚܘܕ ܐܝܟ ܕܣܝܓ ܐܢܬ ܟܪܡܟ

Barrier, Saeptum ܣܝܓܐ

plur. emph.

36:30a, { B גדיר / C,D בגדר } ܐܬܪ ܕܠܝܬ ܣܝ̈ܓܐ ܡܬܒܙܙ

Root ܣܘܕ

He spoke, Locutus est ܣܕ

ethpa'al imperf. 2 m.s.

9:4a A תִּדְמוֹך ܥܡ ܙܡܪܬܐ ܠܐ ܬܣܬܘܕ

Root ܣܘܟ

Branch, Ramus ܣܘܟܬܐ

plur. const.

24:16b ܘܣܘ̈ܟܝ ܣܘ̈ܟܝ ܕܬܫܒܘܚܬܐ

plur.with suff.

24:16b ܘܣܘ̈ܟܝ ܣܘ̈ܟܝ ܕܬܫܒܘܚܬܐ

50:10a B גרגר ܐܝܟ ܙܝܬܐ ܕܥ̈ܒܝܢ ܣܘ̈ܟܘܗܝ

14:26a A [עֳפְיָה] 7h3 ܘܢܣܝܡ ܒܢ̈ܘܗܝ ܒܝܬ ܣܘ̈ܟܝܗ̇

7al ܣܘ̈ܟܝܗ̇]

23:25b ܘܣܘ̈ܟܝܗ̇ ܠܐ ܢܬ̈ܠܢ ܦܐܪܐ

Root ܣܘܣ

A horse, Equus ܣܘܣܝܐ

sing. emph.

30:8a ܐܝܟ ܣܘܣܝܐ ܣܠܟܐ ܕܠܐ ܡܬܕܒܪ

36(33):6a ܐܝܟ ܣܘܣܝܐ ܣܘܬܪܐ ܕܣܘܚܪܢܗܘܢ ܕܚܒܠܐ

Root ܣܘܦ

He perished, Periit ܣܦ

aphel perf. 3 m.s.

45:19b B ויכלם ܘܐܣܦ ܐܢܘܢ ܒܫܘܦܝܬܐ ܕܪܘܓܙܗ

The end, Finis ܣܘܦܐ

plur. with suff.

36: 22c B אפסי ܘܢܕܥܘܢ ܟܠ ܕܒܣܘܦܝܗܿ ܕܐܪܥܐ

44:21g B אפסי ܥܕܡܐ ܠܣܘܦܝܗܿ ܕܐܪܥܐ

Root ܣܚܐ

He washed, Lavit ܣܚܐ

peal part.

31(34):30a ܕܣܚܐ ܡܢ ܡܝܬܐ

A washing, Lautio ܡܣܚܝܘܬܐ

sing with suff.

31(34):30b ܡܢܐ ܐܗܢܝܗ ܡܢ ܡܣܚܝܘܬܗ

Root ܣܚܦ

He cast down, ܣܚܦ

peal perf. 3 m.s.

10:14a A הפך ܟܘܪܣܝܐ ܕܪ̈ܘܪܒܢܐ ܣܚܦ ܡܪܝܐ

10:17a A וישתם ܘܥܩܪ ܐܢܘܢ ܘܣܚܦ ܐܢܘܢ

peal imperf. 3 m.pl.with suff

13:23d A יהדפוהו ܘܐܢ ܬܬܩܠ ܥܠ ܢܣܚܦܘܢܗ

pael part.

48:6a B המוריד ܕܡܣܚܦ ܡܠܟ̈ܐ ܡܢ ܫܘܠܛܢܗܘܢ

Ruins, Ruinae ܡܣܚܦܘܬܐ

plur. with suff.

49:13b B הריסתנו ܕܐܩܝܡ ܫܘܪ̈ܝܢ ܘܚܕܬ ܡܣܚܦܘܬܢ

Root ܗܦܟ

He turned, se vertit

peal imperat. 2 m.pl.

24:19a ܗܦܘܟܘ ܠܘܬܝ، ܟܠ ܕܪܓܝܢ ܠܝ

51:23a B פנו ܗܦܘܟܘ ܠܘܬܝ، ܣܟܠܐ

peal infin.

32(35):5a ܨܒܝܢܗ ܕܐܠܗܐ ܠܡܗܦܟ ܡܢ ܥܘܠܐ

peal imperf. 3 m.s.

9:9(I)c A תטה ܕܠܡܐ ܢܗܦܟ ܒܗܿ ܠܒܟ

9:9(II)c A תטה ܕܠܡܐ ܢܗܦܟ ܒܗܿ ܠܒܟ

Root ܣܝܡ ܣܡ

He placed, Posuit

peal perf. 3 m.s.

17:11a ܣܡ ܩܕܡܝܗܘܢ ܡܕܥܐ

45:15a B [ ]מלא ܘܣܡ ܥܠܘܗܝ ܡܫܚܐ ܕܩܘܕܫܗ

45:20a B ו[ ]ף ܘܣܡ ܥܠ ܐܗܪܘܢ ܐܝܩܪܐ

peal perf. 3 m.s. with suff.

45:7a B וישימהו ܘܣܡܗ ܠܩܝܡܐ ܕܥܠܡܐ

peal part. m.s. active

3:4a ܘܐܝܟ ܣܝܡܬܐ ܗܘ ܕܡܝܩܪ ܠܐܡܗ

peal part. m.s. passive

34(31):16a B ששם ܡܕܡ ܕܣܝܡ ܩܕܡܝܟ

38:30c ܘܠܒܗ ܣܝܡ ܠܡܫܠܡܘ ܢܨܒܗ

peal part. f. pl. passive

20:14b ܗܘ ܕܥܝܢܘܗܝ ܣܝܡܢ ܠܡܣܒܢܘܬܐ

30:18b { B מצגת ܐܝܟ ܡܬܩܠܬܐ ܕܣܝܡܢ ܥܠ ܩܒܪܐ
{ Bm מצגת גלול

peal imperat.2 m.s.

5:12b C שים ܐܝܕܟ ܣܝܡ ܥܠ ܦܘܡܟ

29:11a ܣܝܡ ܠܟ ܣܝܡܬܐ ܒܦܘܩܕܢܘܬܐ

29:12a ܨܪܘܪ ܙܕܩܬܐ ܘܣܝܡ ܒܒܝܬ ܓܙܟ

peal imperf. 3 m.s.

39:5a ܘܠܒܗ ܢܣܝܡ ܠܡܩܕܡܘ

He placed , Posuit (cont'd) ܣܡ

peal imperf. 3 m.s. with suff.

1:20g ܡܠܟܐ ܕܠܥܠܡ ܬܣܝܡܝܘܗܝ

peal imperf. 2 m.s.

6:32b A תשים ܘܐܢ ܬܣܝܡ ܠܒܟ ܬܗܘܐ ܚܟܝܡ

8:3b A תתן ܘܠܐ ܬܣܝܡ ܥܠ ܢܘܪܐ ܩܝܣܐ

peal imperf. 2 m.s. with suff

29:10b ܘܠܐ ܬܣܝܡܝܘܗܝ ܬܚܝܬ ܟܐܦܐ

peal imperf. 1.s.

16:20a A ישים ܐܢܐ ܠܐ ܐܣܝܡ ܥܠ ܠܒܝ

peal imperf. 3 m.pl.

21:17b ܘܠܡܡܠܠܗ ܢܣܝܡܘܢ ܠܒܗܘܢ

ethpe'el perf. 3 m.s.

50:2a B נבוה 7h3 ܘܐܬܣܝܡ ܢܘܪܐ ܒܒܢ̈ܝܢܬܐ

ettaphal perf. 3 m.s.

50:2a B נבוה 7al,10ml,12al,Δ,9ml ܘܐܬܬܣܝܡ ܢܘܪܐ ܒܒܢ̈ܝܢܬܐ

Treasure, Thesaurus ܣܝܡܬܐ

sing. emph.

6:14b A הון ܘܕܐܫܟܚܗ̇ ܐܫܟܚ ܣܝܡܬܐ

20:30a ܚܟܡܬܐ ܛܡܝܪܬܐ ܘܣܝܡܬܐ

29:11a ܣܝܡ ܠܟ ܣܝܡܬܐ ܒܦܘܩܕܢܐ

40:17c ܐܝܟ ܐܝܕ ܕܡܙܕܕܩ ܣܝܡܬܐ

plur. emph.

1:17b ܘܣܝܡ̈ܬܐ ܡܢ ܥܠ̈ܠܬܗ̇

1:20d ܘܪ̈ܘܝ ܦܐܖ̈ܐ ܠܗ̇ ܡܢ ܟܠ ܣܝ̈ܡܬܐ

3:4a ܘܐܝܟ ܣܝܡܬܐ ܡܢ ܕܡܝܩܪ ܠܐܡܗ

41:12b { B אוצרות / Bm סימות } ܡܢ ܐܠܦ̈ܐ ܕܣܝ̈ܡܬܐ ܕܚܢܬܐ

Work, Opus ܣܝܡܐ

sing. emph.

17:22a ܙܕܩܬܐ ܕܠܗܘܢ ܒܥܝܢܘܗܝ ܐܝܟ ܚܬܡܐ ܘܣܝܡܐ

Root ܣܝܦ

Sword, Gladius ܣܝܦܐ

sing. emph.

21:3a ܣܝܦܐ ܕܬܪ̈ܝܢ ܦܘ̈ܡܘܗܝ ܟܠ ܥܘܠܐ

22:21c ܐܦ ܐܢ ܬܫܡܛ ܣܝܦܐ ܠܐ ܬܬܘܐܠ

Root ܣܟܐ

Peg , Clavus ܣܟܬܐ

sing. emph.

27:2a ܒܝܬ ܢܩܦܐ ܠܡܨܥܬܗ̇ ܢܩܒܐ ܣܟܬܐ

plur. with suffix

14:24b ܘܒܐܣܝ̈ܬܗ ܢܩܒܥ ܣܟ̈ܘܗܝ

Root = ܣܟܐ

He awaited, Expectavit ܣܟܐ

pael perf. 1.s.

51:7b B ואצפה ܘܣܟܝܬ ܠܕܣܡܟ ܘܠܝܬ

pael part.m.s.

36:21a B קויך ܠܟ̣ ܕܗܘܘ ܡܣܟܝܢ ܠܟ

pael part. m.pl.

18:14a 7a1 ܠܟܠܗܘܢ ܕܡܣܟܝܢ ܠܕܝܢ̈ܘܗܝ

7h3 ܕܡܣܟ̈ܝܢ]

pael part. f.pl.

47:16b ܡܛܠ ܕܟܠܢ. ܘܡܣܟ̈ܝܢ ܠܫܡܟܝ

pael imperat. 2 m.s.

11:21b ܐܠܐ ܣܟܝ ܠܡܪܝܐ

Root ܣܟܠ

Fool, Stultus ܣܟܠܐ

sing. emph.

4:26b A שבלת ܘܠܐ ܬܬܩܘܡ ܠܩܒܠ ܣܟܠܐ

7:5b A תתבונן ܘܩܕܡ ܡܠܟܐ ܠܐ ܬܬܚܘܐ ܣܟܠܐ

8:17a A פותה ܥܡ ܣܟܠܐ ܠܐ ܬܬܡܠܟ ܐܝܟܢܐ

14:9a A כושל ܒܥܝܢܘܗܝ ܕܣܟܠܐ ܙܥܘܪܐ ܗܝ

18:18a ܣܟܠܐ ܓܝܪ ܡܚܣܕ ܘܠܐ ܝܗܒ

Fool, Stultus (cont'd) ܣܟܠܐ
sing. emph.(cont'd)

19:11a ܡܢ ܩܕܡ ܡܠܬܐ ܡܬܚܒܠ ܣܟܠܐ
19:12b ܗܟܢܐ ܡܠܬܐ ܒܡܥܘܗܝ ܕܣܟܠܐ
19:23b ܘܐܝܬ ܣܟܠܐ ܕܢܣܒ ܦܪܨܘܦܐ
20:14a ܡܘܗܒܬܐ ܕܣܟܠܐ ܠܐ ܥܕܪܐ ܠܗ
20:16a ܣܟܠܐ ܐܡܪ ܠܝܬ ܠܝ ܪܚܡܐ
20:20a ܒܦܘܡܗ ܕܣܟܠܐ ܠܐ ܬܬܩܒܠ ܡܠܬܐ
20:24b ܒܦܘܡܗ ܕܣܟܠܐ ܗܝ ܫܟܝܚܐ
21:15c ܘܫܡܥܗ ܣܟܠܐ ܘܒܣܬܗ ܘܫܕܝܗ
21:18a ܐܝܟ ܒܝܬܐ ܕܚܪܒ ܗܝ ܚܟܡܬܐ ܠܣܟܠܐ
21:19a ܟܒܠܬܐ ܗܘ ܝܘܠܦܢܐ ܒܪܓܠܘܗܝ ܕܣܟܠܐ
21:20a ܣܟܠܐ ܒܓܚܟܐ ܡܪܝܡ ܩܠܗ
21:22a ܪܓܠܗ ܕܣܟܠܐ ܥܓܠ ܒܒܝܬܐ
21:23a ܣܟܠܐ ܡܚܘܐ ܡܢ ܬܪܥܐ ܠܓܘ ܒܝܬܐ
21:26a ܦܘܡܗ ܕܣܟܠܐ ܗܘܝܘ ܠܒܗ
21:27a ܟܕ ܠܐܛ ܣܟܠܐ ܠܡܢ ܕܠܐ ܚܛܐ ܠܗ
21:27c ܢܦܫܗ ܠܥܛ ܕܢܦܫܗ ܠܐ ܣܟܠܐ
22:1c ܗܟܢܐ ܐܝܬܘܗܝ ܣܟܠܐ
22:3a ܒܗܬܬܐ ܗܘ ܠܐܒܐ ܒܪܐ ܣܟܠܐ
22:9a ܗܟܢܐ ܡܢ ܕܡܠܦ ܣܟܠܐ
22:10 b ܗܟܢܐ ܡܢ ܕܡܠܦ ܣܟܠܐ
22:11b ܘܥܠ ܣܟܠܐ ܕܐܬܬܟܠ ܡܢ ܝܕܥܬܐ
22:12b ܘܒܝܬ ܒܟܝܐ ܕܣܟܠܐ ܟܠ ܝܘܡܝ ܚܝܘܗܝ
22:13a ܥܡ ܣܟܠܐ ܠܐ ܬܣܓܐ ܫܘܥܝܬܐ
22:14b ܘܫܡܗ ܡܢܐ ܐܠܐ ܣܟܠܐ
22:15b ܡܢ ܕܠܡܥܡܪ ܥܡ ܓܒܪܐ ܣܟܠܐ
22:18e ܠܒܗ ܕܣܟܠܐ ܒܡܥܘܗܝ ܬܒܪ
23:8b ܘܣܟܠܐ ܒܦܘܡܗ ܡܬܬܚܕ
25:2d ܘܣܒܐ ܣܟܠܐ ܘܚܣܝܪ ܡܕܥܐ
27:11b ܘܣܟܠܐ ܐܝܟ ܣܗܪܐ ܡܫܬܚܠܦ
34(31):30a B לכסיל ܡܣܓܝܬܐ ܕܚܡܪܐ ܢܟܫܬ ܠܣܟܠܐ
37:19b Bm } נואל ܡܢ ܕܢܦܫ ܒܪܢܫܗ ܗܘܐ ܗܘ ܣܟܠܐ
D }

Fool, Stultus (cont'd) ܣܟܠܐ

sing. emph. (cont'd)

50:26b B נבל ܘܥܡܐ ܣܟܠܐ ܕܥܡܪ ܒܫܟܝܡ

sing. emph. f.

22:5a ܐܒܘܗ̇ ܘܐܡܗ̇ ܡܒܗܬܐ ܣܟܠܬܐ

25:18a ܥܠ ܒܥܠܗ̇ ܕܣܟܠܬܐ

plur. emph. m.

6:20a A לאויל ܥܩܝܐ ܗܝ ܠܘܬ ܣܟ̈ܠܐ ܚܟܡܬܐ

6:22b A לרבים ܘܠܣܟ̈ܠܐ ܠܐ ܡܬܚܙܝܐ

27:12a ܒܝܬ ܣܟ̈ܠܐ ܢܛܪ ܙܒܢܐ

27:13a ܘܫܥܝܬܗܘܢ ܕܣܟ̈ܠܐ ܣܢܝ̈ܢ ܐܢܝ

34(31):7a B לאויל ܡܛܠ ܕܡܣܟܠܬܐ ܗܝ ܘܡܬܩܠܐ ܠܣܟ̈ܠܐ

51:23a B סכלים ܩܪܘ ܠܘܬܝ ܣܟ̈ܠܐ

Foolish, Stultus ܣܟܠܬܢܐ

sing. emph.

19:22b ܬܪܥܝܬܐ ܕܚܛܝ̈ܐ ܕܣܟܠܬܢܐ

Folly, Stultitia ܣܟܠܘܬܐ

sing. emph.

21:24a ܣܟܠܘܬܐ ܗܝ ܠܒܪܢܫܐ ܕܨܐܬ

23:13a ܘܐܦ ܠܣܟܠܘܬܐ ܠܐ ܠܐ ܬܦܩܘܢ

sing. with suff.

8:15a A ובאולתו ܘܐܝܬ ܒܣܟܠܘܬܗ ܬܐܒܕ

20:31a ܛܒ ܗܘ ܓܒܪܐ ܕܡܛܫܐ ܣܟܠܘܬܗ

plur. emph.

47:23c B אולת ܡܣܓܝܐ ܣܟܠܘ̈ܬܐ ܘܚܣܝܪ ܚܟܡܬܐ

plur. with suff.

4:25b A ? אלהים ܘܥܠ ܣܟܠܘ̈ܬܟ ܐܬܒܟܠ

30:13b B באולתו ܕܠܡܐ ܒܣܟܠܘ̈ܬܗ ܬܬܟܫܠ

He taught, Docuit ܣܟܠ

pael infin.

17:6b 7a1 ܘܐܪܥܢܐ ܝܗܒ ܠܗܘܢ ܠܡܣܟܠܘ

7h3 ܠܡܣܬܟܠܘ

ethpa'al (=He understood, Intellexit)

perf. 1.s.

51:19d { B ואביט / Q אתבונן } ܘܐܬܦܪܫܬ ܠܗ ܘܐܣܬܟܠܬ ܒܗ

ܐܣܬܟܠ

He understood, Intellexit (cont'd)

ethpa'al perf. 3 m.pl.

39:32b B והתבוננתי ܐܣܬܟܠܬ ܒܟܬܝܒܬܐ

ethpa'al participle m.s.

23:19d ܘܡܣܬܟܠ ܒܗ ܕܟܣܝܬܐ

36:25b { B ישיבנה ; Bm ישיבנן } ܘܓܒܪܐ ܚܟܝܡܐ ܡܣܬܟܠ

ethpa'al participle m.pl.

4:11b A מבינים ܘܬܥܘܪ ܠܟܠ ܕܡܣܬܟܠܝܢ ܒܗ̇

ethpa'al infinitive

17:6b 7h3 ܘܐܕܢܐ ܘܠܒܐ ܠܡܣܬܟܠܘ

7a1] ܠܡܣܟܠܘ

38:28b ܘܠܡܣܬܟܠܘ ܒܡܐܢܝ ܡܠܐܟܬܐ

38:34d ܘܠܡܣܬܟܠܘ ܒܢܡܘܣܐ ܕܚܝܐ

ethpa'al imperat. 2 m.s.

3:22a A C התבונן ܒܡܐ ܕܐܬܦܩܕܬ ܐܣܬܟܠ

6:37a A והתבוננת ܐܣܬܟܠ ܒܕܚܠܬܗ ܕܐܠܗܐ

ethpa'al imperat. 2 m.pl.

2:10a ܐܣܬܟܠܘ ܠܕܪܐ ܕܡܢ ܠܥܠܡ

39:12a ܐܣܬܟܠܘ ܘܐܡܪ ܒܟܠܗܝܢ

ethpa'al imperf. 3 m.s.

3:29a A יבין 7a1,Δ,18/16g6,17a5 ܠܒܐ ܚܟܝܡܐ ܢܣܬܟܠ

7h3] ܢܣܬܟܠ

14:21b A יתבונן ܘܒܪܐܙܝܗ̇ ܢܣܬܟܠ

16:20b A יתבונן Δ(less 15c1,17a3)17a5, ܡܢܘ ܢܣܬܟܠ

7a1,7h3] ܢܬܒܝܢ

39:3b ܘܒܟܠ ܦܠܐܬܐ ܢܣܬܟܠ

39:7a ܗܘ ܢܣܬܟܠ ܡܠܬܐ ܕܝܕܥܬܐ

39:7b ܡܠܬܐ ܕܝܕܥܬܐ ܘܒܐܘܪܝܬܐ ܢܣܬܟܠ

ethpa'al imperf. 3 m. pl.

17:8a ܝܒܘܪܬܐ ܕܥܒܕܘܗܝ ܕܢܣܬܟܠܘܢ ܦܪܝܫܬܗ

ܐܣܬܟܠ

He understood, Intellexit (cont'd)

ethpa'al imperf. 3 m.pl.

23:27b ܘܢܣܬܟܠܘܢ ܟܠ ܕܡܫܬܐܪܝܢ

38:33c ܘܡܢܬܐ ܕܕܝܢܐ ܠܐ ܢܣܬܟܠܘܢ

38:33e ܘܒܡܬܠܐ ܕܚܟܝܡܐ ܠܐ ܢܣܬܟܠܘܢ

Intelligence, Intelligentia ܣܘܟܠܐ

sing. emph.

4:24b A ותבונה ܚܟܡܬܐ ܘܣܘܟܠܐ ܒܡܠܬܐ ܕܠܫܢܐ

38:28e ܠܫܘܠܡ ܣܘܟܠܐ ܢܪܐ ܐܝܢܗ

sing. with suff.

47:14b ܐܝܟ ܢܗܪܐ ܚܟܡܬܐ ܒܣܘܟܠܟ

Intelligent, Intelligens ܣܘܟܠܬܢܐ

sing. absolute

9:17b ܘܕܒܪ ܒܥܡܡܐ ܚܟܝܡ ܘܣܘܟܠܬܢ

sing. emph.

10:25b ܘܓܒܪܐ ܣܘܟܠܬܢܐ ܠܐ ܡܬܪܥܡ

21:21a ܐܝܟ ܡܢܝܟܐ ܕܕܗܒܐ ܚܟܡܬܐ ܠܣܘܟܠܬܢܐ

Understanding, Intelligentia ܣܘܟܠܬܢܘܬܐ

sing. emph.

1:6b ܘܥܘܩܒܝ̈ܗ ܣܘܟܠܬܢܘܬܐ ܡܢܘ ܝܕܥ

14:20b A ובתבונה ܘܒܣܘܟܠܬܢܘܬܐ ܬܬܗܓܐ

15:3b A,B תבונה / Bm מתבואתה ܘܡܝܐ ܕܣܘܟܠܬܢܘܬܐ ܬܫܩܝܘܗܝ

24:26a ܘܡܫܦܥܐ ܐܝܟ ܦܪܬ ܣܘܟܠܬܢܘܬܐ

39:6b ܒܪܘܚܐ ܕܣܘܟܠܬܢܘܬܐ ܬܬܡܠܐ

sing. with suff.

44:4a B במחקרותם / M [ ]במחקק ܐܚܝ̈ܕܐ ܘܡܒܝ̈ܢܐ ܒܣܘܟܠܬܢܘܬܗܘܢ

Root ܡܣܟ

He became poor, Pauper factus est ܐܬܡܣܟܢ

ethpa'al perf. 3 m.s.

22:25a ܐܢ ܐܬܡܣܟܢ ܪܚܡܟ ܠܐ ܬܒܣܪܝܘܗܝ

ܡܣܟܢ

He became poor, Pauper factus est

(cont'd)

ethpa'al perf. 3 m.s.

26:28c ܒܪ ܚܐܪ̈ܐ ܕܐܬܡܣܟܢ ܘܐܙ ܛܪ̈ܝܢ

ethpa'al imperf. 2 m.s.

13:4b A תכרע ܘܐܢ ܬܬܡܣܟܢ ܢܫܒܩܝܟ

Poor man, Pauper **ܡܣܟܢܐ**

sing. absol.

10:22a A, B ורש ܬܘܬܒܐ ܐܟܣܢܝܐ ܕܡܣܟܢ

18:32b C ריש ܕܠܐ ܫܢ ܬܪ̈ܝܢ ܬܗܘܐ ܡܣܟܢ

18:33a ܠܐ ܬܗܘܐ ܡܣܟܢ ܘܪ̈ܘܝ

26:4a ܐܢ ܥܬܝܪ ܘܐܢ ܡܣܟܢ

sing. emph.

4:1a A עני ܠܐ ܬܛܠܘܡ ܒܚܝ̈ܘܗܝ ܕܡܣܟܢܐ

4:1b A עני ܘܠܐ ܬܬܦܪܥ ܠܡܣܟܢܐ

4:3a A עני ܡܥ̈ܘܗܝ ܕܐܢܫܐ ܡܣܟܢܐ

4:4a A דל ܒܥܘܬܗ ܕܡܣܟܢܐ ܠܐ ܬܫܒܘܩ

4:8a A לעני ܐܪܟܢ ܠܡܣܟܢܐ ܐܕܢܟ

7:32a A לאביון ܘܐܦ ܠܡܣܟܢܐ ܐܘܫܛ ܐܝܕܟ

10:23a A, B דל ܠܝܬ ܠܡܒܣܪܘ ܠܡܣܟܢܐ

10:30a A, B דל ܐܝܬ ܡܣܟܢܐ ܕܡܬܝܩܪ

11:1a A, B דל ܚܟܡܬܐ ܕܡܣܟܢܐ ܬܪܝܡ ܪܫܗ

11:14b A ריש ܥܘܬܪܐ ܘܡܣܟܢܐ ܡܢ ܩܕܡ ܐܠܗܐ

11:21d ܠܡܥܬܪܘ ܠܡܣܟܢܐ ܡܢ ܫܠܝ

13:2e A דל ܡܢܐ ܢܫܬܘܬܦ ܥܬܝܪܐ ܠܡܣܟܢܐ

13:3b A דל ܘܡܣܟܢܐ ܢܦܩܐ ܘܡܬܒܥܠ

13:17b A נאצל ܡܢܐ ܢܫܠܡ ܥܬܝܪܐ ܠܡܣܟܢܐ

13:21b A ודל ܘܡܣܟܢܐ ܢܦܠ ܘܡܬܕܚܐ

Poor man, Pauper (cont'd) ܡܣܟܢܐ

sing. emph. (cont'd)

13:22c A דל ܡܣܟܢܐ ܡܡܠܠ ܘܐܡܪܝܢ ܠܡܢܘ

13:23c A דל ܡܣܟܢܐ ܡܡܠܠ ܘܐܡܪܝܢ ܡܢܘ

21:5a ܨܠܘܬܐ ܕܡܣܟܢܐ ܐܝܟ ܕܡܢ ܦܘܡܗ

25:2c ܡܣܟܢܐ ܓܐܝܐ ܘܥܬܝܪܐ ܕܓܠܐ

29:8a ܒܪܡ ܥܡ ܡܣܟܢܐ ܐܓܪ ܪܘܚܟ

29:22a ܛܒܝ̈ܢ ܝܬܝܪ ܚܝܘ̈ܗܝ ܕܡܣܟܢܐ

29:28c ܛܒ ܛܒ ܗܘ ܠܡܣܟܢܐ

30:14a B מסכן ܛܒ ܗܘ ܝܬܝܪ ܡܣܟܢܐ ܕܚܝ

34(31):4a B עני ܠܐܐ ܡܣܟܢܐ ܠܒܨܝܪܘܬܐ

32(35):10a ܒܒܥܘܬܐ ܗܒ ܠܡܣܟܢܐ

32(35):12c Bm לאביון ܡܢ ܕܢܣܒ ܚܝܪ ܠܡܣܟܢܐ

32(35):16a B דל ܢܐܠܐ ܩܕܡܘܗܝ ܨܠܘܬܗ ܕܡܣܟܢܐ

32(35):20a ܡܪܝܐ ܕܢܦܫܗ ܕܡܣܟܢܐ

38:19b ܡܛܠ ܕܚܝܘ̈ܗܝ ܕܡܣܟܢܐ ܠܠܘܛܬܐ

plur. emph.

13:19b A דלים ܡܪܥܝܬܗ ܕܥܬܝܪܐ ܡܣܟܢ̈ܐ

31(34):24b ܕܡܩܪܒ ܩܘܪܒܢܐ ܡܢ ܕܡܣܟ̈ܢܐ

31(34):25a ܠܚܡܐ ܕܣܢܝܩܐ ܚܝܝܗܘܢ ܕܡܣܟ̈ܢܐ

32(35):20b 12a1,Δ,17a5 ܘܨܠܘܬܗܘܢ ܕܡܣܟܢ̈ܐ

7a1,7h3 omit

32(35):21a B דל ܨܠܘܬܗܘܢ ܕܡܣܟ̈ܢܐ ܠܥܠ ܡܢ ܥܢܢܐ

38:19a ܒܨܦܬܐ ܠܡܣܟ̈ܢܐ ܘܡܪܝܪܬܐ ܗܘܬܐ

Poverty, Paupertas ܡܣܟܢܘܬܐ

sing. emph.

2:4b ܘܒܡܪܥܐ ܘܒܡܣܟܢܘܬܐ ܐܓܪ ܪܘܚܟ

2:5b ܘܒܢܝܐ ܒܟܘܪܐ ܕܡܣܟܢܘܬܐ

10:31a A} B} בדלותו ܕܡܬܝܩܪ ܒܡܣܟܢܘܬܐ

11:12b A אונש ܘܝܬܝܪ ܠܗ ܥܘܬܪ ܡܣܟܢܘܬܐ

13:24b A העוני ܡܣܟܢܘܬܐ ܠܐ ܝܗܒ ܚܛܗ̈ܐ

ܡܣܟܢܘܬܐ

Poverty, Paupertas,(cont'd)

sing. emph. (cont'd)

18:25b ܘܡܣܟܢܘܬܐ ܘܚܣܝܪܘܬܐ ܒܝܘܡܝ ܥܘܬܪܐ

19:1b ܕܪܘܝ ܒܚܡܪܐ ܢܐܪܬ ܡܣܟܢܘܬܐ

20:1a 7a1,17a3,19g7,17a1 ܡܣܟܢܘܬܐ ܕܠܐ ܐܝܬ ܐܝܟ

7h3 ܡܣܟܢܘܬܐ]

25:9c ܠܓܒܪܐ ܕܠܐ ܬܫܪܝܬܗ ܡܣܟܢܘܬܐ

34(31):29a ܥܡܠܐ ܘܡܣܟܢܘܬܐ ܘܟܐܒ ܪܝܫܐ

40:4b ܠܥܠܡ ܕܠܒܫ ܠܒܘܫܐ ܕܡܣܟܢܘܬܐ

sing. with suff.

11:18a A מהתענות ܐܝܬ ܕܥܬܪ ܡܢ ܡܣܟܢܘܬܗ

22:23a ܗܝܡܢ ܪܚܡܟ ܒܡܣܟܢܘܬܗ

10:31a A} B} גדלותו ܕܡܬܝܩܪ ܒܡܣܟܢܘܬܗ

49:12b ܕܒܡܣܟܢܘܬܗܘܢ ܐܣܩܘܗ ܡܕܒܚܐ

Root ܣܦ

Limen, Threshold ܐܣܩܘܦܬܐ

6:36b A בציפי ܘܬܫܘܦ ܐܣܩܘܦܬܗ ܪܓܠܟ

Root ܣܟܪ

He closed Clausit ܣܟܪ

peal part.

20:29b ܡܥܡܛܝܢ ܥܝܢܐ ܘܣܟܪ ܦܘܡܐ

peal imperat. 2 m.s.

27:15b ܘܡܢܐ ܕܢܝܩܝܢ ܣܟܪ ܐܕܢܝܟ

A shield, Scutum ܣܟܪܐ

sing. emph.

29:13a ܣܟܪܐ ܕܬܘܩܦܐ ܘܪܘܡܚܐ

37:5b Bm} D} צנה ܠܩܘܒܠ ܒܥܠܕܒܒܐ ܘܐܚܘܕ ܣܟܪܐ

plur. absol.

49:13c B ובריח ܘܣܟܪ ܬܪܥܝܢ ܘܣܟܪܝܢ

A shield ,Scutum (cont'd) ܣܘܟܪܐ

plur. emph.

28:25b ܠܦܘܡܟ ܥܒܕ ܬܪܥܐ ܘܣܘܟܪ̈ܐ

Root ܣܠܐ

He repudiated,Repudiavit ܣܠܐ

aphel part. passive

41:5a B M } נמאס ܘܪܒܐ ܡܣܠܝܐ ܬܘܠܕܬܐ ܕܥܘ̈ܠܐ

aphel imperf. 3 m.s.

32(35):22b B יתמהמה ܘܐܦ ܡܪܝܐ ܠܐ ܢܣܠܐ

Root ܣܠܩ

He ascended, Ascendit ܣܠܩ

peal perf. 3 m.s.

48:18a B עלה ܣܠܩ ܠܠܟܫܝܢ ܣܢܚܪܝܒ

peal part. m.s.

(30:27)33:13b B יעלה ܘܟܠ ܕܐܙܠ ܠܗ ܦܘܪܥܗ

peal part. f.s.

21:5b ܘܩܕܡ ܕܝܢܐ ܕܡܣ̈ܟܢܐ ܣܠܩܐ

32(35):21a Bm חלפה ܠܥܠ ܡܢ ܥܢܢܐ ܣܠܩܐ

peal part. m.pl.

11:5b ܕܠܐ ܣܠܩܝܢ ܗܘܘ ܥܠ ܠܒܐ

peal part. f. pl.

29:6c ܣܠܩ̈ܢ ܐܘܕ̈ܝܗܘܢ ܡܢ ܢܦ̈ܫܗܘܢ

aphel part.

23:16b ܘܕܠܩܬܐ ܡܣܩ ܪܘܓܙܐ

aphel part. with suff.

46:16b B בעלתו ܟܡܣܩܘܗ ܐܡܪܐ ܕܚܠܒܐ

A slope, Ascensus ܡܣܩܬܐ

sing. emph.

21:9a ܡܣܩܬܐ ܕܢܘܪܐ ܟܢܫܘܬܗܘܢ ܕܥܘ̈ܠܐ

25:20a C כמעלה ܐܝܟ ܡܣܩܬܐ ܕܚܠܐ ܒܪ̈ܓܠܘܗܝ

Root ܣܡܡ

Remedy, Pharmacum ܣܡܐ

sing. emph.

6:16a A צרור ܣܡܐ ܗܘ ܕܚܝܐ

plur. emph.

38:4a B תרופות ܡܢ ܐܪܥܐ ܒܪܐ ܣܡܡܢܐ

Root ܣܡܟ

He propped up ,Fulsit ܣܡܟ

peal part.

31(34):19d ܘܣܡܟ ܡܢ ܕܬܬܩܠ

51:7b B סומך ܘܣܟܝܬ ܠܕܣܡܟ ܘܠܝܬ

peal part. passive

5:10a A, C סמוך ܗܘܝܬ ܣܡܝܟ ܥܠ ܦܘܡܟ

peal part. plur.

40:1d ܘܡܕܒܪܢܐ ܕܣܡܝܟܝܢ ܠܐܪܥܐ ܕܚܝܐ

peal imperat. 2 m.s.

22:23a ܣܡܘܟ ܪܚܡܟ ܒܡܣܟܢܘܬܗ

peal imperf. 2 m.s.

9:9(I)a A תטעם ܠܐ ܬܣܡܘܟ ܐܝܕܟ

ethpe'el part.

26:12c ܘܥܠ ܟܠ ܣܘܟ ܡܣܬܡܟ

ethpe'el imperat. 2 m.s.

11:20a A [ ]ת ܘܒܗ ܐܣܬܡܟ ܘܒܥܒܕ̈ܘܗܝ ܐܬ

35(32):1d B תסוב ܘܡܢ ܒܬܪܟܢ ܐܣܬܡܟ

ethpe'el imperf. 3 m.s.

15:4a A, B ונשען ܢܣܬܡܟ ܥܠܝܗ ܘܠܐ ܢܦܠ

ethpe'el imperf. 2 m.s.

35(32):1b ܘܒܪܝܫ ܚܒܪܐ ܠܐ ܬܣܬܡܟ

pael part.
(with ܒܝܬ = Home , Domicilium)

1:(19a) ܘܒܝܬ ܡܣܡܟܢ ܠܬܒܝܬܘܬܐ

Support, Fulcrum ܣܡܘܟܐ

sing. emph.

3:30b A משען ܘܡܪܝܐ ܕܟܠ ܡܬܒܥ ܠܗ ܣܡܘܟܐ

Supporting, Fulciens ܣܡܟܢܐ

sing. emph.

31(34):18b ܘܡܥܕܪ ܗܘܐ ܠܗ ܣܡܟܢܐ

Reclining, Accubans ܣܡܝܟܐ

plur. const.

44:6a { B וסומכי / M וסמכי } ܒܣܡܝܟܝ ܚܝܠܐ ܘܫܠܝܢ ܥܠ ܡܘܬܒܝܗܘܢ

Root ܣܢܐ

He hated, Odit ܣܢܐ

peal perf. 3 m.s.

15:11b A, B שנא ܡܛܠ ܕܡܕܡ ܕܣܢܐ ܠܐ ܥܒܕ

34(31):13a B שונא ܡܛܠ ܕܒܝܫܬܐ ܥܝܢܐ ܣܢܐ ܐܠܗܐ

32(35):5b ܘܟܠ ܚܛܝܢ ܕܠܐ ܬܫܒܘܚ ܕܣܢܐ

peal perf. 3 f.s.

23:15a ܬܪܬܝܢ ܐܢܝܢ ܣܢܬ ܢܦܫܝ

25:2a ܬܠܬܐ ܓܢܣܝܢ ܣܢܬ ܢܦܫܝ

peal perf. 1.s.

27:24a ܣܓܝ ܣܢܝܬ ܘܠܐ ܐܟܘܬܗ

peal part. m.s.

12:6a A שונא ܘܐܦ ܐܠܗܐ ܣܢܐ ܠܒܝܫܐ

15:13a A, B שנא ܒܝܫܬܐ ܘܡܪܕܘܬܐ ܣܢܐ

21:6a ܣܢܐ ܡܟܣܢܘܬܐ ܒܐܘܪܚܐ ܢܦܠ

40:29c ܣܢܐ ܢܦܫܗ ܡܢ ܕܘܝܩ ܬܦܢܩܬܐ

peal part. m.s. (passive)

11:2b { A,Bm מכוער / B משבר } ܠܒܪܢܫܐ ܕܣܢܐ ܒܚܙܘܗ

peal part. f.s. (passive)

10:7a A שנואה ܡܛܠ ܕܣܢܝܐ ܗܝ ܩܕܡ ܐܠܗܐ

He hated, Odit (cont'd) ܣܢܐ

peal part. m.pl. (active)

16:28a ܚܕ ܠܚܕ ܠܐ ܣܢܝܢ

peal part. f.pl. (passive)

27:13a ܡܫܬܥܝܬܗܘܢ ܕܣܟ̈ܠܐ ܣܢ̈ܝܢ ܐܢ̈ܝܢ

peal imperf. 2 m.s.

1:30a ܐܡܪ ܠܚܒܪܐ ܠܐ ܬܣܢܐ

28:7a ܘܠܐ ܬܣܢܐ ܚܒܪܟ

peal imperf. 3 m.pl.

2:15a ܕܫܠܡ̈ܘܗܝ ܕܡܪܝܐ ܠܐ ܢܣܢܘܢ ܕܪܚܡܝܢ ܠܗ

peal imperf. 3 m.s. with suff.

19:9a ܕܠܐ ܟܕ ܕܢܫܡܥܟ ܢܣܢܝܟ

27:24b ܘܐܦ ܐܠܗܐ ܢܣܢܝܘܗܝ

ethpe'el part.

20:5b C נשנא ܐܝܬ ܕܡܣܬܢܐ ܒܣܘܓܐܐ ܕܡܫܬܥܝܬܗ

20:8a ܐܝܬ ܕܒܣܘܓܐܐ ܕܡܫܬܥܝܬܗ ܡܣܬܢܐ

37:20a { B נשנא ܕܚܟܝܡ ܘܒܡܫܬܥܝ̈ܬܗ ܡܣܬܢܐ
D ישנא

ethpe'el imperf.3 f. s.

42:9d ܘܡܢ ܒܥܠܗ ܕܠܐ ܬܬܣܢܐ

ethpe'el imperf. 2 m.s.

13:10b A תשנא 7h3 ܘܠܐ ܬܬܪܚܩ ܕܠܐ ܬܬܣܢܐ
7al ܬܬܛܠܡܐ]

34(31):16b B תשנא ܘܠܐ ܬܗܘܐ ܪܫܝܢ ܕܠܐ ܬܬܣܢܐ

ethpe'el imperf. 3 m.pl.

20:8a ܘܕܡܫܬܥܝܐ ܢܣܬܢܘܢ ܚܒܪ̈ܘܗܝ

pael part.

12:18b A ישנא ܘܦܘܡܗ ܡܠܝܢ ܘܡܫܢܐ ܐܦ̈ܘܗܝ

ethpa'al part.

9:18b A ישונא ܘܕܪܗܛ ܥܠ ܦܘܡܗ ܡܫܬܢܐ

ettaphal imperf. 2 m.s.

13:10b A תשונא 7al ܘܠܐ ܬܬܪܚܩ ܕܠܐ ܬܬܬܫܢܐ
7h3 ܬܬܫܢܐ]

Enemy , Hostis — ܣܢܐܐ

sing. emph.

6:1a A שונא ܘܚܠܦ ܪܚܡܐ ܠܐ ܬܗܘܐ ܣܢܐܐ

12:8b A שונא ܘܠܐ ܢܬܛܫܐ ܒܒܝܫܬܗ ܣܢܐܐ

12:10a A בשונא ܠܐ ܬܗܝܡܢ ܒܣܢܐܐ ܠܥܠܡ

12:16a A צר ܒܣܦܘ̈ܬܗ ܪܚܡ ܣܢܐܐ

19:8a ܒܪܚܡܐ ܒܣܢܐܐ ܠܐ ܬܫܬܥܐ

20:23b C שונא ܘܩܢܐ ܠܗ ܣܢܐܐ ܡܓܢ

23:3d ܒܥܠܕܒܒܐ ܘܚܕܐ ܠܝ ܣܢܐܐ

25:14a ܘܠܐ ܐܝܟ ܐܘܠܨܢܐ ܕܣܢܐܐ

29:6c ܘܩܢܐ ܠܗ̇ ܣܢܐܐ ܘܡܨܐܪܝܬܗ

37:2b B, Bm, D לצר ܐܝܟ ܢܦܫܟ ܗܘܐ ܠܟ ܣܢܐܐ

31(34):19c ܘܡܬܦܨܝܢܐ ܡܢ ܣܢܐܐ

32(35):26a ܕܒܥܕܢܗ ܣܢܐܐ ܒܥܕܢܐ ܕܐܘܠܨܢܐ

33(36):9a B צר ܬܒܪ ܣܢܐܐ ܘܚܒܠ ܒܥܠܕܒܒܐ

33(36):11a ܘܒܚܡܬܐ ܐܘܒܕ ܣܢܐܐ

33(36):12a B מואב; Bm אויב ܚܒܠ ܪܝܫܐ ܕܣܢܐܐ

37:11b ܘܥܡ ܣܢܐܐ ܕܠܐ ܬܬܡܠܟ

46:6a ܘܢܦܠ ܥܠ ܥܡܐ ܣܢܐܐ

sing. with suff.

6:13a A משנאיך 7h3 ܡܢ ܣܢܐܝܟ ܐܬܦܪܫ

7a1 ܣܢܐܝܟ]

28:26b ܕܠܐ ܬܬܦܠܐ ܩܕܡ ܣܢܐܝܟ

37:10a D חמיך ܠܐ ܬܬܡܠܟ ܒܣܢܐܝܟ

18:31b C שונא ܐܝܟ ܗ̇ܘ ܗܘ ܕܢܚܕܐ ܒܗ ܕܣܢܐܘܗܝ

30:3a 7h3 ܕܡܠܦ ܒܪܗ ܡܛܠ ܠܣܢܐܗ

7a1 ܠܣܢܐ̈ܘܗܝ

Enemy , Hostis (cont'd) ܣܢܐܐ

plur. emph.

46:1e ܘܠܡܬܦܪܥܘ ܡܢ ܒܥܠܕ̈ܒܒܐ ܣܢ̈ܐܐ

46:16a B [ ]ביר ܐܬܒܪ ܣܢ̈ܐܐ ܡܢ ܩܕܡܝܗܘܢ ܫܪ̈ܘܗܝ

47:7a B צר ܘܐܬܒܪ ܣܢ̈ܐܐ ܡܢ ܩܕܡܝܗܘܢ ܫܪ̈ܘܗܝ

50:4a B מצר ܘܦܨܝ ܠܥܡܗ ܡܢ ܣܢ̈ܐܐ

plur. with suff.

6:4b A שונא ܘܚܕܘܬܐ ܠܣܢ̈ܐܘܗܝ ܬܥܒܕܘܗܝ

25:7d ܚܙܐ ܒܡܦܘܠܬܐ ܕܣܢ̈ܐܘܗܝ

30:3a 7a1 ܕܡܚܣܡ ܒܪܗ ܩܕܡ ܠܣܢ̈ܐܘܗܝ

7h3 ܠܣܢܐܗ

Hateful, Odiosus ܣܢܝܐ

sing.absol. f.

23:11f ܣܢܝܐ ܗܝ ܘܠܐ ܙܟܐ

sing. emph. f.

14:14b A רע ܘܪܓܬܐ ܣܢܝܬܐ ܠܐ ܬܪܓ

plur. absol. m.

20:15f 7h3 ܠܐܠܗܐ ܘܠܒܢ̈ܝܢܫܐ ܣܢܝܢ ܐܝܢ

7a1,19g7,10m2 ܣܢܝܢ

plur. emph. m.

13:22b A מכוערים ܘܦܬܓܡ̈ܘܗܝ ܣܢ̈ܝܐ ܡܫܦܪܝܢ

Root ܣܢܚ

nom. prop. Sennacherib ܣܢܚܪܝܒ

48:18a B סנחריב ܣܠܩ ܒܝܘܡܝܗܘܢ ܣܢܚܪܝܒ

Root ܣܢܪ

nom. prop. Senir ܣܢܝܪ

24:13b ܐܝܠܢܐ ܕܡܬܥܫܢܐ ܒܣܢܝܪ ܛܘܪܐ

Root ܣܢܩ

Poverty, Indigentia ܣܢܝܩܘܬܐ

sing.with suff.

35(32):2a B צרכם ܘܟܠ ܣܢܝܩܘܬܗܘܢ ܐܬܡ ܘܪܒ

Root ܣܣܐ

Moth , Tinea ܣܣܐ

sing. emph.

42:13a { B עש
　　　　{ M סס
ܐܝܟܢܐ ܕܡܠܒܘܫܐ ܢܦܠ ܣܣܐ

Root ܣܥܪ

He visited, Visitavit ܣܥܪ

peal infinitive

7:35a ܘܠܐ ܬܬܡܢܥ ܠܟ ܠܡܣܥܪ ܡܪ̈ܝܥܐ

Visitation, Visitatio ܣܘܥܪܢܐ

plur. with suff.

14:2b A תוחלתו ܘܠܐ ܒܛܠܐ ܥܠ ܣܘܥܪ̈ܢܘܗܝ

Hair, Crinis ܣܥܪܐ

sing. emph.

27:14a ܡܙܩܦܐ ܡܢ̈ܬܐ ܕܣܥܪܐ

Root ܣܦܐ

Lip, Labium ܣܦܬܐ

plur. with suffix

22:27b ܘܥܠ ܣܦܘ̈ܬܝ ܢܛܪܬܐ ܕܐܝܩܪܐ

51:22b B שפתותי ܘܒܣܦܘ̈ܬܝ ܐܫܒܚܝܘܗܝ

1:29b ܘܒܣܦܘ̈ܬܟ ܬܗܘܐ ܙܗܝܪ ܠܚܒܪܐ

12:16a A בשפתיו ܒܣܦܘ̈ܬܗ ܪܚܡ ܣܢܐܐ

6:4b A ושפתי ܘܣܦܘ̈ܬܗܘܢ ܕܒܢ̈ܝܢܫܐ ܒܝܫܬܐ

Root ܣܦܩ

It sufficed, Satis fuit ܣܦܩ

peal part.

34(31):12c B ספוק ܘܠܐ ܬܐܡܪ ܠܐ ܣܦܩ ܠܝ

Root ܣܦܪ

Book , Librum ܣܦܪܐ

sing. emph.

24:23a ܗܠܝܢ ܒܣܦܪܐ ܕܩܝܡܗ ܕܡܪܝܐ

50:27b ܟܬܒܝܢ ܒܣܦܪܐ ܗܢܐ

plur. emph.

1:20t ܘܐܬܬܟܬܒ ܒܣܦܪ̈ܐ ܕܢܫ̈ܐ

Scribe, scriba ܣܦܪܐ

sing. emph.

38:24a B ספר ܚܟܡܬܗ ܕܣܦܪܐ ܬܣܓܐ ܠܚܟܡܬܐ

Root ܣܩܐ

Sack, Saccus ܣܩܐ

sing. emph.

25: 17b C לדוב? ܐܝܟ ܕܘܒܐ ܕܣܩܐ

Root ܣܟܠ

He decorated, Ornavit ܣܟܠ

ethpa'al imperf. 3 m.s.

3:29a A יבין 7h3 ܠܒܐ ܚܟܝܡܐ ܢܣܬܟܠ

7a1, Δ ,18/16g6,17a5 ܢܣܬܟܠ]

Root ܣܪܒ

He lied, Mentitus est ܣܪܒ

peal part.

20:15b ܘܡܡܠܠ ܕܒܝܫ ܘܣܪܒ

peal imperf. 2 m.s.

4:25a A תסרב ܠܐ ܬܣܪܒ ܠܘܬ ܩܘܫܬܐ

Root ܣܪܚ

He harmed, Nocuit ܣܪܚ

peal perf. 1.s.

15:11a ܠܐ ܬܐܡܪ ܕܡܢ ܐܠܗܐ ܣܪܚܬ

peal part. f.s.

23:22a ܐܦ ܐܢܬܬܐ ܕܣܪܚܐ ܠܗ ܠܒܥܠܗ

25:22b C מכלכלת ܐܢܬܬܐ ܕܣܪܚܐ ܠܗ ܠܒܥܠܗ

peal imperf. 2 m.s.

5:15a A תשחת ܥܠ ܙܥܘܪ ܠܐ ܬܣܪܘܚ

Trouble maker, Turbator ܣܪܘܚܢܐ

sing. emph.

19:9b ܘܐܝܟ ܣܪܘܚܢܐ ܢܣܥܪܟ

22:26b ܢܗܘܐ ܥܠܝܟ ܘܐܝܟ ܣܪܘܚܢܐ ܢܣܥܪܟ

Sin, Peccatum ܣܘܪܚܢܐ

plur. with suffix

10:6a A פשע ܥܠ ܣܘܪ̈ܚܢܝܟ ܠܐ ܬܬܠܘܢ ܪܢܝܟ

30:11b { B לשחיתותיו ܘܠܐ ܬܬܒܥܐ ܠܗ ܥܠ ܣܘܪ̈ܚܢܘܗܝ

Bm משחיתותיו

Root ܣܪܓ

Branch, Virgulta ܣܪܘܓܒܬܐ

plur. with suffix.

14:26b A ובענפיה 7h3 ܘܒܝܬ ܣܪ̈ܘܓܒܬܗ ܢܗܘܐ ܢܒܥܪ

7al,11cl,14cl,9ml,19g7 ܣܪ̈ܘܓܒܬܗ]

Root ܣܪܩ

He spat our , Exspuit ܣܪܩ

peal perf. 3 f.s.

29:18c ܘܐܦ ܠܥܡ̈ܐ ܢܟܪ̈ܝܐ ܣܪܩܬ

peal imperf. 3 m.s.

30:7b ܘܥܠ ܟܠ ܬܠܠܬܐ ܢܣܪܘܩ ܠܒܗ

pael imperf. 3 m.s. with suff

13:5b A ירששך ܘܢܣܪܩܟ ܘܗܘ ܠܐ ܢܚܫ

Vain , Inanis ܣܪܝܩܐ

sing. emph. m.

19:15b ܗܢܐ ܘܟܠ ܦܬܓܡܐ ܣܪܝܩܐ

31(34):28b ܡܢܐ ܐܘܬܪܘ ܐܠܐ ܥܡܠܐ ܣܪܝܩܐ

sing. emph. f.

29:7b ܡܛܠ ܕܕܚܠܝܢ ܡܢ ܡܫܩܠܬܐ ܣܪܝܩܬܐ

plur. emph. f.

38:24b B ? עסק ܣܪ̈ܝܩܬܐ ܗܘ ܢܬܚܟܡ

In vain, Inane

29:6c ܡܠܝ ܐܓܪܗ ܡܢ ܢܩܡܬܗ ܣܪܝܩܐܝܬ

In vain, Inane (cont'd) ܣܪܝܩܐܝܬ

32(35):6a ܠܐ ܬܬܚܙܐ ܩܕܡܘܗܝ ܣܪܝܩܐܝܬ

Vanity, Vanitas ܣܪܝܩܘܬܐ

sing. emph.

31(34):1a E ריק ܕܒܝܐ ܣܪܝܩܘܬܐ ܡܣܒܪܢ ܒܕܓܠܘܬܐ

31(34):1b ܘܚܠܡܐ ܫܒܘܬܐ ܣܪܝܩܘܬܐ

Flax, Stuppa ܣܪܩܬܐ

sing. emph.

11:32a A מניצוץ ܡܢ ܩܠܝܠ ܣܪܩܬܐ ܩܕܐ ܢܘܪܐ

Root ܣܬܪ

He hid, Occultavit ܣܬܪ

pael part. plur. f.

23:18c ܐܦܐ ܕܟܬܠܝ ܡܣܬܪ̈ܢ ܠܝ

pael imperf. 2 m.s.

7:14a A תסרח ܠܐ ܬܣܬܪ ܒܣܟ ܒܟܢܘܫܬܐ

Hidden object, Secretum ܣܬܪܐ

sing. emph.

22:22d ܘܡܓܠܝܢܘܬܐ ܕܣܬܪܐ ܡܚܒܠܐ ܪ̈ܚܡܘܬܐ

27:25b ܘܕܡܚܐ ܒܣܬܪܐ ܠܚܒܪܗ ܢܬܡܚܐ

A Secret, Secretum ܣܬܪ̈ܬܐ

plur. emph.

39:3b ܘܒܟܠ ܣܬܪ̈ܬܐ ܢܣܬܟܠ

39:7b ܡ̈ܬܠܐ ܕܚܟܡܬܐ ܒܣܬܪ̈ܬܐ ܢܣܬܟܠ

One who conceals, Protector ܡܣܬܪܢܐ

sing. emph.

31(34):19c ܘܬܘܟܠܢܐ ܘܗܘ ܪܒܐ ܘܡܣܬܪܢܐ

He pulled down, Evertit ܣܬܪ

peal part.

31(34):28a ܚܕ ܒܢܐ ܘܐܚܪܢܐ ܣܬܪ

ܥ

Root ܥܒܕ

He made, did, Fecit, egit ܥܒܕ

peal perf. 3 m.s.

15:11b { A עשה ; B אעש[ ] } ܡܛܠ ܕܡܕܡ ܕܣܢܐ ܠܗ ܥܒܕ

19:13b ܘܐܢ ܥܒܕ ܕܠܐ ܢܘܣܦ

34(31):9b B, Bm } לעשות ܬܕܡܪܬܐ ܥܒܕ ܒܥܡܗ

36(33):8b ܘܥܒܕ ܙܒܢܝ ܥܐ̈ܕܐ

36(33):9b E שם ܘܙܒܢܝ ܥܒܕ ܠܡܢܝܢܐ ܕܝ̈ܘܡܬܐ

36(33):11b E וישם ܘܥܒܕ ܐܢܘܢ ܡܗܠܟ̈ܝܢ ܒܐܪܥܐ

43:2a ܥܒܕ ܬܕܡܪܬܐ ܠܡܢܝܢܐ

44:20a ܕܥܒܕ ܒܦܘܩܕܢܘܗܝ ܕܐܠܗܐ

46:3b ܡܛܠ ܕܩܪ̈ܒܘܗܝ ܕܡܪܝܐ ܗܘ ܥܒܕ

46:7a B עשה ܒܝܘܡܝ ܡܘܫܐ ܥܒܕ ܛܝܒܘܬܐ

48:14a B עשה ܒܚܝܘܗܝ ܥܒܕ ܬܕܡܪ̈ܬܐ

48:22a ܡܛܠ ܕܥܒܕ ܚܙܩܝܐ ܫܦܝܪ

49:3b B עשה ܘܒܝܘܡܝ ܚܛ̈ܝܐ ܥܒܕ ܛܝܒܘܬܐ

49:13c ܘܥܒܕ ܬܪ̈ܥܝܢ ܘܡܘܟ̈ܠܝܢ

50:22b B לעשות ܕܥܒܕ ܬܕܡܪ̈ܬܐ ܒܐܪܥܐ

peal perf. 3 m.s.with suffix

24:8b ܗܘ ܕܥܒܕܢܝ ܘܐܫܪܝ ܡܫܟܢܝ

43:5a { B,Bm עושהו ; M עשהו } ܪܒ ܗܘ ܡܪܝܐ ܕܥܒܕܗ

peal perf. 3 f.s.

34(31):30a ܦܓܝܥܘܬܐ ܕܚܡܪܐ ܥܒܕܬ ܠܣܟܠܐ

peal perf. 2 m.s.

32(35):1a ܐܢ ܥܒܕܬ ܡܕܡ ܕܠܬܒ ܒܡܫܬܘܐ

peal perf. 3 m.pl.

48:16a B עשו ܐܝܬ ܡܢܗܘܢ ܕܥܒܕܘ ܬܪܝܨܘܬܐ

He made,did, Fecit,egit(cont'd) **ܥܒܕ**

peal part. m.s. (active)

3:31a A פועל ܕܥܒܕ ܕܛܒܬܐ ܢܛܪܗ ܒܐܘܪܚܗ

10:19b A} עובר Δ,17a5 ܡܢ ܕܠܐ ܥܒܕ ܦܘܩܕܢܐ
B} 7a1,7h3

12:1a ܠܐ ܗܘܐ ܡܓܢ ܥܒܕ ܐܢܬ

12:3b ܘܡܢ ܕܥܒܕ ܠܗ ܙܕܩܐ

13:6a ܗܘ ܥܒܕ ܨܒܝܢܗ ܥܡܟ

13:6b ܫܦܝܪܐ ܠܟ ܕܥܒܕ ܠܟ ܨܒܝܢܐ

16:3d A} עושה ܡܛܠ ܕܛܒ ܗܘ ܚܕ ܕܥܒܕ ܨܒܝܢܐ
B}

16:14a A העושה ܠܟܠ ܡܢ ܕܥܒܕ ܙܕܩܘܬܐ

18:18a ܢܗ ܠܐ ܥܒܕ ܛܝܒܘܬܐ

18:31b ܐܝܟ ܡܢ ܗܘ ܕܥܒܕ ܨܒܝܢܐ

20:(4b) ܡܢ ܕܥܒܕ ܕܝܢܐ ܒܐܘܠܨܢܐ

27:6a ܐܝܟ ܕܦܠܚܐ ܕܐܝܠܢܐ ܥܒܕ ܦܐܪܐ

28:24b ܥܒܕ ܐܢܬ ܣܝܓܬܐ

29:23b ܘܛܒܐ ܥܒܕ ܒܟ ܒܥܠܬܗ

35(32):17b ܘܒܬܪ ܨܒܝܢܗ ܥܒܕ ܐܘܪܚܗ

35(32):19b { B מעשיך ܘܡܢ ܒܬܪ ܕܥܒܕ ܐܢܬ
{ E מעשיק

30(33):37a ܡܛܠ ܕܡܕܡ ܕܒܥܐ ܥܒܕ

31(34):14a ܨܒܝܢܐ ܕܕܚܠܘܗܝ ܥܒܕ ܡܪܝܐ

31(34):31b ܘܗܟܢ ܥܒܕ ܠܗܘܢ

32(35):4a ܘܕܥܒܕ ܙܕܩܘܬܐ ܢܟܣ ܕܒܚܐ

32(35):7a ܡܛܠ ܕܟܠ ܕܥܒܕ ܕܛܒܐ

32(35):15b ܡܛܠ ܕܐܠܗܐ ܥܒܕ ܕܝܢܐ

33(36):10b { B תעשה ܕܐܡܪܝܢ ܠܟ ܡܢܐ ܥܒܕ ܐܢܬ
{ Bm תפעל

peal part. m.s. (passive)

34(31):20a ܥܡ ܟܪܣܐ ܕܡܫܬܘܬܐ ܥܒܝܕ

peal part. f.s.

20:17a ܡܫܬܘܬܐ ܕܡܣܓܝܐ ܥܒܕܐ ܟܘܫܐ

He made, did, Fecit, egit (cont'd) **ܥܒܕ**

peal part. plur.m(passive)

39:17b ܡܛܠ ܕܟܠܗܘܢ ܒܥܠܬܐ ܥܒܝܕܝܢ

peal part. plur.m.(active) construct

2:11c ܘܦܪܩ ܒܥܕܢܐ ܕܥ̈ܒܕܝ ܨܒܝܢܗ

peal part. plur. f. (active)

42:15d ܘܟܠܗܘܢ ܒܪ̈ܝܬܗ ܨܒܝܢܗ ܥܒ̈ܕܢ

peal infinitive

7:10c ܘܠܐ ܬܬܟܫܪ ܠܡܥܒܕ ܦܘܩܕܢܐ

10:26a { A לעבד / B לעשות } ܠܐ ܬܬܚܟܡ ܠܡܥܒܕ ܨܒܘܝܟ

14:16b A לעשית ܘܟܠ ܡܕܡ ܕܛܒܬ ܠܡܥܒܕ

37:11e { B תגמל / Bm,D גמילות } ܐܘ ܥܡ ܢܟܠܐ ܠܡܥܒܕ ܕܛܒܬ

37:11f ܐܝܟ ܕܠܝܬ ܠܗ ܪ̈ܚܡܐ ܠܡܥܒܕ ܪ̈ܚܡܐ

peal imperat. 2 m.s.

1:20s ܟܠ ܦ̈ܩܕܝ ܛܪ ܘܥܒܕ

11:7b ܘܗܝܕܝܢ ܥܒܕ ܪܕܘܬܐ

14:16b A עשה ܡܕܡ ܐܠܗܐ ܥܒܕ

28:25a ܘܠܡ̈ܠܝܟ ܥܒܕ ܡܬܩܠܐ

28:25b ܠܦܘܡܟ ܥܒܕ ܬܪܥܐ ܘܣܟܪ̈ܐ

35(32):12a B ושלם ܘܥܒܕ ܨܒܝܢܟ ܒܕܚܠܬܗ ܕܐܠܗܐ

38:17b B ושית ܘܥܒܕ ܐܒܠܐ ܒܙܒܢܗ

peal imperat. 2 m.pl.

3:1a ܠܐܒܘܟܐ ܫܡܥܘ ܘܥܒܕܘ

51:30a B עשו ܥܒܕܘ ܥܒ̈ܕܝܟܘܢ ܕܠܐ ܒܙܒܢܗ

peal imperf. 3 m.s.

13:7a A יועיל ܥܕܡܐ ܕܢܥܒܕ ܨܒܝܢܗ ܒܟ

15:1a { A / B } יעשה ܕܕܚܠ ܠܐܠܗܐ ܢܥܒܕ ܗܕܐ

19:13a ܐܟܣ ܪܚܡܟ ܕܠܐ ܢܥܒܕ ܕܒܝܫ

50:28b ܘܣܝܡ ܐܢܝܢ ܘܢܥܒܕ ܐܢܝܢ

He made, did, Fecit, egit (cont'd) ܥܒܕ

peal imperf. 3 m.s. with suff.

1:20n ܠܒܪ̈ܢܫܐ ܕܚܫܚܐ ܘܢܥܒܕܘܗܝ

peal imperf. 3 f.s. with suff.

42:11b ܕܠܐ ܬܥܒܕܟ ܫܘܥܐ ܒܥܡܐ

6:4b A תשיגם ܘܚܕܘܬܐ ܠܣܢ̈ܐܘܗܝ ܬܥܒܕܝܘܗܝ

peal imperf. 2 m.s.

7:1a A C תעש ܠܐ ܬܥܒܕ ܕܒܝܫ

7:6d A ונתונה ܘܬܥܒܕ ܡܘܡܐ ܒܫܘܠܛܢܟ

18:31a ܐܢ ܬܥܒܕ ܨܒܝܢ ܒܝܫܐ ܕܢܦܫܟ

35(32):19a B E תפעל ܕܠܐ ܡܠܟܐ ܠܐ ܬܥܒܕ ܨܒܘ

30(33):33d ܘܕܠܐ ܒܡܫܘܚܬܐ ܠܐ ܬܥܒܕ ܨܒܘ

32(35):5b ܘܟܠ ܚܝܠܟ ܕܠܐ ܬܥܒܕ ܕܘܝܐ

peal imperf. 3 f.pl.

23:25b ܘܣܘܟ̈ܝܗ̇ ܠܐ ܢܥܒ̈ܕܢ ܦܐܪܐ

peal imperf. 2 m.pl.

2:14b ܡܢܐ ܬܥܒܕܘܢ ܟܕ ܢܣܥܘܢ ܡܪܝܐ

ethpe'el perf. 3 m.pl.

36(33):10a ܟܠܗܘܢ ܡܢ ܓܒܠܐ ܐܬܥܒܕܘ

ethpe'el part.

39:18a ܒܡܘܬܐ ܨܒܝܢܗ ܡܬܥܒܕ

Servant, Servus ܥܒܕܐ

sing. emph.

7:20a A C עובד ܠܐ ܬܒܐܫ ܠܥܒܕܐ

7:21a A C עבד ܥܒܕܐ ܚܟܝܡܐ ܐܚܒܝܗܝ

10:25a A B עבד ܠܥܒܕܐ ܚܟܝܡܐ ܚܐܪ̈ܐ ܢܦܠܚܘܢ

20:27b 12a1, Δ, 17a5 7a1, 7h3 ܘܥܒܕܐ ܚܟܝܡܐ ܢܬܡܠܟ (ܘܥܒܕܐ)

30(33):33b ܘܠܚܟܝܡܐ ܘܦܘܠܚܢܐ ܠܥܒܕܐ

37:11 i ܘܥܡ ܥܒܕܐ ܕܟܪܐ ܠܦܘܠܚܢ ܡܪܘܗܝ

Servant, Servus, (cont'd) ܥܒܕܐ

sing. with suff.

30(33):36a E עבדך ܦܠܘܚ ܒܥܒܕܟ ܕܠܐ ܢܒܛܠ

30(33):39a E עבדך ܐܢ ܚܕ ܗܘ ܥܒܕܟ ܐܟܘܬܟ

30(33):39c E עבדך ܐܢ ܚܕ ܗܘ ܥܒܕܟ ܐܝܟ ܐܚܘܟ

37:11g { B,D מלאכתו / Bm מלאכת } ܐܓܝܪܐ ܕܫܢܬܟ ܒܥܒܕܗ

plur. const.

15:20c A, B } עושה ܘܠܐ ܡܪܚܡ ܥܠ ܥܒ̈ܕܝ ܫܘܩܪܐ

16:13a ܠܐ ܢܦܠܛ ܠܥܒ̈ܕܝ ܫܘܩܪܐ

27:10b ܗܟܢܐ ܢܦܠܐ ܠܥܒ̈ܕܝ ܚܛܗܐ

plur. with suffix

36: 20c B מעשיך ܐܩܝܡ ܣܗܕܘܬܐ ܕܥܒ̈ܕܝܟ

36: 22a B עבדיך / Bm עבדך ܘܬܫܡܥ ܨܠܘܬܐ ܕܥܒ̈ܕܝܟ

18:13b 7h3 ܘܫܒܚܘܗܝ ܕܐܠܗܐ ܥܠ ܟܠܗܘܢ ܥܒ̈ܕܘܗܝ

7al] ܥܒ̈ܕܘܗܝ

27:9b 7h3 ܘܗܝܡܢܘܬܐ ܠܘܬ ܥܒ̈ܕܝܗ ܐܙܠ

7al] ܥܒܕܗ

31(34):19a ܥܝܢ̈ܘܗܝ ܕܡܪܝܐ ܥܠ ܕܚܠܝ ܥܒ̈ܕܘܗܝ

Work, Opus ܥܒܕܐ

sing. emph.

3:8a A ובמעשה 7al ܒܥܒܕܐ ܘܒܡܠܬܐ ܝܩܪ ܠܐܒܘܟ

7h3] ܒܥܒܕܐ

38:8b B מעשהו ܕܟܠ ܕܠܐ ܢܒܛܠ ܥܒܕܐ

38:27d ܘܐܦ ܫܩܝܠܝܢ ܠܥܒܕܐ

38:27c ܒܥܒܕܐ ܕܓܠܦܐ ܘܕܨܘܪܬܐ

38:31b ܒܥܒܕܐ ܕܐܘܡܢܘܬܗܘܢ ܡܬܚܟܡܝܢ

38:34b ܘܪܥܝܢܗܘܢ ܒܥܒܕܐ ܕܐܘܡܢܘܬܗܘܢ

43:4a M מעשי ܟܘܪܐ ܢܦܚ ܒܥܒܕܐ ܕܢܚܫܐ

49:2b ܘܟܠ ܥܒܕܐ ܕܛܠܘܡܘܬܐ

sing. const.

14:19b A ופעל ܘܥܒܕ ܐܝܕ̈ܘܗܝ ܐܙܠ ܒܬܪܗ

Work , Opus (cont'd) ܥܒܕܐ

sing. const.

26:28e ܡܢ ܕܫܠܛܬܗ ܕܐ ܠܗܘܐ ܠܥܒܕ ܥܘܠܐ

sing. with suff.

10:26a { A,B חפצך / Bm דרכך } ܘܠܐ ܬܬܚܟܡ ܠܡܥܒܕ ܥܒܕܟ

34(31):26a B מעשה ܟܘܪܐ ܥܒܕܗ ܕܢܦܚܐ

38:26b ܘܫܗܪܗ ܠܡܓܡܪܘ ܥܒܕܗ

38:28f ܘܠܡܫܟܠܠ ܫܘܪܬܐ ܕܥܒܕܗ

38:29c ܒܝܕܘܗܝ ܒܡܟܐܒ ܟܠ ܥܒܕܗ

38:30c ܘܠܒܗ ܣܡ ܠܡܫܟܠܠܘ ܥܒܕܗ

43:2b B } מעשין / M } ܡܐܢܐ ܕܬܕܡܘܪܬܐ ܥܒܕܗ

51:30a B מעשיכם ܥܒܕܘ ܥܒܕܟܘܢ ܕܠܐ ܒܙܒܢ

plur. emph.

3:8a A מעשה|ובמעשה 7h3 ܒܥܒ̈ܕܐ ܘܒܡܠܬܐ ܝܩܪ ܠܐܒܘܟ

7al ܒܥܒܕܐ]

11:15b ܚܘܒܐ ܘܐܘܪܚܬܐ ܕܥܒ̈ܕܐ ܛܒ̈ܐ

11:21a ܠܐ ܬܬܕܡܪ ܒܥܒ̈ܕܐ ܕܥܘܠܐ

37:3b ܠܡܡܠܐ ܐܪܥܐ ܥܒ̈ܕܐ ܕܥܘܠܐ

40:17a ܘܥܒ̈ܕܐ ܕܒܐܝ̈ܫܐ ܒܒܘܢܐ ܢܬܒܪܘܢ

40:17b ܘܥܒ̈ܕܐ ܕܙܕ̈ܝܩܐ ܠܥܠܡ ܢܬܩܝܡܘܢ

44:12b ܘܒܢܝ̈ ܒܢܝ̈ܗܘܢ ܒܥܒ̈ܕܐ ܛܒ̈ܐ

plur. const.

32(35):24b ܘܠܥܒ̈ܕܘܗܝ ܥܘܠܐ ܬܬܪܚܫܬܗܘܢ

41:11b ܘܫܡܐ ܕܥܒ̈ܕܘܗܝ ܛܒ̈ܬܐ ܠܐ ܢܬܛܠܩ

plur. with suff.

7:36a A מעשיך ܒܟܠ ܥܒ̈ܕܝܟ ܗܘܝܬ ܕܟܝܪ ܚܪܬܐ

34(31):22c B מעשיך ܒܟܠ ܥܒ̈ܕܝܟ ܗܘܝܬ ܡܗܝܪ

35(32):23a { B(I) דרכיך / B(II) מעשיך } ܒܟܠ ܥܒ̈ܕܝܟ ܛܪ ܢܦܫܟ

plur. with suff.(cont'd)

30(33):31a E מעשיך ܒܟܠ ܥܒ̈ܕܝܟ ܗܘܝܬ ܡܫܬܠܛ

1:9b ܘܐܫܦܥܗ̇ ܥܠ ܟܠ ܥܒ̈ܕܘܗܝ

2:18d ܘܐܝܟ ܪܚܡܘܗܝ ܗܟܢܐ ܥܒ̈ܕܘܗܝ

3:23a ܘܒܝܬܪܐ ܕܥܒ̈ܕܘܗܝ ܠܐ ܬܬܒܨܐ

6:17c A מעשיו ܘܐܝܟ ܪܚܡܘܗܝ ܗܟܢܐ ܥܒ̈ܕܘܗܝ

11:4d A B פעלו ܘܡܛܫܝܢ ܡܢ ܒܢܝ̈ܢܫܐ ܥܒ̈ܕܘܗܝ

14:19a A מעשיו ܘܟܠ ܥܒ̈ܕܘܗܝ ܡܬܚܒܠܝܢ ܦܠܚܘܗܝ

16:12b A כמפעליו ܘܐܢܫ ܐܝܟ ܥܒ̈ܕܘܗܝ ܕܐܢ ܠܗ

16:14b A כמעשיו ܘܟܠܢܫ ܐܝܟ ܥܒ̈ܕܘܗܝ ܡܩܒܠ ܦܘܪܥܢܗ

16:15b A שמעשיו ܕܬܬܝܕܥܢ ܥܒ̈ܕܘܗܝ ܬܚܝܬ ܪܩܝܥܐ

16:26a A מעשיו ܒܪܐ ܐܠܗܐ ܥܒ̈ܕܘܗܝ

17:18a ܒܒܘܪܬܐ ܕܥܒ̈ܕܘܗܝ ܕܢܫܬܒܩܘܢ

18:4a ܠܡܢ ܡܫܠܛ ܠܡܫܬܥܝܘ ܥܒ̈ܕܘܗܝ

18:13b 7a1 ܘܡܪܚܡܘܗܝ ܕܐܠܗܐ ܥܠ ܟܠܗܘܢ ܥܒ̈ܕܘܗܝ

7h3 ܥܒ̈ܕܘܗܝ

19:30a ܣܘܘܗ ܕܓܒܪܐ ܡܚܘܝܐ ܥܒ̈ܕܘܗܝ

24:22b ܘܟܠ ܥܒ̈ܕܘܗܝ ܠܐ ܢܬܚܒܠܘܢ

26:3b ܕܚܠ ܡܢ ܡܪܝܐ ܚܠܦ ܥܒ̈ܕܘܗܝ

36(33):13d ܠܡܬܚܫܒܢܘܬܗ ܒܟܠ ܥܒ̈ܕܘܗܝ

36(33):15a E מעשה ܚܙܝ ܐܠܗܐ ܥܒ̈ܕܘܗܝ

37:22b B C D דעתו ܘܦܐܪ̈ܐ ܕܥܒ̈ܕܘܗܝ ܡܢ ܢܦܫܗ

39:15b ܘܐܡܪܘ ܠܐܠܗܐ ܥܠ ܟܠܗܘܢ ܥܒ̈ܕܘܗܝ

39:16a ܟܠܗܘܢ ܥܒ̈ܕܘܗܝ ܕܐܠܗܐ ܫܦܝܪ

Work, Opus (cont'd) ܥܒܕܐ

plur. with suff. (cont'd)

39:33a B מעשה ܘܟܠܗܘܢ ܥܒܕܘܗܝ ܛܒܝܢ

42:15a B, M מעשי ܐܬܕܟܪ ܡܟܝܠ ܥܒܕܘܗܝ ܕܐܠܗܐ

42:15c Bm, M מעשיו ܒܡܠܬܗ ܐܬܒܪܝܘ ܥܒܕܘܗܝ

42:16b B, M מעשיו ܕܡܫܒܚܝܢ ܕܐܠܗܐ ܥܠ ܟܠܗܘܢ ܥܒܕܘܗܝ

42:22a M מעשיו ܥܒܕܘܗܝ ܟܠܗ ܒܚܟܡܬܐ

11:20b A ובמלאכה ܐܬܩܫܝ ܘܒܥܒܕܝܟ ܐܠ

10:12b A ומעשהו ܘܥܒܕܝܗܘܢ ܡܪܚܩ ܠܒܗܘܢ

16:27a ܘܣܡ ܒܣܕܪܐ ܠܥܠܡܐ ܥܒܕܝܗܘܢ

16:30b ܘܦܩܕ ܠܟܘܠܗ ܟܠ ܥܒܕܝܗܘܢ

17:19a ܟܠܗܘܢ ܥܒܕܝܗܘܢ ܐܝܟ ܫܡܫܐ

23:19d ܚܙܝܐ ܕܒܢܝܢܫܐ ܘܡܣܬܟܠܐ ܥܒܕܝܗܘܢ

32(35):8b ܘܥܒܕܝܗܘܢ ܫܦܝܪܐ ܒܓܘܗ

32(35):22d B מתני / Bm מפני ܢܥܒܕ ܕܬܒܥܬܐ ܥܒܕܝܗܘܢ 11c1,12a1,14c1,15c1,19g7 / 7a1,7h3 ܚܒܪܝܗܘܢ

39:19a B מעשה ܥܒܕܝܗܘܢ ܕܟܠ ܒܢܝ ܒܣܪܐ

48:15b B מחטאתם ܘܠܐ ܦܪܩܘ ܡܢ ܥܒܕܝܗܘܢ ܒܝܫܐ

Maker, Factor ܥܒܘܕܐ

plur. with suff.

27:9b 7h3 ܘܩܘܫܬܐ ܠܘܬ ܥܒܘܕܘܗܝ ܐܬܐ

7a1 [ܥܒܕܘܗܝ

27:29a 7a1 ܘܡܚܝܢܘܬܐ ܠܗܘܢ ܠܥܒܘܕܝܗܘܢ

7h3 [ܠܥܒܘܕܝܗܘܢ

Work, Opus ܥܒܝܕܬܐ

plur. with suff.

4:29b A במלאכתך ܘܪܦܐ ܘܢܚܝܫ ܒܥܒܝܕܬܟ

Work, Opus (cont'd) ܥܒܕܬܐ

plur. with suff. (cont'd)

4:30b { A במלאכתך / C בעבודתך } ܘܡܫܦܠ ܕܡܫܥܒܕ ܒܥܒܕܬܟ

38:34a ܡܛܠ ܕܒܥܒܕܬܗ ܕܐܠܗܐ ܗܘܝܢ ܢܩܝܦܝܢ

Working, Operans ܥܒܘܕ

sing. absol.

37:7b ܐܝܬ ܡܠܟܐ ܕܢܦܫܗ ܥܒܘܕ

Root ܥܒܪ

He crossed over,Transgressus est ܥܒܪ

peal perf. 3 m.s.

17:31a ܡܢܐ ܕܥܒܪ ܢܗܝܪܐ ܡܢ ܫܡܫܐ

31(34):12b ܬܘܬܝܬܐ ܦܬܓܡܬܐ ܠܐ ܥܒܪ

peal perf. 3 m.pl.

42:19a B} חליפות M} ܠܐ ܗܘܝܢ ܠܥܠܡܐ ܕܥܒܪܘ

peal part. m.s.

7:16b A יתעבר ܐܬܕܟܪ ܕܪܘܓܙܐ ܠܐ ܥܒܪ

29:19a ܚܛܝܐ ܕܥܒܪ ܥܠ ܦܘܩܕܢܘܗܝ

peal part. f.s.

32(35):21c B ימוש ܠܐ ܥܒܪܐ ܥܕܡܐ ܕܡܕܝܢ

peal part. f.pl. (pass)

17:15b ܘܠܐ ܥܒܝܪܢ ܡܢ ܠܘܩܒܠ ܥܝܢܘܗܝ

peal imperat 2 m.s.

29:26a ܐܢܫܐ ܐܝܬ ܥܒܪ ܬܩܢ ܦܬܘܪܐ

peal imperf. 3 m.s.

12:14b A יעבר ܠܐ ܢܥܒܪ ܥܕܡܐ ܕܬܐܒܗ

23:11b ܘܠܐ ܢܥܒܪ ܡܢ ܒܝܬܗ ܡܚܘܬܐ

peal imperf. 2 m.s.

27:3a ܐܢ ܠܐ ܕܚܠܬܗ ܕܐܠܗܐ ܬܥܒܪ

aphel perf. 3 m.s.

47:4b B יסף ܘܐܥܒܪ ܚܣܕܐ ܕܥܡܗ

He crossed over, Transgressus est ܥܒܪ

aphel part. m.s.

22:20b ܗܟܢ ܚܒܪܗ ܡܥܒܪ ܪܚܡܘܬܗ

aphel part. f.s.

22:19b ܘܡܚܣܕܬܐ ܕܠܒܐ ܡܥܒܪܐ ܪܚܡܘܬܐ

22:22d ܘܡܚܣܕܬܐ ܕܓܠܝܬܐ ܡܥܒܪܐ ܪܚܡܘܬܐ

aphel part. m.pl.

16:28b ܘܥܕܡܐ ܠܥܠܡ ܠܐ ܡܥܒܪܝܢ ܡܠܬܗ

39:31b B ימרו 7a1,7h3 ܘܟܠ ܦܘܩܕܢܝܗ ܠܐ ܡܥܒܪܝܢ ܡܠܬܗ

11c1,Δ,9m1,17a5 ܡܥܒܪܝܢ]

aphel infin

18:22a 7h3 ܠܐ ܬܬܟܠܐ ܠܡܥܒܪܘ ܢܕܪܟ

7a1 ܠܥܒܪܘ]

aphel imperat. 2 m.s.

28:6a ܐܬܕܟܪ ܚܪܬܐ ܘܐܥܒܪ ܒܥܠܕܒܒܘܬܐ

38:10a { B ס[ ] ; Bm הס] } ܐܥܒܪ ܢܟܠܐ ܘܡܪܘܪܐ

38:20b ܐܬܕܟܪ ܣܘܦܬܐ ܘܐܥܒܪ ܢܦܫܟ

Root ܥܓܠ

Quickly, Celeriter ܒܥܓܠ

6:19d A } ולמחר ; C } ܘܒܥܓܠ ܐܟܘܠ ܬܐܟܘܠ

19:4a ܕܡܗܝܡܢ ܒܥܓܠ ܚܣܝܪ ܪܥܝܢܐ ܗܘ

21:7b ܘܚܟܝܡܐ ܗܘ ܒܥܓܠ ܠܬܩܠܐ

21:22a ܪ̈ܓܠܘܗܝ ܕܣܟܠܐ ܥܐ̈ܠܢ ܒܥܓܠ

48:20c ܘܐܦ ܐܠܗܐ ܒܥܓܠ ܥܢܝ ܠܨܠܘܬܗܘܢ

Root ܥܕ

Usual Hebrew = אל, עד Up to, to, Usque, ad ܥܕ

4: 17d

11: 7a 8a 28a

13: 6a

14: 13a

18: 18a 19a 19b 20a 21a 21b 23a

22: 2a

23: 20a

25: 7d

30: 12a 12b

35(32):11b

36(33):29a

38: 1a 30b

48: 25b

51: 24a

Time , Tempus ܥܕܢܐ

sing. absol.

2:11b ܘܦܪܘܩ ܒܟܠ ܥܕܢ

4:17a A עת ܥܕ ܥܕܢ ܕܢܬܡܠܐ ܠܒܗ

22:6b ܘܡܠܦܢܐ ܒܟܠ ܥܕܢ ܚܟܡܬܐ ܗܝ

23:11e ܡܛܠ ܕܟܠ ܕܝܢܐ ܒܟܠ ܥܕܢ

26:4b ܦܐܝ ܡܨܗܒܝܢ ܠܒܗ ܦܝ ܒܟܠ ܥܕܢ

29:3b ܘܒܟܠ ܥܕܢ ܬܫܟܚ ܨܒܝܢܟ

35(32):4b B עת ܘܒܟܠ ܥܕܢ ܠܐ ܬܬܚܟܡ

37:4b B D } בעת ܘܒܥܕܢ ܥܩܬܐ ܩܐܡܝܢ ܡܢ ܩܘܒܠ

37:23a Bm D } לעמו ܫܡܥܢܐ ܕܒܟܠ ܥܕܢ ܚܟܝܡ

41:1c ܘܡܨܠܚ ܒܟܠ ܥܕܢ

41:2c ܚܣܝܪܐ ܗܘܐ ܕܡܬܬܥܠ ܒܟܠ ܥܕܢ

sing. emph.

3:31b A ובעת ܘܒܥܕܢܐ ܕܢܦܠ ܡܫܟܚ ܠܗ ܣܡܘܟܐ

4:20a A עת ܢܛܪ ܐܢ ܗܘܝܬ ܒܙ ܥܕܢܐ

6:8b A ביום ܘܠܐ ܩܐܡ ܒܥܕܢܐ ܕܐܘܠܨܢܐ

8:8d ܒܥܕܢܐ ܕܬܬܩܐܡ ܩܕܡ ܡܠܟܐ

8:9d A בעת 12a1,17a4,17a3,17a1 ܘܠܦܘܬ ܥܕܢܐ ܕܡܬܒܥܐ

7a1, 7h3 ܒܥܕܢܐ]

sing. emph. (cont'd)

10:26b ܘܠܐ ܬܬܪܦܐ ܒܙܒܢܐ ܕܨܪܝܟܘܬܟ

11:19a A ובעת ܘܒܙܒܢܐ ܕܐܡܪ ܐܫܟܚܬ ܠܝ

12:5d A בעת ܡܛܥܢ ܠܟ ܒܙܒܢܐ ܕܨܪܝܟܘܬܟ

18:26a ܡܢ ܨܦܪܐ ܠܪܡܫܐ ܡܫܬܢܐ ܙܒܢܐ

20:7a C עת ܓܒܪܐ ܚܟܝܡܐ ܢܛܪ ܙܒܢܐ

20:7b C עת ܘܣܟܠܐ ܠܐ ܢܛܪ ܙܒܢܐ

27:12a ܒܝܬ ܣܟܠܐ ܠܡܛܪ ܙܒܢܐ

29:2a ܐܘܙܦ ܠܚܒܪܟ ܒܙܒܢܐ ܕܨܪܝܟܘܬܗ

29:5a ܒܙܒܢܐ ܕܢܣܒ ܢܫܩ ܐܝܕܗ

29:5c ܒܙܒܢܐ ܕܦܘܪܥܢܐ ܡܪܦܐ ܐܝܕܗ ܡܢܗ

35(32):11a B עת ܒܙܒܢܐ ܕܦܬܘܪܐ ܠܐ ܬܣܓܐ ܠܡܡܠܠܘ

32(35):26a ܘܫܦܝܪ ܪܚܡܐ ܒܙܒܢܐ ܕܐܘܠܨܢܐ

39:31e ܒܙܒܢܐ ܕܦܩܕ ܠܗܘܢ ܫܡܥܝܢ

40:5c B ועת ܘܒܙܒܢܐ ܕܡܬܢܝܚ ܥܠ ܥܪܣܬܗܘܢ

40:17a B לעולם / M כעד ܘܛܝܒܘܬܐ ܕܐܢܫܐ ܒܙܒܢܐ ܡܬܩܝܡܐ

40:23b B]ת[ܪܚܡܐ ܘܚܒܪܐ ܒܙܒܢܐ ܡܬܕܒܪܝܢ

40:24a B]ת[ܐܚܐ ܘܡܥܕܪܢܐ ܒܙܒܢܐ ܕܥܩܬܐ

40:27d ܕܚܠܬܗ ܕܐܠܗܐ ܒܙܒܢܐ ܡܬܒܪܟܐ

sing. const.

5:7d A וביום / C ובעת ܘܒܙܒܢ ܦܘܪܥܢܐ ܐܒܕܢܐ

22:23c ܒܙܒܢ ܐܘܠܨܢܗ ܗܘܝ ܠܗ ܚܒܪܐ

29:2b ܘܐܬܦܢܐ ܠܚܒܪܟ ܘܒܙܒܢ ܙܕܩܐ

39:28c ܘܒܙܒܢ ܪܘܓܙܐ ܫܠܛܝܢ ܕܡܫܬܡܥܝܢ

39:34b B בעתו ܘܟܠܗ ܒܙܒܢܗܘܢ ܡܬܝܬܪܝܢ

sing. with suffix

4:23a A בעולם / C בעיתו ܠܐ ܬܬܟܠ ܒܚܟܡܬܐ ܒܙܒܢܗ

10:4b A לעת ܘܕܒܪ ܠܙܒܢܗ ܢܩܝܡ ܥܠܝܗ

sing. with suff.

51:30a ܥܒܕܘ ܥܒܕܝܟܘܢ ܕܠܐ ܒܙܒܢܗ

51:30b B} בעתו ܘܢܬܠ ܐܓܪܟܘܢ ܒܙܒܢܗ
Q}

20:17e ܡܠܬܐ ܕܠܐ ܡܬܐܡܪܐ ܒܙܒܢܗ̇

20:20b ܡܛܠ ܕܠܐ ܐܡܪ ܠܗ̇ ܒܙܒܢܗ̇

22:6a ܐܝܟ ܙܡܝܪܬܐ ܕܠܐ ܒܙܒܢܗ̇

39:17d B בעתו ܡܛܠ ܕܟܠܗܘܢ ܒܙܒܢܗܘܢ ܡܬܒܥܝܢ

plur. emph.

34(31):28a ܘܬܦܢܘܩܐ ܕܙܒܢܐ ܦܬܟܐ

36(33):8b E מועדים ܘܫܢܐ ܡܢܗܘܢ ܙܒܢܐ ܘܥܐܕܐ

Root ܥܕ =

Until, Usque ܥܕܡܐ

4:28a A עד ܥܕܡܐ ܠܡܘܬܐ ܐܬܟܬܫ ܥܠ ܩܘܫܬܐ

6:18b ܥܕܡܐ ܠܣܝܒܘܬܟ ܬܫܟܚ ܚܟܡܬܐ

9:12b A עת ܐܬܕܟܪ ܕܥܕܡܐ ܠܡܘܬܐ

13:7a A עד אשר ܥܕܡܐ ܕܢܣܒ ܟܣܦܟ

13:11c A ...ו ܥܕܡܐ ܕܢܒܕ ܣܘܦܟ

13:22b A עד ܥܕܡܐ ܠܫܡܝܐ ܡܪܝܡܝܢ ܠܗ

14:12a ܕܥܕܡܐ ܠܥܠܡܐ ܡܘܬܐ ܠܐ ܫܠܛ

16:27a ܘܥܕ ܥܕܡܐ ܠܫܪܒܬܐ ܕܒܬܪܗܘܢ

16:28b ܘܥܕܡܐ ܠܥܠܡ ܠܐ ܡܣܪܒܝܢ ܡܠܬܗ

18:22b ܥܕܡܐ ܕܬܬܢܝܚ ܠܟ

18:29b ܘܢܒܥܘܢ ܥܕܡܐ ܠܫܪܒܬܐ ܟܠܗ̇

23:16d ܥܕܡܐ ܕܬܐܟܘܠ ܒܗ ܢܘܪܐ

23:17b ܘܠܐ ܢܬܟܠܐ ܥܕܡܐ ܕܢܐܟܘܠ

24:33b ܘܐܫܒܘܩܝܗ̇ ܥܕܡܐ ܠܕܪܝܐ

27:29b ܟܐܒܐ ܐܚܕܝܢ ܥܕܡܐ ܠܝܘܡܐ ܕܡܘܬܗܘܢ

34(31):20b B עד ܕܥܕܡܐ ܠܨܦܪܐ ܥܡܟ

Until, Usque (cont'd) ܥܕܡܐ

36(33):12b — ܘܥܕܡܐ ܠܘܬܗ ܡܛܝܘ

32(35):21c B עד — ܠܐ ܢܒܝܐ ܥܕܡܐ ܕܡܕܒܪ ܠܠܗ

32(35):22d B עד — ܥܕܡܐ ܕܢܬܒܪ ܫܒܝܪܘܬܐ

32(35):23b B עד — ܥܕܡܐ ܕܢܦܪܥ ܒܥܘܠܗܘܢ

32(35):24a B עד — ܥܕܡܐ ܕܢܦܪܘܥ ܠܒܢܝܢܫܐ ܐܝܟ ܥܒܕܝܗܘܢ

32(35):25a — ܥܕܡܐ ܕܢܕܘܢ ܕܝܢܐ ܕܥܡܗ

37:2a { B אל / Bm על / D עד } — ܕܠܐ ܡܛܝܐ ܥܕܡܐ ܠܡܘܬܐ

39:9c — ܘܠܐ ܢܒܛܠ ܕܘܟܪܢܗ ܥܕܡܐ ܠܥܠܡ

40:1d B עד — ܘܥܕܡܐ ܕܡܬܩܒܪܝܢ ܠܐܡܐ ܕܟܠܐ

40:3b B עד — ܘܥܕܡܐ ܠܬܚܬ ܥܦܪܐ

40:4b B ועד — ܘܥܕܡܐ ܠܐܝܠܝܢ ܕܠܒܝܫܝܢ ܠܒܘܫܐ

40:21b — ܥܕܡܐ ܠܢܘܡܐ ܕܡܬܗܘܢ

44:13a B, M עד — ܥܕܡܐ ܠܥܠܡ ܩܝܡ ܕܘܟܪܢܗܘܢ

44:21g B ועד — ܘܡܢ ܦܪܬ ܥܕܡܐ ܠܣܘܦܗ

46:9b B ועד — ܘܥܕܡܐ ܠܣܝܒܘܬܗ ܐܬܩܝܡ ܥܡܗ

47:7c B ועד — ܥܕܡܐ ܠܝܘܡܢܐ ܬܒܪ ܩܪܢܗܘܢ

47:16a — ܥܕܡܐ ܠܓܙܪ̈ܬܐ ܕ̈ܝܡܬܐ ܡܛܐ ܫܡܟ

48:1a B עד — ܥܕܡܐ ܕܩܡ ܢܒܝܐ ܕܐܝܟ ܠܢܘܪܐ

48:15c B עד אשר — ܥܕܡܐ ܕܐܛܠܩܘ ܡܢ ܐܪܥܗܘܢ

50:14a B עד — ܥܕܡܐ ܕܫܠܡ ܠܡܫܡܫܘ ܡܕܒܚܐ

51:colophon B עד 7h3 — ܥܕܡܐ ܠܗܪܟܐ ܦܬܓܡ̈ܘܗܝ

7al omits

Root ܥܕܪ

He helped, Adjuvit ܥܕܪ

peal imperf. 3 m.pl. with suff

5:8b A יועילך — ܡܛܠ ܕܠܐ ܢܥܕܪܘܢܟ ܒܝܘܡܐ

ethpe'el imperf. l.s.

51:7a B עוזר — ܘܐܬܦܢܝܬ ܠܣܥܘܪ, ܕܐܬܥܕܪ

Help, Auxilium ܥܘܕܪܢܐ

sing. emph.

36: 29b { B עזר / Bm,C עיר } ܥܘܕܪܢܐ ܗܝ ܓܝܪ ܐܢܬܬܟ

Helper, Adjutor ܥܕܘܪܐ

sing. emph.

2:6a ܘܗܘ ܢܗܘܐ ܠܟ ܥܕܘܪܐ

18:19a ܥܕ ܠܐ ܬܬܡܚܠ ܩܢܝ ܠܟ ܥܕܘܪܐ

plur. with suff.

13:22a A עוזרין ܥܬܝܪܐ ܡܬܬܠܠ ܘܡܣܓܝܢ ܥܕܘܪ̈ܘܗܝ

Helper, Adjutor ܡܥܕܪܢܐ

sing. emph.

12:17b A סומך ܐܝܟ ܓܒܪܐ ܡܥܕܪܢܐ

40:24a ܐܚܐ ܘܡܥܕܪܢܐ ܒܥܕܢܐ ܕܐܘܠܨܢܐ

40:26d { B [מן / M מן [ען } ܘܠܝܬ ܠܡܒܥܐ ܥܡܗ ܡܥܕܪܢܐ

Root ܥܗܕ

Memory, Memoria ܥܘܗܕܢܐ

sing. emph.

35(32):11b ܐܬܐ ܠܒܝ ܦܩܘܕ ܠܥܘܗܕܢܟ

Root ܥܐܕ

Festival, Dies festus ܥܐܕܐ

plur. emph.

43:7a B מועד ܡܢ ܣܗܪܐ ܓܝܪ ܐܬܝܕܥܘ ܕܥܐ̈ܕܐ

Root ܥܘܠ

Infant, Infans ܥܘܠܐ

sing. with suff.

19:11b ܕܚܒܠܬܐ ܐܝܟ ܚܒܠܬܐ ܡܢ ܩܕܡ ܥܘܠܗ

He was wicked, Sceleste egit ܥܘܠ

pael imperf. 3 m.pl.

15:20b A B } כזב ܘܠܐ ܐܫܪܝ ܠܒܢ̈ܝ ܐܢܫܐ ܕܢܥܘܠܘܢ

Wickedness, Scelus

sing. emph.

5:8a A שקר ܠܐ ܬܬܬܟܠ ܥܠ ܢܟܣܐ ܕܥܘܠܐ

7:6b A C } זדון ܐܬܐ ܠܟ ܠܡܣܒ ܐܦ̈ܐ ܥܘܠܐ

Wickedness, Scelus (cont'd) ܥܘܠܐ

sing. emph.

11: 9b	A } זדים B }	ܘܥܡ ܥܘܠܐ ܠܐ ܬܬܦܫܐ ܠܡܬܚܝܘ
11:21a		ܠܐ ܬܬܕܡܪ ܒܥܒܕܐ ܕܥܘܠܐ
16:3e	A ....לה B עולה	ܒܢܝܐ ܣܓܝܐܐ ܕܥܘܠܐ
26:28e		ܡܢ ܕܫܠܡܘܬܗ ܕܐܠܗܐ ܠܒܝܬ ܥܘܠܐ
27:10b		ܗܟܢܐ ܥܘܠܐ ܠܒܝܬ، ܚܛܗ̈ܐ
34(31):26b	B לצים	ܫܟܪܐ ܡܫܪܝܢܐ ܗܘ ܕܥܘܠܐ
31(34):21a		ܠܟ̈ܗܢܘܗܝ ܕܢ̈ܟܠܐ ܕܥܘܠܐ ܐܒܢ̈
32(35):24b		ܘܠܫ̈ܒܛܐ ܕܥܘܠܐ ܬܬܚܣܢܘܗܝ
38:10a	B מעול	ܐܪܚܩ ܥܘܠܐ ܘܒܣܘܪܐ
47:20c		ܠܡܝܬܝܘ ܥܘܠܐ ܥܠ ܒܢ̈ܝ ܒܢܝܟ

plura. emph.

15:7b	A זדון	ܘܐܢܫܐ ܥ̈ܘܠܐ ܠܐ ܢܚܙܘܢܗ̇

Wicked, Scelus ܥܘܠܐ

sing. emph.

7:26b	A ושנואה	ܘܐܢ ܥܘܠܐ ܗܝ، ܠܐ ܬܗܝܡܢ ܒܗ̇
8:11a	A לץ	ܠܐ ܬܩܘܡ ܡܢ ܩܕܡ ܥܘܠܐ
8:14a		ܠܐ ܬܬܕܢ ܥܡ ܕܝܢܐ ܥܘܠܐ
8:16a	A בעל אף	ܥܡ ܓܒܪܐ ܥܘܠܐ ܠܐ ܬܬܚܪܐ
9:12a	A בזדון	ܠܐ ܬܬܚ ܒܥܘܠܐ ܕܡܨܠܚ
10:3a	A פרוע	ܡܠܟܐ ܥܘܠܐ ܡܚܒܠ ܥܡܗ
10:23b	A [ ]דם B חמס	ܠܐ ܠܡܝܩܪܘ ܠܓܒܪܐ ܥܘܠܐ
11:30e	A בוצע	ܗܟܢܐ ܥܘܠܐ ܠܟܠ ܚ̇ ܢܟܠ
11:32b	A בליעל	ܘܐܝܟܢܐ ܥܘܠܐ ܟܡܢ ܠܕܡܐ
11:34a	A לרשע	ܠܐ ܬܬܕܒܩ ܠܥܘܠܐ
12:14a	A זדון	ܡܢ ܕܡܬܚܬܦ ܠܓܒܪܐ ܥܘܠܐ
13:1b	A לץ	ܘܕܡܬܚܬܦ ܠܥܘܠܐ ܠܒܫ
13:17b	A רשע	ܗܟܢܐ ܥܘܠܐ ܠܓܒܪܐ ܙܕܝܩܐ
15:12b	A } חמס B }	ܠܝܬ ܠܗ ܨܒܘ ܗܢܝܐ ܒܓܒܪܐ ܥܘܠܐ

sing. emph. (cont'd)

16:23b			ܘܓܒܪܐ ܥܘܠܐ ܣܟܠܐ ܗܢܐ
20:2a			ܠܝܬ ܠܗ ܛܝܒܘܬܐ ܠܡܢ ܕܡܟܣ ܠܥܘܠܐ
20:7b			ܘܥܘܠܐ ܠܐ ܢܛܪ ܙܒܢܐ
20:17c			ܡܢܐ ܠܟܣܗ ܕܥܘܠܐ ܟܠ ܕܐܟܠܐ
21:6a			ܣܢܐ ܡܟܣܢܘܬܐ ܓܒܪܐ ܥܘܠܐ
26:23a			ܒܬܘܬܗ ܕܓܒܪܐ ܥܘܠܐ ܬܬܝܗܒ
28:9a			ܓܒܪܐ ܚܛܝ ܥܘܠܐ ܕܪܕܦ ܕܝܢܐ
29:16a			ܛܒܬܐ ܕܡܪܟܐ ܢܚܒܠ ܥܘܠܐ
35(32):18b	B, E	חלץ	ܘܥܘܠܐ ܠܐ ܢܛܪ ܠܟܣܗ
36(33):5a	E	נבל	ܐܝܟ ܓܝܓܠܐ ܕܥܓܠܬܐ ܠܒܗ ܕܥܘܠܐ
36(33):6a	E	שונא	ܐܝܟ ܣܘܣܝܐ ܣܘܓܪܐ ܪ̈ܚܡܘܗܝ ܕܥܘܠܐ
37:3b	B	תרמית	ܠܡܡܠܐ ܐܪܥܐ ܢܟܠܐ ܕܥܘܠܐ
	D	תַּרְמִית	
37:8a			ܡܢ ܡܠܟܐ ܥܘܠܐ ܛܪ ܢܦܫܟ
37:11e	B, D	רע	ܐܘ ܥܡ ܥܘܠܐ ܠܡܥܒܕ ܕܛܒܐ
37:11h			ܥܡ ܐܢܫܐ ܥܘܠܐ ܠܐ ܬܬܡܠܟ ܥܠܝܗܘܢ
41:6a	B	עול	ܡܢ ܒܪܐ ܥܘܠܐ ܢܐܒܕ ܡܠܟܘܬܐ
41:7a	B	רשע	ܠܐܒܐ ܥܘܠܐ ܒܢܘܗܝ ܒܥܘܠܐ ܢܠܛܘܢܗ
41:9b			ܢܚܡܬ ܐܒܐ ܥܘܠܐ

plur. emph.

11:30c	A	בוצע	ܗܟܢܐ ܟܡܐܢܝܢ ܕܥܘ̈ܠܐ
12:6b	A	ולרשעים	ܘܠܥܘ̈ܠܐ ܡܦܪܥܐ ܦܘܪܥܢܗ
15:9a	A, B	רשע	ܠܐ ܝܐܝܐ ܬܫܒܘܚܬܐ ܒܦܘܡܗ ܕܥܘ̈ܠܐ
16:4b	A	בגדים	ܘܡܫܪܒܬܐ ܕܥܘ̈ܠܐ ܬܬܚܪܒ
	B	בוגדים	
16:6a	A, B	רשעים	ܒܟܢܘܫܬܐ ܕܥܘ̈ܠܐ ܢܦܩܐ ܢܘܪܐ

plur. emph.

21:7b ܘܚܟܝܡܐ ܗܘ ܕܒܚܝܪ ܠܒܝ̈ܫܬܐ

21:9b ܐܝܟ ܬܘܩܕܢܗܘܢ ܕܒܝ̈ܫܬܐ ܠܫܘܠܡܐ

27:14b ܨܘܚܬ ܡ̈ܠܐ ܕܒܝ̈ܫܬܐ

35(32):21a BII, E רשעים ܠܐ ܬܬܟܠ ܥܠ ܐܘܪܚܐ ܕܒܝ̈ܫܬܐ

31(34):8b ܡܛܠ ܕܡܫܘܚܬܐ ܕܒܝ̈ܫܬܐ ܒܠܠܝܐ

31(34):21a ܠܩ̈ܘܪܒܢܝܗܘܢ ܕܒܝ̈ܫܬܐ ܕܒܥܠܐ ܐܠܗܐ

32(35):22d B אכזרי ܢܫܠܡ ܦܘܪܥܢܘܬܐ ܕܒܝ̈ܫܬܐ

32(35):23c B רשע / Bm רשעים ܘܠܫܘܒܛܐ ܕܒܝ̈ܫܬܐ ܢܩܨܘܨ

36:24b B כזב / Bm, D זבד ܡ̈ܠܐ ܕܒܝ̈ܫܬܐ ܘܟܕܒܐ ܕܡܫܬܡܥܐ

39:25b B לרעים ܘܐܦ ܠܒܝ̈ܫܬܐ ܛܒ̈ܬܐ ܐܝܟ ܒܝ̈ܫܬܐ

41:5a B, M רעים / Bm ערים 7al, 7h3 / 12al, Δ, 9ml ܬܘܠܕܬܐ ܕܒܝ̈ܫܬܐ [ܕܚܛܝܐ]

41:5b B ע[ ] / M עט[ ] 12al, Δ, 9ml / 7al, 7h3 ܬܘܠܕܬܐ ܕܒܝ̈ܫܬܐ [ܕܚܛ̈ܝܐ]

41:8a B, M עול ܘܝ ܠܟܘܢ ܓܒܪ̈ܐ ܒܝ̈ܫܐ

Root ܦܪܚ

Bird, Avis ܦܪܚܐ

sing. emph.

11:3a A, B [עוף] ܡܛܠ ܕܙܥܘܪܐ ܗܝ ܒܦܪܚܐ

20:10a ܐܝܬ ܕܝܗܒ ܡܘܗܒܬܐ ܕܦܪܚܐ ܒܦܪܚܐ

27:19a ܘܐܝܟ ܦܪܚܐ ܡܢ ܐܝܕܐ ܐܦܪܚܬܗ

31(34):2a ܘܐܝܟ ܦܪܚܐ ܗܘ ܕܪܕܦ ܗܘ ܠܛܠܠܗ

plur. with suff.

50:10b B עוף ܐܝܟ ܕܡܬܢܣܒܐ ܒܦܪ̈ܚܘܗܝ

1:20b ܘܦܪ̈ܚܝܗ ܢܦܩܝܢ ܕܚܟܡܬܐ

Root ܟܡܪ

He was sad, Doluit ܟܡܪ

peal perf. 3 f.s.

25:2b ܣܢܝܬ ܢܦܫܝ ܘܟܡܪܬ ܠ

peal imperf. 3 f.s.

18:22b ܠܐ ܬܗܘܐ ܡܛܠ ܒܡܘܬܐ ܕܬܟܡܪ

ethpa'al perf. 3 f.s.

50:25a B קצה 7h3 ܒܬܪܬܝܢ ܥܡܡܝܢ ܐܬܟܡܪܬ ܢܦܫܝ

7al,12al,Δ(less15cl),9ml, ܐܬܬܟܡܪܬ]

ethpa'al imperf. 2 m.s.

6:25b A תקץ ܘܠܐ ܬܬܟܡܪ ܒܚܒܠܘܬܗ̇

7:10a A תתקצר ܠܐ ܬܬܟܡܪ ܒܨܠܘܬܟ

8:9a A תמאס ܠܐ ܬܬܟܡܪ ܒܡܫܬܥܝܬܐ ܕܣܒܐ

aphel imperf. 3 m.s.

22:13c ܐܢܫ ܡܢܗ ܕܠܐ ܢܟܡܪܟ

ettaphal perf. 3 f.s.

50:25a B קצה 7al,12al, Δ(less15cl),9ml ܒܬܪܬܝܢ ܥܡܡܝܢ ܐܬܬܟܡܪܬ ܢܦܫܝ

7h3 ܐܬܟܡܪܬ

Sorrow, Dolor ܟܡܝܪܘܬܐ

sing. emph.

5:8b A עברה ܕܠܐ ܢܥܕܪܘܢܟ ܒܝܘܡܐ ܕܟܡܝܪܘܬܐ

18:20a ܘܥܕܠܐ ܬܬܟܪܗ ܟܡܝܪܘܬܐ ܨܠܝ

18:20b ܘܠܒܝܘܡܐ ܕܟܡܝܪܘܬܐ ܬܫܟܚ

18:24b ܘܒܝܘܡܐ ܕܟܡܝܪܘܬܐ ܠܐ ܬܫܬܒܩ

22:18f ܘܡܢ ܟܡܝܪܘܬܐ ܠܐ ܡܬܦܨܐ ܠܚܡܪ

37:4b B D צוקה ܘܒܥܕܢ ܟܡܝܪܘܬܐ ܩܐܡ ܡܢ ܩܕܡ

38:18a ܡܛܠ ܕܡܢ ܟܡܝܪܘܬܐ ܡܬܝܠܕܐ ܟܡܝܪܘܬܐ

38:19a ܢܦܩܐ ܠܡܘܬܐ ܘܡܪܝܪܘܬܐ ܟܡܝܪܘܬܐ

38:20b ܐܥܕܐ ܟܡܝܪܘܬܐ ܘܐܬܕܟܪ ܚܪܬܐ

40:24d B צרה ܐܝܟ ܘܡܥܕܪܢܐ ܒܥܕܢܐ ܕܟܡܝܪܘܬܐ

51:10c B צרה ܠܐ ܬܫܒܘܩܢܝ ܒܝܘܡܐ ܕܟܡܝܪܘܬܐ

Sorrow, Dolor (cont'd) ܥܩܬܐ

sing. with suff.

22:23c ܒܙܒܢ ܥܩܬܗ ܗܘܝ ܠܗ ܡܥܕܪܢܐ

plur. with suff.

51:3e B צרות ܘܡܢ ܐܘܠܨܢܐ ܣܓܝܐܐ ܕܥܩܬܝ ܦܪܩܬܢܝ

Sad, Tristis ܚܫܘܫܐ

sing. absol. f.

21:27c ܚܫܘܫܐ ܢܦܫܗ ܕܡܚܫܘܫܐ ܟܠ ܫܥܬܐ

sing. emph. m.

10:22a ܘܚܫܘܫܐ ܠܗ ܠܬܫܒܘܚܬܗ

plur. const.

32(35):16b B מצוק ܘܒܥܘܬܐ ܕܚܫܝܫܝ ܪܘܚܐ ܫܡܥ

Affliction, Afflictio ܐܘܠܨܢܐ

sing. emph.

51:10c B ומשואה ܒܝܘܡܐ ܕܥܩܬܐ ܕܐܘܠܨܢܐ

Root ܥܘܪ

He was blinded, Occaecatus est ܥܘܪ

ethpe'el part.

40:7b B הקיץ 7h3 ܡܬܥܘܪ ܘܚܙܐ ܕܠܝܬ ܠܗ ܡܕܡ

ettaphal part.

40:7b B הקיץ 7a1,12a1,Δ ,ܡܬܬܥܘܪ ܘܚܙܐ ܕܠܝܬ ܠܗ ܡܕܡ

Root ܕܥܟ

He was extinguished,Extinctus est ܕܥܟ

ethpe'el imperf. 3 m.pl.

23:26b ܘܚܣܕܝܗ̇ ܠܐ ܢܬܕܥܟܘܢ

Root ܥܛܦ

He clothed, Vestivit ܥܛܦ

pael part. with suff.

50:11b B בעטותו ܘܡܥܛܦܝܢܗ ܡܐܢܐ ܕܐܝܩܪܐ

Root ܢܦܚ

It was fragrant,Fragravit ܢܦܚ

peal part.

22:24a ܩܕܡ ܢܘܪܐ ܢܦܚ ܬܢܢܐ

Smoke, Fumus ܥܛܪܐ

sing. emph.

24:15a ܡܘܫܚܐ ܘܥܛܪܐ ܕܒܣ̈ܡܐ

43:4c ܠܫܡܫܐ ܐܝܟ ܥܛܪܐ ܕܢܘܪܐ

Oil, Oleum ܥܛܪܢܐ

sing. emph.

28:11a ܙܦܬܐ ܘܥܛܪܢܐ ܡܫܠܗܒܝܢ ܢܘܪܐ

Root ܥܠ

Young horse, Pullus equi ܥܝܠܐ

sing . emph.

30:8a ܐܝܟ ܣܘܣܝܐ ܥܝܠܐ ܕܠܐ ܡܬܕܒܪ

Root ܥܝܢ

Eye , Oculus ܥܝܢܐ

sing. emph.

14:10a A עין ܥܝܢܐ ܒܝܫܬܐ ܡܣܩܝܐ ܠܠܚܡܐ

16:21a A עין ܐܝܟܢܐ ܠܐ ܬܚܙܝܗܝ ܒܥܝܢܐ

17:22b ܐܝܟ ܒܒܬܐ ܕܥܝܢܐ ܢܛܪܐ

23:4b ܥܝܢܐ ܪܡܬܐ ܠܐ ܬܬܠ ܠܝ

34(31):12a B עין ܡܛܠ ܕܒܝܫܬ ܥܝܢܐ ܣܢܐ ܐܠܗܐ

34(31):13c B עין ܡܛܠ ܕܠܘܩܒܠ ܐܦܐ ܥܝܢܐ

34(31):23a ܥܝܢܐ ܛܒܬܐ ܥܠ ܠܚܡܐ

32(35):10a ܒܥܝܢܐ ܛܒܬܐ ܗܒ ܠܡܪܝܐ

32(35):12b B עין ܒܥܝܢܐ ܛܒܬܐ ܘܒܐܝܕܐ ܪܒܬܐ

sing. const.

1:29a ܘܠܐ ܬܬܪܥܐ ܒܗ ܠܥܝܢ ܒܢܝܢܫܐ

30:3b ܘܠܥܝܢ ܒܥܠܕܒܒ̈ܘܗܝ ܢܬܒܣܡ ܒܗ

34(31):31d B לעיני ܘܠܐ ܬܒܙܐ ܒܗ ܠܥܝܢ ܒܢܝ̈ ܐܢܫܐ

sing. with suffix

16:5a A} B} עיני ܕܣܓܝ̈ܐܢ ܚܙܬ ܥܝܢܝ ܣܓܝ ܥܒܕܝ

18:15b ܘܒܟܠ ܕܝܗܒ ܠܐ ܬܒܐܫ ܥܝܢܟ

sing. with suffix (cont'd)

37:29b ܘܠܐ ܬܬܒܐܪ ܥܝܢܟ

14:3b A עין ܘܠܓܒܪܐ ܕܒܝܫ ܥܝܢܗ

27:22a ܘܕܪܡܙܐ ܒܥܝܢܗ ܢܗܘܐ ܬܒܪܗ

plur. emph.

3:25a ܕܠܝܬ ܠܗ ܒܒ̈ܬܐ ܕܥܝ̈ܢܐ

17:6a ܘܒܪܐ ܠܗܘܢ ܦܘܡܐ ܘܠܫܢܐ ܘܥܝ̈ܢܐ

18:18b ܘܡܘܗܒܬܐ ܕܪܫܝܥܐ ܡܬܠܒܐ ܥܝ̈ܢܐ

20:29a ܡܘܗ̈ܒܐ ܘܫܘܚܕܐ ܡܥܘܪܝܢ ܥܝ̈ܢܐ

22:19a ܡܚܘܬܐ ܕܥܝ̈ܢܐ ܡܚܬܐ ܕܡ̈ܥܐ

26:11a ܒܬܪ ܚܨܝܦܬ ܥܝ̈ܢܐ ܗܘܝܬ

31(34):20a ܘܢܗܪܐ ܕܥܝ̈ܢܐ ܘܐܣܝܘܬܐ ܕܚܝ̈ܐ

36:27b B C } עין ܘܥܠ ܟܠ ܪܓܬ ܥܝ̈ܢܐ ܗܝ ܬܬܒܥ

40:22a B עין ܘܫܘܦܪܐ ܪܓܬܐ ܕܥܝ̈ܢܐ

43:4d B עין ܘܡܢܗܪ ܠܢܘܗܪܗ ܘܡܚܪܒ ܥܝ̈ܢܐ

plur. const.

7:33a A לפני ܡܘܗܒܬܐ ܒܥܝ̈ܢܝ ܟܠ ܒܪ̈ܝܬܐ

44:23g B [עיני ܘܡܩܒܠ ܪ̈ܚܡܐ ܒܥܝ̈ܢܝ ܟܠܗܘܢ ܚ̈ܝܐ

45:1a ܘܐܦ ܒܥܝ̈ܢܝ ܒ̈ܢܝ ܐܢܫܐ

plur. with suff.

8:16c A בעינין ܡܛܠ ܕܠܐ ܗܘ ܕܡܐ ܒܥܝ̈ܢܘܗܝ

12:16c A בעינין ܐܦ ܡܢ ܥܝ̈ܢܘܗܝ ܢܚܘܬ ܕܡ̈ܥܐ

14:1b A לבו ܘܠܐ ܐܬܟܪܝ ܕܝܢܐ ܡܢ ܥܝ̈ܢܘܗܝ

14:9a A בעין ܒܥܝ̈ܢܘܗܝ ܕܟܠܐ ܠܒܪܢܫܐ ܗܝ ܡܢܬܗ

15:19a A עיני ܘܥܠ ܡܕܡ ܥܝ̈ܢܘܗܝ ܚܙܝܢ

20:14b ܡܛܠ ܕܥܝ̈ܢܘܗܝ ܚܕ ܒܫܒܥܐ ܣܟܝܢ

21:6b ܫܡܥܐ ܡܢ ܡܚܠ ܥܝ̈ܢܘܗܝ ܡܬܟܬܘܒ

23:19a ܘܠܐ ܝܕܥ ܕܥܝ̈ܢܘܗܝ ܕܐܠܗܐ ܢ̈ܗܝܪܢ

27:1b ܠܡܣܓܝܘ ܣܓܝ̈ܐܐ ܡܗܦܟܐ ܥܝ̈ܢܘܗܝ

Eye, Oculus (cont'd) ܥܝܢܐ

plur. with suff (cont'd)

30:20a Bm בעינו ܘܚܙܐ ܒܥܝܢܘܗܝ ܘܡܬܬܢܚܚ
31(34):19a ܥܝ̈ܢܘܗܝ ܕܡܪܝܐ ܥܠ ܕܚܠܘܗܝ ܒܟ̈ܠܗܘܢ
38:28f ܘܠܘܩܒܠ ܨܘܪܬܐ ܕܡܐܢܐ ܬܠܝ̈ܢ ܥܝ̈ܢܘܗܝ
38:29c ܥܝ̈ܢܘܗܝ ܒܡܥܒ̈ܕܘ ܥܠ ܡܐ̈ܢܘܗ

26:9a ܙܢܝܘܬܐ ܕܐܢܬܬܐ ܒܡܪܡܪܘܬ ܥܝ̈ܢܝܗ

33(36):4b { B לעינינו / Bm לעיניהם } ܗܟܢܐ ܠܥܝ̈ܢܝ ܐܬܝܩܪ ܒܗܘܢ

51:27a B בעיניכם ܚܙܘ ܒܥܝ̈ܢܝܟܘܢ ܕܩܠܝܠ ܕܠܐܝܬ

17:13a ܬܫܒܘܚܬܐ ܕܐܝܩܪܗ ܚܙܘ ܒܥܝ̈ܢܝܗܘܢ
33(36):4a B / Bm } לעיניהם ܐܝܟܢܐ ܕܠܥܝ̈ܢܝܗܘܢ ܐܬܩܕܫܬ ܒܢ

nom. prop. Engaddi ܥܝܢ-ܓܕܝ
24:14a ܐܝܟ ܕܩܠܐ ܐܬܪܒܝܬ ܒܥܝܢ ܓܕܝ

Root ܥܝܪ

He awoke, Evigilavit ܥܪ

aphel part.

22:9b ܘܐܝܟ ܐܢܫ ܕܡܥܝܪ ܕܡܟܐ ܡܢ ܫܢܬܐ

aphel imperat. 2 m.s.

33(36):8a B העיר ܐܥܝܪ ܪܘܓܙܐ ܘܐܫܕ ܚܡܬܐ

Root ܥܘܪ

He impeded, Impedivit ܥܘܪ

ethpa'al imperf. 2 m.s.

5:7b A / C } תתעבר ܘܠܐ ܬܬܥܘܪ ܡܢ ܝܘܡ ܠܝܘܡ

Root ܥܠ

He entered , Intravit

peal perf. 3 m.s.

44:20b ܘܥܠ ܒܩܝܡܐ ܕܒܣܪܗ

peal part. m.s.

11:30d ܐܝܟ ܕܒܒܐ ܕܠܥܠ ܟ̇ܪ ܕܥܐܠ

11:30e ܗܟܢܐ ܢܦ̇ܠܐ ܠܥܠ ܟ̇ܪ ܕܥܐܠ

12:15a A יבוא ܥܕܡܐ ܕܥܐܠ ܢܦܩ ܠܐ ܡܬܡܛܠܐ

26:12a ܐܝܟ ܨܗܝܐ ܕܥܐܠ ܡܢ ܐܘܪܚܐ

peal part. f.s.

27:2a ܒܝܬ ܥܐܦܐ ܠܫܒܪܬܗ̇ ܥܐܠܐ ܘܫܒܬܐ

32(35):16a ܥܐܠܐ ܡܢܘܡܘܗܝ ܠܘܬܗ ܕܡܦܫܩܢܐ

32(35):21b ܘܡܢܩ ܡܪܝܐ ܪܒܘܬܐ ܥܐܠܐ

peal part. f. pl.

21:22a ܪ̈ܓܠܘܗܝ ܕܣܟܠܐ ܥ̈ܐܠܢ ܒܒܝܬ

aphel perf. 3 m.s.

48:17b ܘܐܥܠ ܠܓܘܗ̇ ܡ̈ܝܐ

aphel part.

7:20b A נותן 7al ܠܐ ܠܐܓܝܪܐ ܕܡܥܠ ܢܦܫܗ

7h3 [ܕܡܥܒܠ

aphel infin.

11:29a A להביא ܒܪܢܫܐ ܠܡܥܠܘ ܠܒܝܬܟ

46:8c B להביאם ܠܡܥܠܘ ܐܢܘܢ ܠܝܪܬܘܬܗܘܢ

aphel imperat. 2 m.s.

6:24a ܐܥܠ ܪ̈ܓܠܝܟ ܒܟܒ̈ܠܝܗ̇

6:24b ܘܒܩܘܠܪܗ̇ ܐܥܠ ܨܘܪܟ

aphel imperat. 2 m.pl.

51:26a B הביאו ܘܨܘܪܟܘܢ ܐܥܠܘ ܒܢܝܪܗ̇

Fruit, Fructus — ܥܠܠܬܐ

plur. emph.

11:3b A} B} תנובות — ܘܪܝܫ ܦܐܪܐ ܕܟܠ ܥܠܠ̈ܬܐ ܐܒܗ̇

plur. with suff.

24:19b 7h3 — ܘܡܢ ܥܠܠ̈ܬܝ ܦܐܪ̈ܐ ܬܬܦܢܩܘܢ
7al — [ܥܠܠ̈ܬܝ

26:21a — ܗܟܢ̈ܝ ܥܠܠܬܟܝ ܘܠܐ ܬܪ ܕܗ̇ܘ ܬܗܘܐ

16:29b — ܘܡܠܝܗ̇ ܒܟܠ ܥܠܠ̈ܬܗ
24:25b — ܘܐܝܟ ܕܩܠܬ ܒܝܘ̈ܡܝ ܥܠܠ̈ܬܗ

1:16b — ܡܪܘܝܐ ܡܢ ܫܘܦܥܬ ܥܠܠ̈ܬܗ̇
1:17b — ܘܐܘܨܪ̈ܬܐ ܡܢ ܥܠܠ̈ܬܗ̇
6:19b A} C} תבואתה — ܘܫܘܦܥܐ ܕܥܠܠ̈ܬܗ̇ ܬܐܟܘܠ

Wind, Ventus — ܥܠܥܠܐ

sing. emph.

22:18d — ܡܛܠ ܥܠܥܠܐ ܠܐ ܢܬܩܘܡ
48:9a B בסערה — ܘܐܬܢܣܒ ܒܥܠܥܠܐ ܠܥܠ

Root — ܥܠܒ

Oppressed, Oppresus — ܥܠܘܒܐ

plur. emph.

5:3b A נרדפים — ܬܒܥܐ ܗ̇ܘ ܕܥܠܘܒܝܢ ܥܠܘ̈ܒܐ

Root — ܥܠܝ

Usual Hebrew = על — On, Super — ܥܠ

1: 8b 28b

2: 4a 10d 12b

3: 2a 2b 6b 8b 15b 22b 27b

4: 1b 17c 25a(=) 28a

5: 1a 2a 5a 5b 6d 8a 10a 12b 14c 14d

6: 1c 7b 19a 20a 21a 26a

7: 3a 11a 12a 12b(2)

8: 3b 6a 7a

9: 1b 2b 13d 18b

10: 4b

7b Δ, ܘܥܠ ܬܪ̈ܝܗܘܢ ܐܢܫܘܬܐ ܘܐܠܗܘܬܐ

7a1,7h3 ܘܗܟ]

11: 5a 5b 12c 13b 20a(2) 25b

12: 6b 13a

13: 7b 7d 12b 24b

14: 10b 21a 22b 23a 23b 26a

15: 4a 4b 20c

16: 1b 3a 8a 9a 9b 18b 19b 20a 29a

17: 4a 4b(2) 14b 17a

18: 11b 13a 13b 17b

19: 5a 8b 30b

20: 17a 17b 21b

21: 15b 19b 21b 24a 27c

22: 11a 11b 11c 17b 18a 21a 21c 22a
27a 27b

23: 2a 2b 2c 11c 18a 18d 22a 24b

24: 14d 31d

25: 7a 11a 19b 22a

26: 10a 12c 15a 17a 18a 28a 28b 28c
28d 28e

27: 3a 4a 4b 6b 17a 25a 27b

28: 12b

29: 5b 9b 10a(2) 19a 19b 24b 27a

30: 7b 13a 18a 18b 25b

34(31): 6b 12a 12b 19b 22a 23a 25a

35(32): 2c 5a 5b 6b 13a 21a 24b

On, Super (cont'd) ܥܠ

36(33): 38c

31(34): 12b 18a 19a 20c

31a 7al ܘܗܟܢܐ ܐܦ ܥܠ ܚܛܗ̈ܘܗܝ

7h3 [ܨܡ

32(35): 15a 21a 21c

33(36): 2a 3a 17a(2) 17b 18a 18b 27b

37: 8d 11c 11d 29b

38: 4a 16a 16d 28a 29a 33b

39: 5e 13b 15b

40: 1b 5d 15b 26d 27b 29a

41: 1b 9b 12a

42: 9a 10c 11a 16a 16b

43: 4a ܥܠ ܟܘܪܐ ܕܢܦܚ ܒܥܒܕܐ ܕܫܡܫܐ ܠ,

7al,7h3 [ܐܝܟ

4b

44: 2b 5a 6b 8b 21d 23a

45: 3c 7b 15a 16d 20a 23d

46: 2b 6a 9c 19a 19d

47: 11d 18b 20c 20d 22b 25a

48: 2a 3c(2) 9a 10c 18a 18b 18c 23b

49: 1d 9a 11b 14a

50: 7a 9a 12b 15a 17a(2)

51: 8c

Offering, Oblatio ܥܠܘܬܐ

plur. emph.

45:16b B עלה ܠܡܩܪܒܘ ܥܠܘ̈ܬܐ ܘܕܒ̈ܚܐ ܘܒܣ̈ܡܐ

plur. with suff.

31(34):21a ܥܠܘ̈ܬܗܘܢ ܕܢܘܟ̈ܠܐ ܕܥܘܠܐ ܐܢܝܢ

31(34):23a ܠܐ ܗܘ ܨܒܐ ܐܠܗܐ ܒܥܠܘ̈ܬܗܘܢ ܕܪ̈ܫܝܥܐ

Elevated, Superior ܥܠܝܐ

plur. emph.

24:4a ܐܢܐ ܒܡܪ̈ܘܡܐ ܥܠܝ̈ܐ ܫܪܝܬ ܡܫܟܢܝ

nom. prop. of God:Elyon

24:3a ܐܢܐ ܡܢ ܦܘܡܗ ܕܥܠܝܐ ܢܦܩܬ

44:20a B עליון ܕܢܛܪ ܦܘܩܕܢܘܗܝ ܕܥܠܝܐ

Master, Dominus ܡܥܠܝܐ

sing. absol.

30(33):31a E עליון ܒܟܠ ܢܦܫ̈ܟ ܗܘܝܬ ܡܥܠܝ

Root ܥܠܡ

Eternity, World, Aeternitas,Mundus ܥܠܡܐ

sing. absol.

1:12b ܫܘܒܚܐ ܘܚܕܘܐ ܘܫܢ̈ܝܐ ܕܥܠܡ

1:(19b) ܬܫܒܘܚܬܐ ܘܐܝܩܪܐ ܕܥܠܡ

1:20a ܕܡܘܪ̈ܟ ܫܢ̈ܝܐ ܕܥܠܡ

1:20g ܠܥܠܡܐ ܕܥܠܡ ܬܫܡܫܬܗܘܢ

1:20h 12a1,17a4,17a3,17a1, ܘܚܝܘܬܐ ܕܥܠܡ ܥܡ ܡܪ̈ܝܐ
7a1,7h3 ܕ ܠܥܠܡܝܢ]

1:20r ܢܘܗܪܐ ܕܥܠܡ ܘܫܒܘܚܬܐ ܪܒܬܐ

2:9b ܠܫܘܒܚܐ ܕܥܠܡ ܘܠܦܘܪܩܢܐ

7:36b A לעולם ܘܠܥܠܡ ܠܐ ܬܣܟܠ

11:17b A לעד ܘܨܒܝܢܗ ܠܥܠܡ ܢܬܩܢ

12:10a A לעד ܠܐ ܬܗܝܡܢ ܠܣܢܐܐ ܠܥܠܡ

16:13b A לעולם ܡܣܒܪܢܗ ܕܙܕܝܩܐ ܠܥܠܡ

16:28b ܘܡܠܬܗ ܠܥܠܡ ܠܐ ܡܥܒܪܝܢ

19:7a ܘܠܥܠܡ ܠܐ ܬܬܢܐ ܡܠܬܐ

19:8c ܫܒܩܝܗ ܒܗ ܠܥܠܡܝܢ

35(32):24b ܠܐ ܢܒܗܬ ܠܥܠܡ

32(35):9b ܘܕܘܟܪܢܗ ܕܙܕܝܩܐ ܠܐ ܢܬܛܥܐ ܠܥܠܡ

37:26b C} D} עולם ܘܫܡܗ ܩܐܡ ܠܚܝ̈ܐ ܕܥܠܡ

39:9c ܘܠܐ ܢܥܒܪ ܕܘܟܪܢܗ ܢܗܘܐ ܠܥܠܡ

ܥܠܡܐ

Eternity,World, Aeternitas,Mundus(cont'd)

sing. absol. (cont'd)

40:17b B/M לעד ܘܙܕܝܩܘܬܐ ܕܝܕܝܥܐ ܠܥܠܡ ܡܬܩܝܡܝܢ

41:11b ܠܐ ܡܬܛܥܝܐ ܠܥܠܡ

42:21a B מעולם 7a1,7h3 ܡܕܡܘܗܝ ܘܗܘܐ ܠܥܠܡ
Bm מהעולם 12a1,Δ,9m1]ܠܥܠܡܝܢ
M]ולם[

42:22a ܢܚܡܕܘܢ ܠܥܠܡ ܒܫܘܒܚܬܐ

42:23a M לעד ܘܚܝܐ ܘܩܝܡ ܠܥܠܡ

43:6b B עולם ܘܐܬܐ ܕܡܢ ܥܠܡ

44:13a B/M עולם ܘܙܪܥܗܘܢ ܠܥܠܡ ܩܐܡ ܕܒܢܝܗܘܢ

45:15c B עולם ܘܗܘܬ ܠܗ ܠܟܗܢܘܬܐ ܕܠܥܠܡ

45:24d B עולם ܟܗܢܘܬܐ ܪܒܬܐ ܠܥܠܡ

47:11b B לעולם ܘܐܪܝܡ ܠܥܠܡ ܩܪܢܗ

47:11d 7a1,7h3 ܠܟܘܪܣܝܐ ܠܥܠܡ
12a1,Δ(less15c1),19g1 omit

47:13c ܡܛܠ ܕܢܒܢܐ ܒܝܬܐ ܠܫܡܗ ܠܥܠܡ

48:25a B עולם ܘܥܕܡܐ ܠܥܠܡ ܗܘܐ ܚܙܐ ܐܚܪܝܬܐ

49:12d B עולם ܕܡܬܩܢ ܠܫܘܒܚܐ ܕܠܥܠܡ

51:2a ܬܘܕܝܬ ܕܡܢ ܥܠܡ ܡܪܝܐ

51:8b B מעולם ܘܦܘܪܩܢܗ ܕܡܢ ܥܠܡ

51:20a B לנצח ܘܠܥܠܡ ܠܐ ܐܦܫܘܗܝ

51:30c B לעולם ܒܪܟ ܐܠܗܐ ܠܥܠܡ

sing. emph.

1:2b ܘܝܘܡܬܐ ܕܥܠܡܐ ܡܢܘ ܡܨܐ ܠܡܡܢܐ

1:15a 7a1 ܘܗܝ ܡܢ ܥܠܡܐ ܐܬܬܩܢܬ
7h3]ܥܠܡܐ

3:18a A עולם ܟܡܐ ܕܐܝܬ ܕܪܒ ܒܥܠܡܐ

4:16b ܘܢܚܣܢܘܢ ܠܗܘܢ ܕܪ̈ܐ ܕܥܠܡܐ

ܥܠܡܐ

Eternity , Aeternitas
World, Mundus (cont'd)
sing. emph. (cont'd)

11:33b	A עולם	ܕܠܡܐ ܡܘܡܐ ܕܥܠܡܐ ܬܗܒ
14:17b	A עולם	ܘܕܝ̈ܢܐ ܕܥܠܡܐ ܡܡܬ ܬܡܘܬܘܢ
15:6b	A עולם	ܘܫܡܐ ܕܥܠܡܐ ܬܘܪܬܝܘܗܝ
16:7b	A עולם	ܕܡܠܐ ܥܠܡܐ ܒܓܢܒܪܘܬܗܘܢ
16:27b		ܘܫܘܠܛܢܗܘܢ ܠܟܠ ܕܪ̈ܐ ܕܥܠܡܐ
17:8b		ܕܢܚܘܢ ܡܫܬܥܝܢ ܒܥܠܡܐ
17:12a		ܩܝܡܐ ܕܥܠܡܐ ܐܩܝܡ ܥܡܗܘܢ
17:27a		ܒܫܠ ܡܢ ܕܐܒܕܘ ܒܥܠܡܐ
18:(1a)		ܥܠܡܐ ܟܘܠܗ ܡܬܒܒܐ
18:10b		ܐܠܦ ܫܢ̈ܝܢ ܡܢ ܥܠܡܐ
18:10b		ܐܝܟ ܚܕ ܝܘܡܐ ܡܢ ܥܠܡܐ
23:20b		ܒܬܪ ܫܘܠܡܗ ܕܥܠܡܐ ܗܘ ܕܥܢ
37:14b		ܝܬܝܪ ܡܢ ܒܘܬܪܐ ܕܥܠܡܐ
38:34a		ܡܛܠ ܕܒܒܢܝ̈ܢܬܗ ܕܥܠܡܐ ܗܘܝܢ ܢܛܪܝܢ
39:2a		ܘܫܘܥܝ̈ܬܐ ܕܟܠ ܐܢܫܐ ܕܥܠܡܐ
39:4c		ܒܡܕܝ̈ܢܬܐ ܕܥܠܡܐ ܢܗܠܟ
39:9b		ܘܒܥܠܡܐ ܠܐ ܢܬܛܥܐ ܫܡܗ
40:12a		ܘܟܐܢܘ̈ܬ، ܥܠܡܐ ܐܦ ܗܝ ܬܩܘܡܢ
41:7b		ܕܡܛܠܬܗ ܗܘܘ ܒܫܝ̈ܛܐ ܒܥܠܡܐ
42:19a		ܡܚܘܐ ܟܠ ܕܥܬܝܕ ܠܥܠܡܐ
44:2b	B עולם	ܘܟܠܗ ܪܒܘܬܗܘܢ ܠܟܠ ܕܪ̈ܐ ܕܥܠܡܐ
44:17b		ܗܘܐ ܫܠܘܬܐ ܠܥܠܡܐ
45:26d	B עולם	ܘܫܘܠܛܢܗܘܢ ܠܟܠ ܕܪ̈ܐ ܕܥܠܡܐ

sing. const.

1:20j		ܘܠܐ ܬܬܥܩܪܘܢ ܠܥܠܡ ܥܠܡܝܢ
3:1 b		ܡܛܠ ܕܬܚܘܢ ܫܢ̈ܐ ܕܠܥܠܡ ܥܠܡܝܢ
24:9b		ܘܠܥܠܡ ܥܠܡܝܢ ܠܐ ܢܒܛܠ ܕܘܟܪܢܝ
36:(22d)	B עולם	ܐܠܗܐ ܒܠܚܘܕܝܟ ܠܥܠܡ ܥܠܡܝܢ

plur. absol.

1:1b		ܘܗܝ ܥܡܗ ܗܝ ܡܢ ܥܠܡܝܢ

Eternity, Aeternitas ܥܠܡܐ
World, Mundus (cont'd)
plur. absol. (cont'd)

1:20h		7a1,7h3	ܘܫܘܒܚܬܐ ܕܥܠܡܝܢ ܒܝܬ ܡܬ̈ܩܢܐ
		12a1,17a4,17a3,17a1	ܕܥܠܡ]
1:20j			ܘܠܐ ܬܬܪܡܘܗܝ ܠܥܠܡ ܥܠܡܝܢ
3:1b			ܡܛܠ ܕܬܚܝܘܢ ܚܝܐ ܕܥܠܡ ܥܠܡܝܢ
24:9b			ܘܠܥܠܡ ܥܠܡܝܢ ܠܐ ܢܒܛܠ ܕܘܟܪܢܝ
36:(22d)			ܐܠܗܐ ܒܠܚܘܕܘܗܝ ܠܥܠܡ ܥܠܡܝܢ
42:21a	B מעולם	12a1,Δ,9m1	ܡܕܡܘܗܝ ܩܝܡܐ ܠܥܠܡܝܢ
	Bm מהעולם (מ above)	7a1,7h3	ܠܥܠܡ]
	M [ ]ולם		
51:20a	B נצחים]		ܘܠܥܠܡ ܥܠܡܝܢ ܠܐ ܐܛܥܝܘܗܝ

plur. emph.

1:15a		7h3	ܗܘ ܡܢ ܥܠܡ̈ܐ ܐܬܬܣܝܡܬ
		7a1	ܥܠܡܐ]
2:10b			ܕܪ̈ܝ ܥܠܡ̈ܐ ܐܬܒܩܘ
21:5b			ܘܡܢ ܕܝܢܐ ܕܥܠܡ̈ܐ ܦܠܛܐ
24:9a			ܡܢ ܩܕܡ ܥܠܡ̈ܐ ܐܬܒܪܝܬ
39:22b	B תבל		ܘܐܝܟ ܢܗܪܐ ܥܠܡ̈ܐ ܡܪܘܝܐ

Youth , Juventus ܥܠܝܡܘܬܐ

sing. emph.

15:2b	A } נעורים] B }	ܘܐܝܟ ܐܢܬܬ ܥܠܝܡܘܬܐ

sing. with suff.

26:19a	ܒܪܝ ܐܢܛܪ ܒܪܟܐ ܕܥܠܝܡܘܬܟ

Root ܥܡ

Usual Hebrew = עם

With , Cum ܥܡ

1: 1b 10a 14b 15a 15b

4: 17a 18a

5: 6b

7: 16a 34b

With , Cum (cont'd) ܥܡ

8: 1a 2a 3a 4a 14a 14b 15a 16a 16b 17a

9: 3a 4a 9(I)a 9(I)b 9(II)a 9(II)b 14b 15a

11: 16b(2)

12: 5c 15a

13: 5a 6a 11a 13b

16: 11c 26b

17: 12a

18: 11a

20: (4a) 26b

22: 13a 13b 15b

24: 5a

25: 16b

29: 3a 8a(2) 23a(2)

30: 10a 10b

34(31):20a 31d

37: 11a 11b 11c 11d 11e 11f 11g 11h 11i

12a

12c Δ, ܘܠܒܢܝܗܘܢ ܢܗܘܐ ܥܡ ܠܒܟ

7a1,7h3 --ܠ]

15a

38: 23b 25d

40: 8a(2) 26d

41: 6b

42: 25a

44: 11a 20b

45: 18a 22b

46: 6d 9b

50: 24a 24b

People, Populus ܥܡܐ

sing. emph.

10:2a A ܐܝܟ ܕܗܘܐ ܕܥܡܐ ܗܢܘܢ ܕܡܬܟܬܫܝܢ, ܥܡ

sing. emph. (cont'd)

Ref.	MS	Hebrew	Variants	Syriac
10:8a	A	מגוי ····· גוי		ܡܠܟܘܬܐ ܡܢ ܥܡܐ ܠܥܡܐ
10:9a				ܘܠܐ ܙܕܩ ܥܠ ܥܡܐ ܚܛܝܐ
16:6b	A, B	ובגוי		ܘܒܥܡܐ ܕܡܪܝܩ ܠܐܠܗܐ ܚܡܬܐ
16:17c	A	בעם		ܘܒܥܡܐ ܣܓܝܐܐ ܠܐ ܐܬܝܕܥ
24:12a				ܘܐܫܬܪܫܬ ܒܥܡܐ ܝܩܝܪܐ
26:5c				ܪܘܫܝܐ ܕܡܕܝܢܬܐ ܒܟܢܘܫܝܐ ܕܥܡܐ
28:14b				ܘܒܕܪ ܐܢܘܢ ܡܢ ܥܡܐ ܠܥܡܐ
29:18d				ܘܐܙܠܘ ܠܥܡܐ ܢܘܟܪܝܐ
30(33):27a	E	עם	7a1,Δ, 7h3 ܕܥܡܡܐ]	ܫܡܥܘܢܝ ܪܘܫܝܐ ܕܥܡܐ
33(36):3a	B	עם		ܐܪܝܡ ܐܝܕܟ ܥܠ ܥܡܐ ܢܘܟܪܝܐ
37:26a	D	עם		ܚܟܝܡܐ ܕܥܡܐ ܢܚܠܬ ܐܝܩܪܐ
38:32c				ܠܡܠܟܐ ܕܥܡܐ ܠܐ ܢܬܒܥܘܢ
39:10b				ܘܬܫܒܘܚܬܗ ܢܐܡܪ ܥܡܐ
39:11b				ܘܡܢ ܢܬܘܒ ܒܥܡܐ ܙܕܝܩܐ
42:11c	B, M	עם		ܘܫܡܥܬܐ ܘܪܘܫܝܐ ܒܥܡܐ
42:11d				ܘܬܒܗܬܟ ܒܪܘܫܝܐ ܕܥܡܐ
44:15a				ܘܬܫܒܘܚܬܗܘܢ ܢܬܢܐ ܥܡܐ
45:3c				ܘܦܩܕܗ ܥܠ ܥܡܐ
45:7a				ܘܣܡܗ ܠܟܗܢܐ ܕܥܡܐ
45:23c	B	עמו	7a1,19g1, 11c1,14c1,17a3,19g7,18/16g6, ܕܥܡܐ] 7h3, ܥܡܐ[	ܕܩܡ ܒܬܘܪܬܐ ܕܥܡܐ
46:6a				ܘܢܦܠ ܥܠ ܥܡܐ ܣܢܐܐ
46:7c	B	קהל		ܠܡܩܡ ܒܬܘܪܬܐ ܕܥܡܐ
46:12c				ܠܒܢܝܗܘܢ ܘܥܠ ܥܡܐ ܬܫܒܘܚܬܗܘܢ
46:13f	B	עם		ܘܡܫܚ ܪܘܫܝܐ ܘܡܠܟܐ ܠܥܡܐ
48:15a	B	העם		ܘܒܟܠܗܘܢ ܗܠܝܢ ܠܐ ܬܒ ܥܡܐ
49:5b	B	לגוי		ܘܐܫܠܡܘܗܝ ܠܥܡܐ ܢܘܟܪܝܐ
50:13c	B	קהל		ܠܘܩܒܠ ܟܠܗ ܥܡܐ ܕܐܝܣܪܝܠ

People , Populus (cont'd) ܥܡܐ

sing. emph. (cont'd)

50:16b			ܩܕܡ ܟܠܗ ܥܡܐ ܕܐܝܣܪܝܠ
50:16d			ܠܡܒܪܟܘ ܩܕܡ ܟܠܗ ܥܡܐ
50:17b	B	בשר	ܟܠܗ ܥܡܐ ܠܡܣܓܕ ܠܐܠܗܐ
50:19a	B	עם	ܘܫܒܚܘ ܥܡܐ ܕܐܪܥܐ ܠܐܠܗܐ
50:25b	B	עם	ܘܕܬܠܬܐ ܠܐ ܗܘܐ ܥܡܐ
50:26b	B	וגוי	ܘܥܡܐ ܣܟܠܐ ܕܝܬܒ ܒܫܟܝܡ

sing. with suff.

36: 17a	B	עם	ܥܡܟ ܕܐܬܩܪܝ، ܥܡܟ ܠܘܗܝ
36: 22b	B	עמך	ܐܝܟ ܨܒܝܢܐ ܕܥܡܟ
9:17b	A	עמי	9m1,Δ,17a5 ܘܕܫܠܝܛ ܒܥܡܗ ܚܟܝܡ
			7a1,7h3 ܒܥܡ̈ܡܐ]
10:1a	A	עמו	ܕܝܢܐ ܚܟܝܡܐ ܢܠܦ ܠܥܡܗ
10:3a	A	עיר	ܡܠܟܐ ܣܟܠܐ ܢܘܒܕ ܥܡܗ
24:1b			ܘܒܓܘ ܥܡܗ ܕܐܠܗܐ ܬܬܒܗܪ
34(31):9b	B	בעמו	ܕܣܓ ܥܒܕ̈ܘܬܐ ܢܒܥ ܒܥܡܗ
31(34):4a			ܘܡܢ ܪܝܫ ܕܥܡܗ ܢܦܩ ܠܒܘܬܐ
32(35):25a	B	עמו	ܥܕܡܐ ܕܢܕܘܢ ܕܝܢܐ ܕܥܡܗ
45:15f	B	עמו	ܘܠܡܒܪܟܘ ܠܥܡܗ ܒܫܡܗ
45:26b			ܚܟܡܬܐ ܕܠܒܐ ܠܡܕܢ ܠܥܡܗ
47:4b			ܘܐܥܒܪ ܚܣܕܐ ܕܥܡܗ
47:5d	B	עמו	ܠܡܪܡܘ ܩܪܢܗ ܕܥܡܗ ܐܝܣܪܝܠ
47:23d	B	ע[ ]	ܝܪܒܥܡ ܕܒܪ ܒܛܥܝܘܬܗ ܠܥܡܗ
50:4a	B	לעמו	ܘܦܨܝ، ܠܥܡܗ ܡܢ ܫܒ̈ܝܐ
50:1 a	B	עמו	ܪܒ ܐܚܘ̈ܗܝ ܘܟܠܝܠܐ ܕܥܡܗ
41:9a			ܐܢܬܬܐ ܢܟܪܝܬܐ ܠܫܕܘܬܐ ܕܥܡܗ̇

plur. absol.

50:25a	B	גוים	ܒܬܪ̈ܝܢ ܥܡ̈ܡܝܢ ܐܬܬܥܝܩܬ ܢܦܫܝ

People , Populus (cont'd) ܥܡܐ

plur. emph.

9:17b A עמי 7a1,7h3 ܘܕܠܝܬ ܒܥܡ̈ܡܐ ܫܒܝܩ
9m1,Δ,17a5 ܒܥܡܗ]

17:17a ܥܠ ܟܠܗܘܢ ܥܡ̈ܡܐ ܐܩܝܡ ܡܠܟܐ

24:6b ܘܒܟܠܗܘܢ ܥܡ̈ܡܐ ܘܐܘܡ̈ܘܬܐ ܐܫܬܠܛܬ

30:19a Bm הגוים ܡܢܐ ܡܘܬܪܢܐ ܐܝܬ ܠܗ ܠܕܒ̈ܚܐ ܕܥܡ̈ܡܐ

30(33):27a E עם 7h3 ܫܡܥܘܢܝ ܡܠܟ̈ܐ ܕܥܡ̈ܡܐ
7a1,Δ, ܕܥܡܐ]

32(35):23a B ולגוים ܘܠܥܡ̈ܡܐ ܢܦܪܘܥ ܦܘܪܥܢܐ

33(36):3a B הגוים 7h3 ܐܪܝܡ ܐܝܕܟ ܥܠ ܥܡ̈ܡܐ ܗܠܝܢ ܕܢܟܪܝܢ
7a1,12a1,Δ,17a5 omit

33(36):11b ܘܟܠ ܪ̈ܝܫܢܐ ܘܫܠܝ̈ܛܢܐ ܕܥܡܡܐ

39:23a B גוים ܗܟܢܐ ܪܘܓܙܗ ܥܡ̈ܡܐ ܢܐܪܬ

44:19b B גוים ܐܒܪܗܡ ܐܒܐ ܕܟܢܘܫܬܐ ܕܥܡ̈ܡܐ

44:21b B גוים ܕܢܬܒܪܟܘܢ ܒܙܪܥܗ ܟܠܗܘܢ ܥܡ̈ܡܐ

44:21d ܠܥܠ ܡܢ ܟܠܗܘܢ ܥܡ̈ܡܐ

46:6c B גוי ܘܢܕܥܘܢ ܟܠܗܘܢ ܥܡ̈ܡܐ ܚܪ̈ܡܐ

47:17b B עמים ܘܒܦܘܫܩܐ ܐܬܕܡܪܘ ܥܡ̈ܡܐ

Root ܥܡܕ

Column, Columna ܥܡܘܕܐ

plur. const.

24:4b ܘܟܘܪܣܝ ܒܥܡܘ̈ܕܝ ܥܢܢܐ

Root ܥܡܠ

He laboured, Laboravit ܥܡܠ

peal perf. 3 m.s.

34(31):4a B עמל ܥܡܠ ܡܣܟܢܐ ܠܡܚܣܪܘܬܐ ܕܒܝܬܗ

peal perf. 1.s.

51:27a B ועמדתי ܚܙܘ ܕܙܥܘܪ ܥܡܠܬ ܒܗ

peal part. m .s.

11:11a A עמל ܐܝܬ ܕܪܗܛ ܘܥܡܠ ܘܠܐܐ

11:12a A ואבד ܐܝܬ ܕܠܐܐ ܘܥܡܠ ܘܡܚܣܪ ܦܪܨܘܦܗ

34(31):3a {B עמלי / Bm עמל} ܥܡܠ ܥܬܝܪܐ ܠܡܟܢܫܘ ܢܟ̈ܣܐ

He laboured, Laboravit (cont'd) ܦܠܚ

peal part. m.pl.

16:27c ܘܠܐ ܟܦܢܝܢ ܘܠܐ ܦܠܚܝܢ

peal imperf. 2 m.s.

6:19c A } תעבוד ܐܝܟ ܦܠܚܐ ܘܕܒܪܐ ܬܦܠܘܚ
C }

aphel part.

7:20b A } נותן 7h3 ܠܐ ܠܥܢܝܢܐ ܕܡܦܠܚ ܢܦܫܗ
C } 7al [ܕܡܦܠܚ

Work, Labor ܦܠܚܐ

sing. emph.

6:19c { A בעבדתה ܐܝܟ ܦܠܚܐ ܘܕܒܪܐ ܬܦܠܘܚ
{ C בעבודתה

31(34):28b ܚܕ ܡܫܬܘܐ ܠܗ ܦܠܚܐ ܦܘܪܥܢܐ

Root ܥܡܩ

High, Deep, Altus, Profundus ܥܡܝܩܐ

sing. emph. m.

21:10b ܡܛܠ ܕܫܘܠܡܗ ܥܘܡܩܐ ܕܫܝܘܠܐ ܗܘ

sing. emph. f.

22:9b ܕܡܬܥܝܪ ܕܡܟܐ ܡܢ ܫܢܬܐ ܥܡܝܩܬܐ

plur. absol. f.

39:2b ܒܡܠܐ ܕܥܡܝܩܢ ܢܬܥܢܐ

Root ܥܡܪ

He dwelt, Habitavit ܥܡܪ

peal part. m.s.

14:26b A יתלונן ܘܢܬܒ ܦܪܣܝܬܗ ܒܓܘܗ ܥܡܪ

37:12a B } תמיד ܥܡ ܐܢܫܐ ܕܚܝܠܐ ܕܗܘܐ ܗܘܝܬ ܥܡܪ
D }

peal part. f.s.

42:11e B } תגור ܐܬܪ ܕܥܡܪܐ ܠܐ ܬܬܚܙܐ ܒܦܘܡܐ ܕܥܡܐ
M }

peal part. m.pl.

38:32b ܘܐܬܪ ܕܥܡܪܝܢ ܠܐ ܟܦܢܝܢ

He dwelt , Habitavit (cont'd) ܥܡܪ

peal infin.

22:15b ܡܢ ܕܠܡܥܡܪ ܥܡ ܓܒܪܐ ܣܟܠܐ
25:16a ܠܡܥܡܪ ܠܘܬ ܐܪܝܐ ܘܠܘܬ ܬܢܝܢܐ
25:16b ܡܢ ܕܠܡܥܡܪ ܥܡ ܐܢܬܬܐ ܒܝܫܬܐ

peal imperf. 3 m.s.

41:6b ܘܥܡ ܙܪܥܗ ܢܥܡܪ ܥܘܩܪܐ

Dwelling, Habitatio ܥܘܡܪܐ

sing. with suff.

34(31):4a { B(I) ביתו ܥܡܠ ܡܣܟܢܐ ܠܚܘܣܪܢܐ ܕܥܘܡܪܗ
B(II) כחו

Inhabitant, Incola ܥܡܘܪܐ

plur. emph.

16:8a ܘܠܐ ܚܣ ܥܠ ܥܡܘܪ̈ܐ ܕܩܪܝܬܗ ܕܠܘܛ
36(33):11b E דירי ܘܥܒܕ ܐܢܘܢ ܥܡܘܪ̈ܐ ܕܐܪܥܐ

plur. with suff.

10:2b A יושביה ܘܐܝܟ ܪܝܫܐ ܕܡܕܝܢܬܐ ܗܟܢܐ ܥܡܘܪ̈ܝܗ
23:27a ܘܢܕܥܘܢ ܟܠܗܘܢ ܥܡܘܪ̈ܝܗ ܕܐܪܥܐ

Wool , Lana ܥܡܪܐ

sing. emph.

22:18c ܡܚܝܐ ܕܟܬܢܐ ܘܥܡܪܐ ܚܘܪܐ

Root ܥܢ

Cloud, Nubes ܥܢܢܐ

sing. emph.

32(35):26b ܐܝܟ ܥܢܢܐ ܕܡܛܪܐ ܒܙܒܢܐ ܕܡܬܟܠܝܐ

plur. emph.

13:23b A עב ܥܡܗ ܠܥܢ̈ܢܐ ܡܪܝܡܝܢ ܠܗ
24:4b ܘܟܘܪܣܝ ܒܥܡܘܕܐ ܕܥܢ̈ܢܐ
32(35):20b B ענן ܘܨܠܘܬܗܘܢ ܥܢ̈ܢܐ ܡܛܪܢܐ
32(35):21a B ענן ܠܥܠ ܡܢ ܥܢ̈ܢܐ ܣܠܩܐ
40:13b ܘܐܝܟ ܥܘܥܬܐ ܕܩܠܐ ܡܢ ܥܢ̈ܢܐ

Cloud , Nubes (cont'd) ܥܢܢܐ

plur. emph. (cont'd)

50:6a B עביב ܘܢܘܗܪܐ ܡܢ ܒܝܬ ܥܢܢ̈ܐ

50:7b B בענן ܘܐܝܟ ܩܫܬܐ ܒܥܢܢ̈ܐ

Root ܥܢܐ

He answered, Respondit ܥܢܐ

peal perf. 3 m.s. with suff.

2:10e ܡܢܘ ܩܪܝܗܝ ܘܠܐ ܥܢܝܗܝ

46:5c B ויענהו ܘܥܢܝܗܝ ܘܫܡܥ ܒܩܠܗ ܬܘܩܦܬܐ

46:5d ܘܥܢܝܗܝ ܒܟܐܦ̈ܐ ܕܒܪܕܐ

peal imperat. 2 m.s.

9:14a A ענה ܐܝܟ ܚܝܠܟ ܥܢܝ ܚܒܪܟ

peal imperat. 2 m.s. with suff.

4:8b A והשיבהו ܥܢܝܗܝ ܫܠܡܐ ܒܡܟܝܟܘܬܐ

peal imperf. 2 m.s.

8:1a A תריב ܠܐ ܬܥܢܐ ܥܡ ܓܒܪܐ ܕܡܫܠܛ ܡܢܟ

8:2a A תחרש ܠܐ ܬܥܢܐ ܥܡ ܓܒܪܐ ܕܥܬܝܪܐ

9:3a A תִּתְפַּיָּיד ܠܐ ܬܥܢܐ ܥܡ ܐܢܬܬܐ

peal imperf. 3 m.s. with suff.

35(32):14b B ויענהו ܡܢ ܕܒܥܐ ܡܢܗ ܢܥܢܝܗܝ

peal imperf. 3 f.s. with suff.

18:20b ܘܒܥܕܢܐ ܕܒܘܨܝܐ ܬܥܢܝܟ ܘܬܚܢܢܟ

ethpe'el imperf. 3 m.s.

3:5b ܘܒܝܘܡ ܕܢܨܠܐ ܢܬܦܪܥ ܘܢܬܥܢܐ

Conversation, Colloquium ܥܢܝܢܐ

sing. emph.

4:24b A במענה ܘܡܠܬܐ ܒܥܢܝܢܐ ܕܠܫܢܐ

Root ܥܢܒ

Grape, Uva ܥܢܒܬܐ

plur. emph.

39:26d B ענב ܘܥܢܒ̈ܐ ܘܚܡܪܐ ܘܡܫܚܐ ܘܬܘܒܠܬܐ

Root ܥܢܕ

He perished, Periit ܥܢܕ

peal part. m .s.emph.

42:20a B} נעדר ܘܠܐ ܥܢܝܕܐ ܡܕܡ ܡܢܗ، ܟܠ ܣܘܟܠܐ
M}

Root ܥܢܘ

Humility, Humilitas ܥܢܘܘܬܐ

sing. emph.

10:28a A} בענוה ܒܪܝ، ܒܥܢܘܘܬܐ ܝܩܪ ܢܦܫܟ
B}

18:25b ܘܥܢܘܘܬܐ ܒܙ̈ܒܢܝ ܚܘܒܬܐ

25:9d ܘܠܐ ܬܬܒܪܗ ܒܥܢܘܘܬܐ

Root ܥܘܠ

Fraud, Fraus ܥܘܠܐ

sing. absol.

41:12b ܡܢ ܐܠܦܐ ܕܣܝܡܬܐ ܕܥܘܠܐ

Root ܥܣܩ

He meddled, Curiose inquisivit ܥܣܩ

ethpa'al imperat. 2 m.s.

3:23a A תמר ܒܪ̈ܫܐ ܕܢ̈ܒܝܘܗܝ ܠܐ ܬܬܥܣܩ

Root ܥܣܪ

(Numeral) Ten, Decem ܥܣܪ

25:7b ܬܫܥ ܠܒܝ ܫܒܚܬ ܘܥܣܪ ܕܠܐ ܡ̈ܠܠܬ

Root ܥܠܝ =

Battlements, Pinnae ܥܠܝܬܐ

plur. emph.

50:2a ܘܐܬܬܣܝܡ ܫܘܪܐ ܥܠ̈ܝܬܐ

Root ܥܦܪ

Dust, Pulvis ܥܦܪܐ

sing. emph.

10:9a A עפר ܡܢܐ ܫܒܚܐ ܥܦܪܐ ܘܩܛܡܐ

11:12d A מעפר ܘܢܩܝܡܝܗܝ، ܡܢ ܥܦܪܐ ܘܡܢ ܩܛܡܐ

Dust ,Pulvis (cont'd) ܥܦܪܐ

sing. emph.(cont'd)

17:1a 7h3 ܐܠܗܐ ܡܢ ܥܦܪܐ ܒܪܝܗ، ܠܐܕܡ
7a1,Δ,17a5 ܐܢܫܐ]

17:32b ܠܒܢܝ ܐܢܫܐ ܕܗܢܘܢ ܥܦܪܐ ܘܩܛܡܐ

36(33):10b E עפר ܘܡܢ ܥܦܪܐ ܐܬܒܪܝ، ܐܕܡ

40:3b B עפר ܠܬܚܬ ܥܦܪܐ ܘܩܛܡܐ

47:18d B ונעפרת ܘܣܝܡܐ ܐܝܟ ܥܦܪܐ

Root ܥܨܒ

Cure , Sanatio ܥܨܒܐ

sing. emph.

27:21a ܡܛܠ ܕܠܡܚܘܬܐ ܐܝܬ ܥܨܒܐ

Root ܥܨܪ

Wine-press , Torcular ܡܥܨܪܬܐ

sing. with suff.

30(33):25c ܘܐܝܟ ܡܩܦܐ ܡܠܝܬ ܡܥܨܪܬܝ،

Root ܥܩܐ

Constraint ,Torques ܥܩܬܐ ܥܩܐ
Twisted

sing. emph.

35(32):6a B כרביד ܐܝܟ ܥܩܐ ܕܕܗܒܐ ܘܩܛܝܢܐ

50:9b B כלי ܘܐܝܟ ܥܩܐ ܕܕܗܒܐ ܕܡܬܬܦܬܟ

51:12b B צרה ܘܦܨܝܢܝ ܡܢ ܟܠ ܥܩܐ

2:11a ܘܦܪܩ ܒܥܕܢ ܕܥܩܬܐ

3:15a A צרה ܒܝܘܡܐ ܕܥܩܬܐ ܗܝ ܬܬܕܟܪ

Root ܥܩܒ

He pursued, Requisivit ܥܩܒ

peal imperf. 2 m.s.

3:21b { A תחקור / C תדרוש } ܘܕܡܬܟܣܐ ܡܢܟ ܠܐ ܬܥܩܒ

pael imperat. 2 m.s.

11:7b { A בַּקֵּר / B בקר } ܠܐ ܬܬܟܬܫ ܥܩܒ ܠܘܩܕܡ

Footsteps , Vestigia ܥܩܒܬܐ

plur. emph.

10:16a A עקבות ܥܩܒ̈ܬܐ ܕܥܡ̈ܡܬܐ ܥܩܪ ܡܪܝܐ

plur. with suff.

12:17b A עקב ܘܢܒܥܐ ܠܡܥܩܪܘ ܥܩܒ̈ܬܟ

13:26a A עקבת ܥܩܒ̈ܬܗ ܕܠܒܐ ܛܒܐ ܐܦ̈ܐ ܢܗܝܪ̈ܬܐ

26:18b ܐܝܟ ܥܩܒ̈ܬܗ ܒܥܩܒܬܐ ܒܢ̈ܬܗ

Diligent, Diligens ܡܥܩܒܢܐ

sing. emph.

14:22a A בחקר ܘܠܡܦܩ ܒܬܪܗ ܐܝܟ ܡܥܩܒܢܐ

Root ܥܩܡ

He perverted, Pervertit ܥܩܡ

ethpa'al part.

19:25b ܘܡܬܥܩܡ ܠܡܓܠܝܐ ܕܝܢܐ

Perverse, Perversus ܥܩܝܡܐ

sing . emph. f.

12:16b A עמוקות ܡܬܪܥܐ ܬܪܥܝܬܐ ܥܩܝܡܬܐ

Root ܥܩܪ

He uprooted, Evertit ܥܩܪ

peal perf. 3 m.s.

10:16a A טשטש ܥܩܒ̈ܬܐ ܕܥܡ̈ܡܬܐ ܥܩܪ ܡܪܝܐ

10:15a ܥܩܪܐ ܕܥܡ̈ܡܬܐ ܥܩܪ ܡܪܝܐ

10:17a ܐܘܒܕ ܐܢܘܢ ܘܥܩܪ ܐܢܘܢ

36(33):12d E ודחפם ܠܛ ܗܦܟ ܘܥܩܪ ܐܢܘܢ

peal perf. 3 m.pl.

49:6a B ויציתו ܘܥܩܪܘ ܩܪܝܬ ܡܩܕܫܐ

peal part. f.s.

21:4b ܘܐܦܕ̈ܢܐ ܗܝ̈ܟܠܐ ܥܩܪܐ

peal part. f.pl.

39:28b B} M} יעתיקו ܘܒܪܘܓܙܗܘܢ ܛܘܪ̈ܐ ܥܩܪ̈ܢ

He uprooted, Evertit (cont'd) ܥܩܪ

peal imperf. 3 f.s.

3:9b A תנתש ܘܠܘܛܬܐ ܕܐܡܐ ܬܥܩܘܪ ܥܩܪܐ

peal infin.

12:17b A יחפש ܘܐܝܟܐ ܠܡܥܩܪܘ ܥܩܒ̈ܝܟ

Root, Radix ܥܩܪܐ

sing. emph.

10:15a ܥܩܪܐ ܕܓܐܘ̈ܬܢܐ ܥܩܪ ܡܪܝܐ

23:25a ܠܐ ܢܬܠܘܢ ܒܢ̈ܝܗ̇ ܥܩܪܐ ܒܐܪܥܐ

39:14b ܘܐܝܟ ܥܩܪܐ ܕܢܨܝܒܬ ܦܠܚܐ

sing. with suff.

40:15b B / Bm שורש ܥܩܪܘܗܝ ܕܥܘ̈ܠܐ ܐܝܟ ܫܘܥܐ

44:11b ܥܩܪܘܗܝ ܠܒܢ̈ܝ ܒܢܝܗܘܢ

plur. emph.

3:9b A נטע ܘܠܘܛܬܐ ܕܐܡܐ ܬܥܩܘܪ ܥܩܪ̈ܐ

16:19a A קצבי ܥܩܪ̈ܐ ܕܛܘܪ̈ܐ ܘܫܬܐܣ̈ܐ ܕܬܒܝܠ

24:5b ܘܒܥܩܪ̈ܐ ܕܬܗܘܡܐ ܐܒܝܐ ܗܠܟܬ

plur. with suff.

24:16a ܐܝܟ ܕܘܕܦܢܐ ܦܫܛܬ ܥܩܪ̈ܝ

1:20a ܥܩ̈ܪܝܗ̇ ܚܝ̈ܐ ܕܠܥܠܡ

Scorpion, Scorpio ܥܩܪܒܐ

song. emph.

26:7b ܘܡܢ ܕܡܚܝܕ ܠܗ̇ ܐܚܝܕ ܥܩܪܒܐ

plur. emph.

39:30a B עקרב ܫܢܘܬ ܒܪܐ ܘܥܩܪ̈ܒܐ ܘܚܘ̈ܘܬܐ

Root ܥܪܒ

He lent, Spopondit ܥܪܒ

peal perf. 2 m.s.

8:13b A ערבת ܘܐܢ ܥܪܒܬ ܗܘܝ ܐܝܟ ܦܪܘܥ

peal part.

29:14a ܓܒܪܐ ܛܒܐ ܡܢ ܕܥܪܒ ܠܚܒܪܗ

He lent, Spopondit (cont'd) ܥܪܒ

peal imperat. 2 m.s.

29:20a ܥܪܘܒ ܠܚܒܪܟ ܐܝܟ ܡܐ ܕܡܨܐ ܐܢܬ

peal imperf. 2 m.s.

8:13a A תערב ܠܐ ܬܥܪܘܒ ܠܓܒܪ ܕܥܫܝܢ ܡܢܟ

aphel part.

39:17e ܘܡܡܐܡܪܗ ܡ̣ܢ ܡܥܪܒ ܠܗ

A pledge, Depositum ܥܪܒܐ

sing. with suff.

29:14b ܥܪܒ ܛܒ ܥܪܒܗ

One who gives a pledge ܥܪܒܐ
Fidejussor
sing. emph.

29:16a ܛܒܬܗ ܕܥܪܒܐ ܢܚܦܘܦ ܥܘܠܐ

A pledge, Fidjussio ܥܪܒܘܬܐ

sing. emph.

29:18a ܥܪܒܘܬܐ ܠܣܓܝܐܐ ܐܘܒܕܬ

29:19a ܥܠ ܦܘܩܕܢܘܗܝ ܕܡܪܝܐ ܒܥܪܒܘܬܐ ܢܦܠ

29:19c ܣܢܝܐ ܦܣܝܩܐ ܡܫܬܐ ܥܪܒܘܬܐ

A rose, Rosa ܥܪܒܬܘܪܕܐ

sing. emph.

24:14b ܘܐܝܟ ܥܪܒܬܘܪܕܐ ܒܐܪܝܚܘ

Root ܥܪܕ

Ass , Asinus ܥܪܕܐ

plur. emph.

13:19a A פראי ܡܐܟܘܠܬܗ ܕܐܪܝܐ ܥܪ̈ܕܐ

Root ܥܪܛܠ

Naked, Nudus ܥܪܛܠܐ

sing. absol.

29:28e ܘܐܢ ܥܪܛܠ ܗ̣ܘ ܐܠܒܫܝܗܝ

Root ܥܪܡ

Prudence, Prudentia ܥܪܝܡܘܬܐ

sing. emph.

19:23a ܐܝܬ ܥܪܝܡܘܬܐ ܕܒܝܫܐ ܣܓܝܐܐ

Astute , Astutus ܥܪܝܡܐ

sing. absol.

6:32b A תערם ܘܐܢ ܬܬܠ ܠܒܟ ܬܗܘܐ ܥܪܝܡ
19:25a ܐܝܬ ܕܥܪܝܡ ܘܥܒܕܐ ܠܡܥܒܕܗ

sing . emph.

35(32):17a B חכם / Bm חמכם ܓܒܪܐ ܥܪܝܡܐ ܡܩܒܠܐ ܝܘܠܦܢܐ

35(32):18a B / E חכם 7a1 / 7h3 ܥܪܝܡܐ ܠܐ ܢܩܒܠ ܡܫܟܢܬܐ
ܣܥܝܡ]

Root ܥܪܣ

Bed , Lectus ܥܪܣܐ

sing. with suff.

23:18a ܕܡܟܝܡ ܥܠ ܬܫܘܝܬܐ ܕܥܪܣܗ
46:19a B משכבו ܘܒܙܒܢܐ ܕܡܬܢܝܚ ܥܠ ܥܪܣܗ

plur. with suff.

40:5c B משכבו ܘܒܙܒܢܐ ܕܡܬܢܝܚܝܢ ܥܠ ܥܪ̈ܣܬܗܘܢ

Root ܥܪܦܠ

Darkness , Tenebrae ܥܪܦܠܐ

sing.emph.

24:3b ܘܐܝܟ ܥܪܦܠܐ ܟܣܝܬ ܐܪܥܐ

sing. with suff.

45:5b B לערפל ܘܩܪܒܗ ܠܥܪܦܠܗ ܘܝܗܒ ܒܐܝܕܘܗܝ

Root ܥܪܥ

He arrived ,Obviam iit ܥܪܥ

peal perf. 3 m.s.

29:27b ܐܪܥܐ ܐܚܝ ܥܪܥ ܠܝ

Root ܥܪܩ

He fled, Fugit ܥܪܩ

peal part.

21:2a ܐܝܟ ܗܘܝܬ ܥܪܩ ܡܢ ܚܛܗܐ
22:1b ܘܟܠܢܫ ܥܪܩ ܡܢ ܪܝܚܗ
29:14b ܕܡܟܒ ܒܗܬܬܐ ܥܪܩ ܡܢ ܥܪܒܗ
40:6d B כשריד ܕܥܪܩ ܡܢ ܩܕܡ ܪܕܘܦܐ

Strap , Lorum ܥܪܩܬܐ

sing. emph.

22:16a ܐܝܟ ܥܪܩܬܐ ܕܩܝܣܐ ܕܐܣܝܪܐ

Root ܥܫܢ

He was strong, Fortis fuit ܥܫܢ

peal perf. 3 f.s.

1:4b ܦܫܬ ܚܟܡܬܐ ܘܥܫܢܬ ܡܬܒܝܢܘܬܐ

peal part. f.pl.

16:6b { A ועצמות B ועצומות } ܘܕܥܫܢܢ ܡܢ ܗܠܝܢ ܫܡܥܬ ܐܕܢܝ

peal imperf. 3 m.s.

30:12c { B ישקה Bm ישקיח יקשיח } ܕܠܐ ܢܥܫܢ ܘܢܡܪܕ ܒܟ

34(31):11a B חזק ܡܛܠ ܗܢܐ ܢܥܫܢ ܛܘܒܗ

peal imperf. 3 f.s.

36: 27b B} C} יגבר ܘܥܠ ܟܠ ܪܓܬ ܥܝܢܐ ܗܝ ܬܥܫܢ

peal imperf. 3 m.pl.

23:3b ܘܠܐ ܢܥܫܢܘܢ ܣܟܠܘܬܝ

ethpa'al imperat. 2 m.s.

3:12a A התחזק ܒܪܝ ܐܬܥܫܢ ܒܣܝܒܘܬܗ ܕܐܒܘܟ

6:26b A והתחזקתה ܘܒܟܠ ܚܝܠܟ ܐܬܥܫܢ ܒܗ

ethpa'al imperf. 3 m.s.

13:7b A יעליץ ܢܟܣܬܐ ܘܬܬܢܝܢ ܢܬܥܫܢ ܥܠܝܟ

Strong, Firmus ܥܫܝܢܐ

sing. absol.

8:12a A חזק ܠܐ ܬܘܙܦ ܠܓܒܪ ܕܥܫܝܢ ܡܢܟ

8:13a A יתר ܠܐ ܬܥܪܒ ܠܓܒܪ ܕܥܫܝܢ ܡܢܟ

39:20b B וחזק ܘܠܝܬ ܕܥܫܝܢ ܘܩܐܡ ܠܩܘܒܠܗ

41:1c ܠܓܒܪܐ ܕܥܫܝܢ ܘܡܨܠܚ ܒܟܠ ܕܝܢ

sing. emph.

6:29a A עז ܘܢܗܘܝܢ ܠܟ ܡܨܝܕܬܗ ܡܛܠܬܐ ܥܫܝܢܬܐ

Fortitude, Fortitudo ܥܘܫܢܐ

sing. with suff.

32(35):22b ܢܗܘܐ ܕܝܢܐ ܒܥܘܫܢܗܘܢ ܕܥܫܘ̈ܩܐ

49:5a ܘܝܗܒܘ ܒܥܘܫܢܗܘܢ ܠܐܚܪ̈ܢܐ

Root ܥܫܩ

Oppression, Oppressio ܥܫܘܩܝܐ

sing. emph.

7:25a A} עסק ܐܦܩ ܒܪܬܐ ܘܢܦܩ ܥܫܘܩܝܐ
C}

Root ܥܬܕ

Prepared, Paratus ܥܬܝܕ

sing. absol.

3:31a A יקראנו ܕܥܒܕ ܕܛܒܐ ܥܬܝܕ ܒܐܘܪܚܗ

48:10a ܘܗܘ ܥܬܝܕ ܕܢܐܬܐ

49:12d ܗܝܟܠܐ ܩܕܝܫܐ ܕܥܬܝܕ ܠܐܝܩܪܐ

plur. absol.

42:19b ܘܡܚܘܐ ܠܥܠܡܐ ܕܗܘ̈ܝܢ ܘܕܥܬܝ̈ܕܢ

42:23b ܨܒ̈ܝܢܗܘܢ ܒܟܠܗܝܢ ܥܬܝ̈ܕܢ

Root ܥܬܩ

He grew old, Senuit ܥܬܩ

pael imperf. 3 m.s.

9:10d A וישן ܟܕ ܢܥܬܩ ܬܫܬܝܘܗܝ

aphel imperat. 2 m.s.

11:20b A[התין ܘܒܥܒ̈ܕܝܟ ܐܠ ܘܐܥܬܩ

Old , Vetus ܥܬܝܩܐ

sing. emph.

9:9(I)b A שכור ܘܠܐ ܬܬܡܙܓܘܢ ܥܡ̇ܗ ܚܡܪܐ ܥܬܝܩܐ

9:10a A ישן ܠܐ ܬܫܒܘܩ ܪܚܡܟ ܥܬܝܩܐ

34(31):25b B תירוש ܣܓܝܐܐ ܕܠܡܫܬ̈ܝܢܐ ܐܘܒܕ ܥܬܝܩܐ

40:20a ܚܡܪܐ ܥܬܝܩܐ ܘܫܟܪܐ ܠܒܐ

50:15b ܘܢܣܟ ܚܡܪܐ ܥܬܝܩܐ

plur. const.

25:4b ܘܠܥܬ̈ܝܩܝ ܝܘ̈ܡܬܐ ܡܬܒܪܢܘܬܐ

Root ܥܬܪ

He was rich, Dives fuit ܥܬܪ

peal part.

11:18a A מתעשר ܐܝܬ ܕܥܬܪ ܡܢ ܡܣܟܢܘܬܗ

peal imperf. 3 m.s.

19:1a C [ ]עשיר ܦܥܠ ܪܘܝܐ ܠܐ ܢܥܬܪ

aphel infin.

11:21d A [ ]ל ܠܡܥܬܪܘ ܠܡܣܟܢܐ ܡܢ ܟܠ

Riches , Divitiae ܥܘܬܪܐ

sing. emph.

13:24a A העושר ܛܒ ܥܘܬܪܐ ܕܠܐ ܚܛܗܐ

14:3a A עושר ܠܓܒܪܐ ܙܥܘܪܐ ܠܐ ܝܐܐ ܥܘܬܪܐ

18:25b ܘܡܣܟܢܘܬܐ ܒܝܘܡܝ ܥܘܬܪܐ

29:22b ܡܢ ܥܘܬܪܐ ܣܓܝܐܐ ܒܐܟܣܢܝܘܬܐ

30:16a B עושר ܠܝܬ ܥܘܬܪܐ ܐܝܟ ܫܪܝܪܘܬܐ ܕܦܓܪܗ

30:19c Bm עושר ܗܟܢܐ ܗܘ ܕܐܝܬ ܠܗ ܥܘܬܪܐ

37:14b ܝܬܝܪ ܡܢ ܕܫܒܥܐ ܕܠܐ ܡܥܗܢܐ

38:21a ܘܠܐ ܬܬܟܠ ܥܠ ܥܘܬܪܐ

38:21c ܗܟܢܐ ܗܘ ܥܘܬܪܐ ܡܢܩ ܒܬܪ ܐܢܫܐ

40:8a ܘܥܘܬܪܐ ܦܬܘܪ ܚܢܬܗܘܢ

sing. with suff

3:17a { A בעשרך / C מלאכתיך } ܒܥܘܬܪܟ ܒܡܣܟܢܘܬܐ ܗܠܟ

10:30b A, B בעשרו ܥܬܝܪ ܕܡܬܝܩܪ ܡܛܠ ܥܘܬܪܗ

10:31a A, B בעשרו ܒܥܘܬܪܗ ܐܢ ܒܥܐ

11:18b A שכרו ܘܐܝܬ ܕܠܐ ܐܬܐ ܠܗ ܥܘܬܪܗ

20:21b ܘܥܠ ܥܘܬܪܗ ܡܬܬܢܝܚ

Rich, Dives ܥܬܝܪܐ

sing. absol.

13:2b A עשיר ܘܠܥܬܝܪ ܡܢܟ ܠܐ ܬܬܚܬܦ

Rich, Dives **ܥܬܝܪܐ**

sing. absol (cont'd)

26:4a			ܐܢ ܥܬܝܪ ܘܐܢ ܡܣܟܝܢ

sing. emph.

7:6c	A נדיב		ܕܠܡܐ ܬܕܚܠ ܡܢ ܩܕܡ ܥܬܝܪܐ
10:22b			ܠܐ ܠܡܣܒܪܘ ܠܥܬܝܪܐ ܢܘܠܐ
10:30b	B עשיר		ܘܐܝܬ ܥܬܝܪܐ ܕܡܬܝܩܪ
11:14b	A ועושר		ܥܬܝܪܐ ܘܡܣܟܢܘܬܐ ܡܢ ܩܕܡ ܐܠܗܐ
13:2e	A עשיר		ܡܢܐ ܢܫܬܘܬܦ ܥܬܝܪܐ
13:3a	A עשיר		ܥܬܝܪܐ ܥܘܪ ܣܓܐ
13:18b	A עשיר		ܡܢܐ ܢܫܠܡ ܥܬܝܪܐ ܠܡܣܟܢܐ
13:19b	A עשיר		ܗܟܢܐ ܡܪܥܝܬܗ ܕܥܬܝܪܐ ܡܣ̈ܟܢܐ
13:21a	A עשיר		ܥܬܝܪܐ ܢܦܠ ܘܡܬܬܕܝܐ ܠܚܒܪ
13:22a	A עשיר		ܥܬܝܪܐ ܡܡܠܠ ܘܫܦܝܪܢ ܡܠܘ̈ܗܝ
13:23a	A עשיר		ܥܬܝܪܐ ܡܡܠܠ ܘܟܠܗܘܢ ܫܬܩܝܢ
13:9a	A נדיב		ܘܐܢ ܡܬܩܪܒ ܠܟ ܥܬܝܪܐ
25:2c			ܘܥܬܝܪܐ ܓܐܝܐ ܘܥܬܝܪܐ ܟܕܒܐ
30:14 b	B מעשיר		ܡܢ ܥܬܝܪܐ ܕܡܚܝܪ ܒܒܣܪܗ
34(31):1a	B עשיר		ܫܗܪܐ ܡܕܒܪ ܒܣܪܗ ܕܥܬܝܪܐ
34(31):3a	B עשיר		ܥܡܠ ܥܬܝܪܐ ܠܡܟܢܫܘ ܠܗ ܢܟ̈ܣܐ
34(31):8a			ܛܘܒܘܗܝ ܠܥܬܝܪܐ ܕܐܫܬܟܚ ܕܠܐ ܡܘܡܐ
34(31):12a	B גדול		ܥܠ ܦܬܘܪܐ ܕܓܒܪܐ ܥܬܝܪܐ
36(33):6a		7h3	ܐܝܟ ܣܘܣܝܐ ܥܬܝܪܐ
		7a1	ܥܬܝܪܐ]
41:1b			ܠܓܒܪܐ ܥܬܝܪܐ ܕܫܪܐ ܥܠ ܢܟ̈ܣܘܗܝ

plur. emph.

34(31):6a			ܣܓܝ̈ܐܐ ܓܝܪ ܕܗܘ̣ܘ ܥܬܝ̈ܪܐ
35(32):1b			ܘܒܝܬ ܥܬܝ̈ܪܐ ܠܐ ܬܬܬܩܦ

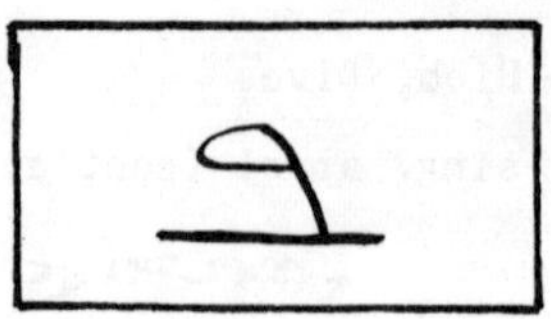

Root ܦܐܪ

Fruit, Fructus ܦܐܪܐ

plur. emph.

23:25b ܘܡܦܩܝܢ ܠܗ ܢܟ̈ܣܝ ܦܐܪ̈ܐ

27:6a A פריו 7al,7h3 ܕܦܠܚܐ ܕܐܝܠܢܐ ܢܚܘܐ ܦܐܪ̈ܐ

Δ (less 19g7),9ml,17a5 ܦܐܪ̈ܘܗܝ]

37:22b B} C} פריו D} ܦܐܪ̈ܐ ܕܝܕ̈ܥܬܗ ܡܢ ܫܘܡܐ

plur. with suff.

27:6a A פריו Δ (less 19g7),9ml,17a5 ܕܐܝܠܢܐ ܢܚܘܐ ܦܐܪ̈ܘܗܝ

7al,7h3 ܦܐܪ̈ܐ]

37:23b Bm} D} פריו ܘܦܐܪ̈ܝܗܘܢ ܕܝܕ̈ܥܬܐ ܠܦܨܝܗܘܢ

Root ܦܓܥ

He met, Obviam venit ܦܓܥ

peal imperf. 3 m.s.

36(33):1a B} E} יפגע ܠܐ ܢܦܓܥ ܒܗ ܒܝܫܬܐ

Root ܦܓܪ

Body, Corpus ܦܓܪܐ

sing. emph.

30:16a B עצם ܠܝܬ ܥܘܬܪܐ ܐܝܟ ܚܘܠܡܢܐ ܕܦܓܪܐ

sing. with suff.

47:19b B בגויתך ܘܐܫܠܛܬ ܐܢܝܢ ܒܦܓܪܟ

11:12b ܘܢܦܠ ܘܚܣܝܪ ܦܓܪܗ ܘܚܣܝܪ ܠܗ

(30:27)33:13b ܘܠܐ ܕܢܬܠ ܫܠܘܛ ܠܟ ܦܓܪܗ

Body, Corpus (cont'd) ܦܓܪܐ

sing. with suff. (cont'd)

38:16c B שארו ܘܐܝܟ ܗܝܐ ܕܚܙܝܐ ܠܗ ܩܒܘܪ ܦܓܪܗ

49:15b B גויתו ܘܐܦ ܦܓܪܗ ܐܬܦܩܕ ܒܫܠܡܐ

plur. with suff.

44:14a ܦܓܪܝܗܘܢ ܒܫܠܡܐ ܐܬܩܒܪܘ

Root ܦܕܢ

Yoke , Jugum ܦܕܢܐ

sing. emph.

25:8b C חורש ܘܠܐ ܕܒܪ ܦܕܢܐ ܒܬܘܪܐ

38:25a ܐܚܝܕ ܚܘܛܪܐ ܕܦܕܢܐ

Root ܦܗܐ

Going astray, Errans ܦܗܝܐ

sing. emph. f.

26:8a ܪܘܓܙܐ ܪܒܐ ܐܢܬܬܐ ܪܘܝܬܐ ܘܦܗܝܬܐ

Root ܦܘܓ

He refreshed, Refrigavit ܦܝܓ

pael imperat. 2 m.s.

30:23a B פייג 7h3 ܦܝܓ ܢܦܫܟ ܘܦܝܣ ܠܒܟ
7al [ܘܐܦܝܓ

Root ܦܚܙ

He was proud, Superbit ܦܚܙ

aphel part.

29:5c ܘܒܙܒܢܐ ܕܦܘܪܥܢܐ ܡܦܚܙ ܢܦܫܗ

Root ܦܡ

Mouth, Os

sing. emph.

6:5a A חיך ܦܘܡܐ ܒܣܝܡܐ ܡܣܓܐ ܪܚܡܘܗܝ

15:9a A} פי ܠܐ ܗܘܬ ܝܐܝܐ ܒܦܘܡܐ ܕܚܛܝܐ
B}

sing.emph. (cont'd)

Ref.	MS	Hebrew	Syriac
15:10a	A	בפה	ܒܦܘܡܐ ܕܚܟܝܡܐ ܬܬܐܡܪ
	B	בפי	
17:6a			ܘܒܪܐ ܠܗܘܢ ܦܘܡܐ ܘܠܫܢܐ
20:29b			ܘܣܟܪ ܦܘܡܐ ܘܡܦܢܐ ܡܟܣܢܘܬܐ
26:15b	C	פה	ܘܠܝܬ ܡܬܩܠܐ ܠܢܟܦܘܬ ܦܘܡܐ
30:18a	B	פה	ܛܒ̈ܬܐ ܕܡܫܬܦܟܢ ܥܠ ܦܘܡܐ
	Bm	פום	
36:24a	B,D	חיך	ܦܘܡܐ ܛܥܡ ܛܥܡܐ ܕܡܐܟܘܠܬܐ
	Bm	חך	

sing. with suffix

Ref.	MS	Hebrew	Syriac
22:27a			ܡܢ ܕܝܢ ܐܚܕ ܥܠ ܦܘܡܝ ܢܛܘܪ̈ܐ
23:7a			ܡܘܠܦܢܐ ܕܦܘܡܝ ܫܡܥܘ ܒ̈ܢܝܐ
51:25a	B	פי	ܦܬܚܬ ܦܘܡܝ ܘܡܠܠܬ ܒܗ
5:12b	A, C	פיך	ܐܝܕܟ ܣܝܡ ܥܠ ܦܘܡܟ
22:22a			ܥܠ ܪܚܡܟ ܬܦܬܚ ܦܘܡܟ
23:9a			ܠܡܘܡܬܐ ܠܐ ܬܠܦ ܦܘܡܟ
23:13a			ܠܫܘܥܝܬܐ ܠܐ ܬܠܦ ܦܘܡܟ
28:25b			ܐܦ ܠܦܘܡܟ ܥܒܕ ܬܪ̈ܥܐ
9:18b	A	פיהו	ܕܗܦܟ ܥܠ ܦܘܡܗ ܡܬܣܢܐ
14:1a	A	פיהו	ܠܓܒܪܐ ܕܠܐ ܩܠܩܠܗ ܦܘܡܗ
15:5b	A	פין	ܘܒܓܘ ܟܢܘܫܬܐ ܬܦܬܚ ܦܘܡܗ
20:15b			ܘܦܬܚ ܦܘܡܗ ܘܡܩܥܠ ܕܟܪ
20:20a			ܒܦܘܡܗ ܕܣܟܠܐ ܬܬܡܠ ܡܬܠܬܐ
20:24b			ܘܒܦܘܡܗ ܕܣܟܠܐ ܗܝ ܫܟܝܚܐ
21:5a			ܐܝܟ ܕܡܢ ܦܘܡܗ ܠܐܕܢܘܗ
21:17a			ܦܘܡܗ ܕܚܟܝܡܐ ܡܬܒܥܐ ܒܟܢܘܫܬܐ
21:25a			ܦܘܡܗ ܕܪܘܚܐ ܒܗ ܫܥܐ ܕܝܠܗ

sing. with suff. (cont'd)

21:26a ܦܘܡܗ ܕܣܟܠܐ ܗܘܝܘ ܠܒܗ

21:26b ܦܘܡܗ ܕܚܟܝܡܐ ܒܠܒܗ

23:8b ܘܣܟܠܐ ܒܦܘܡܗ ܡܬܬܩܠ

24:3a ܐܢܐ ܡܢ ܦܘܡܗ ܕܥܠܝܐ ܢܦܩܬ

26:12b ܘܦܘܡܗ ܦܬܚܐ ܠܒܝܪܐ

29:24b ܠܐ ܐܢܬ ܫܠܝܛ ܠܡܦܬܚܘ ܦܘܡܗ

39:5d ܘܢܦܬܚܘ ܦܘܡܗ ܒܨܠܘܬܗ

40:30a M ܒܦܘܡܗ ܕܚܨܝܦܐ ܬܒܣܡ ܫܐܠܬܗ פיו

48:12b B פיו ܠܫܘܠܐ ܘܐܬܘ̈ܬܐ ܡܠܠ ܦܘܡܗ

24:2a ܒܟܢܘܫܬܗ ܕܐܠܗܐ ܬܦܬܚ ܦܘܡܗ̇

32(35):8a ܡܩܒܠܢ ܕܘܕܝܐ ܨܠܘܬܐ ܕܦܘܡܗܘܢ

plur. with suff.

20:3a ܗܟܢܐ ܕܬܪ̈ܝܢ ܦܘܡ̈ܘܗܝ ܘܠܫܢܐ

Root ܦܚ

Snare , Laqueus ܦܚܐ

sing. emph.

27:20b ܘܐܝܟ ܨܦܪܐ ܡܢ ܦܚܐ

plur. emph.

9:13e A פחי[ם] ܘܕܥ ܕܒܝܬ ܦ̈ܚܐ ܐܢܬ ܦܣܥ

27:26b ܘܕܨܠܐ ܦ̈ܚܐ ܒܗܘܢ ܢܬܬܨܕ

27:29a ܦ̈ܚܐ ܘܡܚ̈ܘܬܐ ܗܠܝܢ ܠܠܒܘܬܗܘܢ

Root ܦܚܙ

He was impure,Impudicus erat ܦܚܙ

pael perf. 3 m.s.

23:15d ܓܒܪܐ ܕܦܚܙ ܒܦܓܪܐ ܕܒܣܪܗ

23:16c ܓܒܪܐ ܕܦܚܙ ܒܦܓܪܐ ܕܒܣܪܗ

aphel part. m.pl.

19:2a C זני[ ] ܚܡܪܐ ܘܐܢ̈ܬܬܐ ܡܦܚܙܝܢ ܠܒܐ

He was impure, Impudicus erat ܦܚܙ (cont'd)

aphel imperf. 3 m.s. with suff.

23:6a ܘܦܚܙܐ ܕܒܣܪܐ ܠܐ ܢܦܚܙܢܝ

Impure, Impudicus ܦܚܙܐ

sing. emph.

23:5a 7h3 ܘܠܒܐ ܦܚܙܐ ܐܪܚܩ ܡܢܝ

7a1 [ܒܦܚܙܐ]

23:6a ܘܦܚܙܐ ܕܒܣܪܐ ܠܐ ܢܦܚܙܢܝ

23:17a ܠܒܣܪܐ ܕܙܢܝܐ ܦܚܙܐ ܟܠ ܒܣܪ ܒܣܝܡ

Root ܦܚܡ

He was equal, Par fuit ܦܚܡ

peal part. f.s.

23:12a ܐܝܬ ܐܦ ܡܫܘܚܬܐ ܕܦܚܡܐ ܠܡܘܬܐ

Root ܦܚܪ

Potter , Figulus ܦܚܪܐ

sing. emph.

13:2c ܡܢܐ ܚܠܛܬ ܬܬܚܠܛ ܩܕܪܐ ܕܦܚܪܐ ܠܟܐܦܐ

36(33):13a ܐܝܟ ܛܝܢܐ ܕܡܚܠ ܒܐܝܕܗ ܕܦܚܪܐ

38:29a ܐܦ ܦܚܪܐ ܕܝܬܒ ܥܠ ܥܒܕܗ

Root ܦܛܪ

He departed, Discessit ܦܛܪ

peal imperat. 2 m.s.

35(32):11b B פטר ܒܥܕܢܐ ܕܡܫܬܘܬܐ ܦܛܪ ܠܒܝܬܟ

Root ܦܢܚ

nom .prop. Phineas ܦܝܢܚܣ

45:23a B פינחס ܘܐܦ ܦܝܢܚܣ ܒܪ ܐܠܝܥܙܪ

Root ܦܬ

nom. prop. Pithon, ܦܬܘܢ

24:25a ܗܘܠܐ ܐܝܟ ܢܗܪܐ ܦܬܘܢ ܡܠܝܐ ܚܟܡܬܐ

Root ܦܛܦܛ

Talkative, Garrulus ܦܛܦܛܐ

sing. emph.

8:3a A לשון ܠܐ ܬܬܚܪܐ ܥܡ ܓܒܪܐ ܦܛܦܛܐ

Talkative, Garrulus (cont'd) ܦܢܝܐ

sing. emph.m.(cont'd)

9:18a A לשין ܕܚܝܠ ܒܡܕܝܢܬܐ ܓܒܪܐ ܦܢܝܐ

sing. emph. f.

26:27a ܐܢܬܬܐ ܡܡܠܠܢܝܬܐ ܘܦܢܝܬܐ

Root ܦܠܓ

He divided, Divisit ܦܠܓ

peal perf. 3 m.s. with suff

1:9b ܘܦܠܓܗ̇ ܠܟܠ ܥܒܕ̈ܘܗܝ

peal perf. 3 m.pl.

45:22b B יחלק ܘܠܐ ܦܠܓܘ ܦܠܓܘܬܐ ܒܗܘܢ

peal part.

16:16b A חלק ܘܢܘܗܪܗ ܘܚܫܘܟܗ ܦܠܓ ܠܒܢܝ̈ܢܫܐ

peal imperf. 3 m.s.

44:2a B, M חלק ܣܓܝ ܐܝܩܪܐ ܢܦܠܓ ܠܗܘܢ

ethpe'el perf. 3 f.s.

10:18a A נאוה ܡܛܠ ܕܠܐ ܐܬܦܠܓܬ ܚܨܝܦܘܬܐ

ethpe'el infin.

47:21a B[ ]ל ܠܡܬܦܠܓܘ ܠܬܪ̈ܬܝܢ ܡܠܟܘ̈ܢ

pael perf. 3 m.s.

16:26b ܡܢ ܕܒܪ̈ܝܗܘܢ ܦܠܓ ܢܦܫ̈ܬܗܘܢ

17:2a ܡܢܝܢܐ ܕܝܘܡܬܐ ܦܠܓ ܠܗܘܢ

17:6b ܘܠܒܐ ܠܡܣܟܠܘ ܦܠܓ ܠܗܘܢ

ethpa'al perf. 3 m.s.

44:23e B לחלק 7al,10ml,12al, Δ(less 14cl),9ml, ܘܐܬܦܠܓ ܠܫܪ̈ܒܬܐ ܬܪܬܥܣܪ

ethpa'al perf. 3 m.pl.

44:23e B לחלק 7h3 ܘܐܬܦܠܓܘ ܠܫܪ̈ܒܬܐ ܬܪܬܥܣܪ

aphel imperat. 2 m.s.

30:23a B ופייג 7al ܦܝܣ ܢܦܫܟ ܘܐܦܠܓ ܠܒܟ

7h3 ܘܦܝܣ]

Half , Dimidium pars **ܦܠܓܐ**

sing. emph.

29:6a ܐܢ ܢܫܟܚ ܢܬܦܪܥ ܦܠܓܐ

Half , Dimidium pars **ܦܠܓܘܬܐ**

sing. emph.

45:22b ܘܠܐ ܦܠܓܗ ܦܠܓܘܬܐ ܢܣܒܘܢ

Root **ܦܠܚ**

He laboured, Laboravit, coluit **ܦܠܚ**

peal perf. 3 m.s.

25:8d ܘܠܐ ܦܠܚ ܠܕܠܐ ܫܘܝܗ

peal part.

7:20a ܠܥܒܕܐ ܕܦܠܚ ܒܩܘܫܬܐ

10:27a A } עובד B ܕܦܠܚ ܘܝܬܪ ܡܩܘܝܐ

peal infin.

41:2d ܘܠܝܬ ܒܗ ܚܝܠܐ ܠܡܦܠܚ

peal imperat. 2 m.s.

30(33):36a E[ ]העב ܦܠܘܚ ܒܥܒܕܟ ܕܠܐ ܢܚܪܘ

peal imperf. 3 m.s.

13:4a A יעבד ܐܢ ܬܗܘܐ ܥܬܝܪ ܠܗ ܢܦܠܘܚ ܒܟ

peal imperf. 3 m.pl.

10:25a { A[.]עב 7al,7h3 / B יעבדוהו } ܠܥܒܕܐ ܚܟܝܡܐ ܚܐܪ̈ܐ ܢܦܠܚܘܢ

peal imperf. 3 m.pl with suff.

10:25a { A[ ]עב / B יעבדוהו } ܠܥܒܕܐ ܚܟܝܡܐ ܚܐܪ̈ܐ ܢܦܠܚܘܢܗ̇, Δ

Work, Cultura, Servitium **ܦܘܠܚܢܐ**

sing. emph.

25:22a ܡܛܠ ܕܦܘܠܚܢܐ ܩܫܝܐ ܘܒܗܬܬܐ

27:6a A עבדת ܐܝܟ ܕܦܘܠܚܢܐ ܕܐܝܠܢܐ ܝܗܒ ܦܐܪ̈ܐ

30(33):33b E מלאכה ܘܠܚܡܐ ܘܦܘܠܚܢܐ ܠܥܒܕܐ

35(32):14a B חפצי ܕܕܚܠ ܦܘܠܚܢܐ ܕܐܠܗܐ

32(35):1a ܐܣܓܝܬ ܦܘܠܚܢܐ. ܕܢܛܪ ܦܘܩܕܢܐ

Root ܦܠܛ

He escaped, Effugit ܦܠܛ

peal imperf. 3 m.s. with suff.

23:5b ܕܪܓܢܝ ܠܗ ܢܦܠܛܝܗ

peal imperf. 3 m. pl. with suff.

6:35b A } יצאך
C } ܘܡ̈ܬܠܐ ܕܣܘܟܠܐ ܠܐ ܢܦܠܛܘܢܟ

ethpa'al perf. 3 m.s.

27:20b ܘܠܐ ܬܪܗܛ ܒܬܪܗ ܡܛܠ ܕܐܬܦܠܛ

ethpa'al part.

20:21a ܐܝܬ ܕܡܬܦܠܛ ܡܢ ܚܛ̈ܗܐ

ethpa'al imperf. 3 m.s.

36(33):1b { B [ ]ל[ ] ܒܢܣܝܘܢܐ ܘܢܦܨܝܗܝ ܘܢܬܦܠܛ
{ E ונמלט

ethpa'al imperf. 2 m.s.

23:14b ܘܡܢ ܐܢܫܐ ܕܫܠܝܐ ܬܬܦܠܛ

aphel imperf. 3 m.s.

16:13a A ימלט ܠܐ ܢܦܠܛ ܠܒ̈ܢܘܗܝ ܕܥܘܠܐ

Root ܦܠܫ

Philistines , nom.prop. ܦܠܫܬ̈ܝܐ

46:18b B פלשתים ܘܐܘܒܕ ܟܠܗܘܢ ܫ̈ܪܘܢܐ ܕܦܠܫܬ̈ܝܐ

47:7b B בפלשתים ܘܐܬܦܪܥ ܡܢ ܦܠܫܬ̈ܝܐ

50:26a B ופלשת ܫܥܝܪ ܓܒܠ ܘܦܠܫܬ̈ܝܐ

Root ܦܢܐ

He returned, Rediit ܦܢܐ

ethpe'el part. m.s.

5:9b { A ופונה ܘܡܬܦܢܐ ܠܟܠ ܪܘܚܐ
{ C תלך

ethpe'el part. f. pl.

39:24b ܘܐܦ ܠܪ̈ܫܝܥܐ ܗܟܢ ܡܬܦܢܝܢ

ethpe'el imperf. 3 m.s.

39:1b ܘܠܘܬ ܢܒ̈ܝܐ ܡܗܝܡ̈ܢܐ ܢܬܦܢܐ

He returned , Rediit **ܦܢܐ**

pael imperat. 2 m.s.

5:12a A } C עֲנֵה ܐܢ ܐܝܬ ܠܟ ܡܠܬܐ ܦܢܐ ܠܚܒܪܟ

ethpa'al perf. 1.s.

51:7a B ואפנה ܘܐܬܦܢܝܬ ܠܣܚܪܢܝ، ܘܐܬܒܩܝܬ

aphel part.

41:12f ܕܗܘ ܐܢܬ ܠܗ ܠܗ ܡܦܢܐ ܠܟ

41:12g ܕܗܘ ܐܢܬ ܠܗ ܐܢܫܐ ܡܦܢܐ ܠܟ

aphel infin.

8:9 d A להשיב ܡܛܠ ܕܡܢܗܘܢ ܠܡܦܢܘ ܦܬܓܡܐ

aphel imperf. 3 m.s.

14:21a A השם ܕܢܦܢܐ ܠܗ ܠܐܘܪܚܬܗ ܠܒܗ

Root **ܦܢܩ**

He took pleasure , Delectavit **ܦܢܩ**

ethpa'al imperf. 2 m.pl.

24:19b ܘܡܢ ܥܠܠܬܝ ܦܐܪ̈ܐ ܬܬܦܢܩܘܢ

aphel part.

30:7a ܕܡܦܢܩ ܠܒܪܗ ܢܥܨܒ ܥܠ ܡܚܘܬܗ

Delicacies,Deliciae **ܬܦܘܢܩܐ**

plur. emph.

6:28a A } C לתענוג ܬܫܟܚ ܢܝܚܐ ܘܬܦܘܢܩܐ ܘܬܗܘܐ

18:32a C תענוג ܠܐ ܬܚܕܐ ܒܣܓܝܐܐ ܕܬܦܘܢܩܐ

34(31):3b { B תענוג / Bm עמל ܘܡܬܚܫܚ ܠܡܦܩܕܘ ܬܦܘܢܩܐ

34(31):28a B וששון ܚܕܘܬܐ ܕܠܒܐ ܘܬܦܘܢܩܐ

37:24a B } C } D תענוג ܕܚܟܝܡ ܠܢܦܫܗ ܢܣܒܥ ܬܦܘܢܩܐ

37:29a ܠܐ ܬܬܦܪܓ ܠܟ ܡܐܟܘ̈ܠܬܐ ܕܬܦܘܢܩܐ

41:1d B } M תענוג ܫܠܐ ܠܡܦܩܕ ܬܦܘܢܩܐ

Root ܦܣ

He permitted, Permisit ܦܣ

aphel infin.

3:25b ܠܐ ܬܗܘܐ ܡܠܝܟ ܠܡܦܣܘ

Root ܦܣܥ

He stepped, Gressus est ܦܣܥ

peal part.

2:12b ܒܬܪ̈ܬܐ ܕܦܣܥ ܥܠ ܬܪ̈ܬܝܢ

9:13e A תצעד ܘܥܠ ܕܒܬܐ ܕܡܘܬܐ ܦܣܥ

A step, Gressus ܦܣܥܬܐ

plur. with suff.

19:30b ܘܦܣ̈ܥܬܗ ܕܒܪܢܫܐ ܡܚܘܝܢ ܥܠܘܗܝ

Root ܦܣܩ

He cut off, Decidit ܦܣܩ

pael infin.

32(35):23c B גדוע ܘܠܥܠ̈ܬܢܐ ܢܩܠܐ ܡܦܣܩܘ ܢܦܣܩ

pael imperf. 3 m.s.

32(35):23c B יגדע ܘܠܥܠ̈ܬܢܐ ܢܩܠܐ ܡܦܣܩܘ ܢܦܣܩ

A cutting off, Abrogatio ܦܣܩܐ

sing. const.

27:21b ܠܡܚܠܬܐ ܐܝܬ ܪܘܚܐ ܦܣܩ ܡܪܐ ܗܘ

A decree , Decretum ܦܣܩܢܐ

sing. emph.

38:22a B חקו ܐܬܕܟܪ ܕܦܣܩܢܐ ܗܘ ܗܘ ܠܝ

Root ܦܠܚ

Work, Opus ܦܠܚܐ

sing. emph.

19:1a C פועל ܦܠܚܐ ܪܘܝܐ ܠܐ ܢܥܬܪ

Root ܦܨܐ

Lot, Sors ܦܨܬܐ

sing. emph.

25:19b C גורל ܦܨܬܐ ܕܚܛܝܐ ܬܦܠ ܥܠܝܗ̇

Lot, Sors (cont'd) ܦܨܬܐ

sing. with suff.

26:20a ܒܥܝ ܦܨܬܟ ܡܢ ܟܠ ܐܪܥ ܦܩܥܬܐ

plur. emph.

14:15b A גורל ܠܐܚܪܢܝܢ ܕܪܘܟ ܦܨ̈ܬܐ

Root ܦܨܝ

He saved, Servavit ܦܨܝ

pael perf. 3 m.s.

50:4a B ? הדואג ܘܦܨܝ ܠܥܡܗ ܡܢ ܚܘ̈ܒܐ

pael infin.

34(31):6c B להנצל ܘܠܐ ܐܫܟܚܘ ܠܡܦܨܝܘ ܐܢܝܢ

pael imperat. 2 m.s.

29:20b ܘܦܨܐ ܢܦܫܟ ܡܢ ܐܢܫܐ

pael imperf. 3 m.s. with suff

11:12d A וינעריהו ܩܐܡ ܘܢܦܨܝܘܗܝ ܡܢ ܥܦܪܐ

ethpa'al perf. 3 m.s.

28:19a ܛܘܒܘܗܝ ܠܡܢ ܕܐܬܦܨܝ ܡܢܗ̇

ethpa'al perf. 1.s.

31(34):13b ܠܡܘܬܐ ܡܛܬ ܘܐܬܦܨܝܬ ܡܛܠܬܗܝܢ

ethpa'al perf. 3 m.pl.

46:8a B נאצלו ܘܗܢܘܢ ܒܠܚܘܕܝܗܘܢ ܐܬܦܨܝܘ

ethpa'al part.

19:24a ܛܒ ܗܘ ܡܚܝܠܐ ܕܡܬܦܨܐ ܡܢ ܚܛ̈ܗܐ

26:29a ܡܬܦܨܐ ܬܓܪܐ ܡܢ ܚܛ̈ܗܐ

ethpa'al imperf. 3 m.s.

37:18b ܘܕܫܠܝܛ ܒܠܫܢܗ ܢܬܦܨܐ ܡܢ ܒܝܫܬܐ

Rescuer, Liberator ܡܦܨܝܢܐ

sing. emph.

8:16d A מציל ܘܠܝܬ ܠܟ ܢܗܘܐ ܠܟ ܡܦܨܝܢܐ ܢܦܫܟ

Root ܦܩܐ

A babbler, Garrulus ܦܩܐ

sing. absol.

18:33a ܡܦܩܝܢ ܘܪܘܝ ܘܙܠܝܠ ܘܦܩܩ

Root ܦܩܕ

He commanded, Mandavit ܦܩܕ

peal perf. 3 m.s.

15:20a A צוה ܠܐ ܦܩܕ ܠܒܢܝܢܫܐ ܕܢܚܛܘܢ
46:14a B]וה[ܒܢܡܘܣܗ ܦܩܕ ܒܟܢܘܫܬܐ
46:14b B ויפקד ܐܠܗܐ ܕܦܩܕ ܥܠܘܗܝ ܕܝܥܩܘܒ

peal perf. 3 m.s. with suff.

24:8a ܗܝܕܝܢ ܦܩܕܢܝ ܒܪܝܐ ܟܠ

45:3c B ויצוהו ܩܕܡ ܡܠܟܐ ܘܦܩܕܗ ܥܠ ܥܡܐ

ethpe'el perf. 3 m.s.

31(34):6a ܘܐܢ ܡܢ ܩܕܡ ܐܠܗܐ ܐܬܦܩܕ

pael perf. 3 m.s.

17:14b ܘܦܩܕ ܐܢܘܢ ܓܒܪ ܥܠ ܚܒܪܗ
39:31a B בצותו ܒܟܠܐ ܕܦܩܕ ܠܗܘܢ ܢܚܕܘܢ

pael perf. 3 m.s. with suff.

24:23b 7a1,7h3 ܢܡܘܣܐ ܕܦܩܕܢ ܡܘܫܐ
11c1,14c1,15c1,17c2,18g3,18c2]ܕܦܩܕܢܝ

48:22c ܕܦܩܕܗ ܐܫܥܝܐ ܢܒܝܐ

ethpa'al perf. 3 f.s.

7:31b A צוותו ܘܗܒ ܠܗܘܢ ܕܡܢܬܗܘܢ ܐܝܟ ܡܐ ܕܐܬܦܩܕܬ.

A command, Mandatum ܦܘܩܕܢܐ

sing. emph.

7:10c ܘܠܐ ܬܬܚܡܨ ܠܡܥܒܕ ܦܘܩܕܢܐ
28:7a ܐܬܕܟܪ ܦܘܩܕܢܐ ܘܠܐ ܬܣܢܐ ܠܚܒܪܟ
29:1b ܘܕܐܚܝܕ ܒܐܝܕܗ ܢܛܪ ܦܘܩܕܢܐ ܗܘ
29:9a ܘܡܛܠ ܕܠܢܛܪ ܦܘܩܕܢܐ ܐܪܘܚܝܘܗܝ
35(32):23b { B מצוה ܗܘ ܢܛܪ ܦܘܩܕܢܐ ܗܘ
{ Bm מצוה מצותיו
35(32):24a B תורה ܕܢܛܪ ܐܘܪܝܬܗ ܢܛܪ ܦܘܩܕܢܐ ܕܐܠܗܐ
32(35):1b ܕܢܛܪ ܦܘܩܕܢܐ ܡܩܪܒ ܠܢܘܟܣܗ

A command, Mandatum (cont'd) ܦܘܩܕܢܐ

sing. emph. (cont'd)

32(35):7a ܟܠ ܕܥܒܕ ܕܢܛܪ ܦܘܩܕܢܐ ܗܘ

sing. with suff.

39:18b ܘܠܝܬ ܕܡܒܨܪ ܠܦܘܩܕܢܗ

plur. emph.

10:19b A } B מצוה ܡܢ ܕܠܐ ܢܛܪ ܦܘܩܕܢܐ

10:19b ܡܢ ܕܢܛܪ ܦܘܩܕܢܐ

45:17a B מצותיו ܘܝܗܒ ܠܗ ܦܘܩܕܢܐ ܘܐܫܠܛܗ ܒܢܡܘܣܐ

plur. with suff.

6:37b A ובמצותו ܘܒܦܘܩܕܢܘܗܝ ܗܘܝܬ ܪܢܐ

15:15a A } B מצוה ܘܐܢ ܬܨܒܐ ܬܛܪ ܦܘܩܕܢܘܗܝ

23:27d ܘܠܝܬ ܕܒܣܝܡ ܡܢ ܕܠܡܛܪ ܦܘܩܕܢܘܗܝ

29:19a ܚܛܝܐ ܕܥܒܪ ܥܠ ܦܘܩܕܢܘܗܝ ܕܡܪܝܐ

1:20f ܕܬܛܪ ܠܗܘܢ ܘܒܦܘܩܕܢܘܗܝ ܢܬܗܠܟ

Root ܦܩܚ

Better, Melius ܦܩܚ

25:16a ܦܩܚ ܠܡܥܡܪ ܥܡ ܐܪܝܐ

30:17a B טוב ܦܩܚ ܠܡܡܬ ܡܢ ܚܝܐ ܒܝܫܐ

Root ܦܩܥ

He bruised, Crepitavit ܦܩܥ

pael imperat. 2 m.s.

30:12b B ובקע ܘܦܩܥ ܡܬܢܬܗ ܟܕ ܗܘ ܙܥܘܪ

pael part. f.pl.

38:28c ܫܠܗܒܝܬܐ ܕܢܘܪܐ ܡܦܩܥܢ ܒܣܪܗ

aphel = he formed,Formavit

part. m.pl.

38:30a ܒܕܪܥܘܗܝ ܡܦܩܥܝܢ ܛܝܢܐ

Fragmentation, Fragor, ܦܘܩܥܐ

sing. emph.

46:17b B בפקע ܘܒܦܘܩܥܐ ܣܓܝܐܐ ܐܫܡܥ ܩܠܗ

A plain , Planities ܦܩܥܬܐ
Sing. emph.

24:14c ܐܝܟ ܐܬܠܐ ܐܬܪܘܪܒܬ ܒܦܩܥܬܐ

26:20a ܡܢ ܟܠ ܐܪܥ ܦܩܥܬܐ ܛܒܬܐ

Root ܦܪܕ

He siezed, Rapuit ܦܪܕ

aphel part. m.s.

34(31):2b { B תפריע / Bm תפריק } ܘܡܪܥܐ ܬܩܝܦܐ ܡܦܪܕ ܫܢܬܐ

42:9b B[ ]פת 12a1,Δ,9m1 ܘܒܝܨܬܗ ܡܦܪܕ ܫܢܬܗ
7a1,7h3]ܡܕܢܪܐ

aphel part. f.s.

34(31):1b { B תפריע / Bm תפריק } ܕܫܗܪܐ ܘܒܨܬܐ ܡܦܪܕܐ ܫܢܬܗ

Granule, Granulum ܦܪܕܬܐ

sing. emph.

18:10a ܘܐܝܟ ܦܪܕܬܐ ܡܢ ܚܠܐ

Root ܦܪܙܠ

Iron, Ferrum ܦܪܙܠܐ

sing. emph.

22:15a ܘܛܠܠܐ ܕܦܪܙܠܐ ܢܝܚ ܠܡܣܒܠ

28:20b ܘܫܘܪܐ ܐܝܟ ܕܦܪܙܠܐ

39:26b B וברזל ܡܝܐ ܘܢܘܪܐ ܘܦܪܙܠܐ ܘܡܠܚܐ

Root ܦܪܚ

He flew, Volavit ܦܪܚ

peal part. f.s.

38:21b ܡܛܠ ܕܐܝܟ ܦܪܚܬܐ ܕܫܡܝܐ ܕܦܪܚܐ

aphel perf. 2 m.s. with suff.

27:19a ܘܐܝܟ ܢܦܫܐ ܡܢ ܐܝܕܟ ܐܦܪܚܬܝܗܝ

He flew , Volavit (cont'd) ܦܪܚ

aphel part.

22:20a ܕܪܕܐ ܟܐܦܐ ܒܦܪܚܐ ܡܦܪܚ ܠܗ̇

31(34):2a ܕܐܚܕ ܛܠܠܐ ܘܡܦܪܚ ܒܢܦܐ

aphel imperf. 2 m.s. with suff.

20:10a ܕܬܫܕܐ ܟܐܦܐ ܒܟܢܦܐ ܘܬܦܪܚܝܘܗܝ

A bird, Avis ܦܪܚܬܐ

sing. emph.

17:4b ܥܠ ܚܝܘܬܐ ܘܥܠ ܦܪܚܬܐ

27:9a ܦܪܚܬܐ ܕܫܡܝܐ ܠܘܬ ܓܢܣܗ̇ ܫܪܝܐ

38:21b ܡܛܠ ܕܐܝܟ ܦܪܚܬܐ ܕܫܡܝܐ ܕܦܪܚܐ

Root ܦܪܡ

Censer, Thuribulum ܦܝܪܡܐ

sing. emph.

49:1a B נקטרת ܥܛܪܗ ܕܒܣܡܐ ܐܝܟ ܦܝܪܡܐ

50:9a B ? המנחה ܘܐܝܟ ܢܘܪܐ ܕܠܒܘܢܬܐ ܥܠ ܦܝܪܡܐ

Root ܦܪܢ

Dowry, Dos ܦܪܢܝܬܐ

sing. with suff.

9:5b A בעונשיה ܕܠܡܐ ܬܬܬܩܠ ܒܦܪܢܝܬܗ̇ ܐܢܦܐ

Root ܦܪܣ

He extended, Extendit ܦܪܣ

peal perf. 3 m.s.

48:20b B ויפרשו ܘܦܪܣ ܫܡܝܐ ܡܕܩ ܡܪܘܡܐ ܐܝܕܝܗܘܢ

ethpa'al imperf. 3 m.s.

23:21a ܗܢܐ ܒܫܘܩܝ̈ܗ̇ ܕܡܕܝܢܬܐ ܢܬܦܪܣܐ

ethpa'al imperf. 3 f.s.

42:10a { B תפותה / Bm תתפתה / M תחל } ܒܒܬܘܠܘܬܗ̇ ܕܠܐ ܬܬܦܪܣܐ

A curtain, Velum ܦܪܣܐ

sing. emph.

50:5b B הפרכת ܟܕ ܡܬܚܙܐ ܡܢ ܒܝܬ ܦܪܣܐ

Heel , Ungula **ܦܪܣܬܐ**

sing, with suff.

38:29b 7h3 ܘܡܙܝܥ ܒܦܪܣܬܗ ܡܐܢܐ

7a1 ܒܦܪܣܗ]

nom. prop. Balsamum **ܦܪܣܡܐ**

24:15c ܘܩܘܢܡܘܢܐ ܘܐܦܪܐ ܘܦܪܣܡܐ

Root **ܦܪܥ**

He repaid, Reddidit **ܦܪܥ**

peal perf. 3 m.s.

29:6e ܡܪܘܬܐ ܘܨܘܚܬܐ ܦܪܥ ܠܗ

32(35):13b { B ישיב / Bm ישלם } ܘܒܗ ܒܪܟ ܗܘ ܦܪܥ ܠܟ

peal part.

8:13b A כמשלם ܘܐܢ ܥܪܒܬ ܗܘܝ ܐܝܟ ܦܪܥ

20:12b ܘܦܪܥ ܠܗܘ ܫܒܥ ܥܦܝܢ

29:28h ܘܗܘ ܦܪܥ ܠܟ ܫܒܥ ܥܦܝܢ

30:6a ܠܪ̈ܚܡܘܗܝ ܦܪܥ ܛܝܒܘܬܐ

32(35):11b ܒܪܘܟ ܠܡܢ ܕܗܘ ܦܪܥ ܠܟ

peal imperf. 3 m.s.

17:23a ܒܬܪ ܗܠܝܢ ܢܬܓܠܐ ܘܢܦܪܘܥ ܐܢܘܢ

39:13a ܫܡܥܘܢܝ ܙܕ̈ܝܩܐ ܘܢܦܪܥ ܒܦܐܪ̈ܝܟܘܢ

peal imperf. 2 m.s.

7:28b ܘܡܢܐ ܬܦܪܘܥ ܐܝܟ ܕܝܗܒܘܟ

ethpe'el perf. 3 m.s.

47:7b ܘܐܬܦܪܥ ܡܢ ܦܠܫܬܝ̈ܐ

ethpe'el part.

13:12a A יתן 7h3 ܘܕܠܐ ܪ̈ܚܡܐ ܡܬܦܪܥ ܦܘܪܥܢܐ

7a1 ܢܬܦܪܥ]

30:6b ܘܡܢ ܒܥܠܕܒܒ̈ܘܗܝ ܡܬܦܪܥ ܦܘܪܥܢܐ

ethpe'el infin.

46:1e ܘܠܡܬܦܪܥܘ ܡܢ ܣܢ̈ܐܐ ܢܩܡܬܐ

He repaid, Reddidit (cont'd) ܦܪܥ

ethpe'el imperf. 3 m.s.

13:12a A יתן 7a1 ܘܗܠܐ ܕܝܕܥܐ ܢܬܦܪܥ ܦܘܪܥܢܐ

7h3]ܡܬܦܪܥ

29:6a ܗܢ ܢܥܫܢ ܢܬܦܪܥ ܦܠܓܗ

One who repays, Remunerator ܦܪܘܥܐ

sing. emph.

32(35):12d Bm בעל גמולות ܗܘ ܦܪܘܥܐ ܐܠܐ ܐܢ ܗܘ

32(35):13a B תשלומות ܡܛܠ ܕܐܠܗܐ ܦܪܘܥܐ ܗܘ

Repayment, Remuneratio ܦܘܪܥܢܐ

sing. emph.

5:7d A, C נקם ܘܒܝܘܡ ܦܘܪܥܢܐ ܐܒܕܢܐ

12:2a A תשלומת ܐܛܒ ܠܟܐܢܐ ܘܬܫܟܚ ܦܘܪܥܢܐ

13:12a 7a1,7h3 ܘܗܠܐ ܕܝܕܥܐ ܢܬܦܪܥ ܦܘܪܥܢܐ

Δ ,9m1]ܦܘܪܥܢܘܬܐ

14:6b A תשלומת ܘܗܘ ܡܩܒܠ ܦܘܪܥܢܐ ܒܝܫܐ

25:14b ܘܠܐ ܐܝܟ ܦܘܪܥܢܐ ܕܒܥܠܕܒܒܐ

28:1a ܘܦܘܪܥܢܐ ܡܢ ܩܕܡ ܐܠܗܐ ܢܣܒ

30:6b ܘܡܢ ܒܥܠܕܒܒܘܗܝ ܢܬܦܪܥ ܦܘܪܥܢܐ

31(34):27c ܘܗܘ ܡܩܒܠ ܦܘܪܥܢܐ ܒܝܫܐ

32(35):23a B נקם ܘܠܥܡܡܐ ܢܥܒܕ ܦܘܪܥܢܐ

39:30a ܚܪܒܐ ܕܦܘܪܥܢܐ ܠܡܚܪܒܘ ܠܪܫܝܥܐ

sing. with suff.

12:6b A נקם ܘܠܐ ܢܫܠܐ ܡܚܝܠܬܐ ܦܘܪܥܢܗ

plur. absol.

25:14b ܘܟܠ ܦܘܪܥܢܝܢ ܘܠܐ ܐܝܟ ܦܘܪܥܢܐ

Repayment, Remuneratio ܦܘܪܥܢܘܬܐ

sing. emph.

13:12a Δ, 9m1 ܘܗܠܐ ܕܝܕܥܐ ܢܬܦܪܥ ܦܘܪܥܢܘܬܐ

7a1,7h3]ܦܘܪܥܢܐ

Repayment, Remuneratio (cont'd)

sing. emph. (cont'd) ܦܘܪܥܢܘܬܐ

20:14b 7h3 ܚܕ ܒܥܒܕܐ ܣܓ̈ܝܐܢ ܠܦܘܪܥܢܘܬܐ

7a1 ܠܦܘܪܥܢܘܬܐ]

20:15d ܘܣܢܝܬܗ ܣܢܝܬܐ ܗܝ ܕܦܘܪܥܢܘܬܐ

sing. with suff.

32(35):25b B בישועתו ܘܢܣܒܐ ܐܝܟ ܒܦܘܪܥܢܘܬܗ

Vengance, Ultio ܦܪܥܐ

plur. emph.

39:28a ܐܝܬ ܪ̈ܘܚܐ ܕܠܦܘܪ̈ܥܢܐ ܐܬܒܪܝ

nom.prop. Pharaoh ܦܪܥܘܢ

16:15a A פרעה ܡܪܝܐ ܩܫܝ ܠܒܗ ܕܦܪܥܘܢ

Root ܦܪܨ

Face, Facies ܦܪܨܘܦܐ

sing. emph.

31(34):3b ܕܠܘܩܒܠ ܦܪܨܘܦܐ ܕܡܘܬܐ ܕܐܦ̈ܐ

Root ܦܪܩ

He saved, Salvavit ܦܪܩ

peal perf. 3 m.s.

48:20d B ויושיעם ܘܦܪܩ ܐܢܘܢ ܒܝܕ ܐܫܥܝܐ ܢܒܝܐ

peal perf. 3 m.s. with suff

51:12b B וימלטני ܘܦܪܩܢܝ ܡܢ ܟܠ ܒܝܫܐ

peal perf. 2 m.s.

51:2a B פדית ܕܦܪܩܬ ܢܦܫܝ ܡܢ ܡܘܬܐ

51:2c B הצלת ܡܢ ܝܕ ܫܐܘܠ ܦܪܩܬ ܪ̈ܓܠܝ

peal perf. 2 m.s. with suff.

51:3a B עזרתני ܦܪܩܬܢܝ ܒܣܓܝܐܘܬܐ ܕܪ̈ܚܡܝܟ

51:3d ܘܡܢ ܐܚܐ ܕܟܟܐ ܢܦܫܝ ܦܪܩܬܢܝ

peal perf. 3 m.pl.

48:15b B חדלו ܘܠܐ ܦܪܩܘ ܡܢ ܚܛܗ̈ܝܗܘܢ ܒ̈ܢܝܐ

peal part. m.s.

2:11b ܘܫܒܩ ܘܦܪܩ ܒܟܠ ܥܕܢ ܕܥܩܬܐ

He saved, Salvavit (cont'd) ܦܪܩ

peal part. (cont'd)

31(34):19b ܘܡܢ ܘܦܪܩ ܘܬܘܟܠܢܐ ܗܘ ܪܒܐ

31(34):15a ܡܛܠ ܕܪܒ ܗܘ ܣܒܪܗ ܘܦܪܩ

51:8d B ויגאלם ܘܦܪܩ ܠܗܘܢ ܡܢ ܡܢ ܕܐܬܟܢܫ ܥܡܗܘܢ

peal part. m.s. with suff

25:16b ܘܕܒܪܗ ܒܢܘܗܝ ܪܒܗ ܦܪܩܗ

peal part. f.s.

40:24b B מצלת ܘܡܢ ܬܪܝܗܘܢ ܙܕܝܩܘܬܐ ܦܪܩܐ

peal infin.

34(31):6d B להושע ܐܦ ܠܐ ܠܡܦܪܩ ܐܢܘܢ

peal imperat. 2 m.s.

4:9a A הושע ܦܪܘܩ ܐܠܝܨܐ ܡܢ ܐܠܘܨ̈ܘܗܝ

peal imperat. 2 m.s. with suff.

33(36):1a B הושיענו ܦܪܘܩܝܢ ܐܠܗܐ ܠܟܠ

peal imperf. 2 m.s. with suff.

29:12b ܗܘ ܬܦܪܩܝܟ ܡܢ ܟܠ ܕܒܝܫ

ethpe'el part. m.pl.

49:10d ܘܐܬܟܠܘ ܐܢܘܢ ܕܡܬܦܪܩܝܢ

aphel part.

38:24b B ܘܕܠܐ ܡܦܪܩ ܣܘܥܪܢܘܬܐ ܗܘ ܢܬܚܟܡ

Saviour , Salvator ܦܪܘܩܐ
sing. emph.

31(34):19c ܡܢ ܣܘܟܐ ܘܦܪܘܩܐ ܡܢ ܬܘܠܒܒܐ

51:10b B ישעי ܡܪܝܐ ܓܢܒܪܐ ܘܦܪܘܩܐ

Salvation, Salvatio ܦܘܪܩܢܐ

sing. emph.

2:9b ܠܚܕܘܬܐ ܕܥܠܡ ܘܠܦܘܪܩܢܐ

46:1d B תשועה ܠܡܥܒܕ ܒܓܒܝܗ ܦܘܪܩܢܐ ܠܓܒ̈ܝܘܗܝ

Root ܦܪܫ

He separated, Separavit ܦܪܫ

peal perf. 3 m.s.

10:13c A מלא ܡܛܠ ܗܢܐ ܦܪܫ ܐܠܗܐ ܡܫܬܪ̈ܝܗܘܢ

36(33):11a E תבדילם ܒܚܟܡܬܗ ܕܐܠܗܐ ܦܪܫ ܐܢܘܢ

He separated, Separavit(cont'd) ܦܪܫ

peal part.

19:29a ܗܘ ܝܘܡܐ ܕܐܦܩܗ̈ܘܢ، ܦܪܫ ܠܗ ܠܒܪܝܐ

ethpe'el perf. 3 m.s.

12:9b A נבדד 7al,7h3 ܘܒܟܝ̈ܢܬܗ ܐܬܦܪܫ ܕܝܢܐ

Δ,9ml ܢܬܦܪܫ]

ethpe'el perf. 3 m.pl.

36(33):8a E נשׁנו ܒܚܟܡܬܗ ܕܐܠܗܐ ܐܬܦܪܫܘ

ethpe'el part.

12:9b A בודד Δ,9ml ܘܒܟܝ̈ܢܬܗ ܡܬܦܪܫ ܕܝܢܐ

7al,7h3 ܐܬܦܪܫ]

Different, Diversus ܦܪܝܫܐ

sing. absol.

36(33):7a E כלו ܘܡܢܐ ܒܝܘܡܬܐ ܗܘ ܝܘܡܐ ܦܪܝܫ

plur. absol.

11:4c A פלאות ܡܛܠ ܕܦܪ̈ܝܫܢ ܐܝܟ ܥ̈ܒܕܘܗܝ ܕܐܠܗܐ

Miracle, Miracula ܦܪܝܫܬܐ

plur. emph.

48:14a B נפלאות ܒܚܝ̈ܘܗܝ ܥܒܕ ܦܪ̈ܝܫܬܐ

50:22b B המפלא ܕܥܒܕ ܦܪ̈ܝܫܬܐ ܒܐܪܥܐ

plur. with suff.

17:8a ܕܢܫܬܥܘܢ ܦܪ̈ܝܫܬܗ. ܕܢܚܙܘܢ ܬܕܡܪ̈ܬܗ

42:17b ܠܡܫܬܥܝܘ ܓܒܪ̈ܘܬܐ ܕܦܪ̈ܝܫܬܗ

Root ܦܪܬ

nom. prop. Euphrates ܦܪܬ

24:25a ܘܡܠܐ ܐܝܟ ܦܪܬ ܣܘܟܠܬܢܘܬܐ

44:21g ܘܡܢ ܦܪܬ ܘܥܕܡܐ ܠܣܘܦ̈ܝܗ ܕܐܪܥܐ

Root ܦܬܚ

Open, Apertus ܦܬܝܚܐ

sing. absol f.

4:31a { A פתוחה / C פשוטה } ܠܐ ܬܗܘܐ ܦܬܝܚܐ ܐܝܕܟ ܠܡܣܒ

Root ܦܫܪ

Explanation , Interpretatio ܦܘܫܪܐ

sing. const.

47:17a ܦܫܪ ܡܬܠܐ ܕܫܘܥܝܬܐ ܒܚܝܕܬܐ

Root ܦܬܐ

Breadth, Latitudo ܦܬܝܐ

sing. emph.

1:3a ܪܘܡܗ ܕܫܡܝܐ ܘܦܬܝܐ ܕܐܪܥܐ

Root ܦܬܓܡ

Word , Verbum ܦܬܓܡܐ

sing. emph.

4:23a A } דבר ܠܐ ܬܟܠܐ ܦܬܓܡܐ ܒܙܒܢܗ
C }

5:11b { A פתגם ܘܒܡܓܪܬܘܬܐ ܗܘܝܬ ܢܦܩ ܦܬܓܡܐ
{ C נכונה

8:9 d A פתגם ܒܙܒܢܐ ܕܡܬܒܥܐ ܠܡܦܢܝܘ ܦܬܓܡܐ

11:8a { A דָבָר ܠܐ ܬܬܠ ܦܬܓܡܐ
{ B דבר

plur. with suff.

13:22b A ודבריו ܘܦܬܓܡܘܗܝ ܣܢܝܐ ܡܫܦܪܝܢ

44:20a B מצות ܕܢܛܪ ܦܬܓܡܘܗܝ ܕܐܠܗܐ

51:colophon B דבריו 7h3 ܒܥܡܐ ܠܡܪܝܐ ܦܬܓܡܘܗܝ
7al omits

Root ܦܬܚ

He opened, Aperuit ܦܬܚ

peal perf. 1.s.

51:19c B } פתחה ܐܝܕܝ ܦܬܚܬ ܬܪܥܗ
Q }

peal infinitive

29:24b ܠܐ ܐܫܟܚ ܠܡܦܬܚ ܦܘܡܗ

peal imperf. 3 m.s.

39:5d ܘܢܦܬܚ ܦܘܡܗ ܒܨܠܘܬܗ

He opened, Aperuit ܦܬܚ

peal imperf. 3 f.s.

15: 5b A תפתח ܘܒܓܘ ܟܢܘܫܬܐ ܬܦܬܘܚ ܦܘܡܗ̇

24:2a ܒܟܢܘܫܬܗ ܕܐܠܗܐ ܬܦܬܘܚ ܦܘܡܗ̇

peal imperf. 2 m.s.

22:22a ܘܐܢ ܥܠ ܪܚܡܟ ܬܦܬܘܚ ܦܘܡܟ

34(31):12b B תפתח ܠܐ ܬܦܬܘܚ ܓܪܓܪܬܟ ܥܠܘܗܝ

pael perf. 3 m.s.

20:15b ܘܐܝܟ ܡܟܪܘܙܐ ܘܦܬܚ ܦܘܡܗ

pael perf. 1.s.

51:25a B פתחתי ܦܬܚܬ ܦܘܡܝ ܘܡܠܠܬ ܒܗ

Open, Apertus ܦܬܝܚܐ

sing. absol.

26:12b ܘܦܘܡܗ ܦܬܝܚ ܠܡܝܐ ܡܪܝܪܐ

26:12d ܘܩܕܡ ܟܠ ܓܒܪܐ ܦܬܝܚ ܡܦܪܣܗ̇

26:12f ܘܠܟܠ ܓܐܪ ܦܬܝܚ ܪܘܒܥܗ̇

Root ܦܬܓ

He varied ,Variavit ܦܬܓ

pael part.

50:9b B הנאחז ܘܐܝܟ ܡܐܢܐ ܕܕܗܒܐ ܕܡܦܬܓ ܒܦܪ̈ܝܪ

Root ܦܬܪ

Table, Mensa ܦܬܘܪܐ

sing. emph.

14:10b A השלחן ܘܒܣܝܡܐ ܪܡܐ ܥܠ ܦܬܘܪܐ

29:26a ܐܬܩܢܐ ܐܢܬ ܓܒܪ ܬܘܒ ܦܬܘܪܐ

35(32):2c ܘܥܠ ܦܬܘܪܐ ܬܬܟܠ ܒܝܩܪܐ

35(32):11a B שלחן ܒܒܢܝܐ ܕܦܬܘܪܐ ܠܐ ܬܬܡܚܐ ܠܡܡܠܠܘ

37:4a { B שלחן ; Bm,D שחת } ܪܫܥܐ ܕܡܩܪܒ ܠܦܬܘܪܐ

40:29a B שלחן ܓܒܪܐ ܕܣܒܪ ܥܠ ܦܬܘܪܐ ܕܐܚܪܢܐ

sing. with suff.

9:16a A לחמך ܐܢ̈ܫܐ ܟܐܢ̈ܐ ܢܗܘܘܢ ܐܟ̈ܠܝ ܦܬܘܪܟ

34(31):12a B שלחון ܐܢ ܬܬܒ ܥܠ ܦܬܘܪܗ ܕܓܒܪܐ ܥܬܝܪܐ

ܨ

Root ܨܒܐ

He wished, Voluit ܨܒܐ

peal part.

1:20q ܘܗܘ ܕܨܒܐ ܕܢܐܪܟ ܚܝ̈ܐ

6:35a A C חפוץ ܗܘܝܬ ܨܒܐ ܠܡܫܡܥ

15:16b A B תחפץ ܒܐܝܢܐ ܕܨܒܐ ܐܢܬ

19:25a ܐܝܬ ܕܡܪܝܢ ܘܨܒܐ ܠܡܓܠܝܘ

27:1b ܘܕܨܒܐ ܠܡܣܓܐ ܢܣܛܐ

28:5a ܗܘ ܠܐ ܨܒܐ ܠܡܫܒܩ

31(34):23a ܠܐ ܓܝܪ ܨܒܐ ܐܠܗܐ ܒܩܘܪ̈ܒܢܝܗܘܢ

peal imperf. 3 m.s.

39:11a ܐܢ ܢܨܒܐ ܒܡܠܟ ܢܬܒܢܐ

peal imperf. 2 m.s.

6:32a A תחפוץ ܐܢ ܬܨܒܐ ܒܪܝ ܬܬܚܟܡ

6:33a A תובא ܐܢ ܬܨܒܐ ܠܡܫܡܥ ܬܐܠܦ

7:13a A תחפץ ܠܐ ܬܨܒܐ ܠܡܕܓܠܘ

15:15a A B תחפץ ܐܢ ܬܨܒܐ ܬܛܪ ܦܘܩܕ̈ܢܘܗܝ

35(32):9b ܠܐ ܬܨܒܐ ܠܡܥܠܝܘ

ethpe'el perf. 1.s.

51:13a B וחפצתי ܐܢܐ ܛܠܝܐ ܘܐܨܛܒܝܬ ܒܗ

Desire, Cupido ܨܒܘܬܐ

sing. abbreviated.

30(33):38d ܘܠܐ ܒܡܕܡ ܠܐ ܬܥܒܕ ܨܒܘ

35(32):19a B E דבר ܕܠܐ ܡܠܟܐ ܠܐ ܬܥܒܕ ܨܒܘ

Desire, Cupido (cont'd) -ܨܒܘܬܐ

sing. (abbreviated)

39:33b	{ B צורך Bm צרוך	ܘܟܠ ܨܒܘ ܠܙܒܢܗ ܐܬܒܪܝܬ

plur. absol.

25:1a		ܬܠܬܐ ܨܒܘ̈ܢ ܐܬܪܓܪܓܬ ܢܦܫܝ
26:28a		ܥܠ ܬܪ̈ܬܝܢ ܨܒܘ̈ܢ ܬܘܪ ܠܒܝ

plur. emph.

31(34):12b		ܨܒܘ̈ܬܐ ܣܓܝ̈ܐܬܐ ܠܐ ܬܒܥܐ
39:26a	B ך[ ]	ܪܫ ܟܘܠܗܘܢ ܨܒܘ̈ܬܐ ܕܡܬܒ̈ܥܝܢ
40:1a	B עסק	ܨܒܘ̈ܬܐ ܪ̈ܘܪܒܬܐ ܒܪܐ ܐܠܗܐ

plur. with suff.

39:16b	B צורך	ܘܟܠܗܘܢ ܠܨܒܘ̈ܬܗܘܢ ܐܬܒܪܝܘ

Will ,Voluntas -ܨܒܝܢܐ

sing. emph .

4:12b	A רצון	ܘܡܩܕܡܝܢ ܠܗ̇ ܢܣܒܘܢ ܨܒܝܢܐ
13:6b		ܢܬܪܓܐ ܠܟ ܕܬܥܒܕ ܠܗ ܨܒܝܢܐ
16:3d	A B } רצון	ܛܒ ܗܘ ܚܕ ܕܥܒܕ ܨܒܝܢܐ
18:(31a)		ܐܢ ܬܥܒܕ ܠܗ̇ ܨܒܝܢܐ ܕܢܦܫܟ
18:(31b)		ܕܥܒܕ ܨܒܝܢܐ ܕܣܢܐܗ
31(34):14a		ܨܒܝܢܐ ܕܫܠܝܛܘܗܝ ܢܥܒܕ ܡܪܝܐ
36: 22b	{ B כרצון Bm ברצונך	ܨܠܘܬܐ ܕܥܒ̈ܕܝܟ ܐܝܟ ܨܒܝܢܐ
40:7a		ܐܢ ܨܒܝܢܐ ܒܠܒܗ

sing. with suff.

29:3b		ܘܒܟܠ ܥܕܢ ܬܫܟܚ ܨܒܝܢܟ ܡܢܗ
35(32):12a	B רצון	ܘܥܒܕ ܨܒܝܢܟ ܒܕܚܠܬܗ ܕܐܠܗܐ
1:10a		ܥܡ ܟܠ ܒܣܪ ܐܝܟ ܨܒܝܢܗ ܝܗܒܗ̇
2:11c		ܘܥܒܕ ܒܥܕܢܐ ܕܐܘܠܨܢܗ ܨܒܝܢܗ
2:16a		ܕܚܠܘ̈ܗܝ ܕܡܪܝܐ ܢܬܪܥܘܢ ܨܒܝܢܗ

Will, Voluntas (cont'd) ܨܒܝܢܐ

sing. with suff.(cont'd)

8:14b A כרצונו ܕܠܐ ܐܝܟ ܨܒܝܢܗ ܕܝܢ ܢܕܘܢܗ

11:17b A ורצנו ܠܕܚܠܘܗܝ ܘܨܒܝܢܗ ܠܥܠܡ ܢܬܩܢ

13:6a A צֹרְךָ ܟܕ ܢܣܒ ܨܒܝܢܗ ܢܥܒܕ

13:7a ܥܕܡܐ ܕܢܣܒ ܨܒܝܢܗ ܒܟ

25:18b ܘܕܠܐ ܒܨܒܝܢܗ ܡܬܬܢܚ

30:10a ܠܐ ܬܬܐܠ ܥܡܗ ܐܝܟ ܨܒܝܢܗ

35(32):17b B, E צרכו ܘܥܒܪ ܨܒܝܢܗ ܢܒܥܐ ܐܘܪܚܗ

32(35):5a ܨܒܝܢܗ ܕܐܠܗܐ ܠܡܣܒܪܐ ܡܢ ܟܠ ܕܒܥܐ

39:18a B רצונו ܒܥܕܢܐ ܨܒܝܢܗ ܡܬܥܒܕ

42:15d B רצונו / M רצנו ܘܟܠܗܝܢ ܒܡܠܬܗ ܨܒܝܢܗ ܥܒ̈ܕܢ

48:5b B כרצון ܐܝܟ ܨܒܝܢܗ ܕܡܪܝܐ

50:22d B כרצונו ܘܥܒܕ ܠܗܘܢ ܐܝܟ ܨܒܝܢܗ

plur. const.

5:2b A(I) תאות / A(II) בחמודות ܠܡܐܙܠ ܒܨܒܝܢܝ ܠܒܟ

plur. with suff.

42:23b ܘܠܟܠܗܘܢ ܨܒܝܢܘܗܝ ܒܟܠܗܘܢ ܡܫܬܡܥܝܢ

Root ܨܒܬ

He decorated, Ornavit ܨܒܬ

pael part.

50:9c B הנאחז ܘܡܨܒܬ ܒܟ̈ܐܦܐ ܝܩܝܪ̈ܬܐ

Ornament, Ornamentum ܨܒܬܐ

sing. emph.

21:21b 7h3 ܘܐܝܟ ܨܒܬܐ ܥܠ ܐܕܪܥܗ ܕܝܡܝܢܐ

7a1,Δ(less 11c1),17a5 ܨܦܬܐ]

22:17b 7h3 ܐܝܟ ܨܒܬܐ ܕܟܠܝܠܐ ܥܠ ܐܣܦܐ

7a1,14c1, ܨܦܬܐ]

43:9a B תואר / M תור 7h3 ܨܒܬܐ ܕܫܡܝܐ ܘܬܫܒܘܚܬܐ

7a1 ܨܦܬܐ]

Decorated, Ornatus ܡܨܒܬܐ

plur. emph.

22:17b ܨܒܬܐ ܕܛܝܢܐ ܠܐܫܘܐ ܡܨܒܬܬܐ

Root ܨܕܐ

He was deserted, Desertus fuit ܨܕܐ

peal imperf. 3 f.pl.

38:28f ܘܠܡܥܒܕ ܨܘܪܬܐ ܕܢܚܕܗ ܢܨܕܝܢ ܥܝܢܘܗܝ

aphel perf. 3 m.pl.

49:6b B וישמו ܘܐܨܕܝܘ ܟܘܠܗܝܢ ܫܒܝܠܬܗ̇

Root ܨܗܐ

He thirsted, Sitivit ܨܗܐ

peal part. m.pl.

16:27c ܘܠܐ ܨܗܝܢ ܘܠܐ ܠܐܝܢ

peal imperf. 3 m.pl.

24:21b ܘܫܬܝܝ ܬܘܒ ܢܨܗܘܢ ܠܝ

Thirsty, Sitiens ܨܗܝܐ

sing. emph.

26:12a ܐܝܟ ܨܗܝܐ ܕܐܙܠ ܡܢ ܐܘܪܚܐ

51:24b B צמאה ܘܢܦܫܟܘܢ ܬܗܘܐ ܨܗܝܐ ܠܚܕܐ

Root ܨܗܝ

nom. prop. Sion ܨܗܝܘܢ

24:10b ܘܬܘܒ ܒܨܗܝܘܢ ܐܬܐ ܡܩܪܬ

36: 19a B ציון ܡܠܐ ܨܗܝܘܢ ܡܢ ܪܒܘܬܟ

48:18c B ציון ܘܐܪܝܡ ܐܝܕܗ ܥܠ ܨܗܝܘܢ

48:24b B ציון ܘܢܚܡ ܠܡܒܠܐ ܕܨܗܝܘܢ

Root ܨܗܠ

He brayed, Hinnivit ܨܗܠ

peal part.

36(33):6b E יצהל ܕܬܚܬ ܟܠ ܡܢ ܕܪܟܒ ܠܗ ܨܗܠ

Root ܨܘܡ

He fasted, Jejunavit ܨܡ

peal perf. 3 m.s.

31(34):31d ܐܘ ܟܢܐ ܐܢܫ ܕܨܡ

He fasted, Jejunavit (cont'd) — ܨܡ —

peal part.

31(34):31a ܘܨܐܡ ܥܠ ܚܛܗ̈ܘܗܝ

Root ܨܘܪ

Image, Imago ܨܘܪܬܐ

sing. emph.

38:28f ܘܠܡܫܠܡܘ ܨܘܪܬܐ ܕܥܒܕܗ

Neck, Collum ܨܘܪܐ

sing. with suff.

6:24b ܘܒܩܘܠܗ̇ ܐܥܠ ܨܘܪܟ

51:26a B וצואריכם ܨܘܪܝܟܘܢ ܐܥܠܘ ܒܢܝܪܗ̇

nom.prop. Tyre ܨܘܪ

46:18b B צר ܘܐܘܒܕ ܠܟܠܗܘܢ ܫܠܝܛܢܐ ܕܨܘܪ

Root ܨܬ

He heard, Audivit ܨܬ

peal perf. 3 m.s.

51:11c B ויאזין ܘܫܡܥ ܡܪܝܐ ܩܠܝ ܘܨܬ ܠܬܚܢܢܝ،

peal part. m.s.

4:15b A ומאזין ܘܕܨܐܬ ܠܝ ܢܕܝܢܐ ܠܦܘܬ ܩܘܫܬܐ

14:22b A יצותת ܘܠܬܪ̈ܥܝܗ̇ ܢܗܘܐ ܨܐܬ

21:24a ܠܒܪܢܫܐ ܕܨܐܬ ܠܬܪܥܐ

27:14b ܨܐܬ ܩ̈ܠܐ ܕܢ̈ܘܠܐ

peal part. m.pl.

13:23a A ונסכתו ܥܬܝܪܐ ܡܡܠܠ ܘܟܠܗܘܢ ܨܝܬܝܢ

peal imperat. 2 m.pl.

1:20p ܘܨܘܬܘ ܘܐܬܒܝܢܘ ܒܡ̈ܠܝ

peal imperat. 2 m.pl. with suff

30(33):27b 7h3 ܘܦܪ̈ܘܢܣܐ ܕܒܢܝܬܐ ܨܘܬܘܢܝ

7al,Δ(less15cl),9ml,ܨܘܬܘܢܝ]

Root **ܨܥܪ**

He was despised, Contumelia affectus est **ܨܥܪ**

ethpa'al imperf. 3 f.s. **ܬܬܨܥܪ**

42:9c { B תגור / M תמאס } ܒܬܘܠܬܗ ܕܠܐ ܬܬܨܥܪ

Contumely, Contumelia **ܨܥܪܘܬܐ**

plur. emph.

29:6e ܡܨܘ̈ܬܐ ܘܨܥܪ̈ܘܬܐ ܦܪܥ ܠܗ

Root **ܨܐܐ**

Unclean, Sordidus **ܨܐܝܐ**

sing. emph. f.

22:1a ܐܝܟ ܟܐܦܐ ܨܐܝܬܐ ܕܪܘܡܐ

Root **ܨܝܕ**

He hunted, Venatus est. **ܨܕ**

peal part. pass. f.s.

11:30a A אחוז ܐܝܟ ܚܓܠܐ ܨܝܕܐ ܒܩܠܘܒܐ

peal imperf. 2 m.s. with suff

27:19a ܡܢ ܐܝܟ ܐܦܪܚܬܗܝ ܘܠܐ ܬܨܘܕܝܘܗܝ

Net , Rete **ܡܨܝܕܬܐ**

sing. emph.

21:19a ܐܝܟ ܡܨܝܕܬܐ ܗܘ ܝܘܠܦܢܐ ܒܪ̈ܓܠܘܗܝ

sing. with suff.

6:24a ܐܥܠ ܪܓܠܝܟ ܒܡܨܝܕܬܗ̇

6:29a A רשתה ܘܢܗܘ̈ܝܢ ܠܟ ܡܨܝܕܬܗ̇ ܡܘܬܒܐ

plur. emph.

27:29a ܦܚ̈ܐ ܘܡܨܝ̈ܕܬܐ ܗܠܝܢ ܠܡܒܕܩܝܢ

plur. with suff.

9:3b A בִּמְצוֹדֹתֶיהָ ܕܠܐ ܬܦܠ ܒܡܨܝ̈ܕܬܗ̇

Root **ܨܠܐ** or **ܨܠܝ**

He bowed, Se inclinavit **ܨܠܝ**

peal perf. 3 m.s.

46:5a B קרא ܡܛܠ ܕܨܠܝ ܩܕܡ ܡܪܝܐ

He bowed, Se inclinavit (cont'd) ܨܠܐ

peal part.

27:26b ܘܡܨܠܐ ܦܘܡܗ ܒܡܢ ܕܢܬܬܘܐ

pael perf. 3 m.s.

47:5a B קרא ܡܛܠ ܕܨܠܝ ܩܕܡ ܐܠܗܐ

pael perf.1.s.

51:9b B שועתי ܘܐܪܝܡܬ ܡܢ ܐܪܥܐ ܩܠܝ ܘܨܠܝܬ

51:16a B ואתפלל / Q הסיתי ܘܨܠܝܬ ܨܠܘܬܗ ܒܗ ܘܝܗܒ ܐܝܟܐ

pael part.

3:5b ܘܗܘ ܡܨܠܐ ܢܫܬܡܥ

13:3b A יתחנן ܘܡܣܟܢܐ ܢܟܝܐ ܘܡܨܠܐ

35(32):14b B בתפלתו ܘܗܘ ܡܨܠܐ ܡܩܒܠ ܒܥܘܬܗ

37:15a B עתר / Bm,D העתר ܘܥܡ ܟܠܗܝܢ ܗܠܝܢ ܗܘܝܬ ܡܨܠܐ ܠܐܠܗܐ

pael infin

39:5a ܘܟܠܗ ܢܦܫܗ ܠܡܨܠܝܘ

pael imperat. 2 m.s.

18:20a ܘܗܘ ܠܐ ܬܬܟܪܗ ܒܥܕܢܐ ܨܠܝ

18:21a ܥܕ ܠܐ ܬܬܟܠ ܨܠܝ ܘܟܕ

28:2a ܫܒܘܩ ܥܘܠܐ ܕܚܒܪܟ ܘܒܥܘܬܟ ܨܠܝ

38:9b B התפלל / Bm פלל ܨܠܝ ܩܕܡ ܐܠܗܐ

pael imperf. 3 m.s.

38:14a B יעתיר ܕܢܨܠܐ ܩܕܡ ܐܠܗܐ

Prayer, Preces ܨܠܘܬܐ

sing. emph.

32(35):8a ܡܫܒܚܝܢܗܘܢ ܕܡܣܟܢܐ ܨܠܘܬܐ ܕܡܫܡܠܝܢ

32(35):17b B שיח ܨܠܘܬܐ ܕܡܣܟܢܬܐ ܥܒܪܐ

36:22a B תפלת ܘܫܡܥ ܨܠܘܬܐ ܕܥܒܕܝܟ

50:18b ܘܐܬܟܢܫܘ ܟܠܗ ܥܡܐ ܒܨܠܘܬܐ

sing. with suff.

7:10a A בתפלה ܠܐ ܬܬܦܫ ܒܣܓܝ ܨܠܘܬܟ

Prayer, Preces ܨܠܘܬܐ

sing. with suff(cont'd)

7:14b A בתפלה ܘܠܐ ܬܬܢܐ ܡ̈ܠܐ ܒܨܠܘܬܟ

21:5b ܨܠܘܬܗ ܕܡܣܟܢܐ ܐܝܟ ܕܡܢ ܦܘܡܗ

31(34):31c ܨܠܘܬܗ ܡܢܘ ܫܡܥ

32(35):16a ܒܥܠܬܐ ܡܩܒܠ ܗܘ ܨܠܘܬܗ ܕܡܣܟܢܐ

39:5d ܘܢܒܥܐ ܦܘܡܗ ܒܨܠܘܬܗ

48:20c B תפלתם ܐܠܗܐ ܒܥܓܠ ܫܡܥ ܨܠܘܬܗܘܢ

51:16a B תפלה ܘܨܠܝܬ ܨܠܘܬܗ ܠܗ ܘܩܕܡ ܐܢܐ

32(35):20b B וצעקה / Bm צעקתה וצעקתיה ܘܨܠܘܬܗܘܢ ܕܡܣܟܢܐ ܕܡܬܪܢܐ

32(35):21a B שועת ܨܠܘܬܗܘܢ ܕܡܣܟ̈ܢܐ ܠܥܠ ܡܢ ܫܡܝܐ

Root ܨܠܚ

He prospered, Prosperum fecit ܐܨܠܚ

aphel part. m.s.

9:12a A מצליח ܠܐ ܬܬܟܠ ܒܥܘܠܐ ܕܡܨܠܚ

41:1c B / M ומצליח ܠܓܒܪܐ ܕܫܠܐ ܘܡܨܠܚ

aphel part. f.s.

38:13a B מצלחת ܘܐܝܬ ܙܒܢܐ ܕܒܐܝܕܗܘܢ ܡܨܠܚܐ ܐܣܝܘܬܐ

Root ܨܠܡ

Image, Imago ܨܠܡܐ

plur. emph.

30:19a Bm לאללי ܡܢܐ ܗܢܝܐ ܐܝܬ ܠܗ ܠܨܠܡ̈ܐ ܕܥܡܡܐ

Root ܨܠܦ

Wound , Vulnus ܨܘܠܦܬܐ

sing. emph.

27:21a ܡܛܠ ܕܠܨܘܠܦܬܐ ܐܝܬ ܚܒܘܫܐ

plur. with suff.

30:7a ܕܡܦܢܩ ܠܒܪܗ ܢܚܒܫ ܨܘܠܦܬܗ

34(31):30b B פצע / Bm פחד ܘܒܨܪ ܚܝܠܗ ܘܢܘܣܦ ܨܘܠܦܬܗ

Root ܒܣܪ

He despised, Contempsit ܒܣܪ

peal perf. 2 m.s.

47:20b B תחלל ܘܡܘܡܐ ܒܡܫܟܒܟ ܘܒܣܪܬ ܙܪܥܟ

pael part. m.s.

3:11b A מקלל ܘܝܩܪܗ ܕܐܒܘܗܝ ܡܢ ܕܡܒܣܪ ܠܐܡܗ

3:16b {A מקלל / C יחוב} ܘܠܝܛ ܡܢ ܒܪܝܗ ܡܢ ܕܡܒܣܪ ܠܐܡܗ

22:2a ܢܦܠ ܐܝܟ ܠܒܪ ܠܒܣܐ ܘܡܒܣܪ ܥܡܗ

pael part. f.s.

26:26b 7a1 ܘܐܢܬܬܐ ܗܝ ܕܡܒܣܪܐ
7h3 ܕܡܒܣܪܢܝܬܐ

pael infinitive

10:23a A} B} לבזות ܠܝܬ ܠܡܒܣܪܘ ܠܡܣܟܢܐ

35(32):9b ܠܐ ܬܣܓܐ ܠܡܒܣܪܘ

pael imperf. 3 m.pl.with suff.

8:4b A יבוז ܕܠܐ ܢܒܣܪܘܢܟ ܣܓܝܐܐ

ethpa'al perf. 3 m.pl.

11:6a {A נקלה / B נקלו} ܣܓܝܐܐ ܫܠܝܛܐ ܐܬܒܣܪܘ ܒܣܘܓܐܐ

ethpa'al imperf. 3 f.s.

22:5b ܘܡܢ ܐܒܘܗ̈ܝܗ ܗܝ ܬܬܒܣܪ

ethpa'al imperf. 2 m.s.

9:7a A להתנבל ܘܬܬܒܣܪ ܒܫܘܩܐ ܕܡܕܝܢܬܐ

23:14d ܘܒܫܘܠܛܢܟ ܬܬܒܣܪ ܘܬܬܟܡܪ

Contempt , Contumelia ܒܘܣܪܐ

sing. emph.

5:14d A חרפה ܘܒܘܣܪܐ ܒܝܫܐ ܥܠ ܕܡܠܬܗ

22:24b ܘܩܕܡ ܐܝܟ ܕܡܐ ܒܘܣܪܐ

23:15d ܓܒܪܐ ܕܝܠܦ ܒܘܣܪܐ ܕܒܝܘܡܘܗܝ

23:16c ܓܒܪܐ ܕܝܠܦ ܒܘܣܪܐ ܕܒܝܘܡܘܗܝ

26:24a ܐܢܬܬܐ ܕܠܐ ܒܗܬܬܐ ܒܘܣܪܐ ܢܩܢܐ

29:6f ܘܢܫܠܡ ܐܩܘܪܐ ܒܘܣܪܐ

29:21b ܘܬܫܒܘܚܬܐ ܘܒܝܬܐ ܕܡܟܣܐ

29:25a ܐܟܣܢܝܐ ܐܢܬ ܘܐܪܬܐ ܒܘܣܪܐ

Contempt, Contumelia (cont'd) ܫܝܛܐ

sing. with suff.

37:9b { B רישך / Bm,D ראשך } ܘܢܩܘܡ ܡܢ ܩܘܒܠܟ ܘܢܚܙܐ ܫܝܛܟ

3:10a A בקלון ܠܐ ܬܬܝܩܪ ܒܫܝܛܗ ܕܐܒܘܟ

21:24a ܘܠܚܟܝܡܐ ܡܟܐ ܫܝܛܗ

26:8b ܗܘܝ ܫܝܛܗ ܠܐ ܡܬܟܣܝܐ

Pride, Superbia ܡܫܝܛܢܘܬܐ

sing. emph.

26:26b 7a1 ܐܢܬܬܐ ܕܝܢ ܕܡܫܝܛܢܘܬܐ ܒܟܘܪܗܢܐ

7h3 ܕܫܝܛܢܘܬܐ]

Root ܨܦܪ

Morning, Matutinum ܨܦܪܐ

sing. emph.

18:26a ܡܢ ܨܦܪܐ ܠܪܡܫܐ ܡܫܬܚܠܦ ܙܒܢܐ

21:4a ܡܢ ܨܦܪܐ ܠܪܡܫܐ ܡܫܬܚܠܦܐ ܡܬܚܠܦܐ

24:32a ܐܘܕܥ ܡܠܦܢܘܬܐ ܐܝܟ ܨܦܪܐ ܐܢܗܪ

34(31):20b B בבקר ܕܢܩܘܡ ܠܨܦܪܐ ܘܢܦܫܗ ܥܡܗ

Sparrow, Passer ܨܦܪܐ

sing. emph.

22:20a ܕܫܕܐ ܟܐܦܐ ܥܠ ܨܦܪܐ ܡܦܪܚ ܠܗ

27:20b ܐܝܟ ܛܒܝܐ ܡܢ ܢܫܒܐ ܘܐܝܟ ܨܦܪܐ ܡܢ ܦܚܐ

Root ܨܒܬ

Ornament, Ornamentum ܨܒܬܐ

sing. emph.

21:21b 7a1,Δ (less 11c1), 17a5 ܐܝܟ ܨܒܬܐ ܥܠ ܐܕܪܥܗ

7h3 ܨܒܝܬܐ]

22:17b 7a1,14c1, ܐܝܟ ܨܒܬܐ ܕܡܠܟܐ ܥܠ ܐܣܛܘܢܐ

7h3 ܨܒܝܬܐ]

30:24b B דאגה ܘܠܐ ܒܙܒܢܗ ܡܣܝܒܐ ܫܘܦܪܬܐ ܨܒܬܐ

34(31):1b { B דאגת / Bm דאגתו } ܢܦܫܐ ܨܒܬܐ ܕܥܘܬܪܐ ܢܦܩܬܗ

Ornament, Ornamentum (cont'd) ܨܒܬܐ

sing. emph. (cont'd)

34(31):2a B דאגת ܨܒܬܐ ܕܡܩܘܪܐ ܕܢܫܐ ܢܘܡܬܐ

38:19a ܒܨܒܬܐ ܠܡܣ̈ܟܢܐ ܘܡܘܬܐ ܢܦܩܬܐ

43:9a { B תואר 7a1 / M תור 7h3 } ܨܒܬܐ ܕܫܡܝܐ ܘܬܫܒܘܚܬܐ

sing. with suff

36: 25a B עצבת ܠܒܢܐ ܦܪܝܫܐ ܫܦܝܐ ܨܒܬܗ

42:9b { B דאגה / Bm דאגתה } ܘܒܨܒܬܗ̇ ܡܥܝܪܐ ܫܢܬܗ

40:8a ܥܡ ܟܠܗܘܢ ܒܢܝ ܒܣܪܐ ܨܒܬܗܘܢ ܢܦܫܗܘܢ

Root ܨܪ

He collected, Colligavit ܨܪ

peal imperat. 2 m.s.

29:12a ܨܪܘܪ ܙܕܩܬܐ ܘܣܝܡ ܒܒܝܬ ܓܙܝܟ

Purse , Marsupium ܨܪܪܐ

sing. emph.

22:18a ܨܪܪܐ ܕܙܘܙܐ ܠܐ ܢܦܩܐ ܕܪܘܚܐ

Root ܨܪܐ

He cut open, Discidit ܨܪܐ

peal imperf. 3 m.s.

10:10a ܒܩܘ̈ܪܗ ܘܡܒܩ̈ܪܗ ܐܣܝܐ ܢܨܪܐ

Root ܨܪܘ

Bark of cedar, Cortex cedri ܨܪܘܐ

sing. emph.

28:11a ܨܪܘܐ ܘܙܦܬܐ ܡܫܓܪܝܢ ܢܘܪܐ

Root ܨܛܪ

he endured deprivation

In angustias adductus est

ethpe'el perf. 3 m.s. ܐܬܨܛܪܝ

26:28c ܓܒܪ ܢܒܝܪܐ ܕܡܬܕܡܟܠ ܘܐܬܨܛܪܝ

Poor , Egenus ܨܪܝܟܐ

sing. emph.

4:3b A ממסכינך ܘܠܐ ܬܬܠܐ ܡܘܗܒܬܐ ܡܢ ܨܪܝܟܐ

34(31):4b B צריך ܘܐܢ ܢܬܬܢܝܚ ܢܗܘܐ ܨܪܝܟܐ

Poverty, Paupertas ܨܪܝܟܘܬܐ

sing.with suff.

10:26b A} B} צרכך ܘܠܐ ܬܬܝܩܪ ܒܙܒܢܐ ܕܨܪܝܟܘܬܟ

12:5d A צורך ܡܒܐܫ ܠܟ ܒܙܒܢܐ ܕܨܪܝܟܘܬܟ

20:21a ܕܡܬܟܠܐ ܡܢ ܚܛܗܐ ܡܛܠ ܨܪܝܟܘܬܗ

29:2a ܐܘܙܦ ܠܚܒܪܟ ܒܙܒܢܐ ܕܨܪܝܟܘܬܗ

ק

Root ܩܒܠ

He took , Accepit ܩܒܠ

pael perf. 3 m.s.

48:12b B נמלא ܘܩܒܠ ܢܒܝܘܬܐ ܐܥܦܐ ܐܠܝܫܥ

pael part. m.s.

7:9b ܠܩܘܪܒܢܐ ܡܘܗ̈ܒܝ ܡܩܒܠ

14:6b ܘܗ̣ܘ ܡܩܒܠ ܦܘܪܥܢܐ ܒܝܫܐ

23:15c ܘܠܐ ܝܘܠܦܢܐ ܡܩܒܠ ܒܪܐ ܕܦܫܥ

31(34):27c ܘܗ̣ܘ ܡܩܒܠ ܦܘܪܥܢܐ ܒܝܫܐ

32(35):14a B יקח ܠܐܬܬܘܪܢ ܡܛܠ ܕܠܐ ܡܩܒܠ

pael part. f.s.

36: 23a B(I) מאכל ܟܠ ܡܐܟܘܠܬܐ ܡܩܒܠܐ ܢܦܫܐ

B(II) תאכל

pael part. m.pl

18:14b ܘܐܝܠܝܢ ܕܡܩܒܠܝܢ ܠܕܝܢܘܗܝ

pael infin.

29:19b ܘܪܕܦ ܠܡܩܒܠܘ ܕܠܘܗܝ ܚܛ̈ܗܐ

34(31):3b B לקבל ܘܡܬܢܝܚ ܠܡܩܒܠܘ ܬܦܢܘܩܐ

41:1d B } לקבל ܐܝܬ ܒܗ ܚܝܠܐ ܠܡܩܒܠܘ ܬܦܢܘܩܐ
M }

50:11c ܒܡܦܩܗ ܠܡܩܒܠܘ ܬܫ̈ܒܚܬܐ

pael imperat. 2 m.s.

2:4a ܟܠ ܕܐܬܐ ܥܠܝܟ ܩܒܠ

6:18a ܡܢ ܛܠܝܘܬܟ ܩܒܠ ܝܘܠܦܢܐ

6:23a ܫܡܥ ܒܪܝ ܘܩܒܠ ܝܘܠܦܢܝ

34(31):22a B וקח 7h3 ܫܡܥ ܒܪܝ ܘܩܒܠ ܡ̈ܠܝ

7a1 omits

pael imperat. 2 m.pl.

16:24a A וקחו ܫܡܥܘܢܝ ܘܩܒܠܘ ܝܘܠܦܢܝ

He took, Accepit (cont'd) ܩܒܠ

pael imperf. 3 m.s.

35(32):14a B(I & II) יקח ܦܠܚܗ ܕܐܠܗܐ ܢܩܒܠ ܡܪܕܘܬܐ
Bm ישא לך

pael imperf. 3 m.s. with suff.

4:16b ܢܚܣܢܝܗ ܘܢܩܒܠܝܗ ܠܕܪܝܗܘܢ ܕܒܬܪܗ

pael imperf. 3 f.s.

51:26b B תשא ܘܬܩܒܠ ܢܦܫܟܘܢ ܡܪܕܘܬܐ

pael imperf. 3 f.s. with suff.

15:2a A } וקדמתהו ܘܬܩܒܠܝܘܗܝ ܐܝܟ ܐܡܐ
B }

pael imperf. 2 m.s.

8:8c A תלמד ܡܛܠ ܕܡܢܗܘܢ ܬܩܒܠ ܡܪܕܘܬܐ
8:9c A תקח ܡܛܠ ܕܡܢܗܘܢ ܬܩܒܠ ܡܪܕܘܬܐ
35(32):2c B תשא ܘܥܠ ܫܘܒܚܐ ܬܩܒܠ ܐܟܠܝܠܐ

pael imperf. 3 m.pl.

4:12b A יפיקו ܢܩܒܠܘܢ ܒܘܪܟܬܐ ܡܢ ܡܪܝܐ

ethpa'al part. m.pl.

31(34):22a ܘܠܐ ܡܬܩܒܠܝܢ ܩܘܪܒܢܝܗܘܢ

ethpa'al imperf. 3 f.s.

32(35):9a ܘܬܟܫܦܬܐ ܕܡܣܟܢܐ ܩܕܡ ܐܠܗܐ ܬܬܩܒܠ

Opposite , Ex adverso ܡܢ ܠܘܩܒܠ

19:29b ܘܡܢ ܠܘܩܒܠ ܐܦܐ ܠܗ ܝܕܥܝܢܗ
21:7a ܝܕܝܥܐ ܡܢ ܠܘܩܒܠ ܚܘܪܦܗ ܕܡܫܬܥܐ
37:4b { B מנגד ܘܒܥܕܢ ܐܘܠܨܢܐ ܩܐܡ ܡܢ ܠܘܩܒܠ
{ Bm,D מנגד ܘܩܐܡ ܡܢ ܠܘܩܒܠ ܘܚܙܐ ܒܥܩܬܗ
37:9b D מנגד

Against, Adversus ܠܘܩܒܠ

4:26b A לפני ܘܠܐ ܬܩܘܡ ܠܘܩܒܠ ܫܠܝܛܐ
4:27b A לפני ܘܠܐ ܬܬܟܬܫ ܠܘܩܒܠ ܫܠܝܛܐ
8:15c A נוכח ܡܛܠ ܕܗܘ ܠܘܩܒܠ ܐܦܘܗܝ ܐܙܠ

Against, Adversus (cont'd) ܠܘܩܒܠ

17:15b ܕܠܐ ܢܛܫܢ ܡܢ ܠܘܩܒܠ ܐܦܘܗܝ

29:13b ܘܠܘܩܒܠ ܣܢܐܐ ܗܘ ܬܬܟܬܫ

36(33):14a ܠܘܩܒܠ ܒܝܫܐ ܐܬܒܪܝ ܛܒܐ

36(33):14b E נוכח ܘܠܘܩܒܠ ܡܘܬܐ ܐܬܒܪܝ ܚܝܐ

36(33):14c E נוכח ܘܠܘܩܒܠ ܢܗܘܪܐ ܐܬܒܪܝ ܚܫܘܟܐ

36(33):15b E לעומת ܬܪܝܢ ܬܪܝܢ ܚܕ ܠܘܩܒܠ ܚܕ

31(34):3b ܘܕܡܘܬܐ ܕܐܦܐ ܕܠܘܩܒܠ ܦܪܨܘܦܐ

37:5a Bm, D נגד ܪܚܡܐ ܕܡܬܟܬܫ ܠܘܩܒܠ ܒܥܠܕܒܒܐ

38:28e ܠܘܩܒܠ ܩܘܠܐ ܢܩܫ ܐܕܢܗ

38:28f ܘܠܘܩܒܠ ܕܡܘܬܐ ܕܡܐܢܗ ܚܝܪܢ ܥܝܢܘܗܝ

42:24b M לעמת ܘܟܠܗܘܢ ܬܪܝܢ ܬܪܝܢ ܚܕ ܠܘܩܒܠ ܚܕ

50:13c B נגד ܠܘܩܒܠ ܟܠܗ ܩܗܠܐ ܕܐܝܣܪܝܠ

With suffix

36:(29b) ܘܐܣܛܘܢܐ ܗܝ ܠܘܩܒܠܟ

17:20b ܘܟܠܗܘܢ ܚܛܗܝܗܘܢ ܓܠܝܢ ܠܘܩܒܠܗ

39:19a B נגדו ܕܟܠ ܥܒܕ ܒܣܪܐ ܠܘܩܒܠܗ

39:20b B ממנו ܘܠܝܬ ܕܥܫܝܢ ܘܪܒܐ ܠܘܩܒܠܗ

Acceptance, Acceptatio ܡܩܒܠܢܘܬܐ

sing with suff.

50:12a B בקבלו ܒܡܩܒܠܢܘܬܗ ܗܘ ܦܠܓܐ ܕܒܣܪܐ

Face , Vultus ܡܘܩܒܠܐ

sing. emph.

23:19d ܘܡܬܒܩܠ ܒܗܐ ܕܒܢܝܢܫܐ ܡܘܩܒܠܐ

Root ܩܒܪ

Tomb, Sepulcrum ܩܒܪܐ

plur. emph.

30:18b ܐܝܟ ܡܩܒܠܬܐ ܕܣܝܡܢ ܥܠ ܩܒܪܐ

Grave, Sepultura ܩܒܘܪܬܐ

sing. with suff.

38:16d B בגויעתם, Bm בגויעם ܘܠܐ ܬܬܒܣܐ ܥܠ ܩܒܘܪܬܗ

Root ܩܢܝ

He acquired , Acquisivit ܩܢܝ

pael imperf. 3 m.s.

14:5b A יקרה ܘܠܐ ܢܦܫܐ ܢܩܢܝܗ

Root ܩܕܠ

Neck , Collum ܩܕܠܐ

sing. with suff.

16:11a A עורף ܘܐܦܢ ܐܢ ܢܩܫܐ ܩܕܠܗ

Root ܩܕܡ

Usual Hebrew= לפני Before , Ante ܩܕܡ

1: 1a

3: 16b 18b

4: 13a 7a1,Δ,18/16g6 ܐܝܩܪܐ ܡܢ ܩܕܡ ܐܠܗܐ

7h3 omits

17b

5: 7a

6: 12b

7: 4a 5a 5b 6c

8: 8d 11a 11b

10: 7a(2) 11b

11: 14b 21c

12: 2b 11a

14: 16a 19a

15: 9b 11a 16a

16: 14b 17a

17: 11a 15a 19a 20a 22b

18: 26b

19: 11a 11b

21: 5b

22: 18b 18d 18f 24a 24b 25b

23: 3c 14c 20a

24: 9a 10a

25: 1b(2)

26: 12d

28: 1a 3b 7a 26b

29: 27a

34(31):13c 16a 17a

35(32):14b

31(34):6a 24a

32(35):2a 15c 16b 21b

37: 12b

38: 2a 3b 9b 14a 15a

39: 5c 19b 20a 24a

40: 6d

41: 4a

42: 17d 18b

18c 7h3 ܡܛܠ ܗܠܝܢ ܟܠܗܝܢ ܡܢ ܩܕܡ ܐܠܗܐ

7a1,Δ , 12a1, omit

19a 19b 20a 20b 21a

45: 1a 3b 5c

46: 3a 5a 19b(2)

47: 1b 5a 9a

48: 10b 20b

50: 16b 16d

First, Primus ܩܕܡܝܐ

plur. emph.

7:8b A באחת ܡܛܠ ܕܩܕܡܝܬܐ ܠܐ ܝܕܥܬ

16:7a A, B קדם ܠܐ ܫܒܩ ܠܓܢܒܪܐ ܩܕܡܝܐ

18:23d ܡܛܠ ܕܩܕܡܝܬܐ ܠܐ ܝܕܥܬ

24:28a ܠܐ ܫܠܡܘܗ̈ ܩܕܡܝܐ ܠܡܕܥܬܗ

36:16a B קדם ܡܢ ܒܪ̈ܝܬܐ ܩܕ̈ܡܝܬܐ

First , Primus (cont'd) ܩܕܡܝܐ

plur. emph. (cont'd)

39:1a ܐܝܟ ܫܘܪܝܬܐ ܕܟܠܗܘܢ ܩܕܡܝ̈ܐ ܢܒܥܐ

39:1b ܘܠܘܬ ܢܒܝ̈ܐ ܩܕܡܝ̈ܐ ܢܬܦܢܐ

41:3a { B ראשנים / M קדמון } ܐܬܕܟܪ ܕܩܕܡܝ̈ܐ ܘܐܚܪ̈ܝܐ ܠܘܬܟ ܐܢܘܢ

44:23a ܘܩܘܪܒܬܐ ܕܟܠ ܩܕܡܝ̈ܐ ܡܬܚܫܒܐ

Before , Antea ܠܩܘܕܡ

11:7b { A לְפָנִים / B לִפְנִים } ܒܨܝ ܠܩܘܕܡ ܘܗܝܕܝܢ ܟܐܢ ܟܐܢܐ

37:8b B, D } לפנים ܘܕܥ ܠܩܘܕܡ ܡܢܐ ܚܫܚܐ

Before, Antea ܠܩܘܕܡܝܢ

1:4b ܡܢ ܠܩܘܕܡܝܢ ܒܪܝܐ ܚܟܡܬܐ

2:10a ܐܣܬܟܠܘ ܠܕܪ̈ܐ ܕܡܢ ܠܩܘܕܡܝܢ ܘܚܙܘ

16:26a A מראש ܒܪܐ ܐܠܗܐ ܥܒ̈ܕܘܗܝ ܡܢ ܠܩܘܕܡܝܢ

Prior, Prior ܩܕܡܝܐ

sing. absol.

36: 20a B למראש ܦܘܩܕܢܬܐ ܕܒܪ̈ܝܬܟ ܐܝܟ ܕܡܢ ܩܕܡܝ,

7al,7h3 ܕܪܫ]

Root ܩܕܪ

Pot, Olla ܩܕܪܐ

sing. emph.

13:2c A פרור ܡܢܐ ܐܝܟ ܬܬܚܒܛ ܩܕܪܐ ܕܦܚܪܐ

Root ܩܕܫ

He sanctified, Sanctificavit ܩܕܫ

pael perf. 3 m.s.

36(33):9a E והקדיש ܡܢܗܘܢ ܒܪܟ ܘܩܕܫ

36(33):12b E הקדיש ܘܡܢܗܘܢ ܩܕܫ ܘܩܪܒܐ ܠܘܬܗ ܩܪܒ

ethpa'al perf. 2 m.s.

33(36):4a { B נקדשת / Bm נקדשתה } ܐܝܟܢܐ ܕܠܥܝ̈ܢܝܗܘܢ ܐܬܩܕܫܬ ܒܢ

ethpa'al imperat. 2 m.s.

33(36):4b B, Bm הכבד ܗܟܢܐ ܠܥܝܢܝ ܐܬܩܕܫ ܒܗܘܢ

Holy, or Holy One, Sanctus ܩܕܝܫܐ

sing. emph.

24:10a ܒܡܫܟܢܐ ܩܕܝܫܐ ܩܕܡܘܗܝ ܫܡܫܬ

43:5b ܒܡ̈ܠܝ ܩܕܝܫܐ ܫܪܝܪ ܗܠܟܬܗ

43:10a B אל / M אדני ܒܡ̈ܠܝ ܩܕܝܫܐ ܢܩܘܡܘܢ ܐܝܟ ܕܝܢܗܘܢ

45:6a B קדוש ܘܐܪܝܡ ܐܚܘܗܝ ܩܕܝܫܐ ܠܐܗܪܘܢ

49:12c B קדש ܕܒܢܐ ܗܝܟܠܐ ܩܕܝܫܐ

51:12d B ייי ܘܐܒܪܟ ܩܕܝܫܐ ܫܡܗ

plur. emph.

1:20h ܘܫܘܬܦܘܬܐ ܕܠܥܠܡ ܥܡ ܩܕ̈ܝܫܐ

plur. with suff.

42:17a B קדושי / M קדשי ܠܐ ܢܣܦܩܘܢ ܩܕ̈ܝܫܘܗܝ ܕܡܪܝܐ

Holiness, Sanctitas ܩܕܝܫܘܬܐ

sing. emph.

42:22a 7a1 ܢܬܚܙܘܢ ܠܥܠܡ ܒܩܕܝܫܘܬܐ ܕܡܪܝܐ

7h3 [ܒܩܕܝܫܘܬܐ

42:22b 7h3 ܒܩܕܝܫܘܬܐ ܕܡܚܝܐ ܟܠܗܘܢ

7a1 omits

Sacred, Sacrum ܩܘܕܫܐ

sing. emph.

4:14a A קדש ܡܫܡܫܢܘ̈ܗܝ ܡܫܡܫܝܢ ܩܘܕܫܐ

26:17a C קדש ܐܝܟ ܫܪܓܐ ܕܢܗܪ ܥܠ ܡܢܪܬܐ ܕܩܘܕܫܐ

45:15b B הקדש ܘܡܫܚܗ ܒܡܫܚܐ ܕܩܘܕܫܐ

45:20c B קדש ܪ̈ܫܝܬܐ ܕܩܘܕܫܐ ܘܦܬܘܪܐ ܕܠܚܡܐ

47:2a B מקדש ܐܝܟ ܬܪܒܐ ܕܦܪܝܫ ܠܡܕܒܚܐ ܡܢ ܩܘܕܫܐ

49:6a B קדש ܘܐܘܩܕܘ ܩܪܝܬ ܩܘܕܫܐ

Sacred, Sacrum (cont'd) ܩܘܕܫܐ

sing. emph. (cont'd)

50:11a B כבוד ܒܡܠܒܫܗ ܡܐܢ̈ܐ ܕܩܘܕܫܐ

50:14b ܘܠܡܫܡܫܘ ܒܡܫܡܫܘܬܐ ܕܩܘܕܫܐ

sing. with suff.

36:18a B קדשך ܪ̈ܚܡ ܥܠ ܩܪܝܬܐ ܕܩܘܕܫܟ

17:10a ܘܠܫܡܐ ܕܩܘܕܫܗ ܢܗܘܘܢ ܡܫܒܚܝܢ

Holy, Sacrum ܡܩܕܫܐ

sing. emph.

50:11a B מקדש 7h3 ܒܐܝܬܘܬܐ ܕܬܘܩܦܐ ܕܡܩܕܫܐ

7al ܕܩܕܫܐ]

Root ܩܗܐ

He ground(teeth),Hebetavit ܩܗܐ

aphel imperf. 3 m.s.

30:10b ܘܠܚܪܬܐ ܢܩܗܐ ܫܢ̈ܝܟ

Root ܩܗܠ

Shouting, Clamans ܩܗܠܢܐ

sing. emph . f.

26:27a ܐܢܬܬܐ ܩܗܠܢܝܬܐ ܘܦܠܝܓܬܐ

Root ܩܘܐ

He remained, Mansit ܩܘܐ

pael imperat. 2 m.s.

11:21b A וקוה ܗܝܡܢ ܠܡܪܝܐ ܘܩܘܐ ܒܢܘܗܪܗ

pael part. f.s.

11:17a ܡܘܗܒܬܐ ܕܡܪܝܐ ܡܩܘܝܐ ܠܙܕܝܩܘܗܝ

Root ܩܠ

Voice , Vox ܩܠܐ

sing. emph.

2:11c ܘܫܡܥ ܒܩܠܐ ܕܒܥ̈ܘܬܗ ܘܦܪܩܗ

4:6b A ובקול 7al, Δ ,18/16g6,17a5 ܘܒܩܠܐ ܕܨܠܘܬܗ ܢܫܡܥ

7h3 ܘܫܡܥ]

ܩܠܐ Voice , Vox (cont'd)

emphatic sing. (cont'd)

31(34):29b ܒܩܠܐ ܕܚܕ ܡܢ ܬܪ̈ܝܗܘܢ ܢܫܬܡܥ

39:15d ܒܬܘܕܝܬܐ ܘܒܩܠܐ ܪܡܐ

47:8a ܡܛܠ ܗܢܐ ܝܗܒ ܗܘܐ ܩܠܐ ܒܩ̈ܠܐ

50:16c B קול ܘܐܫܡܥܘ ܩܠܐ ܬܩܝܦܐ

sing. const.

4:6b A קולצו 7h3 ܘܒܩܠ ܨܠܘܬܗ ܢܫܡܥ ܒܪܝܗ

7a1,Δ,18/16g6,17a5

sing. with suff.

51:9a B קולי ܐܪܝܡܬ ܡܢ ܐܪܥܐ ܩܠܝ

51:11c B קולי ܗܝܕܝܢ ܫܡܥ ܡܪܝܐ ܩܠܝ

21:20a ܣܟܠܐ ܒܓܘܚܟܐ ܡܪܝܡ ܩܠܗ

29:5b ܘܥܠ ܢܟ̈ܣܐ ܕܚܒܪܗ ܡܪܝܡ ܩܠܗ

45:5a B קולו ܘܐܫܡܥܗ ܒܫܘܪܗ ܘܐܫܡܥܗ ܩܠܗ

46:17b B קלו ܘܒܥܠܥܠܐ ܢܫܒܐ ܐܫܡܥ ܩܠܗ

46:20c B קולו ܐܪܝܡ ܡܢ ܐܪܥܐ ܩܠܗ

39:15a ܐܪܝܡܘ ܩܠܟܘܢ ܘܙܡܪܘ ܬܫܒ̈ܚܬܐ

50:18a B קולו ܘܫܒܚܘ ܒܬܘܕܝܬܐ ܩܠܗܘܢ

Root ܩܘܡ

He rose, stood, Surrexit, stetit ܩܡ

peal perf. 3 m.s.

45:23c B ויעמד ܘܕܩܡ ܒܬܘܪܥܬܐ ܒܥܡܐ

46:4a B עמד ܡܛܠ ܕܒܐܝܕܗ ܩܡ ܫܡܫܐ

47:1a B עמד ܘܒܬܪܗ ܩܡ ܢܬܢ ܢܒܝܐ

47:12a B עמד ܘܩܡ ܒܬܪܗ ܡܠܟܐ ܬܩܝܦܐ

47:23b B ויעזב ܘܫܒܩ ܒܠܒܘܗܝ ܘܩܡ ܒܪܗ ܒܬܪܗ

48:1a B קם ܥܕܡܐ ܕܩܡ ܢܒܝܐ ܕܕܡܐ ܠܢܘܪܐ

48:23a B עמד ܡܛܠ ܕܒܐܝܕܗ ܩܡ ܫܡܫܐ

He rose, stood, Surrexit, stetit ܩܡ

peal perf. 1.s.

24:10b ܘܬܘܒ ܒܨܗܝܘܢ ܐܢܐ ܩܡܬ

30(33):25b E קדמתי ܘܒܩܪܝܬܗ ܕܐܠܗܐ ܐܢܐ ܩܡܬ

peal part. m.s.

6:8b A יעמוד ܘܠܐ ܩܐܡ ܒܝܘܡܐ ܕܐܘܠܨܢܐ

6:34a ܒܟܢܘܫܬܐ ܕܣܒ̈ܐ ܗܘܝܬ ܩܐܡ

30:17b B עומד 7al, ܠܥܘܠ ܡܢ ܟܐܒܐ ܕܩܐ̇ܡ

7h3 ܕܩܝܡ]

37:4b B D יעמד ܘܒܥܕܢ ܒܥܠܬܐ ܩܐܡ ܡܢ ܩܘܒܠ

43:6a ܘܣܗܪܐ ܩܐܡ ܠܙܒܢܗ

44:12a M עמד ܒܩܝܡܗܘܢ ܩܐܡ ܙܪܥܗܘܢ

50:12b B נצב ܘܗܘ ܩܐܡ ܠܥܠ ܡܢ ܣܕܪ̈ܐ

peal part. passive, f.s.

42:21a B תכן ܘܫܒܚܬܐ ܕܚܟܡܬܗ ܩܝܡܐ ܠܥܠܡ

peal part. m.pl.

16:16b A עמודים ܟܠܗ ܕܐܠܗܘܢ ܩܝܡܝܢ

17:2a ܦܠܓ ܠܗܘܢ ܕܢܗܘܘܢ ܩܝܡܝܢ

42:23a B, M עומד, Bm קום ܘܚܝܝܢ ܘܩܝܡܝܢ ܠܥܠܡ

peal infin.

26:17b C 7al,7h3 ܫܘܦܪܗ̇ ܕܐܢܬܬܐ ܒܩܘܡ ܒܝܬܗ̇

12al, ∆, ܒܡܘܬܒ]

22:18b ܩܕܡ ܪܘܚܐ ܠܐ ܡܫܟܚ ܠܡܩܡ

22:18f ܘܩܕܡ ܢܩܡܬܐ ܠܐ ܡܫܟܚ ܠܡܩܡ

42:17d B,M להתחזק, Bm להתזיק ܠܡܩܡ ܩܕܡ ܐܝܩܪܗ

43:3b ܘܩܕܡ ܫܪܒܗ ܡܢܘ ܡܫܟܚ ܠܡܩܡ

46:3a B יתיצב ܡܢܘ ܡܫܟܚ ܠܡܩܡ ܩܕܡܘܗܝ

46:7c B להתיצב ܠܡܩܡ ܒܬܘܪܬܐ ܕܥܡܐ

peal imperat. 2 m.s.

11:20b A [עמד] ܒܪܝ ܩܘܡ ܥܠ ܚܘܪܟ

peal imperf. 3 m.s.

12:12b A ויעמד ܕܠܐ ܢܗܦܟܟ ܢܩܘܡ ܒܕܘܟܬܟ
21:23b ܘܓܒܪܐ ܕܪܕܐ ܕܢܩܘܡ ܡܢ ܠܒܪ
37:9b B וק[ ] D וקם ܘܢܩܘܡ ܡܢ ܩܘܒܠܟ ܘܢܚܙܐ ܨܝܕܟ

peal imperf. 2 m.s.

4:26b A תעמוד ܘܠܐ ܬܩܘܡ ܠܩܘܒܠ ܫܒܠܐ
8:8d A להתיצב ܒܕܘܟܐ ܕܬܩܘܡ ܩܕܡ ܫܠܝܛܢܐ
8:11a A תזוח ܠܐ ܬܩܘܡ ܡܢ ܩܕܡ ܢܒܠܐ

peal imperf. 2 m.s. with suff.

12:12a A תעמידהו ܠܐ ܬܩܝܡܝܗܝ ܠܘܬܟ

peal imperf. 3 m.pl.

43:10a B M יעמד ܒܡ̈ܠܐ ܕܩܕܝܫܐ ܢܩܘܡܘܢ ܐܝܟ ܕܝܢܗܘܢ

pael perf. 3 m.s.

30:17b B עומד 7h3 7a1 ܠܚܝܠ ܡܢ ܟܐܒܐ ܕܩܝܡ [ܕܩܐܡ]
37:26b C D עומד ܘܫܡܗ ܩܐܡ ܠܚܝܐ ܕܠܥܠܡ
44:11a B M נאמן ܥܡ ܙܪܥܗܘܢ ܩܐܡ ܛܘܒܗܘܢ
44:13a B M יעמד ܘܥܕܡܐ ܠܥܠܡ ܩܐܡ ܙܪܥܗܘܢ

ethpa'al perf. 3 m.s.

1:15b 7a1,7h3 ܘܥܡ ܙܪܥܗܘܢ ܐܬܩܝܡ ܫܘܪܪܗ
9m1 ܬܬܩܝܡ]
44:20c B כרת ܒܒܣܪܗ ܐܬܩܝܡ ܠܗ ܩܝܡܐ
46:9b B עמדה ܘܥܕܡܐ ܠܣܝܒܘܬܗ ܐܬܩܝܡ ܥܡܗ

ethpa'al imperat. 2 m.s.

29:3a ܐܩܝܡ ܡܠܬܟ ܘܐܬܩܝܡ ܥܡ ܚܒܪܟ

ethpa'al imperf. 3 m.s.

1:15b 9ml ܘܥܡ ܙܪܥܗܘܢ ܢܬܩܝܡ ܢܨܒܬܗ̇
7al,7h3 ܐܬܩܝܡ]

2:13b ܐܦ ܗ̇ܘ ܠܐ ܢܬܩܝܡ

40:15a 7al,10ml ܘܫܠܦܐ ܠܐܟܣܢܝ̈ܐ ܠܐ ܢܬܩܝܡ
7h3 ܬܗܘܐ]

50:24a B יאמן ܘܢܬܩܝܡ ܥܡ ܦܢܚܣ ܢܨܒܬܐ

ethpa'al imperf. 3 m.pl.

22:18d ܩܕܡ ܥܠܥܠܐ ܠܐ ܢܬܩܝܡܘܢ

40:12b ܘܟܐܢ̈ܘܬܐ, ܠܥܠܡܐ ܐܦ ܗܢܘܢ ܢܬܩܝܡܘܢ

40:17b {B תכון, M תכן} ܘܙܕܩ̈ܬܐ ܕܗܘܝܐ ܠܥܠܡ ܢܬܩܝܡܘܢ

aphel perf. 3 m.s.

17:12a ܩܝܡܐ ܕܠܥܠܡ ܐܩܝܡ ܥܡܗܘܢ

17:17a ܥܠ ܟܠܗܘܢ ܥ̈ܡܡܐ ܐܩܝܡ ܫܠܝܛܢܐ

22:27a ܡܢ ܢܬܠ ܐܩܝܡ ܥܠ ܦܘܡܝ ܢܛܪ̈ܐ

23:2a ܡܢ ܢܬܠ ܐܩܝܡ ܥܠ ܬܪܥܝܬܝ, ܢܛܪܐ

aphel perf. 3 m.pl.

49:13b B המקים ܕܐܩܝܡ ܬܪ̈ܥܝܢ ܘܥܒܕ ܡܥܫܢܝܬܐ

aphel perf. 3 m.s. with suff

44:23d B יציבהו ܘܐܩܝܡܗ ܐܒܐ ܠܫ̈ܒܛܐ

45:3b B ויחזקהו ܘܐܩܝܡܗ ܩܕܡ ܡܠ̈ܟܐ

aphel perf. 3 f.s.

23:23d ܕܡܢ ܢܘܟܪܝܐ ܐܩܝܡܬ ܝܠܕܐ

aphel perf. 3 m.pl.

49:12b B הכינו ܕܒܝܘܡܝܗܘܢ ܐܩܝܡܘܗ ܡܕܒܚܐ

aphel perf. 3 m.pl. with suff.

35(32):1a ܪܒܐ ܐܩܝܡܘܟ ܠܐ ܬܬܪܝܡ

aphel part. f.s.

23:22b ܘܡܩܝܡܐ ܝܪܬܐ ܡܢ ܐܚܪܢܐ

He rose, stood, Surrexit,stetit(cont'd) ܩܡ

aphel part. m.pl.

40:25a B מעמידי 7h3 ܗܟܢܐ ܗܝ ܡܩܝܡܬܐ ܕܡܩܝܡܝܢ ܪ̈ܓܠܐ
7al] ܕܡܩܝܡܝܢ

aphel imperat. 2 m.s.

29:3a ܐܫܪ ܡܠܬܟ ܘܐܩܝܡ ܕܡܠܬܟ
36: 20a B תן ܐܩܝܡ ܣܗܕܘܬܐ ܕܒ̈ܪܝܬܟ
42:11a { B [ ]הקי ܥܠ ܒܪܬܟ ܐܩܝܡ ܡܛܪܬܐ
Bm החזק

aphel imperf. 3 m.s.

10:4b A יעמד ܘܡܕܒܪܢܐ ܠܙܒܢܗ ܢܩܝܡ ܥܠܝܗ̇

aphel imperf. 3 f.s.

3:9a A תיסד ܒܘܪܟܬܐ ܕܐܒܐ ܬܩܝܡ ܕܒ̈ܬܐ

aphel imperf. 3 m.pl.

40:18a ܚ̈ܝܘܬܐ ܘܥܘܬܪܐ ܢܩܝܡܘܢ ܒܝܬܐ

aphel imperf. 3 m.pl. with suff.

38:3b B יתיצב ܘܩܕܡ ܡ̈ܠܟܐ ܢܩܝܡܘܢܗ

ettaphal perf. 3 m.s.

44:20c B כרת ܒܒܣܪܗ ܐܬܬܩܝܡ ܠܗ ܩܝܡܐ

Body, Corpus ܩܘܡܬܐ

sing. with suff.

27:26a ܕܚܦܪ ܓܘܡܨܐ ܒܩܘܡܬܗ ܢܦܠܘܢܗ

Covenant, Foedus ܩܝܡܐ

sing. emph.

17:11a ܣܡ ܩܕܡܝܗܘܢ ܩܝܡܐ ܘܢܡܘܣܐ
17:12a ܩܝܡܐ ܕܠܥܠܡ ܐܩܝܡ ܥܡܗܘܢ
44:20b B בברית ܘܥܠ ܒܩܝܡܐ ܥܡܗ
44:20c B חק ܒܒܣܪܗ ܐܬܩܝܡ ܠܗ ܩܝܡܐ

sing. with suff.

11:34b A מבריתך ܘܢܥܩܪܟ ܡܢ ܩܝܡܟ

Covenant, Foedus(cont'd) ܩܝܡܐ

sing. with suff.

24:23a ܗܠܝܢ ܟܠܗܝܢ ܒܣܦܪܐ ܕܩܝܡܗ ܕܡܪܝܐ

44:12a M בבריתם ܘܒܩܝܡܝܗܘܢ ܩܐܡ ܙܪܥܗܘܢ

plur. emph.

38:33c ܘܩܝ̈ܡܐ ܕܕܝܢܐ ܠܐ ܢܣܬܟܠܘܢ

41:12c ܡܛܠ ܕܡܬܩܛܠ ܡܘܗ̈ܒܬܐ ܘܩܝ̈ܡܐ

45:15c B ברית ܘܗܘܬ ܠܗ ܠܩܝ̈ܡܐ ܕܥܠܡ

45:17b B בחוק ܘܐܫܠܛܗ ܒܩܝ̈ܡܐ ܘܕܝ̈ܢܐ

plur. with suff.

45:5f B חקיו ܘܩܝ̈ܡܘܗܝ ܘܕܝ̈ܢܘܗܝ ܠܝܥܩܘܒ

Root ܩܛܠ

He killed, Interfecit, ܩܛܠ

peal perf. 3 m.s.

30:23c B הרג ܡܛܠ ܕܠܣܓܝܐܐ ܩܛܠ ܕܘܘܢܐ

47:4a B הכה ܒܛܠܝܘܬܗ ܩܛܠ ܠܓܢܒܪܐ

peal part. m.s.

31(34):26a ܕܩܛܠ ܚܒܪܗ ܢܣܒ ܢܦܫ̈ܗ

47:3a B שחק ܐܪ̈ܝܘܬܐ ܐܝܟ ܓܕ̈ܝܐ ܩܛܠ

peal part. m.pl. (passive)

28:18a ܣܓܝ̈ܐܐ ܐܢܫ ܩܛ̈ܝܠܝ ܚܪܒܐ

28:18b ܒܪܡ ܠܐ ܐܝܟ ܩܛ̈ܝܠܝ ܠܫܢܐ

peal infinitive

9:13a A[ ]להג ܐܢܫܐ ܕܫܠܝܛ ܠܡܩܛܠ

40:28b ܘܠܐ ܬܗܘܐ ܛܒ ܠܡܩܛܠ

47:5c B להדף ܠܡܩܛܠ ܠܓܢܒܪܐ ܕܝܕܥ ܩܪܒܐ

peal imperf. 3 m.s. with suff.

8:16d A ישחיתך ܠܐ ܢܗܘܐ ܠܟ ܡܥܕܪܢܐ ܢܩܛܠܟ

Murder,Homicidium ܩܛܠܐ

sing. emph.

26:28f ܐܫܠܡܗ ܠܚܪܒܐ ܕܩܛܠܐ

Murder, Homicidium (cont'd) ܩܛܠܐ

plur. emph.

28:13b ܠܡܦ ܢܚܘܐ ܕܩܛ̈ܠܐ ܣܓܝܐܐ ܐܘܒܕ

Root ܩܛܡ

Ash, Cinis ܩܛܡܐ

sing. emph.

10:9a A ואפר ܡܢܐ ܡܫܬܐܪ ܥܦܪܐ ܘܩܛܡܐ

11:12d A צחנה ܡܢ ܥܦܪܐ ܘܡܢ ܩܛܡܐ

17:32b ܠܒܢܝ ܐܢܫܐ ܕܗܢܘܢ ܥܦܪܐ ܘܩܛܡܐ

40:3b B ואפר ܠܡܬܒ̈ܝ ܥܦܪܐ ܘܩܛܡܐ

Root ܩܛܦ

Harvest, Messis ܩܛܦܐ

sing. emph.

24:27b ܘܐܝܟ ܝܘܪܕܢܢ ܒܝܘ̈ܡܝ ܩܛܦܐ

50:8c B קיץ ܐܝܟ ܠܒܠܐ ܕܠܒܢܢ ܒܝܘ̈ܡܝ ܩܛܦܐ

Harvester, Messor ܩܛܘܦܐ

sing. emph.

30(33):25c E וכבוצר ܘܐܝܟ ܩܛܘܦܐ ܒܬܪ ܡܩܛܦܢܘܬܗ

plur. emph.

30(33):25a ܡܒܨܪܢܐ ܕܒܨܪܐ ܒܬܪ ܩܛ̈ܘܦܐ

Root ܩܛܪ

He bound, Ligavit ܩܛܪ

peal part. m.s.

9:14b A הסתייד ܘܥܡ ܚܟܝܡܐ ܗܘܝܬ ܩܛܪ ܐܪܙܐ

peal part. m.pl. (const.)

40:4a B מעוטה ܡܢ ܩܛܪ̈ܝ ܬܓܐ

peal imperf. 3 f.s. with suff

6:31b A תעטרנה ܘܟܠܝܠܐ ܕܬܫܒܘܚܬܐ ܬܩܛܪܝܟ

peal imperf. 2 m.s.

8:17a A תסתייד ܥܡ ܫܛܝܐ ܠܐ ܬܩܛܘܪ ܐܪܙܐ

37:11h ܘܥܡ ܐܢܫܐ ܢܟܠܐ ܠܐ ܬܩܛܘܪ ܐܪܙܐ

Quiver, Pharetra ܩܛܪܘܐ

sing. with suff.

26:12d ܘܩܕܡ ܟܠ ܓܐܪܐ ܦܬܚ ܩܛܪܘܗ

Root ܩܝܢ

Smith, Faber, ܩܝܢܝܐ

sing. emph.

34(31):26a B לוטש ܐܝܟܢܐ ܕܒܚܪ ܟܘܪܐ ܒܦܘܚܐ ܥܒ̈ܕܐ ܕܩܝܢܝܐ

43:4a ܐܝܟ ܟܘܪܐ ܕܢܦܚ ܒܥܒ̈ܕܐ ܕܩܝܢܝܐ

Root ܩܝܣ

Wood, Lignum, ܩܝܣܐ

sing. absol.

26:12c ܘܠܟܠ ܩܝܣ ܬܦܬܚ

sing. emph.

22:16a ܐܝܟ ܢܓܪܬܐ ܕܩܝܣܐ ܕܐܣܝܪܐ ܒܐܫ̈ܬܐ

38:5a B מעץ ܒܗ ܩܝܣܐ ܐܬܚܠܝܘ ܡܝ̈ܐ ܡܪ̈ܝܪܐ

plur. emph.

8:3b A עץ ܘܠܐ ܬܬܩܦ ܥܠ ܢܘܪܐ ܩܝ̈ܣܐ

Root ܩܠ

It was light, Levis fuit ܩܠ

Palpel = He overthrew, dejecit

palpel perf. 3 m.s. with suff.

14:1a A אשרי ܛܘܒܘܗܝ ܠܓܒܪܐ ܕܠܐ ܩܠܩܠܗ ܦܘܡܗ

25:8c ܛܘܒܘܗܝ ܠܕܠܫܢܗ ܠܐ ܩܠܩܠܗ

palpel imperf. 3 m.s.

11:34a A יסלף ܬܬܗܦܟ ܠܒܝܬܐ ܕܠܐ ܢܩܠܩܠ ܐܘܪܚܟ

Light, fast, Levis, celer ܩܠܝܠܐ

sing. absol.

22:18b ܘܕܩܠܝܠ ܩܕܡ ܡܢ ܪܘܚܐ

27:3a ܩܠܝܠ ܐܒܕܢܐ ܦܬܟܡܐ ܬܚܫܒ

31(34):10a ܕܠܐ ܢܦܩ ܩܠܝܠ ܗܘ ܝܕܥ

37:28b ܘܠܐ ܟܠ ܢܦܫܐ ܒܩܠܝܠ ܡܬܪܐ

Light,fast, Levis, celer (cont'd) ܩܠܝܠܐ

sing. absol. (cont'd)

39:20a B קטן ܠܝܬ ܕܩܠܝܠ ܘܥܫܝܢ ܩܕܡܘܗܝ

47:6b ܒܕܝܢܗ، ܢܫ̈ܐ ܒܪ̈ܟܬܐ ܩܠܝܠ ܐܬܝܗܒܬ

sing. const. m.

11:32a ܡܢ ܩܠܝܠ ܢܘܪܬ ܢܦܫܐ ܓܘܡܪܐ

sing. emphatic f.

36(33):5a ܐܝܟ ܓܝܓܠܐ ܩܠܝܠܬܐ ܠܒܗ ܕܣܟܠܐ

plur. emph. f.

40:13f ܢܘܪ̈ܬܐ ܕܥܠܝܢ ܡܢ ܢܝ̈ܚܐ ܩܠܝ̈ܠܬܐ

Dishonour, Opprobrium ܩܠܠܐ

sing. emph.

1:30b ܠܐ ܬܦܩܐ ܠܢܦܫܟ ܩܠܠܐ

5:13a A} וקלון ܐܝܩܪܐ ܘܩܠܠܐ ܒܝܕ ܦܘܡ ܕܡܡܠܠ
C}

6:1c A קלון ܕܠܐ ܫܡܐ ܒܝܫܐ ܘܩܠܠܐ ܬܐܪܬ

Root ܩܠܐ

He despised, Contemptus est. ܩܠܐ

ethpe'el part.

6:15b A משקל ܘܠܝܬ ܡܬܩܠܐ ܠܫܘܦܪܗ

21:25b ܡܡܠܠ ܘܒܡܬܩܠܐ ܡܡܠܠ ܢܒܥܐ

26:15b C משקל ܘܠܝܬ ܡܬܩܠܐ ܠܒܪܬ ܦܘܡܐ

38:28c ܘܠܩܠܗ ܕܡܩܒܬܐ ܡܬܩܠܐ

Root ܩܠܒ

Bracelet, Armilla ܩܘܠܒܐ

sing. emph.

21:21a ܐܝܟ ܩܘܠܒܐ ܕܕܗܒܐ ܢܨܒܬܐ

Cage, Cavea ܩܠܘܒܐ

sing. emph.

11:30a A[ ]בכל 7a1,10m1,12a1,∆, ܐܝܟ ܣܝܠܐ ܨܝܕܐ ܒܩܠܘܒܐ
7h3 ܒܐܩܠܘܒܐ]

Root ܩܠܥ

Sling, Funda ܩܠܥܐ

sing. emph.

47:4c B קלע ܐܝܟ ܐܒܕܗ ܒܩܠܥܐ

Root ܩܢܐ

He acquired, Acquisivit ܩܢܐ

peal perf. 3 f.s.

46:13e B הכין ܕܒܡܠܬܗ ܬܩܢܬ ܡܠܟܘܬܐ

peal perf.1.s

51:20c B קניתי ܘܠܒܐ ܩܢܝܬ ܠ ܡܢ ܪܫܝܬܐ

peal perf. 1.s. with suff.

51:21b B קניתיה ܡܛܠ ܗܢܐ ܩܢܝܬܗ ܩܢܝܢܐ ܛܒܐ

peal part.

6:7a A קנית ܐܢ ܩܢܐ ܐܢܬ ܪܚܡܐ

20:23b C וקונהו ܘܩܢܐ ܠܗ ܣܢܐܐ ܡܓܢ

23:11a ܓܒܪܐ ܝܡܝܐ ܩܢܐ ܚܘܒ̈ܐ

29:6c ܘܩܢܐ ܠܗ ܣܢܐܐ

peal imperat.2 m.s.

36: 29a { B קנה / Bm,D קונה } ܒܪܝܫ ܩܢܝܢܟ ܩܢܝ ܐܢܬܬܐ ܛܒܬܐ

peal imperat. 2 m.s. with suff

6:7a A קנהו ܩܢܐ ܐܢܬ ܪܚܡܐ ܒܢܣܝܘܢܐ ܩܢܝܗܝ

7:22b A העמידה ܘܐܢ ܝܬܝܪܐ ܗܘ ܩܢܝܗ

peal imperf. 2 m.pl.

51:28b B תקנו ܘܣܓܝܐܐ ܘܕܗܒܐ ܬܩܢܘܢ ܒܗ

Care, Studium ܩܢܝܬܐ

sing. emph.

27:30a ܩܢܝܬܐ ܘܪܘܓܙܐ ܐܦ ܗܢܝܢ ܛܢܦ̈ܢ

sing. with suff.

12:11d A קנאה ܘܬܕܥ ܫܪܝܬܐ ܕܩܢܝܬܗ

Possesion, Possessio ܩܢܝܢܐ

sing. emph.

34(31):5b ܘܗܘܐ ܥܬܝܪ ܒܩܢܝܢܐ ܒܗ ܢܦܠܐ

51:21a B קנין ܡܛܠ ܗܢܐ ܩܢܝܬܗ ܩܢܝܢܐ ܛܒܐ

sing. with suff.

36: 29a { B קנין ܪܝܫ ܩܢܝܢܟ ܩܢܝ ܐܢܬܬܐ ܛܒܬܐ
{ D ק[ ]ן

2:18e 7h3 ܗܒܠ ܠܐܠܗܐ ܢܦܫܐ ܩܢܝܢܗ

7al omits

Root ܩܢܡ

nom. prop. Cinnamon ܩܘܢܡܐ

24:15a ܐܝܟ ܩܘܢܡܐ ܘܠܦܪܐ ܕܒܣ̈ܡܐ

Root ܩܣܛ

Urn, Urna ܩܣܛܐ

sing. emph.

50:15a ܐܘܫܛ ܠܩܣܛܐ ܐܝܕܗ

Root ܩܦܣ

He collected, Collegit ܩܦܣ

peal perf. 3 m.s.

16:30b ܡܠܐ ܐܩܦ̈ܣ ܘܩܦܣ ܠܓܘܗ ܟܠ ܢܦ̈ܫܬܗܘܢ

peal part. (passive) m.pl.

39:34b ܡܛܠ ܕܟܠܗܘܢ ܡܩܦܣܝܢ ܒܙܒܢܐ

ethpe'el perf. 3 m.pl.

16:10b הנאספים ܫܬܡܐܐ ܐܠܦܝܢ ܓܒܪܝܢ ܕܐܬܩܦܣܘ

Short, Brevis ܩܦܝܣܐ

sing. absol. f.s.

4:31b { A קפוצה ܘܬܗܘܐ ܩܦܝܣܐ ܠܡܬܠ
{ C קפודק

Root ܦܣܩ

He cut off, Totondit ܦܣܩ

pael imperat. 2 m.s.

25:26b ܒܣܪܟ ܦܣܘܩ ܗܒ ܠܗ ܘܫܪܝܗ ܡܢ ܒܝܬܟ

The end , Finis ܩܨܐ

sing. emph.

33(36):10a B קץ ܐܝܟ ܩܨܐ ܘܦܬܟܐ ܕܟܠܢܐ

sing. with suff.

34(31):6d B עברה ܠܚܒܠܗ ܐܝܟ ܒܩܘܡܬܐ ܕܩܨܗܘܢ

Root ܩܨܡ

Prophecy, Vaticinatio ܩܨܡܐ

plur. emph.

31(34):5a ܟܠ ܢܚ̈ܫܐ ܘܩܨ̈ܡܐ ܘܢܛ̈ܠܡܐ ܦܣܘܩܝܘܬܐ

Root ܩܪ

Cold, Frigus ܩܪܝܪܐ

plur. emph.

26:12b ܘܦܘܡܗ ܦܬܝܚ ܠܡ̈ܝܐ ܩܪ̈ܝܪܐ

Root ܩܪܐ

He called, Clamavit ܩܪܐ

peal perf. 3 m.s.

45:19c B ויבא 7a1 ܘܩܪܐ ܠܗܘܢ ܒܚܡ̈ܬܐ

7h3 ܘܒܢܘܪܐ]

peal perf. 3 m.s. with suff.

2:10e ܐܘ ܡܢܘ ܩܪܝܗܝ ܘܠܐ ܥܢܝܗܝ

44:23b ܕܩܪܝܗܝ ܒܪܝ ܒܘܟܪܝ ܐܝܣܪܝܠ

peal perf. 2 m.s. with suff.

36: 17b B כיניתה ܥܠ ܐܝܣܪܝܠ ܕܩܪܝܬܝܗܝ ܒܘܟܪܟ

peal perf. 1.s.

51:10a B וארומם ܘܩܪܝܬ ܠܐܒܝ ܡܢ ܡܪܘܡܐ

peal part. m.pl.

19:27b ܘܒܐܬܪ ܕܠܐ ܝܕܥ ܠܗ ܩܪܝ ܠܗ ܒܒܝܫܐ

peal imperf. 3 m.s. with suff.

13:6c A והבטיחך

ethpe'el perf. 3 m.s.

36: 17a B נקרא ܘܥܠ ܥܡܟ ܕܐܬܩܪܝ ܫܡܟ ܥܠܘܗܝ

47:18b B הנקרא ܐܝܩܪܐ ܕܐܬܩܪܝ ܥܠ ܐܝܣܪܝܠ

He called, Clamavit (cont'd) ܩܪܐ

ethpe'el perf. 2 m.s.

47:18a B נקראת ܐܬܩܪܝܬ ܒܫܡܗ ܕܐܠܗܐ

ethpe'el part.

51:30 colophon B נקרא שמו 7h3 ܗܢܘ ܕܝܢ ܒܪ ܫܡܥܘܢ ܕܡܬܩܪܐ ܒܪ ܐܣܝܪܐ

7al omits

ethpe'el imperf. 2 m.s.

5:14a A תקרא ܬܬܩܪܐ ܕܡܠܟ ܒܬܪܬܝܢ

Quarrel, Contentio ܩܪܝܢܐ

sing. emph.

40:5b ܘܕܚܠܬ ܡܘܬܐ ܘܚܪܝܢܐ ܘܩܪܝܢܐ

Root ܩܪܒ

He approached, Appropinquavit ܩܪܒ

He fought, Pugnavit ܩܪܒ

peal perf. 2 m.s.

2:1a ܒܪܝ ܐܢ ܩܪܒܬ ܠܡܦܠܚܗ ܕܐܠܗܐ

peal part. m.s.

1:20y ܘܒܢܬܗܘܢ ܩܪܒ ܐܝܟ ܝܘܒܠܐ

9:13c A קרבת ܘܐܢ ܩܪܒ ܐܢܬ ܠܗ ܠܐ ܬܚܛܐ ܢܦܫܟ

12:13b A הקריב ܐܦ ܟܠ ܕܩܪܒ ܠܚܝܘܬ ܒܪܐ

13:1a A נוגע ܕܩܪܒ ܠܟܘܦܪܐ ܕܒܩܐ ܒܐܝܕܗ

31(34):30a ܘܗܦܟ ܩܪܒ ܠܗ

peal imperat. 2 m.s.

1:20w ܘܠܐ ܬܬܕܚܠ ܩܪܘܒ

6:19a A, C קרב ܘܐܝܟ ܚܪܘܫܐ ܩܪܘܒ ܠܘܬܗ

peal imperf. 3 m.s. with suff.

13:9b A יגישך ܘܒܟܠ ܕܐܢ ܗܘ ܢܩܪܒܟ

peal imperf. 3 f.s. with suff.

15:2b A, B תקבלנו ܐܝܟ ܐܢܬܬܐ ܕܥܠܝܡܘܬܐ ܬܩܪܒܝܘܗܝ

pael perf. 3 m.s. with suff.

45:5b B ויגישהו ܘܩܪܒܗ ܠܥܪܦܠܐ ܘܝܗܒ ܒܐܝܕܗ ܦܘܩܕܢܘܗܝ

He approached, Appropinquavit
He fought, Pugnavit, (cont'd) ܩܪܒ

peal imperat. 2 m.s.

6:26a ܒܟܠܗ̇ ܠܒܟ ܩܪܘܒ ܠܘܬܗ̇

peal imperf. 2 m.s.

1:28b 7a1,7h3, ܘܠܐ ܬܩܪܘܒ ܠܘܬܗ̇ ܒܬܪ̈ܝܢ ܠܒܝܢ
12a1,17a4,17a3,17a1, ܬܬܩܪܒ]

21:2b ܘܐܢ ܬܩܪܘܒ ܠܘܬܗ ܢܟܬܟ

pael part.

7:9b ܒܣܘܓܐܐ ܕܡܘܗܒܬܝ ܘܕܡܩܪܒ ܐܢܐ

31(34):24b ܗܟܢܐ ܗ̇ܘ ܕܡܩܪܒ ܩܘܪܒܢܐ

32(35):2a ܪܒܐ ܣܘܟ̈ܠܐ ܦܘܩ̈ܕܢܐ ܗ̇ܘ ܕܡܩܪܒ

pael imperat. 2 m.s.

6:25a A הטה ܩܪܒ ܟܬܦܟ ܘܫܩܘܠܝܗ̇

ethpa'al perf. 3 f.s.

51:6b B ותגע ܘܩܪܝܒ ܠܡܘܬܐ ܐܬܩܪܒܬ

ethpa'al part.

13:9a A קָרֵב ܘܡܢ ܡܬܩܪܒ ܠܟ ܫܠܝܛܐ

40:17c ܘܕܡܬܩܪܒ ܠܗܘܢ ܐܝܟ ܐܫܐ

ethpa'al imperf. 3 m.s.

1:20e ܦܓܥܘܗܝ ܠܒܪܢܫܐ ܕܢܬܩܪܒ ܠܘܬܗ̇

34(31):22d B יגע 12a1,Δ, ܘܒܟܠ ܥܒܕܐ ܠܐ ܢܬܩܪܒ
7a1,7h3 ܬܬܩܪܒ]

ethpa'al imperf. 2 m.s.

1:28b 12a1,17a4,17a3,17a1. ܘܠܐ ܬܬܩܪܘܒ ܠܘܬܗ̇
7a1, 7h3 ܬܩܪܘܒ]

13:10a A תתקרב ܠܐ ܬܬܩܪܒ ܕܠܐ ܬܬܪܚܩ

34(31):22 d B יגע 7a1,7h3, ܘܒܟܠ ܥܒܕܐ ܠܐ ܬܬܩܪܒ
12a1,Δ, ܢܬܩܪܒ]

aphel perf. 3 m.s.

46:6d B מלחמתם ܐܠܗܐ ܗܘ ܐܩܪܒ ܩܪܒܗܘܢ

aphel infin.

45:16b B להגיש ܠܡܩܪܒܘ ܢܟ̈ܣܬܐ ܘܒܣ̈ܡܐ

A fight, Pugna **ܩܪܒܐ**

sing. emph.

26:27b ܐܝܟ ܩܪܢܐ ܡܠܩܛܢܝܬܐ ܕܩܪܒܐ ܬܬܚܫܒ

26:27d ܒܟܢܫܐ ܕܩܪܒܐ ܢܬܐ ܒܫܘܠܛܢܐ

29:13a ܘܕܘܩܝܐ ܘܪܘܡܚܐ ܠܩܪܒܐ

47:5c B מלחמות ܠܡܩܛܠ ܓܒܪܐ ܕܝܕܥ ܩܪܒܐ

sing. with suff.

46:3b B מלחמות ܡܛܠ ܕܩܪܒܗ ܕܡܪܝܐ ܗܘ ܢܨܒ

Proximity, Propinquitas **ܩܘܪܒܐ**

sing. emph.

37:6a B בקרב / Bm בקרבך / D בְּקֶרֶב ܠܐ ܬܛܥܝ ܪܚܡܟ ܒܩܘܪܒܐ

Gift,Sacrifice.Donum,Sacrificium, **ܩܘܪܒܢܐ**
sing. emph.

20:29a ܩܘܪܒܢܐ ܘܫܘܚܕܐ ܡܥܘܪܝܢ ܥܝܢܐ

31(34):24b ܡܢ ܕܡܩܪܒ ܩܘܪܒܢܐ ܡܢ ܕܡܣܟܢܐ

32(35):2a ܫܩܠܐ ܛܒܬܐ ܡܢ ܕܡܩܪܒ ܩܘܪܒܢܐ

46:19c ܘܩܘܪܒܢܐ ܡܢ ܐܢܫ ܠܐ ܢܣܒ

plur. emph.

7:31c A אבירים ܐܝܟ ܡܐ ܕܐܬܦܩܕܬ ܠܫܡܐ ܕܩܘܪܒܢܐ.

32(35):15a B זבח ܘܠܐ ܬܬܟܠ ܥܠ ܩܘܪܒܢܐ ܕܥܘܠܐ

50:13b ܩܘܪܒܢܐ ܒܐܝܕܝܗܘܢ ܠܩܕܡ ܟܠܗ ܥܡܐ

plur. with suff.

7:9a ܠܐ ܬܐܡܪ ܕܒܣܓܝܐܘܬܐ ܕܩܘܪܒܢܝ

7:9b ܘܡܩܪܒ ܐܢܐ ܠܡܪܝܐ ܩܘܪܒܢܝ ܢܩܒܠ

31(34):22a ܘܠܐ ܡܬܩܒܠܝܢ ܩܘܪܒܢܝܗܘܢ

31(34):23b ܠܐ ܒܣܓܝܐܘܬܐ ܕܩܘܪܒܢܝܗܘܢ ܫܒܩ ܠܗܘܢ

32(35):8a ܩܘܪܒܢܝܗܘܢ ܕܙܕܝܩܐ ܠܬܐܕܘܬܗܘܢ

Close ,Proximus **ܩܪܝܒܐ**

sing. absol.

11:21c A נכה ܡܛܠ ܕܩܪܝܒ ܗܘ ܩܕܡ ܡܪܝܐ

Close, Proximus (cont'd) ܩܪܝܒܐ

sing. absol.m(cont'd)

37:4a B} D} מביט ܟܕ ܢܦܫܐ ܕܩܪܝܒ ܠܚܕܘܬܐ

sing. absol. f.

51:26c B קרובה ܩܪܝܒܐ ܗܝ، ܠܟ ܕܬܫܟܚ ܠܗ

sing.const.

18:12a ܪ̈ܚܡܐ ܕܒܪܢܫܐ ܥܠ ܩܪܝܒ ܒܣܪܗ

sing. with suff.

19:14a ܐܟܣ ܩܪܝܒܟ ܕܠܐ ܢܐܡܪ

Root ܩܪܚ

nom. prop. Core ܩܘܪܚ

45:18d B קרח ܕܬܢ ܘܐܒܝܪܡ ܘܟܢܘܫܬܐ ܕܩܘܪܚ

Root ܩܪܐ

Town, Oppidum ܩܪܝܬܐ

sing. emph.

9:18a A בעד ܕܚܝܠ ܒܩܪܝܬܐ ܓܒܪܐ ܦܟܝܗܐ

10:3b A ועיר ܘܡܬܬܩܢܐ ܩܪܝܬܐ ܒܣܘܟܠܬܐ

16:4a A} B} עיר ܬܬܡܠܐ ܟܠܗ̇ ܩܪܝܬܐ

24:11a ܒܩܪܝܬܐ ܕܪܚܡܐ ܠܗ ܐܫܪܝܬܢܝ،

36:18a B קרית 7a1,7h3 ܪܚܡ ܥܠ ܩܪܝܬܐ ܕܩܘܕܫܟ

Δ, ܕܩܘܕܫܬܐ]

sing. const.

49:6a B קרית ܘܐܘܩܕܘ ܩܪܝܬ ܩܘܕܫܐ

sing. with suff.

42:11d ܘܒܟܢܫܐ ܕܩܪܝܬܟ ܬܒܗܬܟ

10:1b A סדירה ܘܫܠܝܛܐ ܚܟܝܡܐ ܢܬܩܢ ܩܪܝܬܗ

16:8a A מגורי ܘܠܐ ܚܣ ܥܠ ܥܡܘܪ̈ܐ ܕܩܪܝܬܗ

plur. with suff.

23:18d 7h3 ܘܫܘܪܐ ܕܩܪ̈ܝܬܝ، ܡܢܘ ܚܙܐ ܠܝ

7a1,12a1,Δ,9m117a5 ܕܒܝܬܝ،]

Town, Oppidum (cont'd) ܩܪܝܬܐ

plur. with suff. cont'd)

29:22a ܒܢܘܗܝ، ܕܡܫܟܢܐ ܐܝܬܝܗ ܐܝܠܢܐ ܕܩܘܪܝܬܗ

Root ܩܪܢ

Horn, Cornu

sing. emph. ܩܪܢܐ

26:27b ܐܝܟ ܩܪܢܐ ܡܠܩܛܢܝܬܐ ܕܩܪܒܐ

47:5d B קרן ܠܡܪܝܡܘ ܩܪܢܐ ܕܥܡܗ ܐܝܣܪܝܠ

sing. with suff.

47:11b B קרנו ܘܐܪܝܡ ܠܥܠܡ ܩܪܢܗ

47:7c B[ ]קרן ܘܬܒܪ ܠܦܠܫܬܝܐ ܘܬܒܪ ܩܪܢܝܗܘܢ

plur. emph.

50:16b Bבחצצרות ܒܩܪܢܬܐ ܡܚܩ ܟܠܗ ܥܡܐ

Root ܩܪܨ

Calumny, Calumnia (with ܐܟܠ) ܩܪܨܐ

sing. emph.

19:15a ܗܘܐ ܕܐܟܠ ܩܪܨܐ ܣܓܝܐܐ

plur. emph.

19:8c ܠܥܠܡ ܩܪ̈ܨܐ ܕܐܢܫ ܠܐ ܬܐܟܘܠ

Root ܣܒ

He grew old, Senuit ܣܒ

peal imperf. 3 m.s.

14:24b A והביא ܘܒܐܘܪܚܬܗ ܢܣܒ ܣܒ̈ܝܘܗܝ

Old man, Presbyter ܣܒܐ

sing. emph.

8:1a A I גדול / A II קשה ܥܡ ܓܒܪܐ ܕܣܒܐ ܡܢܟ

21:24b ܘܠܚܟܝܡܐ ܣܒܐ ܢܝܩܪܝܗ

39:20b B נפלא ܘܠܝܬ ܕܢܣܒ ܘܣܒܐ ܠܡܥܒܕܗ

Old man, Senex ܣܒܐ

sing. emph.

10:20a A B ראשו ܒܝܬ ܐܚ̈ܐ ܣܒܐ ܡܝܩܪ

Old man, Senex, (cont'd) ܩܫܝܫܐ

sing. emph. (cont'd).

21:9a ܗܘܠܐ ܒܬ̈ܠܬܗܘܢ ܕܚܒܝܪܐ ܩܫܝܫܐ

25:20a ܗܘܠܐ ܒܬ̈ܠܬܗܘܢ ܕܚܒܝܪܐ ܩܫܝܫܐ

plur. emph.

25:6a ܐܣܛܦܢܗܘܢ ܕܩܫܝ̈ܫܐ ܣܘܓܐܬ ܕܝܕܥܬܐ

Root ܩܫ

He hardened, Durum reddidit ܩܫܝ

pael perf. 3 m.s.

16:15a A הקשה ܡܪܝܐ ܩܫܝ ܠܒܗ ܕܦܪܥܘܢ

aphel imperat. 2 m.s.

30:13a B והכבד ܐܠܦ ܒܪܟ ܘܐܩܫܐ ܥܠܘܗܝ

aphel imperf. 3 m.s.

8:15b A תכביד ܕܠܡܐ ܢܩܫܐ ܒܒܝܫܬܟ

Hard, Durus ܩܫܝܐ

sing. absol. f.

6:20a A עקובה ܩܫܝܐ ܗܝ ܣܘܟܠܬܐ ܠܣܟܠܐ

sing. emph. m.

3:26a A כבד ܠܒܐ ܩܫܝܐ ܬܬܒܐܫ ܣܘܦܗ

3:27a A כבד ܠܒܐ ܩܫܝܐ ܢܣܓܘܢ ܟܐܒܘ̈ܗܝ

8:15a A אכזרי ܥܡ ܓܒܪܐ ܩܫܝܐ ܠܐ ܬܬܐܠ

25:22a ܡܛܠ ܕܦܘܠܚܢܐ ܩܫܝܐ ܘܒܗܬܬܐ

26:7a ܢܝܪܐ ܩܫܝܐ ܐܢܬܬܐ ܒܝܫܬܐ

28:20a ܡܛܠ ܕܢܝܪܐ ܩܫܝܐ ܢܝܪܗ

sing. emph. f.

6:4a A עזה ܡܛܠ ܕܢܦܫܐ ܩܫܝܬܐ ܬܚܒܠ ܡܪܗ

plur. absol. f.

3:21a A } פלאות ܕܩܫ̈ܝܢ ܡܢܟ ܠܐ ܬܒܥܐ
C }

(in the Paris Polyglott ad loc.it is pointed ܕܩ̈ܫܝܢ)

Hardness, Duritas ܩܫܝܘܬܐ

sing. emph.

26:29a ܒܩܫܝܘܬܐ ܢܦܩܬܐ ܡܬܦܨܐ

Root ܩܫܬ

Rainbow, Arcus ܩܫܬܐ

sing. emph.

50:7b B וכקשת ܘܐܝܟ ܩܫܬܐ ܒܥܢܢܐ

Truth, Veritas ܩܘܫܬܐ

sing. emph.

1:15a ܥܡ ܐܢܫܐ ܗܘ ܕܩܘܫܬܐ

4:25a A האל ܠܐ ܬܗܦܘܟ ܥܠ ܩܘܫܬܐ

4:28a A הצדק ܐܬܟܬܫ ܥܠ ܩܘܫܬܐ

7:20a A, C באמת ܠܥܒܕܐ ܕܦܠܚ ܒܩܘܫܬܐ

27:8a ܐܢ ܬܒܥܐ ܩܘܫܬܐ ܬܕܪܟܝܗ̇

27:9b ܘܩܘܫܬܐ ܠܘܬ ܥܒ̈ܕܝܗ̇ ܐܙܠ

32(35):22a B צדק ܘܕܝܢܐ ܕܩܘܫܬܐ ܕܐܝܢ

37:15b B, D באמת ܕܗܘ ܢܬܩܢ ܐܘܪܚܟ ܒܩܘܫܬܐ

42:22a 7h3 ܒܥܒ̈ܕܘܗܝ ܠܟܠܗܘܢ ܒܩܘܫܬܐ ܡܕܒܪܐ

7a1 ܒܩܘܫܝܘܬܐ]

49:3b B חסד ܘܒܝܘ̈ܡܝ ܚܛܝ̈ܐ ܥܒܕ ܩܘܫܬܐ

51:15c B באמתה, Q במישור ܕܪܟܬ ܪܓܠܝ ܒܩܘܫܬܐ ܡܢܝ

Root ܩܬܪ

Harp, Cithara ܩܬܪ̈ܐ

plur. emph.

44:5a ܥܠ ܐܡܪܝ ܩܬܪ̈ܐ ܘܢܒ̈ܠܐ

ܪ̇

Root ܪܒܐ

Great , Magnus ܪܒܐ

sing. absol

3:18a { A גדולות / C גדול — ܟܠ ܕܐܢܬ ܕܪܒ ܒܥܠܡܐ

10:24b A, B } גדול — ܘܠܝܬ ܕܪܒ ܡܢ ܡܢ ܕܡܣܟܢ

31(34):15a ܡܛܠ ܕܪܒ ܗܘ ܚܒܪܗ

43:5a { B גדיל / Bm,M גדול — ܕܒ ܗܘ ܡܪܝܐ ܕܥܒܕܗ

sing . emph. m.

1:3 b ܘܬܗܘܡܐ ܪܒܐ ܡܢܘ ܢܥܩܒܝܘܗܝ

10:24a B שר — ܪܒܐ ܘܫܠܝܛܐ ܘܕܝܢܐ ܢܝܩܪ

24:29a ܡܛܠ ܕܡܢ ܝܡܐ ܪܒܐ ܦܝܫܬ ܡܚܫܒܬܐ

24:29b ܘܡܠܟܬܗ ܡܢ ܬܗܘܡܐ ܪܒܐ

26:8a ܪܘܓܙܐ ܪܒܐ ܐܢܬܬܐ ܪ̈ܘܝܬܐ

35(32):1a ܪܒܐ ܐܬܡܢܝܬ ܠܐ ܬܬܪܝܡ

31(34):19b ܘܬܘܠܝܬܐ ܗܘ ܪܒܐ

41:12e ܘܗ̇ ܗܘ ܥܠܡܐ ܪܒܐ

46:1b ܠܡܗܘܐ ܐܝܟ ܫܡܗ ܪܒܐ

50:1a ܫܡܥܘܢ ܒܪ ܢܬܢܐ ܟܗܢܐ ܪ̈ܒܐ

sing. emph. f.

1:20r ܢܘܪܬܐ ܕ ܠܥܠܡ ܘܫܘܬܐ ܪܒܬܐ

26:29a ܒܥܡܠܬܐ ܪܒܬܐ ܡܬܦܠܓܐ

32(35):12b { B ובהשגת / Bm ובהגשת, ובהגיש — ܒܚܝܠܬܐ ܘܒܐܝܕܐ ܪܒܬܐ

45:24d B גדולה — ܟܗܢܘܬܐ ܪܒܬܐ ܠܥܠܡ

Great, Magnus (cont'd) ܪܒܐ

sing. emph. f. (cont'd)

47:22f ܘܠܒܝܬܗ ܡܠܟܘܬܐ ܪܒܬܐ

48:21b ܘܡܚܐ ܐܢܘܢ ܒܡܚܘܬܐ ܪܒܬܐ

sing. const.

50:1a B גדול ܪܒ ܐܚܘܗܝ ܘܟܠܝܠ ܕܥܡܗ

plur. absol. f.

23:19b ܕܥܝܢܘܗܝ ܕܐܠܗܐ ܪ̈ܘܪܒܢ ܚܕ ܒܪ̈ܒܘ

50:10a B מלא ܘܐܝܟ ܙܝܬܐ ܗܢܝܐ ܕܪ̈ܘܪܒܢ ܣܘ̈ܟܝܗܘܢ

plur. emph. m.

3:11b A ומרבה ܘܣܓ̈ܝܐܐ ܪ̈ܘܪܒܐ ܗܘ ܕܒܙܝܢ ܠܐܡܗܘܢ

29:24b ܘܠܐ ܕܬܒܥܐ ܪ̈ܘܪܒܐ ܠܐ ܐܡܪ

plur. emph. f.

40:1a B גדול ܥ̈ܢܝܢܬܐ ܪ̈ܘܪܒܬܐ ܒܪܐ ܐܠܗܐ

47:10a ܝܗܒ ܬܫܒ̈ܚܬܐ ܪ̈ܘܪܒܬܐ

Princes, Principes (Plur . only) ܪ̈ܘܪܒܢܐ

plur. emph. m.

20:27b ܘܓܒܪܐ ܚܟܝܡܐ ܢܬܪܥܐ ܠܪ̈ܘܪܒܢܐ

25:5a ܡܐ ܝܐܐ ܠܪ̈ܘܪܒܢܐ ܚܟܡܬܐ

30(33):27b E ומשלי ܫܡܥܘܢܝ ܕܥܡܐ ܘܪ̈ܘܪܒܢܐ ܕܟܢܘܫܬܐ

33(36):11b ܘܟܠ ܪ̈ܘܪܒܢܐ ܘܫܠܝܛܢܐ ܕܥܡ̈ܡܐ

39:4b ܘܩܕܡ ܡܠ̈ܟܐ ܘܪ̈ܘܪܒܢܐ ܢܩܘܡ

Greatness, Magnitudo ܪܒܘܬܐ

sing. emph.

1:11b ܘܚܕܘܬܐ ܘܪܒܘܬܐ ܘܟܠܝܠܐ ܕܬܫܒܘܚܬܐ

32(35):21b ܘܥܕܡܐ ܕܡܛܐ ܠܪܒܘܬܐ ܠܐ ܬܫܠܐ

40:18a ܪܒܘܬܐ ܘܐܡܪܐ ܢܣܒܝܢ ܥܠܡܐ

sing. with suff.

36: 19a B הודך ܡܠܝ ܨܗܝܘܢ ܡܢ ܪܒܘܬܟ

2:18c ܡܛܠ ܕܐܝܟ ܪܒܘܬܗ ܗܟܢܐ ܬܫܒ̈ܘܚܬܗ

Greatness, Magnitudo (cont'd) **ܪܒܘܬܐ**

sing. with suff.(cont'd).

44:2b {B וגדלו / M וגדלה} ܘܡܠܬܗ ܪܒܘܬܗܘܢ ܥܠ ܗܕܐ ܗܠܟܬܐ

plur. emph.

47:6a B ברבבה ܡܛܠ ܗܢܐ ܫܒܚܘܗܝ، ܢܫ̈ܐ ܒܪ̈ܒܘܬܐ

Ten Thousand, Decem Millia **ܪܒܘ**

sing.

23:19b ܕ̈ܐܘܪܒܢ ܚܕ ܒܪ̈ܒܘ ܒܢܗܝܪܐ

32(35):13b ܘܪ̈ܒܘ ܪ̈ܒܘܢ ܗ̣ܘ ܦܪܥ ܠܟ

plur.

32(35):13b ܘܪ̈ܒܘ ܪ̈ܒܘܢ ܗ̣ܘ ܦܪܥ ܠܟ

He acted proudly, Superbivit **ܪܘܪܒ**

ethpa'al imperf. 2 m.s.

35(32):9a B תקומם ܟܕ ܥܬܝܪܐ ܠܐ ܬܬܪܘܪܒ

He increased, Auxit **ܪܒܐ**

pael perf. 3 m. s. with suff.

45:2a ܘܪܒܝܗ ܒܪܘܪܒܘܬܐ ܘܬܩܦܗ

pael perf. 3 m. pl. with suff.

7:28b ܘܡܢܘ ܬܦܪܘܥ ܐܝܟ ܕܪܒܝܘܟ

ethpa'al perf. 1.s.

24:13a ܐܝܟ ܐܪܙܐ ܐܬܪܒܝܬ ܒܠܒܢܢ

24:12a ܘܐܬܪܒܝܬ ܒܥܡܐ ܢܨܝܚܐ

24:14a ܐܝܟ ܕܩܠܐ ܐܬܪܒܝܬ ܒܥܝܢ ܓܕܝ

24:14c ܐܝܟ ܙܝܬܐ ܐܬܪܒܝܬ ܒܦܩܥܬܐ

24:14 d ܘܐܬܪܒܝܬ ܐܝܟ ܕܘܠܒܐ

ethpa'al part. m.s.

43:8b ܘܡܬܪܒܐ ܡܚܕܬܐܝܬ ܒܢܘܫܠܡܐ

ethpa'al part. m.pl.

11:16b ܘܥܡ ܐܝܠܝܢ ܕܡܬܪܒܝܢ ܒܒܝܫܬܐ

Usury, Usura **ܪܒܝܬܐ**

sing. emph.

29:28a ܟܐܬܐ ܘܪܒܝܬܐ ܘܚܣܕܬܐ ܕܡܘܙܦܐ

Root ܪܒܥ

He lay down, Procubuit ܪܒܥ

peal imperat. 2 m.s.

35(32):2a B תרבץ ܟܕ ܫܘܡܠܝܬܗܘܢ ܗܘܝ ܘܪܒܥ

Root ܪܒܫܩ

nom. prop. Rabsaces. ܪܒܫܩܐ

48:18b B רב שקה ܘܫܕܪ ܠܟܠܗܘܢ ܠܪܒܫܩܐ

Root ܪܓ

He desired , Cupivit ܪܓ

peal imperf. 2 m.s.

14:14b A תחמוד ܘܪܓܬܐ ܫܦܝܪܬܐ ܠܐ ܬܪܓ

palpel part.

19:(4a) ܡܬܪܓܪܓ ܡܫܡܫܢܐ ܠܡܕܡ

20:25a ܡܬܪܓܪܓ ܠܡܓܢܒ ܐܦ ܠܡܓܢܒܘ

ethpalpel perf. 3 f.s.

25:1a ܬܠܬ ܨ ܒܢܝ ܐܬܪܓܪܓ ܢܦܫܝ

ethpalpel perf. 2 m.s.

6:37d A איותה ܘܡܢ ܡܐ ܕܐܬܪܓܪܓܬ ܢܠܦܟ

ethpalpel part. m. pl.

24:19a ܩܪܘܒܘ ܠܘܬܝ، ܟܠ ܕܡܬܪܓܪܓܝܢ

ethpalpel imperf. 2 m.s.

16:1a A תתאוה ܠܐ ܬܬܪܓܪܓ ܠܫܘܦܪܐ ܕܒܢܝܐ

25:21b C ת[ ] ܐܢܬܬ ܠܗ̇ ܢܩܦܐ ܠܐ ܬܬܪܓܪܓ ܠܗ̇

Desire, Cupido ܪܓܬܐ

sing. emph.

11:31b A ובמחמדיך ܘܒܡܐܢܐ ܪܓܬܐ ܢܣܒ ܬܘܣܦܬܐ

14:14b A וחמוד ܘܪܓܬܐ ܫܦܝܪܬܐ ܠܐ ܬܪܓ

40:22a B מ[ ]ידו ܫܘܦܪܬܐ ܘܫܦܝܪܐ ܪܓܬܐ ܕܒܢܝܐ

sing. const.

36: 27b B מחמד ܘܠܐ ܟܠ ܪܓܬ ܒܢܝܐ

sing. with suff.

18:30b ܘܡܢ ܪܓܬܗ̇ ܟܠܝܗ̇

Desire, Cupido ܪܓܝܓܬܐ

plur. emph.

40:29c ܦܘܪܐ ܢܦܫܗ ܡܢ ܕܪܘܫܢ ܪܓܝܓܬܐ

Root ܪܓܙ

He was angry, Iratus est ܪܓܙ

peal perf. 3 m.s.

45:19a B ויתאנף ܘܚܙܐ ܐܠܗܐ ܘܪܓܙ

aphel part.

16:6b A, B חנף ܘܒܥܡܐ ܕܡܪܓܙ ܬܠܗܒ ܚܡܬܐ

aphel infin.

17:25b ܬܘܒ ܡܢ ܕܠܡܣܟܐ ܘܠܐ ܠܡܪܓܙܘ

aphel imperf. 3 m.s. with suff.

30:10a ܐܝܟ ܙܒܢܗ ܕܠܐ ܢܪܓܙܟ

Anger, Ira ܪܘܓܙܐ

sing. emph.

5:6c A, C ואף ܡܛܠ ܕܪܚܡܐ ܘܪܘܓܙܐ ܥܡܗ

5:7c A, C זעמו ܡܛܠ ܕܡܢ ܫܠܝܐ ܢܦܩ ܪܘܓܙܐ

7:16b A עכרון ܐܬܕܟܪ ܕܪܘܓܙܐ ܠܐ ܢܘܚܪ

16:11c A ואף ܡܛܠ ܕܪܚܡܐ ܘܪܘܓܙܐ ܥܡܗ

18:24a ܐܬܕܟܪ ܕܪܘܓܙܐ ܒܚܪܬܐ ܗܘ

23:16b ܘܕܬܠܬܐ ܡܦܩ ܪܘܓܙܐ

26:8a ܪܘܓܙܐ ܪܒܐ ܐܢܬܬܐ ܪܘܝܬܐ

27:30a ܚܡܬܐ ܘܪܘܓܙܐ ܐܦ ܗܢܝܢ ܛܢܦܢ

28:3a ܠܒܪ ܐܢܫܐ ܢܛܪ ܪܘܓܙܐ

30:24a ܛܢܢܐ ܘܪܘܓܙܐ ܡܒܨܪܝܢ ܝܘܡܬܐ

33(36):8a B אף ܐܥܝܪ ܪܘܓܙܐ ܘܐܫܕ ܚܡܬܐ

33(36):11a ܒܪܘܓܙܐ ܘܒܚܘܣܢܐ ܐܘܒܕ ܣܢܐܐ

39:28c ܘܒܥܕܢ ܪܘܓܙܐ ܚܝܠܗܘܢ ܡܫܦܥܝܢ

40:5a ܪܘܓܙܐ ܘܒܥܘܬܐ ܘܛܢܢܐ

Anger , Ira (cont'd) ܪܘܓܙܐ

sing. with suffix

33(36):2a B ? פחדך ܘܐܝܬܐ ܪܘܓܙܟ ܥܠ ܥܡܡܐ

5:6d A C רגזו ܘܥܠ ܪ̈ܫܝܥܐ ܢܬܬܢܝܚ ܪܘܓܙܗ

28:10c ܬܩܝܦܘܬܐ ܕܐܢܫܐ ܕܐܝܟ ܗܟܢܐ ܗܘܐ ܪܘܓܙܗ

39:23a B זעמו ܗܟܢܐ ܪܘܓܙܗ ܠܥܡܡܐ ܢܐܪ̈ܬ

45:19b B אפו ܘܐܘܒܕ ܐܢܘܢ ܒܚܡܬܐ ܕܪܘܓܙܗ

39:28b ܘܒܪܘܓܙܗܘܢ ܛܘܪ̈ܐ ܢܥܩܪܢ

Root ܪܓܠ

Foot, Pes ܪܓܠܐ

sing. emph.

40:25a B ל[ ] ܕܗܒܐ ܘܟܣܦܐ ܡܩܝܡܝܢ ܪܓܠܐ

sing. with suff.

51:15c B Q רגלי ܕܪܟܬ ܪܓܠܝ ܒܬܪܝܨܘܬܐ ܡܪܝ

6:24a ܐܥܠ ܪܓܠܟ ܒܟܒ̈ܠܝ ܚܟܡܬܗ

6:36b A רגלך ܘܬܫܬܚܩ ܐܣܟܘܦܬܗ ܪܓܠܟ

plur. with suff.

51:2c B רגלי ܡܢ ܚܒܠ ܦܚܐ ܕܪ̈ܓܠܝ

21:9a ܐܝܟ ܕܡܘܣܬܐ ܕܢܗܠܐ ܒܪ̈ܓܠܘܗܝ ܕܓܒܪܐ

21:19a ܘܐܝܟ ܟܒܠܐ ܒܪ̈ܓܠܘܗܝ ܕܣܟܠܐ

21:22a ܪ̈ܓܠܘܗܝ ܕܣܟܠܐ ܥܓܠ ܥܐܠܢ ܠܒܝܬܐ

25:20a ܐܝܟ ܡܣܩܬܐ ܕܚܠܐ ܒܪ̈ܓܠܘܗܝ

Foot soldier, Pedes ܪܓܠܐ

plur. absol.

16:10a A רגלי 7h3 ܫܬܡܐܐ ܐܠܦܝܢ ܪ̈ܓܠܝܢ

7al ܪ̈ܓܠܝܢ]

Root ܪܕܐ

It flowed, He walked, Fluxit, Ambulavit

peal perf. 3 m.s. ܪܕܐ

18:13a ܡܟܣܢ ܘܪܕܐ ܘܡܠܦ ܠܗܘܢ

peal part. m .s

5:9a A } זורה C ܠܐ ܬܗܘܐ ܪܕܐ ܠܟܠ ܪܘܚ

30:2a ܕܪܕܐ ܒܗ ܢܚܕܐ ܒܗ

peal part. f.s.

39:22a B הציפה ܒܘܪܟܬܐ ܐܝܟ ܢܗܪܐ ܕܪܕܝܐ

peal imperat. 2 m.s.

7:23a { A יסיר C יסר ܒܢܝܐ ܐܝܬ ܠܟ ܪܕܝ ܐܢܘܢ

30:9a 7a1,Δ,17a5 ܪܕܝ، ܒܪܟ ܕܠܐ ܬܬܬܟܦܢ
7h3 [ܐܪܕܝ،

ethpe'el part m.s.

10:25b ܒܗ ܡܬܪܕܝܐ ܠܐ ܡܬܪܛܢ

pael part. f.s.

46:8d B זבת ܠܐܪܥܐ ܕܡܪܕܝܐ ܚܠܒܐ ܘܕܒܫܐ

aphel imperat. 2 m.s.

30:9a 7h3 ܐܪܕܝ، ܒܪܟ ܕܠܐ ܬܬܬܟܦܢ
7a1,Δ,17a5

Discipline, Disciplina ܡܪܕܘܬܐ

sing. emph.

22:6b ܡܪܕܘܬܐ ܘܚܟܡܬܐ ܒܟܠ ܥܕܢ

34(31):17a B מוסר ܐܬܗܕܪ ܡܛܠ ܡܪܕܘܬܐ

30(33):33b E ומרדות ܘܦܠܚܐ ܠܫܥܒܕܐ ܘܡܪܕܘܬܐ

51:26b B ומשאה ܘܬܩܒܠ ܢܦܫܟܘܢ ܡܪܕܘܬܐ

sing. with suff.

6:23b ܘܠܐ ܬܒܣܐ ܡܪܕܘܬܝ

Root ܪܕܦ

He persecuted, Persecutus est ܪܕܦ

peal part.

29:19b ܘܕܪܕܦ ܠܡܦܠܚ ܠܗܘܢ، ܚܛܝ̈ܐ

34(31):5b B רודף ܘܕܪܕܦ ܒܬܪ ܡܘܗܒܐ

peal imperf. 2 m.s.

27:20a ܘܠܐ ܬܪܕܘܦ ܒܬܪܗ

Persecutor ܪܕܘܦܐ

sing. emph.

40:6d B רודף ܐܝܟ ܕܢܦܩ ܡܢ ܩܕܡ ܪܕܘܦܐ

Root ܪܗܒ

He ran, Cucurrit ܪܗܒ

saphel perf. 3 m.s.

43:5b ܘܒܡ̈ܠܘ ܡܕܒܪܐ ܫܪܗܒ ܗܠ̈ܟܬܗ

saphel part. m.s.

5:11a {A ממהר, C נכון} ܗܘܝܬ ܡܫܪܗܒ ܠܡܫܡܥ

saphel part. m.pl.

42:23b ܘܡܫܪܗܒܝܢ ܟܠ ܒܚܫܚܬܗܘܢ

estaphel imperf. 2 m.s.

6:7b A תמהר ܘܠܐ ܬܫܬܪܗܒ ܠܡܬܬܟܠܘ ܥܠܘܗܝ

Root ܪܗܛ

He ran, Cucurrit ܪܗܛ

peal part . m.s.

11:10b A, B } אץ ܘܪܗܛ ܠܡܬܩܢܘܬܗ ܠܐ ܙܟܐ

11:11a A רץ ܐܝܬ ܕܪܗܛ ܘܢܦܠ ܘܠܐܐ

peal imperat. 2 m.s.

26:11a ܒܬܪ ܚܨܝܦܘܬ ܥܝ̈ܢܐ ܗܪܛ

(This is and irregular imperative, cf. Noldeke section 183(3)).

peal imperf. 2 m.s.

11:10c A, B } תרוץ ܒܪܝ، ܐܢ ܠܐ ܬܪܗܛ ܠܐ ܬܕܪܟ

A course, Cursus ܪܗܛܐ

sing. with suff.

43:10b ܘܒܪܗܛܗܘܢ ܠܐ ܢܬܪܫܠܘܢ

Root ܪܗܕ

nom. prop. Rhododendron ܪܗܕܕܦܢܐ

24:16a ܐܝܠܢܐ ܐܝܟ ܪܗܕܕܦܢܐ ܢܨܒܬ ܫܪܫܝ،

Root ܪܘܙ

Exultation ,Exsultatio ܪܘܙܐ

sing. emph.

15:6a A B } ששון ܚܕܘܬܐ ܘܪܘܙܐ ܬܫܟܚܘܗܝ،

Root ܪܘܚ

He breathed , Respiravit, ܪܘܚ

pael part.

30:19b Bm יריחון ܘܠܐ ܫܡܥ ܘܠܐ ܡܪܘܚܝܢ

aphel imperat. 2 m.s. with suff.

29:9a ܘܐܝܟ ܕܠܡܣܟܢܐ ܦܩܘܕܐ ܐܪܘܚܝܗܝ،

Spirit, Wind, Spiritus, Ventus ܪܘܚܐ

sing. absol.

5:9a A C } רוח ܠܐ ܬܗܘܐ ܕܪܐ ܠܟܠ ܪܘܚ

sing. emph.

5:4b A C } אפים ܡܛܠ ܕܐܠܗܐ ܢܓܝܪ ܪܘܚܐ ܗܘ

10:6d ܘܠܐ ܬܗܠܟ ܒܪܘܚܐ ܪܡܬܐ

18:11a ܡܛܠ ܗܢܐ ܢܓܪ ܪܘܚܐ ܥܡܗܘܢ

22:18b ܘܡܠܟ ܓܒ ܡܢܟ ܪܘܚܐ

30:15b B ורוח ܪܘܫܡܬ ܡܢ ܕܡܟܐ ܘܪܘܚܐ ܓܒܝܬܐ

30(33):40b ܠܟܠ ܘܟܢܟܐ ܪܘܚܐ ܬܫܒܘܚܬܗ،

32(35):16b ܘܒܥܘܬܐ ܕܫܝܢܐ ܪܘܚܐ ܢܦܩ

39:6b ܘܒܪܘܚܐ ܕܡܣܬܟܠܢܘܬܐ ܢܬܡܠܐ

sing. emph. (cont'd) ܪܘܚܐ

39:28d ܘܪܘܚܐ ܕܡܢ ܕܝܢܐ ܐܬܒܪܝ

48:24a B ברוח ܘܒܪܘܚܐ ܕܓܒܪܘܬܐ ܚܙܐ ܐܚܪܝܬܐ

sing. with suff.

51:6b ܘܪܘܚܝ ܠܡܘܬܐ ܐܬܩܪܒܬ

1:20x ܬܒܥܐ ܚܝܐ ܠܪܘܚܟ

2:4b ܘܒܫܢܝܐ ܘܒܡܘܟܟܐ ܐܓܪ ܪܘܚܟ

4:9b A רוחך ܘܠܐ ܬܬܥܝܩ ܪܘܚܟ ܒܕܝܢܐ

29:8a ܒܪܡ ܠܡܣܟܢܐ ܐܓܪ ܪܘܚܟ ܥܠܘܗܝ

2:17b ܘܩܕܡܘܗܝ ܠܗ ܡܡܟܟܝܢ ܪܘܚܗܘܢ

4:2b A נפש ܘܠܐ ܬܥܝܩ ܪܘܚܗ ܕܡܣܟܢܐ

28:10d ܗܟܢܐ ܕܢܦܩܘܬܗ ܗܘܢܐ ܘܪܡܐ ܪܘܚܗ

31(34):17a ܕܕܚܠ ܠܐܠܗܐ ܦܪܘܩܗ ܠܪܘܚܗ

32(35):1b ܘܕܢܛܪ ܦܘܩܕܢܐ ܦܪܘܩܗ ܠܪܘܚܗ

4:2a ܠܐ ܬܟܪܒ ܪܘܚܗ

plur. emph. m.

39:28a B[ ]ר ܐܝܬ ܪ̈ܘܚܐ ܕܠܕܝܢܐ ܐܬܒܪܝ

plur. emph. f.

16:15d A רוחות ܒܝܬ ܪ̈ܘܚܬܐ ܕܠܥܠܡ ܒܢܝܢܫܐ

Root ܪܘܝ

He was inebriated, Ebriatus est ܪܘܝ

aphel part. f.s.

1:16b ܘܦܝܫܐ ܡܪܘܝܐ ܡܢ ܦܐܪܝܗ ܬܠܬܠܗ

aphel imperf. 1.s.

24:31b ܘܐܫܩܐ ܓܢܝ ܘܐܪܘܐ ܡܪܒܥܝܬܝ

Inebriated, Inebriatus ܪܘܝܐ

sing. absol.

18:33a C וסובא ܠܐ ܬܗܘܐ ܡܫܬܝ ܘܪܘܝ

Inebriated, Inebriatus (cont'd)

sing. emph. m. ܪܘܝܐ

19:1a ܦܥܠܐ ܪܘܝܐ ܠܐ ܢܥܬܪ

sing. emph. f.

26:8a ܪܘܓܙܐ ܪܒܐ ܐܢܬܬܐ ܪܘܝܬܐ

Root ܪܘܡ

He raised up, Sustulit ܪܡ

peal perf. 3 m.s.

47:2a B מורם ܐܝܟܢܐ ܬܪܒܐ ܕܪܝܡ ܠܩܘܕܫܐ

47:2b ܗܟܢܐ ܪܝܡ ܕܘܝܕ ܡܢ ܐܝܣܪܝܠ

ethpa'al perf. 3 f.s.

50:29a 7h3 ܥܠ ܟܠ ܡܕܡ ܐܬܬܪܝܡܬ

7a1,12a1,Δ (less 15c1) ܐܬܬܪܘܡܬ]

ethpa'al perf. 2 m.s.

35(32):1a ܪܒܐ ܐܩܝܡܘܟ ܠܐ ܬܬܪܝܡ

ethpa'al imperf. 3 m.pl.

38:33a 7a1 ܘܒܟܢܘܫܬܐ ܠܐ ܢܬܪܝܡܘܢ

7h3 ܢܬܬܪܝܡܘܢ]

aphel perf. 3 m.s.

11:13a A נשא ܐܪܝܡ ܪܫܗ ܘܪܘܪܒܗ

36(33):12a ܡܢܗܘܢ ܒܪܟ ܘܐܪܝܡ

33(36):3a B הניף ܐܪܝܡ ܐܝܕܟ ܥܠ ܥܡܡܐ

45:6a B וירם ܘܐܪܝܡ ܐܚܘܗܝ ܡܫܒܛܐ

46:20c B נשא ܘܐܪܝܡ ܡܢ ܐܪܥܐ ܩܠܗ

47:11b B וירם ܘܐܪܝܡ ܠܥܠܡ ܩܪܢܗ

48:18e B וייט ܘܐܪܝܡ ܐܝܕܗ ܥܠ ܨܗܝܘܢ

aphel perf. 2 m.s.

30(33):34b E נשא ܘܡܢ ܐܪܝܡܬ ܟܪܣܗ

aphel perf. 1.s.

51:9a B וארים ܘܐܪܝܡܬ ܡܢ ܐܪܥܐ ܩܠܝ

aphel part. m.s.

7:11b A מרים ܡܛܠ ܕܐܝܬ ܕܡܪܝܡ ܘܡܡܟܟ

aphel part. m.s. (cont'd)

21:20a ܘܣܟܠܐ ܒܓܘܚܟܐ ܡܪܝܡ ܩܠܗ

29:5b ܘܥܠ ܢܦ̈ܩܐ ܕܫܒܪܐ ܡܪܝܡ ܩܠܗ

46:2a B בנטותו ܟܕ ܡܪܝܡ ܒܢܝܙܟܐ

aphel part. m.pl.

40:26a ܚܝܠܐ ܘܬܘܩܦܐ ܡܪܝܡܝܢ ܠܒܐ

aphel infin.

47:5 d B ולהרים ܠܡܪܡܘ ܩܪܢܐ ܕܥܡܗ ܐܝܣܪܝܠ

aphel imperat. 2 m.pl.

39:15a ܐܪܝܡܘ ܩܠܟܘܢ ܘܫܒܚܘ ܐܟܚܕܐ

aphel imperf. 3 f.s.

11:1a A, B } תשה ܚܟܡܬܗ ܕܡܣܟܢܐ ܬܪܝܡ ܪܫܗ

aphel imperf. 3 f.s. with suff.

15:5a A, B } ורוממתהו ܘܬܪܝܡܝܘܗܝ ܡܢ ܟܠܗܘܢ ܚܒܪ̈ܘܗܝ

ettaphal perf. 3 f.s.

25:11a ܕܚܠܬܗ ܕܐܠܗܐ ܥܠ ܟܠܗܘܢ ܗܠܝܢ ܐܬܬܪܝܡܬ

40:26c ܕܚܠܬܗ ܕܐܠܗܐ ܥܠ ܟܠ ܡܕܡ ܐܬܬܪܝܡܬ

50:29a 7al,12al,Δ(less 15cl) ܥܠ ܟܠ ܡܕܡ ܐܬܬܪܝܡܬ

7h3 ܐܬܪܝܡܬ]

ettaphal imperf. 3 m.pl.

38:33a 7h3 ܘܒܟܢܘܫܬܐ ܠܐ ܢܬܬܪܝܡܘܢ

7al ܢܬܪܝܡܘܢ]

palpel perf. 3 m.s. with suff.

11:13a A וירממהו ܐܪܝܡ ܪܫܗ ܘܪܘܡܪܡܗ

palpel imperf. 3 m.pl. with suff.

38:3a B תרים ܡܢ ܬܪܝܨܘܬܗ ܕܐܣܝܐ ܢܪܘܡܪܡܘܢܝܗ

High, Altus ܪܡܐ

sing. emph. m.

27:22a 7h3 ܘܕܪܡܐ ܥܝܢܗ ܢܗܘܐ ܬܟܪܗ

7al ܘܕܪ̈ܡܐ]

High, Altus, (cont'd) ܪܡܐ

sing. emph. m. (cont'd)

39:15d ܘܒܩܠܐ ܪܡܐ ܘܗܟܢܐ ܐܡܪܘ

sing. emph. f.

7:17b A } C } רמה ܕܣܪܬܐ ܕܟܠܗܘܢ ܒܢܝ ܐܢܫܐ ܠܪܡܬܐ ܐܬܝܐ

10:6d ܘܠܐ ܬܗܠܟ ܒܐܘܪܚܐ ܪܡܬܐ

10:11a A רמה ܒܡܘܬܗ ܕܒܪܢܫܐ ܪܡܬܐ ܝܪܬܗ

23:4b ܚܝܐ ܪܡܬܐ ܠܐ ܬܬܠ ܠܝ

plur. emph. m.

27:22a 7al ܘܕܪ̈ܡܐ ܥܝܢܗ ܢܘܗܐ ܬܒܪܗ

7h3 ܘܕܪܡܐ]

Height, Altitudo ܪܘܡܐ

sing. emph.

1:3a ܠܪܘܡܐ ܪܘܡܐ ܕܫܡܝܐ

16:17b A במרום 7h3 ܘܒܪܘܡܐ ܕܫܡܝܐ ܡܢܘ ܢܕܟܪܢܝ

7al, Δ (less 15c1,19g7) ܘܒܡܪܘܡܐ]

40:11b B מרום (twice) ܘܕܡܢ ܪܘܡܐ ܠܪܘܡܐ

43:8c B } M } מרום ܡܐܢܐ ܕܡܫܪܝܬܐ ܕܪܘܡܐ

45:7c ܘܐܠܒܫܗ ܒܪܘܡܐ ܕܐܝܩܪܗ

47:14c ܘܒܪܘܡܐ ܕܐܝܩܪܐ ܕܡ̈ܠܟܐ

50:29a ܪܘܡܐ ܕܫܘܠܛܢܗ ܕܡܪܝܐ

Height, Altitudo ܡܪܘܡܐ

sing. emph.

16:17b A במרום 7al, Δ (less 15c1,19g7) ܘܒܡܪܘܡܐ ܕܫܡܝܐ

7h3 ܘܒܪܘܡܐ]

51:10a ܘܪܡܬ ܠܥܠ ܡܢ ܡܪܘܡܐ

plur. emph.

24:4a ܐܝܟ ܒܡܪ̈ܘܡܐ ܠܥ̈ܠܡܐ ܢܫܬܒܚ ܡܫܒܚܘ

High, Excelsus ܡܪܝܡܐ

sing. emph.

7:9b ܠܡܪܝܡܐ ܡܩܪܒ ܡܩܒܠ

High, Excelsus (cont'd) ܡܪܘܡܐ

sing. emph. (cont'd)

43:2b M [ ]ליון ܡܐܢܐ ܕܬܕܡܘܪܬܐ ܥܒܕܗ ܕܡܪܘܡܐ

51:2a ܘܬܟܠܬ ܗܝ ܥܠ ܡܪܘܡܐ

Elevation, Elevatio ܡܪܘܡܘܬܐ

sing. const.

26:9b ܙܢܝܘܬܐ ܕܐܢܬܬܐ ܒܡܪܘܡܘܬ ܥܝܢܝܗ̇

Astonishingly, Mirabile ܡܪܘܡܐܝܬ

adverb

43:8b ܘܡܬܪܒܐ ܡܪܘܡܐܝܬ ܒܫܘܠܦܐ

Root ܪܙ

Secret, Secretum ܪܐܙܐ

sing. emph.

8:17a A סודך ܥܡ ܫܛܝܐ ܠܐ ܬܬܡܠܟ ܪܐܙܐ

9:14b ܘܥܡ ܚܟܝܡܐ ܗܘܝܬ ܦܩܪ ܪܐܙܐ

12:11c A רז ܗܘܝ ܠܗ ܐܝܟ ܓܠܐ ܪܐܙܐ

22:22c ܒܪ ܫܩܒܪܐ ܡܢ ܓܠܐ ܪܐܙܐ

22:26a ܐܢ ܓܠܐ ܠܟ ܚܒܪܟ ܪܐܙܐ

27:16a ܓܠܐ ܪܐܙܐ ܐܘܒܕ ܗܝܡܢܘܬܗ

27:17b ܓܠܐ ܪܐܙܐ ܕܗܝܡܢܘܬܐ

27:21b ܠܡܓܠܐ ܕܝܢ ܪܐܙܐ ܦܘܫ ܫܒܘܩܝܗܝ

37:11h ܠܐ ܬܬܡܠܟ ܪܐܙܐ

sing. const.

42:20b ܟܠ ܪܐܙ ܟܣܝܬܐ

sing. with suff.

6:6b A סודך ܘܟܠ ܪܐܙܟ ܚܕ ܡܢ ܐܠܦ

37:10b D סוד ܘܡܢ ܟܣܐ ܪܐܙܟ

plur. emph.

3:19b A סודו ܘܠܡܟܝܟܐ ܪܐܙܐ ܡܬܓܠܝܢ

plur. with suff.

11:4c A } מעשיו ܡܛܠ ܕܦܪܝܫܝܢ ܐܢܘܢ ܪ̈ܐܙܘܗܝ
B }

Root ܪܚܒ

nom. prop. Roboam ܪܚܒܥܡ

47:23d B רחבעם ܪܚܒܥܡ ܕܒܪ ܒܬܪܘܬܗ ܠܥܡܗ

Root ܪܚܡ

He loved, Amavit ܪܚܡ

peal perf. 3 m.s.

4:14b ܘܒܝܬ ܡܒܪܟܢܗ ܪܚܡ ܐܠܗܐ

36(33):6b ܕܬܚܝܬ ܟܠ ܡܢ ܕܪܚܡ ܠܗ ܨܗܠ

47:8 d B אוהב ܘܒܟܠܗ ܠܒܗ ܪܚܡ ܒܪܝܗ

peal perf. 1.s.

30:15a B אויתי ܚܝܐ ܕܒܪܝܐ ܪܚܡܬ ܡܢ ܕܗܒܐ

37:1a B
Bm } אהבתי ܘܠܪܚܡܗ ܐܡܪ ܕܪܚܡܬ
D

peal part. m.s. active

3:26b A ואוהב ܘܡܢ ܕܪܚܡ ܛܒܬܐ ܒܗܝܢ ܢܕܪܟ

16:9a A חמל ܘܠܐ ܪܚܡ ܥܠ ܥܡܐ ܚܪܡܐ

19:1b ܘܕܪܚܡ ܒܣܪܐ ܢܐܪܬ ܡܣܟܢܘܬܐ

28:9a ܒܪܢܫܐ ܚܛܝ ܢܦܠܐ ܕܪܚܡ ܕܝܢܐ

30:1a ܕܪܚܡ ܒܪܗ ܢܣܓܬ ܡܚܘܬܗ̈ܝ

34(31):5a B ואוהב ܕܪܚܡ ܡܘܗܒܐ ܠܐ ܢܙܟܐ

40:29c ܗܢܐ ܢܦܫܗ ܡܢ ܕܪܚܡ ܪ̈ܓܝܓܬܐ

peal part. m.s. passive

45:1a B[ ]א 7al,Δ,12al,9ml ܘܪܚܝܡ ܡܢ ܐܠܗܐ

7h3 ܘܐܪܚܝܡ]

46:13a B אוהב ܪܚܝܡ ܠܒܪܝܗ ܡܢ ܕܐܬܝܠܕ

peal part. f.s. passive

24:11a ܒܩܪܝܬܐ ܕܪܚܝܡܐ ܠܗ ܐܢܝܚܢܝ، ܐܫܬܠܛܬ

peal part. m.pl.

2:15b ܘܐܝܠܝܢ ܕܪܚܡܝܢ ܠܗ ܢܛܪܝܢ ܐܘܪܚܬܗ

4:12a A אהבו ܪ̈ܚܡܝܗ̇ ܐܝܠܝܢ ܕܪܚܡܝܢ ܚܝܐ

He loved Amavit (cont'd) ܪܚܡ

peal infin. with suff.

25:12a ܪܫ ܕܕܚܠܬܗ ܕܡܪܝܐ ܠܡܪܚܡܗ

peal imperat. 2 m.s.

1:20u ܪܚܡ ܕܕܚܠܬܗ ܕܡܪܝܐ

peal imperf. 3 m.s.

13:15a A יאהב ܟܠ ܒܣܪ ܢܪܚܡ ܓܢܣܗ

peal imperf. 2 m.s.

7:16a A תחשיבך ܠܐ ܬܬܪܚܡ ܢܦܫܟ ܥܡ ܐܢܫܐ ܕܚܛܝܢ

peal imperf. 3 m.pl.

23:2d ܠܐ ܢܚܪܘܢ ܘܠܐ ܢܪܚܡܘܢ ܠܡܣܟܠܘ

peal imperf. 3 m.pl. with suff.

3:17b A, C ותאהב ܘܡܢ ܓܒܪܐ ܕܝܗܒ ܡܘܗ̈ܒܬܐ ܢܪܚܡܘܢܟ

ethpe'el imperf. 2 m.s.

7:35b A תאהב ܕܡܛܠ ܗܠܝܢ ܐܢܬ ܬܬܪܚܡ

pael part.

15:20c A, B מרחם ܘܠܐ ܡܪܚܡ ܥܠ ܒ̈ܢܘܗܝ, ܥܒܘܪܐ

pael imperat. 2 m.s.

36: 18a B רחם ܪܚܡ ܡܕܝܢܬܐ ܕܩܘܕܫܟ

pael imperf. 3 m.s.

4:10d A ויחנך ܐܝܟ ܒܪܐ ܘܢܪܚܡ ܥܠܝܟ

pael imperf. 3 m.s.

12:13a A יוחן ܡܢܘ ܢܪܚܡ ܠ ܐܫܘܦܐ

aphel imperat. 2 m.s.

4:7a A האהב ܐܪܚܡ ܢܦܫܟ ܠܟܢܘܫܬܐ

Womb, Uterus ܪܚܡܐ

sing. const. with suff.

26:12f ܕܟܠ ܐܝܟ ܦܬܚ ܪܚܡܗ̇

Mercy, Misericordia ܪ̈ܚܡܐ

plur. emph.

3:18b A רחמים, C חן ܘܩܕܡ ܐܠܗܐ ܬܫܟܚ ܪ̈ܚܡܐ

Mercy, Misericordia (cont'd) ܪ̈ܚܡܐ

plur. emph.

5:6c	A, C	רחמים	ܡܛܠ ܕܪ̈ܚܡܐ ܘܪܘܓܙܐ ܥܡܗ
13:12a	A	אכזרי	ܘܕܠܐ ܪ̈ܚܡܐ ܡܬܦܪܥ ܒܪܘܫܐ
16:11c	A	רחמים	ܡܛܠ ܕܪ̈ܚܡܐ ܘܪܘܓܙܐ ܥܡܗ
18:13a			ܪ̈ܚܡܐ ܕܒܪܢܫܐ ܥܠ ܩܪܝܒܗ
25:9a			ܛܘܒܘܗܝ ܠܓܒܪܐ ܕܐܫܟܚ ܪ̈ܚܡܐ
37:11f			ܘܥܡ ܐܢܫܐ ܕܠܝܬ ܠܗ ܪ̈ܚܡܐ ܠܡܥܒܕ ܪ̈ܚܡܐ
39:5c			ܘܩܕܡ ܡܪܝܐ ܐܠܗܐ ܢܒܥܐ ܪ̈ܚܡܐ
44:23g	B	חן	ܘܡܫܟܚ ܪ̈ܚܡܐ ܒܥܝ̈ܢܝ ܟܠܗܘܢ ܚܝ̈ܐ

plur. with suff.

51:3b	B	חסדך	ܘܦܪܩܬܢܝ ܒܣܘܓܐܐ ܕܪ̈ܚܡܝܟ
2:18c			ܐܝܟ ܪܒܘܬܗ ܗܟܢܐ ܪ̈ܚܡܘܗܝ
3:19a	A	רחמי	ܡܛܠ ܕܣܓܝܐܝܢ ܐܝܟ ܪ̈ܚܡܘܗܝ ܕܐܠܗܐ
16:12a	A	רחמיו	ܐܝܟܢܐ ܕܪ̈ܚܡܘܗܝ ܣܓܝܐܝܢ
16:16a	A	רחמיו	ܪ̈ܚܡܘܗܝ ܡܬܚܙܝܢ ܠܟܠܗܘܢ
17:29a			ܡܢܐ ܣܓܝܐܝܢ ܪ̈ܚܡܘܗܝ ܕܐܠܗܐ
18:11b			ܘܐܫܕ ܥܠܝܗܘܢ ܪ̈ܚܡܘܗܝ
18:13b			ܪ̈ܚܡܘܗܝ ܕܐܠܗܐ ܥܠ ܟܠܗܘܢ ܒܒ̈ܢܘܗܝ
18:14a			ܛܘܒܝܗܘܢ ܠܐܝܠܝܢ ܕܡܣܬܟܝܢ ܠܪ̈ܚܡܘܗܝ
30:3b			ܘܠܐ ܪ̈ܚܡܘܗܝ ܢܬܚܫܒ ܒܗ
42:16b	B	וכבוד	ܐܬܡܠܝܘ ܪ̈ܚܡܘܗܝ ܕܡܪܝܐ
	M	[ ]בוד	

Love, Amor ܪܚܡܬܐ

sing. with suff.

9:8d	A	אהביה	ܘܪܚܡܬܗ ܐܝܟ ܢܘܪܐ ܝܩܕܐ

Friend, Amicus ܪܚܡܐ

sing. emph.

6:1a	A	אוהב	ܘܠܐ ܪܚܡܐ ܠܐ ܬܗܘܐ ܣܢܐܐ
6:7a	A	אוהב	ܐܢ ܩܢܐ ܐܢܬ ܪܚܡܐ

Friend , Amicus (cont'd) ܪܚܡܐ

sing. emph. (cont'd)

6:8a A אוהב ܐܝܬ ܪܚܡܐ ܒܙܒܢ ܥܩܬܐ

6:14a A אוהב (twice) ܪܚܡܐ ܕܫܪܪܐ ܪܚܡܐ ܗܘ

7:12b A רע ܠܐ ܪܚܡܐ ܐܦ ܠܐ ܚܒܪܐ

7:18a A אוהב ܠܐ ܬܚܠܦ ܪܚܡܐ ܒܡܡܘܢܐ

9:10c A אוהב ܪܚܡܐ ܚܕܬܐ ܐܝܟ ܚܡܪܐ ܚܕܬܐ

12:8a A אוהב ܠܐ ܡܬܝܕܥ ܒܛܒܬܗ ܪܚܡܐ

12:9b A ריע ܘܒܒܝܫܬܗ ܐܬܦܪܫ ܪܚܡܐ

19:8a ܒܪܚܡܐ ܘܒܣܢܐܐ ܠܐ ܬܬܢܐ

22:21c ܠܐ ܪܚܡܐ ܐܦ ܬܬܦܢܐ ܗܦܟܐ

27:16b ܘܠܐ ܢܫܟܚ ܠܗ ܪܚܡܐ ܐܝܟ ܢܦܫܗ

30(33):28a E ורע ܒܪܐ ܘܐܢܬܬܐ ܘܐܚܐ ܘܪܚܡܐ

37:1b { Bm אוהב / D אהב } ܒܪܡ ܐܝܬ ܪܚܡܐ ܕܫܡܗ

37:1b { Bm אוהב / D אהב } ܕܫܡܗ ܪܚܡܐ

37:2b { B רע / Bm רֵֽע / D ריע } ܪܚܡܐ ܕܫܪܪܐ ܐܝܟ ܢܦܫܟ

37:4a B, D אוהב ܒܝܫ ܪܚܡܐ ܕܚܙܐ ܠܦܬܘܪܐ

37:5a Bm, D אוהב ܛܒ ܪܚܡܐ ܕܡܬܟܬܫ

37:6a { B חביר 7h3 / D חבר 7a1, Δ (less 15c1) 17a5 ܪܚܡܟ } ܠܐ ܬܛܥܐ ܪܚܡܐ ܒܩܪܒܐ

40:20b B דודים ܘܛܒ ܡܢܗܘܢ ܪܚܡܬܐ ܕܪܚܡܐ

40:23a ܪܚܡܐ ܘܚܒܪܐ ܒܒܥܕܢܗ ܡܬܕܒܪܝܢ

sing. const.

6:15a A לאוהב ܡܕܡܝܢ ܦܣܩܬܐ ܠܪܚܡ ܗܝܡܢܘܬܐ

6:16a A אוהב ܪܚܡ ܗܝܡܢܘܬܐ ܣܡܐ ܗܘ ܕܚܝܐ

sing. with suff.

6:13b A ומאהביך — ܘܡܢ ܪܚܡܝܟ ܗܘܝܬ ܙܗܝܪ

9:10a A אוהב — ܠܐ ܬܫܒܘܩ ܪܚܡܟ ܥܬܝܩܐ

10: 6a A רע — ܒܟܠ ܣܘܪܚܢܟ ܠܐ ܬܬܦܪܥ ܪܚܡܟ

14:13a A אוהב — ܥܕ ܠܐ ܬܡܘܬ ܐܛܒ ܠܪܚܡܟ

19:13a — ܐܟܣ ܪܚܡܟ ܕܠܐ ܢܥܒܕ ܒܝܫ

19:15a — ܐܟܣ ܪܚܡܟ ܡܛܠ ܕܣܓܝܐܐ ܐܢܫܝܢ ܗܘܐ

20:10b — ܬܘܒܐ ܪܚܡܘܬܗ ܕܪܚܡܟ ܕܢܟܪܝܐ

22:21a — ܥܠ ܪܚܡܟ ܠܐ ܬܬܡܠܟ

22:22a — ܘܐܦ ܥܠ ܪܚܡܟ ܬܦܬܚ ܦܘܡܟ

22:23a 7a1,7h3 — ܣܒܪܝܟ ܪܚܡܟ ܒܡܣܟܢܘܬܗ
Δ(less 15c1)] ܣܒܪܝܟ

22:25a — ܐܢ ܐܬܒܝܫ ܪܚܡܟ ܠܐ ܬܬܟܡܪ ܥܠܘܗܝ

27:18b — ܗܟܢܐ ܐܘܒܕܬ ܪܚܡܘܬܗ ܕܪܚܡܟ

34(31):31a B רע — ܠܐ ܬܟܣ ܪܚܡܟ

37:6a { B חביר 7a1, Δ(less 15c1)17a5 — ܠܐ ܬܛܥܐ ܪܚܡܟ
{ D חבר 7h3] ܪܚܡܐ

37:1a Bm, D } אוהב — ܘܠܪܚܡܗ ܐܡܪ ܕܪܚܡܬ

plur. absol.

25:1c — ܘܪܚܡܘܬ ܪ̈ܚܡܝܢ ܘܫܒܒܐ ܘܐܢܬܬܗ

plur. emph.

20:16a — ܣܟܠܐ ܐܡܪ ܠܝܬ ܠܝ ܪ̈ܚܡܐ

plur. with suff.

2:16b — ܘܪ̈ܚܡܘܗܝ ܢܣܒܥܘܢ ܢܡܘܣܗ

6:5a A אוהב — ܦܘܡܐ ܒܣܝܡܐ ܢܣܓܐ ܪ̈ܚܡܘܗܝ

6:17b A רעהו — ܡܛܠ ܕܐܝܟܘܬܗ ܗܟܢܐ ܪ̈ܚܡܘܗܝ

15:13b A, B } ליראיו — ܘܠܐ ܫܠܛ ܐܢܝܢ ܠܪ̈ܚܡܘܗܝ

30:6a — ܠܪ̈ܚܡܘܗܝ ܦܪܥ ܛܝܒܘܬܐ

36(33):6a E אוהב — ܐܝܟ ܣܘܣܝܐ ܣܪܝܐ ܪ̈ܚܡܘܗܝ

Friend, Amicus (cont'd) ܪܚܡܐ

plur. with suff.

42:17c 7a1,7h3 ܓܒܪܘܬܐ ܝܗܒ ܠܪ̈ܚܡܘܗܝ,
12a1,Δ,9m1]ܠܚܣܝܕܘܗܝ,

46:1d B לבחיריו ܠܡܗܘܐ ܒܐܝܕܗ ܦܘܪܩܢܐ ܠܪ̈ܚܡܘܗܝ,

47:22d B [ ]ביו ܘܠܐ ܢܘܒܕ ܙܪܥܐ ܕܪ̈ܚܡܘܗܝ,

4:12a A אהביה ܪ̈ܚܡܝܗ ܐܝܟ ܕܪܚܡܝܢ ܚܝ̈ܐ

Friendship, Amicitia ܪܚܡܘܬܐ

sing. emph.

22:19a ܘܡܚܝܬܐ ܕܠܒܐ ܡܓܠܝܐ ܪܚܡܘܬܐ

22:21b ܠܐ ܬܬܒܪ ܕܐܝܬ ܠܟ ܢܦܩܗ ܪܚܡܘܬܐ

22:22d ܘܡܚܝܬܐ ܕܢܟܠܐ ܡܓܠܝܐ ܪܚܡܘܬܐ

40:20b B אהבת ܘܛܒ ܡܢܗܘܢ ܪܚܡܘܬܐ ܕܪ̈ܚܡܐ

sing. const.

25:1c ܐܚܘܬ ܐܚ̈ܝܢ ܘܪܚܡܘܬ ܪ̈ܚܡܝܢ

sing. with suff.

20:10b ܗܘܝܐ ܬܘܒ ܪܚܡܘܬܗ ܕܪ̈ܚܡܝܟ

22:20b ܘܡܢ ܕܥܠ ܚܒܪܗ ܡܒܛܠ ܪܚܡܘܬܗ

27:18b ܗܟܢܐ ܐܘܒܕܬ ܪܚܡܘܬܗ ܕܪ̈ܚܡܝܟ

6:17a ܕܕܚܠܘܗܝ ܕܐܠܗܐ ܢܛܪܘܢ ܪܚܡܘܬܗܘܢ

Merciful, Misericors ܪܚܡܬܢܐ

sing. emph.

2:11a ܡܛܠ ܕܚܢܢܐ ܗܘ ܘܪܚܡܬܢܐ ܡܪܝܐ

Merciful, Misericors ܡܪܚܡܢܐ

sing. emph.

5:4c A רחום ܠܐ ܬܐܡܪ ܕܡܪܚܡܢܐ ܗܘ

Beloved , Amatus ܐܪܚܡܐ

sing. absol.

45:1a B [ ]א ܘܐܪܚܝܡ ܡܢ ܐܠܗܐ

Root ܪܚܩ

He departed, Discessit ܪܚܩ

ethpa'al part.

6:11b A יתנדה ܘܒܒܝ̈ܫܬܟ ܡܬܪܚܩ ܡܢܟ

13:9a A רחוק ܬܬܩܪܐ ܗܘܝܬ ܡܬܪܚܩ ܡܢܟ

22:1d ܘܟܠܢܫ ܡܬܪܚܩ ܡܢܟ

ethpa'al imperat. 2 m.s.

6:13a A הבדל ܡܢ ܣܢܐܝܟ ܐܬܪܚܩ

ethpa'al imperf. 3 m.s.

7:2a A} C} רד ܐܪܚܩ ܡܢ ܥܘܠܐ ܘܢܬܪܚܩ ܡܢܟ

ethpa'al imperf. 2 m.s.

13:10a A תתרחק ܠܐ ܬܬܩܪܒ ܕܠܐ ܬܬܪܚܩ

13:10b A תתרחק ܘܠܐ ܬܬܪܚܩ ܕܠܐ ܬܬܛܥܐ

ethpa'al imperf. 3 m.pl.

28:8b ܘܢܬܪܚܩܘܢ ܡܢܟ ܚܛܗ̈ܐ

aphel perf. 3 m.s.

28:15b ܘܐܪܚܩ ܐܢܘܢ ܡܢ ܒܥܡ̈ܠܝܗܘܢ

aphel imperat. 2 m.s.

7:2a {A הרחק {C רחק ܐܪܚܩ ܡܢ ܥܘܠܐ

9:13a A רחק ܐܪܚܩ ܡܢ ܐܢܫܐ ܕܫܠܝܛ ܠܡܩܛܠ

10:6c ܡܢ ܟܠ ܚܛܗ̈ܐ ܘܒܥܒܕܘܬܐ ܐܪܚܩ

22:13c ܐܪܚܩ ܡܢܗ ܕܠܐ ܢܚܒܠ ܠܟ

22:13e ܐܪܚܩ ܡܢܗ ܘܬܫܟܚ ܢܝܚܐ

23:5a ܘܠܒܐ ܒܝܫܐ ܐܪܚܩ ܡܢܝ

28:8a ܐܪܚܩ ܡܢ ܗܪܝܬܐ

30:23b B הרחק ܘܟܪܝܘܬܐ ܐܪܚܩ ܡܢܟ

Distance, Distantia ܪܘܚܩܐ

sing. emph.

24:33b ܘܐܪܝܬܝܗ ܠܕܪ̈ܐ ܠܪܘܚܩܐ

Distant, Remotus ܪܚܝܩܐ

sing. absol. f.

15:8a A} B} רחוקה ܪܚܝܩܐ ܗܝ ܡܢ ܡܪ̈ܘܕܐ

Distant, Remotus (cont'd) ܪܘܚܩܐ

plur. emph. f.

47:16a ܒܥܡܡܐ ܠܓܙܪ̈ܬܐ ܪ̈ܘܚܩܬܐ

Root ܪܚܫ

He swarmed, Serpsit ܪܚܫ

peal part. f.s.

10:11b A רמש ܘܬܘܠܥܬܐ ܘܩܡܩܡܘܗܝ ܪܚܫܬܐ

peal part. f.pl.

10:9b A יורם ܕܒܚܝ̈ܘܗܝ ܦܠ̈ܚܐ ܪ̈ܚܫܢ

Root ܪܛܢ

Murmuring, Murmuratio ܪܛܢܐ

sing. emph.

26:5c ܗܢܝܢ ܕܫܠܛ ܪܛܢܐ ܕܟܢܘܫܬܐ

42:11c ܕܬܗܘܝܬܐ ܘܪܛܢܐ ܒܥܡܐ

42:11 d ܬܒܗܬܟ ܒܪܛܢܐ ܕܥܡܐ

sing. with suff.

16:10b A 7a1,12a1,Δ(less 15c1) 9m1,17a5 ܐܬܟܢܫܘ ܒܪܛܢܗܘܢ
7h3 ܐܬܪܛܢܗܘܢ]

Root ܪܚ

Smell, Odor ܪܝܚܐ

sing. emph.

39:14a ܐܝܟ ܪܝܚܐ ܕܠܒܢܝ ܒܐܪ̈ܙܘܗܝ

50:9a ܘܐܝܟ ܪܝܚܐ ܕܠܒܘܢܬܐ ܥܠ ܢܘܪܐ

50:15 d ܥܠ ܓܒ ܡܕܒܚܐ ܠܪܝܚܐ ܕܢܝܚܐ

sing. with suff.

24:15b ܘܐܝܟ ܡܘܪܐ ܓܒܝܬܐ ܐܒܣܡܬ ܪܝܚܝ

24:15 d ܘܐܝܟ ܡܫܚܐ ܛܒܐ ܢܦܩ ܪܝܚܝ

22:1b ܘܟܠܢܫ ܢܦܘܚ ܡܢ ܪܝܚܗ

39:13c ܘܐܝܟ ܒܣ̈ܡܐ ܛܒ̈ܐ ܢܦܘܚ ܪܝܚܟܘܢ

Root ܪܫ
Beginning, Initium
Head , Caput ܪܝܫܐ ܪܫܐ

(both spellings are permissible
cf. Payne Smith. Thesaurus ,II 3899)

sing. absol.

36: 20a. B ולמראש 7a1,7h3 ܣܗܕܘܬܐ ܕܒܪܝܬ ܐܝܟ ܕܡܢ ܕܪܫ
Δ, ܡܢ ܩܕܝܡ]

sing. emph.

10:2b A וכראש ܘܐܝܟ ܪܫܐ ܕܡܕܝܢܬܐ ܗܟܢܐ ܥܡܘܪܝܗ̇

25:15a ܠܝܬ ܪܫܐ ܡܪܝܪܐ

34(31):29a B ראש ܟܐܒܐ ܘܡܣܟܢܘܬܐ ܘܟܐܒ ܪܫܐ

sing. const.

1:14a ܪܫ ܚܟܡܬܐ ܕܚܠܬܗ ܕܡܪܝܐ

1:16a ܪܫ ܚܟܡܬܐ ܕܚܠܬܗ ܕܡܪܝܐ

1:18a ܪܫ ܚܟܡܬܐ ܕܚܠܬܗ ܕܡܪܝܐ

10:12a A תחלת ܪܫ ܚܛܗܝܗܘܢ ܕܒܢܝ ܐܢܫܐ

11:3b A } וראש ܘܪܫ ܦܐܪܐ ܕܟܠ ܥܠܠܬܐ
B }

25:12a ܪܫ ܕܚܠܬܗ ܕܡܪܝܐ ܠܡܪܚܡܢܘܗܝ

25:12b ܘܪܫ ܗܝܡܢܘܬܐ ܠܡܩܪܒ ܠܘܬܗ

29:21a ܪܫ ܚܝܘܗܝ ܕܒܪܢܫܐ ܠܚܡܐ

35(32):1b ܘܒܪܫ ܫܪܘܬܐ ܠܐ ܬܬܪܝܡ

31(34):4a ܘܡܢ ܪܫ ܢܦܫܗ ܢܦܩ ܕܘܝܘܬܐ

36: 29a B }
C } ראשית ܒܪܫ ܩܢܝܢܟ ܩܢܝ ܐܢܬܬܐ ܛܒܬܐ
D }

39:26a ܪܫ ܟܠܗܝܢ ܨܒܘܬܐ ܕܡܬܒܥܝܢ

sing. with suff.

4:7b A ראש 7h3 ܘܠܫܠܝܛܢܐ ܕܡܕܝܢܬܐ ܐܪܟܢ ܪܫܟ
7a1 ܢܦܫܟ]

11:1a A } ראשו ܚܟܡܬܐ ܕܡܣܟܢܐ ܬܪܝܡ ܪܫܗ
B }

Beginning, Initium,
Head, Caput (cont'd) ܪܫܐ
sing. with suff.(cont'd)

11:13a A בראשו ܐܪܝܡ ܪܫܗ ܘܪܘܪܒܗ

12:18a A ראש ܒܪܫܗ ܢܢܝܕ ܘܢܨܦܩ ܒܐܝܕܘܗܝ

13:7d A ובראשו ܘܒܬܪܟܢܐ ܡܢܝܕ ܒܪܫܗ ܥܠܝܟ

25:15a ܡܪܝܪܐ ܡܢ ܪܫܗ ܕܚܘܝܐ

30:12a B ראשו ܟܦܘܦ ܪܫܗ ܥܕܗܘ ܛܠܝܐ

30(33):34b E ראשו ܘܡܢ ܐܘܪܚܬ ܒܪܫܗ ܒܟܠ ܫܘܥܕܐ

44:23a B ראש ܘܐܫܠܡܗ ܥܠ ܪܫܗ ܕܐܝܣܪܝܠ

17:23b ܘܫܘܟܢܝܗܘܢ ܒܪܫܗܘܢ ܢܬܠ

Beginning, Initium ܪܫܝܬܐ
sing. emph.

34(31):27 d BI מראשית 11c1,14c1,15c1, ܡܢ ܪܫܝܬܐ ܠܚܕܘܬܐ
BII מראש 12a1,17a4,17a3,19g7,17a1, ܪܫܝܬܐ]
Bm בראשית 7a1,7h3 ܒܪܝܫܝܬ]

51:20c B מתחלתה ܘܠܒܐ ܩܢܝܬ ܠܗ ܡܢ ܪܫܝܬܐ

plur. emph.

7:31c A תרומת ܠܚܡܐ ܕܩܘܪܒܢܐ ܪܫܝܬܐ ܕܐܝܕܝܐ

45:20c B תרומת ܪܫܝܬܐ ܕܩܘܪܒܢܐ ܘܩܕܫܐ ܕܠܚܡܐ

In the beginning, In principio ܒܪܝܫܝܬ
technical term from Hebrew Gen.1:1

15:14a A,Bm מבראשית ܐܠܗܐ ܡܢ ܒܪܝܫܝܬ ܒܪܐ
B מראש

34(31):27 d BI מראשית 7a1,7h3 ܡܢ ܒܪܝܫܝܬ ܠܚܕܘܬܐ
BII מראש 12a1,17a4,17a3,19g7,17a1 ܪܫܝܬܐ]
Bm בראשית 11c1,14c1,15c1 ܪܫܝܬܐ]

39:25a B מראש ܡܢ ܒܪܝܫܝܬ ܛܒܬܐ ܐܬܒܪܝܬ

39:32a B מראש ܡܛܠ ܕܡܢ ܒܪܝܫܝܬ ܐܬܬܩܢܬ

Root ܪܟܒ

Chariot , Currus ܡܪܟܒܬܐ

sing. emph.

49:8a B מרכבה ܘܚܙܩܝܐܝܠ ܚܙܐ ܚܙܘܐ ܕܡܪܟܒܬܐ

Root ܪܟܢ

He leant, Se inclinavit ܪܟܢ

peal imperf. 2 m.s.

4:27a A תצע ܠܐ ܬܪܟܢ ܠܣܟܠܐ ܢܦܫܟ

6:23b A הט ܘܐܢ ܬܪܟܢ ܐܕܢܟ ܬܬܚܟܡ

aphel part. m.s.

19:27a ܐܝܬ ܕܡܪܟܢ ܐܦܘܗܝ

21:22b ܘܓܒܪܐ ܚܟܝܡܐ ܡܪܟܢ ܐܦܘܗܝ

aphel part. f.s.

32(35):20b ܘܢܠܬܗܘܢ ܚܢܢܐ ܡܪܟܢܐ

aphel imperat. 2 m.s.

4:8a A הט ܐܪܟܢ ܠܡܣܟܢܐ ܐܕܢܟ

aphel imperf. 3 m.s.

38:28e ܠܡܫܠܡ ܥܒܕܬܐ ܢܪܟܢ ܐܢܘܢ

Root ܪܟܫ

Horse, Equus ܪܟܫܐ

plur. emph.

48:9b ܒܪ̈ܟܫܐ ܕܢܘܪܐ ܠܫܡܝܐ

Root ܪܡܐ

He threw, Jecit ܪܡܐ

peal perf. 3 m.s.

22:18a ܨܪܪܐ ܕܢܘܪܐ ܥܠ ܟܐܦܐ ܕܪܡܐ

peal part. m.s.

3:6b ܘܪܡܐ ܫܘ̈ܩܠܐ ܠܐܡܗ

5:13b { A מפלתו / C מפליט } ܘܠܫܢܗ ܕܒܪ̈ܢܫܐ ܪܡܐ ܠܗܘܢ

21:15 d ܘܪܡܐ ܠܗ ܠܚܣܕ ܡܢ ܓܒܘܗܝ

28:9b ܒܠܒܒܘܬܐ ܪܡܐ ܒܝܬ ܐܚ̈ܐ

peal part. m.s.(cont'd)

28:10d ܗܟܢܐ ܪܳܡܐ ܪܘܚܗ

29:1a ܪܳܡܐ ܚܘܒ̈ܠܐ ܠܚܒܪܐ ܡܢ ܕܡܘܬܐ

32(35):2a ܪܳܡܐ ܚܘܒ̈ܠܐ ܠܚܒܪܐ ܡܢ ܕܡܘܬܐ

peal part. f.s.

14:10b ܘܥܝܢܐ ܪܳܡܝܐ ܥܠ ܦܬܘܪܐ

22:1a ܐܟ ܟܐܦܐ ܣܢܝܬܐ ܪܳܡܝܐ ܒܫܘܩܐ

peal part. m.pl.

14:15b A לידי ܘܠܘܬܟ ܠܐܚܪܢ ܕܪ̈ܡܝܢ ܦܣ̈ܐ

peal imperf. 3 m.s.

14:26a A וישים ܕܢܪܡܐ ܐܒ̈ܢܘܗܝ ܥܠ ܣܘܟ̈ܝܗ̇

37:8 d ܕܠܡܐ ܢܪܡܐ ܥܠܝܟ ܬܘܒܐ ܒܝܢܐ

47:22b B יפיל ܘܠܐ ܢܪܡܐ ܡܠ̈ܘܗܝ ܥܠ ܐܪܥܐ

peal imperf. 3 m.s. with suff.

1:30d ܘܒܝܬ ܟܢܘܫܬܐ ܢܪܡܝܟ

peal imperf. 3 f.s. with suff.

1:20j ܘܠܐ ܬܪܡܝܘܗܝ ܠܥܠܡ ܥܠܡܝܢ

peal imperf. 2 m.s.

7:7b A תפילך ܘܠܐ ܬܪܡܐ ܢܦܫܟ ܒܕ̈ܝܢܐ

28:10a ܟܠ ܕܬܪܡܐ ܒܢܘܪܐ ܢܐܩܕ

peal imperf. 2 m .s. with suff.

23:4a ܠܐ ܬܪܡܝܢܝ ܒܦܘܫܬܗܘܢ

peal imperf. 1.s.

4:17c ܢܣܝܬܐ ܘܢܘܣܝܬܐ ܐܪܡܐ ܥܠܘܗܝ

peal imperf. 1.s. with suff.

4:19a A אשליכנו ܐܪܡܝܘܗܝ ܘܐܫܠܡܝܘܗܝ

peal imperf. 3 m.pl.

23:25a ܠܐ ܢܪܡܘܢ ܒܢ̈ܝܗ̇ ܥܩܪ̈ܐ ܒܐܪܥܐ

ethpe'el imperf. 3 f.s.

26:27c 7h3 ܬܬܪܡܐ ܒܦܘܠܫܐ ܕܩܪܒܐ

7al ܬܬܕܒܪܐ]

He threw , Jecit, (cont'd) ܪܡܐ

ethpe'el imperf. 2 m.s.

28:26b ܕܠܐ ܬܬܬܪܡܐ ܩܕܡ ܣܢܐܟ

aphel perf. 3 m.s.

17:4a ܐܪܡܝ ܕܚܠܬܗܘܢ ܥܠ ܟܠ ܒܣܪ

28:13b ܕܩܛܠܐ ܣܓܝ̈ܐܐ ܐܪܡܝ

aphel perf. 3 m.s. with suff.

2:10 d ܡܢܘ ܐܬܬܟܠ ܥܠܘܗܝ ܘܐܪܡܝܗ

aphel infinitive

48:8a ܕܡܫܚ ܡܠܟܐ ܠܡܪܡܝܘ ܢܩܡ̈ܬܐ

Pride, Superbia ܪܡܘܬܐ

sing. emph.

10:18b A ועזות אף ܘܪܡܘܬܐ ܕܠܐ ܠܝܠܕܝ ܐܢܬܬܐ

Root ܪܡܙ

He indicated, Innuit ܪܡܙ

peal part.

12:16a A יתמהמה ܒܣܦܘ̈ܬܗ ܪܡܙ ܣܢܐܐ

Root ܪܡܚ

Spear, Hasta ܪܘܡܚܐ

sing. emph.

29:13a ܣܒܪܐ ܕܬܘܩܦܐ ܘܪܘܡܚܐ ܘܣܟܪܐ

Root ܪܡܠ

Widow, Vidua ܐܪܡܠܬܐ

plur. emph.

4:10b A לאלמנות ܘܚܠܦ ܒܥܠܐ ܠܐܪ̈ܡܠܬܐ

32(35):17b B ואלמנה ܘܠܘܬܐ ܕܐܪ̈ܡܠܬܐ ܬܢܝ

Root ܪܡܫ

Evening, Vesper, ܪܡܫܐ

sing. emph.

18:26a ܡܢ ܨܦܪܐ ܠܪܡܫܐ ܡܫܬܢܐ ܙܒܢܐ

21:4a ܡܢ ܨܦܪܐ ܠܪܡܫܐ ܡܚܪܒܐ ܡܕܝ̈ܢܬܐ

Root ܪܢܐ

He thought, Cogitavit ܪܢܐ

peal part. m.s.

6:37b A והגה ܘܒܦܘܩܕܢܘܗܝ ܗܘܝܬ ܪܢܐ ܒܟܠܙܒܢ

14:20a A יהגה ܕܒܚܟܡܬܐ ܢܗܘܐ ܪܢܐ

38:26a ܘܠܒܗ ܪܢܐ ܒܠܒܬܐ ܕܘܪ̈ܒܝܗ

peal part. m.pl.

38:27b ܘܠܠܝܐ ܘܐܝܡܡܐ ܒܗܘܢ ܗܘܘ ܪܢܝܢ

Bm ינהג

peal imperf. 3 m.s.

1:20c ܦܘܩܕܢܘܗܝ ܠܒܪܢܫܐ ܕܒܗ̇ ܢܪܢܐ

50:28a B יהגה ܦܘܩܕܢܘܗܝ ܠܓܒܪܐ ܕܒܗܠܝܢ ܢܪܢܐ

A thought, Cogitatio ܪܢܝܐ

sing. with suff.

38:34b ܘܪܢܝܗܘܢ ܒܥܒܕܐ ܕܐܘܡܢܘܬܗܘܢ

Root ܪܣ

He sprinkled , Adspersit ܪܣ

peal imperf. 2 m.s.

28:12b ܘܐܢ ܬܪܘܣ ܥܠܗ̇ ܡܝܐ ܬܕܥܟ

Root ܪܥܐ

He pastured, Pavit ܪܥܐ

peal part. m.s.

18:13d ܐܝܟ ܪܥܐ ܥܢܐ ܕܪܥܐ ܠܓܙܪܗ

A flock, Grex ܡܪܥܝܬܐ

sing. with suff.

13:19b A מרעית ܗܟܢܐ ܡܪܥܝܬܗ ܕܥܬܝܪܐ ܡܣܟܢܐ

Shepherd, Pastor ܪܥܝܐ

sing. emph .

18:13d ܘܡܗܦܟ ܠܗܘܢ ܐܝܟ ܪܥܝܐ ܠܥܢܐ

He thought, Cogitavit ܪܢܐ

peal perf. 3 m.s.

31(34):8a ܒܐܬܪܐ ܕܠܝܬ ܒܗ ܣܟܠܐ ܪܢܐ ܐܠܗܐ

ethpa'al part. m.s.

12:16b A יחשוב ܘܒܠܒܗ ܡܬܚܫܒ ܢܟܠܘܬܐ

19:27a ܐܝܬ ܕܡܟܪܟ ܐܦܘ̈ܗܝ ܘܡܬܚܫܒܢܐ

37:8c B D יחשוב ܡܛܠ ܕܐܦ ܗܘ ܒܢܦܫܗ ܡܬܚܫܒܢܐ

37:28b B D תבחר ܘܠܐ ܟܠ ܢܦܫܐ ܒܟܠܠ ܡܬܚܫܒܢܐ

ethpa'al imperf. 3 m.s.

13:6b A והשיע ܢܬܚܫܒ ܠܟ ܕܢܬܒ ܠܟ ܒܨܒܝܢܗ

16:23b A יחשב ܘܓܒܪܐ ܣܟܠܐ ܢܬܚܫܒ ܗܠܝܢ

ethpa'al imperf. 2 m.s.

7:12a A תחרוש ܠܐ ܬܬܚܫܒ ܒܝܫܬܐ ܥܠ ܐܚܘܟ

ethpa'al imperf. 3 m.pl.

2:16a ܕܚܠܘ̈ܗܝ ܕܡܪܝܐ ܢܬܚܫܒܘܢ ܒܨܒܝܢܗ

A thought, Cogitatio ܪܥܝܢܐ

sing. emph.

19:4a ܘܕܡܗܝܡܢ ܒܥܓܠ ܚܣܝܪ ܪܥܝܢܐ ܗܘ

19:6a ܕܪܕܐ ܡܠܬܐ ܚܣܝܪ ܪܥܝܢܐ ܗܘ

25:25b ܘܠܐܢܬ̈ܬܐ ܦܪܗܣܝܐ ܘܪܥܝܢܐ

25:6a ܐܣܛܦܢܘܣ ܕܣܒ̈ܐ ܣܘܓܐܐ ܪܥܝܢܐ

sing. with suff.

22:16b ܟܡܠܟܐ ܕܪܥܝܢܗ ܕܠܐ ܠܐ ܬܙܘܥܘܗܝ

22:17a ܠܒܐ ܣܡܝܟܐ ܒܡܣܟܠܢܘܬܐ ܕܪܥܝܢܗ

37:19a ܟܠ ܡܢ ܕܢܣܒ ܒܪܥܝܢܗ ܗܘܐ ܫܒܩܐ

plur. with suff.

3:24a A עשתוני ܕܣܓܝܐܝܢ ܐܝܟ ܪ̈ܥܝܢܝܗܘܢ ܕܒܢܝܢܫܐ

Reconcilliation, Reconcilliatio ܬܪܥܘܬܐ

sing. emph.

22:22b ܡܛܠ ܕܐܝܬ ܠܗ ܦܢܝܐ ܬܪܥܘܬܐ

27:21a 7h3 ܐܝܬ ܬܪܥܘܬܐ ܠܡܚܘܬܐ ܗܝ ܕܐܡܪܐ
7a1 ܬܘܪܥܘܬܐ]

A Thought, Cogitatio **ܬܪܥܝܬܐ**

sing. emph.

12:16b ܘܒܠܒܗ ܡܬܪܥܐ ܬܪܥܝܬܐ ܒܢܟܠܬܐ

17:7a ܚܟܡܬܐ ܘܬܪܥܝܬܐ ܡܠܐ ܠܗܘܢ

17:30b ܠܐ ܬܪܥܝܬܗ ܐܝܟ ܬܪܥܝܬܐ ܕܒܢ̈ܝܢܫܐ

19:22b ܘܠܝܬ ܬܪܥܝܬܐ ܕܚܛ̈ܝܐ ܕܣܘܟܠܬܢܐ

40:2a ܬܟܣܝܬܗܘܢ ܘܬܪܥܝܬܐ ܕܠܒܗܘܢ

sing. with suff.

23:2a ܡ̇ܢ ܕ̈ܝܢ ܐܣܝܡ ܥܠ ܬܪܥܝܬܝ ܡܪܕܘܬܐ

17:30b ܐܦ ܠܐ ܬܪܥܝܬܗ ܐܝܟ ܬܪܥܝܬܐ ܕܒܢ̈ܝܢܫܐ

21:13b ܘܬܪܥܝܬܗ ܐܝܟ ܡܒ̈ܘܥܐ

30:22b ܘܬܪܥܝܬܗ ܕܒܪܢܫܐ ܡ̇ܢ ܬܘܣܦܐ ܚܝܘܗܝ

38:3a B דעת ܡܢ ܬܪܥܝܬܗ ܕܐܣܝܐ ܢܪܝܡ ܪܫܗ

47:23d ܢܣܒܘܢ ܕܒ̇ܪ ܒܬܪܥܝܬܗ ܠܥܡܗ

plur. emph.

13:26b A מחשבת ܘܡܫܟܚܐ ܕܥܘ̈ܬܕܬܐ ܬܪ̈ܥܝܬܐ

plur. with suff.

36(33):5b E מחשבותיו ܘܐܝܟ ܫܪܝܢܐ ܟܠܗܘܢ ܬܪ̈ܥܝܬܗ

39:6d 7h3 ܘܗܘܝܢ ܠܗ ܒܬܪ̈ܥܝܬܗ

7a1 [ܒܬܪ̈ܥܝܬܗܘܢ

15:19b A, B מפעל ܟܠܗܘܢ ܬܪ̈ܥܝܬܗܘܢ ܕܒܢ̈ܝܢܫܐ

17:19b ܘܓܠ̈ܝܢ ܠܗ ܟܠܗܘܢ ܬܪ̈ܥܝܬܗܘܢ

27:6b A יצר ܥܠ ܬܪ̈ܥܝܬܗܘܢ ܕܒܢ̈ܝ ܐܢܫܐ

32(35):24b B כמזמתו ܘܠܒ̈ܢܘܗܝ، ܒܠܐ ܬܪ̈ܥܝܬܗܘܢ

39:6d 7a1 ܘܗܘܝܢ ܠܗ ܒܬܪ̈ܥܝܬܗܘܢ

7h3 [ܒܬܪ̈ܥܝܬܗ

42:18b 7a1,7h3 ܘܒܟܠܗܝܢ ܬܪ̈ܥܝܬܗܘܢ ܕܒܢ̈ܝܢܫܐ

11c1,12a1,14c1,15c1,19g7 [ܒܥܘ̈ܬܗܘܢ

Root ܪܢܢ

He sounded, Sonuit ܪܢܢ

peal perf. 3 m.s.

46:17a B [וירן] ܘܪܢܢ ܒܩܠܐ ܡܪܝܐ

ethpa'al part. m.s.

10:25b A} B} יתאונן 7h3 ܒܗ ܡܬܪܕܝܐ ܠܐ ܡܬܪܢܢ

ethpa'al imperf. 3 m.s.

10:25b A} B} יתאונן 7a1,Δ, 17a5 ܒܡܪܕܘܬܐ ܠܐ ܢܬܪܢܢ

Root ܪܦܐ

He relaxed, Laxus fuit ܪܦܐ

peal part. m.s.passive

4:29b A ורפי ܘܪܦܐ ܘܚܒܝܠ ܒܥܒܕܘܗܝ

peal imperf. 2 m.s. with suff

25:12c 12a1,Δ, ܐܚܘܗܘܗܝ، ܒܪ، ܘܠܐ ܬܪܦܝܘܗܝ،
7a1,7h3 ܬܪܦܝܘܗܝ]

2:3a ܐܬܕܒܩ ܒܗ ܘܠܐ ܬܪܦܝܘܗܝ
6:26b A תרפה ܘܐܬܚܕ ܒܗ ܘܠܐ ܬܪܦܝܘܗܝ
25:12c 7a1,7h3 ܐܚܘܗܘܗܝ ܒܪ، ܘܠܐ ܬܪܦܝܘܗܝ
12a1,Δ, ܬܪܦܝܘܗܝ،]
40:26f ܐܚܘܗܘܗܝ ܒܪ، ܘܠܐ ܬܪܦܝܘܗܝ

Relaxation, Relaxatio ܪܦܝܘܬܐ

sing. emph.

25:23c C רפיון ܪܦܝܘܬܐ ܕܐܝܕܐ ܘܬܒܪܐ ܕܒܘܪܟܐ

Relaxed, Laxatus ܡܪܦܝܐ

plur. emph. f.

2:12a ܠܒܐ ܕܚܛܝܐ ܘܐܝܕܝܐ ܡܪܦܝܬܐ

Root ܪܢܐ

He lamented, Lamentatus est ܪܢܐ

aphel part. m.pl.

38:17a ܡܪܝܪܐ ܘܡܪܢܝܬܐ ܠܒܟܝܬܐ ܕܡܪܢܝܢ

Root ܪܩܥ

Firmament, Firmamentum ܪܩܝܥܐ

sing. emph.

26:16a C במרומי ܫܡܫܐ ܕܕܢܚ ܒܪܩܝܥܐ ܕܫܡܝܐ

43:8 d B. רקיע ܕܡܢܗܪ ܒܪܩܝܥܐ ܕܫܡܝܐ

Root ܪܩܥ

Rag , Pannus ܪ̈ܩܥܐ

plur. emph.

11:4a { A T[.]X / B בעוטה } ܒܡܢ ܕܠܒܝܫ ܪ̈ܩܥܐ ܠܐ ܬܬܠܥܒ

Root ܪܫܡ

He inscribed, Inscripsit ܪܫܡ

peal part. m.pl. passive

17:20b 7a1,7h3 ܘܚܛ̈ܗܝܗܘܢ ܕܟܠܗܘܢ ܒܢ̈ܝܢܫܐ ܪܫܝܡܝܢ
Δ,17a5 ܩܕܡܘܗܝ]

Root ܪܫܥ

He acted wickedly, Sceleste egit ܐܪܫܥ

aphel perf. 3 m.pl.

16:8b A המתעברים ܕܐܪܫܥܘ ܥܠ ܓܢܒܪܘܬܗܘܢ

Wicked, Scelestus ܪܘܫܥܐ

sing. emph. m.

18:27b ܘܒܙܒܢܬܐ ܕܪܘܫܥܐ ܠܐ ܢܚܛܐ

Wicked, Scelestus ܪܫܝܥܐ

sing. emph.

8:10a A רשע ܠܐ ܬܚܡܐ ܓܘܡܪܐ ܠܪܫܝܥܐ

9:11a A רשע ܠܐ ܬܛܢ ܒܥܘܬܪܐ ܪܫܝܥܐ

18:18b ܘܡܘܗܒܬܐ ܕܪܫܝܥܐ ܡܚܫܟܐ ܥܝܢܐ

21:10a ܐܘܪܚܗ ܕܪܫܝܥܐ ܬܘܩܠܬܐ ܗܝ ܠܗ

21:14a ܠܒܗ ܕܪܫܝܥܐ ܐܝܟ ܡܐܢܐ ܬܒܝܪܐ

21:16a ܫܘܥܝܬܗ ܕܪܫܝܥܐ ܐܝܟ ܡܘܒܠܐ ܥܒܝܪܐ

21:25a ܦܘܡܗ ܕܪܫܝܥܐ ܡܫܥܐ ܕܫܡܥܗ

23:8a ܒܡܡܠܠܗ ܢܬܬܨܝܕ ܪܫܝܥܐ

Wicked Scelestus (cont'd) ܪܫܝܥܐ

sing. emph.m(cont'd)

27:14a ܘܡܫܡܥܬܐ ܕܪܫܝܥܐ ܡܪܦܩܐ ܡ̈ܢܐ

41:11a ܪܫܝܥܐ ܕܝܢ ܫܪܒܬܗ ܠܡܒܕܢܐ ܗܝ

sing. emph. f.

26:23a ܐܢܬܬܐ ܕܝܢ ܪܫܝܥܬܐ ܒܡܢܬܗ ܕܥܘܠܐ ܬܦܠ

26:26b ܪܫܝܥܬܐ ܕܝܢ ܕܡܣܢܝܐ ܒܓܐܘܬܗ̇

plur. emph. m.

5:6d A } רשעים ܘܥܠ ܪ̈ܫܝܥܐ ܢܬܬܢܝܚ ܪܘܓܙܗ
C }

27:15a ܒܝܬ ܪ̈ܫܝܥܐ ܠܐ ܬܬܒ

39:24b ܘܐܦ ܠܪ̈ܫܝܥܐ ܗܢܘܢ ܡܬܦܣܝܢ

39:30b B [ ]ר ܚܪܒܐ ܕܦܘܪܥܢܐ ܠܡܘܒܕܘ ܠܪ̈ܫܝܥܐ

40:15a B מחמס
Bm חמס ܘܢܨܒܐ ܠܒܢܝܐ ܪ̈ܫܝܥܐ ܠܐ ܡܬܦܫܛ
M חמס

48:3c ܥܠ ܡܕܒܚܐ ܘܥܠ ܐܢܫܐ ܪ̈ܫܝܥܐ

ܨ

Root ܫܐܠ

He enquired, Interrogavit ܫܐܠ

peal part. m.s.

14:13b ܘܐܝܟ ܕܡܫܐܠ ܠܟ ܗܒ ܠܗ

40:28a ܒܪܝ، ܡܢ ܕܫܐܠ ܠܟ ܠܐ ܬܬܠܘܝܘܗܝ

peal part. m.pl.

41:12d ܥܠ ܕܫܐܠܝܢ ܒܫܠܡܗ ܘܬܘܗܝܢ

peal part. m. pl. construct

6:6a A אנשי ܫܐܠܝ ܫܠܡܟ ܢܗܘܘܢ ܣܓܝܐܐ

ethpe'el perf. 3 m.s.

46:13b B המשואל ܡܢ ܕܐܫܬܐܠ ܡܢ ܟܪܣܐ ܕܐܡܗ

46:20a B נדרש ܘܡܢ ܒܬܪ ܕܡܝܬ ܐܬܫܐܠ

A request, Petitio ܫܐܠܬܐ

sing. emph.

6:5b A שואלי 7h3 ܘܣܦܘܬܗܝܢ ܕܒܣܝܡܐ ܫܐܠܬܐ ܕܫܠܡܐ

7a1 [ܫܠܡܬܐ

41:12f ܫܐܠܬܐ ܕܫܠܡܐ ܕܡܢܝܢ ܐܢܬ

sing. const.

18:30a ܒܬܪ ܫܐܠܬ ܢܦܫܟ ܠܐ ܬܐܙܠ

sing. with suff.

40:30a B שאלה ܒܦܘܡܗ ܕܚܨܝܦܐ ܬܒܣܡ ܫܐܠܬܗ

Root ܫܒܐ

Captivity, Captivitas ܫܒܝܐ

sing. emph.

28:14a ܠܥܡܐ ܬܠܬܠܬܐ ܣܓܝܐܐ ܒܫܒܝܐ ܐܘܒܕ

28:15a ܠܥܡܐ ܬܠܬܠܬܐ ܣܓܝܐܐ ܒܫܒܝܐ ܐܘܒܕ

Root ܫܒܚ

He praised, Laudavit ܫܒܚ

pael perf. 3 m.s.

3:2a ܡܪܝܐ ܓܝܪ ܫܒܚ ܠܐܒܐ ܥܠ ܒܢܝܐ

pael perf. 1.s.

25:7a ܬܫܥ ܕܠܐ ܥܠ ܠܒܝ ܫܒܚܬ

pael perf. 3 m.pl.

50:19a B וירנו ܘܫܒܚܘ ܥܡܐ ܕܐܪܥܐ ܠܐܠܗܐ

pael perf. 3 f.pl. with suff.

47:6a B ענו ܡܛܠܗܢܐ ܫܒܚܘܗܝ ܒ̈ܢܬ ܐܘܪܫܠܡ

pael part.m.s.

51:30 d B ומשובח ܘܡܫܒܚ ܫܡܗ ܠܕܪ ܕܪܝܢ

pael part. f.s.

25:23d ܐܢܬܬܐ ܕܠܐ ܡܫܦܪܐ ܘܡܫܒܚܐ ܒܒܥܠܗ̇

pael part. m.pl.

17:10a ܘܠܫܡܐ ܕܩܘܕܫܗ ܢܗܘܘܢ ܡܫܒܚܝܢ
42:22b ܒܩܕܝܫܘܬܐ ܡܫܒܚܝܢ ܟܠܗܘܢ

pael infin.

38:6b B' להתפאר 7a1 ܚܟܡܬܐ ܠܡܫܒܚܘ ܒܓܢܒܪ̈ܘܬܗ
7h3 [ܠܡܫܬܒܚܘ
43:2a ܢܒܥ ܫܡܫܐ ܠܡܚܙܐ ܘܠܡܫܒܚܘ

pael imperat. 2 m.pl.

39:15a ܐܪܝܡܘ ܩܠܟܘܢ ܘܫܒܚܘ ܐܫܘܒܚܐ
39:35b ܒܪܟܘ ܠܐܠܗܐ ܘܫܒܚܘ ܠܫܡܗ

pael imperat. 2 m.s. with suff.

7:31a A כבד ܫܒܚܝܗܝ ܠܗ ܘܝܩܪ ܐܦ ܠܟܗ̈ܢܘܗܝ

pael imperf. 3 m.s.

36: 27a B והליל / Bm יהלל / C יאיל ܫܘܦܪܗ̇ ܕܐܢܬܬܐ ܢܫܒܚ ܐܦ̈ܝܗ̇
49:11a ܐܝܟܢܐ ܢܫܒܚ ܠܙܪܘܒܒܠ

pael imperf. 3 f.s.

24:1a ܚܟܡܬܐ ܬܫܒܚ ܢܦܫܗ̇

pael imperf. 2 m.s.

11:2a A } B תהלל ܠܐ ܬܫܒܚ ܠܓܒܪܐ ܕܫܦܝܪ ܒܚܙܘܗ

37:6a { B,D תשכח / Bm תכחש ܠܐ ܬܫܒܚ ܪܚܡܟ ܒܩܪܒܐ

pael imperf. 2 m.s. with suff.

11:28b A תאש[ ]ו ܘܠܐ ܬܛܘܒܐ ܠܐܢܫ ܠܐ ܬܫܒܚܝܘܗܝ،

pael imperf. 1.s.

44:1a B אהלל ܐܢܐ ܐܫܒܚ ܠܓܒܪܐ ܕܛܝܒܘܬܐ

51:1b B אהללך ܘܐܫܒܚ ܫܡܟ ܡܪܝܐ

51:11a B אהללה ܐܫܒܚ ܫܡܟ ܒܟܠܝܘܡ

51:12c B ואהללה ܡܛܠ ܗܢܐ ܐܘܕܐ ܘܐܫܒܚ

pael imperf. 1.s. with suff.

51:22b B אהודנו ܘܒܣܦܘܬܝ، ܐܫܒܚܝܘܗܝ،

pael imperf. 3 m.pl. with suff.

37:24b B } C } D ויאשרוהו ܘܢܫܒܚܘܢܗ ܟܠܗܘܢ ܚܙܘܗܝ،

pael imperf. 1.pl. with suff.

34(31):9a { B ונאשרנו / Bm תאשרנו ܡܢܘ ܗܢܐ ܘܢܫܒܚܝܘܗܝ،

ethpa'al part. m.s.

11:28b A יאושר ܡܛܠ ܕܒܐܚܪܬܗ ܗܘ ܡܫܬܒܚ

20:(3a) ܘܡܫܬܒܚ ܡܢ ܕܢ ܕܠܐ ܐܠܐ ܠܗ

ethpa'al part. f.s.

40:27b ܘܠܝܠ ܡܢ ܟܠ ܐܝܩܪ ܡܫܬܒܚܢܐ

ethpa'al infin.

20:(3a) ܕܠܐ ܐܠܐ ܠܗ ܠܡܫܬܒܚܘ

38:6b B להתפאר 7h3 ܚܟܡܬܐ ܠܡܫܬܒܚܘ ܒܓܒܪܘܬܗ

7al] ܠܡܫܬܒܚܘ

He praised , Laudavit (cont'd) **ܫܒܚ**

ethpa'al imperf. 3 m.s.

30:2b ܘܒܝܢܬ ܝܕ̈ܥܘܗܝ ܢܫܬܒܚ ܒܗ

30:3b ܘܠܘܩܒܠ ܣܢ̈ܐܘܗܝ ܢܫܬܒܚ ܒܗ

39:8b ܘܒܢܡܘܣܐ ܕܡܪܝܐ ܢܫܬܒܚ

39:11a ܐܢ ܢܓܪܐ ܒܐܠܦ ܢܫܬܒܚ

48:4b B יתפאר ܘܡܢ ܕܐܟܘܬܟ ܗܘ ܢܫܬܒܚ

ethpa'al imperf. 3 f.s.

24:2b ܘܩܕܡ ܚܝܠܘ̈ܬܗ ܬܫܬܒܚ

Praise, Laus **ܫܘܒܚܐ**

sing. with suff.

45:7b { B כבודו 7a1,12a1,Δ,19g1 ܥܡ ܐܘܨܪܗ ܘܫܘܒܚܗ
{ Bm ברכה 7h3 ܘܫܘܒܚܗ]

Praise, Laudatio **ܬܫܒܘܚܬܐ**

sing. emph.

1:11b ܘܪܒܘܬܐ ܘܟܠܝܠܐ ܕܬܫܒܘܚܬܐ

1:(19a) ܘܒܝܢܬ ܡܫܡܥܝܢ ܬܫܒܘܚܬܐ ܘܐܝܩܪܐ

6:31b A תפארת ܘܟܠܝܠܐ ܕܬܫܒܘܚܬܐ ܬܥܛܦܝܢ

15:10a A } תהלה ܘܒܦܘܡܗ ܕܚܟ̈ܝܡܐ ܬܬܐܡܪ ܬܫܒܘܚܬܐ
B }

17:13a ܘܬܫܒܘܚܬܐ ܕܐܝܩܪܐ ܚܙܘ ܒܥܝ̈ܢܝܗܘܢ

17:27b 7a1,7h3 ܕܚܝܝܢ ܘܝܗܒܝܢ ܠܗ ܬܫܒܘܚܬܐ
Δ ,17a5 ܬܘܕܝܬܐ]

24:16b ܘܣܘ̈ܟܝ ܣܘ̈ܟܝ ܬܫܒܘܚܬܐ

27:8b ܘܬܠܒܫܝܗ̇ ܐܝܟ ܢܚܬܐ ܕܬܫܒܘܚܬܐ

28:10c ܐܝܟ ܬܫܒܘܚܬܐ ܕܐܢ̈ܫܐ ܕܐܢܫܐ

34(31):10b { B תפארת ܘܗܘܐ ܠܗ ܠܬܫܒܘܚܬܐ
{ Bm לתפארה, תפארת

35(32):5b { B שיר ܗܟܢܐ ܗܝ ܬܫܒܘܚܬܗ̇ ܕܐܠܗܐ
{ Bm שירת

43:9a { B והדר ܫܘܦܪܐ ܕܫܡܝܐ ܘܬܫܒܘܚܬܐ
{ M והוד

sing. emph. (cont'd)

49:1d B וכמזמור ܘܐܝܟ ܬܫܒܘܚܬܐ ܥܠ ܡܫܬܝܐ

50:11c B הוד 12al,Δ,9ml,19gl ܠܡܠܒܫ ܬܫܒܘܚܬܐ ܬܫܒܘܚܬܐ
7al,7h3 ܬܫܒܚܬܐ]

sing. with suff.

51:29b B בשירתי 7al,7h3 ܘܠܐ ܬܬܒܗܬܘܢ ܒܬܫܒܘܚܬܝ
12al,Δ(less 15cl) ܒܬܫܒܚܬܝ]

9:16b A תפארתך ܘܒܕܚܠܬܗ ܕܐܠܗܐ ܬܗܘܐ ܬܫܒܘܚܬܟ

10:22b A} B} תפארתם ܬܫܒܘܚܬܗ ܒܕܚܠܬܗ ܕܐܠܗܐ

49:16b B תפארת 7al,7h3 ܘܥܠ ܟܠܗܘܢ ܗܘܬ ܬܫܒܘܚܬܗ
Δ(less 15cl) ܬܫܒܚܬܗ]

25:6b ܕܕܚܠܬܗ ܕܐܠܗܐ ܬܫܒܘܚܬܗܘܢ

40:2a ܬܫܒܘܚܬܗܘܢ ܘܬܪܥܝܬܐ ܕܠܒܗܘܢ

44:15a Bm} M} ותהלתם 7al,11cl ܘܬܫܒܘܚܬܗܘܢ ܢܫܬܥܐ ܥܕܬܐ
7h3 ܘܬܫܒܚܬܗܘܢ]

plur. emph.

39:15c ܗܒܘ ܝܩܪܐ ܠܫܡܗ ܒܬܫܒܚܬܐ

47:10a ܝܗܒ ܬܫܒܚܬܐ ܠܥܐܕܐ ܥܠ ܥܐܕܐ

50:11c B הוד 7al,7h3 ܒܡܠܒܫܗ ܠܡܠܒܫ ܬܫܒܚܬܐ
12al,Δ,9ml,19gl ܬܫܒܘܚܬܐ]

51:1c ܘܡܘܕܐ ܐܢܐ ܠܫܡܟ ܒܬܫܒܚܬܐ

51:11b B בתפלה ܘܐܘܕܝܢܟ ܒܬܫܒܚܬܐ

plur. with suffix

51:29b B בשירתי 12al, Δ(less 15cl), ܘܠܐ ܬܬܒܗܬܘܢ ܒܬܫܒܚܬܝ
7al,7h3 ܒܬܫܒܘܚܬܝ]

Praise , Laudatio (cont'd) ܬܫܒܘܚܬܐ

plur. with suffix (cont'd)

1:20 l ܘܢܫܒܚܘܢ ܒܟܠ ܬܫܒܚܬܗ ܕܡܪܝܐ

34(31):11b B ותהלתו ܘܬܫܒܚܬܗ ܢܫܬܥܘܢ ܟܢܘܫܬܐ

39:10b ܘܬܫܒܚܬܗ ܢܐܡܪ ܥܡܐ

47:9c B נגינות ܬܫܒܚܬܗ ܐܡܪ ܗܘܐ

49:16b B תפארות Δ (less 15cl) ܘܥܠ ܟܠܗܘܢ ܗܘ ܠܗ ܬܫܒܚܬܗ

7a1,7h3 ܬܫܒܘܚܬܗ]

44:4c ܘܚܟܝܡܐ ܒܡܠܘ ܒܬܫܒܚܬܗܘܢ

44:7b B תפארתם ܘܒܝܘܡܝܗܘܢ ܬܫܒܚܬܗܘܢ

44:8b ܥܡܐ ܠܡܫܬܥܝܘ ܥܠ ܬܫܒܚܬܗܘܢ

44:15a Bm תהלתם 7h3, ܘܬܫܒܚܬܗܘܢ ܢܬܢܐ ܥܡܐ

M } 7a1,11cl ܘܬܫܒܘܚܬܗܘܢ]

46:12c ܠܒܢܝܗܘܢ ܘܠܟܠ ܥܡܐ ܬܫܒܚܬܗܘܢ

Pride, Decus ܫܘܒܚܐ

sing. emph.

48:22d B הגדול ܐܫܥܝܐ ܢܒܝܐ ܫܘܒܚܐ ܕܢܒܝܐ

Root ܫܒܛ

Staff, Baculus ܫܒܛܐ
Tribe, Stirps Tribus
sing. emph.

23:2b ܘܥܠ ܠܒܝ ܫܒܛܐ ܕܡܪܕܘܬܐ

45:6b B למטה ܠܐܗܪܘܢ ܡܢ ܫܒܛܐ ܕܠܘܝ

plur. absol.

44:23e ܘܐܦܠܓ ܠܬܪܥܣܪ ܫܒܛܝܢ

plur. emph.

44:23 d B לשבטים ܘܐܩܝܡܗ ܐܒܐ ܠܫܒܛܐ

plur. const.

48:10d B [ ]ש ܘܠܡܩܡܘ ܠܫܒܛܝ ܝܥܩܘܒ.

plur. with suffix

33(36):13a B שבטי ܟܢܘܫ ܟܠܗܘܢ ܫܒܛܘܗܝ ܕܝܥܩܘܒ

Root ܫܒܠ

Way, Via ܫܒܝܠܐ

sing. absol.

5:9b { A דרך שבולת / C שביל } ܘܡܬܦܢܐ ܠܟܠ ܫܒܝܠ

sing. with suff.

21:10a ܘܫܒܝܠܗ ܕܪܫܝܥܐ ܡܬܩܠܩܠܬܐ ܗܘ

plur. emph.

2:12b ܒܒܪܢܫܐ ܕܦܣܥ ܥܠ ܫܒܝ̈ܠܐ ܦܠܝ̈ܓܐ

plur. with suff.

14:22b A מבואיה ܘܥܠ ܫܒܝ̈ܠܘܗܝ ܢܗܘܐ ܒܥܝܢ

14:21b A? ובתבונתיה ܘܒܫܒܝ̈ܠܝܗ ܢܣܬܟܠ

31(34):7b ܦܫܥ ܐܘܪܚܐ ܘܐܬܬܩܠܘ ܒܫܒܝ̈ܠܝܗܘܢ

Perfume, Spica ܫܒܠܐ

sing. emph.

40:15b ܒܢܝ̈ܗܘܢ ܓܝܪ ܕܥܘ̈ܠܐ ܐܝܟ ܫܒܠܐ

plur. emph.

40:22b B צמחי ܘܡܢ ܬܪ̈ܝܗܘܢ ܫܒ̈ܠܐ ܕܚܩܠܐ

50:8a B נץ ܘܐܝܟ ܫܒ̈ܠܐ ܕܚܩܠܐ

Root ܫܒܥ

adj. num. Seven ,Septem ܫܒܥܐ

7:3b A שבעתים ܕܠܐ ܫ̈ ܒܫܒܥܐ ܬܚܨܕܝܘܗܝ

20:12b ܘܦܪܥ ܠܗ ܫ̈ ܒܫܒܥܐ

20:14b ܡܛܠ ܕܥܝܢܘܗܝ ܫ̈ ܒܫܒܥܐ ܣܓܝ̈ܢ

22:12a ܒܝܬ ܒܟܝܐ ܓܝܪ ܕܡܝܬܐ ܫܒܥܐ ܝܘ̈ܡܝܢ

29:28h ܘܗܘ̇ ܦܪܥ ܠܟ ܫ̈ ܒܫܒܥܐ

Root ܫܒܩ

He dismissed, Dimisit ܫܒܩ

peal perf. 3 m.s.

16:7a A} נשה B} ܘܠܐ ܫܒܩ ܠܚܠܩ̈ܐ ܩܕܡܝ̈ܐ

29:18b 7h3 ܘܫܒܩ ܢܟܣܝܗܘܢ ܐܝܟ ܓ̈ܠܠܐ ܕܝܡܐ

7a1,12a1, Δ ,17a5 ܘܫܒܩܘ]

30:4b ܡܛܠ ܕܐܝܟܘܬܗ ܫܒܩ ܒܬܪܗ

47:11a B העביר ܐܦ ܐܠܗܐ ܫܒܩ ܠܗ ܚܛܗ̈ܘܗܝ

47:22a B יטוש ܐܠܗܐ ܠܐ ܫܒܩ ܛܝܒܘܬܗ

peal perf. 3 m.s. with suff.

2:10c ܡܢܘ ܡܣܟ ܒܗ ܘܫܒܩܗ

peal perf. 3 m.pl.

29:18b 7a1,12a1,Δ,17a5, ܘܫܒܩܘ ܢܟܣܝܗܘܢ ܐܝܟ ܓ̈ܠܠܐ

7h3 ܘܫܒܩ]

44:8a B} M} הניחו ܐܝܬ ܡܢܗܘܢ ܕܫܒܩܘ ܫܡܐ

49:4c B ויעזבו ܡܠܟܝܗܘܢ ܢܟܠܘ ܘܫܒܩܘ ܢܡܘܣܐ

peal part. m.s.

2:17b ܘܕܫܒܩ ܠܗ ܡܕܡ ܕܢܦܫܗ

5:4 d A ימחה ܘܠܚܘܒܐ ܕܥܒܕ ܫܒܩ ܠܗ

11:19d A ועזב ܕܫܒܩ ܠܗܝܢ ܠܐܚܪ̈ܢܐ

14:15a A תעזב ܠܐܚܪ̈ܢܐ ܓܝܪ ܫܒܩ ܐܢܬ ܢܟܣܝܟ

17:29b ܚ̈ܘܣܢܘܗܝ ܕܐܠܗܐ ܕܫܒܩ ܠܚܛܝ̈ܐ

28:5b ܡܢܘ ܫܒܩ ܠܗ ܚܛܗ̈ܘܗܝ

29:16b ܘܕܫܒܩ ܒܪܗ ܫܒܩ ܦܪܘܩܗ

35(32):18a B} E} יקח ܚܟܝܡܐ ܠܐ ܫܒܩ ܚܟܡܬܐ

31(34):23b ܠܐ ܒܣܓܝܐܘܬܐ ܕܩܘܪ̈ܒܢܝܗܘܢ ܫܒܩ ܠܗܘܢ

32(35):17a B יטש ܠܐ ܫܒܩ ܐܢܬ ܕܬܬܩܪܐ

peal part. f.s.

3:30b A תכפר ܘܗܟܢܐ ܙܕܩܬܐ ܫܒܩܐ ܚܛܗ̈ܐ

He dismissed, Dimisit (cont'd) **ܫܒܩ**

peal part. m.pl.(active)

28:23a ܟܠ ܕܫܒܩܝܢ ܕܚܠܬܗ ܕܐܠܗܐ

peal part. m.pl.(passive)

15:16a ܫܒܝܩܝܢ ܩܕܡܝܟ ܢܘܪܐ ܘܡܝ̈ܐ

peal infin.

16:11d A וסולח ܘܪܘܓܙܐ ܢܣܒܗ ܘܡܦܝܣܐ ܠܡܫܒܩ

28:5a ܠܐ ܨ̇ܒܐ ܠܡܫܒܩ ܠܗ̇

peal imperat. 2 m.s.

3:13a A עזוב ܐܦ ܐܢ ܒܨܪ ܡܕܥܗ ܫܒܘܩ ܠܗ

28:2a ܫܒܘܩ ܡܐ ܕܣܟܠܟ ܘܒܬܪܟܢ ܨ̇ܠܐ

peal imperf. 3 m.s.

29:16a ܛܒܬܐ ܕܥ̇ܪܒܐ ܢܫܒܘܩ ܥ̇ܘܠܐ

32(35):22c ܘܠܐ ܢܫܒܘܩ ܘܠܐ ܢܟܬܪ

peal imperf. 3 m.s. with suff.

13:4b A יחמל ܘܐܢ ܬܬܡܣܟܢ ܢܫܒܩܝܟ

peal imperf. 3 f.s. with suff.

6:3b A והניחתך ܘܬܫܒܩܝܟ ܐܝܟ ܐܝܠܢܐ

peal imperf. 2 m.s.

3:12b A תעזבהו ܘܠܐ ܬܫܒܘܩ ܐܒܘܗ̇ܝ

4:4a A תבזה ܒܒܥܘܬܗ ܕܡܣܟܢܐ ܠܐ ܬܫܒܘܩ

7:30b A תעזב ܘܡܫܡܫܢ̈ܘܗܝ ܠܐ ܬܫܒܘܩ

8:8a A תטש ܠܐ ܬܫܒܘܩ ܫܘܥܝ̈ܬܐ ܕܚܟ̈ܝܡܐ

9:10a A תטש ܠܐ ܬܫܒܘܩ ܪ̈ܚܡܝܟ ܥܬܝܩܐ

30:11b B תשא ܘܠܐ ܬܫܒܘܩ ܠܗ

peal imperf. 2 m.s. with suff.

51:10c B תרפני 7a1 ܠܐ ܬܫܒܘܩܝܢܝ ܒܝܘܡܐ ܕܐܘܠܨܢܐ

7h3 [ܬܫܒܘܩܝܢܝ

7:26a A תתעבה ܐܢܬܬܐ ܐܝܬ ܠܟ ܠܐ ܬܫܒܘܩܝܗ̇

42:11e ܐܬܪ ܕܡܬܪܐ ܠܐ ܬܫܒܘܩܝܗ̇ ܢܦܫܐ

50:29b ܚܝ̈ܘܗܝ ܒܗ̇ ܘܠܐ ܬܫܒܘܩܝܗ̇

He Dismissed, Dimisit (cont'd) ܫܒܩ

peal imperf. 1.s. with suff.

24:32b ܘܐܫܒܩܝܘܗܝ ܠܕܪ̈ܐ ܥܠܡܝ̈ܐ

51:20d ܡܛܠ ܗܢܐ ܠܐ ܐܫܒܩܝܘܗܝ

peal imperf. 3 m.pl.

15:17b ܕܠܗܘܢ ܚ̈ܝܐ ܢܫܒܩܘܢ ܡܘܬܐ

46:12b B תחליף ܘܢܫܒܩܘܢ ܫܘܡܗܒܐ ܠܒܢ̈ܝܗܘܢ

ethpe'el part. m.pl.

3:3a ܕܡܝܩܪ ܠܐܒܘܗܝ ܡܫܬܒܩܝܢ ܚܛ̈ܗܘܗܝ

ethpe'el imperf. 3 m.s.

23:26a ܘܢܫܬܒܩ ܠܠܘܛܬܐ ܕܘܟܪܢܗ̇

ethpe'el imperf. 3 m.pl.

28:2b ܗܝܕܝܢ ܘܟܠ ܚܛ̈ܗܝܟ ܢܫܬܒܩܘܢ ܠܟ

Dismissal, Dimissio ܫܘܒܩܢܐ

sing. emph.

5:5a A} פליחה ܠܐ ܬܬܟܠ ܥܠ ܫܘܒܩܢܐ
C}

sing. with suff.

18:12b ܡܛܠ ܗܢܐ ܐܣܓܝ ܫܘܒܩܢܗܘܢ

Root ܫܓܪ

It burnt, Inflammatus est ܫܓܪ

ethpe'el part. m.s.

48:1b ܐܝܟ ܬܢܘܪܐ ܕܡܫܬܓܪ

Root ܫܓܫ

He disturbed, Turbavit ܫܓܫ

peal part. m.s.

11:30c ܐܝܟ ܕܒܒܐ ܠܟܠ ܟܕ ܢܐܟܠ ܘܫܓܫ

Disturbance, Perturbatio ܫܓܘܫܝܐ

sing. emph.

26:27d ܒܫܓܘܫܝܐ ܕܩܪܒܐ ܚܝ̈ܐ ܒܐܘܠܨܢܐ

Root ܫܕܐ

He threw , Jecit ܫܕܐ

peal part.

22:20a ܕܫܕܐ ܟܐܦܐ ܠܦܪ̈ܚܐ ܡܦܪܚ ܠܗ

27:25a ܕܫܕܐ ܟܐܦܐ ܠܥܠ، ܬܗܦܟ

peal imperf. 3 m.s. with suff

6:21b A להשליכה ܕܠܐ ܢܫܗܐ ܘܢܫܕܝܘܗ̇

Root ܫܕܟ

Marriage, Conjugium ܫܕ̈ܟܐ

plur. emph.

11:7b ܢܦܩ ܠܗܘܢ ܘܗܘܝܢ ܫܕܟܐ ܫܘܕ̈ܟܐ

Root ܫܕܠ

He flattered ,Blanditus est ܫܕܠ

pael imperat. 2 m.s.

30:23a B פת ܫܕܠ ܢܦܫܟ ܘܦܝܣ ܠܒܟ

ethpa'al imperf. 2 m.s.

25:21a C תפול ܠܐ ܬܬܫܕܠ ܠܫܘܦܪܗ̇ ܕܐܢܬܬܐ

Root ܫܕܪ

He sent, Misit ܫܕܪ

peal perf. 3 m.s.

48:18b B וישלח ܘܫܕܪ ܥܠܝܗܘܢ ܠܪܒܫܩܐ

Root ܫܗܪ

Guard, Custos ܫܗܪܐ

sing. emph.

34(31):1a B שקר ܫܗܪܐ ܡܚܒܠ ܒܣܪܗ ܕܥܬܝܪܐ
Bm שקד

34(31):20c B נדד ܟܐܒܐ ܘܫܗܪܐ ܘܚܫܐ

sing. with suff.

38:26b B ושקידתו ܘܫܗܪܗ ܠܡܦܛܡܘ ܒܩܪ̈ܐ

38:30d ܘܫܗܪܗ ܠܡܫܡܠܝܘ ܐܬܘܢܗ

Root ܫܘܐ

He was equal, Par fuit ܫܘܐ

peal perf. 3 m.s.

37:12c B } Bm } כ... D } ܘܠܒܗ ܫܘܐ ܠܠܒܟ

peal part. f.s.

20:14a ܡܘܗܒܬܐ ܕܣܟܠܐ ܠܐ ܫܘܝܐ ܠܗ

peal part. m.pl. passive

11:14b ܛܒܬܐ ܘܒܝܫܬܐ ܡܢ ܐܠܗܐ ܫܘܝܢ ܐܝܟ

Bed , Lectum ܬܫܘܝܬܐ

sing. emph.

23:18a ܓܒܪܐ ܕܡܥܒܪ ܥܠ ܬܫܘܝܬܐ ܕܢܦܫܗ

sing. with suff.

47:20b B יצועיך ܡܘܡܐ ܒܐܝܩܪܟ ܘܛܢܦܬ ܬܫܘܝܬܟ

Root ܫܪܒ

Heat , Aestus ܫܪܒܐ

sing. emph.

14:27a A מחרב ܘܢܬܒ ܒܛܠܠܝܗ̈ ܡܢ ܫܪܒܐ

18:16a ܡܛܪܐ ܗܘ ܕܡܒܛܠ ܫܪܒܐ

Root ܫܘܙܒ

He liberated,Liberavit ܫܘܙܒ

pael perf. 3 m.s. with suff.

51:12a B ויפדני ܘܫܘܙܒܢܝ ܡܢ ܟܠ ܒܝܫܐ

pael perf. 2 m.s. with suff.

51:3c ܡܢ ܬܘܩܠܬܐ ܘܡܟܡܢܐ ܫܘܙܒܬܢܝ

51:3e B הושעתני ܘܡܢ ܣܘܓܐܐ ܕܐܘ̈ܠܨܝ، ܫܘܙܒܬܢܝ

pael part. m.s.

51:8c B המציל ܕܡܫܘܙܒ ܠܟܠ ܕܬܟܝܠܝܢ ܥܠܘܗܝ

Saviour, Servator ܡܫܘܙܒܢܐ

sing. emph.

31(34):19a ܡܢ ܟܠܗܒܒܐ ܘܡܫܘܙܒܢܐ ܗܘ ܡܢ ܬܘܩܠܬܐ

Liberation, Servatio ܡܛܪܢܘܬܐ

sing. emph.

44:17c B שארית ܘܡܛܠܬܗ ܗܘܬ ܡܛܪܢܘܬܐ

47:22e ܘܝܗܒ ܠܝܥܩܘܒ ܡܛܪܢܘܬܐ.

Root ܫܛ

He despised, Contempsit ܫܛ

peal part. m.s.

3:16a {A בוזה, C העוזב} ܐܝܟ ܕܫܐܛ ܠܐܒܘܗܝ

peal imperf. 2 m.s.

11:4b A, B} תקלס ܘܠܐ ܬܫܘܛ ܠܒܪܢܫܐ

Scourge, Flagellum ܫܘܛܐ

sing. emph.

23:2a ܡܢ ܕܝܢ ܢܣܝܡ ܥܠ ܬܪܥܝܬܝ ܫܘܛܐ

30(33):33a E ושוט ܥܠܬܐ ܘܫܘܛܐ ܘܡܘܛܢܐ ܠܚܡܪܐ

Despised, Contemptus ܫܝܛܐ

sing. absol. m

8:16c A קל ܡܛܠ ܕܫܝܛ ܗܘ ܕܡܐ ܒܥܝܢܘܗܝ

sing. absol. f.

11:3a {A אליל, B קטנה} ܡܛܠ ܕܫܝܛܐ ܗܝ ܒܦܪܚܬܐ

plur. emph.

11:5a A נדכאים 7h3 ܣܓܝܐܐ ܫܝܛܐ ܕܝܬܒܘ ܥܠ ܟܘܪܣܝܐ

7a1 [ܫܝܛܐ

Root ܫܥ

Stone, Saxum ܫܥܐ

sing. emph.

20:16c ܐܟܠ ܠܫܥܬܐ ܐܝܟ ܫܥܐ ܕܒܟܐܦܐ

20:17b ܡܢܐ ܕܐܟܣܝ ܠܗ ܫܥܐ ܕܒܟܐܦܐ

Root ܫܥܥ

He made smooth, Illitus est ܫܥ

ethpe'el perf. 3 m.s.

29:6d ܘܐܫܬܥܥ ܗܝ ܡܢ ܡܪܓܪܬܐ

Root ܫܘܩ

Public place, Forum ܫܘܩܐ

sing. emph.

22:1a ܠܟܐܦܐ ܫܚܝܬܐ ܕܪܡܝܐ ܒܫܘܩܐ

22:2a ܢܦܨ ܐܢܫ ܠܒܪ ܠܫܘܩܐ

plur. const.

9:7a ܘܬܬܦܢܐ ܒܫܘ̈ܩܝ ܡܕܝܢܬܐ

plur. with suff.

23:21a 7a1 ܗܢܐ ܒܫܘ̈ܩܝܗ ܕܡܕܝܢܬܐ

7h3 ܒܫܘ̈ܩܐ

Root ܫܘܪ

He jumped ,Saluit ܫܘܪ

peal part.

36: 31b B C D המדלג ܫܐܪ ܡܢ ܡܕܝܢܐ ܠܡܕܝܢܐ

Wall, Murus ܫܘܪܐ

sing. emph.

29: 13a ܗܒܪܐ ܕܡܣܦܬܐ ܘܪܘܡܚܐ ܘܫܘܪܐ

50:2a B קיר ܘܐܬܬܩܝܡ ܫܘܪܐ ܫܡܝܢܬܐ

Root ܫܘܫ

Lilly, Lillium ܫܘܫܢܬܐ

sing. const.

39:14b ܘܐܝܟ ܒܣܡܐ ܕܫܘܫܢܬ ܡܠܟܐ

50:8b B ושושן ܘܐܝܟ ܫܘܫܢܬ ܡܠܟܐ ܒܡܒܘ̈ܥܝ ܡ̈ܝܐ

plur. emph.

39:13a ܘܦܪܘ ܒܦܐܬܝܗܘܢ ܐܝܟ ܫܘ̈ܫܢܐ

46:12a ܘܓܪܡܝܗܘܢ ܢܦܪܥܘܢ ܐܝܟ ܫܘ̈ܫܢܐ

Root ܫܘܬܦ

He shared , Particeps fuit ܐܫܬܘܬܦ

part.ethpa'al

12:14a A חובר ܡܢ ܕܡܫܬܘܬܦ ܠܓܒܪܐ ܥܘܠܐ

13:1b A וחובר ܘܕܡܫܬܘܬܦ ܠܥܘܠܐ ܠܒܫ

ethpa'al imperf. 3 m.s.

13:2e A יתחבר ܡܢܘ ܢܫܬܘܬܦ ܩܕܪܐ ܠܡܚܣܢܐ

13:17a A יחובר ܡܢܐ ܢܫܬܘܬܦ ܕܐܒܐ ܠܐܡܪܐ

ethpa'al imperf. 3 f.s.

13:2c A יתחבר ܡܢܐ ܓܝܪ ܬܫܬܘܬܦ ܩܕܪܐ ܕܦܚܪܐ

ethpa'al imperf. 2 m.s.

11:7a { A תְּסַלֵּף / B תסלף } ܥܕ ܠܐ ܬܒܩܐ ܠܐ ܬܫܬܘܬܦ

13:2b A תתחבר ܘܠܕܥܬܝܪ ܡܢܟ ܠܐ ܬܫܬܘܬܦ

22:23b ܕܐܦ ܒܛܒܬܗ ܬܫܬܘܬܦ

Companion, Socius ܫܘܬܦܐ

sing. emph.

8:10a A תצלח ܠܐ ܬܗܘܐ ܫܘܬܦ ܠܪܫܝܥܐ

Root ܫܚܕ

Bribe , Largitio ܫܘܚܕܐ

sing. emph.

20:29a ܡܘܗܒܬܐ ܘܫܘܚܕܐ ܡܥܘܪܝܢ ܥܝܢܐ

46:19c B ונעלם ܕܫܘܚܕܐ ܘܡܘܗܒܬܐ ܡܢ ܐܢܫ ܠܐ ܢܣܒ

Root ܫܚܩ

Bruise, Ulcus ܫܚܩܐ

sing. emph.

28:17a ܡܚܘܬܐ ܕܫܒܛܐ ܥܒܕܐ ܫܚܩܐ

Root ܫܢܕ

Vexation, Vexatio ܫܢܕܐ

sing. emph.

34(31):20c B וצער ܟܐܒܐ ܘܫܗܪܐ ܘܫܚܩܐ ܘܫܢܕܐ

Root ܫܚܪ

Difficult path, Via aspera ܫܘܚܪܬܐ

sing. emph.

35(32):20a B מוקשת ܒܐܘܪܚܐ ܕܫܘܚܪܬܐ ܠܐ ܬܐܙܠ

He remained, Relictus est ܫܚܪ

ethpa'al part. m.pl.

23:27b ܘܢܣܬܟܠܘܢ ܟܠ ܕܡܫܬܚܪܝܢ ܒܬܒܝܠ

Root ܫܛܐ

He despised, Contempsit ܫܛܐ

peal imperf. 3 f.s.

42:10c M תשטה ܕܠܡܐ ܬܫܛܐ ܒܡܕܒܪܗ

ethpe'el perf. 3 m.s.

49:2a 7a1 ܡܛܠ ܕܐܫܬܛܝ ܥܠ ܢܫܘܥܢܐ

7h3]ܐܬܫܛܝ

aphel part. m.s.

8:2d A ישגה ܠܒܐ ܕܡܠܟܐ ܗܘ ܡܫܛܐ

aphel part. m.pl.

10:12b A יזור ܘܢܒܗܬܘܢ ܡܫܛܝܢ ܠܒܗܘܢ

Stupid, Stultus ܫܛܝܐ

sing. emph.

4:27a A לנבל ܠܐ ܬܬܪܡ ܠܫܛܝܐ ܢܦܫܟ

21:18b ܘܡܕܥܐ ܠܫܛܝܐ ܐܝܟ ܦܚ̈ܡܐ ܕܢܘܪܐ

plur. emph.

11:5a A נדכאים 7a1 ܣܓܝܐܐ ܫܛܝ̈ܐ ܕܝܬܒܘ ܥܠ ܟܘܪܣܝܐ

7h3]ܫܛܝ̈ܐ

Root ܫܘܠ

nom. prop. Sheol ܫܝܘܠ

9:9(I)d A שחת ܡܘܬܐ ܬܚܘܬ ܠܫܝܘܠ

9:9(II)d A שחת ܘܒܡܘܬܐ ܢܚܒܐ ܬܚܘܬ ܠܫܝܘܠ

14:12b A לשאול ܘܕܝܬܩܐ ܕܫܝܘܠ ܠܐ ܐܬܚܘܝܬ

28:6b ܘܠܫܝܘܠ ܘܠܡܘܬܐ ܘܐܬܟܠܠ

28:21b ܘܢܝܚܐ ܐܝܬ ܒܫܝܘܠ ܝܬܝܪ ܡܢ ܕܠܘܬܗ

nom. prop. Sheol (cont'd) ܫܝܘܠ

30:17b(II) { B שאול / Bm לשאול } ܘܠܡܚܬ ܠܫܝܘܠ ܡܢ ܟܐܒܐ ܕܡܩܝܡ

48:5 a ܕܐܩܝܡ ܡܝܬܐ ܡܢ ܫܝܘܠ

51:2c B שאול ܡܢ ܝܕ ܫܝܘܠ ܦܨܝܬ ܪ̈ܓܠܝ

51:6a B לשאול ܘܡܛܬ ܠܫܝܘܠ ܢܦܫܝ

Root ܫܝܡ

nom. prop. Shem ܫܝܡ

49:16a B ושם ܫܝܬ ܘܫܝܡ ܘܐܢܘܫ ܒܐܢܫܐ ܐܬܝܩܪܘ

Root ܫܝܬ

nom. prop. Seth ܫܝܬ

49:16a B ושת ܫܝܬ ܘܫܝܡ ܘܐܢܘܫ ܒܐܢܫܐ ܐܬܝܩܪܘ

Root ܕܡܟ

He slept, Dormivit ܕܡܟ

peal perf. 3 m.s.

47:23a B וישכב ܘܕܡܟ ܫܠܝܡܘܢ ܥܡ ܐܒܗ̈ܘܗܝ

Sleep, Somnium ܕܡܟܐ

sing. with suff.

47:20d B משכבך ܕܐܬܬܢܚܘܢ ܥܠ ܡܕܡܟܟܘܢ

Flower-bed, Areola ܡܕܡܟܬܐ

plur. with suff.

24:31b ܘܐܪܘܐ ܡܕܡܟ̈ܬܝ، ܘܗܐ ܐܦ ܗܘܐ ܠܝ ܠܝܡܐ

Bed, Cubile ܡܕܡܟܐ

sing. with suff.

34(31):19b { B יצועיו / Bm יצוריו } ܘܠܐ ܡܕܡܟܗ ܠܐ ܢܬܬܙܝܥ

Root ܫܟܚ

He found,was able, Invenit,potuit

(Nöldeke,section 183,classifies this form as aphel.) ܐܫܟܚ

aphel perf. 3 m.s.

25:9a ܛܘܒܘܗܝ ܠܓܒܪܐ ܕܐܫܟܚ ܪ̈ܚܡܐ

29:24b ܠܐ ܐܫܟܚ ܠܡܦܬܚ ܦܘܡܗ

He found, was able, **ܐܫܟܚ**
Invenit, potuit
aphel perf. 3 m.s. (cont'd)

34(31):10c B יוכל ܕܢܣܐ ܗܘܐ ܕܐܫܟܚ ܠܡܦܠܛ

40:18b B} מוצא 7al ܘܡܢ ܬܪܝܗܘܢ ܛܒ ܕܐܫܟܚ ܣܝܡܬܐ
M} 7h3 [ܕܡܫܟܚ

aphel perf. 3 m.s. with suff.

29:6b ܘܢܬܒ ܠܗ ܐܝܟ ܕܡܫܟܚܘ ܐܫܟܚܗ

aphel perf. 1.s.

11:19a A מצאתי ܐܫܟܚܬ ܠܝ ܢܝܚܐ

51:16b B} מצאתי ܘܣܓܝ ܐܫܟܚܬ ܝܘܠܦܢܐ
Q}

aphel perf. 1.s. with suff.

51:20b B מצאתיה ܘܐܬܬܟܠܬ ܒܗ ܘܒܕܟܝܘܬܐ ܐܫܟܚܬܗ

51:27b B ומצאתיה ܢܦܠܬ ܒܗ ܘܐܫܟܚܬܗ ܣܓܝ

aphel perf. 3 m.pl.

34(31):6c B מצאו ܘܠܐ ܐܫܟܚܘ ܠܡܦܨܝܘ ܐܢܘܢ

aphel part. m.s.

1:2b ܘܝܘܡܬܐ ܕܥܠܡܐ ܡܢܘ ܡܫܟܚ ܠܡܡܢܐ

3:30b A ימצא ܘܒܙܕܩܬܐ ܕܢܦܩ ܡܫܟܚ ܠܗ ܠܡܚܣܝܐ

8:17b A יוכל ܕܠܐ ܡܫܟܚ ܠܡܟܣܝܘܬܗ

12:5d A תשיג ܒܝܫܐ ܡܫܟܚ ܠܟ ܒܒܝܫܐ

16:14b A ימצא ܘܟܠܗ ܐܝܟ ܥܒܕܘܗܝ، ܡܫܟܚ ܘܡܕܡܘܗܝ

18:4a ܡܢܘ ܡܫܟܚ ܠܡܫܬܥܝܘ ܥܒܕܘܗܝ

18:4b 7h3 ܡܢܘ ܡܫܟܚ ܢܫܝܐ ܓܒܪܘܬܗ
7al,Δ,9ml omit

19:28b ܘܐܢ ܡܫܟܚ ܠܡܒܐܫܘ ܡܒܐܫ

22:18b ܗܟܢ ܕܚܠܐ ܠܐ ܡܫܟܚ ܠܡܩܡ

22:18f ܘܗܟܢ ܠܒܐ ܠܐ ܡܫܟܚ ܠܡܩܡ

29:19d ܕܡܬܟܠܐ ܥܡܗ ܘܡܫܟܚ ܕܝܢܐ

31(34):1a ܕܒܟܐ ܫܘܝܘܬܐ ܡܫܟܚ ܒܒܣܝܡܘܬܐ

40:17c ܐܝܟ ܐܢܫ ܕܡܫܟܚ ܣܝܡܬܐ

40:18b B} מוצא 7h3 ܘܡܢ ܬܪܝܗܘܢ ܛܒ ܕܡܫܟܚ ܣܝܡܬܐ
M} 7al [ܕܐܫܟܚ

He found, was able ܐܫܟܚ
Invenit, potuit (cont'd)
aphel part. m.s. (cont'd)

43:3b ܘܩܕܡ ܚܘܡܗ ܡܢܘ ܡܫܟܚ ܠܡܩܡ

44:23g { B מוצא / Bm ומצא } ܘܡܫܟܚ ܪ̈ܚܡܐ ܒܥܝܢܝ ܟܠܗܘܢ ܚ̈ܝܐ

46:3a ܡܢܘ ܡܫܟܚ ܠܡܩܡ ܩܕܡܘܗܝ

51:26d B מוצא ܘܕܢܒܥܐ ܢܦܫܗ ܡܫܟܚ ܠܗ

aphel part. f.s.
(adverbial phrase=It is possible)

20:17d ܐܝܟܢܐ ܕܠܐ ܡܫܟܚܐ ܐܠܝܬܐ ܕܬܬܐܟܠ

aphel part. m.pl.AND with suff.

6:14b A מצא ומוצאו ܘܡܫ̈ܟܚܢܘܗܝ ܡܫܟܚܝܢ ܣܝܡܬܐ

aphel infin.

29:6b ܘܢܚܫܒ ܠܗ ܐܝܟ ܕܡܫܟܚܘ ܐܫܟܚܗ̇

aphel imperf. 3 m.s.

12:11d A ימצא ܘܠܐ ܢܫܟܚ ܠܡܚܒܠܘܬܟ

12:16d A מצא ܐܢ ܢܫܟܚ ܠܗ ܐܘܪܚܐ

27:16b 7h3 ܘܠܐ ܢܫܟܚ ܠܗ ܪ̈ܚܡܐ

7a1 ܢܬܫܟܚ]

28:1a ܘܦܘܪܥܢܐ ܡܢ ܩܕܡ ܐܠܗܐ ܢܫܟܚ

29:6a ܕܐܢ ܢܫܟܚ ܢܬܦܪܥ ܦܠܓܗ

aphel imperf. 3 m.s. with suff.

7:1b A } C } ישיגך ܘܠܐ ܢܫܟܚܟ ܒܝܫܬܐ

aphel imperf. 3 f.s.

23:12b ܠܐ ܬܫܬܟܚ ܒܝܪ̈ܬܘܬܗ ܕܝܥܩܘܒ

11:27a A תשכח ܒܫܥܬܗ ܕܒܝܫܬܐ ܬܫܟܚ ܦܓܥܬܐ

aphel imperf. 2 m .s.

1:20x ܘܠܐ ܬܬܬܘܚ ܘܬܫܟܚ ܢܝ̈ܚܐ ܠܪܘܚܟ

3:18b A } C } תמצא ܘܩܕܡ ܐܠܗܐ ܬܫܟܚ ܪ̈ܚܡܐ

6:27a A ומצא ܘܒܥܝ ܘܬܫܟܚ ܘܐܬܚܒܪ ܒܗ̇

6:28a A } C } תמצא ܘܒܚܪܬܐ ܬܫܟܚ ܢܝܚܐ

6:18b C תשיג ܘܒܣܘܦܐ ܠܣܘܦܟ ܬܫܟܚ ܚܟܡܬܐ

He found, was able ܐܫܟܚ
Invenit, potuit (cont'd)
aphel imperf. 2 m.s.

11:10d A B תמצא ܘܐܢ ܠܐ ܬܗܛܘܐ ܠܐ ܬܫܟܚ

12:2a A תמצא ܐܛܒ ܠܙܕܝܩܐ ܘܬܫܟܚ ܦܘܪܥܢܐ

22:13e ܐܪܘܚ ܡܢܗ ܘܬܫܟܚ ܢܝܚܐ

29:3b ܘܒܟܠ ܥܕܢ ܬܫܟܚ ܨܒܝܢܟ ܡܢܗ

34(31):22b B תשיג ܘܠܚܪܬܐ ܬܫܟܚ ܡ̈ܠܝ

aphel imperf. 2 m.s. with suff.

12:17a A תמצאנ ܒܝܫܬܐ ܬܫܟܚܝܘܗܝ ܬܘܒ

27:8a ܐܢ ܬܗܛܐ ܟܐܢܘܬܐ ܬܫܟܚܝܘܗܝ

30(33):40b ܘܒܥܝܐ ܪܘܚܐ ܬܫܟܚܝܘܗܝ

18:20b ܘܠܥܕܢܐ ܕܣܘܥܪܢܐ ܬܫܟܚܝܗ̇ ܘܬܬܪܚܡ

20:10b ܕܐܫܟܚ ܕܪܝܪܐ ܘܠܐ ܬܫܟܚܝܗ̇

25:3b ܐܝܟܢܐ ܬܫܟܚܝܗ̇ ܒܣܝܒܘܬܟ

aphel imperf.1.s. with suff.

51:18b B אמצאנו ܘܠܐ ܐܗܦܟ ܒܗ ܐܫܟܚܝܘܗܝ

aphel imperf. 3 m.pl.

4:13a A ימצאו ܐܝܟܢܐ ܕܠܘܬ ܐܠܗܐ ܢܫܟܚܘܢ

ethpe'el perf. 3 m.s.

34(31):8a B נמצא / Bm מצא ܠܥܬܝܪܐ ܕܐܫܬܟܚ ܕܠܐ ܡܘܡܐ

44:17a B M נמצא ܢܘܚ ܙܕܝܩܐ ܐܫܬܟܚ ܒܕܪܗ ܫܠܡ

44:20 d B נמצא ܘܒܢܣܝܘܢܗ ܐܫܬܟܚ ܡܗܝܡܢ

ethpe'el imperf. 3 m.s.

27:16a 7a1 ܘܠܐ ܢܫܬܟܚ ܠܗ ܪܚܡܐ

7h3 [ܢܫܟܚ

36: 31d ܒܐܬܪ ܕܢܫܬܟܚ ܢܒܘܬ

Root ܫܟܡ

nom.prop. Shekem ܫܟܡ

50:26b B בשכם ܘܥܡܐ ܣܟܠܐ ܕܝܬܒ ܒܫܟܝܡ

Root ܫܪܐ

He alighted, Dwelt, Se dimisit, habitavit ܫܪܐ

peal part. f.s.

27:9a ܦܪܚܬܐ ܕܫܡܝܐ ܠܘܬ ܓܢܣܗ̇ ܫܪܝܐ

38:21b ܦܪܚܬܐ ܕܫܡܝܐ ܕܦܪܚܐ ܘܫܪܝܐ

A Dwelling, Domicilium ܫܪܝܬܐ

sing. with suff.

36:18b B שבתיך ܥܠ ܐܘܪܫܠܡ ܩܪܝܬܐ ܕܫܪܝܬܟ

Dwelling ,Domicilium ܡܫܪܝܐ

sing. emph.

24:10a ܒܡܫܪܝܐ ܩܕܝܫܐ ܩܕܡܘܗܝ ܫܡܫܬ

sing. with suff.

24:8b ܘܡܢ ܕܒܪܝܢܝ ܐܫܪܝ ܡܫܪܝܢܝ

24:4a ܒܡܪܘܡܐ ܠܥܠܐ ܢܨܒܬ ܡܫܪܝܢܝ

Root ܫܠܐ

He was quiet ,Quievit ܫܠܐ

peal part. m.pl.

44:6b B ושוקטים ܘܡܫܡܠܝܢ ܚܝܠܐ ܘܫܠܝܢ ܥܠ ܬܘܬܒܘܬܗܘܢ

Quietness, Quies ܫܠܝܐ

sing. absol. + ܡܢ = suddenly,

11:21d A פתאם בן לא ܠܡܥܬܪܘ ܠܡܣܟܢܐ ܡܢ ܫܠܝ

sing. emph.

5:7c A } C } פתאום ܡܛܠ ܕܡܢ ܫܠܝܐ ܢܦܩ ܪܘܓܙܗ

47:13a B שלוה ܡܠܟ ܒܫܠܝܐ ܫܠܝܡܘܢ

Root ܫܠܗܒ

Flame, Flamma ܫܠܗܒܝܬܐ

sing. emph.

51:4a B שלהבת ܘܡܢ ܫܠܗܒܝܬܐ ܕܢܘܪܐ ܕܡܬܪܬܚܐ

plur. emph.

38:28c ܫܠܗܒܝ̈ܬܐ ܕܢܘܪܐ ܡܫܚܢܢ ܒܣܪܗ

Root ܫܠܛ

He ruled Dominatus est ܫܠܛ

peal perf. 3 m.s.

48:12 d B משל ܘܠܐ ܫܠܛ ܒܗ ܟܠ ܒܣܪ܂

peal part. f.s.

16:6b A} B} נצתה ܘܒܥܡܐ ܕܡܪܝܢ ܫܠܛܐ ܚܡܬܐ

peal imperf. 3 f.s.

28:23c ܬܬܝܩܕ ܒܗܘܢ ܐܝܟ ܢܘܪܐ ܘܬܫܠܛ ܒܗܘܢ

ethpa'al perf. 1.s.

24:6b ܘܒܟܠܗܘܢ ܥܡܡܐ ܘܐܘܡܘܬܐ ܐܫܬܠܛܬ

ethpa'al imperf. 3 m.s.

20:27a ܘܓܒܪܐ ܚܟܝܡܐ ܢܫܬܠܛ ܒܪܘܪܒܢܐ

ethpa'al imperf. 3 f.s.

23:6b ܘܢܦܫܐ ܚܨܝܦܬܐ ܠܐ ܬܫܬܠܛ ܒܝ

aphel perf. 3 m.s.

17:2b ܘܐܫܠܛ ܐܢܘܢ ܒܟܠ ܡܕܡ

aphel perf. 3 m.s. with suff.

45:17b B וימשילהו ܘܐܫܠܛܗ ܒܦܘܩܕܢܐ ܘܕܝܢܐ

aphel perf. 2 m.s.

47:19b B ותמשילם ܘܐܫܠܛܬ ܐܢܫ ܒܦܓܪܟ

aphel perf. 3 m.pl. with suff.

3:22a { A שהורשית / C הורשיתה } ܒܡܐ ܕܐܫܠܛܟ ܐܬܒܩܠ

aphel imperat. 2 m.s. with suff.

30(33):38a ܘܐܢ ܕܗܘܐ ܠܟ ܐܫܠܛܝܗܝ ܒܒܝܬܟ

aphel imperf. 2 m.s.

30(33):28b E תמשיל ܠܐ ܬܫܠܛ ܒܗ ܒܣܢܝܢ

30(33):29b E תשלט ܠܐ ܬܫܠܛ ܒܗ ܟܠ ܒܣܪ܂

aphel imperf. 2 m.s. with suff.

30:11a B תמשילהו ܠܐ ܬܫܠܛܝܗܝ ܒܛܠܝܘܬܗ

37:6b B} D} תעזבהו ܘܠܐ ܬܫܠܛܝܗܝ ܒܒܝܬܟ

Authority, Auctoritas ܫܘܠܛܢܐ

sing. emph.

7:4a A } ממשלת ܠܐ ܬܒܥܐ ܡܢ ܐܠܗܐ ܫܘܠܛܢܐ
C

10:4a A ממשלת ܒܐܝܕܘܗܝ ܕܡܪܝܐ ܫܘܠܛܢܐ ܕܬܒܝܠ

10:5a A ממשלת ܒܐܝܕܘܗܝ ܕܡܪܝܐ ܫܘܠܛܢܐ ܕܟܠ

25:25b ܘܠܐܢܬܬܐ ܒܝܫܬܐ ܐܦܐ ܘܫܘܠܛܢܐ

41:6b { B ממשלת ܡܢ ܒܪܐ ܥܘܠܐ ܢܥܒܪ ܫܘܠܛܢܐ
M ממש[ ]ה

48:15f B קצין ܘܒܪ ܫܘܠܛܢܐ ܠܒܝܬ ܕܘܝܕ

sing. with suff.

24:11b ܘܒܐܘܪܫܠܡ ܫܘܠܛܢܝ ܗܘܐ

16:27b ܘܫܘܠܛܢܗܘܢ ܠܟܠ ܕܪܐ ܕܠܥܠܡ

45:26d B ו[גב]ורתכם ܘܫܘܠܛܢܗܘܢ ܠܟܠ ܕܪ̈ܐ ܕܠܥܠܡ

plur. with suff.

42:23b ܘܡܫܬܡܥܝܢ ܠܗ ܒܟܠ ܫܘܠܛܢܝܗܘܢ

Powerful, Potens ܫܠܝܛܐ

sing. absol.

1:8b ܐܠܗܐ ܕܗܘܝܘ ܫܠܝܛ ܥܠ ܟܠ

9:13a A [שלי]ט ܓܒܪܐ ܕܫܠܝܛ ܠܡܩܛܠ

9:17b A [מוש]ל 7h3,7a1 ܬܬܩܠܣ ܡܕܝܢܬܐ ܘܕܫܠܝܛ ܒܒܥ̈ܘܬܐ
Δ ,17a5 ܘܫܠܝܛ]

37:18b { B ומושלת ܕܫܠܝܛ ܒܟܠܗܝܢ ܠܗ ܦܘܡܐ ܡܢ ܟܠܗ
Bm,D ומשלת

sing. emph.

4:27b A מושלים ܘܠܐ ܬܬܪܢܐ ܠܣܟܠ ܫܠܝܛܐ

10:1b A וממשלת ܘܫܠܝܛܐ ܚܟܝܡܐ ܢܬܩܢ ܡܪܬܗ

10:24a { A מושל ܪܒܐ ܘܫܠܝܛܐ ܘܕܝܢܐ ܢܝܩܪ
B ומושל

sing. const.

15:10b { A ומשל ܘܕܫܠܝܛ ܒܗ̇ ܢܠܦܝܗ̇
B ומושל

Powerful, Potens (cont'd) ܫܠܝܛܐ

? plural emphatic

8:8d A שרים 11c1,12a1,17a4 ܕܒܗܢܐ ܕܬܬܩܢ ܩܕܡ ܫܠܝܛܐ
17a1,17a3

7a1,7h3 ܫܠܝܛܢܐ]

30(33):27a E שרי 7a1 ܘܫܡܥܘܢܝ ܫܠܝܛܢܐ ܕܥܡܐ

7h3 ܫܠܝܛܐ]

Plural emph=Praefectus,Governor ܫܠܝܛܢܐ
(Noldeke,section 74)

4:7b A ולשלטון ܘܠܫܠܝܛܢܐ ܕܡܕܝܢܬܐ ܐܪܟܢ ܪܫܟ

7:14a A שרים ܠܐ ܬܬܦܪܣ ܒܟܢܫܬܐ ܕܫܠܝܛܢܐ

8:8 d A שרים 7a1,7h3 ܕܒܗܢܐ ܕܬܬܩܢ ܩܕܡ ܫܠܝܛܢܐ
11c1,12a1,17a4,17a3,17a1. ܫܠܝܛܐ]

10:3b A שריה 7a1 ܡܕܝܢܬܐ ܒܣܘܟܠܬܐ ܕܫܠܝܛܢܐ

7h3 ܕܫܠܝܛܢܝܗ]

11:1b A} נדיבים ܘܒܝܢܬ ܫܠܝܛܢܐ ܬܘܬܒܝܘܗܝ
B}

17:7a ܠܟܠ ܥܡܐ ܘܥܡܐ ܐܩܝܡ ܫܠܝܛܢܐ

35(32):9a B זקנים ܒܝܢܬ ܫܠܝܛܢܐ ܠܐ ܬܬܪܘܪܒ

30(33):27a E שרי 7h3 ܘܫܡܥܘܢܝ ܫܠܝܛܢܐ ܕܥܡܐ

7a1 ܫܠܝܛܐ]

32(35):23c ܘܠܫܠܝܛܢܐ ܢܦܠ ܠܗ ܡܥܡܐ ܢܦܩܐ

33(36):11b ܘܡܠܟ ܦܘܪܫܢܐ ܘܫܠܝܛܢܐ ܕܥܡܡܐ

39:4a ܘܒܝܢܬ ܫܠܝܛܢܐ ܢܫܬܡܫ

44:4c ܘܫܠܝܛܢܐ ܗܘܘ ܒܡܬܒܝܢܘܬܗܘܢ

46:13f B נגידים ܘܡܫܚ ܫܠܝܛܢܐ ܘܡܠܟܐ

46:18a B נציבי ܘܐܒܕ ܟܠܗܘܢ ܫܠܝܛܢܐ ܕܨܘܪ

plur. with suff.

10:3b A שריה 7h3 ܡܕܝܢܬܐ ܒܣܘܟܠܬܐ ܕܫܠܝܛܢܝܗ

7a1 ܕܫܠܝܛܢܐ]

Power, Potestas ܫܘܠܛܢܐ

sing. with suff.

46:9c B להדריכם ܠܫܘܠܛܢܗܘܢ ܥܠ ܬܘܩܦܝܗܘܢ

9:2b A להדריכה ܠܫܘܠܛܢܗ ܥܠ ܟܠ ܡܐ

Root ܫܠ =

nom. prop. ܫܠܝܡܘܢ

Solomon

47:13a B שלמה ܕܝܢܐ ܕܡܠܟܐ ܫܠܝܡܘܢ

47:14a ܚܟܝܡ ܗܘܝܬ ܒܛܠܝܘܬܟ ܫܠܝܡܘܢ

47:23a B שלמה ܘܫܟܒ ܫܠܝܡܘܢ ܘܥܡ ܒܪܗ ܒܐܪܬܗ

Root ܫܠܡ =

He was complete, perfect ܫܠܡ
Integer fuit
peal perf. 3 m.s.

46:6e B מלא ܘܐܦ ܗܘ ܫܠܡ ܒܬܪ ܐܠܗܐ

50:14a B כלותו ܥܕܡܐ ܕܫܠܡ ܠܡܫܡܫܢܘܬܗ

peal part. m.pl.

25:1 d ܘܓܒܪܐ ܘܐܢܬܬܐ ܕܟܕ ܢܗܘܘܢ ܫܠܡܝܢ

peal imperf. 3 m.s.

13:18b A שלום ܗܟܢܐ ܢܫܠܡ ܥܬܝܪܐ ܠܡܣܟܢܐ

peal imperf. 3 f.s.

13:18a A שלום ܗܟܢܐ ܬܫܠܡ ܐܦܐ ܠܟܠܒܐ

peal imperf. l.s. with suff.

4:19b A ואסגירנו ܐܫܠܡܝܘܗܝ ܘܐܫܠܡܝܘܗܝ ܒܝܕ ܫܒܝܐ

ethpe'el imperf. 2 m.s.

6:1a A תפול ܠܐ ܬܫܬܠܡ ܒܐܝܕܐ ܕܣܢܐܟ

pael infin.

38:30c ܘܠܒܗ ܝܗܒ ܠܡܫܠܡܘ ܢܘܪܗ

pael imperf. 3 m.s.

26:2b C [ ]שמח ܘܫܢܝ ܚܝܘܗܝ ܒܫܝܢܘܬܐ ܢܫܠܡ

ethpa'al imperf. 3 f.pl.

7:32b A תשלם ܡܛܠ ܕܬܫܬܠܡܢ ܒܘܪܟܬܟ

aphel perf. 3 m.s.

15:14b A} B} וישיתהו ܘܐܫܠܡ ܐܢܘܢ ܒܝܕ ܝܨܪܗܘܢ

49:3a B ויתם ܘܐܫܠܡ ܠܐܠܗܐ ܠܒܗ

He was complete, perfect, ܫܠܡ
Integer fuit (cont'd)
aphel perf. 3 m.s. with suff.

26:28f ܐܫܠܡܗ̇ ܠܚܪܒܐ ܕܩܛܠܐ

aphel perf. 2 m.s.

2:1b ܐܫܠܡܬ ܢܦܫܟ ܠܟܠ ܢܣܝܘܢ̈ܝܢ

Perfect, Perfectus ܫܠܡܐ

sing. absol.

44:17a B} תמים M} ܢܘܚ ܙܕܝܩܐ ܐܫܬܟܚ ܒܕܪܗ ܫܠܡ

46:10b B טוב ܕܢܕܥ ܘܙܪ̈ܥܗ ܕܝܥܩܘܒ ܕܫܠܡ ܢܗܘܘܢ

51:30 colophon ܫܠܡ ܠܟܬܒ ܚܟܡܬܐ ܕܒܪ ܣܝܪܐ

sing. emph.

50:23b B בשלום ܘܢܗܘܐ ܫܠܡܐ ܒܝܢܬܗܘܢ

Peace, Pax ܫܠܡܐ

sing. emph.

1:18b ܘܡܣܓܝܐ ܫܠܡܐ ܘܚܝ̈ܐ ܘܐܣܝܘܬܐ

4:8b A שלום ܫܐܠܗܝ ܫܠܡܐ ܒܡܟܝܟܘܬܐ

6:5b A שלום ܘܣܦܘ̈ܬܗܘܢ ܕܒܢܝ̈ܐ ܫܐܠܬܐ ܕܫܠܡܐ

34(31):10b B שלום ܘܗܘܐ ܠܗ ܫܠܡܐ

41:12f ܫܐܠܬܐ ܕܫܠܡܐ ܕܝܗܒ ܐܢܬ

44:14a { B [ ]ל[ ] ו ܦܓܪ̈ܝܗܘܢ ܒܫܠܡܐ ܐܬܩܒܪܘ
{ M בשלום

49:15b ܘܐܦ ܓܪܡܗ ܐܬܩܒܪ ܒܫܠܡܐ

sing. with suff.

6:6a A שלומך ܣܓܝ̈ܐܐ ܫܠܡܟ ܢܗܘܘܢ ܡܫܐܠܝ̈ܟ

41:12 d ܟܠ ܕܫܐܠ ܒܫܠܡܗ ܘܫܬܩ

Perfection, Perfectio ܫܘܠܡܐ

sing. with suff.

18:7a ܫܘܠܡܗܘܢ ܕܒܢܝ̈ܢܫܐ ܡܢܘ ܡܕܪܟ

Root ܫܡܗ

He was named, Nominatus est ܐܫܬܡܗ

ethpa'al perf. 2 m.s.

1:30e ܟܠ ܕܐܫܬܡܗܬ ܒܫܘܠܛܢܗ ܕܐܠܗܐ

A name , Nomen ܫܡܐ

sing. emph.

6:1b A שם ܕܠܐ ܫܡܐ ܒܝܫܐ ܘܨܥܪܐ ܬܐܪܬ

15:6b { A ושם / B [ ]ש1 } ܘܫܡܐ ܕܥܠܡܐ ܬܘܪܬܝܘܗܝ

17:10a ܘܠܫܡܐ ܕܩܘܕܫܐ ܢܫܒܚܘܢ ܒܩܘܕܫܐ

40:18a ܕܝܬܪܐ ܘܐܡܘܢܐ ܢܥܒܕܘܢ ܫܡܐ

40:19a B שם ܒܢܝܐ ܘܒܢܝܢܐ ܡܩܝܡܝܢ ܫܡܐ

41:11b B } M } שם ܘܫܡܐ ܕܛܒ̈ܐ ܠܐ ܢܬܓܠܐ

42:11b B שם ܕܠܡܐ ܬܥܒܕܝܟ ܫܡܐ ܒܝܫܐ

44:8a B } M } שם ܕܫܒܩܘ ܫܡܐ ܠܬܫܒܘܚܬܗܘܢ

sing. with suff

36:17a B בשמך ܕܐܬܩܪܝ ܫܡܟ ܥܠܘܗܝ

36:20b B בשמך ܕܢܫܬܡܥܘܢ ܐܝܟ ܕܡܡܠܠܝܢ ܒܫܡܟ

41:12a B } M } שם ܐܙܗܪ ܥܠ ܫܡܟ ܕܗܘ ܥܠܡܟ

47:16a ܠܓܙܪܬܐ ܪܚܝܩܬܐ ܡܛܐ ܫܡܟ

47:16b 7a1 ܡܛܐ ܫܡܟ ܘܡܫܒܚܝܢ ܠܫܡܟ

7h3 ܠܫܡܟ]

51:1b ܘܐܫܒܚ ܫܡܟ ܡܪܝܐ ܒܟܠ ܝܘܡ

51:1c B שמך ܘܐܘܕܐ ܫܡܟ ܒܬܫܒܘܚܬܐ

51:11a B שמך ܐܫܒܚ ܫܡܟ ܒܟܠܙܒܢ

51:12d B שם 7h3 ܘܐܒܪܟ ܫܡܟ ܡܪܝܐ

7a1,12a1,Δ (less15c1)19g1 ܫܡܗ]

sing . with suff.(cont'd)

Ref.	MS	Hebrew	Variants	Syriac
2:18d				ܘܐܝܟ ܫܡܗ ܗܟܢܐ ܥܒ̈ܕܘܗܝ
6:17c	A	וכשמו	7al 7h3 omit	ܘܐܝܟ ܫܡܗ ܗܟܢܐ ܥܒ̈ܕܘܗܝ
22:14b				ܘܡܢܘ ܫܡܗ ܐܠܐ ܣܟܠܐ
35(32):13a				ܐܝܟ ܫܡܗ ܕܐܠܗܐ
37:1b	Bm D	שם		ܒܪܡ ܐܝܬ ܪܚܡܐ ܕܫܡܗ ܪܚܡܐ
37:26c	C D	ושמו		ܘܫܡܗ ܩܐܡ ܠܚܝܐ ܕܠܥܠܡ
39:9b				ܘܕܘܟܪܢܗ ܠܐ ܢܬܛܥܐ ܫܡܗ
39:9d				ܘܫܡܗ ܠܐ ܢܬܛܥܐ ܡܢ ܕܪ ܠܕܪ
39:35b	B	שם		ܒܪܟܘ ܠܐܠܗܐ ܘܫܒܚܘ ܠܫܡܗ
43:8a	Bm M	כשמו		ܝܪܚܐ ܐܝܟ ܫܡܗ ܡܬܚܕܬ
45:15f	B	בשמו		ܠܡܫܡܫܘ ܘܠܟܗܢܘ ܠܫܡܗ ܒܫܡܗ
45:26b				ܠܡܪܢ ܠܫܡܗ ܒܫܡܗ
46:11a	B	בשמו	7h3 7al omits	ܫܦܝܪܝ ܒܫܡܗ
46:12b	B	ושמם	7al 7h3	ܘܫܡܗܘܢ ܫܡܗ ܢܬܝܪܬ ܠܒܢܝܗܘܢ ܫܡܗܘܢ]
47:13c	B	לשמו		ܡܠܟ ܕܒܢܐ ܒܝܬܐ ܠܫܡܗ
47:18a	B	בשם		ܐܬܩܪܝܬ ܒܫܡܗ ܕܐܠܗܐ
49:1a	B	שם		ܫܡܗ ܕܝܘܫܝܐ ܐܝܟ ܒܣܡܐ
51:12d	B	שם	7al,12al,Δ (less 15cl) 19cl 7h3	ܘܐܒܪܟ ܫܡܗ ܕܡܪܝܐ ܫܡܟ]
51:30d	B	שמו		ܘܡܒܪܟ ܫܡܗ ܠܕܪ ܕܪܝܢ
6:22a	A	כשמה		ܫܡܗ ܐܝܟ ܫܘܠܡܗ
44:14b	B M	[ ] ושמם		ܘܫܡܗܘܢ ܚܝ ܡܢ ܕܪ ܠܕܪ

A name , Nomen (cont'd) ܫܡܐ

sing. with suff.(cont'd)

46:12b B ושמם 7h3 ܘܫܡܗܘܢ ܫܡܗܘܢ ܢܬܐ ܠܒܢܝܗܘܢ

7a1 ܫܡܗ]

Root ܫܡܗ

Samuel ܫܡܘܐܝܠ

nom. prop .

46:13 d B שמואל 7a1 ܪܚܝܡܐ ܕܒܪܘܝܬܐ ܫܡܘܐܝܠ ܕܡܪܐ

7h3 ܫܡܘܝܠ]

Root ܫܡܛ

he drew out, extraxit ܫܡܛ

peal imperf. 2 m.s.

22:21c ܠܐ ܬܬܘܐܫ ܐܦ ܬܫܡܘܛ ܣܝܦܐ

Root ܫܡܝ

Heaven, Caelum ܫܡܝܐ

sing. emph.

1:3a ܪܘܡܐ ܕܫܡܝܐ ܘܦܬܝܐ ܕܐܪܥܐ

16:15b A השמים ܕܬܚܘܬܝܗܘܢ ܢܬܒܗܘܢ ܬܚܘܬ ܫܡܝܐ

16:17b ܘܒܪܘܡܐ ܕܫܡܝܐ ܡܢܘ ܢܬܕܟܪܢܝ

16:18a A השמים...השמים ܗܐ ܫܡܝܐ ܘܫܡܝ ܫܡܝܐ

17:32a ܚܝܠܘܬܐ ܕܫܡܝܐ ܗܢܘܢ ܐܠܗܐ

24:5a ܒܫܡܝܐ ܥܡܗ ܐܚܝܕܬܐ ܒܢܝܬ

26:16a C מעל ܫܡܫܐ ܕܕܢܚ ܒܪܘܡܐ ܕܫܡܝܐ

27:9a ܦܪܚܬܐ ܕܫܡܝܐ ܠܓܢܣܗܝܢ ܫܪܝܢ

32(35):8b ܘܢܬܒܗܘܢ ܫܡܝܐ ܒܥܢܢ

38:21b ܡܛܠ ܕܐܝܟ ܦܪܚܬܐ ܕܫܡܝܐ

43:8 d ܕܡܢܗܪ ܒܪܩܝܥܐ ܕܫܡܝܐ

43:9a B } שמים ܫܘܒܚܐ ܕܫܡܝܐ ܘܬܫܒܘܚܬܐ
M }

45:15 d B שמים ܘܠܙܪܥܗ ܐܝܟ ܝܘܡܬܐ ܕܫܡܝܐ

46:5 d ܘܒܒܪܕܐ ܕܝܢ ܫܡܝܐ ܐܫܕ

46:17a B משמים ܘܪܥܡ ܒܫܡܝܐ ܡܪܝܐ

sing. emph. (cont'd)

48:3a B שמים ܒܡܠܬܗ ܕܡܪܝܐ ܟܠܐ ܫܡܝܐ
48:3b ܐܬܠܬ ܙܒܢܝܢ ܢܘܪܐ ܡܢ ܫܡܝܐ
48:9b ܒܪܟܒܐ ܕܢܘܪܐ ܠܫܡܝܐ
48:12a ܐܠܝܐ ܒܥܠܥܠܐ ܐܬܟܣܝ ܠܫܡܝܐ
50:24b B שמים ܘܥܡ ܙܪܥܗ ܐܝܟ ܝܘܡܬܐ ܕܫܡܝܐ

plur. const.

16:18a A ושמי ܘܫܡܝ ܫܡܝܐ ܘܬܗܘܡܐ ܘܐܪܥܐ

Root ܫܡܥ

He heard, Audivit ܫܡܥ

peal perf. 3 m.s.

48:20c B[ ]יי ܐܠܗܐ ܒܥܓܠ ܫܡܥ ܒܨܠܘܬܗ
51:11c B שמע ܗܝܕܝܢ ܫܡܥ ܡܪܝܐ ܩܠܝ

peal perf. 3 f.s.

16:5b A}
B} שמעה ܘܕܐܟܘܬܗܝܢ ܡܢ ܗܠܝܢ ܫܡܥܬ ܐܕܢܝ

peal perf. 2 m.s.

19:10a ܫܡܥܬ ܡܠܬܐ ܬܡܘܬ ܒܟܪܣܟ

peal perf. 3 m.pl.

8:9b A שמעו ܒܫܘܥܝܬܐ ܕܣܒܐ ܕܫܡܥܘ
17:13b ܘܐܕܢܝ ܡܡܠܠܝ ܫܡܥܘ ܒܐܕܢܝܗܘܢ

peal part. m.s.

2:11b ܘܫܡܥ ܘܦܪܩ ܒܥܕܢ ܐܢܢ
2:11c ܘܫܡܥ ܒܥܠܬܐ ܕܐܢܫܘܗܝ ܒܥܘܬܗ
4:6b A ישמע ܘܒܩܠ ܨܠܘܬܗ ܫܡܥ ܒܪܝܗ
4:15a A שומע ܐܠܗܐ ܕܫܡܥ ܠܗ ܕܝܢ ܫܪܪܐ
19:9a 7h3 ܕܠܐ ܡܢ ܕܫܡܥ ܢܣܢܝܟ
7a1,10m1 ,17a4,17a3,19g7,17a1 ܕܢܣܢܝܟ]
21:15a ܡܠܬܗ ܕܚܟܝܡܐ ܫܡܥ ܠܗ ܚܟܝܡܐ
21:15b ܘܫܡܥ ܠܗ ܫܒܚܐ ܘܠܡܗ ܦܩܝܣ
24:22a ܕܫܡܥ ܠܝ ܠܐ ܢܒܗܬ

He heard, Audivit (cont'd) ܫܡܥ

peal part. m.s. (cont'd)

30:8b 7a1,7h3 ܒܪܐ ܡܪܘܕܐ ܕܠܐ ܫܡܥ ܠܐܒܘܗܝ

Δ17a5 ܡܫܬܡܥ]

30(33):38b ܘܐܢ ܠܐ ܫܡܥ ܠܟ ܐܥܩܐ ܐܣܘܪܘܗܝ

31(34):31c ܠܒܥܘܬܗ ܗܘ ܫܡܥ

32(35):16b B ישמע ܘܒܥܘܬܐ ܕܥܢܝܐ ܡܪܝܐ ܫܡܥ

32(35):17b ܘܠܒܥܘܬܐ ܕܐܪܡܠܬܐ ܫܡܥ

32(35):20a ܡܪܝܐ ܕܝܢܗܘܢ ܕܡܣܟܢܐ ܗܘ ܫܡܥ

peal part. f.s.

3:29b A משבת ܘܐܕܢܐ ܕܫܡܥܐ ܚܕܝܐ ܒܚܟܡܬܐ

25:9b ܘܡܫܬܥܝܐ ܠܐܕܢܐ ܕܫܡܥܐ

peal infin.

5:11a {A להאזין / C בשמועה} ܗܘܝܬ ܡܣܪܗܒ ܠܡܫܡܥ

6:33a A לשמע ܐܢ ܪܚܡܬ ܠܡܫܡܥ ܬܐܠܦ

6:34a {A לשמע / C לשמוע} ܗܘܝܬ ܨܒܐ ܠܡܫܡܥ

peal imperat. 2 m.s.

1:20s ܟܠ ܡܠܝ ܫܡܥ ܘܩܒܠ

6:23a ܫܡܥ ܒܪܝ ܘܩܒܠ ܚܟܡܬܝ

34(31):22a B שמע ܫܡܥ ܒܪܝ ܘܩܒܠ ܡܠܝ

peal imperat. 2 m.pl.

3:1a ܒܢܝܐ ܗܘ ܠܡܟܣܢܐ ܫܡܥܘ

23:7a ܡܪܕܘܬܐ ܕܦܘܡܐ ܫܡܥܘ ܒܢܝ

51:28a B שמעו ܫܡܥܘ ܡܪܕܘܬܝ ܒܗ ܙܒܢܐ

peal imperat. 2 m.pl. with suff.

1:20o ܫܡܥܘܢܝ ܕܚܠܘܗܝ ܕܐܠܗܐ

16:24a A שמעו ܫܡܥܘܢܝ ܘܩܒܠܘ ܡܪܕܘܬܝ

30(33):27a E שמעו ܫܡܥܘܢܝ ܪܘܪܒܢܝ ܕܥܡܐ

39:13a ܫܡܥܘܢܝ ܙܕܝܩܐ ܘܦܪܘܥܘ ܒܫܪܒܟܘܢ

He heard, Audivit (cont'd) ܫܡܥ

peal imperf. 3 m.s.

1:20n ܦܘܩܕܢܘܗܝ ܠܒܪ ܐܢܫܐ ܕܢܫܡܥ

31(34):29b ܒܥܠܐ ܕܐܦ ܐܦ ܬܪܥܘܗܝ ܢܫܡܥ ܐܠܗܐ

peal imperf. 3 m.s. with suff.

19:9a 7al,10ml,17a4 17a3,19g7,17al ܕܠܐ ܐܦ ܕܢܫܡܥܝܢܟ ܢܣܢܝܟ

7h3 ܕܢܫܡܥ]

22:26c ܕܠܐ ܟܠ ܕܢܫܡܥܝܢܟ ܢܗܘܐ ܣܢܝܟ

peal imperf. 2 m.s.

11:8a { A תִּשְׁמַע / B תשמע } ܥܕ ܠܐ ܬܫܡܥ ܠܐ ܬܬܠ ܦܬܓܡܐ

29:25b ܘܒܬܪ ܗܠܝܢ ܬܫܡܥ ܡܪܝܪܬܐ

36:22a B תשמע ܘܬܫܡܥ ܨܠܘܬܐ ܕܥܒܕܝܟ

ethpe'el part. m.s.

12:11a A ישמע ܐܦ ܡܫܬܡܥ ܠܟ ܘܡܟܝܟ

30:8b ܒܪܐ ܡܪܘܕܐ ܕܠܐ ܡܫܬܡܥ ܠܐܒܘܗܝ, 17a5, Δ

7al,7h3 ܫܡܥ]

ethpe'el imperf. 3 m.s.

3:5b ܘܟܕ ܡܨܠܐ ܢܫܬܡܥ ܘܢܬܥܢܐ

aphel perf. 3 m.s.

46:17b B נשמע ܘܒܥܠܥܠܐ ܢܫܘܐ ܐܫܡܥ ܩܠܗ

48:7a B והשמיע ܐܫܡܥ ܒܣܝܢܝ ܡܟܣܢܘܬܗܘܢ

50:16c B וישמיעו 7h3 ܘܐܫܡܥ ܩܠܐ ܬܩܝܦܐ

7al,11cl,14cl ܘܐܫܡܥܘ]

aphel perf. 3 m.s. with suff.

45:5a B וישמיעהו ܘܫܘܝܗ ܐܘܕܥܗ ܘܐܫܡܥܗ ܩܠܗ

aphel perf. 3 m.pl.

50:16c B וישמיעו 7al,11cl,14cl, ܘܐܫܡܥܘ ܩܠܐ ܬܩܝܦܐ

7h3 ܘܐܫܡܥ]

aphel infin.

47:1b ܬܘܒ ܢܒܝܐ ܠܡܫܡܥܘ ܩܕܡ ܕܘܝܕ

Fame , Fama ܫܡܥܐ

sing . with suff.

47:16b 7h3 ܡܠܟܐ ܫܡܥܟ ܘܡܫ̈ܡܥܝܢ ܠܫܡܥܟ

7al ܠܫܡܥܟ]

Simon ܫܡܥܘܢ

nom. prop.

50:1a B שמעון ܫܡܥܘܢ ܒܪ ܢܬܢܝܐ ܟܗܢܐ ܪܒܐ

50:24a B שמעון ܘܢܬܩܝܡ ܥܡ ܫܡܥܘܢ ܚܣܕܐ

51:30 colophon B שמעון ܒܪ ܫܡܥܘܢ ܕܡܬܩܪܐ ܒܪ ܐܣܝܪܐ

Root ܫܡܫ

Sun , Sol ܫܡܫܐ

sing. emph.

17:19a ܒܥܒ̈ܕܝܗܘܢ ܐܝܟ ܫܡܫܐ ܕܢܚܙܐ ܩܕܡܘܗܝ

17:31a ܡܢܐ ܕܢܗܝܪ ܫܡܫܐ ܗܘ ܐܦ ܚܫܟ

23:18b ܢܘܗܪܝܢ ܗܘ ܒܝܬܗ ܒܫܡܫܐ

26:16a C שמש ܐܝܟ ܫܡܫܐ ܕܕܢܚ ܒܪܘܡܐ

39:17e ܒܡܐܡܪܗ ܡܕܢܚ ܫܡܫܐ

42:16a B } שמש ܐܝܟ ܫܡܫܐ ܕܕܢܚ ܥܠ ܟܠ
M }

42:18b ܐܝܟ ܫܡܫܐ ܥܠܝ ܩܕܡܘܗܝ

43:2a B } שמש ܟܕ ܫܡܫܐ ܠܡܕܢܚܐ ܘܠܡܥܪܒܗ
M }

43:4b B } שמש ܫܡܫܐ ܕܗܘܐ ܦܘܪܐ
M }

46:4a B השמש ܡܛܠ ܕܒܐܝܕܘܗܝ ܩܡ ܫܡܫܐ

48:23a B השמש ܡܛܠ ܕܒܐܝܕܗ ܩܡ ܫܡܫܐ

50:7a B (ה)שמש ܘܐܝܟ ܫܡܫܐ ܕܕܢܚ ܥܠ ܐܦܕܢܐ

He served, Servivit ܫܡܫ

pael perf. 1. s.

24:10a ܒܡܫܟܢܐ ܩܕܝܫܐ ܩܕܡܘܗܝ ܫܡܫܬ

pael part. m. pl.

36(33):7b ܝܘܡܐ ܘܫܢ̈ܬܐ ܕܫܡܫܬܐ ܕܡܫܡܫܝܢ

He served, Servivit (cont'd) ܫܡܫ

pael infin.

45:15f ܠܡܫܡܫܘ ܘܠܟܗܢܘ ܠܗ ܘܠܒܪܟܘ ܒܫܡܗ

50:14a B לשרת ܥܕܡܐ ܕܫܠܡ ܠܡܫܡܫܘ ܡܕܒܚܐ

50:14b ܘܠܡܫܡܫܘ ܒܫܘܒܚܬܐ ܕܡܪܝܐ

pael imperat. 2 m.s.

14:11a A שָׁרֵת ܒܪܝ ܐܢ ܐܝܬ ܠܟ ܒܪ، ܫܡܫ ܢܦܫܟ

pael imperf. 3 m.s.

39:4b ܘܒܝܬ ܡܠܟܐ ܘܪܘܪܒܢܐ ܢܫܡܫ

ethpa'al imperf. 3 m.s.

1:20f ܘܒܦܘܩܕܢܘܗܝ ܢܬܫܡܫ

Servant, Minister ܡܫܡܫܢܐ

plur. const.

4:14a A משרתי ܡܫܡܫܢܘܗܝ ܡܫܡܫܢܝ ܩܘܕܫܐ

plur. with suff.

7:30b A משרתיו ܘܡܫܡܫܢܘܗܝ ܠܐ ܬܫܒܘܩ

10:2a A מְלִיצָיו ܐܝܟ ܪܝܫܐ ܕܥܡܐ ܗܟܢܐ ܡܫܡܫܢܘܗܝ

4:14a A משרתיה ܡܫܡܫܢܘܗܝ ܡܫܡܫܝܢ ܩܘܕܫܐ

Root ܫܢ

Tooth , Dens ܫܢܐ

sing. emph.

12:13b A שן ܡܢ ܕܢܟܬ ܠܚܘܝܬܐ ܫܢܐ

39:30a B שן ܚܝܘܬ ܫܢܐ ܘܥܩܪܒܐ ܘܚܡܬܐ

40:15b B, Bm שן ܫܒܠܐ ܕܥܠ ܫܢܐ ܕܟܐܦܐ

plur. const.

21:2c ܐܝܟ ܫܢܝ ܐܪܝܐ ܗܝ، ܕܩܛܠܬܐ

plur. with suff.

30:10b ܘܠܚܪܬܐ ܢܩܗܝܢ ܫܢܝܟ

Year , Annus ܫܢܬܐ

sing. absol.

47:10a B שנה ܦܘܪܥܢܬܐ ܠܟܠ ܫܢܐ ܒܫܢܐ

Year , Annus (cont'd) ܫܢܬܐ

sing. emph.

36(33):7a ܢܘܗܪܐ ܕܟܠܗ ܫܢܬܐ ܡܢ ܫܡܫܐ ܗܘ

36(33):7b E שונה ܢܘܗܪܬܐ ܕܫܢܬܐ ܡܫܚܠܦܝܢ

plur. absol.

18:9a ܟܕ ܢܣܓܐ ܠܚܝܘܗܝ ܡܐܐ ܫܢܝܢ

18:10b ܐܠܦ ܫܢܝܢ ܡܢ ܥܠܡܐ

plur. emph.

26:26d ܡܢܝܢܐ ܢܦܩ ܕܫܢܝܐ ܕܚܝܘܗܝ

plur. const.

26:2b C ושנות ܕܫܢܝ ܚܝܘܗܝ ܒܫܠܡܘܬܐ

Sleep , Somnus ܫܢܬܐ

sing. emph.

22:9b ܕܡܥܝܪ ܕܡܟܐ ܡܢ ܫܢܬܐ ܥܫܝܢܬܐ

34(31):2b B נומה ܘܟܪܗܢܐ ܬܩܝܠܐ ܡܦܪܕ ܫܢܬܐ

34(31):20a B [ ]ש ܫܢܬܐ ܕܒܣܝܡܘܬܐ ܥܡ ܟܪܣܐ

40:5 d B שינת ܒܫܢܬܐ ܕܠܠܝܐ ܡܫܢܐ ܠܗܘܢ

sing. with suff.

34(31):1b B נומה ܘܨܦܬܐ ܡܦܪܕܐ ܫܢܬܗ

42:9b {B [ ] ; M נומה} ܘܒܨܦܬܗ ܡܥܪܩܐ ܫܢܬܗ

40:8b ܘܒܥܕܢܐ ܡܫܢܐ ܫܢܬܗܘܢ

Root ܫܢܐ

He changed, Convertit ܫܢܐ

pael part.

18:26a ܡܢ ܨܦܪܐ ܠܪܡܫܐ ܡܫܢܐ ܙܒܢܐ

pael imperat. 2 m.s.

33(36):6a {B ושנה ; Bm וְשַׁנֵּה} ܫܢܐ ܐܬܘܬܐ ܘܫܢܐ ܬܕܡܘܪܬܐ

pael imperf. 3 m.s.

13:25a A ישנא ܠܒܗ ܕܒܪܢܫܐ ܡܫܢܐ ܐܦܘܗܝ

Root ܥܘܩ

He vexed, Vexavit ܥܘܩ

pael imperf. 3 m.s. with suff.

30:10a ܘܥܡ ܬܫܢܝܟ ܢܩܘܐ ܢܥܘܩܝܟ

Vexation, Vexatio ܥܘܩܐ

sing. emph.

34(31):20c B ותשניק ܘܫܗܪܐ ܘܫܘܢܩܐ ܘܥܘܩܐ

Root ܫܥܐ

He narrated, Narravit ܫܥܐ

ethpa'al part. m.s..

25:9b ܘܡܫܬܥܐ ܠܐܕܢܐ ܕܫܡܥܐ

ethpa'al part. m.pl.

17:8b ܕܢܗܘܘܢ ܡܫܬܥܝܢ ܒܓܒܪܘܬܐ ܕܥܠܬܗ

ethpa'al infin.

44:8b { B להשתענות / Bm להשתעות להשעות } ܠܡܫܬܥܝܘ ܥܠ ܬܫܒܚܬܗܘܢ

ethpa'al imperf. 3 m.s.

44:15a Bm } M } יספר ܘܬܫܒܘܚܬܗܘܢ ܢܫܬܥܐ ܥܡܐ

ethpa'al imperf. 1.s.

51:1c B אספרה ܘܐܫܬܥܐ ܫܡܟ ܒܬܫܒܘܚܬܐ

Amusement, Lusus ܫܥܬܐ

sing. emph.

6:8a A עת ܐܝܬ ܪܚܡܐ ܒܙܒܢ ܫܥܬܐ

Narrative, Narratio ܫܘܥܝܬܐ

sing. emph.

22:6a ܗܟܢܐ ܫܘܥܝܬܐ ܕܠܐ ܒܙܒܢܗ

42:11c ܘܫܘܥܝܬܐ ܘܦܪܣܝܐ ܒܥܕܬܐ

plur. emph.

6:35a A } C } שיחה ܟܠ ܫܘܥܝܬܐ ܕܗܘܬ ܩܕܡܝܐ ܠܡܫܡܥ

8:8a A שיחת ܠܐ ܬܫܒܘܩ ܫܘܥܝܬܐ ܕܚܟܝܡܐ

Narrative, Narratio (cont'd) ܬܫܥܝܬܐ

plur. emph. (cont'd)

8:9a A [ ]בשמיע ܠܐ ܬܬܒܣܐ ܒܬܫܥܝ̈ܬܐ ܕܣܒ̈ܐ

9:9(II)b 7a1,7h3 ܘܠܐ ܬܣܓܐ ܥܡܗ ܬܫܥܝ̈ܬܐ

Δ,17a5 ܬܫܥܝ̈ܬܟ]

11:8b {A שִׂיחָה, B שיחה} ܘܒܓܘ ܬܫܥܝ̈ܬܐ ܠܐ ܬܬܡܠܠ

13:26b A שיח ܘܚܘܫܒܐ ܕܬܫܥܝ̈ܬܐ ܬܘܠ̈ܥܬܐ

20:9b ܘܐܝܬ ܬܫܥܝ̈ܬܐ ܕܠܚܘܣܪܢܗ

22:13a ܥܡ ܣܟܠܐ ܠܐ ܬܣܓܐ ܬܫܥܝ̈ܬܐ

27:4b ܗܟܢܐ ܬܫܥܝ̈ܬܐ ܕܐܢܫܐ ܥܠ ܬܪܥܝܬܗ

35(32):4a B שיח ܠܐ ܬܐܣܓܐ ܒܗ ܬܫܥܝ̈ܬܐ

39:2a ܘܬܫܥܝ̈ܬܐ ܕܟܠ ܐܢܫ ܕܝܠܗܘܢ ܢܛܪ

42:12b {B תסתויד, Bm תסתיד} ܘܒܝܬ ܢܫ̈ܐ ܠܐ ܬܣܓܐ ܬܫܥܝ̈ܬܐ

plur. with suff.

9:9(II)b Δ,17a5 ܘܠܐ ܬܣܓܐ ܥܡܗ ܬܫܥܝ̈ܬܟ

7a1,7h3 ܬܫܥܝ̈ܬܐ]

9:15b A]סודך 7a1,7h3 ܘܟܠܗܝܢ ܬܫܥܝ̈ܬܟ ܒܢܡܘܣܗ

Δ,17a5 ܘܐܘܪ̈ܚܬܟ ܒܢܡܘܣܗ]

13:5a A דבריו ܐܢ ܐܝܬ ܠܟ ܢܣܓܐ ܬܫܥܝ̈ܬܗ ܥܡܟ

13:11b A שיחו ܘܠܐ ܬܗܝܡܢ ܠܣܘܓܐܐ ܕܬܫܥܝ̈ܬܗ

13:11c A שיחו ܡܛܠ ܕܣܘܓܐܐ ܕܬܫܥܝ̈ܬܗ ܠܢܣܝܘܢܐ

20:5b C [ ]ש ܕܡܬܣܢܐ ܒܣܘܓܐܐ ܕܬܫܥܝ̈ܬܗ

20:8a ܐܝܬ ܕܒܣܘܓܐܐ ܕܬܫܥܝ̈ܬܗ ܡܬܣܢܐ

21:16a ܬܫܥܝ̈ܬܗ ܕܪ̈ܫܝܥܐ ܐܝܟ ܛܥܢܐ ܝܩܝܪܐ

22:13f ܘܠܐ ܢܠܐܟ ܒܣܘܓܐܐ ܕܬܫܥܝ̈ܬܗ

37:20a {B, D} נדברו ܐܝܬ ܚܟܝܡ ܕܡܣܬܪܩ ܘܒܬܫܥܝ̈ܬܗ ܡܬܣܢܐ

38:25d B ושעיותיו ܘܬܫܥܝ̈ܬܗ ܥܡ ܒܢ̈ܝ ܬܘܪܐ ܗܝ

Narrative, Narratio (cont'd) ܫܘܥܝܬܐ

plur. with suff. (cont'd)

9:4b A בְּפִיפִיּתָם ܕܠܡܐ ܬܬܘܒܟ ܒܫܘܥܝܬܗ̇

27:11a ܫܘܥܝܬܗܘܢ ܕܚܣܝܕܐ ܒܚܟܡܬܐ ܐܢܝܢ
27:13a ܫܘܥܝܬܗܘܢ ܕܣܟ̈ܠܐ ܗܢܝ̈ܢ ܐܢܝܢ

Root ܫܦܠ

He humiliated, Humiliavit ܫܦܠ

aphel part. m.s.

7:11b A משפיל ܡܛܠ ܕܐܝܬ ܕܡܪܝܡ ܘܡܫܦܠ

Root ܫܦܥ

He poured out, Effundit ܫܦܥ

aphel part. f.s.

24:27a ܘܡܫܦܥܐ ܐܝܟ ܢܗܪܐ ܝܘܠܦܢܐ

Root ܫܦܪ

He beautified, pleased
Ornavit, placuit ܫܦܪ
aphel part. m. pl.

13:22b A מיפים ܘܦܬܓܡ̈ܘܗܝ ܗܢܘܢ ܡܫܦܪܝܢ

aphel imperf. 3 m.s.

13:5a A ייטיב ܐܢ ܐܝܬ ܠܟ ܢܫܦܪ ܫܘܥܝܬܗ ܥܡܟ

aphel imperf. 2 m.s.

22:13a ܥܡ ܣܟܠܐ ܠܐ ܬܫܦܪ ܫܘܥܝܬܐ
42:12b ܘܒܝܬ ܢܫ̈ܐ ܠܐ ܬܫܦܪ ܫܘܥܝܬܐ

Beauty, Pulchritudo ܫܘܦܪܐ

sing. emph.

9:8b A יפי ܘܠܐ ܬܬܒܩܐ ܒܫܘܦܪܐ ܕܠܐ ܕܝܠܟ
9:8c A יפי .Δ,17a5 ܒܫܘܦܪܐ ܚܪ ܕܐܢܬܬܐ
7a1,7h3 ܒܫܘܦܪܗ̇]
24:17a ܐܝܟ ܓܦܬܐ ܐܝܬ ܫܘܦܪܐ ܘܫܘܒܚܝ
40:22a B חן ܐܢܘܬܐ ܘܫܘܦܪܐ ܪܓܬܐ ܕܥܝ̈ܢܐ

Beauty , Pulchritudo (cont'd) ܫܘܦܪܐ

sing. with suff.

9:8c A עזד 7a1,7h3 ܒܫܘܦܪܗ̇ ܕܢܟܪܝ ܕܐܢܬܬܐ
Δ ,17a5 ܒܫܘܦܪܐ]
25:21a C [ ] ܠܐ ܬܬܬܩܠ ܠܫܘܦܪܗ̇ ܕܐܢܬܬܐ
26:16b C יפה ܗܟܢܐ ܫܘܦܪܗ̇ ܕܐܢܬܬܐ ܛܒܬܐ
26:17b C הוד ܫܘܦܪܗ̇ ܕܐܢܬܬܐ ܒܡܬܩܢܘܬܗ̇
36:(24a) B } C תואר ܫܘܦܪܗ̇ ܕܐܢܬܬܐ ܢܨܒܬ ܐܦܝ̈ܗ̇

Beautiful , Pulcher ܫܦܝܪܐ

sing. absol.

3:31a A טוב ܕܥܒܕ ܕܫܦܝܪ ܢܬܠܝܗ ܒܐܘܪܚܗ
13:22d A משכיל ܘܐܢ ܐܡܪ ܕܫܦܝܪ
14:16b A שיפה ܘܠܐ ܡܕܡ ܕܫܦܝܪ ܠܡܥܒܕ
23:5b ܘܡܕܡ ܕܫܦܝܪ ܠܐ ܢܦܠܛ
32(35):7a ܡܛܠ ܕܟܠ ܕܥܒܕ ܕ ܫܦܝܪ
37:7b ܒܪܡ ܐܝܬ ܡܠܟܐ ܕܫܦܝܪ ܢܥܒܕ
37:11e B } D חסד ܐܘ ܥܡ ܥܛܠܐ ܠܡܥܒܕ ܕܫܦܝܪ
50:9b ܘܐܝܟ ܢܘܪܐ ܕܗܡܟܐ ܕܒܣܡܝܢ ܫܦܝܪ

sing. emph.

9:8a A חן ܐܦܟ ܒܐܢܬܬܐ ܕܫܦܝܪܐ ܠܐ ܬܚܘܪ

sing. const.m.

11:2a ܠܐ ܬܫܒܚ ܠܓܒܪܐ ܕܫܦܝܪ ܒܚܙܘܗ

sing. const. f.

7:19b A וטובת ܘܫܦܝܪܬ ܚܙܘܐ ܒܛܝ̈ܒܘܬܐ

plur. absol.f.

18:26b ܘܟܠܗܝܢ ܗܠܝܢ ܫܦܝ̈ܪܢ ܐܢܝ̈ܢ

plur. emph. f.

35(32):6b B יפים ܗܟܢܐ ܡ̈ܠܐ ܫܦܝ̈ܪܬܐ ܒܡܫܬܘܬܐ

Root ܫܩܐ

He drank, Potuit ܫܩܐ

aphel part. m.s.

24:30a ܐܢܐ ܐܝܟ ܢܗܪܐ ܕܡܫܩܐ

aphel part. f.s.

39:22b B ריותה ܘܐܝܟ ܢܗܪܐ ܠܝ̈ܒܫܬܐ ܡܫܩܝܐ

aphel imperf. 3 f.s. with suff.

15:3b { A תשקנו / B תשקנה } ܘܡ̈ܝܐ ܕܣܘܟܠܬܢܘܬܐ ܬܫܩܝܘܗܝ

aphel imperf. 1.s.

24:31a ܐܡ̇ܪܬ ܕܐܫܩܐ ܓܢܬܝ

Drink, Potum ܫܩܝܐ

sing. with suff.

39:23b B משקה ܘܗܟܢܐ ܪܘܓܙܗ ܕܫܩܝܘܗܝ ܠܥܡܡܐ

Root ܫܩܠ

He bore, Sustulit ܫܩܠ

peal infin.

22:15a ܘܚܠܐ ܕܦܪܙܠܐ ܢܝܚ ܠܡܫܩܠ

peal imperat. 2 m.s. with suff.

6:25a A ושאה ܦܟܪ ܟܬܦܟ ܘܫܩܘܠܝܗ̇

peal imperf. 2 m.s.

13:2a A תשא 7a1,7h3 ܕܝܩܝܪ ܡܢܟ ܠܐ ܬܫܩܘܠ

12a1,Δ,17a5 ܬܒܒܐ]

Burden, Onus ܫܩܘܠܬܐ

sing. with suff.

6:25b A בתחבולתיה ܘܠܐ ܬܬܟܫ ܒܫܩܘܠܬܗ̇

Root ܫܩܦ

Rock, Rupes ܫܩܝܦܐ

sing. emph.

40:15b { B סלע / Bm צור / M צר } ܐܝܟ ܫܪܫܐ ܕܥܠ ܫܢܐ ܕܫܩܝܦܐ

Root ܕܓܠ

He lied , Mentitus est. ܕܓܠ

pael part. m.s.

23:18a ܓܒܪܐ ܕܡܕܓܠ ܥܠ ܬܫܡܫܬܐ ܕܒܝܬܗ

A Lie , Mendacium ܕܓܠܘܬܐ

sing. emph.

15:20c A} B} אנש ܘܠܐ ܡܦܝܣ ܥܠ ܒܢܝ̈ܗ، ܕܓܠܘܬܐ

16:1b A} B} עולה ܘܠܐ ܬܚܕܐ ܒܒܢܝ̈ܐ ܕܕܓܠܘܬܐ

16:13a ܠܐ ܢܦܠܛ ܠܒܢܝ̈ܗ، ܕܓܠܘܬܐ

23:13b ܕܐܦ ܒܗ̇ ܐܝܬ ܒܗ̇ ܡ̈ܠܐ ܕܕܓܠܘܬܐ

38:12a ܐܢ ܒܢܝ̈ ܢܒܠܐ ܘܕܓܠܘܬܐ

40:13a M מעול ܢܟܣ̈ܐ ܕܕܓܠܘܬܐ ܐܝܟ ܢܚܠܐ ܡܬܝܒܫܝܢ

Root ܫܪ

It was true , firm
Verum fuit, constitit ܫܪ
peal imperf. 3 m.pl.

6:17a ܕܚܠܘܗܝ ܕܐܠܗܐ ܢܫܪܘܢ ܪܚܡܘܬܗܘܢ

ethpe'el imperat. 2 f.s.

24:8 d 7h3 ܕܒܝܥܩܘܒ ܫܪܝ، ܘܐܬܫܪܪܝ، ܒܐܝܣܪܝܠ
7al,10ml] ܘܐܬܫܪܪܝ

pael perf. 3 m.s.

3:2b ܘܕܝܢܐ ܕܐܡܐ ܥܠ ܒܢ̈ܝܗ ܫܪܪ

ethpa'al imperat. 2 m.s.

24:8 d 7al,10ml ܕܒܝܥܩܘܒ ܫܪܝ، ܘܐܬܫܪܪܝ ܒܐܝܣܪܝܠ
7h3] ܘܐܫܬܪܪ،

aphel perf. 3 m.s.

24:8b 7h3 ܘܗܘ ܕܒܪܝܢܝ ܘܐܫܪ ܡܫܟܢܝ
7al,10ml,Δ,9ml,10m2] ܘܐܫܪ،

aphel imperat. 2 m.s.

1:20v ܘܐܫܪ ܒܗ ܠܒܟ

29:3a ܐܫܪ ܡܠܬܟ ܘܐܬܗܝܡܢ ܡܠܬܟ

Truth, Veritas ܫܪܪܐ

sing. emph.

4:15a A אמת ܕܫܡܥ ܠܗ ܕܝܢ ܫܪܪܐ

6:14a A אמונה ܪܚܡܐ ܕܫܪܪܐ ܪܚܡܐ ܗܘ ܕܡܗܝܡܢܘܬܐ

20:10b ܪܚܡܘܬܗ ܕܪܚܡܟ ܕܫܪܪܐ

23:11d ܘܐܢ ܒܫܪܪܐ ܠܐ ܝܡܐ

30:15a { B שר ܛܒܐ ܕܫܪܪܐ ܪܚܡܬ ܡܢ ܕܗܒܐ
Bm בשר שאר }

37:2b ܪܚܡܐ ܕܫܪܪܐ ܐܝܟ ܢܦܫܟ ܢܗܘܐ

44:18a ܒܡܘܬܐ ܕܝܡܐ ܠܗ ܒܫܪܪܐ

45:7a B לחק ܘܝܗܒܗ ܠܫܪܪܐ ܕܝܗܒܗ

Soundness ܫܪܝܪܘܬܐ
Firmitas
sing. emph.

30:16a { B שר ܠܝܬ ܥܘܬܪܐ ܐܝܟ ܫܪܝܪܘܬܐ ܕܦܓܪܐ
Bm שאר }

True , Verus ܫܪܝܪܐ
Sound , Firmus
sing. absol. f.

7:22b A אמונה ܘܐܢ ܫܪܝܪܐ ܗܝ ܩܘܝܗ

sing. absol. m.

22:17a Δ(less15c1)17a5 ܠܒܐ ܫܪܝܪܐ ܒܡܚܫܒܬܐ

7a1,7h3 ܣܘܟܠܐ]

sing. const.

30:14a ܡܣܟܢܐ ܕܚܝ ܘܫܪܝܪ ܒܦܓܪܗ

Root ܫܪܐ

He loosed, Solvit ܫܪܐ
Dwelt, Habitavit
peal perf. 3 m.s.

47:13a ܫܪܐ ܒܫܠܡܐ ܫܠܝܡܘܢ

peal perf. 1.s.

24:5a ܒܥܘܡܩܐ ܕܝܡܐ ܐܢܫܐ ܫܪܝܬ

peal imperat. 2 m.s. with suff.

25:26b ܘܫܪܝܗ ܡܢ ܒܝܬܟ

peal imperat. 2 f.s.

23:8c ܐܡܪ ܠܗ ܕܒܢܝܫܬܟ ܫܪܝ

He loosed, dwelt, (cont'd) ܫܪܐ
Solvit, habitavit

peal imperf. 3 m.s.

4:15b A ייחן ܘܕܨܐܬ ܠܝ ܢܫܪܐ ܠܘܩܡܢ
14:24a A החונה ܘܢܫܪܐ ܣܛܪ̈ܝ ܒܝܬܗ̇
14:25b A שכן ܘܢܫܪܐ ܒܡܫܪܝܐ ܛܒܐ

peal imperf. 2 m.s.

20:10a ܐܝܬܝܗ ܡܢ ܕܬܫܪܐ ܒܢܦܫܐ ܒܣܘܦܐ

peal imperf. 1.s.

24:7b ܕܒܐܝܢܐ ܢܘܬܪܐ ܐܫܪܐ

pael perf. 3 m.pl.

25:24a ܡܢ ܐܢܬܬܐ ܫܪܝܘ ܚܛܗ̈ܐ

pael part. m.pl.

18:7a ܒܡܠܟܗܘܢ ܕܒܢܝܢܫܐ ܗܢܘܢ ܡܫܪܝܢ

? aphel perf. 3 m.s.

24:8b 7a1,10m1,Δ,17a5 ܘܗ̇ܘ ܕܒܪܝܢ ܘܐܫܪܝ ܡܫܟܢܝ
7h3 ܘܐܫܪܝ]

42:22a ܒܢ̈ܘܗܝ ܠܥܠܡ ܒܡܫܡܫܘܬܐ ܡܫܪܝܐ

Camp , Castra ܡܫܪܝܬܐ

sing. emph.

43:8c B}צבה
M} ܡܐܢܐ ܕܡܫܪܝܬܐ ܕܪܘܡܐ

48:21a B חנה[ ] ܘܡܚܐ ܡܫܪܝܬܐ ܕܐܬܘܪܝܐ

Dwelling, Domicilium ܡܫܪܝܐ

sing. emph.

14:25b A שכן ܘܢܫܪܐ ܒܡܫܪܝܐ ܛܒܐ

sing. with suff.

4:14b ܘܒܝܬ ܡܫܪܝܗ̇ ܪܚܡ ܐܠܗܐ

4:13b A ויחנו ܘܐܬܪܐ ܕܢܦܩ ܡܫܪܐ ܒܝܬ ܡܫܪܝܗܘܢ

Root ܫܪܒ

Ancestry, Genus ܫܪܒܬܐ

sing. emph.

41:5b B ונכד ܘܫܪܒܬܐ ܗܝ، ܠܗ ܗܘ ܠܗܠܝܬܐ ܕܚܛ̈ܝܐ

Ancestry, Genus (cont'd) ܫܪܒܬܐ

sing. with suff.

26:21b ܘܠܐ ܒܪ ܗܘ ܕܗܘܬܐ ܫܪܒܬܟ

Root ܫܪܓ

He dimmed, Hebetavit ܫܪܓ

aphel part. m.s.

43:4 d B תכוה ܘܡܫܪܓ ܠܒܘܣܡܗ، ܘܡܫܪܓ ܥܝܢܐ

Lamp, Lampas ܫܪܓܐ

sing. emph.

26:17a C נר ܐܝܟ ܫܪܓܐ ܕܡܢܗܪ ܥܠ ܡܢܪܬܐ

Root ܫܪܟ

The rest, Reliquum ܫܪܟܐ

sing. emph.

3:23a A ובזרות ܘܒܫܪܟܐ ܕܥܒܕܘܗܝ ܠܐ ܬܬܒܨܐ

Root ܫܪܫ

Root, Radix ܫܪܫܐ

plur. const.

1:6a ܫܪܫ ܚܟܡܬܐ ܠܡܢ ܐܬܓܠܝ

Root ܫܬܐ

Foundation, Fundamentum ܫܬܐܣܬܐ

plur. emph.

16:19a A יסודי ܢܘܪܐ ܕܛܘܪܐ ܘܫܬܐܣܬܐ ܕܬܒܝܠ

24:6a 7a1,Δ,17a5 ܘܒܫܬܐܣܬܐ ܕܬܒܝܠ

7h3 ܘܒܫܬܐܣܬܐ ܕܗܘܢ]

Six thousand, Sex millia ܫܬܡܐܐ

adj. num.

16:10a A שש מאות ܗܘܝ ܕܗܘܘ ܫܬܡܐܐ ܐܠܦܝܢ

46:8b B שש מאות ܐܬܦܨܝܘ ܡܢ ܫܬܡܐܐ ܐܠܦܝܢ

Root ܫܬܝ

He drank, Bibit ܐܫܬܝ

peal part. m.s.

26:12b ܘܡܢ ܟܠ ܡܝܐ ܫܬܐ

He drank, Bibit (cont'd) ܐܫܬܝ

peal part. m.s.

29:25a ܐܝܟܢܐ ܐܫܬ ܘܚܡܪܐ ܒܝܪܐ

peal part. m.pl.

30:19b 7a1,7h3 ܕܠܐ ܐܟܠܝܢ ܘܠܐ ܫܬܝܢ

12a1,Δ,17a5 omit

peal imperf. 3 m.s. with suff.

34(31):26b B ישתנו ܒܗ ܢܫܬܘܗܝ، ܒܟܠܬܗ

peal imperf. 2 m.s. with suff.

9:10 d A [ ]תינו ܗܟܢ ܢܚܘܬ ܬܫܬܝܘܗܝ

ethpe'el part. m.s.

34(31):28b B נשתה ܚܡܪܐ ܕܡܫܬܬܐ ܒܟܠܬܗ

34(31):29b B נשתה ܚܡܪܐ ܕܡܫܬܬܐ ܒܚܪܝܢܐ

35(32):4a ܒܐܬܪܐ ܕܡܫܬܬܐ ܚܡܪܐ

A drink, Potus ܡܫܬܝܐ

sing. emph.

34(31):31a B במשתה ܒܡܫܬܝܐ ܕܚܡܪܐ ܠܐ ܬܟܣ

35(32):5b B משתה ܥܠ ܡܫܬܝܐ ܕܚܡܪܐ

35(32):6b B משתה ܗܟܢܐ ܙܡܪ̈ܬܐ ܥܠ ܡܫܬܝܐ

49:1d B משתה ܬܒܣܝܡܬܐ ܥܠ ܡܫܬܝܐ

A drinker, Potator ܫܬܝܐ

plur. with suff.

24:21b ܘܫܬܝ̈ܢܝ ܬܘܒ ܢܨܗܘܢ ܠܝ

Root ܫܬܠ

He planted, Plantavit ܫܬܠ

peal part. m.pl. passive

39:13b ܘܐܝܟ ܘܪ̈ܕܐ ܕܫܬܝܠܝܢ ܥܠ ܡ̈ܝܐ

Root ܫܬܩ

He was silent, Tacuit ܫܬܩ

peal part. m.s. pass.

41:12d ܟܘܠ ܕܫܐܠܝܢ ܒܫܠܡܗ ܘܫܬܝܩ

peal imperf. 3 m.s.

39:11b ܘܐܢ ܢܫܬܘܩ ܒܒܗܬܐ ܘܒܗܪܐ

Silent, Tacitus ܫܬܝܩܐ

sing. absol.

20:1b ܘܐܝܬ ܕܫܬܝܩ ܘܗ̣ܘ ܢܝܚ

20:5a C V[ ] ܐܝܬ ܕܒܪ ܫܬܝܩ ܡܫܬܥܒܕ

ܬ

Root ܬܒܠ

World , Orbis ܬܒܝܠ

sing. emph.

10:4a A תבל ܒܐܝܕܘܗܝ ܕܡܪܝܐ ܫܘܠܛܢܐ ܕܬܒܝܠ

16:19a A תבל ܛܘܪܐ ܕܦܘܪܐ ܘܫܬܐܣܐ ܕܬܒܝܠ

23:27b ܘܢܫܬܟܠܘܢ ܟܠ ܕܡܬܝܬܒܝܢ ܒܬܒܝܠ

24:6a ܘܒܫܬܐܣܐ ܕܬܒܝܠ ܘܒܟܠܗܘܢ ܥܡܡܐ

Root ܬܒܥ

He sought, Petiit ܬܒܥ

peal part.

16:11d A יגיה ܠܡܚܣܝܘ ܘܐܦ ܬܒܥ ܚܛܗܐ

16:12a A תוכחתו ܗܝܟ ܐܦ ܬܒܥ ܚܛܗܐ

20:15c ܝܘܡܢܐ ܡܘܙܦ ܘܡܚܪ ܬܒܥ

30:20c B מבקש ܘܡܪܝܐ ܬܒܥ ܒܐܝܕܘܗܝ

peal imperf. 3 m.s.

32(35):22d B ימחץ ܘܡܪܝܐ ܕܢܬܒܥ ܦܘܪܥܢܘܬܐ ܕܢܟܠܐ

Punishing, Puniens ܬܒܘܥܐ

sing. emph.

5:3b A מבקש ܡܛܠ ܕܡܪܝܐ ܬܒܘܥܐ ܗܘ

Root ܬܒܪ

He broke, Fregit ܬܒܪ

peal perf. 3 m.s.

46:16a ܗܘ ܬܒܪ ܥܡܡܐ

46:18a B ויכנע ܘܬܒܪ ܟܠܗܘܢ ܫܠܝܛܢܐ ܕܨܘܪ

47:4d B וישבר ܘܬܒܪ ܒܩܠܥܐ ܫܘܒܗܪܗ ܕܓܘܠܝܬ

47:7a B הכניע ܘܬܒܪ ܦܠܫܬܝܐ ܘܟܠܗܘܢ ܣܢܐܘܗܝ

47:7c B שבר ܘܐܦ ܒܝܘܡܐ ܠܥܠܡܐ ܬܒܪ ܩܪܢܗܘܢ

He broke, Fregit (cont'd) ܬܒܪ

peal perf. 3 m.s. (cont'd)

48:21a B [ ]ו ܘܬܒܪ ܡܫܪܝܬܐ ܕܐܬܘܪܝܐ

peal perf. 3 f.s. with suff.

25:9c ܦܓܥܗ̇ ܠܓܒܪܐ ܕܠܐ ܬܒܪܬܗ ܡܫܝܚܘܬܐ

25:9d ܘܠܐ ܬܒܪܬܗ ܒܝܫܘܬܐ

peal part. m.s.

38:18b B יבנה ܠܒܐ ܟܐܒܐ ܬܒܪ ܡܢ ܚܝܠܬܐ ܬܒܪ

peal part. f.s.

13:2d A נשבר ܕܢܩܫܐ ܠܗ̇ ܘܬܒܪܐ ܠܗ̇

28:17b ܘܡܚܘܬܐ ܕܠܫܢܐ ܬܒܪܐ ܓܪܡܐ

peal part. passive m.s.

19:26a ܐܝܬ ܡܟܝܟܐ ܘܟܦܝܦ ܬܒܝܪ ܒܓܘܗ

22:18e ܠܒܐ ܕܣܟܠܐ ܒܪܥܝܢܗ ܬܒܝܪ

41:2b ܠܓܒܪܐ ܕܬܒܝܪ ܘܚܣܝܪ ܚܝܠ

peal part. passive m.s. emphatic

4:2b A ממרודי ܘܠܐ ܬܟܐܒ ܢܦܫܐ ܕܐܢܫܐ ܕܬܒܝܪܐ

21:14a ܠܒܗ ܕܣܟܠܐ ܐܝܟ ܡܐܢܐ ܬܒܝܪܐ

peal imperat. 2 m.s.

33(36):9a B והכניע ܬܒܪ ܣܢܐܐ ܘܟܒܘܫ ܒܥܠܕܒܒܐ

Booty , Praeda ܬܒܪܐ

sing. emph.

25:23c C [ ]שלין ܕܢܦܠܘܬܐ ܕܐܝܕܝܐ ܘܬܒܪܐ ܕܒܘܪܟܐ

27:10a ܐܪܝܐ ܠܬܒܪܐ ܟܡܢ

sing. with suff.

19:5a ܘܕܚܕܐ ܒܠ ܒܝܫܬܐ ܢܗܘܐ ܬܒܪܗ

27:22a ܘܕܪܓܐ ܒܝܫܬܐ ܢܗܘܐ ܬܒܪܗ

Root ܬܓܐ

Crown, Corona ܬܓܐ

sing. emph.

33(36):12a B ראש ܓܕܘܡ ܬܓܐ ܕܫܢܐܐ

40:4a B ציף ܡܢ ܠܒܝܫ ܬܓܐ ܘܡܥܛܦ ܠܒܘܫܐ

Root ܬܓܪ

Merchant, Mercator ܬܓܪܐ

sing. emph.

26:29a ܕܡܬܦܠܐ ܬܓܪܐ ܡܢ ܚܛܗܐ

37:11c B } סוחר D ܘܥܡ ܬܓܪܐ ܥܠ ܬܐܓܘܪܬܗ

Root ܬܗܡ

The Deep , Abyssus ܬܗܘܡܐ

sing. emph.

1:3b ܘܬܗܘܡܐ ܪܒܐ ܡܢܘ ܢܥܩܒ

16:18a A ותהום ܘܫܡܝ ܫܡܝܐ ܘܬܗܘܡܐ ܕܐܪܥܐ

24:29b ܘܡܠܟܬܗ ܡܢ ܬܗܘܡܐ ܪܒܐ

42:18a B } תהום M ܬܗܘܡܐ ܘܠܒܐ ܗܘ ܒܨܐ

plur. emph.

24:5b ܘܒܥܘܡܩܐ ܕܬܗ̈ܘܡܐ ܐܝܟ ܗܠܟܬ

Root ܬܘܒ

He turned,returned
Convertit, rediit ܬܒ

peal part.m.s.

8:5a A שב ܠܓܒܪܐ ܕܬܐܒ ܡܢ ܚܛܗܘܗܝ

21:6b ܕܕܚܠ ܠܐܠܗܐ ܬܐܒ ܡܢ ܠܒܗ

peal part. m. pl.

17:29b ܕܪܒ ܠܟܠܗܘܢ ܕܬܝܒܝܢ ܠܘܬܗ

peal infin.

18:22c ܘܪܒܐ ܠܡܬܒ ܡܢ ܚܛܗܝܟ

peal imperat. 2 m.pl.

17:25a ܬܘܒܘ ܠܘܬ ܡܪܝܐ

17:25b ܬܘܒܘ ܡܢ ܕܠܚܛܝܬܐ

peal imperf. 2 m.s.

5:7a A } לשוב C ܠܐ ܬܬܘܚܪ ܕܬܬܘܒ ܠܡܪܝܐ

peal imperf. 3 m.pl.

18:7b ܘܐܢ ܢܬܘܒܘܢ ܢܬܕܡܪܘܢ

He turned ,returned (cont'd) ܬܒ
Convertit, rediit
peal imperf. 2 m. pl.

17:25a ܘܬܬܘܒܘܢ ܡܢ ܕܠܡܐܟܒ

Again ,Iterum ܬܘܒ

41:1 d {B ועוד ܘܬܘܒ ܐܢܬ ܒܗ ܫܠܝܐ
{M עוד

44:17 d ܘܝܡܐ ܐܠܗܐ ܕܠܐ ܢܗܘܐ ܬܘܒ ܛܘܦܢܐ

Power, Potentia ܬܝܒܘܬܐ

sing. emph.

17:24a ܠܬܝܒܐ ܝܗܒ ܬܝܒܘܬܐ

48:16a B יושר ܐܝܬ ܕܡܢܗܘܢ ܕܥܒܕܘ ܬܝܒܘܬܐ

sing. with suff.

51:29a B בישיבתי ܬܚܕܐ ܢܦܫܟܘܢ ܒܬܝܒܘܬܝ

Penitent, Poenitens ܬܝܒܐ

plur. emph.

17:24a ܒܪܡ ܠܬܝܒ̈ܐ ܝܗܒ ܬܝܒܘܬܐ

Root ܬܘܪ

He drove bulls,Taura duxit ܬܘܪ

(Rare verb quoted in
Payne Smith Thesaurus II,4412)
aphel part.

38:25c ܕܡܬܘܪ̈ܐ ܕܒܪ ܘܡܬܘܪ̈ܐ ܡܬܘܪ

Bull , Taurus ܬܘܪܐ

sing . emph.

6:2b ܕܠܐ ܬܦܠܐ ܐܝܟ ܬܘܪܐ ܚܝܠܟ

25:8b C בשור ܕܠܐ ܕܒܪ ܦܕܢܐ ܒܬܘܪܐ

plur. emph.

38:25c ܕܡܬܘܪ̈ܐ ܕܒܪ ܘܡܬܘܪ̈ܐ ܡܬܘܪ

38:25 d B[ ]פ[ ] ܘܡܫܬܥܝܬܗ ܥܡ ܒܢܝ̈ ܬܘܪ̈ܐ ܗܝ

He was amazed, Miratus est ܬܘܪ

peal perf. 3 m.s.

26:28a ܥܠ ܬܪ̈ܬܝܢ ܗܠܝܢ ܬܘܪ ܠܒܝ

Root ܬܚܬ

Beneath , Infra ܬܚܝܬ

prep.

29:10b ܘܠܐ ܬܘܒܕܝܗܝ ܬܚܝܬ ܟܐܦܐ

29:22a ܚܝܘܗܝ ܕܡܣܟܢܐ ܬܚܝܬ ܛܠܠܐ ܕܩܪܝܬܗ

16:15b A תחת ܕܬܚܙܘܢ ܒܢ̈ܘܗܝ ܬܚܝܬ ܫܡܝܐ

36(33):6b E תחת ܬܚܝܬ ܟܠ ܡܢ ܕܪܟܒ ܠܗ ܨܗܠ

50:5b ܟܕ ܡܬܚܙܐ ܡܢ ܬܚܝܬ ܦܪܣܐ

Beneath, Infra ܬܚܘܬ

prep. with suffix

49:10b B ת[ ] ܓܪ̈ܡܝܗܘܢ ܢܦܪܥܘܢ ܡܢ ܬܚܘܬܗܘܢ

Root ܬܩܦ

He coerced, Coercuit ܬܩܦ

pael part. f.s.

18:18b ܘܡܘܗܒܬܗ ܕܪܫܝܥܐ ܡܬܩܦܐ ܥܝܢ̈ܐ

Root ܬܩܦ

Oppression, Oppresio ܬܘܩܦܐ

sing. emph.

37:8d ܕܠܡܐ ܢܪܡܐ ܥܠܝܟ ܬܘܩܦܐ ܒܝܫܐ

Root ܬܟܠ

Blue, Caeruleus ܬܟܠܬܐ

sing. emph.

45:8a ܘܐܠܒܫܗ ܚܘܪ̈ܬܐ ܕܬܟܠܬܐ

He trusted , Fidit ܬܟܠ

peal imperf. 2 m.s.

5:1a A תשען ܠܐ ܬܬܬܟܠ ܥܠ ܢܟ̈ܣܝܟ

5:2a A תשען ܠܐ ܬܬܟܠ ܥܠ ܚܝܠܟ

5:5a A תבטח ܠܐ ܬܬܟܠ ܥܠ ܫܘܒܩܢܐ

C

5:8a A תבטח ܠܐ ܬܬܟܠ ܥܠ ܢܟ̈ܣܐ ܕܥܘܠܐ

13:11a A תבטח ܠܐ ܬܬܟܠ ܠܡܡܠܠܘ ܥܡܗ

16:3a A תאמין ܠܐ ܬܬܟܠ ܥܠ ܚܝ̈ܝܗܘܢ

35(32):21a B תבטח ܠܐ ܬܬܟܠ ܥܠ ܐܘܪܚܐ

peal imperf. 2 m.s. (cont'd)

32(35):15a B תבטח ܘܠܐ ܬܬܟܠ ܥܠ ܦܘܪܥܢܐ

38:21a ܘܠܐ ܬܬܟܠ ܥܠ ܚܘܪܬܐ

ethpe'el perf. 3 m.s.

2:10d ܐܘ ܡܢܘ ܐܬܬܟܠ ܥܠܘܗܝ

31(34):18a ܡܢܘ ܐܬܬܟܠ ܘܐ ܡܢܘ ܗܘܐ ܠܗ ܣܡܘܟܐ

ethpe'el perf. 3 m.pl.

34(31):6b {B חבולי / Bm חללי} ܘܐܬܬܟܠܘ ܥܠ ܢܦܫܗܘܢ

ethpe'el part. m.s.

35(32):24b B} מבוטח, E} ܘܡܢ ܕܡܬܬܟܠ ܥܠ ܐܠܗܐ

7al ܕܢܬܬܟܠ]

7h3 ܕܬܟܠ]

ethpe'el infin.

6:7b A לבטח ܘܠܐ ܬܬܪܗܒ ܠܡܬܬܟܠܘ ܥܠܘܗܝ

ethpe'el imperat. 2 m.s.

27:17a ܢܣܐ ܚܒܪܟ ܘܐܬܬܟܠ ܥܠܘܗܝ

ethpe'el imperf. 3 m.s.

15:4b A} B} יבטח ܘܥܠܝܗ ܢܬܬܟܠ ܘܠܐ ܢܒܗܬ

35(32):24b B} ובוטח E} 7al ܘܡܢ ܕܢܬܬܟܠ ܥܠ ܐܠܗܐ

Δ, ܕܡܬܬܟܠ]

7h3 ܕܬܟܠ]

aphel perf. 3 m.pl

49:10d ܘܐܬܟܠܘ ܐܢܘܢ ܕܡܬܦܪܩܝܢ

aphel part. m.s.

20:23a C נכלם ܕܡܢ ܒܗܬܬܗ ܡܬܟܠ ܚܒܪܗ

aphel imperat. 2 m.s.

29:2b ܒܙܒܢܐ ܕܦܪܘܥܬܗ ܘܐܬܟܠ ܚܒܪܟ

Confidence, Fiducia ܬܘܟܠܢܐ

sing. emph.

2:14a ܘܝ ܠܟܘܢ ܝܚܒܪ̈ܝ ܬܘܟܠܢܐ

3:22b {A עסק / C ועסק} ܘܠܝܬ ܠܟ ܬܘܟܠܢܐ ܥܠ ܟܣ̈ܝܬܐ

31(34):19b ܘܬܩܦ ܘܦܨܘ ܘܬܘܟܠܢܐ ܗܘ ܪܒܐ

sing. with suff.

51:2a B מעוזי ܬܘܟܠܢܝ ܗܘܝܬ ܠܝ ܡܢ ܡܘܬܐ

Confiding, Confisus ܬܟܝܠܐ

sing. absol. m

35(32):24b B} ובוטח 7h3 ܘܡܢ ܕܬܟܝܠ ܥܠ ܐܠܗܐ

E} Δ, ܕܡܬܬܟܠ]

7a1 ܕܢܬܬܟܠ

plur. absol. m

51:8c B חוסי ܕܡܦܪܩ ܠܟܠ ܕܬܟܝܠܝܢ ܥܠܘܗܝ،

Confidently , Confidenter ܬܟܝܠܐܝܬ

adverb

26:20b ܠܙܪܥ ܕܝܠܟ ܒܬܘܠܕܬܟ ܬܟܝܠܐܝܬ

Root ܬܠܓ

Snow, Nix ܬܠܓܐ

sing. emph.

24:13b ܒܛܘܪ ܚܘܪܐ ܕܬܠܓܐ

Root ܬܠܥ

Worm, Vermis ܬܘܠܥܐ

sing. with suff.

10:11b A ותולעה ܪܚܫܐ ܘܚܝܘܬܗ ܘܬܘܠܥܬܗ ܡܪܡܬܗ،

plur. emph. f.

10:9b A גוין ܕܒܚܝܘܗܝ ܬܘ̈ܠܥܐ ܪܚܫܝܢ

Root ܬܠܬ

Three , Tres ܬܠܬܐ

adj . num. (as with feminines)

23:23c ܘܬܠܬ ܒܙܢܝܘܬܐ ܕܓܒܪܐ

Three , Tres, (cont'd) ܬܠܬܐ

adj. num.(as with feminines-cont'd)

25:1a ܬܠܬ ܙܢ̈ܝܢ ܐܬܪܓܪܓܬ ܢܦܫܝ

26:5a ܡܢ ܬܠܬ ܙܥ ܠܒܝ

26:28b ܘܥܠ ܬܠܬ ܗܘܝ ܐܬܟܪܝ ܠܝ

48:3b B שלש ܘܐܚܬ ܬܠܬ ܙܒܢ̈ܝܢ ܢܘܪܐ

As with masculines.

23:16b ܘܕܬܠܬܐ ܡܝܬܐ ܪܘܓܙܐ

25:2a ܬܠܬܐ ܓܢܣܝܢ ܣܢܝܬ ܢܦܫܝ

43:4b ܥܕ ܬܠܬܐ ܙܒܢܝܢ ܡܘܩܕ ܛܘܪ̈ܐ

45:23a ܦܝܢܚܣ ܢܣܒ ܠܗ ܬܠܬܐ ܐܝܩܪ̈ܐ

50:25b B והשלישית ܘܕܬܠܬܐ ܠܐ ܗܘܐ ܥܡܐ

Third, Tertius ܬܠܝܬܝܐ

sing. emph.

28:13a ܘܐܦ ܠܫܢܐ ܬܠܝܬܝܐ ܠܝܛ ܢܗܘܐ

28:14a ܠܫܢܐ ܬܠܝܬܝܐ ܣܓܝ̈ܐܐ ܟܢܫܐ ܐܘܒܕ

28:15a ܠܫܢܐ ܬܠܝܬܝܐ ܣܓܝ̈ܐܐ ܟܢܫܐ ܐܘܒܕ

Root ܬܡܗ

He wondered, Miratus est ܬܡܗ

peal imperf. 3 m.pl.

11:13b A ויתמהו ܘܬܡܗܘ ܘܢܬܡܗܘܢ ܥܠܘܗܝ ܣܓܝ̈ܐܐ

18:7b ܡܢܐ ܢܬܘܒܘܢ ܢܬܡܗܘܢ

aphel perf. 2 m.s.

47:17b B הפעררתה ܘܒܫܘܥܝܬܐ ܐܬܡܗܬ ܥܡ̈ܡܐ

Wonderment, Miror ܬܡܗܐ

sing. emph.

16:11b A תמה ܢܩܝܐ ܢܗܘܐ ܗܢܐ ܗܘ ܬܡܗܐ ܐܢ ܢܦܩ

Amazing, Stupens ܬܡܝܗܐ

plur. emph. f.

33(36):6a { B מופת ܚܕܬ ܐܬܘ̈ܬܐ ܘܫܢܝ ܬܡܝܗ̈ܬܐ
{ Bm תֵּמָה

Root ܬܡܢ

There , Ibi ܬܡܢ

adverb

12:17a A שם ܐܢ ܬܪܥܝܬܟ ܒܝܫܬܐ ܬܫܟܚܝܘܗܝ ܬܡܢ

31(34):5b ܘܕܡܘܡܝܢ ܠܗܘܢ ܬܡܢ ܠܒܗ

Root ܬܢ

Smoke, Fumus ܬܢܢܐ

sing. emph.

22:24a ܩܕܡ ܢܘܪܐ ܢܦܩ ܬܢܢܐ

27:4a ܐܝܟ ܬܢܢܐ ܣܓܝܐܐ ܠܟܠ ܡܢ ܢܘܪܐ

Dragon, Draco ܬܢܝܢܐ

sing. emph.

25:16a ܠܘܬ ܐܪܝܐ ܘܠܘܬ ܬܢܝܢܐ

Root ܬܢܐ

He repeated, Repetiit ܬܢܐ

peal part.

19:6a ܕܬܢܐ ܡܠܬܐ ܚܣܝܪ ܪܢܝܢܐ ܗܘ

peal imperf. 3 m.s.

19:14b ܘܐܢ ܐܡܪ ܕܠܐ ܢܬܢܐ

peal imperf. 2 m.s.

7:8a A תקשור ܠܐ ܬܬܢܐ ܠܚܛܗܐ ܣܓܝ̈ܐܐ

19:7a ܘܠܥܠܡ ܬܬܢܐ ܡܠܬܐ

pael part.

42:15b { B ואספרה / M ואשננה } ܘܡܢ ܡܐ ܕܚܙܬ ܐܢܐ ܡܬ̇ܢܐ

pael imperf. 3 f.pl.

34(31):11b B יספר ܘܬܫܒ̈ܚܬܗ ܢܬ̇ܢ̈ܝܢ ܟܢ̈ܘܫܬܐ

39:10a ܚܟܡܬܗ ܢܬ̇ܢ̈ܝܢ ܟܢ̈ܘܫܬܐ

Root ܬܢܪ

Furnace, Furnus ܬܢܘܪܐ

sing. emph.

48:1b B כתנור ܘܡܠܬܗ ܝܩܕܐ ܐܝܟ ܬܢܘܪܐ

51:21a B כתנור ܟ̈ܠܗ ܢܦܫܝ ܐܝܟ ܬܢܘܪܐ

Root ܬܩܠ

He offended, Offendit ܬܩܠ

peal imperf. 2 m.s.

8:2b A ישקל ܕܠܡܐ ܢܬܩܘܠ ܡܬܩܠܟ

peal imperf. 3 m.s. with suff.

30:13b { B יתלע / Bm יתעל } ܕܠܡܐ ܒܫܪܠܘܬܗ ܢܬܩܠܟ

peal imperf. 3 f.s.

20:20a ܒܦܘܡܗ ܕܣܟܠܐ ܬܬܩܠ ܡܬܠܐ

peal imperf. 2 m.s.

5:14b A תרגל רע ܘܒܠܫܢܟ ܠܐ ܬܬܩܠ

18:21a ܥܕ ܠܐ ܬܬܩܠ ܨܠܐ ܘܥܒܕ

23:14c ܕܠܐ ܬܬܩܠ ܒܩܕܡܝܗܘܢ

30:21b { B תכשל / Bm תכשילך } ܘܠܐ ܬܬܩܠ ܒܡܠܟܐ ܕܢܦܫܟ

peal imperf. 2 m.s. with suff.

23:1b ܠܐ ܬܬܩܠܝܢܝ ܒܡܠܬܗܘܢ

ethpe'el perf. 3 m.pl.

31(34):7b ܣܓܝܐܐ ܐܘܕܝܘ ܘܐܬܬܩܠܘ ܒܡܪܘܢܝܗܘܢ

ethpe'el part.

19:16b ܘܐܝܬ ܕܡܬܬܩܠ ܘܠܐ ܒܠܒܗ

23:8b ܪܫܝܥܐ ܘܡܨܠܐ ܒܦܘܡܗ ܡܬܬܩܠ

26:29a ܡܢ ܣܓܝܐܐ ܐܠܐ ܒܗ ܕܡܬܬܩܠ

34(31):7b B יוקש ܟܠ ܕܣܟܠܐ ܒܗ ܗܘ ܡܬܬܩܠ

ethpe'el imperf. 3 m.s.

13:23d A נתקל ܘܐܢ ܢܬܬܩܠ ܢܣܚܦܘܢܝܗ

ethpe'el imperf. 2 m.s.

35(32):20b { B / E } תתקל ܕܠܡܐ ܬܬܬܩܠ ܒܟܐܦܐ

ethpa'al part.

41:2c { B,Bm כושל / M כשל } ܠܓܒܪܐ ܣܒܐ ܕܡܬܬܩܠ

He offended, Offendit(cont'd) ܬܩܠ

aphel perf. 3 m.s. with suff.

15:12a A} התקילני ܕܠܡܐ ܬܐܡܪ ܕܗܘ ܐܬܩܠܢܝ
B}

Stumbling block,Lapis Offensionis ܬܘܩܠܬܐ

sing. emph.

11:31b A קשר ܘܒܡܐܟܠ ܪ̈ܓܝܓܬܐ ܢܣܡ ܬܘܩܠܬܐ
21:10a ܘܫܒܝܠܗ ܕܪܫܝܥܐ ܬܘܩܠܬܐ ܗܘ ܠܗ
34(31):30a {B מוקש ܢܣܒܬ ܠܫܒܠܐ ܬܘܩܠܬܐ
{Bm נוקש
34(31):7a B תקלה ܡܛܠ ܕܬܘܩܠܬܐ ܗܘ ܚܡܪܐ
47:23f B מכשול ܠܒܝܬ ܐܦܪܝܡ ܬܘܩܠܬܐ
51:3a B ממוקש ܡܢ ܬܘܩܠܬܐ ܘܡܢ ܡܣܟܢܘܬܐ ܦܪܩܬܢܝ

plur. with suff.

4:22b {A למכשוליך ܘܠܐ ܬܬܟܬܫ ܠܡܦܩܘ ܬܘܩ̈ܠܬܟ
{C למכשול

Weight, Onus ܡܬܩܠܐ

sing. emph.

16:25a A במשקל ܐܡܪ ܒܡܬܩܠܐ ܡ̈ܠܝ
28:25a ܘܠܡܠܬܟ ܥܒܕ ܡܬܩܠܐ

sing. with suff.

8:2b A מחירך ܕܠܡܐ ܢܬܩܠ ܡܬܩܠܟ

Root ܬܩܢ =

He stood , Stetit ܬܩܢ

peal imperf. 3 m.s.

11:17b A יצלח ܘܨܒܝܢܗ ܠܥܠܡ ܢܬܩܢ

peal imperf. 3 f.s.

9:17a ܒܚܟܡܬܗ ܕܐܘܡܢܐ ܬܬܩܢ ܡܕܝܢܬܐ

peal imperf. 1.s.

4:18a A אאשרנו ܐܬܩܢܟ ܐܬܩܢ ܢܦܫܗ ܘܐܓܠܐ

He stood , Stetit (cont'd) ܩܘܡ

ethpe'el perf. 3 f.s.

1:15a ܥܡ ܒܢܝ̈ܐ ܐܢܫܐ ܐܬܬܩܝܡܬ

pa'el imperat. 2 m.s.

29:26a ܐܬܐ ܐܟܣܢܝܐ ܩܪܒ ܩܝܡ ܦܬܘܪܐ

35(32):2a B הכין ܘܟܠ ܣܘܢܩܢܝܗܘܢ ܩܝܡ ܘܬܒ

aphel part.

38:8a B עושה ܘܐܦ ܒܣܡܐ ܡܩܝܡ ܒܣܡܡ̈ܢܐ

apehl imperf. 3 m.s.

2:17a ܕܕܚܠ ܠܐܠܗܐ ܢܩܝܡ ܠܒܗ

6:37c A יבין ܘܗܘ ܢܩܝܡ ܐܪܥܝܢܟ

37:15b B} D} יכין ܕܗܘ ܢܩܝܡ ܐܘܪܚܟ

38:14b ܡܛܠ ܐܠܗܐ ܘܢܩܝܡ ܒܐܝܕܗ ܚܘܠܡܢܐ

Work, Opus ܬܘܩܢܐ

sing. with suff

44:6b ܘܒܫܝ̈ܢܐ ܫܠܝܐ ܘܝܬܒܝܢ ܥܠ ܬܘܩܢܗܘܢ

plur. with suff.

13:7a ܘܢܒܗܬܟ ܒܬܘܩܢ̈ܘܗܝ، ܢܒܗܬܟ ܕܬܪܬܝܢ ܙܒܢܝܢ

Foot, foundation, Pes, basis ܬܪܡܘܣܐ

sing. const.

26:18b ܪ̈ܓܠܝܗ ܫܦܝܪ̈ܬܐ ܒܬܪܡܘܣ ܟܣܦܗ

Root ܬܩܦ

He was strong, Validus fuit ܬܩܦ

pael perf. 3 m.s. with suff.

45:2b B ויאמצהו ܘܪܒܝܗ ܒܕܚܠܬܐ ܘܬܩܦܗ

pael part. m. pl.

27:2b 7a1 ܠܡܪܒܝܢܐ ܡܬܩܦܝܢ ܫܩ̈ܠܐ
7h3 ܡܬܬܩܦܝܢ]

Ethpa'al perf. 3 m.s.

50:1c B חזק 7h3 ܐܬܒܢܝ ܒܝܬܐ ܘܐܬܬܩܦ ܗܝܟܠܐ
7a1 ܘܐܬܬܩܦ]

ܬܩܦ

He was strong, Validus fuit(cont'd)

ethpa'al part. m. pl.

27:2b 7h3 ܠܡܙܒܢܘܬܐ ܡܬܬܩܦܝܢ ܙܒܘ̈ܢܐ

7a1 [ܡܬܬܩܦܝܢ

Strength, Robur ܬܘܩܦܐ

sing. emph.

1:(19)a ܫܘܦܪܐ ܗܝ ܕܬܘܩܦܐ

6:14a A תקוף ܪ̇ܚܡܐ ܗܘ ܕܬܘܩܦܐ

29:13a ܣܟܪܐ ܕܬܘܩܦܐ ܘܪܘܡܚܐ

40:26a B וכח ܚܝܠܐ ܘܬܘܩܦܐ ܡܪܝܡܝܢ ܠܒܐ

44:5b ܡ̈ܬܠܐ ܒܟܬܒܐ ܕܐܝܟܐ ܕܬܘܩܦܐ

45:8b B ועוז ܘܝܩܪܗ ܒܡܐܢ̈ܐ ܕܬܘܩܦܐ

45:18 d B בעזוז ܘܒܚܡܬܐ ܕܡܪܝܐ ܒܬܘܩܦܐ

45:19b B בחרון ܘܐܟܠ ܐܢܘܢ ܒܬܘܩܦܐ ܕܢܘܪܗ

46:5c ܘܝܗܒ ܒܐܝܕܗ ܬܘܩܦܐ

46:9a B עצמה ܘܝܗܒ ܠܟܠܒ ܬܘܩܦܐ

47:5b B עז ܘܝܗܒ ܒܐܝܕܗ ܬܘܩܦܐ

50:11 d B עזרת ܒܝܐܝܘܬܐ ܕܬܘܩܦܐ ܕܡܥܕܢܐ

sing. with suff.

47:19a ܘܝܗܒܬ ܠܢܫ̈ܐ ܬܘܩܦܟ

46:9c B במתי ܠܡܣܠܩܘܬܗ ܥܠ ܬܘܩܦܗ ܕܐܪܥܐ

21:9b ܗܢܐ ܬܘܩܦܗܘܢ ܕܢ̈ܦܠܐ ܠܫܠܗܒܝܬ ܢܘܪܐ

Strong, Fortis ܬܩܝܦܐ

sing. absol.

15:18b A} B} אמיץ ܘܬܩܝܦ ܒܓܢܒܪܘܬܐ ܗܘ

51:8 d ܘܦܪܩ ܠܗܘܢ ܡܢ ܐܝܕ ܕܬܩܝܦ ܡܢܗܘܢ

sing. emph.

34(31):2b B חזק ܘܡܪܥܐ ܬܩܝܦܐ ܡܦܪܕ ܫܢܬܐ

47:12a ܘܩܡ ܒܬܪܗ ܡܠܟܐ ܬܩܝܦܐ

Strong, Fortis (cont'd) ܬܩܝܦܐ

sing. emph. (cont'd)

50:16c B אדיר ܘܐܫܡܥܘ ܩܠܐ ܬܩܝܦܐ

plur. absol. f.

3:21b { A ומכופה / C ורעים } ܘܕܬܩܝܦܢ ܡܢܟ ܠܐ ܬܒܥܐ

plur. emph. m.

40:1b ܘܢܝܪܐ ܬܩܝܦܐ ܥܠ ܒܢܝ ܐܢܫܐ

Root ܬܪܒ

Fat, Pinguedo ܬܪܒܐ

sing. emph.

47:2a B כחלב ܐܝܟ ܬܪܒܐ ܡܢ ܩܘܪܒܢܐ

39:26c ܘܬܪܒܐ ܘܚܠܒܐ ܘܣܠܬܐ ܘܕܒܫܐ

Root ܬܪܝ

Two, Duo ܬܪܝܢ

adj. num. as with m.

1:28b ܘܠܐ ܬܗܘܐ ܒܠܒܐ ܒܬܪܝܢ ܠܒܝܢ

12:5d A שנים ܚܕ ܬܪܝܢ ܒܒܝܫܬܐ ܡܩܒܠ

18:32b C שנים ܕܠܐ ܚܕ ܬܪܝܢ ܬܗܘܐ ܡܣܟܢ

21:3c ܣܝܦܐ ܕܬܪܝܢ ܦܘܡܘܗܝ ܐܝܬܝܗ

23:16a ܬܪܝܢ ܐܢܘܢ ܣܢܝܬ ܢܦܫܝ

36(33):15b E שנים שנים ܬܪܝܢ ܬܪܝܢ ܚܕ ܠܘܩܒܠ ܚܕ

38:17c B ושנים ܝܘܡܐ ܘܬܪܝܢ ܡܛܠ ܒܢܝ ܐܢܫܐ

39:6c ܘܗܘ ܢܦܫܗ ܡܬܠܬܐ ܚܕ ܬܪܝܢ

42:24a B שונים ܘܟܠܗܘܢ ܬܪܝܢ ܬܪܝܢ ܚܕ ܠܘܩܒܠ ܚܕ

46:4b ܘܗܘܐ ܝܘܡܐ ܚܕ ܬܪܝܢ ܝܘܡܝܢ

50:25a B בשני ܒܬܪܝܢ ܥܡܡܝܢ ܐܬܬܥܝܩܬ ܢܦܫܝ

with suffix

10:7b A ומשניהם ܘܡܢ ܬܪܝܗܘܢ ܣܢܝܐ ܘܥܘܠܐ

22:5b ܘܡܢ ܬܪܝܗܘܢ ܗܝ ܬܬܒܣܪ

31(34):29b ܟܠܗ ܗܢܐ ܡܢ ܬܪܝܗܘܢ ܢܥܒܕ ܐܠܗܐ

Two, Duo (cont'd) ܬܪܝܢ

form for m. with suff.(cont'd)

40:18b B} M} ומשניהם ܘܡܢ ܬܪܝܗܘܢ ܛܒ ܗܘ ܕܐܫܟܚ ܣܝܡܬܐ

40:19b B} M} ושניהם ܘܡܢ ܬܪܝܗܘܢ ܐܢܬܬܐ ܡܫܟܚܬܐ

40:21b B ושניהם ܡܢ ܬܪܝܗܘܢ ܠܫܢܐ ܗܢܝܐ

40:22b B ושניהם ܘܡܢ ܬܪܝܗܘܢ ܝܪܩܐ ܕܚܩܠܐ

40:23b B ושניהם ܘܡܢ ܬܪܝܗܘܢ ܐܢܬܬܐ ܣܟܘܠܬܢܝܬܐ

40:24b B ושניהם ܘܡܢ ܬܪܝܗܘܢ ܙܕܩܬܐ ܦܪܩܐ

40:25b B [ ]וש ܘܡܢ ܬܪܝܗܘܢ ܡܠܟܐ ܛܒܐ

40:26b B ומשניהם ܘܡܢ ܬܪܝܗܘܢ ܕܚܠܬܗ ܕܐܠܗܐ
M]שניהם[ ]

Form as with f. ܬܪܬܝܢ

5:14a A שתים 7h3 ܠܐ ܬܬܩܪܐ ܡܡܠܠ ܒܬܪܬܝܢ
7a1 [ܒܬܪܬܝܗܘܢ

5:14d A שתים ܠܐ ܛܒ ܕܡܡܠܠ ܒܬܪܬܝܢ

6:1c A שתים ܘܫܝܛܐ ܠܐ ܛܒ ܕܡܡܠܠ ܒܬܪܬܝܢ

13:7b A פעמים ܘܒܬܪܟܢ ܘܬܪܬܝܢ ܙܒܢܝܢ ܢܒܙܚܟ

23:23b ܘܕܬܪܬܝܢ ܒܒܥܠܗ ܛܠܡܬܗ

26:28a ܥܠ ܬܪܬܝܢ ܟܪܝ ܠܒܝ

35(32):20b B} E} פעמים 7h3 ܬܬܩܠ ܒܟܐܦܐ ܕܬܪܬܝܢ ܙܒܢܝܢ
7a1 omits

47:21a B לשני ܠܡܬܦܠܓܘ ܠܬܪܬܝܢ ܡܠܟܘܬܐ

with suffix

5:14a A שתים 7a1 ܠܐ ܬܬܩܪܐ ܡܡܠܠ ܒܬܪܬܝܗܘܢ
7h3 [ܒܬܪܬܝܢ

10:13b ܘܫܘܬܦܬܐ ܡܒܥܝܐ ܕܬܪܬܝܗܘܢ

18:17b ܘܬܪܬܝܗܘܢ ܥܠ ܐܢܫܐ ܛܒܐ

20:25b ܘܬܪܬܝܗܘܢ ܐܒܕܢܗ ܒܡܬܬܐ ܢܐܪܬܘܢ

20:30b ܡܢܐ ܗܢܝܐ ܒܬܪܬܝܗܘܢ

28:12c ܘܗܠܝܢ ܘܬܪܬܝܗܘܢ ܡܢܟ ܐܢܝܢ

Root ܬܪܣ

He nourished, Nutrivit ܬܪܣ

pael imperat. 2 m .s

14:16a A ופנק ܗܒ ܘܣܒ ܘܬܪܣ ܢܦܫܟ

Root ܬܪܥ

Twelve, Duodecim ܬܪܥܣܪ

adj. num.

as with m.

44:23e B שנים עשר ܘܐܬܦܠܓ ܠܬܪܥܣܪ ܫܒܛܝܢ

49:10a B שנים עשר ܘܐܦ ܬܪܥܣܪ ܢܒܝܝܢ

as with f. ܬܪܬܥܣܪܐ

39:12b ܐܝܟ ܣܗܪܐ ܒܝܘܡܝ ܬܪܬܥܣܪܐ

Door, Porta ܬܪܥܐ

sing. emph.

21:23a ܣܟܠܐ ܡܕܝܩ ܡܢ ܬܪܥܐ

21:24a ܕܢܨܛܐܬ ܥܠ ܬܪܥܐ

sing. with const.

51:19c B שעריה ܐܦܝ ܦܬܚܬ ܬܪܥܗ

plur. abs.

49:13c B דלתים ܘܥܒܕ ܬܪܥܝܢ ܘܡܘܟܠܝܢ

plur. emph.

28:25b ܠܦܘܡܟ ܥܒܕ ܬܪܥܐ ܘܡܘܟܠܐ

plur. with suff.

14:23b A פתחיה ܘܥܠ ܬܪܥܝܗ̇ ܢܗܘܐ ܨܐܬ

Hole, Foramen ܬܪܘܥܬܐ

sing. emph.

25:25c ܐܝܟ ܬܪܘܥܬܐ ܠܡܝܐ ܗܟܢܐ ܐܢܬܬܐ

27:21a 7a1 ܘܠܡܚܒܫܘܬܐ ܐܝܬ ܬܪܘܥܬܐ

7h3 ܬܪܘܡܬܐ]

45:23c B בפרץ ܘܩܡ ܒܬܪܘܥܬܐ ܕܥܡܐ

46:7c B בפרע ܠܡܩܡ ܒܬܪܘܥܬܐ ܕܥܡܐ

Root ܬܪܨ -

He Directed, Direxit ܬܪܨ

peal imperf. 3 m.s.

2:6b ܗܝܡܢ ܒܗ ܘܗܘ ܢܬܪܨ ܐܘܪܚܬܟ

Right, direct, Rectus ܬܪܝܨܐ

sing. emph.

4:9b A יושר ܘܠܐ ܬܬܟܪܐ ܪܘܚܟ ܒܕܝܢܐ ܬܪܝܨܐ

plur. absol. f.

39:24a B יישרו ܐܘܪܚܬܗܘܢ ܕܙܕܝܩܐ ܬܪܝܨܢ

Root ܬܫܥ

Nine ,Novem ܬܫܥ

adj . num.

25:7a ܬܫܥ ܕܠܐ ܠܐ ܠܒܝ ܫܒܚܬ